U0216097

吉林人民出版社

简体字本二十六史

明史

卷二四七——卷二九二

（七）

［清］ 张廷玉 等 撰

王天有 等 标点

明史卷二四七
列传第一三五

刘綎　乔一琦　李应祥　童元镇
陈璘　吴广　邓子龙　马孔英

刘綎,字省吾,都督显子。勇敢有父风。用荫为指挥使。

万历初,从显讨九丝蛮。先登,擒其酋阿大。以功迁云南迤东守备,改南京小教场坐营。

十年冬,缅甸犯永昌、腾越,巡抚刘世曾请济师。明年春,擢綎游击将军,署腾冲守备事。缅甸去云南远,自其酋莽瑞体以兵服诸番,势遂强,数扰边境。江西人岳凤者,商陇川,骁桀多智,为宣抚多士宁记室。士宁妻以妹。凤诱士宁往见瑞体,潜与子曩乌酖杀之,并杀其妻子,夺金牌印符,受瑞体伪命,代士宁为宣抚。瑞体死,子应里嗣。凤结耿马贼罕虔、南甸土舍刀落参、芒市土舍放正堂,与应里从父猛别、弟阿瓦等,各率象兵数十万攻雷弄、盏达、千崖、南甸、木邦、老姚、思甸诸处,杀掠无算。窥腾越、永昌、大理、蒙化、景东、镇沅、元江。已,陷顺宁,破盏达,又令曩乌引缅兵突猛淋。指挥吴继勋等战死。邓川土官知州何钰,凤僚婿也,使使招之,凤絷献应里。

当是时,车里、八百、孟养、木邦、孟艮、孟密、蛮莫皆以兵助贼,贼势益盛。黔国公沐昌祚闻警,移驻洱海,巡抚刘世曾亦移楚雄。大征汉土军数万,令参政赵睿壁蒙化,副使胡心得壁腾冲,陆通霄壁赵州,佥事杨际熙壁永昌,与监军副使傅宠、江忻督参将胡大宾等分道进击。大小十余战，积级千六百有奇，猛别，落参皆殪。参将邓子龙击斩罕虔于姚关。应里趣凤东寇姚关，北据湾甸、芒市。会綎至军，军大振。凤惧，乃令妻子及部曲来降。綎责令献金牌、印符及蛮莫、孟密地。乃以送凤妻子还陇川为名，分兵趋沙木笼山，据其险，而已驰入陇川境。凤度四面皆兵，遂诣军门降。綎复率兵进缅，缅将先遁，留少兵陇川。綎攻之，凤子曩乌亦降。綎乃携凤父子往攻蛮莫，乘胜掩击。贼窘，缚缅人及象马来献，蛮莫平。遂招抚孟养贼，贼将乘象走，追获之。复移师围孟琏，生擒其魁。

云南平，献俘于朝。帝为告谢郊庙，受百官贺。大学士申时行以下，悉进官荫子。綎亦进副总兵，予世荫。乃改孟密安抚司为宣抚，增设安抚二，曰蛮莫，曰耿马；长官司二，曰孟琏，曰孟养；千户所二，一居姚关，一居猛淋。皆名曰“镇安”。命綎以副总兵署临元参将，移镇蛮莫。初，凤降本以计诱，而巡抚世曾称阵擒，遂行献俘礼，叙功及阁部。

未几，缅人复大举寇孟密。孟密兵战败，贼遂围五章。把总高国春率五百人援，破贼数万，连摧六营，为西南战功第一。进官，世荫副千户。綎亦优叙。蛮莫设安抚，以土官思顺有功，特授之。綎纳其重赂，又纵部将谢世禄等淫虐，思顺大怨。

綎，将家子。父显部曲多健儿，綎拥以自雄。征缅之役，勒兵金沙江，筑将台于王骥故址，威名甚盛。然性贪，御下无法。兵还至腾冲，甲而噪，焚民居。綎在蛮莫，闻之驰至，犒以金钱，始定。思顺恐祸及，叛归莽酋。诏革綎任，以游击候调。

无何，罗雄变起。罗雄者，曲靖属州也，者氏世为知州。嘉靖时，者浚嗣职，杀营长而夺其妻，生子继荣。浚年老无他子，继荣得袭职，遂弑浚。妖僧王道、张道以继荣有异相，奉为主。用符术炼丁甲，煽聚徒党，独外弟隆有义不从。十三年冬，继荣分党四剽，广西师宗、陆凉诸府州咸被患。巡抚刘世曾檄调汉土军，属监司程正谊、郑璧等分御之。会綎解官至沾益，世曾喜，令与裨将刘绍桂、万鳖分道讨。綎直捣继荣寨，拔之，获其妻妾数人，继荣逸去。綎连克三砦，斩王道、张道，追亡至阿拜江。隆有义部卒斩继荣首以献，贼尽平。时首功止五十余级，而抚降者万余人，论者称其不妄杀。初，綎破继荣，有论其私财物者，功不录。世曾为辨诬，乃赐白金。寻用为广西参将，移四川。

二十年召授五军三营参将。会朝鲜用师，綎请率川兵五千赴援，诏以副总兵从征。至则倭已弃王京遁，綎趋尚州乌岭。岭亘七十里，峭壁通一线，倭拒险。别将查大受、祖承训等间道逾槐山，出乌岭后。倭大惊，遂移驻釜山浦。綎及承训等进屯大丘、忠州，以金罗水兵布釜山海口，朝鲜略定。未几，倭遣小西飞纳款，遂犯咸安、晋州，逼全罗。提督李如松急遣李平胡、查大受屯南原，祖承训、李宁屯咸阳，綎屯陕川，扼之。倭果分犯，诸将并有斩获。倭乃从釜山移西生浦，送王子归朝鲜。帝命撤如松大军还，止留綎及游击吴惟忠合七千六百人，分扼要口。总督顾养谦力主尽撤，綎、惟忠亦先后还。

属播酋杨应龙作乱，擢綎四川总兵官。綎戍朝鲜二年，劳甚，觊勘功优叙，乃赂御史宋兴祖。兴祖以闻，法当褫。部议綎功多，请尽革云南所加功级，以副总兵镇四川。寻以应龙输款，而青海寇数扰边，特设临洮总兵官，移綎任之。

二十四年三月，火落赤、真相、昆都鲁、歹成、他卜囊等掠番窥内地。綎部将周国柱等击之莽剌川脑，斩首百三十有奇，获马牛杂畜二万计。帝为告郊庙宣捷。綎等进秩予荫有差。

明年五月，朝鲜再用师。诏綎充御倭总兵官，提督汉土兵赴讨。又明年二月抵朝鲜，则杨镐、李如梅已败。经略邢玠乃军为三，中董一元，东麻贵，西则綎，而陈璘专将水兵。綎营水源。倭亦分三路，西行长据顺天，壕砦深固。綎欲诱执之，遣使请与期会。使者三反，綎皆单骑俟道中。行长觇知之，乃信，期以八月朔定约。至期，綎部卒泄其谋，行长大惊，逸去。綎进攻失利。监军参政王士琦怒，缚其中军。綎惧，力战破之。贼退不敢出。诸将三道进，綎挑战破之，驱贼入大城。已，贼闻平秀吉死，将遁。綎夜半攻夺粟林、曳桥，斩获多。石曼子引舟师救，陈璘邀击之海中。行长遂弃顺天，乘小艘遁。

班师，进绖都督同知，世荫千户。遂移师征杨应龙。会四川总兵官万鏊罢，即以绖代之。时兵分八道，川居其四。川东又分为二，以綦江道最要，令绖当之。应龙熟绖才，颇惧，益兵守要害。二十八年正月，诸将克丁山、铜鼓、严村，遂直捣楠木、山羊、简台三峒。峒绝险，贼将穆照等众数万连营，诸将惮之。绖分兵攻其三面，大战于李汉坝，生擒其魁，余贼奔入峒。乘势克三关，直捣峒前，焚之，贼多死。尽克三峒，擒穆照及贼魁吴尚华。是日，绖督战，左持金，右挺剑，大呼曰："用命者赏，不用命者齿剑！"斗死者四十人，遂大捷。应龙乃遣子朝栋、惟栋及其党杨珠统锐卒数万，由松坎、鱼渡、罗古池三道并进。绖伏万人罗古，待松坡贼；以万人伏营外，待鱼渡贼；而别以一军策应。贼果至，伏尽起。绖率部下转战，斩首数百，追奔五十里。贼聚守石虎关，绖亦掘堑守。

初，绖闻征播命，逗留，多设难以要朝廷。言官交劾，议调南京右府佥书。绖至是闻之，即辞任。总督李化龙以平播非绖不可，固留之，力荐于朝。绖乃复受事，逾夜郎旧城，攻克贼滴泪、三坡、瓦窑坪、石虎诸隘，直抵娄山关。娄山万峰插天，丛箐中一径才数尺。贼设木关十三座，排栅置深坑，百险俱备。绖分奇兵为左右路，间道趋关后，而自督大军仰攻，夺其关，追至永安庄，两路军亦会。绖老将持重，虑贼冲突，联诸营：一据娄山关为老营，一据白石口为腰营，一据永安庄为前营。都指挥王芬者，勇而寡谋，每战辄请为前锋，连胜，有轻敌心，独营松门垭之冲，距大营数里。贼方有乌江之胜，谋再夺娄山。适穆照遣使泄芬孤军状，贼乃袭杀芬，守备陈大刚、天全招讨杨愈亦死，失亡士卒二千人。绖闻，亲率骑卒往救，部将周以德、周敦吉分两翼夹攻，贼始大奔，追至养马城而还。是日，应龙几被获，乃不敢窥娄山。绖惩前失，扎近关坚壁，且请济师。逾十余日，克后水囤，管于冠子山。寻会马孔英、吴广诸军，逼海龙囤下，与诸将共平贼，绖功为多。

初，李化龙荐绖，言官谓绖尝纳应龙贿，宜夺官从军。部议谪为事官,戴罪办贼。綎德化龙,使使赍玉带一、黄金百、白金千投化龙家,为化龙父所叱。投巡按御史崔景荣家,亦如之。化龙、景荣并奏其事,诏革綎任,永不收录,没其物于官。已,录平播功,进左都督,世荫指挥使。

三十六年,云南阿克反,起綎讨贼总兵官。未至,贼已平,寝前命。四十年,四川建昌猓乱,命綎为总兵官讨之。偕参政王之机分八道督诸将攻,而已居中节制。克桐槽、沈渣、阿都、厦卜、越北诸砦,大小五十六战,斩馘三千三百有奇,诸猓巢穴一空。

綎为将,数被黜抑,性骄恣如故。尝拳殴马湖知府詹淑。淑改调,綎夺禄半年。久之,以军政拾遗罢归。

四十六年,帝念辽警,召为左府金书。明年二月,经略杨镐令綎及杜松、李如柏、马林四路出师。綎兵四万,由宽佃副使康应乾监之,游击乔一琦别监朝鲜军并进。綎镇蜀久,好用蜀兵。久待未至,遂行。而所分道独险远,重冈叠岭,马不成列。次深河,连克牛毛、马家二砦。大清兵五百守董鄂路。闻綎军至,逆战。綎纵兵围数重,大清兵众寡不敌,失二裨将,伤五十人,余溃围出。綎已深入三百里,杜松军覆犹不知。复整众进,遇大清兵。引军登阿布达里冈,将布阵,大清兵亦登冈,出其上,而别以一军趋綎西。冈上军自高驰下,奋击綎军,綎殊死战。趋綎西者复从旁夹击,綎军不能支。大清兵乘势追击,遇綎后二营军。未及陈,复为大清兵所乘。大溃,綎战死。养子刘招孙者,最骁勇。突围,手格杀数人,亦死。士卒脱者无几。

时应乾及朝鲜军营富察之野,大清遂移师邀之。应乾兵及朝鲜兵列械将战,狂风骤起,扬沙石。应乾发火器,反击己营,大乱。大清兵趋击,大破之,掩杀几尽。应乾以数百骑免。一琦亦为大清兵所破,走入朝鲜营。朝鲜都元帅姜弘立、副元帅金景瑞惧,率众降,一琦投崖死。杨镐闻杜松、马林师败,驰召綎及李如柏还。骑未至,綎已覆,独如柏全。事闻,帝遣中使祭阵亡将士,恤綎家。

綎于诸将中最骁勇。平缅寇,平罗雄,平朝鲜倭,平播酋,平猓,

大小数百战，威名震海内。綎死，举朝大悚，边事日难为矣。綎所用
镔铁刀百二十斤，马上轮转如飞，天下称"刘大刀"。天启初，赠少
保，世荫指挥佥事，立祠曰"表忠"。一琦，字伯圭，上海人。

李应祥，湖广九溪卫人。以武生从军，积功至广西思恩参将。

万历七年，巡抚张任大征十寨，应祥与有功。即其地设三镇，筑
城列戍。应祥方职营建，会擢松潘副总兵，当事者奏留之，以新秩莅
旧任。从总兵王尚文大破马平贼韦王明。寻以署都督佥事，入为五
军营副将。

十三年改南京左府佥事，出为四川总兵官。松、茂诸番列砦四
十八，岁为吏民患。王廷瞻抚蜀时，尝遣副将吴子忠击破丢骨、人
荒、没舌三砦，诸酋乃降。故事，诸番岁有赏赉，番恃强要索无已。其
来堡也，有下马、上马、解渴、过堡酒及热衣、气力、偏手钱；戍军更
番，亦奉以钱，曰新班、架梁、放狗、蹓草、挂彩。廷瞻一切除之，西陲
稍靖。仅六七年，势复猖獗。是年夏，杨柳番出攻普安堡，犯归水崖、
石门坎，遂入金瓶堡，杀守将。巡抚雒遵属应祥讨之。提卒三千入
茂州，克一岩。番恃险，剽如故。

无何，遵罢，徐元泰代。檄谕之，使三反，番不应。窥蒲江关，断
归水崖、黄土坎道，筑墙五哨沟，绝东南声援。见官军少，相顾笑曰：
"如此磨子兵，奈我何。"磨子者，谓屡旋转而数不增也。其冬突平夷
堡，掠良民，剜其肠，绕二牛角，牛奔，肠寸裂。明年正月，遂围蒲江
关，炮毁雉堞。守将朱文达出，斩数十人。贼稍解，东南路始通。

元泰决计大征。诸路兵悉集，乃命游击周于德将播州兵为前
锋，游击边之垣将酉阳兵为后拒，故总兵郭成将叙马兵扼其吭，参
将朱文达将平茶兵击其胁，而应祥居中节制，参议王凤监之。应祥
令军中各树赤、白帜一。良民陷贼者徒手立赤帜下，熟番不附贼者
徒手立白帜下，即免罪。番虽多，遇急不相救。国师喇嘛者，狡猾，
联姻青海酋丙兔与湾仲、占柯等。刻木连大小诸姓，歃血诅盟。至
是，邀湾仲、占柯先犯归化以尝官军。于德诱擒喇嘛、湾仲，守备曹

希彬,复击斩占柯。丢骨、人荒、没舌三砦最强,于德皆攻克,复连破卜洞王诸砦。文达、成、之垣亦各拔数砦,与于德军合。遂攻破蜈蚣、茹儿诸巢。嘉靖初,之垣祖轮以指挥讨茹儿贼,被杀,漆其头为饮器。及是六十年,之垣乃得之,以还葬焉。

贼屡北,窘,悉弃辎重饵官军。官军不顾,斩关入,贼多死。河东平。寻渡河而西,连破西坡、西革、歪地、乾沟、树底诸巢。有小粟谷者,首乱。觇大军西,不设备。郭成夜袭之,大获。牛尾砦尤险恶,将士三路夹攻,火其栅,斩酋合儿结父子。河西亦平。诸军得所积粿粟,留十日,尽焚其砦,以六月班师。其逃穷谷者,求偏头结赛乞降。应祥令埋奴设誓,然后许之。埋奴者,番人反接其奴,献军前,呼天而誓,即牵至要路,掘坎埋之,露其首,凡埋二十三人。偏头结赛雅善天竺僧。僧言岁杀鸡犬,番有厄。偏头信之,预匿山谷中。逸贼以为神,迹而拜求之,故偏头为之请。是役也,焚碉房千六百有奇,生擒贼魁三十余人,俘馘以千余计。自是群番震惊,不敢为患,边人树碑记绩焉。

建昌、越西诸卫,番猓杂居。建昌逆酋曰安守,曰五咱,曰王大咱,与越西邛部黑骨夷并起为乱。巡抚徐元泰议讨,征兵万八千。仍以文达、之垣分将,应祥统之,副使周光镐监其军。十一月,光镐先渡泸,黑鹘与大咱已据相岭,焚三峡桥。五咱等亦寇礼州、德昌二所。时征兵未集,光镐先设疑,以尝相岭贼,贼果退据桐槽。桐槽者,大咱巢穴也。已而诸道兵尽抵越西,应祥令文达攻五咱,之垣攻大咱,姑置黑骨夷弗问。夜半走三百里抵礼州。贼半渡,文达击败之,遂渡河捣其巢。之垣亦屡破桐槽,大咱亡入山峪中。

无何,五咱据磨旗山挑战。官军夹击,贼退保毛牛山。山延袤六七百里,连大小西番界,文达兵大破之。五咱西遁,与安守合,结砦西溪。会所征盐井马剌马兵三千至,狰狞跳跃,类非人形,诸番所深畏。应祥侦贼将劫营,乃潜移己营,而令剌马兵屯其处。夜分贼来袭,剌马起击之,伏尸狼藉。诸将遂进攻西溪,逐北至磨砦匕板番。连兵图五咱,而令裨将田中科营麦达,逼安守。会谍者报守谋袭中科,应祥夜饮材官高逢胜三巨觥,令率敢死士三百疾趋七十里,抵麦达而伏。守夜至,遇伏被擒。守为群寇魁,守殪,西南邛笮、苴兰、靡莫诸酋皆震怖。商山四堡番乞降于之垣,大小七板番乞降于文达。各埋奴道左,呼号顿首,誓世世不敢叛。五咱势穷,走昌州,亦为裨将王言所获。

土木安四儿者,居连昌城中,潜剽掠于外。至是知祸及,率党数百人走据虚郎沟。诸军既灭五咱,应祥遣之北,示将讨黑骨者,四儿遂弛备。将士忽还军袭之,获四儿。

复讨大咱。初,大咱败,匿所亲普雄酋姑咱所。大军至,姑咱惧,密告裨将王之翰,之翰搜得大咱;而黑夷酋阿弓等七人在大孤山,亦先为之翰所擒。于是建昌、越西诸番尽平。上首功二千有奇,抚降者三千余人。时万历十五年七月也。

邛部属夷腻乃者,地近马湖。其酋撒假与外兄安兴、木瓜夷白禄、雷坡贼杨九乍等,数侵掠内地。巡抚曾省吾议讨之。会有都蛮之役,不果。乃建六堡,益戍兵千二百人,而诸蛮鸱张如故。及建、越兴师,又藏纳叛人。元泰乃令都指挥李献忠等分剿。贼诈降,诱执献忠等三将,杀士卒数千人,势益猖獗。应祥等师旋,元泰益征播州、酉阳诸士兵,合五万人,令应祥督文达、之垣及周于德诸将三道入,故总兵郭成亦从征。十一月,于德首败白禄兵,追至马蝗山,悬索以登,贼溃。乘势攻木瓜夷,射杀白禄。追至利济山,雪深数尺。于德先登,复大败贼,毁其巢。初,撒假与九乍率万人据山,播州兵击走之。至是,文达复破之大田坝,合于德兵追逐,所向皆捷。游击万鳌蹑击撒假于鼠囤,获其妻子。郭成复至三宝山大战,生擒撒假。安兴据巢守,文达、鳌分道入,获其母妻。安兴掷金于途,以缓追者,遂得脱。已,诸军深入,竟获之。他夷猓畏威降者二千余人,悉献还土田,愿修职贡,兵乃罢。凡斩首一千六百九十余,俘获七百三十有奇,以其地置屏山县。论功,应祥屡加都督同知,元泰亦至兵部尚书。

当是时,蜀中剧寇尽平,应祥威名甚著。御史傅霈按部,诘应祥冒饷。应祥贿以千金，为所奏，罢职。兵部举应祥佥书南京右府，给事中薛三才持不可。

二十八年大征播州。贵州总兵官童元镇逗留，总督李化龙劾之，荐应祥代。时分兵八道，贵州分乌江、兴隆二道。诏元镇充为事官，由乌江入，应祥由兴隆入，诸道克二月望进兵。应祥未受事，副将陈寅等已连克数囤，拒贼四牌高囤下，别遣兵从间道直捣龙水囤。他将蔡兆吉又自乾坪抵箐冈，过四牌。贼首谢朝俸营其地，四面峭壁深箐，前二关。贼从高鼓噪，官军殊死战，俘朝俸妻子，乘势抵河畔。会乌江败书闻，敛兵不进者旬日。及应祥受任，益趣诸将急渡。寅等乃取他道渡河，而潜为浮桥以济师。诸军渡，贼失险，乞降者相继，应祥悉受之。贼所恃止黄滩一关，壁立，众死守。会贼徒石胜俸等率万余人降，告曰："去黄滩三十里有三关，入播门户也，先袭破之，则黄滩孤难守也。"应祥然其计，令偕陈寅率精卒四千夜抵关下。胜俸以数十骑诱开门，歼其戍卒。黄滩贼惧。寅督诸将渡河攻关前，胜俸由坟林暗渡袭关后，贼乃大败。应祥直抵海龙囤，合诸道兵共灭杨应龙。

播既平，还镇铜仁。明年改镇四川。播遗贼吴洪、庐文秀等恶有司法严，而遵义知县萧鸣世失众心，洪等遂称应龙有子，聚众为乱。应祥偕副使傅光宅捕之，尽获。应祥寻卒于官，以平播功，赠左都督，世荫千户。

应祥为将，谋勇兼资，所至奏绩。平蜀三大寇，功最多。

童元镇，桂林右卫人。万历中为指挥，从讨平乐贼莫天龙有功，屡迁游击将军。高江瑶反，从呼良朋破平之。历永宁、浔、梧参将，进副总兵。擢署都督佥事，为广西总兵官。未几，改广东。

二十三年，总督陈大科以元镇熟蛮事，仍移广西。岑溪西北为上、下七山，介苍藤间，有平田、黎峒、白板、九密等三十七巢。东南为十三山，有孔亮、陀田、桑园、古榄、鱼修等百余巢，与广东罗旁接。山险箐深，环数百里无日色。贼首潘积善等据之，久为民患。及罗旁平,积善惧,乞降。为设参将于大峒,兵千余成之。其后,将领多掊克,士卒又疲弱,贼复生心,时出剽。会岁饥,粤东亡命浪贼数百人潜入七山,诱诸瑶为乱。元镇先以参将成岑溪,得诸瑶心。至是积善及其党韦月咸愿招抚自效,十三山诸瑶多受约束。有讹言将剿北科瑶者。诸瑶谓绐己,大恨,遂与孔亮山贼攻月,杀之,火大峒参将署。督抚陈大科、戴燿属元镇讨之。时副将陈璘、参将吴广罢官里居,大科起令将兵,与元镇并进。贼伐大木塞道,环布筑筊。元镇佯督军开道,而潜从小径上。孔亮山贼凭高,弩矢雨下。诸军用火器攻,大破之。俘馘千五百有奇,余招抚复业。时府江韦扶仲等亦据险乱,元镇与参政陆长庚谋,募瑶为间,乘夜获其妻子,诱出劫,伏兵擒之。余党悉平。元镇以功增秩赐金。

会日本破朝鲜,廷议由浙、闽泛海捣其巢,牵制之,乃改元镇浙江。既而事寝,移镇贵州。

二十八年,李化龙大征杨应龙,令元镇督永顺、镇雄、泗城诸土军,由乌江进。元镇惮应龙,久驻铜仁不进,屡趣乃行。时刘綎、吴广诸军已进,群贼议分兵守,其党孙时泰曰:“兵分则力簿。乘官军未集,先破其弱者,余自退矣。”应龙善之。闻元镇发乌江,应龙喜曰:“此易与耳。”谋纵之渡江,密以计取。监军按察使杨寅秋言乌江去播不远,宜俟诸道深入,与俱进。元镇不从。于是永顺兵先夺乌江,贼遣千余人沿江叫骂以诱之。诸军既济,复夺老君关。前哨参将谢崇爵乘势督泗城及水西兵再拔河渡关。三月望,贼以步骑数千先冲水西军。军中驱象出战,贼多伤。俄驾象者毙,象反走,掷火器者又误击己营,阵乱。泗城兵先走,崇爵亦走,争浮桥,桥断,杀溺死者数千人。

河渡既败,乌江相去六十里,犹未知。明日,参将杨显发永顺兵三百出哨。道遇贼数万,咸为水西装。永顺兵不之疑,贼掩杀三百人,亦袭其装,直趋乌江。乌江军信为水西、永顺军,不设备,遂为贼所破,争先渡江。贼先断浮桥,士卒多溺死,显及二子与焉。元镇所部三万人,不存十一,将校止崇爵等三人,江水为不流。

贵阳闻警，居民尽避入城，远近震动。化龙用上方剑斩崇爵，益征兵，檄镇雄土官陇澄邀贼归路。陇澄者，即安尧臣，水西安疆臣弟也。军不与元镇合，独全，当事颇疑其通贼。寅秋以镇雄去播止二日，令捣巢立效，澄许之。河渡未败时，澄已遣部将刘岳、王嘉猷攻拔苦竹关及半坝岭。暨败，二将移新站。贼伏兵大水田，别以五千人来袭，败还。嘉猷乃扬声捣大水田，而潜以一军拔大夫关，直抵马坎，断贼归路，与疆臣合，贼遂遁。会都指挥徐成将兵至，合泗城土官岑绍勋兵，再克河渡关。贼将张守钦、袁五受据长箐、万丈林。永顺兵击破之，生擒守钦。攻清潭洞，复擒五受。会朝议责元镇败状，令李应祥并将其军，遂合水西、镇雄诸部，直抵海龙囤，竟灭贼。

兵初兴，元镇坐逗留，谪为事官。及是，逮至京，下吏，罪当死。法司援前岑溪功，谪戍烟瘴。遇赦，广西巡抚戴燿为请。部议不许，竟卒于戍所。

陈璘，字朝爵，广东翁源人。嘉靖末，为指挥佥事。从讨英德贼有功，进广东守备。与平大盗赖元爵及岭东残寇。万历初，讨平高要贼邓胜龙，又平揭阳贼及山贼钟月泉，屡进署都指挥佥事，佥书广东都司。

官军攻诸良宝，副将李成立战败，总督殷正茂请假璘参将，自将一军。贼平，授肇庆游击将军，徙高州参将。总督凌云翼将大征罗旁，先下令雕剿。璘所破凡九十巢。已，分十道大征。璘从信宜入，会诸军，覆灭之，以其地置罗定州及东安、西宁二县。即迁璘副总兵，署东安参将事。未几，余孽杀吏民，责璘戴罪办贼。璘会他将朱文达攻破石牛、青水诸巢，斩捕三百六十余人，授俸如故。

时东安初定，璘大兴土木，营寺庙，役部卒，且勒其出赀。卒咸怒，因事倡乱，掠州县，为巡按御史罗应鹤所劾，诏夺璘官。既而获贼，乃除罪，改狼山副总兵。

璘有谋略，善将兵，然所至贪黩，复被劾褫官。废久之，朝士多惜其才，不敢荐。二十年，朝鲜用兵，以璘熟倭情，命添注神机七营参将，至则改神枢右副将。无何，擢署都督佥事，充副总兵官，协守蓟镇。明年正月，诏以本官统蓟、辽、保定、山东军，御倭防海。会有封贡之议，暂休兵，改璘协守漳、潮。坐贿石星，为所奏，复罢归。

二十五年，封事败，起璘故官，统广东兵五千援朝鲜。明年二月擢御倭总兵，与麻贵、刘綎并将。部卒次山海关鼓噪，璘被责。寻令提督水军，与贵、綎及董一元分道进，副将陈蚕、邓子龙，游击马文焕、季金、张良相等皆属焉。兵万三千余人，战舰数百，分布忠清、全罗、庆尚诸海口。初，贼泛海出没，官军乏舟，故得志。及见璘舟师，惧不敢往来海中。会平秀吉死，贼将遁，璘急遣子龙偕朝鲜将李舜臣邀之。子龙战没，蚕、金等军至，邀击之。倭无斗志，官军焚其舟。贼大败，脱登岸者又为陆兵所歼，焚溺死者万计。时綎方攻行长，驱入顺天大城。璘以舟师夹击，复焚其舟百余。石曼子西援行长，璘邀之半洋，击杀之，歼其徒三百余。贼退保锦山，官军挑之不出。已，渡匿乙山。崖深道险，将士不敢进。璘夜潜入，围其岩洞。比明，炮发，倭大惊，奔后山，凭高以拒。将士殊死攻，贼遁走。璘分道追击，贼无脱者。论功，璘为首，綎次之，贵又次之。进璘都督同知，世荫指挥佥事。

师甫旋，会有征播之役。命璘为湖广总兵官，由偏桥进，副将陈良玭由龙泉受璘节制。二十八年二月，军次白泥，杨应龙子朝栋率众二万渡乌江迎战。璘前御之，而分两翼蹑其后。贼少挫，追奔至龙溪山，贼合四牌贼共拒。四牌在江外，与江内七牌皆五司遗种、九股恶苗，素助贼。璘广招抚，乃进军龙溪。侦知贼有伏，令游击陈策用火器击之。贼据险，矢石雨下。璘先登，斩小校退者以徇。把总吴应龙等陷阵，贼大溃，退四牌保儿囤。璘二禆将逼之，中伏。璘募死士从应龙等奋击，贼复溃，奔据囤巅，夜由山后遁。黎明追及于袁家渡，复败之。四牌之贼遂尽。

三月望，诸军为浮桥渡江。知贼将张祐、谢朝俸、石胜俸等营七牌野猪山，璘即夜发抵苦练坪。前锋与战，后军至，夹击之。贼败逃深箐，官军遂入苦菜关。会童元镇乌江师败，璘惧，请退师，总督李化龙不可。璘乃进营楠木桥，次湄潭。贼悉聚青蛇、长坎、玛瑙、保子四囤，地皆绝险，而青蛇尤甚。璘议，同日攻则兵力弱，止攻一囤，则三囤几相助。乃先攻三囤，次及青蛇。良玭师亦来会，令伏囤后，别以一军守板角关，防贼逸。璘督诸将力攻三日，贼死伤无算，三囤遂下。青蛇四面陡绝，璘围其三面，购死士从玛瑙后附葛至山背举炮。贼惶骇，诸军进攻，焚其茅屋。贼退入囤内，木石交下。将士冒死上，毁大栅二重，前后击之。贼大败，斩首一千九百有奇，七牌之贼亦尽。

乃分兵六道，攻克大小三渡关，乘胜抵海龙囤下。诸将俱攻囤前，独水西安疆臣攻其后，相持四十余日。其下受贼重贿，多与通，且潜以火药遗贼，故贼不备。其后璘知之，与监军者谋，令疆臣退一舍。璘移其处，置铁牌百余，距囤丈许，贼强弩无所施。又为箬板于栅前，贼每夜出劫，为钉伤，不敢复出。应龙势穷，相聚哭。化龙初有令，诸将分日攻。六月六日，璘与吴广当进兵。璘夜四更衔枚上，贼鼾睡，斩其守关者，树白帜，鸣炮。贼大惊溃散，应龙自焚。广军亦至，贼尽平。

遂移师讨皮林。皮林在湖、贵交，与九股苗相接。有吴国佐者，洪州司特峒寨苗也，桀黠无赖。其从父大荣以叛诛，国佐收其妾。黎平府持之急，遂反。自称"天皇上将"，其党石纂太称"太保"。合攻上黄堡，诱败参将黄冲霄，追至永从县，杀守备张世忠炙而啖之，掠屯堡七十余，焚五开南城，陷永从，围中潮所。时方征播州，未暇讨。既平播，偏沅巡抚江铎命璘与良玭合兵讨之。良玭失利。明年，铎移驻靖州，命璘率副将李遇文等七道进。璘擒苗酋银贡等。游击宋大斌攻破特峒，焚之。国佐逃天浦四十八寨，复入古州毛洞，追获之。石纂太逃广西上岩山，指挥徐时达诱缚之。贼党杨永禄率众万余屯白冲。游击沈弘猷等夹攻，生擒永禄。诸苗悉平。

征播时，璘投贿李化龙家。会刘綎使为化龙父所麾，璘使走。化龙疏于朝，綎获罪，璘独免。后兵部尚书田乐推璘镇贵州，给事中洪瞻祖遂劾璘营求。帝以璘东西积战功，卒如乐议。贵东西二路苗：

曰仲家苗,盘踞贵龙、平新间,为诸苗巨魁;在水砠山介铜仁、思石者曰山苗,红苗之羽翼也。自平播后,贵州物力大屈,苗益生心,剽掠无虚日。三十三年冬,巡抚郭子章请于朝。明年四月令璘军万人攻水砠,游击刘岳督宣慰安疆臣兵万人攻西路,并克之。乃令璘移新添,独攻东路,复克之。生获酋十二人,斩首三千余级,招降者万三千余人,部内遂靖。改镇广东,卒官。先叙平播功,加左都督,世荫指挥使。既卒,以平苗功赠太子太保,再荫百户。

吴广,广东人。以武生从军,累著战功,历福建南路参将,坐事罢归。会岑溪瑶反,总督陈大科檄广从总兵童元镇讨之。将士少却,广手斩一卒以徇,遂大破之。论功,复故官。

万历二十五年,以副总兵从刘𬭎御倭朝鲜,领水军与陈璘相犄角,俘斩甚众。甫班师,大征播州,擢广总兵官,以一军出合江。副将曹希彬以一军出永宁,受广节制。广屯二郎坝,大行招徕。贼骁将郭通绪迎战,将士袭走之。陶洪、安村、罗村三砦土官各出降,他部来归者数万。广择其壮者从军。通绪扼穿崖囤,广督土汉军击破之。刘𬭎、马孔英已入播,广犹顿二郎,总督李化龙趣之。乃议分四哨进攻崖门,别遣永宁女土官奢世续等督夷兵二千,扼桑木垭诸要害,以防饷道。诸将连破数囤,进营母猪塘。杨应龙惧,令通绪尽发关外兵拒敌。广伏炮手五百于磨枪垭外南冈下,而遣裨将赵应科挑战。垭夹两山中,甚隘。通绪横槊冲应科,应科佯北。通绪追出垭,遇伏。急旋马,中砲坠。方跃上他马,伏兵攒刺之殪,余贼大奔。官军逐北,贼尽降。遂薄崖门。径小止容一骑,贼众万余出关拒战。希彬悬赏千金,士攀崖竞进,追至第四关。关上男妇尽哭。贼党自杀其魁罗进恩,率万余人出降。其第一关犹拒不下,广乘夜疾进,夺其关,关内民争献牛酒。刘𬭎、马孔英已入关,李应祥、陈璘犹在关外。广合希彬军连战红碗、水土崖、分水关皆捷,遂进营水牛塘。应龙大惧。知广军孤深入,谋欲袭之,乃遣人诈降。广测其诈,坚壁以待。应龙拥众三万直冲大营,诸将殊死战。会他将来援,贼乃退。广遂与诸道军逼海龙囤。贼诈令妇人乞降，哭囤上，又诈报应龙仰药死，广信之。已，知其诈，急烧第二关，夺三山，绝贼樵汲，贼益窘。旋与陈璘从囤后登，应龙自焚死。获其子朝栋，出应龙烈焰中。广中毒矢，失声，绝而复苏，遂以本官镇四川。逾年卒。

初，广之顿二郎也，有言其受贿养寇者，诏谪充为事官。后论功赠都督同知，世荫千户。

邓子龙，丰城人。貌魁梧，骁捷绝伦。嘉靖中，江西贼起，掠樟树镇。子龙应有司募，破平之。累功授广东把总。

万历初，从大帅张元勋讨平巨盗赖元爵。已，从平陈金莺、罗绍清。贼魁黄高晖逸，子龙入山生获之。迁铜鼓石守备。寻擢署都指挥佥事，掌浙江都司。被论当夺职，帝以子龙犯轻，会麻阳苗金道侣等作乱，擢参将讨之。大破贼，解散其党。五开卫卒胡若庐等火监司行署，挞逐守备及黎平守。靖州、铜鼓、龙里诸苗咸响应为乱。子龙火其东门以致贼，而潜兵入北门，贼遂灭。

十一年闰二月，缅甸犯云南。诏移子龙永昌。本邦部耿马奸人罕虔与岳凤同为逆，说缅酋莽应里内侵，虔从掠千崖、南甸。已，引渡查理江，直犯姚关。湾甸土知州景宗真及弟宗材助之。子龙急战攀枝树下，阵斩宗真、虔，生获宗材。虔子招罕、招色奔三尖山，令叔罕老率蒲人药弩手五百阻要害。子龙饵蒲人以金，尽知贼间道。乃命裨将邓勇等提北胜、澜渠诸番兵，直捣贼巢，而预伏兵山后夹击。夜半上，生擒招罕、招色、罕老及其党百三十余人，斩首五百余级，尖山巢空，乃抚流移数千人。会刘綎亦俘岳凤以献。帝悦，进子龙副总兵，予世荫。无何，缅人复寇猛密，把总高国春大破之。子龙以犄角功，亦优叙。自是，蛮人先附缅者，多来附。

永昌、腾冲凤号乐土。自岳、罕猖乱，始议募兵，所募多亡命，乃立腾冲、姚安两营。刘綎将腾军，子龙将姚军，不相能，两军斗。帝以两将皆有功，置不问。既而綎罢，刘天俸代。天俸逮，遂以子龙兼统之。子龙抑腾兵，每工作，辄虐用之，而右姚兵。及用师陇川，子龙故为低昂，椎牛飨士，姚兵倍腾兵。腾兵大不堪，欲散去。副使姜忻令他将辖之，乃定。而姚兵久骄，因索饷作乱，由永昌、大理抵会城，所过剽掠。诸兵夹击之，斩八十四级，俘四百余人，乱始靖。子龙坐褫官下吏。十八年，孟养贼思个叛。子龙方对簿，巡抚吴定请令立功自赎，帝许之。命未至，定已与黔国公沐昌祚遣将却之。无何，丁改土寨贼普应春、霸生等作乱，势张甚。定大征汉土军，令子龙军其右，游击杨威军其左，大破之，斩首一千二百级，招降六千六百人。帝为告谢郊庙，宣捷受贺，复子龙副总兵，署金山参将事。先是，猛广土官思仁蒸其嫂甘线姑，欲妻之，弗克。偕其党丙测叛归缅，数导入寇。二十年攻孟养，犯蛮莫。土同知思纪奔等练山。子龙击败之，乃去。子龙寻被劾罢归。

二十六年，朝鲜用师。诏以故官领水军，从陈璘东征。倭将渡海遁，璘遣子龙偕朝鲜统制使李舜臣督水军千人，驾三巨舰为前锋，邀之釜山南海。子龙素慷慨，年逾七十，意气弥厉，欲得首功，急携壮士二百人跃上朝鲜舟，直前奋击，贼死伤无算。他舟误掷火器入子龙舟。舟中火，贼乘之，子龙战死。舜臣赴救，亦死。事闻，赠都督佥事，世荫一子，庙祀朝鲜。

马孔英者，宣府塞外降丁也，积战功为宁夏参将。

万历二十年，哱拜反，引套寇入掠，孔英屡击败之。卜失兔入下马关，从麻贵邀击，大获。进本镇副总兵。二十四年九月，着力兔、宰僧犯平虏、横城。孔英偕参将邓凤力战，斩首二百七十有奇，赐金币。令推大将缺，乃擢署都督佥事，以总兵官莅旧任，寻进秩为真。二十七年，着力兔、宰僧复犯平虏、兴武，孔英与杜桐等分道袭败之。再入，又败之。

会大征播州杨应龙。诏发陕西四镇兵，令孔英将以往。兵分八道，孔英道南川，独险远，去应龙海龙囤六七百里。未至，重庆推官高折枝监纪军事，请独当一面。乃与参将周国柱先以石砫宣抚马千乘兵破贼金筑，复督酉阳宣抚冉御龙败贼于官坝。孔英至军，平茶、邑梅兵亦集，军容甚壮。先师期一日入真州，用土官郑葵、路麟为乡道，别遣边兵千扼明月关。诸军鼓行前，连破四寨，次赤崖，抵清水坪、封宁关，破贼营十数，逼桑木关。关内民降者日千计。折枝结三大砦处之，禁杀掠。降者日众，贼益孤。关为贼要害，山险箐深，贼凭高拒。乃令千乘、御龙出关左右，国柱捣其中。贼用标枪、药矢，锐甚。官军殊死战，夺其关，逐北至风坎关，贼复大败。连破九杵、黑水诸关，苦竹、羊崖、铜鼓诸寨。国柱攻金子坝，无一人，疑有伏。焚空砦十九，严兵以待。贼果突出，击败之。孔英乃留王之翰兵守白玉台，卫饷道，平茶、邑梅兵守桑木关，而亲帅大军进营金子坝。

应龙闻桑木关破，大惧，遣弟世龙及杨珠以锐卒劫之翰营。之翰走，杀饷卒无算。平茶兵来援，贼始退。孔英还击世龙，复却。裨将刘胜奋击，贼乃奔。官军进朗山口，由郎山进蒙子桥。深箐蓊翳，贼处处设伏，悉剿平之。应龙益惧，遣其党诈降，谋为内应。折枝尽斩之，伏以待。珠果夜劫营，伏发，贼惊溃，追奔至高坪。已，夺贼养马城，直抵海龙第二关下，贼守兵益多。孔英军已深入，而诸道未有至者。酉阳、延绥兵皆退，贼蹑杀官军六十人。居数日，刘綎兵至，乃合兵连克海崖、海门诸关。贼走保囤上，竟覆灭。

初，总督李化龙克师期，诸将莫利先入。孔英所将边卒及诸土兵，皆犷悍，监纪折枝勇而有谋，故师独先。八道围海龙，诸将以囤后易攻，争走其后，孔英独壁关前。录功，进都督同知，世荫千户。

久之，以总兵官镇贵州。平金筑、定番叛苗，生擒首恶阿包、阿牙等。已而欲袭黄柏山苗。苗知之，先发，败官兵，匿不报。又诱执苗酋石阿四，称阵擒冒功。为巡抚胡桂芳所劾，罢归卒。

赞曰：播州之役，诸将用命，合八道师，历时五月，仅乃克之，可谓劳矣。刘綎勇略冠诸将，劳最多，其后死事亦最烈。邓子龙始事姚安，名与綎埒，垂老致命，庙祀海隅。昔人谓"武官不惜死"，两人者盖无愧于斯言也夫。

明史卷二四八
列传第一三六

梅之焕　刘策　徐缙芳　陈一元
李若星　耿如杞　胡士容
颜继祖　王应豸等　李继贞
方震孺　徐从治　谢琏　佘大成等

　　梅之焕，字彬父，麻城人，侍郎国桢从子也。年十四为诸生。御史行部阅武，之焕骑马突教场，御史怒，命与材官角射，九发九中，长揖上马而去。

　　万历三十二年，举进士，改庶吉士。居七年，授吏科给事中。东厂太监李浚诬拷商人，之焕劾其罪。寻上言："今天下民穷饷匮，寇横兵疲。言官舍国事，争时局。部曹舍职掌，建空言。天下尽为虚文所束缚。有意振刷者，不曰生事，则曰苛求。事未就而谤兴，法未伸而怨集。豪杰灰心，庸人养拙，国事将不可为矣。请陛下严综核以责实事，通言路以重纪纲，别臧否以惜人才，庶于国事有济。"时朝臣部党角立，之焕廉枥自胜，尝言："附小人者必小人，附君子者未必君子。蝇之附骥，即千里犹蝇耳。"时有追论故相张居正者，之焕曰："使今日有综名实、振纪纲如江陵者，訾謷之徒敢若此耶？"其持平不欲傅会人如此。出为广东副使，擒诛豪民沈杀烈女者，民服其神。海寇袁进掠潮州，之焕扼海道，招散其党，卒降进。改视山东学政。

天启元年，以通政参议召迁太常少卿，擢右佥都御史，巡抚南、赣。丁内外艰，家居。当此之时，魏、客乱政，应山杨涟首发忠贤之奸。忠贤恚甚，拷杀涟。由此悍然益诛锄善类，惴惴楚人矣。谓涟被逮时，过麻城，涟罪人也，之焕与盘桓流涕，当削籍，其实涟未尝过麻城也。无何，逆党梁克顺诬以赃私，诏征赃。

庄烈帝即位，乃免征。起故官，巡抚甘肃。大破套寇，斩首七百余级，生得部长三人，降六百余人。明年春，寇复大入，患豌豆疮，环大黄山而病。诸将请掩之，之焕不可，曰：“幸灾不仁，乘危不武，不如舍之。因以为德焉。”遂不战。逾月，群寇望边城搏颡涕泣而去。冬，京师戒严，有诏入卫。且行，西部乘虚犯河西。之焕止留，遣兵伏贺兰山后，邀其归路，大兵出水泉峡口，再战再败之，斩首八百四十有奇。引军东。俄悍卒王进才杀参将孙怀忠等以叛，走兰州。之焕遂西定其变，复整军东。明年五月抵京师，已后时矣。有诏之焕入朝。翌日又诏之焕落职侯勘，温体仁已柄政矣。初，体仁讦钱谦益，之焕移书中朝，右谦益。至是，体仁修隙，之焕遂得罪。

之焕虽文士，负材武，善射，既废，无所见。所居县，阻山多盗。之焕无事，辄率健儿助吏捕，无脱者。先是，甘肃兵变，其溃卒畏捕诛，往往亡命山谷间，为群盗，贼势益张。至是，贼数万来攻麻城，望见之焕部署，辄引去。帝追叙甘肃前后功，复之焕官，荫子，然终不召。明年病卒。

刘策，字范董，武定人。万历二十九年进士。由保定新城知县入为御史。疏劾太仆少卿徐兆魁，复力争熊廷弼行勘及汤宾尹科场事。宾尹虽家居，遥执朝柄，嗾其党逐攻者孙振基、王时熙。

已而给事中刘文炳劾两淮盐御史徐缙芳，言策入叶向高幕，干票拟；策同官陈一元，向高姻亲，顾权利。时策按宣、大，疏言：“文炳为汤宾尹死友，代韩敬反噬。昔年发奸如振基、时熙辈，今皆安在？”向高亦以策无私交，为辨雪。文炳、策屡疏相诋，南京御史吴良辅言："文炳一疏而弹御史缙芳、·元、策及李若星，再疏而弹词臣蔡毅中、焦竑及监司李维桢，他波及尚多。人才摧残甚易。清品如策，雅望如竑，不免诋斥，天下宁有完人。"策复诋文炳倚方从哲为冰山，苟一时富贵，不顾清议。一元论铨政，尝讥切向高，时按江西，见文炳疏，愤甚，遂揭文炳阴事。且曰："向高行矣。今秉政者从哲，文炳乡人，奴颜婢膝，任好为之。"御史马孟桢亦言："敬关节实真，既斥两侍郎、两给谏谢之矣。乃亢直之刘策，攻击不休，而同发奸之张笃敬复驱除将及，何太甚也！"疏入，帝皆不省。策愤谢病去。时攻北魁、廷弼、宾尹辈者，党人率指目为东林，以年例出之外。至四十六年秋，在朝者已无可逐，乃即家徙策为河南副使。策辞疾不赴。

天启元年春，起天津兵备。擢右佥都御史，巡抚山西。召拜兵部右侍郎，协理戎政。五年冬，党人劾策为东林遗奸，遂削籍，崇祯二年夏，起故官，兼右佥都御史，总理蓟、辽、保定军务。大清兵由大安口入内地，策不能御，被劾。祖大寿东溃，策偕孙承宗招使还。明年正月，与总兵张士显并逮，论死，弃市。

缙芳，晋江人。为御史，首为顾宪成请谥，劾天津税监马堂九大罪，有敢言名。巡两淮，颇通宾客赂遗，被劾，坐赃。天启中，遣戍。

一元，侯官人。在江西，振饥有法。移疾去。天启初，起历应天府丞。御史余文缙劾向高，及一元，遂落职。崇祯初，复官。温体仁柄国，恶其附东林，而以为己门生也，引嫌不召。卒于家。

李若星，字紫垣，息县人。万历三十二年进士。历知枣强、真定。擢御史，首劾南京兵部尚书黄克缵。巡视库藏，陈蠹国病商四弊，请得稽十库出纳，以杜侵渔，不报。巡按山西，请撤税使。因再劾克缵为沈一贯私人，汤宾尹死友，宜罢，不从。还朝，出为福建右参议，移疾归。

天启初，起官陕西，召为尚宝少卿，再迁大理右少卿。三年春，以右佥都御史巡抚甘肃。陛辞，发魏忠贤、客氏之奸。明年遣将丁孟科、官维贤击河套松山诸部镇番，斩首二百四十余级。捷闻，未叙，有傅若星将起义兵清君侧之恶者。忠贤闻之，即令许显纯入之汪文言狱词，诬其赇赵南星，得节钺。五年三月，遂除若星名，下河南抚按提问。明年，狱上，杖之百，戍廉州。

庄烈帝即位，赦还。崇祯元年起工部右侍郎兼右佥都御史，总理河道。追论甘肃功，进秩二品。黄河大决，潴泗州，没睢宁城。若星请修祖陵，移睢宁县治他所，从之。都城戒严，遣兵入卫。病归，遭父忧。久之，召为兵部右侍郎。十一年以本官兼右佥都御史，代朱燮元总督川、湖、云、贵军务，兼巡抚贵州。讨安位余孽安陇璧及苗仲诸贼，有功。

福王时，解职。以乡邑残破，寓居贵州。桂王迁武冈，召为吏部尚书。未赴，遭乱，死于兵。

耿如杞，字楚材，馆陶人。万历四十四年进士。除户部主事。

天启初，以才历职方郎中。军书旁午，日应数十事。出为陕西参议，迁遵化兵备副使。当是时，逆奄窃柄，谄子无所不至，至建祠祝厘。巡抚刘诏悬忠贤画像于喜峰行署，率文武将吏五拜三稽首，呼九千岁。如杞见其像，冕旒也，半揖而出。忠贤令诏劾之，逮下诏狱，坐赃六千三百，论死。

时又有胡士容者，蓟州参议也，数忤其乡官崔呈秀，呈秀衔之。将为忠贤建祠，士容又不奉命。及士容迁江西副使，道通州，遂诬以多乘驿马，侵盗仓储，捕下诏狱掠治，坐赃七千，论死。

至秋，将行刑，而庄烈帝即位，崔、魏相继伏诛。帝曰："厂卫深文，附会锻炼，朕深痛焉。其赦耿如杞，予复原官，胡士容等改拟。"于是，如杞上疏曰："臣自入镇抚司，五毒并施，缚赴市曹者，日有闻矣。幸皇上赦臣以不死，惊魂粗定，乞放臣还家养疾。"帝不许，立擢如杞右佥都御史，巡抚山西。

插汉虎、墩兔据顺义王地，为边患，战款无定策。如杞言守边为上，修塞垣，缮战垒，铲山堙谷，事有绪矣。二年，京师戒严，如杞率总兵官张鸿功以勍卒五千人赴援,先至京师。军令,卒至之明日,汛地既定,而后乃给饷。如杞兵既至,兵部令守通州,明日调昌平,又明日调良乡,汛地累更,军三日不得饷,乃噪而大掠。帝闻之,大怒,诏逮如杞、鸿功,廷臣莫敢救者。四年竟斩西市。

方如杞之为职方郎也,与主事鹿善继党张鹤鸣,排熊廷弼而庇王化贞,疆事由是大坏,及是得罪。

士容既释出狱,二年除陕西副使,进右参政,卒于官。士容初令长洲,捕豪恶,筑娄江石塘,有政声。

福王时,赠如杞右佥都御史。子章光,进士,尚宝卿。士容,字仁常,广济人。

颜继祖,漳州人。万历四十七年进士。历工科给事中。崇祯元年正月,论工部冗员及三殿叙功之滥,汰去加秩寄俸二百余人。又极论魏党李鲁生、霍维华罪状。又有御史袁弘勋者,劾大学士刘鸿训,锦衣张道浚佐之。继祖言二人朋邪乱政,非重罚,祸无极。帝皆纳其言。迁工科右给事中。

三年,巡视京城十六门濠堑,疏列八事,劾监督主事方应明旷职。帝杖斥应明。外城库薄,议加高厚,继祖言时绌难举赢而止。再迁吏科都给事中,疏陈时事十大弊。忧归。

八年,起故官,上言:“六部之政笔于尚书,诸司之务握之正郎,而侍郎及副郎、主事止陪列画题,政事安得不废。督抚诸臣获罪者接踵,初皆由会推。然会推但六科掌篆者为主,卿贰、台臣罕至。且九卿、台谏止选郎传语,有唯诺,无翻异,何名会推?”帝称善。

寻擢太常少卿,以右佥都御史巡抚山东。分兵扼境上,河南贼不敢窥青、济。劾故抚李懋芳侵军饷二万有奇,被旨嘉奖。十一年,畿辅戒严,命继祖移驻德州。时标下卒仅三千,而奉本兵杨嗣昌令,五旬三更调。后令专防德州,济南由此空虚。继祖屡请救诸将刘泽清、倪宠等赴援,皆逗留不进。明年正月,大清兵克济南,执德王。继祖一人不能兼顾,言官交章劾继祖。继祖咎嗣昌,且曰:“臣兵少力弱,不敢居守德之功,不敢不分失济之罪。请以爵禄还朝廷,以骸骨还父母。"帝不从,逮下狱,弃市。

终崇祯世,巡抚被戮者十有一人:蓟镇王应豸,山西耿如杞,宣府李养冲,登莱孙元化,大同张翼明,顺天陈祖苞,保定张其平,山东颜继祖,四川邵捷春,永平马成名,顺天潘永图,而河南李仙风被逮自缢,不与焉。

王应豸,掖县人。为户部主事,谄魏忠贤,甫三岁,骤至巡抚,加右都御史。崇祯二年春,蓟卒索饷,噪而甲,参政徐治谕散其众。应豸置毒饭中,欲诱而尽杀之,诸军复大乱。帝命巡按方大任廉得其克饷状,论死。

李养冲,永年人。历兵部右侍郎,巡抚宣府。崇祯二年,既谢事,御史吴玉劾其侵盗抚赏银七万,及冒功匿败诸状。论死,毙于狱。

张翼明,永城人。以兵部右侍郎巡抚大同。崇祯元年,插汉虎、墩兔入犯,杀掠万计。翼明及总兵官渠家桢不能御,并坐死。

陈祖苞,海宁人。崇祯十年以右副都御史巡抚顺天。明年,坐失事系狱,饮鸩卒。帝怒祖苞漏刑,锢其子编修之遴,永不叙。

张其平,偃师人。历右佥都御史,巡抚保定。十一年冬,坐属邑失亡多,与继祖骈死西市。

马成名,溧阳人。潘永图,金坛人,与成名为姻娅。崇祯十四年冬,成名以右佥都御史巡抚永平。永图亦起昌平兵备佥事,未浃岁,至巡抚。畿辅被兵,成名、永图并以失机,十六年斩西市。余自有传。

李继贞,字征尹,太仓州人。万历四十一年进士。除大名推官,历迁兵部职方主事。天启四年秋,典试山东,坐试录刺魏忠贤,降级,已而削籍。

崇祯元年,起武选员外郎,进职方郎中。时军书旁午,职方特增设郎中,协理司事。继贞干用精敏,尚书熊明遇深倚信之,曰:"副将以下若推择,我画诺而已。"

四年,孔有德反山东,明遇主抚,继贞疏陈不可,且请调关外兵入剿。明遇不能从,后旋用其言灭贼。初,延绥盗起,继贞请发帑金,用董抟霄人运法,籴米输军前。且令四方赎锾及损纳事例者,输粟于边。以抚饥民。又言:“兵法抚、剿并用,非抚贼也,抚饥民之从贼者耳。今斗米四钱,已从贼者犹少,未从贼而势必从贼者无穷。请如神庙特遣御史振济故事,赍三十万石以往,安辑饥民,使不为贼,以孤贼势。”帝感其言,遣御史姓以十万金往。继贞少之,帝不听,后贼果日炽。

继贞为人强项,在事清执,请谒不得行。大学士周延儒,继贞同年生,属总兵官于继贞。继贞瞠目谢曰:“我不奉命,必获罪。刑部狱甚宽,可容继贞也。”延儒衔之。已,加尚宝寺卿。当迁,帝辄令久任。田贵妃父弘遇以坐门功求优叙不获,屡疏诋继贞,帝不听。中官曹化淳欲用私人为把总,继贞不可,乃嘱戎政尚书陆完学言于尚书张凤翼以命继贞,继贞亦不可,凤翼排继贞议而用之。化淳怒,与弘遇日伺其隙,谗之帝,坐小误,贬三秩。会叙甘肃功,继贞请起用故巡抚梅之焕,帝遂发怒,削继贞籍。已,论四川桃红坝功,复官,致仕。

十一年,用荐起,历两京尚宝卿。明年春召对,陈水利屯田甚悉,迁顺天府丞。寻超拜兵部右侍郎兼右佥都御史,巡抚天津,督蓟、辽军饷。乃大兴屯田,列上经地、招佃、用水、任人、薄赋五议。白塘、葛沽数十里间,田大熟。

十四年冬,诏发水师援辽,坐战舰不具,除名。明年夏,召为兵部添注右侍郎。得疾,卒于途。是夕,星陨中庭。赠右都御史,官一子。

方震孺,字孩未,桐城人,移家寿州。万历四十一年进士。由沙县知县入为御史。

熹宗嗣位,逆珰魏忠贤内结客氏。震孺疏陈三朝艰危,言:“宫妾近侍,嚬笑易假,窥睄可虑。中旨频宣,恐蹈叙封隐祸。”元年,陈

'拔本塞源论'曰:"暴者梃击之案,王之寀、陆大受、张庭、李偊悉遭废斥,而东林如赵南星、高攀龙、刘宗周诸贤,废锢终身,亟宜召复。至杨涟之争移宫,可幸无罪,不知何以有居功之说,又有交通之疑?将使天下后世谓尧、舜在上,而有交通矫旨之阉宦。"疏入,直声震朝廷。其春巡视南城。中官张晔、刘朝被讼,忠贤为请。震孺卞不从,卒上闻,忠贤益恚怨。

辽阳既破,震孺一日十三疏,请增巡抚,通海运,调边兵,易司马。日五鼓挝公卿门,筹画痛哭,而自请犒师。是时,三岔河以西四百里,人烟绝,军民尽窜,文武将吏无一骑东者。帝壮其言,发帑金二十万震孺犒师。六月,震孺出关,延见将士,吊死扶伤,军民大悦。因上言:"河广不七十步,一苇可航,非有惊涛怒浪之险,不足恃者一。兵来,斩木为排,浮以土,多人推之,如履平地,不足恃者二。河去代子河不远,兵从代子径渡,守河之卒不满二万,能望其半渡而遏之乎?不足恃者三。沿河百六十里,筑城则不能,列栅则无用,不足恃者四。黄泥洼、张叉站冲浅之处,可修守,今地非我有,不足恃者五。转眼冰合,遂成平地,间次置防,犹得五十万人,兵从何来?不足恃者六。"又言:"我以退为守,则守不足;我以进为守,则守有余。专倚三岔作家,万一时事偶非,榆关一线遂足锁蓟门哉?"疏入,帝命震孺巡按辽东,监纪军事。

震孺按辽,居不庐,食不火者七月。议者欲弃三岔河,退守广宁。震孺请驻兵镇武。军法不严,震孺请敕宁前监军,专斩逃军逃将。并从其言。然是时,经抚不和,疆事益坏。震孺再疏言山海无外卫,宜亟驻兵中前,以为眼目,不省。

明年正月,任满,候代前屯,而大清兵已再渡三岔河。先锋孙得功不战,而呼于镇武曰"兵败矣",遂走。巡抚王化贞在广宁,亦仓皇走。列城闻之皆走,惟震孺前屯无动。当是时,西平守将罗一贯已战死,参将祖大寿拥残兵驻觉华岛上。于是震孺召水师帅张国卿相与谋曰:"今东师四外搜粮,闻祖将军在岛上有米豆二十余万,兵十余万人,民数万,战舰、器仗、马牛无数,东师即媾得岛兵,得岛兵以攻榆关，岂有幸哉。”于是震孺、国卿航海见大寿，慷慨语曰："将军归，相保以富贵；不归，震孺请以颈血溅将军。"大寿泣，震孺亦泣，遂相携以归，获军民辎重无算。

有主事徐大化者，忠贤党也，劾震孺曰："攘差"。都御史邹元标奋笔曰："方御史保全山海，无过且有社稷功。"给事中郭兴治遂借道学以逐元标。元标去，震孺亦即罢归。明年，忠贤、广微兴大狱，再募劾方御史者，兴治再论震孺河西赃私。逮问掠治，坐赃六千有奇，拟绞。而扬州守刘铎咒诅之狱又起，遂诬震孺与交通，坐大辟，系狱。有逻卒时时佐震孺饮啖，问之，则曰："小人有妻，闻公精忠，手治以献者也。"辄报珰曰："某病革，某濒死。"当以是防益疏。

明年，庄烈帝嗣位，得释还。八年春，流贼犯寿州，州长吏适迁秩去，震孺倡士固守，贼自是不敢逼寿州。巡抚史可法上其功，用为广西参议。寻擢右佥都御史，巡抚广西。京师陷，福王立南京，即日拜疏勤王。马士英、阮大铖惮之，救还镇。震孺竟郁郁忧愤而卒。

徐从治，字仲华，海盐人。母梦神人舞戈于庭，寤而生。从治举万历三十五年进士，除桐城知县。累官济南知府，以卓异迁充东副使，驻沂州。

天启元年，妖贼徐鸿儒反郓城，连陷邹、滕、峄县。从治捕得其党之伏沂者杀之，请就家起故总兵杨肇基主兵事，而献捣贼中坚之策，遂灭鸿儒。事详赵彦传。

从治警敏通变，其御贼类主剿不主抚，故往往灭贼。旋以右参政分守济南。录功，从治最，进右布政使，督漕江南。妖贼再起，巡抚王惟俭奏留从治，仍守沂。按臣主抚，从治议不合，遂告归。

中外计议调，崇祯初，以故秩饬蓟州兵备。蓟军久缺饷，围巡抚王应豸于遵化。从治单骑驰入，阴部署夷丁、标兵，分营四门，按甲不动，登城而呼曰："给三月粮，趣归守汛地，否将击汝！"众应声而散。其应变多类此。进秩左布政使，再请告归。

四年起饬武德兵备。孔有德反山东，巡抚余大成檄从治监军。

明年正月驰赴莱州，而登州已陷。大成削籍，遂擢从治右副都御史代之，与登莱巡抚谢琏并命。诏琏驻莱州，从治驻青州，调度兵食。从治曰："吾驻青，不足镇莱人心；驻莱，足系全齐命。"乃与琏同受事于莱。

有德者，辽人。与耿仲明、李九成、毛承禄辈皆毛文龙帐下卒也。文龙死，走入登州。登莱巡抚孙元化官辽久，素言辽人可用，乃用承禄为副将，有德、仲明为游击，九成为偏裨，且多收辽人为牙兵。是年，大凌河新城被围，部檄元化发劲卒泛海，趋耀州盐场，示牵制。有德诡言风逆，改从陆赴宁远。十月晦，有德及九成子千总应元统千余人以行，经月抵吴桥，县人罢市，众无所得食。一卒与诸生角，有德挞之，众大哗。九成先赍元化银市马塞上，用尽无以偿，适至吴桥。闻众怨，遂与应元谋，劫有德，相与为乱。陷陵县、临邑、商河，残齐东，围德平。既而舍去，陷青城、新城，整众东。

余大成者，江宁人也。不知兵。初为职方，尝奏发大学士刘一燝私书，龁之去。后又以事忤魏忠贤，削籍归，有清执名。而巡抚山东，则白莲妖贼方炽，又有逃兵之变，皆不能讨。及闻有德叛，即托疾数日不能出，不得已遣中军沈廷谕参将陶廷铙往御，则皆败而走。大成恐，遂定议抚，而元化军亦至。

元化者，故所号善西洋大炮者也，至是亦主抚，檄贼所过郡县无邀击。贼长驱，无敢一矢加者。贼佯许元化降。元化师次黄山馆而返，贼遂抵登州。元化遣将张焘率辽兵驻城外，总兵张可大率南兵拒贼。元化犹招降贼，贼不应。五年正月战城东，辽兵遽退，南兵遂败。焘兵多降贼，贼遣之归，士民争请拒勿内。元化不从，贼遂入。日夕，城中火起，中军耿仲明、都司陈光福等导贼入自东门，城遂陷。可大死之。元化自刎不殊，与参议宋光兰、佥事王征及府县官悉被执。大成驰入莱州。

初，登州被围，朝廷镌大成、元化三级，令办贼。及登失守，革元化职，而以谢琏代。有德既破登州，推九成为主，己次之，仲明又次之。用巡抚印檄州县饷，趣元化移书求抚于大成曰："畀以登州一郡,则解。"大成闻于朝。帝怒,命革大成职,而以从治代。

先是,贼攻破黄县,知县吴世扬死之。至是,攻莱,从治、璘与总兵杨御蕃等分陴守。御蕃,肇基子。肇基,从治所共剿灭妖贼邹滕者也。御蕃积战功至通州副总兵。会登州陷,兵部尚书熊明遇奏署总兵官,尽将山东兵,与保定总兵刘国柱、天津总兵王洪兼程进。遇贼新城,洪先走。御蕃拒之二日,不胜,突围出,遂入莱城,从治、璘倚以剿贼。贼攻莱不下,分兵陷平度,知州陈所问自经。贼益攻莱,辇元化所制西洋大炮,日穴城,城多颓。从治等投火灌水,穴者死无算。使死士时出掩击之,毁其炮台,斩获多。而明遇卒惑大成抚议也,命主事张国臣为赞画往抚之,曰"安辑辽人之在山东者",以国臣亦辽人也。国臣先遣废将金一鲸入贼营,已而国臣亦入,为贼移书,遣一鲸还报曰:"毋出兵坏抚局。"

从治等知其诈,叱退一鲸,遣间使三上疏,言贼不可抚。最后言:"莱城被围五十日,危如累卵。日夜望援兵,卒不至,知必为抚议误矣。国臣致书臣,内抄诏旨并兵部论帖,乃知部臣已据国臣报,达圣听。夫国臣桑梓情重,忍欺圣明而陷封疆。其初遣一鲸入贼营,何尝有止兵不攻之事。果止兵,或稍退舍,臣等何故不乐抚。特国臣以抚为贼解,而贼实借抚为缓兵计。一鲸受贼贿,对援师则诳言贼数万,不可轻进;对诸将则诳言贼用西洋炮攻,城将陷矣,赖我招抚,贼即止攻。夫一鲸三入贼营,每入,贼攻益急。而国臣乃云贼嗔我缒城下击,致彼之攻。是使贼任意攻击,我不以一矢加遗,如元化断送登城,然后可成国臣之抚耶,当贼过青州,大成拥兵三千,剿贼甚易。元化遗书谓:'贼已就抚,尔兵毋东',大成遂止勿追,致贼延蔓。今贼视臣等犹元化,乃为贼解,曰吴桥激变有因也,一路封刀不杀也,闻天子诏遂止攻掠也。将谁欺!盈庭中国臣妄报,必谓一纸书贤于十万兵,援师不来,职是故矣。臣死当为厉鬼以杀贼,断不敢以抚谩至尊,淆国是,误封疆,而戕生命也。"疏入,未报。

当是时,外围日急,国柱、洪及山东援军俱顿昌邑不敢进,两抚臣困围城中。于是廷议更设总督一人,以兵部右侍郎刘宇烈任之。

调蓟门、四川兵，统以总兵邓玘，调密云兵，统以副将牟文绶，以右布政使杨作楫监之，往援莱。三月，宇烈、作楫、国柱、洪、玘及监视中官吕直，巡按御史王道纯，义勇副将刘泽清，新兵参将刘永昌、朱廷禄，监纪推官汪惟效等并集昌邑。玘国柱、洪、泽清等至莱州，马步军二万五千，气甚盛。而宇烈无筹略，诸师懦怯，抵沙河，日十辈往议抚，纵还所获贼陈文才。于是贼尽得我虚实，益以抚愚我，而潜兵绕其后，尽焚我辎重。宇烈惧，遂走青州，撤三将兵就食。玘等夜半拔营散，贼乘之，大败。洪、国柱走青，潍，玘走昌邑，泽清接战于莱城，伤二指，亦败走平度，惟作楫能军。三将既败，举朝哗然，而明遇见官军不可用，抚议益坚。

先是，登州总兵可大死，以副将吴安邦代之，安邦尤怯钝。奉令屯宁海，规取登州。仲明扬言以城降，安邦信之，离城二十五里而军。中军徐树声薄城被擒，安邦走还宁海。登既不能下，而贼困莱久，琏、从治、御蕃日坚守待救。至四月十六日，从治中炮死，莱人大临，守陴者皆哭。

山东士官南京者，合疏攻宇烈，请益兵。于是调昌平兵三千，以总兵陈洪范统之。洪范亦辽人。明遇日跂望曰：“往哉，其可抚也。”天津旧将孙应龙者，大言于众曰：“仲明兄弟与我善，我能令其缚有德、九成来。”巡抚郑宗周予之兵二千，从海道往。仲明闻之，伪函他死人头给之曰：“此有德也。”应龙率舟师抵水城。延之入，猝缚斩之，无一人脱者。贼得巨舰，势益张。岛帅黄龙攻之不克而还。遂破招远，围莱阳。知县梁衡固守，贼败去。

宇烈复至昌邑，洪范、文绶等亦至。莱州推官屈宜阳请入贼营讲抚，贼佯礼之。宜阳使言贼已受命。宇烈奏得请，乃手书谕贼，令解围。贼邀宇烈，宇烈惧不往。营将严正中舁龙亭及河，贼拥之去，而令宜阳还莱，文武官出城开读，围即解。御蕃不可。连曰：“围且六月，既已无可奈何，宜且从之。”遂偕监视中官徐得时、翟升，知府朱万年出。有德等叩头扶伏，涕泣交颐，琏慰谕久之而还。明日复令宜阳入，请琏、御蕃同出。御蕃曰：“我将家子，知杀贼，何知抚事。"琏等遂出。有德执之,猝攻城,却令万年呼降。万年呼曰:"吾死矣,汝等宜固守。"骂不绝口而死。贼送琏及二中官至登囚之,正中、宜阳皆死。

初,抚议兴,独从治持不可。宇烈诸将信之,而尚书明遇主其议。从治死,琏遂被擒。于是举朝恚愤,逮宇烈下狱,调关外劲卒剿之,罢总督及登莱巡抚不设,专任代从治者朱大典以行。明遇坐主抚误国,罢归,遂绝抚议。八月,大典合兵救莱。兵甫接,贼辄大败,围解。有德走登州,九成杀琏及二中官。大典围登,九成战死。城破,追剿。有德、仲明入海遁。生擒承禄等,斩应元,贼尽平。事详大典传。诏赠从治兵部尚书,赐祭葬,阴锦衣百户,建祠曰"忠烈";赠琏兵部右侍郎,亦赐祭葬,建祠,荫子,以御蕃功多,加署都督同知,总兵,镇登、莱。而宇烈以次年遣戍。琏,字君实,监利人。宇烈,绵竹人,大学士宇亮兄也。其戍也,人以为失刑。大成逮下狱,遣戍。赦还,卒于家。

元化,字初阳,嘉定人。天启间举于乡。所善西洋炮法,盖得之徐光启云。广宁覆没,条备京、防边二策。孙承宗请于朝,得赞画经略军前。主建炮台教练法,因请据宁远、前屯,以策干王在晋,在晋不能用。承宗行边,还奏,授兵部司务。承宗代在晋,遂破重关之非,筑台制炮,一如元化言。还授元化职方主事。已,元化赞画袁崇焕宁远。还朝,寻罢。

崇祯初,起武选员外郎,进职方郎中。崇焕已为经略,乞元化自辅,遂改元化山东右参议,整饬宁、前兵备。三年,皮岛副将刘兴治为乱,廷议复设登莱巡抚,遂擢元化右佥都御史任之,驻登州。明年,岛众杀兴治,元化奏副将黄龙代,汰其兵六千人。及有德反,朝野由是怨元化之不能讨也。贼纵元化还,诏逮之。首辅周延儒谋脱其死,不得也。则援其师光启入阁图之,卒不得,同张焘弃市。光兰,征充军。

赞曰:疆圉多故,则思任事之臣。梅之焕诸人,风采机略尚大异于巽愞恇怯之徒,而牵于文法,或废或死,悲夫! 叛将衡行,缚而斩之,一偏裨力耳。中挠抚议,委坚城界之,援师观望不进,徒扰扰焉。设官命将,何益之有。抚议之误国也,可胜言哉!

明史卷二四九
列传第一三七

朱燮元　徐如珂　刘可训　胡平表　卢安世等
李橒　史永安　刘锡元　王三善　岳具仰等
朱家民　蔡复一　沈儆炌　周鸿图
胡从仪等

朱燮元,字懋和,浙江山阴人。万历二十年进士。除大理评事。迁苏州知府、四川副使,改广东提督学校。以右参政谢病归。起陕西按察使,移四川右布政使。

天启元年,就迁左。将入觐,会永宁奢崇明反,蜀王要燮元治军。永宁,古蔺州地。奢氏,㑩猡种也,洪武时归附,世为宣抚使。传至崇周,无子。崇明以疏属袭,外恭内阴鸷,子寅尤骁桀好乱。时诏给事中明时举、御史李达征川兵援辽。崇明父子请行,先遣土目樊龙、樊虎以兵诣重庆。巡抚徐可求汰其老弱,饷复不继,龙等遂反。杀可求及参政孙好古、总兵官黄守魁等,时举、达负伤遁。时九月十有七日也。贼遂据重庆,播州遗孽及诸亡命奸人蜂起应之。贼党符国祯袭陷遵义,列城多不守。

崇明僭伪号,设丞相五府等官,统所部及徼外杂蛮数万,分道趋成都。陷新都、内江,尽据木椑、龙泉诸隘口。指挥周邦太降,冉世洪、雷安世、瞿英战死。成都兵止二千,饷又绌。燮元檄征石砫、罗纲、龙安、松、茂诸道兵入援,敛二百里内粟入城。偕巡按御史薛敷政、右布政使周著、按察使林宰等分陣守。贼障革裹竹牌钩梯附城，垒土山，上架蓬荜，伏弩射城中。燮元用火器击却之，又遣人决都江堰水注濠。贼治桥，得少息，因斩城中通贼者二百人，贼失内应。贼四面立望楼，高与城齐。燮元命死士突出，击斩三贼帅，燔其楼。

既而援兵渐集。登莱副使杨述程以募兵至湖广，遂合安绵副使刘芬谦、石砫女土官秦良玉军败贼牛头镇，复新都。他路援兵亦连胜贼。然贼亦愈增，日发冢，掷枯骸。忽自林中大噪，数千人拥物如舟，高丈许，长五十丈，楼数重，牛革蔽左右，置板如平地。一人披发仗剑，上载羽旗，中数百人挟机弩毒矢，旁翼两云楼，曳以牛，俯瞰城中。城中人皆哭。燮元曰："此吕公车也。"乃用巨木为机关，转索发炮，飞千钧石击之。又以大炮击牛，牛返走，败去。

有诸生陷贼中，遣人言贼将罗象乾欲反正。燮元令与象乾俱至，呼饮戍楼中，不脱其佩刀，与同卧酣寝。象乾誓死报，复缒而出。自是，贼中举动无不知。乃遣部将诈降，诱崇明至城下。伏起，崇明跳免。会诸道援军至，燮元策贼且走，投木牌数百锦江，流而下，令有司沉舟断桥，严兵待。象乾因自内纵火，崇明父子遁走泸州，象乾遂以众来归。城围百二日而解。

初，朝廷闻重庆变，即擢燮元佥都御史，巡抚四川，以杨愈懋为总兵官，而擢河南巡抚张我续总督四川、贵州、云南、湖广军。未至而成都围解，官军乘势复州县卫所凡四十余。惟重庆为樊龙等所据。其地三面阻江，一面通陆。副使徐如珂率兵绕出佛图关后，与良玉攻拔之。崇明发卒数万来援，如珂迎战，檄同知越其杰蹑贼后，杀万余人。监军佥事戴君恩令守备金富廉攻斩贼将张彤，樊龙亦战死。帝告庙受贺，进君恩三官。燮元所遣他将复建武、长宁，获伪丞相何若海，泸州亦旋复。

先是，国祯陷遵义，贵州巡抚李枟已遣兵复之。永宁人李忠臣尝为松潘副使，家居，陷贼，以书约愈懋为内应，事觉，合门遇害。贼即用其家僮绐愈懋，袭杀之，并杀顺庆推官郭象仪等。再陷遵义，杀推官冯凤雏。

　　当是时,崇明未平,而贵州安邦彦又起。安氏世有水西,宣慰使安位方幼,邦彦以故得倡乱。朝议录燮元守城功,加兵部侍郎,总督四川及湖广荆、岳、郧、襄,陕西汉中五府军务,兼巡抚四川,而以杨述中总督贵州军务,兼制云南及湖广辰、常、衡、永十一府,代我续共办奢、安二贼。然两督府分阃治军,川、贵不相应,贼益得自恣。三年,燮元谋直取永宁,集将佐曰:“我久不得志于贼,我以分,贼以合也。”乃尽擎诸军会长宁,连破麻塘坎、观音庵、青山崖、天蓬洞诸砦。与良玉兵会,进攻永宁,击败奢寅于土地坎,追至老军营、凉伞铺,尽焚其营。寅被二枪遁,樊虎亦中枪死。复追败之横山,入青岗坪,抵城下,拔之,擒叛将周邦太,降贼二万。副总兵秦衍祚等亦攻克遵义。崇明父子逃入红崖大囤,官军蹙而拔之。连拔天台、白崖、楠木诸囤,抚定红潦四十八砦。贼奔入旧兰州城,五月为参将罗象乾所攻克。崇明父子率余众走水西龙场客仲坝,倚其女弟奢社辉以守。初,贼失永宁,即求救于安邦彦。邦彦遣二军窥遵义、永宁,燮元败走之。总兵官李维新等遂攻破客仲巢,崇明父子窜深箐。维新偕副使李仙品、佥事刘可训、参将林兆鼎等捣龙场,生擒崇明妻安氏、弟崇辉。寅、国祯皆被创走。录功,进燮元右都御史。

　　时蜀中兵十六万,土、汉各半。汉兵不任战,而土兵骄淫不肯尽力。成都围解,不即取重庆;重庆复,不即捣永宁;及永宁、兰州并下,贼失巢穴,又纵使远窜。大抵土官利养寇,官军效之,贼得展转为计。崇明父子方窘甚,燮元以蜀已无贼,遂不穷追。永宁既拔,拓地千里。燮元割膏腴地归永宁卫,以其余地为四十八屯,给诸降贼有功者,令岁输赋于官,曰“屯将”,隶于叙州府,增设同知一人领之。且移叙州兵备道于卫城,与贵州参将同驻,蜀中遂靖。而邦彦张甚。

　　四年春陷贵州,巡抚王三善军没。明年,总理鲁钦败于织金,贵州总督蔡复一军又败。廷臣以三善等失事由川师不协助,议合两督府。乃命燮元以兵部尚书兼督贵州、云南、广西诸军,移镇遵义;而以尹同皋代抚四川。燮元赴重庆,邦彦侦知之。六年二月,谋乘官军未发,分犯云南、遵义,而令寅专犯永宁。未行,寅被杀,乃已。寅凶淫甚。有阿引者,受燮元金钱,乘寅醉杀之。寅既死,崇明年老无能为,邦彦亦乞抚。燮元闻于朝,许之,乃遣参将杨明辉往抚。燮元旋以父丧归,偏沅巡抚闵梦得来代。

先是,贵州巡抚王瑊谓督臣移镇贵阳有十便,朝议从之。梦得乃陈用兵机宜,"请自永宁始。次普市、摩泥、赤水,百五十里皆坦途。赤水有城可屯兵,进白岩、层台、毕节、大方仅二百余里。我既宿重兵,诸番交通之路绝,然后贵阳、遵义军克期进,贼必不能支。"疏未报,梦得召还,代以尚书张鹤鸣,议遂寝。鹤鸣未至,明辉奉制书,仅招抚安位,不云赦邦彦。邦彦怒,杀明辉,抚议由此绝。鹤鸣视师年余,未尝一战,贼得养其锐。

崇祯元年六月复召燮元代之,兼巡抚贵州,仍赐尚方剑。录前功,进少保,世荫锦衣指挥使。时寇乱久,里井萧条,贵阳民不及五百家,山谷悉苗仲。而将士多杀降报功,苗不附。燮元招流移,广开垦,募勇敢;用梦得前议,檄云南兵下乌撒,四川兵出永宁,下毕节,而亲率大军驻陆广,逼大方。总兵官许成名、参政郑朝栋由永宁复赤水。邦彦闻之,分守陆广、鸭池、三岔诸要害,别以一军趋遵义。自称四裔大长老,号崇明大梁王,合兵十余万,先犯赤水。燮元授计成名,诱贼至永宁。乃遣总兵官林兆鼎从三岔入,副将王国祯从陆广入,刘养鲲从遵义入,合倾其巢。邦彦恃勇,拟先破永宁军,还拒诸将,急索战。四川总兵官侯良柱、副使刘可训遇贼十万于五峰山、桃红坝,大破之。贼奔据山巅。诸将乘雾力攻,贼复大败。又追败之红土川,邦彦、崇明皆授首,时二年八月十有七日也。捷闻,帝大喜。以成名与良柱争功,赏久不行。

乌撒安效良死,其妻安氏招故霭益土酋安远弟边为夫,负固不服。燮元乘兵威胁走边,遂复乌撒。燮元以境内贼略尽,不欲穷兵,乃檄招安位,位不决。燮元集将吏议曰:"水西地深险多箐箐,蛮烟瘴雨,莫辨昼夜,深入难出。今当扼其要害,四面迭攻,贼乏食,将自

毙。"于是攻之百余日，斩级万余。养鲲复遣人入大方，烧其室庐，位
大恐。三年春，遣使乞降。燮元与约四事：一、贬秩，二、削水外六目
地归之朝廷，三、献杀王巡抚者首，四、开毕节等九驿。位请如约，率
四十八目出降。燮元受之，贵州亦靖。遂上善后疏曰："水西自河以
外，悉入版图。沿河要害，臣筑城三十六所，近控蛮苗，远联滇、蜀，
皆立邸舍，缮邮亭，建仓廪，贼必不敢猝入为寇。鸭池、安庄傍河可
屯之土，不下二千顷，人赋土使自赡，盐酪刍荛出其中。诸将士身经
数百战，咸愿得尺寸地长子孙，请割新疆以授之，使知所激劝。"帝
报可。

　　初，崇明、邦彦之死，实川中诸将功，而黔将争之。燮元颇右黔
将，屡奏于朝，为四川巡按御史马如蛟所劾。燮元力求罢，帝慰留
之。其冬讨平定番、镇宁叛苗，乃通威清等上六卫及平越、清平、偏
桥、镇远四卫道路，凡一千六百余里，缮亭障，置游徼。贵阳东北有
洪边十二马头，故宣慰宋嗣殷地也。嗣殷以助邦彦被剿灭，乃即其
地置开州，又奏复故施秉县，招流民实之。

　　四年，阿迷州土官普名声作乱，陷弥勒州曲江所，又攻临安及
宁州，远近震动。巡抚王伉、总兵官沐天波不能御，亟遽戍。燮元遣
兵临之，遂就抚。

　　龙场坝者，邻大方，邦彦以假崇明。崇明既灭，总兵侯良柱欲设
官屯守以自广。而安位谓己故地，数举兵争，燮元不之禁。会燮元
劾良柱不职；良柱亦讦燮元曲庇安氏，纳其重贿。章下四川巡按御
史刘宗祥。宗祥亦劾燮元受贿，且以龙场、永宁不置邑卫为欺罔。帝
以责燮元。燮元乃上言："御夷之法，来则安之，不专在攻取也。今
水西已纳款，惟明定疆界，俾自耕牧，以输国赋。若设官屯兵，此地
四面孤悬，中限河水，不利应援，筑城守渡，转运烦费。且内激兰州
必死之斗，外挑水西扼吭之嫌，兵端一开，未易猝止，非国家久远
计。"帝犹未许。后勘其地，果如所议。论桃红坝功，进少师，世荫锦
衣指挥使。一品六年满，加左柱国。再议平贼功，世荫锦衣指挥佥
事。

十年,安位死,无嗣,族属争立。朝议又欲郡县其地,燮元力争。遂传檄土目,布上威德。诸蛮争纳土,献重器。燮元乃裂疆域,众建诸蛮。复上疏曰:

> 水西有宣慰之土,有各目之土。宣慰公土,宜还朝廷。各目私土,宜界分守,籍其户口,征其赋税,殊俗内响,等之编氓。大方、西溪、谷里、北那要害之地,筑城戍兵,足销反侧。夫西南之境,皆荒服也,杨氏反播,奢氏反蔺,安氏反水西。滇之定番,小州耳,为长官司者十有七,数百年来未有反者。非他苗好叛逆,而定番性忠顺也,地大者跋扈之资,势弱者保世之策。今臣分水西地,授之酋长及有功汉人,咸俾世守。虐政苛敛,一切蠲除,参用汉法,可为长久计。因言其便有九:不设郡县置军卫,因其故俗,土汉相安,便一。地益垦辟,聚落日繁,经界既正,土酋不得侵轶民地,便二。黔地荒确,仰给外邦,今自食其地,省转输劳,便三。有功将士,酬以金则国币方匮,酬以爵则名器将轻,锡以土田,于国无损,便四。既世其土,各图久远,为子孙计,反侧不生,便五。大小相维,轻重相制,无事易以安,有事易以制,便六。训农治兵,耀武河上,俾贼遗孽不敢窥伺,便七。军民愿耕者给田,且耕且守,卫所自实,无勾军之累,便八。军耕抵饷,民耕输粮,以屯课耕,不拘其籍,以耕聚人,不世其伍,便九。

帝咸报可。无何,所抚土目有叛者,诸将方国安等军败,燮元坐贬一秩。已,竟破灭之。十一年春卒官,年七十三。

燮元长八尺,腹大十围,饮啖兼二十人。镇西南久,军赀赎锾,岁不下数十万,皆籍之于官。治事明决,军书络绎,不假手幕佐。行军务持重,谋定后战,尤善用间。使人各当其材。犯法,即亲爱必诛;有功,厮养不遗赏也。驭蛮以忠信,不妄杀,苗民怀之。初官陕西时,遇一老叟,载与归,尽得其风角、占候、遁甲诸术。将别,语燮元曰:"幸自爱,他日西南有事,公当之矣。"内江牟康民者,奇士也,兵未起时,语人曰:"蜀且有变,平之者朱公乎?"已而果然。

　　徐如珂，字季鸣，吴县人。万历二十三年进士。除刑部主事，历郎中。主事谢廷赞疏请建储。帝怒，尽贬刑曹官。如珂降云南布政司照磨。累迁南京礼部郎中，广东岭南道右参议。暹罗贡使馈犀角、象牙，如珂不受。天启元年，迁川东兵备副使。击杀奢崇明党樊龙，复重庆。奉檄捣兰州土城。贼借水西兵十万来援，前军少却。捍子军覃懋勋挽白竹弩连中之，贼大溃。转战数十里，斩首万余级，遂拔蔺州，崇明父子窜水西去。乃召如珂为太仆少卿，转左通政。

　　魏忠贤逐杨涟，如珂郊饯之，忠贤衔甚。迁光禄卿，修公廨竣，疏词无所称颂。六年九月，廷推南京工部右侍郎，遂削籍。归里三月，治具饮客。顷之卒。崇祯初，以原推起用，死岁余矣。寻录破贼功，赐祭葬，进秩一等，官一子。

　　刘可训，沣州人。万历中举乡试。历官刑部员外郎。天启元年恤刑四川。会奢崇明反，围成都，可训佐城守有功，擢佥事，监军讨贼。崇明走龙场坝，可训督诸将进剿，功最多。总督朱燮元汇奏文武将吏功，盛推可训，乃迁威茂兵备参议。崇祯元年改叙泸副使，仍监诸将军。二年与总兵侯良柱破贼十万众于五峰山，斩崇明及安邦彦。御史毛羽健言："可训将孤军，出入蛮烟瘴雨者多年。初无守土责，因奉命录囚，而乃见危授命，解围成都，奏捷永宁，扫除蔺穴，逆寅授首。五路大战，十道并攻，皆抱病督军，誓死殉国。畀以节钺，谁曰不宜？"帝颇纳其言。未几，畿辅被兵，可训率师入卫。三年五月恢复遵化，擢右佥都御史，巡抚顺天、永平，督蓟镇边务。兵部尚书梁廷栋嘱私人沈敏于可训，敏遂交关为奸利。御史水佳允劾可训，落职归。后叙四川平寇功，复官，世荫锦衣千户。未及起用，卒于家。

　　胡平表，云南临安人。万历中举于乡，历忠州判官。天启元年秋，樊龙陷重庆，平表缒城下，诣石砫土官秦良玉乞师，号泣不食饮者五昼夜。良玉为发兵。巡抚朱燮元檄平表监良玉军。会擢新郑知县，燮元奏留之，改重庆推官，监军兼副总兵，尽获诸军将。战数有功，擢四川监军佥事，兼理屯田。迁贵州右参议。崇祯元年，总督张鹤鸣言：“平表偏州小吏，慷慨赴义。复新都，解成都围，连战白市驿、马庙，进据两岭，俘斩无算。夺二郎关，擒贼帅黑蓬头，追降樊龙，遂克重庆。用六千人败奢、安二酋十万兵。请以本官加督师御史衔，赐之专敕，必能枭逆贼首献阙下。”部议格不行，乃进秩右参政，分守贵宁道，荫子锦衣世千户。久之，擢贵州布政使。四年大计，坐不谨落职。十三年，督师杨嗣昌荐之，诏以武昌通判监标下军事。嗣昌卒，乃罢归。

卢安世，贵州赤水卫人。万历四十年举于乡，为富顺教谕。天启初，奢崇明反，遣贼逼取县印，署令弃城走。安世收印，率壮士击斩贼。无何，贼数万猝至，安世单骑斗，手馘数人，诣上官请兵复其城。帝用大学士孙承宗言，超擢佥事，监军讨贼，屡战有功。五年四月，总督朱燮元上言：“自遵义五路进兵，永宁破巢之后，大小数百战，擒获几四万人，降贼将百三十四人，招抚群贼及土、汉、苗仲二十九万三千二百余人，皆监司李仙品、刘可训、郑朝栋及安世等功，武将则林兆鼎、秦翼明、罗象乾，土官则陈治安、冉绍文、悦先民等。”帝纳之。安世进贵州右参议，迁四川副使、遵义监军，功复多。崇祯初，予世荫武职，进右参政。久之，解官，归卒。

林兆鼎，福建人。天启中，为四川参将，积功至总兵官，都督同知。崇祯三年遣将讨定番州苗，连破十余寨，擒其魁。四年遣将讨湖广苗黑酋，攻拔二百余寨。加左都督，召佥南京右府。卒，赠太子少保。

李橒，字长孺，鄞人。曾祖循义，衡州知府。祖生威，凤阳推官。橒登万历二十九年进士，授行人，擢御史。例转广东盐法佥事，历山东参议、陕西提学副使、山东参政、按察使。

四十七年秋，擢右佥都御史，巡抚贵州。贵州宣慰同知安邦彦者，宣慰使尧臣族子。尧臣死，子位幼，其母奢社辉代领其事。社辉，永宁宣抚奢崇明女弟也,邦彦遂专兵柄。会朝议征西南兵援辽,邦彦素桀黠,欲乘以起事,诣榶请行。榶谕止之。邦彦归,益为反谋。榶累疏请增兵益饷,中朝方急辽事,置不问。

会榶被劾,乃六疏乞休。天启元年始得请,以王三善代。而奢崇明已反重庆,陷遵义,贵阳大震,榶遂留视事。时城中兵不及三千,仓库空虚。榶与巡按御史史永安贷云南、湖广银四万有奇,募兵四千,储米二万石,治战守具,而急遣总兵官张彦芳,都司许成名、黄运清,监军副使朱芹,提学佥事刘锡元等援四川。屡捷,遂复遵义、绥阳、湄潭、真安、桐梓。

二年二月,或传崇明陷成都,邦彦遂挟安位反,自称罗甸王。四十八支及他部头目安邦俊,陈其愚等蜂起相应,乌撒土目安效良亦与通。邦彦首袭毕节,都司杨明廷固守,击斩数百人。效良助邦彦陷其城,明廷败殁。贼遂分兵陷安顺平坝,效良亦西陷霑益,而帮彦自统水西军及罗鬼、苗仲数万,东渡陆广河,直趋贵阳,别遣王伦等下瓮安,袭偏桥,以断援兵。洪边土司宋万化纠苗仲九股陷龙里。

榶、永安闻变,亟议城守。会藩臬、守令咸入觐,而彦芳镇铜仁,运清驻遵义。城中文武无几人,乃分兵为五,令锡元及参议邵应祯、都司刘嘉言、故副总兵刘岳分御四门,榶自当北门之冲。永安居谯楼,团街市兵,防内变。学官及诸生亦督民兵分堞守。贼至,尽锐攻北城,榶迎战,败之。转攻东门,为锡元所却。乃日夕分番驰突,以疲官兵。为三丈楼临城,用妇人、鸡犬厌胜术。榶、永安烹麑杂斗米饭投饲鸡犬,而张虎豹皮于城楼以被之,乃得施炮石,夜縋死士烧其楼。贼又作竹笼万余,土垒之,高逾睥睨。永安急撤大寺钟楼建城上,贼弃笼去,官军出烧之。数出城邀贼粮,贼怒,尽发城外冢,偏烧村砦。又先后攻陷广州、普定、威清、普安、安南诸卫。贵阳西数千里,尽为贼据。

初被围,彦芳、运清来救,败贼于新添。贼诱入龙里,二将皆败,乃纵之入城曰“使耗汝粮”,城中果大困。川贵总督张我续、巡抚王三善拥兵不进,榶、永安连疏告急,诏旨督责之。会彦芳等出战频得利,贼退保泽溪,乃遣裨将商士杰等率九千人分控威清、新添二卫,且乞援兵。贼谓城必拔,沿山列营栅隔内外,间旬日一来攻,辄败去。副总兵徐时逢、参将范仲仁赴援,遇贼瓮城河。仲仁战不利,时逢拥兵不救,遂大败,诸将马一龙、白自强等歼焉,援遂绝。贼闻三善将进兵,益日夜攻击,长梯蚁附,城几陷者数矣。橒奋臂一呼,士卒虽委顿,皆强起斫贼,贼皆颠踣死城下。王三善屡被严旨,乃率师破重围而进。十二月七日,抵贵阳城下,围始解。橒乃辞兵事,解官去。三善既破贼,我续无寸功,乾没军资六十万,言官交劾,解职候勘。

我续,邯郸人,刑部尚书国彦子。其后夤缘魏忠贤起户部侍郎,进尚书,名丽逆案云。

方官廪之告竭也,米升直二十金。食糠核草木败革皆尽,食死人肉,后乃生食人,至亲属相啖。彦芳、运清部卒公屠人市肆,斤易银一两。橒尽焚书籍冠服,预戒家人,急则自尽,皆授以刀缳。城中户十万,围困三百日,仅存者千余人。孤城卒定,皆橒及永安、锡元功。熹宗用都御史邹元标言,进橒兵部右侍郎,永安太仆少卿,锡元右参政。及围解,当再叙功,御史蒋允仪言安位袭职时,橒索其金盆,致启衅。章下贵州巡按侯恂覈。未报,御史张应辰力颂橒功。恂覈上,亦白其诬。帝责允仪。

初,永安遣运清往新添、平越趣援兵,惧其不济,欲出城督之。锡元疑永安有去志,以咨橒,橒止永安。及锡元当绝食时,议发兵护橒,永安出城,身留死守,永安亦疑锡元。而运清因交构其间,三人遂相失。永安诋锡元议留身守城,欲输城于贼,橒亦与谋,两人上章辨。吏部尚书赵南星、左都御史孙玮等力为三人解,而言永安功第一,当不次大用;橒已进官,当召还;锡元已进参政,当更优叙。诏可之。然橒竟不召,锡元亦无他擢,二人并还里。独永安在朝,连擢太常卿、右佥都御史,巡抚宁夏,再以兵部右侍郎总督三边。橒及诸将吏功,迄不叙。六年秋,御史田景新颂橒功,不纳。

崇祯元年,给事中许誉卿再以金盆事劾橒。帝召咨廷臣,独御史毛羽健为楈解,吏部尚书王永光等议如羽健言,给事中余昌祚诋羽健曲庇。帝下川贵总督朱燮元等再核,羽健乃上疏曰:"安、奢世为婚姻,同谋已久。奢寅寇蜀,邦彦即寇黔,何用激变?当贵阳告急,正广宁新破之日,举朝皇皇,已置不问。后知楈不死,孤城尚存,始命王三善往救,至则围已十月。安酋初发难,崇明欲取成都作家,邦彦欲图贵阳为窟,西取云南,东扰偏、沅、荆、襄,非楈扼其冲,东南尽涂炭。乃按臣永安不二三载踬卿贰,督师三边,楈则投闲林壑,又以永宁谤书为楈罪。案金盆之说发自允仪,当年已自承风闻,何至今独执为实事?"贵州人亦争为楈颂冤。燮元乃偕巡按御史赵洪范交章雪其枉,楈事始白。

九年冬,叙守城功,进一秩,赉银币。久之卒于家。

锡元,长洲人。崇祯中,任宁夏参政。

永安,武定人。共楈城守,功多。以在边时建魏忠贤祠,后为御史宁光先论罢,不为人所重云。

王三善,字彭伯,永城人。万历二十九年进士。由荆州推官入为吏部主事。齐、楚、浙三党抨击李三才,三善自请单骑行勘,遂为其党所推。历考功文选郎中,进太常少卿。

天启元年十月擢右佥都御史,代李楈巡抚贵州。时奢崇明已陷重庆。明年二月,安邦彦亦反,围贵阳。楈及巡按御史史永安连章告急,趣三善驰援。三善始驻沅州,调集兵食。已次镇远,再次平越,去贵阳百八十里,方遣知府朱家民乞兵四川。兵未至,不敢进。疏请便宜从事,给空名部牒,得随才委任。帝悉报可。

至十二月朔,知贵阳围益困,集众计曰:"失城死法,进援死敌,等死耳,盍死敌乎?"乃分兵为三:副使何天麟等从清水江进,为右部;佥事杨世赏等从都匀进,为左部;自将二万人,与参议向日升,副总兵刘超,参将杨明楷、刘志敏、孙元谟、王建中等由中路,当贼锋。舟次新安,抵龙头营。超前锋遇贼,众欲退,斩二人乃定。贼酋阿成骁勇，超率步卒张良俊直前斩其头，贼众披靡。三善等大军亦至，遂夺龙里城。诸将议驻师观变，三善不可，策马先。邦彦疑三善有众数十万，乃潜遁，余贼退屯龙洞。官军遂夺七里冲，进兵毕节铺。元模、明楷连败贼，其渠安邦俊中炮死，生获邦彦弟阿伦，遂抵贵阳城下，贼解围去。楛、永安请三善入城。三善曰："贼兵不远，我不可即安。"营于南门外。明日，破贼泽溪。贼走渡陆广河。居数日，左右二部兵及湖广、广西、四川援兵先后至。

三善以二万人破贼十万，有轻敌心，欲因粮于敌。举超为总兵官，令渡陆广，趋大方，捣安位巢，以世赏监之；总兵官张彦芳渡鸭池，捣邦彦巢，以天麟监之。汉、土兵各三万。别将都司补衮出黄沙渡。克期并进。超等至陆广，连战皆捷，彦芳部将秦民屏亦破贼五大寨，诸将益轻敌。邦彦先合崇明、效良兵诱官军深入。三年正月，超渡陆广，贼薄之，独山土官蒙诏先遁，官军大败，争渡河，超走免，明楷被执，诸将姚旺等二十六人歼焉。贼遂攻破鸭池军，部将覃弘化先逃，诸营尽溃，彦芳退保威清，惟补衮军独全。

诸苗见王师失利，复蜂起。土酋何中尉进据龙里，而邦彦使李阿二围青岩，断定番饷道；令宋万化、吴楚汉为左右翼，自将趋贵阳。远近大震。三善急遣游击祁继祖等取龙里，王建中、刘志敏救青岩。继祖燔上、中、下三牌及贼百五十砦，建中亦燔贼四十八庄，龙里、定番路皆通。三善又夜遣建中、继祖捣楚汉八姑荡，燔庄砦二百余，薄而攻之。贼溺死无算。万化不知楚汉败，诈降。三善佯许，而令诸将卷甲趋之。万化仓皇出战，被擒，邦彦为夺气。群苗复效顺，三善给黄帜，令树营中。邦彦望见不敢出，增兵守鸭池、陆广诸要害。

时崇明父子屡败，邦彦救之，为川师败走。总理鲁钦等剿擒中尉，彦芳亦追贼鸭池，而贼复乘间陷普安。总督杨述中驻沅州，畏贼。朝命屡趣，始移镇远。议与三善左，三善屡求退。不许。会崇明为川师所窘，逃入贵州龙场，依邦彦。三善议会师进讨，述中暨诸将多持不可。三善排群议，以闰十月，自将六万人渡乌江，次黑石，连败贼,斩前逃将覃弘化以徇。贼乃栅漆山,日遣游骑掠樵采者。军中乏食,诸将请退师。三善怒曰:"汝曹欲退,不如斩吾首诣贼降。"诸将乃不敢言。三善募壮士逼漆山。绯衣峨冠,肩舆张盖,自督阵,语将士曰:"战不捷,此即吾致身处也。"旁一山颇峻,麾左军据其颠。贼仓皇拔栅争山,将士殊死战,贼大败,邦彦狼狈走。

三善度渭河,降者相继。师抵大方,入居安位第。位偕母奢社辉走火灼堡,邦彦窜织金,先所陷将杨明楷乃得还。位窘,遣使诣述中请降。述中令缚崇明父子自赎,三善责并献邦彦。往返之间,贼得用计为备。三善以贼方平,议郡县其地。诸苗及土司咸愠恐,益合于邦彦。三善先约四川总兵官李维新灭贼,以饷乏辞。

三善屯大方久,食尽,述中弗为援,不得已议退师。四年正月尽焚大方庐舍而东,贼蹑之。中军参将王建中、副总兵秦民屏战殁。官军行且战,至内庄,后军为贼所断。三善还救,士卒多奔。陈其愚者,贼心复,先诈降,三善信之,与筹兵事,故军中虚实贼无不知。至是遇贼,其愚故纵辔冲三善坠马。三善知有变,急解印绶付家人,拔刀自刎,不殊,群贼拥之去。骂不屈,遂遇害。同知梁思泰、主事田景猷等四十余人皆死。贼拘监军副使岳具仰以要抚。具仰遣人驰蜡书于外,被杀。

三善倜傥负气,多权略。家中州,好交四方奇士侠客,后辄得其用。救贵阳时,得邸报不视,曰:"吾方办贼,奚暇及此?且朝议战守纷纷,阅之徒乱人意。"其坚决如此。然性卞急,不能持重,竟败。先以解围功,加兵部右侍郎,既殁,巡按御史陆献明请优恤,所司格不行。崇祯改元,赠兵部尚书,世荫锦衣金事,立祠祭祀。九年冬,再叙解围功,赠太子少保。

大方之役,御史贵阳徐卿伯上言:"邦彦招四方奸宄,多狡计。抚臣得胜骤进,祖蠢苗不足平。不知泽溪以西,渡陆广河,皆鸟道,深林丛箐,彼诱我深入,以木石塞路,断其邮书,阻饷道,遮援师,则彼不劳一卒,不费一矢,而我兵已坐困矣。"后悉如其言。

岳具仰,延安人。举于乡,历泸州知州,户部郎中。贵州乱,朝议具仰知兵,用为监军副使。内庄之败,监军四人,其三得脱还,惟具仰竟死。

田景猷,贵州思南人。天启二年甫释褐,愤邦彦反,疏请赍敕宣谕。廷议壮之,即擢职方主事。贼方围贵阳,景猷单骑往,晓以祸福,令释兵归朝。邦彦不听,欲屈景猷,日陈宝玩以诱之,不为动。贼乃留景猷,遣其徒恐以危祸。景猷怒,拔刀击之,其人走免。羁贼中二年,至是遇害。具仰赠光禄卿,景猷太常少卿,并录其一子。

杨明楷者,铜仁乌罗司人。内庄之败,明楷为中军,免死。后从鲁钦讨长田贼,功最,终副总兵。

朱家民,字同人,曲靖人。万历三十四年举于乡,为涪州知州。天启二年,官贵阳知府。奉三善命,乞援兵于四川,又借河南兵,共解其围。乃抚伤残,招流移,宽徭赋,远迩悦服。丁父忧,夺情,擢安普监军副使,加右参政。崇祯时,就迁按察使、左布政,以平寇功,加俸一级。久之,致仕归,卒。自邦彦始乱,云、贵诸土酋尽反,攻陷安南等上六卫,云南路断。其后路虽通,群苗犹出没为患。家民率参将许成名等讨平盘江外阿野、鲁颇诸砦,于是相度盘江西坡、板桥、海子、马场诸要害,筑石城五,宿兵卫民。又于其间筑六城,廨舍庐井毕备。群苗慑息,行旅晏然。盘江居云、贵交,两山夹峙,一水中绝,湍激迅悍,舟济者多陷溺。家民仿澜沧桥制,冶铁为絙三十有六,长数百丈,贯两崖之石而悬之,覆以板,类于蜀之栈,而道始通。

蔡复一,字敬夫,同安人。万历二十三年进士。除刑部主事,历兵部郎中。居郎署十七年,始迁湖广参政,分守湖北。进按察使、右布政使,以疾归。光宗立,起故官,迁山西左布政使。

天启二年,以右副都御史抚治郧阳。岁大旱,布衣素冠,自系于狱,遂大雨。奢崇明、安邦彦反,贵州巡抚王三善败殁,进复一兵部右侍郎代之。兵燹之余,斗米值一金,复一劳徕拊循,人心始定。寻代杨述中总督贵州、云南、湖广军务,兼巡抚贵州。赐尚方剑,便宜从事。复一乃召集将吏,申严纪律。遣总理鲁钦等救凯里,斩贼众五百余。贼围普定,遣参将尹伸、副使杨世赏救,却之,捣其巢,斩首千二百级。发兵通盘江路,斩逆酋沙国珍及从贼五百。钦与总兵黄铖等复破贼于汪家冲、蒋义寨,斩首二千二百,长驱织金。织金者,邦彦巢也,缘道皆重关垒隘,木石塞山径。将士用巨斧开之,或攀籐穿窦而入。贼战败,遁深箐,斩首复千级。穷搜不得邦彦,乃班师。是役也,焚贼巢数十里,获牛马、甲仗无算。复一以邻境不协讨,致贼未灭,请敕四川出兵遵义,抵水西,云南出兵霑益,抵乌撒,掎角平贼。帝悉可之。因命广西、云南、四川诸郡邻贵州者,听复一节制。

五年正月,钦等旋师渡河。贼从后袭击,诸营尽溃,死者数千人。时复一为总督,而朱燮元亦以尚书督四川、湖广、陕西诸军,以故复一节制不行于境外。钦等深入,四川、云南兵皆不至。复一自劾,因论事权不一,故败。巡按御史傅宗龙亦以为言,廷议移燮元督河道,令复一专督五路师。御史杨维垣独言燮元不可易,帝从之,解复一任听勘,而以王瑊为右佥都御史,代抚贵州。

复一候代,仍拮据兵事,与宗龙计,剿破乌粟、螺蛾、长田及两江十五砦叛苗,斩七百余级。贼党安效良首助邦彦陷霑益,云南巡抚沈儆炌遣兵讨之,未定,迁侍郎去。代者闵洪学,招抚之,亦未定。及是见云南出师,惧,约邦彦犯曲靖、寻甸。复一遣许成名往援,贼望风遁。又遣刘超等讨平越苗阿秩等,破百七十砦,斩级二千三百有奇。至十月,复一卒于平越军中。讣闻,帝嘉其忠勤,赠兵部尚书,谥清宪,任一子官

复一好古博学,善属文,耿介负大节。既殁,橐无遗赀。

瑊既至,见邦彦不易平,欲解去。贪缘魏党李鲁生,迁南京户部右侍郎。崇祯初,被劾归。流贼陷应城,遇害。

沈儆炌,字叔水,归安人。父子木,官南京右都御史。儆炌登万历十七年进士。历河南左布政使,入为光禄卿。四十七年以右副都御史巡抚云南。神宗末,诏增岁贡黄金二千,儆炌疏争。会光宗立,

如其请。

云龙州土舍段进忠掠永昌、大理，儆炌讨擒之。安邦彦反，诸土目并起。安效良陷霑益，李贤陷平夷，禄千钟犯寻甸、嵩明，张世臣攻武定，邦彦女弟设科掠曲靖，转寇陆凉。儆炌起故参将云南人袁善，令率守备金为贵、土官沙源等驰救嵩明，大破之。贼转寇寻甸，复大败去。乃请复善故官，与诸将分讨贼，数有功。会儆炌迁南京兵部右侍郎，而代者闵洪学至，乃以兵事委之去。后拜南京工部尚书，为魏忠贤党石三畏所劾，落职闲住。崇祯初，复官，卒于家。子胤培，礼科都给事中。

洪学既至，亦任用袁善。贼陷普安，围安南，善攻破之，通上六卫道。王三善之殁，六卫复梗，善护御史傅宗龙赴黔，道复通。已而败安效良于霑益，又败贼于炎方、马龙。七年，御史朱泰祯核上武定、嵩明、寻甸破贼功，大小百三十三战，斩四千六百余级，请宣捷告庙，从之。魏忠贤等并进秩，荫子。善加都督同知，世荫锦衣指挥佥事。崇祯初，卒官。

周鸿图，字子固，即墨人。起家岁贡生，知宿迁县。以侯恂荐，迁贵阳同知，监纪军事，积军功至知府。会匀哈叛苗与邦彦相倚为乱。天启六年春，巡抚王瑊及御史傅宗龙使监胡从仪及都司张云鹏军，分道搜山，所向摧破。会闻鲁钦败，贼复趋龙场助邦彦。已而邦彦屡败，贼返故巢。鸿图、从仪等攻之，破焚一百余寨，斩首千二百余级。鸿图擢副使，分巡新镇道；从仪进副总兵。当是时，鸿图驻平越，辖下六卫，参议段伯炌驻安庄，辖上六卫。千余里间，奸宄屏迹，两人力也。鸿图终陕西参政。

伯炌，云南晋宁人。由乡举为镇宁知州。力拒安邦彦，超擢佥事，分巡镇宁。邦彦寇普定，偕从仪击破之，由此擢参议。

胡从仪，山西人。天启四年以游击援普定，功多。既而破贼长田。以参将讨平匀哈，后又与诸将平老虫添。崇祯三年，讨平苗贼汪狂、抱角，召为保定总兵官，卒于京邸。赠都督佥事。黔人爱之，为立真将军碑。

　　赞曰：奢、安之乱，窃发于蜀，蔓延于黔，劳师者几十载。燮元戡之以兵威，因俗制宜，开屯设卫，不亟亟焉郡县其地，以蹈三善之覆辙，而西南由兹永宁，庶几可方赵营平之制羌、韦南康之镇蜀者欤。

明史卷二五〇
列传第一三八

孙承宗 子鈜等

　　孙承宗，字稚绳，高阳人。貌奇伟，髯髯戟张。与人言，声殷墙壁。始为县学生，授经边郡。往来飞狐、拒马间，直走白登，又从纥干、清波故道南下。喜从材官老兵究问险要厄塞，用是晓畅边事。

　　万历三十二年，登进士第二人，授编修，进中允。"梃击"变起，大学士吴道南以咨承宗。对曰："事关东宫，不可不问；事连贵妃，不可深问。庞保、刘成而下，不可不问也；庞保、刘成而上，不可深问也。"道南如其言，具揭上之，事遂定。出典应天乡试，发策著其语。撄党人忌，将以大计出诸外，学士刘一燝保持，乃得免。历谕德、洗马。

　　熹宗即位，以左庶子充日讲官。帝每听承宗讲，辄曰"心开"，故眷注特殷。天启元年，进少詹事。时沈、辽相继失，举朝汹汹。御史方震孺请罢兵部尚书崔景荣，以承宗代。廷臣亦皆以承宗知兵，遂推为兵部添设侍郎，主东事。帝不欲承宗离讲筵，疏再上不许。二年，擢礼部右侍郎，协理詹事府。

　　未几，大清兵逼广宁，王化贞弃城走，熊廷弼与俱入关。兵部尚书张鹤鸣惧罪，出行边。帝亦急东事，遂拜承宗兵部尚书兼东阁大学士，入直办事。越数日，命以阁臣掌部务。承宗上疏曰："迩年兵多不练，饷多不核。以将用兵，而以文官招练。以将临阵，而以文官指发。以武略备边，而日增置文官于幕。以边任经、抚，而日问战守

于朝。此极弊也。今天下当重将权。择一沉雄有气略者,授之节钺,
得自辟置偏裨以下,勿使文吏用小见沾沾陵其上。边疆小胜小败,
皆不足问,要使守关无阑入,而徐为恢复计。"因列上抚西部、恤辽
民、简京军、增永平大帅、修蓟镇亭障、开京东屯田数策。帝褒纳焉。
时边警屡告,阁部大臣幸旦暮无事,而言路日益纷呶。承宗乃请下
廷弼于理,与化贞并谳,用正朝士党护。又请逮给事中明时举、御史
李达,以惩四川之招兵致寇者。又请诘责辽东巡按方震孺、登莱监
军梁之垣、蓟州兵备邵可立,以警在位之骩骳者。诸人以次获谴,朝
右耸然,而侧目怨咨者亦众矣。

　　兵部尚书王在晋代廷弼经略辽东,与总督王象乾深相倚结。象
乾在蓟门久,习知西部种类情性,西部亦爱戴之。然实无他才,惟啖
以财物相羁縻,冀得以老解职而已。在晋谋用西部袭广宁,象乾甚
之曰:"得广宁,不能守也,获罪滋大。不如重关设险,卫山海以卫京
师。"在晋乃请于山海关外八里铺筑重关,用四万人守之。其僚佐袁
崇焕、沈棨、孙元化等力争不能得,奏记于首辅叶向高。向高曰:"是
未可臆度也。"承宗请身往决之。帝大喜,加太子太保,赐蟒玉、银
币。抵关,诘在晋曰:"新城成,即移旧城四万人以守乎?"在晋曰:
"否,当更设兵。"曰:"如此,则八里内守兵八万矣。一片石西北不当
设兵乎? 且筑关在八里内,新城背即旧城址,旧城之品坑地雷为敌
人设,抑为新兵设乎? 新城可守,安用旧城? 如不可守,则四万新兵
倒戈旧城下,将开关延入乎,抑闭关以委敌乎?"曰:"关外有三道关
可入也。"曰:"若此,则敌至而兵逃如故也,安用重关?"曰:"将建三
寨于山,以待溃卒。"曰:"兵未溃而筑寨以待之,是教之溃也。且溃
兵可入,敌亦可尾之入。今不为恢复计,画关而守,将尽撤落篱,日
哄堂奥,畿东其有宁宇乎?"在晋无以难。承宗乃议守关外。监军阎
鸣泰主觉华岛,袁崇焕主宁远卫。在晋持不可,主守中前所。旧监
司邢慎言、张应吾逃在关,皆附和之。

　　初,化贞等既逃,自宁远以西五城七十二堡悉为哈喇慎诸部所
据,声言助守边。前哨游击左辅名驻中前,实不出八里铺。承宗知

诸部不足信,而宁远、觉华之可守,已决计将自在晋发之,推心告语凡七昼夜,终不应。还朝,言:"敌未抵镇武而我自烧宁、前,此前日经、抚罪也;我弃宁、前,敌终不至,而我不敢出关一步,此今日将吏罪也。将吏匿关内,无能转其畏敌之心以畏法,化其谋利之智以谋敌,此臣与经臣罪也。与其以百万金钱浪掷于无用之版筑,曷若筑宁远要害以守。八里铺之四万人当宁远冲,与觉华相犄角。敌窥城,令岛上卒旁出三岔,断浮桥,绕其后而横击之。即无事,亦且收二百里疆土。总之,敌人之帐幕必不可近关门,杏山之难民不可置膜外。不尽破庸人之论,辽事不可为也。"其他制置军事又十余疏。帝嘉纳。无何,御讲筵,承宗面奏在晋不足任,乃改南京兵部尚书,并斥逃臣慎言等,而八里筑城之议遂熄。

在晋既去,承宗自请督师。诏给关防敕书,以原官督山海关及蓟、辽、天津、登、莱诸处军务,便宜行事,不从中制,而以鸣泰为辽东巡抚。承宗乃辟职方主事鹿善继、王则古为赞画,请帑金八十万以行。帝特御门临遣,赐尚方剑、坐蟒,阁臣送之崇文门外。既至关,令总兵江应诏定军制,佥事崇焕建营舍,废将李秉诚练火器,赞画善继、则古治军储,沈棨、杜应芳缮甲仗,司务孙元化筑炮台,中书舍人宋献、羽林经历程仑主市马,广宁道佥事万有孚主采木。而令游击祖大寿佐金冠守觉华,副将陈谏助赵率教于前屯,游击鲁之甲拯难民,副将李承先练骑卒,参将杨应乾募辽人为军。

是时,关上兵名七万,顾无纪律,冒饷多。承宗大阅,汰逃将数百人,遣还河南、真定疲兵万余,以之甲所救难民七千发前屯为兵。应乾所募辽卒出戍宁远,咨朝鲜使助声援。犒毛文龙于东江,令复四卫。檄登帅沈有容进据广鹿岛。欲以春防躬诣登、莱商进取,而中朝意方急辽,弗许也。应诏被劾,承宗请用马世龙代之,以尤世禄、王世钦为南北帅,听世龙节制,且为世龙请尚方剑。帝皆可之。世龙既受事,承宗为筑坛,拜行授钺礼。率教已守前屯,尽驱哈喇慎诸部,抚场犹在八里铺。象乾议开水关,抚之关内。承宗不可,乃定于高台堡。

时大清兵委广宁去,辽遗民入居之。插汉部以告有孚,有孚谋挟西部乘间歼之,冒恢复功。承宗下檄曰:"西部杀我人者,致罚如盟言。"是役也,全活千余人。帝好察边情,时令东厂遣人诣关门,具事状奏报,名曰"较事"。及魏忠贤窃政,遣其党刘朝、胡良辅、纪用等四十五人赍内库神炮、甲仗、弓矢之属数万至关门,为军中用,又以白金十万,蟒、麒麟、狮子、虎、豹诸币颁赍将士,而赐承宗蟒服、白金慰劳之,实觇军也。承宗方出关巡宁远,中路闻之,立疏言:"中使观兵,自古有戒。"帝温旨报之。使者至,具杯茗而已。

鸣泰为巡抚也,承宗荐之。后知其无实,军事多不与议。鸣泰怏怏求去,承宗亦引疾。言官共留承宗,诋鸣泰,巡关御史潘云翼复论劾之。帝乃罢鸣泰,而以张凤翼代。凤翼怯,复主守关议。承宗不悦,乃复出关巡视。抵宁远,集将吏议所守。众多如凤翼指,独世龙请守中后所,而崇焕、善继及副将茅元仪力请守宁远,承宗然之,议乃定。令大寿兴工,崇焕、满桂守之。先是,虎部窃出盗掠,率教捕斩四人。象乾欲斩率教谢虎部,承宗不可。而承宗所遣王楹戍中右,护其兵出采木,为西部朗素所杀。承宗怒,遣世龙剿之。象乾恐坏抚局,令朗素缚逃人为杀楹者以献,而增市赏千金。承宗方疏争,而象乾以忧去。

承宗患主款者挠己权,言督师、总督可勿兼设,请罢己,不可,则弗推总督。并请以辽抚移驻宁远。帝命止总督推。而凤翼谓置己死地也,因大恨。与其乡人云翼、有孚等力毁世龙,以撼承宗。无何,有孚为蓟抚岳和声所劾,益疑世龙与崇焕陷,乃共为浮言,挠出关计。给事中解学龙遂极论世龙罪。承宗愤,抗疏陈守御策,言:"拒敌门庭之中,与拒诸门庭外,势既辨。我促敌二百里外,敌促我二百里中,势又辨。盖广宁,我远而敌近,宁远,我近而敌远。我不进逼敌,敌将进而逼我。今日即不能恢辽左,而宁远、觉华终不可弃。请敕廷臣杂议:主、客之兵可否久戍,本折之饷可否久输,关外之土地人民可否捐弃,屯筑战守可否兴举,再察敌人情形果否坐待可以消灭。臣不敢为百年久计,只计及五年间究竟何如。倘臣言不当,立斥臣以定大计,无纡回不决,使全躯保妻子之臣附合众喙,以杀臣一身而误天下也。"复为世龙辩,而发有孚等交构状。

有孚者,故侍郎世德子也,为广宁理饷同知。城陷逃归,象乾题为广宁道佥事,专抚插汉,乾没多。至是以承宗言被斥。凤翼亦以忧归,喻安性代。而廷臣言总督不可裁,命吴用先督蓟、辽,代象乾。承宗恶本兵赵彦多中制,称疾求罢,举彦自代以困之,廷议不可而止。

时宁远城工竣,关外守具毕备。承宗图大举,奏言:"前哨已置连山、大凌河,速畀臣饷二十四万,则功可立奏。"帝命所司给之。兵、工二部相与谋曰:"饷足,渠即妄为,不如许而不与,文移往复稽缓之。"承宗再疏促,具以情告。帝为饬诸曹,而师竟不果出。

初,方震孺、游士任、李达、明时举之遣,承宗实劾之,后皆为求宥。复称杨镐、熊廷弼、王化贞之劳,请免死遣戍。朝端哗然。给事中顾其仁、许誉卿,御史袁化中交章论驳,帝皆置弗省。会承宗叙五防效劳,诸臣且引疾乞罢,乃遣中官刘应坤等赍犒金十万犒将士,而赐承宗坐蟒、膝襕佐以金币。

当是时,忠贤益盗柄。以承宗功高,欲亲附之,令应坤等申意。承宗不与交一言,忠贤由是大憾。会忠贤逐杨涟、赵南星、高攀龙等,承宗方西巡蓟、昌。念抗疏帝未必亲览,往在讲筵,每奏对辄有入,乃请以贺圣寿入朝面奏机宜,欲因是论其罪。魏广微闻之,奔告忠贤:"承宗拥兵数万,将清君侧,兵部侍郎李邦华为内主,公立虀粉矣!"忠贤悸甚,绕御床哭。帝亦为心动,令内阁拟旨。次辅顾秉谦奋笔曰:"无旨离信地,非祖宗法,违者不宥。"夜启禁门召兵部尚书入,令三边飞骑止之。又矫旨谕九门守阉,承宗若至齐化门,反接以入。承宗抵通州,闻命而返。忠贤遣人侦之,一仆被置舆中,后车鹿善继而已,意少解。而其党李蕃、崔呈秀、徐大化连疏诋之,至比之王敦、李怀光。承宗乃杜门求罢。

五年四月,给事中郭兴治请令廷臣议去留,论冒饷者复踵至,遂下廷臣杂议。吏部尚书崔景荣持之,乃下诏勉留,而以简将、汰

兵、清饷三事责承宗奏报。承宗方遣诸将分戍锦州、大小凌河、松、
杏、右屯诸要害，拓地复二百里，罢大将世钦、世禄，副将李秉诚、孙
谏，汰军万七千余人，省度支六十八万。而言官论世龙不已。至九
月，遂有柳河之败，死者四百余人。语详世龙传。于是台省劾世龙
并及承宗，章疏数十上。承宗求去益力，十月始得请。先已屡加左
柱国、少师、太子太师、中极殿大学士，遂加特进光禄大夫，荫子中
书舍人，赐蟒服、银币，行人护归。而以兵部尚书高第代为经略。无
何，安性亦罢，遂废巡抚不设。

　　初，第力扼承宗，请撤关外以守关内。承宗驳之，第深憾。明年，
宁远被围，乃疏言关门兵止存五万，言者益以为承宗罪。承宗告户
部曰：“第初莅关，尝给十一万七千人饷，今但给五万人饷足矣。”第
果以妄言引罪。后忠贤遣其党梁梦环巡关，欲傅致承宗罪，无所得
而止。承宗在关四年，前后修复大城九、堡四十五，练兵十一万，立
车营十二、水营五、火营二、前锋后劲营八，造甲胄、器械、弓矢、炮
石、渠答、卤盾之具合数百万，拓地四百里，开屯五千顷，岁入十五
万。后叙宁远功，荫子锦衣世千户。

　　庄烈帝即位，在晋入为兵部尚书，恨承宗不置，极论世龙及元
仪荧惑枢辅坏关事，又嗾台省交口诋承宗，以沮其出。二年十月，大
清兵入大安口，取遵化，将薄都城，廷臣争请召承宗。诏以原官兼兵
部尚书守通州，仍入朝陛见。承宗至，召对平台。帝慰劳毕，问方略。
承宗奏：“臣闻袁崇焕驻蓟州，满桂驻顺义，侯世禄驻三河，此为得
策。又闻尤世威回昌平，世禄驻通州，似未合宜。”帝问：“卿欲守三
河，何意？”对曰：“守三河可以沮西奔，遏南下。”帝称善，曰：“若何
为朕保护京师？”承宗言：“当缓急之际，守陴人苦饥寒，非万全策。
请整器械，厚犒劳，以固人心。”所条画俱称旨。帝曰：“卿不须往通，
其为朕总督京城内外守御事务，仍参帷幄。”趣首辅韩爌草敕下所
司铸关防。承宗出，漏下二十刻矣，即周阅都城，五鼓而毕，复出阅
重城。明日夜半，忽传旨守通州。时烽火偏近郊，承宗从二十七骑
出东便门，道亡其三，疾驰抵通，门者几不纳。既入城，与保定巡抚

解经传、御史方大任、总兵杨国栋登陴固守。而大清兵已薄都城，乃急遣游击尤岱以骑卒三千赴援。旋遣副将刘国柱督军二千与岱合，而发密云兵三千营东直门，保定兵五千营广宁门。以其间遣将复马兰、三屯二城。

至十二月四日，而有祖大寿之变。大寿，辽东前锋总兵官也，偕崇焕入卫。见崇焕下吏，惧诛，遂与副将何可纲等率所部万五千人东溃，远近大震。承宗闻，急遣都司贾登科赍手书慰谕大寿，而令游击石柱国驰抚诸军。大寿见登科，言："麾下卒赴援，连战俱捷，冀得厚赏。城上人群詈为贼，投石击死数人。所遣逻卒，指为间谍而杀之。劳而见罪，是以奔还。当出捣朵颜，然后束身归命。"柱国追及诸军，其将士持弓刀相向，皆垂涕，言："督师既戮，又将以大炮击毙我军，故至此。"柱国复前追，大寿去已远，乃返。承宗奏言："大寿危疑已甚，又不肯受满桂节制，因讹言激众东奔，非部下尽欲叛也。当大开生路，曲收众心。辽将马世龙旧部曲，臣谨用便宜，遣世龙驰谕，其将士必解甲归，大寿不足虑也。"帝喜，从之。承宗密札谕大寿急上章自列，且立功赎督师罪，而己当代为剖白。大寿诺之，具列东奔之故，悉如将士言。帝优诏报之，命承宗移镇关门。诸将闻承宗、世龙至，多自拔来归者。大寿妻左氏亦以大义责其夫，大寿敛兵待命。

当溃兵出关，关城被劫掠，闭门罢市。承宗至，人心始定。关城故十六里，卫城止二里。今敌在内，关城无可守，卫城连关，可步屦而上也。乃别筑墙，横亘于关城，穴之使炮可平出。城中水不足，一昼夜穿凿百井。旧汰牙门将侨寓者千人，穷而思乱，皆廪之于官，使巡行街衢，守台护仓，均有所事。内间不得发，外来者辄为逻骑所得，由是关门守完。乃遣世龙督步骑兵五千入援，令游击祖可法等率骑兵四营西戍抚宁。三年正月，大寿入关谒承宗，亲军五百人甲而候于门。承宗开诚与语，即日列其所统步骑三万于教场，行誓师礼，群疑顿释。

时我大清已拔遵化而守之。是月四日拔永平。八日拔迁安，遂下滦州。分兵攻抚宁，可法等坚守不下。大清兵遂向山海关，离三十里而营。副将官惟贤等力战。乃还攻抚宁及昌黎，俱不下。当是时，京师道梗，承宗、大寿军在东，世龙及四方援军在西。承宗募死士沿海达京师，始知关城尚无恙。关西南三县曰：抚宁，昌黎，乐亭；西北三城曰：石门、台头、燕河。六城东护关门，西绕永平，皆近关要地。承宗饬诸城严守，而遣将戍开平，复建昌，声援始接。

方京师戒严，天下勤王兵先后至者二十万，皆壁于蓟门及近畿，莫利先进。诏旨屡督趣，诸将亦时战攻，然莫能克复。世龙请先复遵化，承宗曰：“不然，遵在北，易取而难守，不如姑留之，以分其势，而先图滦。今当多为声势，示欲图遵之状，以牵之。诸镇赴丰润、开平，联关兵以图滦。得滦则以开平兵守之，而骑兵决战以图永。得滦，永则关永合，而取遵易易矣。”议即定，乃令东西诸营并进，亲诣抚宁以督之。五月十日，大寿及张春、丘禾嘉诸军先抵滦城下，世龙及尤世禄、吴自勉，杨麒、王承恩继至，越二日克之。而副将王维城等亦入迁安。我大清兵守永平者，尽撤而北还，承宗复遂入永平。十六日，诸将谢尚政等亦入遵化。四城俱复。帝为告谢郊庙，大行赏赉，加承宗太傅，赐蟒服、白金，世袭锦衣卫指挥佥事。力辞太傅不受，而屡疏称疾乞休，优诏不允。

朵颜束不的反覆，承宗令大将王威击败之，复赉银币。先以册立东宫，加太保。及神宗实录成，加官亦如之。并辞免，而乞休不已。帝命阁臣议去留，不能决。特遣中书赍手诏慰问，乃起视事。四年正月出关东巡，抵松山、锦州，还入关，复四巡，偏阅三协十二路而返。条上东西边政八事，帝咸采纳。五月以考满，诏加太傅兼食尚书俸，荫尚宝司丞，赉蟒服、银币、羊酒，复辞太傅不受。

初，右屯、大凌河二城，承宗已设兵戍守。后高第来代，尽撤之，二城遂被毁。至是，禾嘉巡抚辽东，议复取广宁、义州、右屯三城。承宗言广宁道远，当先据右屯，筑城大凌河，以渐而进。兵部尚书梁廷栋主之，遂以七月兴工。工甫竣，我大清兵大至，围数周。承宗闻，驰赴锦州，遣吴襄、宋伟往救。禾嘉屡易师期，伟与襄又不相能，遂大败于长山。至十月，城中粮尽援绝，守将祖大寿力屈出降，城复被毁。廷臣追咎筑城非策也，交章论禾嘉及承宗。承宗复连疏引疾。十一月得请，赐银币乘传归。言者追论其丧师辱国，夺官闲住，并夺宁远世荫。承宗复列上边计十六事，而极言禾嘉谋抵牾之失。帝报闻而已。家居七年，中外屡请召用，不报。

十一年，我大清兵深入内地。以十一月九日攻高阳，承宗率家人拒守。大兵将引去，绕城纳喊者三，守者亦应之三。曰"此城笑也，于法当破"，围复合。明日城陷，被执。望阙叩头，投缳而死，年七十有六。

子举人铨，尚宝丞钥，官生铈，生员铃、镐，从子链及孙之沆、之滂、之㳕、之洁、之瀗，从孙之澈、之㵆、之泳、之泽、之涣、之瀚，皆战死。督师中官高起潜以闻。帝嗟悼，命所司优恤。当国者杨嗣昌、薛国观辈阴扼之，但复故官，予祭葬而已。福王时，始赠太师，谥文忠。

赞曰：承宗以宰相再视师，皆粗有成效矣，奄竖斗筲，后先龁扼，卒屏诸田野，至阖门膏斧锧，而恤典不加。国是如此，求无危，安可得也。夫攻不足者守有余。度彼之才，恢复固未易言，令专任之，犹足以慎固封守；而廷论纷哓，亟行蕑除。盖天眷有德，气运将更，有莫之为而为者夫。

明史卷二五一
列传第一三九

李标　　李国楛　周道登　　刘鸿训
钱龙锡　　钱士升　士晋　　成基命
何如宠　　兄如申　钱象坤　　徐光启
郑以伟　林钎　文震孟　周炳谟
蒋德璟　　黄景昉　方岳贡　邱瑜
瑜子之陶

　　李标，字汝立，高邑人。万历三十五年进士。改庶吉士，授检讨。泰昌时，累迁少詹事。天启中，擢拜礼部右侍郎，协理詹事府。标师同邑赵南星，党人忌之，列名东林同志录中。标惧祸，引疾归。

　　庄烈帝嗣位，即家拜礼部尚书兼东阁大学士。崇祯元年三月入朝。未几，李国楛、来宗道、杨景辰相继去，标遂为首辅。帝锐意图治，恒召大臣面决庶政。宣府巡抚李养冲疏言旂尉往来如织，踪迹难凭，且虑费无所出。帝以示标等曰："边情危争，遣旂尉侦探，奈何以为伪？且祖宗朝设立厂卫，奚为者？"标对曰："事固宜慎。养冲以为不赂恐毁言日至，赂之则物力难胜耳。"帝默然。同官刘鸿训以增敕事为御史吴玉所纠，帝欲置鸿训于法，标力辩其纳贿之诬。温体仁讦钱谦益引已结浙闱事为词，给事中章允儒廷驳之。帝怒，并谦益将重谴，又欲罪给事中瞿式耜、御史房可壮等。标言："陛下处分谦益、允儒，本因体仁言，体仁乃不安求罢。乞陛下念谦益事经恩诏，姑令回籍；于允儒仍许自新，而式耜等概从薄罚。诸臣安，体仁亦安。"帝不从，自是深疑朝臣有党，标等遂不得行其志。是冬，韩爌还朝，标让为首辅，寻与爌等定逆案。

三年正月，爌罢，标复为首辅，累加至少保兼太子太保、户部尚书、武英殿大学士。先是，与标并相者六人，宗道、景辰以附珰斥，鸿训以增敕戍，周道登、钱龙锡被攻去，独标在，遂五疏乞休。至三月得请。家居六年卒。赠少傅，谥文节。

李国楷，字元治，高阳人。万历四十一年进士。由庶吉士历官詹事。天启六年七月，超擢礼部尚书入阁。释褐十四年即登宰辅，魏忠贤以同乡故援之也。然国楷每持正论。刘志选劾张国纪以撼中宫，国楷言："子不宜佐父难母，而况无间之父母乎！"国纪乃得免罪。御史方震孺及高阳令唐绍尧系狱，皆力为保全。崇祯初，以登极恩进左柱国、少师兼太子太师、吏部尚书、中极殿大学士。国子监生胡焕猷劾国楷等褫衣冠，国楷荐复之。时人称为长厚。元年五月得请归里，荐韩爌、孙承宗自代。卒，赠太保，谥文敏。宗道、景辰事见黄立极传中。

周道登，吴江人。万历二十六年进士。由庶吉士历迁少詹事。天启时，为礼部左侍郎，颇有所争执。以病归。五年秋，廷推礼部尚书，魏忠贤削其籍。崇祯初，与李标等同入阁。道登无学术，奏对鄙浅，传以为笑。御史田时震、刘士祯、王道直、吴之仁、任赞化，给事中阎可陛交劾之，悉下廷议。吏部尚书王永光等言道登党护枢臣王在晋及宗生朱统铈、乡人陈于鼎馆选事，俱有实迹，乃罢归。阅五年而卒。

刘鸿训，字默承，长山人。父一相，由进士历南京吏科给事中。追论故相张居正事，执政忌之，出为陇右佥事。终陕西副使。

万历四十一年，鸿训登第，由庶吉士授编修。神、光二宗相继

崩，颁诏朝鲜。甫入境，辽阳陷。朝鲜为造二洋舶，从海道还。沿途
收难民，舶重而坏。跳浅沙，入小舟，飘泊三日夜，仅得达登州报命。
遭母丧，服阕，进右中允，转左谕德。父丧归。天启六年冬，起少詹
事，忤魏忠贤，斥为民。

　　庄烈帝即位，拜礼部尚书兼东阁大学士，参预机务，遣行人召
之。三辞，不允。崇祯元年四月还朝。当是时，忠贤虽败，其党犹盛，
言路新进者群起抨击之。诸执政尝与忠贤共事，不敢显为别白。鸿
训至，毅然主持，斥杨维垣、李恒茂、杨所修、田景新、孙之獬、阮大
铖、徐绍吉、张讷、李蕃、贾继春、霍维华等，人情大快。而御史袁弘
勋、史𧰼、高捷本由维垣辈进，思合谋攻去鸿训，则党人可安也。弘
勋乃言所修、继春、维垣夹攻表里之奸，有功无罪，而诛锄自三臣
始。又诋鸿训使朝鲜，满载貂参而归。锦衣佥事张道浚亦讦攻鸿训，
鸿训奏辩。给事中颜继祖言：“鸿训先朝削夺。朝鲜一役，舟败，仅
以身免。乞谕鸿训入直，共筹安攘之策。至弘勋之借题倾人，道浚
之出位乱政，非重创未有已也。”帝是之。给事中邓英乃尽发弘勋赃
私，且言弘勋以千金赘维垣得御史。帝怒，落弘勋职候勘。已而高
捷上疏言鸿训斥击奸之维垣、所修、继春、大铖，而不纳孙之獬流涕
忠言；谬主焚毁要典，以便私党孙慎行进用。帝责以妄言，停其俸。
史𧰼复佐捷攻之。言路多不直两人，两人遂罢去。

　　七月，以四川贼平，加鸿训太子太保，进文渊阁。帝数召见廷
臣。鸿训应对独敏，谓民困由吏失职，请帝久任责成。以尚书毕自
严善治赋，王在晋善治兵，请帝加倚信。帝初甚向之。关门兵以缺
饷鼓噪，帝意责户部，而鸿训请发帑三十万，示不测恩，由是失帝
指。

　　至九月，而有改敕书之事。旧例，督京营者，不辖巡捕军。惠安
伯张庆臻总督京营，敕有“兼辖捕营”语，提督郑其心以侵职论之。
命核中书赇改之故，下舍人田佳璧狱。给事中李觉斯言：“稿具兵
部，送辅臣裁定，乃令中书缮写。写讫，复审视进呈。兵部及辅臣皆
当问。”十月，帝御便殿，问阁臣，皆谢不知。帝怒，令廷臣劾奏。尚

书自严等亦谢不知,帝益怒。给事中张鼎延、御史王道直咸言庆臻行贿有迹,不知谁主使。御史刘玉言:"主使者,鸿训也。"庆臻曰:"改敕乃中书事,臣实不预知。且增辖捕卒,取利几何,乃行重贿?"帝叱之。阅兵部揭有鸿训批西司房语,佳璧亦供受鸿训指,事遂不可解。而侍郎张凤翔诋之尤力。阁臣李标、钱龙锡言鸿训不宜有此,请更察访。帝曰:"事已大著,何更访为?"促令拟旨。标等逡巡未上,礼部尚书何如宠为鸿训力辩,帝意卒不可回。乃拟旨,鸿训、庆臻并革职候勘。无何御史田时震劾鸿训用田仰巡抚四川,纳贿二千金;给事中阎可陛劾副都御史贾毓祥由赂鸿训擢用。鸿训数被劾,连章力辩。因言:"都中神奸狄姓者,诡诳庆臻千金,致臣无辜受祸。"帝不听,下廷臣议罪。

明年正月,吏部尚书王永光等言:"鸿训、庆臻罪无可辞,而律有议贵条,请宽贷。兵部尚书王在晋、职方郎中苗思顺赃证未确,难悬坐。"帝不许。鸿训谪戍代州,在晋、思顺并削籍,庆臻以世臣停禄三年。觉斯、鼎延、道直、玉时、震以直言增秩一级。

鸿训居政府,锐意任事。帝有所不可,退而曰:"主上毕竟是冲主。"帝闻,深衔之,欲置之死。赖诸大臣力救,乃得稍宽。七年五月卒戍所。福王时,复官。

钱龙锡,字稚文,松江华亭人。万历三十五年进士。由庶吉士授编修,屡迁少詹事。天启四年,擢礼部右侍郎,协理詹事府。明年改南京吏部右侍郎。忤魏忠贤,削籍。

庄烈帝即位,以阁臣黄立极、施凤来、张瑞图、李国楢皆忠贤所用,不足倚,诏廷臣推举,列上十人。帝仿古枚卜典,贮名金瓯,焚香肃拜,以次探之,首得龙锡,次李标、来宗道、杨景辰。辅臣以天下多故,请益一二人。复得周道登、刘鸿训,并拜礼部尚书兼东阁大学士。明年六月,龙锡入朝,立极等四人俱先罢,宗道、景辰亦以是月去。标为首辅,龙锡、鸿训协心辅理,朝政稍清。寻以蜀寇平,加太子太保,改文渊阁。

　　帝好察边事,频遣旂尉侦探。龙锡言:"旧制止行于都城内外,若远遣恐难委信。"海寇犯中左所,总兵官俞咨皋弃城遁,罪当诛。帝欲并罪巡抚朱一冯。龙锡言:"一冯所驻远,非弃城者比,罢职已足蔽辜。"瑞王出封汉中,请食川盐。龙锡言:"汉中食晋盐,而瑞藩独用川盐,恐奸徒借名私贩,莫敢讥察。"故事,纂修实录,分遣国学生采事迹于四方。龙锡言:"实录所需在邸报及诸司奏牍,遣使无益,徒滋扰,宜停罢。"乌撒土官安效良死,其妻改适霑益土官安边,欲兼有乌撒,部议将听之。龙锡言:"效良有子其爵,立其爵以收乌撒,存亡继绝,于理为顺。安边淫乱,不可长也。"帝悉从之。明年,帝以漕船违禁越关,欲复设漕运总兵官。龙锡言:"久裁而复,宜集廷臣议得失。"事竟止。廷议汰冗官,帝谓学官尤冗。龙锡言:"学官旧用岁贡生,近因举人乞恩选贡,纂修占缺者多,岁贡积至二千六百有奇,皓首以殁,良可悯。且祖宗设官,于此稍宽者,以师儒造士需老成故也。"帝亦纳之。言官邹毓祚、韩一良、章允儒、刘斯癗获谴,并为申救。

　　御史高捷、史䃟既罢,王永光力引之,颇为龙锡所扼,两人大恨。逆案之定,半为龙锡主持,奸党衔之次骨。及袁崇焕杀毛文龙,报疏云:"辅臣龙锡为此一事低徊过臣寓。"复上善后疏言:"阁臣枢臣,往复商确,臣以是得奉行无失。"时文龙拥兵自擅,有跋扈声,崇焕一旦除之,即当宁不以为罪也。其冬十二月,大清兵薄都城。帝怒崇焕战不力,执下狱,而捷、䃟已为永光引用。捷遂上章,指通款杀将为龙锡罪。且言祖大寿师溃而东,由龙锡所挑激。帝以龙锡忠慎,戒无过求。龙锡奏辩,言:"崇焕陛见时,臣见其貌寝,退谓同官'此人恐不胜任'。及崇焕夸以五年复辽自诡,往询方略。崇焕云:'恢复当自东江始。文龙可用则用之,不可用则去之易易耳。'迨崇焕突诛文龙,疏有'臣低徊'一语。臣念文龙功罪,朝端共知,因置不理。奈何崇焕夸诩之词,坐臣朋谋罪?"又辩挑激大寿之诬,请赐罢黜。帝慰谕之,龙锡即起视事。捷再疏攻,帝意颇动。龙锡再辩,引疾,遂放归。时兵事旁午,未暇竟崇焕狱。

至三年八月，堻复上疏言："龙锡主张崇焕斩帅致兵，倡为款议，以信五年成功之说。卖国欺君，其罪莫逭。龙锡出都，以崇焕所畀重贿数万，转寄姻家，巧为营干，致国法不伸。"帝怒，敕刑官五日内具狱。于是锦衣刘侨上崇焕狱词。帝召诸臣于平台，置崇焕重辟。责龙锡私结边臣，蒙隐不举，令廷臣议罪。是日，群议于中府，谓："斩帅虽龙锡启端，而两书有'处置慎重'语，意不在擅杀，杀文龙乃崇焕过。举至讲款，倡自崇焕。龙锡始答以'酌量'，继答以'天子神武，不宜讲款'。然军国大事，私自商度，不抗疏发奸，何所逃罪。"帝遂遣使逮之。十二月逮至，下狱。复疏辩，悉封上崇焕原书及所答书，帝不省。时群小丽名逆案者，聚谋指崇焕为逆首，龙锡等为逆党，更立一逆案相抵。谋既定，欲自兵部发之。尚书梁廷栋惮帝英明，不敢任而止。乃议龙锡大辟，且用夏言故事，设广西市以待。帝以龙锡无逆谋，令长系。

四年正月，右中允黄道周疏言龙锡不宜坐死罪。忤旨，贬秩调外，而帝意浸解矣。夏五月大旱，刑部尚书胡应台等乞宥龙锡，给事中刘斯𤏳继言之，诏所司再谳。乃释狱，戍定海卫。在戍十二年，两遇赦不原。其子请输粟赎罪，会周延儒再当国，尼不行。福王时，复官归里。未几卒，年六十有八。

钱士升，字抑之，嘉善人。万历四十四年殿试第一，授修撰。天启初，以养母乞归。久之，进左中允，不赴。高邑赵南星、同里魏大中受珰祸，及江西同年生万燝杖死追赃，皆力为营护，破产助之，以是为东林所推。

崇祯元年起少詹事，掌南京翰林院。明年以詹事召。会座主钱龙锡被逮，送之河干，即谢病归。四年起南京礼部右侍郎，署尚书事。祭告凤阳陵寝，疏陈户口流亡之状甚悉。六年九月召拜礼部尚书兼东阁大学士，参预机务。明年春入朝。请停事例，罢鼓铸，严赃吏之诛，止遣官督催新旧饷，第责成于抚按。帝悉从之。

帝操切。温体仁以刻薄佐之，上下嚣然。士升因撰《四箴》以献，大指谓宽以御众,简以临下,虚以宅心,平以出政,其言深中时病。帝虽优旨报闻,意殊不怿也。

无何,武生李琏请括江南富户,报名输官,行首实籍没之法。士升恶之,拟旨下刑部提问。帝不许,同官温体仁遂改轻拟。士升曰:"此乱本也,当以去就争之。"乃疏言:"自陈启新言事,擢置省闼。比来借端幸进者,实繁有徒,然未有诞肆如琏者也。其曰缙绅豪右之家,大者千百万,中者百十万,以万计者不能枚举。臣不知其所指何地。就江南论之,富家数亩以对,百计者什六七,千计者什三四,万计者百中一二耳。江南如此,何况他省。且郡邑有富家,固贫民衣食之源也。地方水旱,有司令出钱粟,均粜济饥,一遇寇警,令助城堡守御,富家未尝无益于国。《周礼》荒政十二,保富居一。今以兵荒归罪于富家胺削,议括其财而籍没之,此秦皇不行于巴清、汉武不行于卜式者,而欲行于圣明之世乎?今秦、晋、楚、豫已无宁宇,独江南数郡稍安。此议一倡,无赖亡命相率而与富家为难,不驱天下之民胥为流寇不止。或疑此辈乃流寇心腹,倡横议以摇人心,岂直借端幸进已哉!"疏入,而琏已下法司提问。帝报曰:"即欲沽名,前疏已足致之,毋庸汲汲。"前疏谓《四箴》也。士升惶惧,引罪乞休。帝即许之。

士升初入阁,体仁颇援之。体仁推毂谢升、唐世济,士升皆为助。文震孟被挤,士升弗能救,论者咎之。至是乃以谠言去位。

弟士晋,万历中由进士除刑部主事。恤刑畿辅,平反者千百人。崇祯时,以山东右布政擢云南巡抚。筑师宗、新化六城,浚金针、白沙等河,平土官岑、侬两姓之乱,颇著劳绩。已而经历吴鲲化讦其营贿,体仁即拟严旨,且属同官林钎弗泄,欲因弟以逐其兄。命下,而士晋已卒,事乃已。士升,国变后七年乃卒。

成基命,字靖之,大名人,后避宣宗讳,以字行。万历三十五年进士。改庶吉士,历司经局洗马,署国子监司业事。天启元年,疏请幸学不先白政府。执政者不悦,令以原官还局,遂请告归。寻起少詹事。累官礼部右侍郎兼太子宾客,改掌南京翰林院事。六年,魏忠贤以基命为杨涟同门生,落职闲住。

崇祯元年,起吏部左侍郎。明年十月,京师戒严,基命请召还旧辅孙承宗,省一切浮议,仿嘉靖朝故事,增设枢臣。帝并可之。逾月,拜礼部尚书兼东阁大学士,入阁辅政。庶吉士金声荐僧申甫为将。帝令基命阅其所部兵,极言不可用,后果一战而败。袁崇焕、祖大寿入卫,帝召见平台,执崇焕属吏,大寿在旁股慄。基命独叩头请慎重者再,帝曰:“慎重即因循,何益?”基命复叩头曰:“敌在城下,非他时比。”帝终不省。大寿至军,即拥众东溃,帝忧之甚。基命曰:“令崇焕作手札招之,当归命也。”时兵事孔棘,基命数建白,皆允行。及戒严,召对文华殿。帝言法纪废弛,宜力振刷。基命曰:“治道去太甚,譬理乱丝,当觅其绪,骤纷更益扰乱。”帝曰:“慢则纠之以猛,何谓纷更?”其后温体仁益导帝以操切,天下遂大乱。

三年二月,工部主事李逢申劾基命欲脱袁崇焕罪,故乞慎重。基命求罢,帝为贬逢申一秩。韩爌、李标相继去,基命遂为首辅,与周延儒、何如宠、钱象坤共事。以恢复永平叙功,并加太子太保,进文渊阁。至六月,温体仁、吴宗达入,延儒、体仁最为帝所眷,比而倾基命,基命遂不安其位矣。方崇焕之议罪也,基命病足不入直。锦衣张道浚以委卸劾之,工部主事陆澄源疏继上。基命奏辩曰:“澄源谓臣当两首廷推,皆韩爌等欲藉以救崇焕。当廷推时,崇焕方倚任,安知后日之败,预谋救之。其说祖逢申、道浚,不逐臣不止,乞放归。”帝慰留之。卒三疏自引去。

基命性宽厚,每事持大体。先是,四城未复,兵部尚书梁廷栋衔总理马世龙,将更置之,以撼枢辅承宗。基命力调剂,世龙卒收遵、永功。尚书张凤翔、乔允升、韩继思相继下吏,并为申理。副都御史易应昌下诏狱,以基命言,改下法司。御史李长春、给事中杜齐芳坐私书事,将置重典。基命力救,不听。长跪会极门,言:“祖宗立法,真死罪犹三覆奏,岂有诏狱一讯遽置极刑。”自辰至酉未起。帝意解，得遣戍。逢申初劾基命，后以炮炸下狱拟戍，帝犹以为轻，亦以基命言得如拟。为首辅者数月，帝欲委政延儒，遂为其党所逐。八年卒于家。赠少保，谥文穆。

何如宠，字康侯，桐城人。父思鳌，知栖霞县，有德于民。如宠登万历二十六年进士，由庶吉士累迁国子监祭酒。天启时，官礼部右侍郎，协理詹事府。五年正月，廷推左侍郎，魏广微言如宠与左光斗同里友善，遂夺职闲住。

崇祯元年，起为吏部右侍郎。未至，拜礼部尚书。宗藩婚嫁命名，例请于朝。贫者为部所稽，自万右历末至是，积疏累千，有白首不能完家室，骨朽而尚未名者。用如宠请，贫宗得嫁娶者六百余人。大学士刘鸿训以增敕事，帝怒不测，如宠力为剖析，得免死戍边。明年冬，京师戒严，都人桀黠者，请以私财聚众助官军，朝议壮之。如宠力言其叵测，不善用，必启内衅。帝召问，对如初。帝出片纸示之，则得之侦事，与如宠言合，由是受知。十二月，命与周延儒、钱象坤俱以本官兼东阁大学士，入阁辅政。帝欲族袁崇焕，以如宠申救，免死者三百余口。累加少保、户部尚书、武英殿大学士。

四年春，副延儒总裁会试。事竣，即乞休，疏九上乃允。陛辞，陈惇大明作之道。抵家，复请时观《通鉴》，察古今理乱忠佞，语甚切。六年，延儒罢政，体仁当为首辅。而延儒憾体仁排己，谋起如宠以抑之。如宠畏体仁，六疏辞，体仁遂为首辅。

如宠性孝友。母年九十，色养不衰。操行恬雅，与物无竞，难进易退，世尤高之。十四年卒。福王时，赠太保，谥文端。

兄如申，与如宠同举进士。官户部郎中，督饷辽东。有清操，军士请复留二载。终浙江右布政使。

钱象坤，字弘载，会稽人。万历二十九年进士。改庶吉士，授检讨，进谕德，转庶子。泰昌改元，官少詹事，直讲筵。讲毕，见中官王安与执政议事，即趋出。安使人延之，坚不入。天启中，给事中论织造，语侵中贵，诏予杖，阁臣救不得。象坤语叶向高讲筵面奏之，乃免。时行立枷法，惨甚。象坤白之帝，多所宽释。再迁礼部右侍郎兼太子宾客。

四年七月，向高辞位。御史黄公辅虑象坤柄政，请留向高，诋象坤甚力。象坤遂辞去。六年，廷推南京礼部尚书。魏忠贤私人指为缪昌期党，落职闲住。

崇祯元年，召拜礼部尚书，协理詹事府。明年冬，都城被兵，条御敌三策。奉命登陴分守，祁寒不懈。帝觇知，遂与何如宠并相。明年，温体仁入，象坤其门生，让而居其下。累加少保，进武英殿。象坤在翰林，与龙锡、谦益、士升并负物望，有"四钱"之目。及体仁相，无附和迹。

四年，御史水佳允连劾兵部尚书梁廷栋，廷栋不待旨即奏辩。廷栋故出象坤门，佳允疑象坤泄之，语侵象坤。延儒以廷栋尝发其私人赃罪，恶之，并恶象坤。象坤遂五疏引疾去，廷栋落职。给事中吴执御、傅朝祐称象坤难进易退，不当以门生累，不听。家居十年，无病而卒。赠太保，谥文贞，荫一子中书舍人。

徐光启，字子先，上海人。万历二十五年举乡试第一，又七年成进士。由庶吉士历赞善。从西洋人利玛窦学天文、历算、火器，尽其术。遂偏习兵机、屯田、盐筴、水利诸书。

杨镐四路丧师，京师大震。累疏请练兵自效。神宗壮之，超擢少詹事兼河南道御史。练兵通州，列上十议。时辽事方急，不能如所请。光启疏争，乃稍给以民兵戎械。

未几，熹宗即位。光启志不得展，请裁去，不听。既而以疾归。辽阳破，召起之。还朝，力请多铸西洋大炮，以资城守。帝善其言。方议用，而光启与兵部尚书崔景荣议不合，御史丘兆麟劾之，复移疾归。天启三年起故官，旋擢礼部右侍郎。五年，魏忠贤党智铤劾之，落职闲住。

　　崇祯元年召还,复申练兵之说。未几,以左侍郎理部事。帝忧国用不足,敕廷臣献屯盐善策。光启言屯政在乎垦荒,盐政在严禁私贩。帝褒纳之,擢本部尚书。时帝以日食失验,欲罪台官。光启言:"台官测候,本郭守敬法。元时尝当食不食,守敬且尔,无怪台官之失占。臣闻历久必差,宜及时修正。"帝从其言,诏西洋人龙华民、邓玉函、罗雅谷等推算历法,光启为监督。

　　四年春正月,光启进《日躔历指》一卷、《测天约说》二卷、《大测》二卷、《日躔表》二卷、《割圜八线表》六卷、《黄道升度》七卷、《黄赤距度表》一卷、《通率表》一卷。是冬十月辛丑朔,日食,复上测候四说。其辩时差里差之法,最为详密。

　　五年五月以本官兼东阁大学士,入参机务,与郑以伟并命。寻加太子太保,进文渊阁。光启雅负经济才,有志用世。及柄用,年已老,值周延儒、温体仁专政,不能有所建白。明年十月卒。赠少保。

　　郑以伟,字子器,上饶人。万历二十九年进士。改庶吉士,授检讨,累迁少詹事。泰昌元年官礼部右侍郎。天启元年,光宗祔庙,当桃宪宗,太常少卿洪文衡以睿宗不当入庙,请桃奉玉芝宫,以伟不可而止,论者卒是文衡。寻以左侍郎协理詹事府。四年,以伟直讲筵,与珰忤,上疏告归。崇祯二年召拜礼部尚书。久之,与光启并相。再辞,不允。以伟修洁自好,书过目不忘。文章奥博,而票拟非其所长。尝曰:"吾富于万卷,窘于数行,乃为后进所藐。"章疏中有"何况"二字,误以为人名也,拟旨提问,帝驳改始悟。自是词臣为帝轻,遂有馆员须历推知之谕,而阁臣不专用翰林矣。以伟累乞休,不允。明年六月,卒官。赠太子太保。御史言光启、以伟相继没,盖棺之日,囊无余赀,请优恤以愧贪墨者。帝纳之,乃谥光启文定,以伟文恪。

　　其后二年,同安林钎为大学士,未半岁而卒。亦有言清者,得谥文穆。钎,字实甫,万历四十四年殿试第三人,授编修。天启时,任国子司业。监生陆万龄请建魏忠贤祠于太学旁,具簿醵金,强钎为倡。钎援笔涂抹,即夕挂冠棁星门径归。忠贤矫旨削其籍。崇祯改元,起少詹事。九年由礼部侍郎入阁,有谨愿诚恪之称。

　　久之，帝念光启博学强识，索其家遗书。子骥入谢，进《农政全书》六十卷。诏令有司刊布，加赠太保，录其孙为中书舍人。

　　文震孟，字文起，吴县人，待诏征明曾孙也。祖国子博士彭，父卫辉同知元发，并有名行。震孟弱冠以春秋举于乡，十赴会试。至天启二年，殿试第一，授修撰。

　　时魏忠贤渐用事，外廷应之，数斥逐大臣。震孟愤，于是冬十月上《勤政讲学疏》，言："今四方多故，无岁不蹙地陷城，覆军杀将，乃大小臣工卧薪尝胆之日。而因循粉饰，将使祖宗天下日销月削。非陛下大破常格，鼓舞豪杰心，天下事未知所终也。陛下昧爽临朝，寒暑靡辍，政非不勤。然鸿胪引奏，跪拜起立，如傀儡登场已耳。请按祖宗制，唱六部六科，则六部六科以次白事，纠弹敷奏，陛下与辅弼大臣面裁决焉。则圣智日益明习，而百执事各有奋心。若仅揭帖一纸，长跪一诺，北面一揖，安取此驾行多绣横玉腰金者为。经筵日讲，临御有期，学非不讲。然侍臣进读，铺叙文辞，如蒙师诵说已耳。祖宗之朝，君臣相对，如家人父子。咨访军国重事，间阎隐微，情形毕照，奸诈无所藏，左右近习亦无缘蒙蔽。若仅尊严如神，上下拱手，经传典谟，徒循故事，安取此正笏垂绅、展书簪笔者为。且陛下既与群臣不洽，朝夕侍御不越中涓之辈，岂知帝王宏远规模。于是危如山海，而阁臣一出，莫挽偷安之习；惨如黔围，而抚臣坐视，不闻严谴之施。近日举动，尤可异者。邹元标去位，冯从吾杜门，首揆冢宰亦相率求退。空人国以营私窟，几似浊流之投。晋道学以逐名贤，有甚伪学之禁。唐、宋末季，可为前鉴。"

　　疏入，忠贤屏不即奏。乘帝观剧，摘疏中"傀儡登场"语，谓比帝于偶人，不杀无以示天下，帝颔之。一日，讲筵毕，忠贤传旨，廷杖震孟八十。首辅叶向高在告，次辅韩𬳿力争。会庶吉士郑鄤疏复入，内批俱贬秩调外。言官交章论救，不纳。震孟亦不赴调而归。六年冬，太仓进士顾同寅、生员孙文豸坐以诗悼惜熊廷弼，为兵马司缉获。御史门克新指为妖言，波及震孟，与编修陈仁锡、庶吉士郑鄤并斥为民。

崇祯元年，以侍读召。改左中允，充日讲官。三年春，辅臣定逆案者相继去国，忠贤遗党王永光辈日乘机报复，震孟抗疏纠之。帝方眷永光，不报。震孟寻进左谕德，掌司经局，直讲如故。五月复上疏曰："群小合谋，欲借边才翻逆案。天下有无才误事之君子，必无怀忠报国之小人。今有平生无耻，惨杀名贤之吕纯如，且藉奥援思辩雪。永光为六卿长，假窃威福，倒置用舍，无事不专而济以狠，发念必欺而饰以朴。以年例大典而变乱祖制，以考选盛举而摈斥清才。举朝震恐，莫敢讼言。臣下雷同，岂国之福。"帝令指实再奏。震孟言："杀名贤者，故吏部郎周顺昌。年例则抑吏科都给事中陈良训，考选则摈中书舍人陈士奇、潘有功是也。"永光窘甚，密结大奄王永祚谓士奇出姚希孟门。震孟，希孟舅也。帝心疑之。永光辩疏得温旨，而责震孟任情牵诬。然群小翻案之谋亦由是中沮。

震孟在讲筵，最严正。时大臣数逮系，震孟讲鲁论"君使臣以礼"一章反覆规讽，帝即降旨出尚书乔允升、侍郎胡世赏于狱。帝尝足加于膝，适讲《五子之歌》，至"为人上者，奈何不敬"，以目视帝足。帝即袖掩之，徐为引下。时称"真讲官"。既忤权臣，欲避去。出封益府，便道归，遂不复出。

五年，即家擢右庶子。久之，进少詹事。初，天启时，诏修《光宗实录》，礼部侍郎周炳谟载神宗时储位艰难及《妖书》、《梃击》诸事，直笔无所阿。其后忠贤盗柄，御史石三畏劾削炳谟职。忠贤使其党重修，是非倒置。震孟摘尤谬者数条，疏请改正。帝特御平台，召廷臣面议，卒为温体仁、王应熊所沮。

八年正月，贼犯凤阳皇陵。震孟历陈致乱之源，因言："当事诸臣，不能忧国奉公，一统之朝，强分畛域，加膝坠渊，总由恩怨。数年来，振纲肃纪者何事，推贤用能者何人，安内攘外者何道，富国强兵者何策。陛下宜奋然一怒，发哀痛之诏，按失律之诛，正误国之罪，行抚绥之实政，宽闾阎之积逋。先收人心以遏寇盗，徐议浚财之源，毋徒竭泽而渔。尽斥患得患失之鄙夫，广集群策群力以定乱，国事庶有瘳乎！"帝优旨报之，然亦不能尽行也。

故事，讲筵不列《春秋》。帝以有裨治乱，令择人进讲。震孟，《春秋》名家，为体仁所忌，隐不举。次辅钱士升指及之，体仁佯惊曰："几失此人。"遂以其名上。及进讲，果称帝旨。

六月，帝将增置阁臣，召廷臣数十人，试以票拟。震孟引疾不入，体仁方在告。七月，帝特擢震孟礼部左侍郎兼东阁大学士，入阁预政。两疏固辞，不许。阁臣被命，即投刺司礼大奄，兼致仪状，震孟独否。掌司礼者曹化淳，故属王安从奄，雅慕震孟，令人辗转道意，卒不往。震孟既入直，体仁每拟旨必商之，有所改必从。喜谓人曰："温公虚怀，何云奸也？"同官何吾驺曰："此人机深，讵可轻信。"越十余日，体仁窥其疏，所拟不当，辄令改，不从，则径抹去。震孟大愠，以诸疏掷体仁前，体仁亦不顾。

都给事中许誉卿者，故劾忠贤有声，震孟及吾驺欲用为南京太常卿。体仁忌誉卿忧直，讽吏部尚书谢升劾其与福建布政使申绍芳营求美官。体仁拟以贬谪，度帝欲重拟必发改，已而果然。遂拟斥誉卿为民，绍芳提问。震孟争之不得，咈然曰："科道为民，是天下极荣事，赖公玉成之。"体仁遽以闻。帝果怒，责吾驺、震孟徇私挠乱。吾驺罢，震孟落职闲住。

方震孟之拜命也，即有旨撤镇守中官。及次辅王应熊之去，忌者谓震孟为之。由是有谮其居功者，帝意遂移。震孟刚方贞介，有古大臣风。惜三月而斥，未竟其用。

归半岁，会甥姚希孟卒，哭之恸，亦卒。廷臣请恤，不允。十二年诏复故官。十五年赠礼部尚书，赐祭葬，官一子。福王时，追谥文肃。二子秉、乘。乘遭国变，死于难。

周炳谟，字仲觐，无锡人。父子义，嘉靖中庶吉士，万历中仕至吏部侍郎，卒谥文恪。炳谟，万历三十二年进士。当重修《光宗实录》时，炳谟已先卒。崇祯初，赠礼部尚书，谥文简。父子皆以学行称于世。

　　蒋德璟,字申葆,晋江人。父光彦,江西副使。德璟,天启二年进士。改庶吉士,授编修。

　　崇祯时,由侍读历迁少詹事,条奏救荒事宜。寻擢礼部右侍郎。时议限民田,德璟言:“民田不可夺,而足食莫如贵粟。北平、山、陕、江北诸处,宜听民开垦,及课种桑枣,修农田水利。府县官考满,以是为殿最。至常平义仓,岁输本色,依令甲行之足矣。”十四年春,杨嗣昌卒于军,命九卿议罪。德璟议曰:“嗣昌倡聚敛之议,加剿饷、练饷,致天下民穷财尽,胥为盗。又匿失事,饰首功。宜按仇鸾事,追正其罪。”不从。

　　十五年二月,耕藉礼成,请召还原任侍郎陈子壮、祭酒倪元璐等,帝皆录用。六月,廷推阁臣,首德璟。入对,言边臣须久任,蓟督半载更五人,事将益废弛。帝曰:“不称当更。”对曰:“与其更于后,曷若慎于初。”帝问:“天变何由弭?”对曰:“莫如拯百姓。近加辽饷十万,练饷七百万,民何以堪! 祖制,三协止一督、一抚、一总兵,今增二督、三抚、六总兵,又设副将数十人,权不统一,何由制胜!”帝颔之。首辅周延儒尝荐德璟渊博,可备顾问;文体华赡,宜用之代言。遂擢德璟及黄景昉、吴甡为礼部尚书兼东阁大学士,同入直。延儒、甡各树门户,德璟无所比。性鲠直,黄道周召用,刘宗周免罪,德璟之力居多。开封久被围,自请弛督诸将战,优诏不允。

　　明年,进《御览备边册》。凡九边十六镇新旧兵食之数,及屯、盐、民运、漕粮、马价悉志焉。已,进《诸边抚赏册》及《御览简明册》。帝深嘉之。诸边士马报户部者,浮兵部过半,耗粮居多,而屯田、盐引、民运,每镇至数十百万,一听之边臣。天津海道输蓟、辽岁米豆三百万,惟仓场督臣及天津抚臣出入,部中皆不稽核。德璟语部臣,合部运津运,各边民运、屯、盐,通为计画,饷额可足,而加派之饷可裁。因复条十事以责部臣,然卒不能尽厘也。

　　一日召对,帝语及练兵。德璟曰:“《会典》,高皇帝教练军士,一以弓弩刀枪行赏罚,此练军法。卫所总、小旂补役,以枪胜负为升降。

凡武弁比试，必骑射精娴，方准袭替，此练将法。岂至今方设兵？"帝为悚然。又言："祖制，各边养军，止屯、盐、民运三者，原无京运银。自正统时始有数万，迄万历末，亦止三百余万。今则辽饷、练饷并旧饷计二千余万，而兵反少于往时，耗蠹乃如此。"又言："文皇帝设京卫七十二，计军四十万。畿内八府，军二十八万。又有中都、大宁、山东、河南班军十六万。春秋入京操演，深得居重驭轻势。今皆虚冒。且自来征讨皆用卫所官军，嘉靖末，始募兵，遂置军不用。至加派日增，军民两困。愿宪章二祖，修复旧制。"帝是之，而不果行。

十七年，户部主事蒋臣请行钞法。言岁造三千万贯，一贯价一两，年可得银三千万两。侍郎王鳌永赞行之。帝特设内宝钞局，昼夜督造。募商发卖，无一人应者。德璟言："百姓虽愚，谁肯以一金买一纸。"帝不听。又因局官言，责取桑穰二百万斤于畿辅、山东、河南、浙江。德璟力争，帝留其揭不下，后竟获免。先以军储不足，岁金畿辅、山东、河南富户，给值令买米豆输天津，多至百万，民大扰。德璟因召对面陈其害，帝即令拟谕罢之。

二月，帝以贼势渐逼，令群臣会议，以二十二日奏闻。都御史李邦华密疏云辅臣知而不敢言。翼日，帝手其疏问何事，陈演以少詹事项煜南迁议对，帝取视默然。德璟从旁力赞，帝不答。

给事中光时亨追论练饷之害。德璟拟旨："向来聚敛小人倡为练饷，致民穷祸结，误国良深。"帝不悦，诘曰："聚敛小人谁也？"德璟不敢斥嗣昌，以故尚书李待问对。帝曰："朕非聚敛，但欲练兵耳。"德璟曰："陛下岂肯聚敛。然既有旧饷五百万，新饷九百余万，复增练饷七百三十万，臣部实难辞责。且所练兵马安在？蓟督练四万五千，今止二万五千。保督练三万，今止二千五百。保镇练一万，今止二百。若山、永兵七万八千，蓟、密兵十万，昌平兵四万，宣大、山西及陕西三边各二十余万，一经抽练，原额兵马俱不问，并所抽亦未练，徒增饷七百余万，为民累耳。"帝曰："今已并三饷为一，何必多言。"德璟曰："户部虽并为一，州县追比，仍是三饷。"帝震怒，责以朋比。德璟力辩，诸辅臣为申救。尚书倪元璐以钞饷乃户部职，自引咎,帝意稍解。明日,德璟具疏引罪。帝虽旋罢练饷,而德璟竞以三月二日去位。给事中汪惟效、检讨傅鼎铨等交章乞留,不听。德璟闻山西陷,未敢行。及知廷臣留己,即辞朝,移寓外城。贼至,得亡去。

福王立于南京,召入阁。自陈三罪,固辞。明年,唐王立于福州,与何吾驺、黄景昉并召。又明年以足疾辞归。九月,王事败,而德璟适病笃,遂以是月卒。

黄景昉,字太稚,亦晋江人。天启五年进士。由庶吉士历官庶子,直日讲。崇祯十一年,帝御经筵,问用人之道。景昉言:“近日考选不公,推官成勇、朱天麟廉能素著,乃不得预清华选。”又言:“刑部尚书郑三俊四朝元老,至清无俦,不当久系狱。”退复上章论之,三俊旋获释,勇等亦俱改官。

景昉寻进少詹事。尝召对,言:“近撤还监中官高起潜,关外辄闻警报,疑此中有隐情。臣家海滨,见沿海将吏每遇调发,即报海警,冀得复留。触类而推,其情自见。”帝颔之。十四年以詹事兼掌翰林院。时庶常停选已久,景昉具疏请复,又请召还修撰刘同升、编修赵士春,皆不报。

十五年六月,召对称旨,与蒋德璟、吴甡并相。明年并加太子少保,改户部尚书、文渊阁。南京操江故设文武二员,帝欲裁去文臣,专任诚意伯刘孔昭。副都御史惠世扬迟久不至,帝命削其籍。景昉俱揭争,帝不悦,遂连疏引归。唐王时,召入直,未几,复告归。国变后,家居十数年始卒。

方岳贡,字四长,谷城人。天启二年进士。授户部主事,进郎中。历典仓库,督永平粮储,并以廉谨闻。

崇祯元年,出为松江知府。海滨多盗,捕得辄杖杀之。郡东南临大海,飓潮冲击,时为民患。筑石堤二十里许,遂为永利。郡漕京师数十万石,而诸仓乃相距五里,为筑城垣护之,名曰“仓城”。他救荒助役、修学课士，咸有成绩，举卓异者数矣。薛国观败，其私人上海王陛彦下吏，素有隙，因言岳贡尝馈国观三千金，遂被逮。士民诣阙讼冤，巡抚黄希亦白其诬，下法司谳奏。一日，帝晏见辅臣，问："有一知府积俸十余年，屡举卓异者谁也？"蒋德璟以岳贡对。帝曰："今安在？"德璟复以陛彦株连对，帝颔之。法司谳上，言行贿无实迹，宜复官。帝奖其清执，报可。

无何，给事中方士亮荐岳贡及苏州知府陈洪谧，乃擢山东副使兼右参议，总理江南粮储。所督漕艘，如期抵通州。帝大喜。吏部尚书郑三俊举天下廉能监司五人，岳贡与焉。帝趣使入对，见于平台，问为政何先，对曰："欲天下治平，在择守令。察守令贤否，在监司。察监司贤否，在巡方。察巡方贤否，在总宪。总宪得人，御史安敢以身试法。"帝善之，赐食，日晡乃出。越六日，即超擢左副都御史。尝召对，帝适以诘吏部尚书李遇知。遇知曰："臣正纠驳。"岳贡曰："何不即题参？"深合帝意。翼日命以本官兼东阁大学士，时十六年十一月也。故事，阁臣无带都御史衔者，自岳贡始。

岳贡本吏材。及为相，务勾检簿书，请核赦前旧赋，意主搜括，声名甚损。十七年二月命以户、兵二部尚书兼文渊阁大学士，总督漕运、屯田、练兵诸务，驻济宁。已而不行。

李自成陷京师，岳贡及丘瑜被执，幽刘宗敏所。贼索银，岳贡素廉，贫无以应，拷掠备至。搜其邸，无所有，松江贾人为代输千金。四月朔日与瑜并释。十二日，贼既杀陈演等，令监守者并杀二人。监守者奉以缳，二人并缢死。

丘瑜，宜城人。天启五年进士。由庶吉士授检讨。崇祯中，屡迁少詹事。襄阳陷，瑜上恤难宗、择才吏、旌死节、停催征、苏邮困、禁劳役六事。帝采纳焉。历礼部左右侍郎。因召对，言："督师孙传庭出关，安危所系，慎勿促之轻出。俾镇定关中，犹可号召诸将，相机进剿。"帝不能从。十七年正月，以本官兼东阁大学士，同范景文入阁。都城陷，受拷掠者再，搜获止二千金，既而被害。

　　瑜子之陶,年少有干略。李自成陷宜城,瑜父民忠骂贼而死。之陶被获,用为兵政府从事,寻以本府侍郎守襄阳。襄阳尹牛佺,贼相金星子,其倚任不如也。之陶以蜡丸书贻传庭曰:"督师勿与之战,吾诡言左镇兵大至,摇其心,彼必返顾。督师击其后,吾从中起,贼可灭也。"传庭大喜,报书如其言,为贼逻者所得。传庭恃内应,连营前进,之陶果举火,报左兵大至。自成验得其诈,召而示以传庭书,责其负己。之陶大骂曰:"吾恨不斩汝万段,岂从汝反耶!"贼怒,支解之。

　　赞曰:庄烈帝在位仅十七年,辅相至五十余人。其克保令名者,数人而已,若标等是也。基命能推毂旧辅以定危难,震孟以风节显,德璟谙悉旧章。以陆喜之论薛莹者观之,所谓侃然体国,执正不惧,斟酌时宜,时献微益者乎。至于扶危定倾,殆非易言也。呜呼,国步方艰,人材亦与俱尽,其所由来者渐矣。

明史卷二五二
列传第一四○

杨嗣昌　　吴甡

　　杨嗣昌,字文弱,武陵人。万历三十八年进士。改除杭州府教授。迁南京国子监博士,累进户部郎中。天启初,引疾归。

　　崇祯元年,起河南副使,加右参政,移霸州。四年移山海关饬兵备。父鹤,总督陕西被逮。嗣昌三疏请代,得减死。五年夏,擢右佥都御史,巡抚永平、山海诸处。嗣昌父子不附奄,无嫌于东林。侍郎迁安郭巩以逆案谪戍广西,其乡人为讼冤。嗣昌以部民故,闻于朝,给事中姚思孝驳之,自是与东林郄。

　　七年秋,拜兵部右侍郎兼右佥都御史,总督宣大、山西军务。时中原饥,群盗蜂起。嗣昌请开金银铜锡矿,以解散其党。又六疏陈边事,多所规画。帝异其才。以父忧去,复遭继母丧。

　　九年秋,兵部尚书张凤翼卒,帝顾廷臣无可任者,即家起嗣昌。三疏辞,不许。明年三月,抵京,召对。嗣昌通籍后,积岁林居,博涉文籍,多识先朝故事,工笔札,有口辨。帝与语,大信爱之。凤翼故柔靡,兵事无所区画。嗣昌锐意振刷,帝益以为能。每对必移时,所奏请无不听,曰:“恨用卿晚。”嗣昌乃议大举平贼。请以陕西、河南、湖广、江北为四正,四巡抚分剿而专防;以延绥、山西、山东、江南、江西、四川为六隅,六巡抚分防而协剿。是谓十面之网。而总督、总理二臣,随贼所向,专征讨。福建巡抚熊文灿者,讨海贼有功,大言自诡足办贼。嗣昌闻而善之。会总督洪承畴、王家桢分驻陕西、河南。家桢故庸材，不足任，嗣昌乃荐文灿代之。因议增兵十二万，增饷二百八十万。其措饷之策有四：曰因粮，曰溢地，曰事例，曰驿递。因粮者，因旧额之粮，量为加派，亩输粮六合，石折银八钱，伤地不与，岁得银百九十二万九千有奇。溢地者，民间土田溢原额者，核实输赋，岁得银四十万六千有奇。事例者，富民输资为监生，一岁而止。驿递者，前此邮驿裁省之银，以二十万充饷。议上，帝乃传谕："流寇延蔓，生民涂炭，不集兵无以平寇，不增赋无以饷兵。勉从廷议，暂累吾民一年，除此腹心大患。其改因粮为均输，布告天下，使知为民去害之意。"寻议诸州县练壮丁捍本土，诏抚按饬行。

　　贼攻淅川，左良玉不救，城陷。山西总兵王忠援河南，称疾不进，兵噪而归。嗣昌请逮戮失事诸帅，以肃军令。遂逮忠及故总兵张全昌。良玉以六安功，落职戴罪自赎。

　　嗣昌既建"四正六隅"之说，欲专委重文灿。文灿顾主抚议，与前策抵牾。帝谯让文灿，嗣昌亦心望。既已任之，则曲为之解。乃上疏曰："网张十面，必以河南、陕西为杀贼之地。然陕有李自成、惠登相等，大部未能剿绝，法当驱关东贼不使合，而使陕抚断商、雒，郧抚断郧、襄，安抚断英、六，凤抚断亳、颍，而应抚之军出灵、陕，保抚之军渡延、津。然后总理提边兵，监臣提禁旅，豫抚提陈永福诸军，并力合剿。若关中大贼逸出，关东则秦督提曹变蛟等出关协击。期三月尽诸剧寇。巡抚不用命，立解其兵柄，简一监司代之。总兵不用命，立夺其帅印，简一副将代之。监司、副将以下，悉以尚方剑从事。则人人效力，何贼不平。"乃克今年十二月至明年二月为灭贼之期。帝可其奏。

　　是时，贼大入四川，朝士尤洪承畴纵贼。嗣昌因言于帝曰："熊文灿在事三月，承畴七年不效。论者绳文灿急，而承畴纵寇莫为言。"帝知嗣昌有意左右之，变色曰："督、理二臣但责成及时平贼，奈何以久近藉之口！"嗣昌乃不敢言。文灿既主抚议，所加饷天子遣一侍郎督之，本藉以剿贼，文灿悉以资抚。帝既不复诘，廷臣亦莫言之。

至明年三月，嗣昌以灭贼逾期，疏引罪，荐人自代。帝不许，而命察行间功罪。乃上疏曰："洪承畴专办秦贼，贼往来秦、蜀自如，剿抚俱无功，不免于罪。熊文灿兼办江北、河南、湖广贼，抚刘国能、张献忠，战舞阳、光山，剿抚俱有功，应免罪。诸巡抚则河南常道立、湖广余应桂有功，陕西孙传庭、山西宋贤、山东颜继祖、保定张其平、江南张国维、江西解学龙、浙江喻思恂有劳，郧阳戴东旻无功过，凤阳朱大典、安庆史可法宜策励图功。总兵则河南左良玉有功，陕西曹变蛟、左光先无功，山西虎大威、山东倪宠、江北牟文绶、保定钱中选有劳无功，河南张任学、宁夏祖大弼无功过。承畴宜遣逮，因军民爱戴，请削官保、尚书，以侍郎行事。变蛟、光先贬五秩，与大弼期五月平贼。逾期并承畴逮治。大典贬三秩，可法戴罪自赎。"议上，帝悉从之。

嗣昌既终右文灿，而文灿实不知兵。既降国能、献忠，谓抚必可恃。嗣昌亦阴主之，所请无不曲徇，自是不复言"十面张网"之策矣。是月，帝御经筵毕，嗣昌奏对有"善战服上刑"等语。帝怫然，诘之曰："今天下一统，非战国兵争比。小丑跳梁，不能伸大司马九伐之法，奈何为是言？"嗣昌惭。

当是时，流贼既大炽，朝廷又有东顾忧，嗣昌复阴主互市策。适太阴掩荧惑，帝减膳修省，嗣昌则历引汉永平、唐元和、宋太平兴国事，盖为互市地云。给事中何楷疏驳之，给事中钱增、御史林兰友相继论列，帝不问。

六月，改礼部尚书兼东阁大学士，入参机务，仍掌兵部事。嗣昌既以夺情入政府，又夺情起陈新甲总督，于是楷、兰友及少詹事黄道周抗疏诋斥，修撰刘同升、编修赵士春继之。帝怒，并镌三级，留翰林。刑部主事张若麒上疏丑诋道周，遂镌道周六级，并同升、士春皆谪外。已而南京御史成勇、兵部尚书范景文等言之，亦获谴。嗣昌自是益不理于人口。

我大清兵入墙子岭、青口山，蓟辽保定总督吴阿衡方醉，不能军，败死。京城戒严，召庐象升帅师入卫。象升主战，嗣昌与监督中官高起潜主款,议不合,交恶。编修杨廷麟劾嗣昌误国。嗣昌怒,改廷麟职方主事,监象升军,而戒诸将毋轻战。诸将本恇怯,率藉口持重观望,所在列城多破。嗣昌据军中报,请旨授方略。比下军前,则机宜已变,进止乖违,疆事益坏云。象升既阵亡,嗣昌亦贬三秩,戴罪视事。

十二年正月,济南告陷,德王被执,游骑直抵兖州。二月,大清兵北旋,给事中李希沆言:"圣明御极以来,北兵三至。己巳之罪未正,致在丙子。丙子之罪未正,致有今日。"语侵嗣昌。御史王志举亦劾嗣昌误国四大罪,请用丁汝夔、袁崇焕故事。帝怒,希沆贬秩,志举夺官。初,帝以嗣昌才而用之,非廷臣意。知其必有言,言者辄斥。嗣昌既有罪,帝又数逐言官,中外益不平。嗣昌亦不自安,屡疏引罪,乃落职冠带视事。未几,以叙功复之。

先是,京师被兵,枢臣皆坐罪。二年,王洽下狱死,复论大辟。九年,张凤翼出督师,服毒死,犹削籍。及是,亡七十余城,而帝眷嗣昌不衰。嗣昌乃荐四川巡抚傅宗龙自代。帝命嗣昌议文武诸臣失事罪,分五等:曰守边失机,曰残破城邑,曰失陷藩封,曰失亡主帅,曰纵敌出塞。于是中官则蓟镇总监邓希诏、分监孙茂霖,巡抚则顺天陈祖苞、保定张其平、山东颜继祖,总兵则蓟镇吴国俊、陈国威,山东倪宠,援剿祖宽、李重镇及他副将以下,至州县有司,凡三十六人,同日弃市。而嗣昌贬削不及,物议益哗。

当戒严时,廷臣多请练边兵。嗣昌因定议:宣府、大同、山西三镇兵十七万八千八百有奇,三总兵各练万,总督练三万。以二万驻怀来,一万驻阳和,东西策应。余授镇监、巡抚以下分练。延绥、宁夏、甘肃、固原、临洮五镇兵十五万五千七百有奇。五总兵各练万,总督练三万。以二万驻固原,一万驻延安,东西策应。余授巡抚、副将以下分练。辽东、蓟镇兵二十四万有奇。五总兵各练万,总督练五万。外自锦州,内抵居庸,东西策应。余授镇监、巡抚以下分练。汰通州、昌平督治二侍郎,设保定一总督,合畿辅、山东、河北兵,得十五万七千有奇。四总兵各练二万,总督练三万。北自昌平,南抵河北,闻警策应。余授巡抚以下分练。又以畿辅重地,议增监司四人。于是大名、广平、顺德增一人,真定、保定、河间各一人。蓟辽总督下增监军三人。议上,帝悉从之。嗣昌所议兵凡七十三万有奇,然民流饷绌,未尝有实也。

帝又采副将杨德政议,府汰通判,设练备,秩次守备,州汰判官,县汰主簿,设练总,秩次把总,并受辖于正官,专练民兵。府千,州七百,县五百,捍乡土,不他调。嗣昌以势有缓急,请先行畿辅、山东、河南、山西,从之。于是有练饷之议。初,嗣昌增剿饷,期一年而止。后饷尽而贼未平,诏征其半。至是,督饷侍郎张伯鲸请全征。帝虑失信,嗣昌曰:“无伤也,加赋出于土田,土田尽归有力家,百亩增银三四钱,稍抑兼并耳。”大学士薛国观、程国祥皆赞之。于是剿饷外复增练饷七百三十万。论者谓:“九边自有额饷,概予新饷,则旧者安归?边兵多虚额,今指为实数,饷尽虚糜,而练数仍不足。且兵以分防不能常聚,故有抽练之议,抽练而其余遂不问。且抽练仍虚文,边防愈益弱。至州县民兵益无实,徒糜厚饷。”以嗣昌主之,事巨莫敢难也。神宗末增赋五百二十万,崇祯初再增百四十万,总名辽饷。至是,复增剿饷、练饷,额溢之。先后增赋千六百七十万。民不聊生,益起为盗矣。

五月,熊文灿所抚贼张献忠反谷城,罗汝才等九营皆反。八月,傅宗龙抵京,嗣昌解部务,还内阁。未几,罗猴山败书闻。帝大惊,诏逮文灿。特旨命嗣昌督师,赐尚方剑,以便宜诛赏。九月朔,召见平台。嗣昌曰:“君言不宿于家,臣朝受命,夕启行,军资甲仗望敕所司遣发。”帝悦,曰:“卿能如此,朕复何忧。”翊日,赐白金百、大红纻丝四表里、斗牛衣一、赏功银四万、银牌千五百、币帛千。嗣昌条七事以献,悉报可。四日召见赐宴,手觞三爵,御制赠行诗一章。嗣昌跪诵,拜且泣。越二日,陛辞,赐膳。二十九日抵襄阳,入文灿军。文灿就逮,嗣昌独为疏辩云。

十月朔,嗣昌大誓三军,督理中官刘元斌,湖广巡抚方孔炤,总兵官左良玉、陈洪范等毕会。贼贺一龙等掠叶,围沈丘,焚项城之郓，寇光山。副将张琮、刁明忠率京军逾山行九十里，及其巢。先驱射贼，殪绛袍而驰者二人，追奔四十里，斩首千七百五十。嗣昌称诏颁赐。十一月，兴世王王国宁以众千人来归，受之于襄阳，处其妻子樊城。表良玉平贼将军。诸将积骄玩，无斗志。献忠、罗汝才、惠登相等八营遁郧阳、兴安山间，掠南漳、谷城、房、竹山、竹溪。嗣昌鞭刁明忠，斩监军佥事殷大白以徇。檄巡抚方孔炤遣杨世恩、罗安邦剿汝才、登相，全军覆于香油坪。嗣昌劾逮孔炤，奏辟永州推官万元吉为军前监纪，从之。

　　当是时，李自成潜伏陕右，贺一龙、左金王等四营跳梁汉东，嗣昌专剿献忠。献忠屡败于兴安，求抚，不许。其党托天王常国安、金翅鹏刘希原来降，献忠走入川，良玉追之。嗣昌牒令还，良玉不从。十三年二月七日，与陕西副将贺人龙、李国奇夹击献忠于玛瑙山，大破之，斩馘三千六百二十，坠岩谷死者无算。其党扫地王曹威等授首，十反王杨友贤率众降。是月也，帝念嗣昌，发银万两犒师，赐斗牛衣、良马、金鞍各二。使者甫出国门，而玛瑙山之捷至。大悦，再发银五万，币帛千犒师。论功，加太子少保。而湖广将张应元、汪之凤败贼水右坝，获其军师。四川将张令、方国安败之千江河。李国奇、贺人龙等败之寒溪寺、盐井。川、陕、湖广诸将毕集，复连败之黄墩、木瓜溪，军声大振。汝才、登相求抚，献忠持之，敛兵南漳、远安间。杀安抚官姚宗中，走大宁、大昌，犯巫山，为川中患。献忠遁兴安平利山中，良玉围而不攻，贼得收散亡，由兴安、房县走白羊山而西，与汝才等合。嗣昌以群贼合，其势复张，乃由襄阳赴夷陵，扼其要害。帝念嗣昌行间劳苦，赐敕发赏功银万，赐鞍马二。罢郧阳抚治王鳌永，诏废将猛如虎军前立功。黄得功、宋纪大破贼商城，贺一龙五大部降而复叛。郑嘉栋、贺人龙大破汝才、登相开县。汝才偕小秦王东奔，登相越开县而西，自是二贼始分。

　　当是时，诸部士马居山谷，罹炎暑瘴毒，物故十二三。京兵之在荆门、云南兵之在简坪、湖广兵之在马蝗坡者，久屯思归，夜亡多。关河大旱，人相食，土寇蜂起。陕西窦开远、河南李际遇为之魁。饥民从之，所在告警。嗣昌以闻。帝发帑金五万，营医药，责诸将进兵。而陕之长武，川之新宁、大竹，湖广之罗田又相继报陷。嗣昌乃下招抚令，为谕帖万纸，散之贼中。七月，监军孔贞会等大破汝才丰邑坪。其党混世王、小秦王率其下降，贼魁整十万及登相、王光恩亦相继降。于是群贼尽萃于蜀中。嗣昌遂入川，以八月泛舟上，谓川地厄塞，诸军合而蹙之，可尽歼。而人龙以秦师自开县噪而西归，应元等败绩于夔之土地岭，献忠势复张，汝才与之合。闻督师西，遂急趋大昌，犯观音岩，守将邵仲光不能御，遂突净壁，陷大昌。嗣昌斩仲光，劾逮四川巡抚邵捷春。贼遂渡河至通江，嗣昌至万县。贼攻巴州不下。嗣昌至梁山，檄诸将分击。贼已陷剑州，趋保宁，将由间道入汉中。赵光远、贺人龙拒之，贼乃转掠，陷梓潼、昭化，抵绵州，将趋成都。十一月，嗣昌至重庆。贼攻罗江，不克，走绵竹。嗣昌至顺庆，诸将不会师。贼转掠至汉州，去中江百里，守将方国安避之去，贼遂纵掠什邡、绵竹、安县、德阳、金堂间。所至空城而遁，全蜀大震。贼遂由水道下简州、资阳。嗣昌征诸将合击，皆退缩。屡征良玉兵，又不至。贼遂陷荣昌、永川。十二月，陷沪州。

　　自贼再入川，诸将无一邀击者。嗣昌虽屡檄，令不行。其在重庆也，下令赦汝才罪，降则授官，惟献忠不赦，擒斩者赉万金，爵侯。翌日，自堂皇至庖湢，遍题："有斩督师献者，赉白金三钱。"嗣昌骇愕，疑左右皆贼，勒三日进兵。会雨雪道断，复戒期。三檄人龙，不奉令。初，嗣昌表良玉平贼将军，良玉浸骄，欲贵人龙以抗之。既以玛瑙山功不果，人龙愠，反以情告良玉，良玉亦愠。语载良玉、人龙传。

　　嗣昌虽有才，然好自用。躬亲簿书，过于繁碎。军行必自裁进止，千里待报，坐失机会。王鳌永尝谏之，不纳。及鳌永罢官，上书于朝曰："嗣昌用师一年，荡平未奏，此非谋虑之不长，正由操心之太苦也。天下事，总挈大纲则易，独周方目则难。况贼情瞬息更变，今举数千里征伐机宜，尽出嗣昌一人，文牒往返，动逾旬月，坐失事机，无怪乎经年之不战也。其间能自出奇者，惟玛瑙山一役。若必

遵督辅号令，良玉当退守兴安，无此捷矣。臣以为陛下之任嗣昌，不
必令其与诸将同功罪，但责其提衡诸将之功罪。嗣昌之驭诸将，不
必人人授以机宜，但核其机宜之当否。则嗣昌心有余闲，自能决奇
制胜，何至久延岁月，老师糜饷为哉。"

　　先是，嗣昌以诸将进止不一，纳幕下评事元吉言，用猛如虎为
总统，张应元副之。比贼入泸州，如虎及贺人龙、赵光远军至，贼复
渡南溪，越成都，走汉州、德阳、绵州、剑州、昭化至广元，又走巴州、
达州。诸军疲极，惟如虎军蹑其后。十四年正月，嗣昌知贼必出川，
遂统舟师下云阳，檄诸军陆行追贼。人龙军既噪而西，顿兵广元不
进，所恃惟如虎。比与贼战开县、黄陵城，大败，将士死亡过半。如
虎突围免，马骡关防尽为贼有。

　　初，贼窜南溪，元吉欲从间道出梓潼，扼归路以待贼。嗣昌檄诸
军蹑贼疾追，不得拒贼远，令他逸。诸将乃尽从泸州逐后尘。贼折
而东返，归路尽空，不可复遏，嗣昌始悔不用元吉言。贼遂下夔门，
抵兴山，攻当阳，犯荆门。嗣昌至夷陵，檄良玉兵，使十九返。良玉
撤兴、房兵，趋汉中，若相避然。贼所至，烧驿舍，杀塘卒，东西消息
中断。郧阳抚治袁继咸闻贼至当阳，急谋发兵。献忠令汝才与相持，
而自以轻骑一日夜驰三百里，杀督师使者于道，取军符。以二月十
一日抵襄阳近郊，用二十八骑持军符先驰呼城门督师调兵，守者合
符而信，入之。夜半从中起，城遂陷。

　　献忠缚襄王置堂下，属之酒，曰："吾欲断杨嗣昌头，嗣昌在远。
今借王头，俾嗣昌以陷藩伏法。王努力尽此酒。"遂害之。未几，渡
汉水，走河南，与贺一龙、左金王诸贼合。嗣昌初以襄阳重镇，仞深
沟方洫而三环之，造飞梁，设横柜，陈利兵而讥诃，非符要合者不得
渡。江、汉间列城数十，倚襄阳为天险，贼乃出不意而破之。嗣昌在
夷陵，惊悸，上疏请死。下至荆州之沙市，闻洛阳已于正月被陷，福
王遇害，益忧惧，遂不食。以三月朔日卒，年五十四。

　　廷臣闻襄阳之变，交章论列，而嗣昌已死矣。继咸及河南巡按
高名衡以自裁闻，其子则以病卒报，莫能明也。帝甚伤悼之，命丁启

睿代督师。传谕廷臣:"辅臣二载辛劳,一朝毕命,然功不掩过,其议罪以闻。"定国公徐允祯等请以失陷城寨律议斩。上传制曰:"故辅嗣昌奉命督剿,无城守专责,乃诈城夜袭之檄,严饬再三,地方若罔闻知。及违制陷城,专罪督辅,非通论。且临戎二载,屡著捷功,尽瘁殒身,勤劳难泯。"乃昭雪嗣昌罪,赐祭,归其丧于武陵。嗣昌先以剿贼功进太子少傅,既死,论临、蓝平盗功,进太子太傅。廷臣犹追论不已,帝终念之。后献忠陷武陵,心恨嗣昌,发其七世祖墓,焚嗣昌夫妇柩,断其尸见血,其子孙获半体改葬焉。

吴甡,字鹿友,扬州兴化人。万历四十一年进士。历知邵武、晋江、潍县。天启二年,征授御史。初入台,赵南星拟以年例出之。甡乃荐方震孺等,而追论崔文升、李可灼罪,遂得留。后又谏内操宜罢,请召还邹元标、冯从吾、文震孟,乃积与魏忠贤忤。七年二月削其籍。

崇祯改元,起故官。温体仁讦钱谦益,周延儒助之。甡恐帝即用二人,言枚卜大典当就廷推中简用,事乃止。时大治忠贤党,又值京察,甡言此辈罪恶非考功法所能尽,宜先定其罪,毋混察典。御史任赞化以劾体仁谪,甡论救,而力诋王永光媚珰,请罢黜。皆不纳。出按河南。妖人聚徒劫村落,甡遍捕贼魁诛之。奉命振延绥饥,因谕散贼党。帝闻,即命按陕西。劾大将杜文焕冒功,置之法。数为民请命,奏无不允。迁大理寺丞,进左通政。

七年九月,超擢右佥都御史,巡抚山西。甡历陈防御、边寇、练兵、恤民四难,及议兵、议将、议饷、议用人四事。每岁暮扼河防秦、豫贼,连三岁,无一贼潜渡,以闲修筑边墙。八年四月上疏言:"晋民有三苦。一苦凶荒,无计糊口。一苦追呼,无力输租。一苦杀掠,无策保全。由此悉为盗。请蠲最残破地十州县租。"帝即敕议行。户部请税间架,甡力争,弗听。其秋,我大清平察哈尔国,旋师略朔州,直抵忻、代,守将屡败。总督杨嗣昌遣副将自代州往侦,亦败走。甡镌五级,嗣昌及大同巡抚叶廷桂镌三级,俱戴罪视事。先是,定襄县地震者再,甡曰:"此必有东师也。"饬有司缮守具,已而果入。定襄以有备,独不被兵。山西大盗贺宗汉、刘浩然、高加计皆前巡抚戴君恩所抚,拥众自恣。甡阳为抚慰,而密令参将虎大威、刘光祚等图之,以次皆被歼。甡行军树二白旗,胁从及老弱妇女跪其下,即免死,全活甚众。在晋四年,军民戴若慈母。谢病归。

十一年二月,起兵部左侍郎。其冬,尚书杨嗣昌言边关戒严,甡及添注侍郎惠世扬久不至,请改推。帝怒,落职闲住。十三年冬,起故官。明年命协理戎政。帝尝问京营军何以使练者尽精,汰者不哗,甡对曰:"京营边勇营万二千专练骑射,壮丁二万专练火器,廪给厚,而技与散兵无异。宜行分练法,技精者,散兵拔为边勇,否则边勇降为散兵,壮丁亦然。老弱者汰补,革弊当以渐,不可使知有汰兵意。"帝然之。又问别立战营,能得堪战者五万否,甡对:"京营兵合堪战。承平日久,发兵剿贼,辄沿途雇充。将领利月饷,游民利剽夺,归营则本军复充伍。今练兵法要在选将,有战将自有战兵,五万非难。但法忌纷更,不必别立战营也。"帝顾兵部尚书陈新甲,令速选将,而谕甡具疏以闻。赐果饵,拜谢出。

十五年六月,擢礼部尚书兼东阁大学士。周延儒再相,冯铨力为多,延儒许复其冠带。铨果以捐资振饥属抚按题叙,延儒拟优旨下户部。公议大沸,延儒患之。冯元飙为甡谋,说延儒引甡共为铨地。延儒默援之,甡遂得柄用。及延儒语铨事,甡唯唯,退召户部尚书傅淑训,告以逆案不可翻,寝其疏不覆。延儒始悟为甡绐。延儒欲起张捷为南京右都御史,甡力尼之。甡居江北,延儒居江南,各树党。延儒引用锦衣都督骆养性,甡持不可。后帝论诸司弊窦,甡言锦衣尤甚,延儒亦言缇骑之害,帝并纳之。

十六年三月,帝以襄阳、荆州、承天连陷,召对廷臣,陨涕谓甡曰:"卿向历岩疆,可往督湖广师。"甡具疏请得精兵三万,自金陵趋武昌,扼贼南下。帝方念湖北,览疏不悦,留中。甡请面对,帝御昭文阁,谕以所需兵多,猝难集。南京隔远,不必退守。甡奏:"左良玉跋扈甚,督师嗣昌九檄征兵,一旅不发。臣不如嗣昌,而良玉踞江、汉甚于襄时。臣节制不行，徒损威重。南京从襄阳顺流下，窥伺甚易，宜兼顾，非退守。"大学士陈演言："督师出，则督、抚兵皆其兵。"甡言："臣请兵，正为督、抚无兵耳。使臣束手待贼，事机一失，有不忍言者。"帝乃令兵部速议发兵。尚书张国维请以总兵唐通、马科及京营兵共一万畀甡。又言此兵方北征，俟敌退始可调。帝命姑俟之。甡屡请，帝曰："徐之，敌退兵自集，卿独往何益？"

逾月，延儒出督师，朝受命，夕启行。蒋德璟谓倪元璐曰："上欲吴公速行，缓言相慰者，试之耳，观首辅疾趋可见。"甡卒迟回不肯行。部所拨唐通兵，演又请留，云关门不可无备。甡不得已，以五月辞朝。先一日出劳从骑，帝犹命中官赐银牌给赏。越宿忽下诏责其逗留，命辍行入直。甡惶恐，两疏引罪，遂许致仕。既行，演及骆养性交构之，帝益怒。至七月，亲鞫吴昌时，作色曰："两辅臣负朕，朕待延儒厚，乃纳贿行私，罔知国法。命甡督师，百方延缓，为委卸地。延儒被纠，甡何独无？"既而曰："朕虽言，终必无纠者，锦衣卫可宣甡候旨。"甡入都，敕法司议罪。十一月，遣戍金齿。南京兵部尚书史可法驰疏救，不从。

明年，行次南康，闻都城变。未几，福王立于南京，赦还，复故秩。吏部尚书张慎言议召用甡，为勋臣刘孔昭等所阻。国变后，久之，卒于家。

赞曰：明季士大夫问钱谷不知，问甲兵不知，于是嗣昌得以才显。然迄无成功者，得非功罪淆于爱憎，机宜失于遥制故耶？吴甡按山右有声，及为相，遂不能有为。进不以正，其能正邦乎。抑时势实难，非命世材，固罔知攸济也。

明史卷二五三
列传第一四一

王应熊　何吾驺　　张至发　孔贞运

黄士俊　刘宇亮　　薛国观　袁恺

程国祥　蔡国用　范复粹　方逢年　张四知等

陈演　魏藻德　李建泰

王应熊,字非熊,巴县人。万历四十一年进士。天启中,历官詹事,以忧归。

崇祯三年,召拜礼部右侍郎。明年冬,帝遣宦官出守边镇,应熊上言:"陛下焦劳求治,何一不倚信群臣,乃群臣不肯任劳任怨,致陛下万不获已,权遣近侍监理。书之青史,谓有圣明不世出之主,而群工不克仰承,直当愧死。且自神宗以来,士习人心不知职掌何事,有举《会典》律例告之者,反讶为申、韩刑名。近日诸臣之病,非临事不担当之故,乃平时未讲求之过也;亦非因循于夙习之故,实愆忘于旧章之过也。"语皆迎帝意,遂蒙眷注。尝酗酒,诟尚书黄汝良,为给事中冯元飙所劾。汝良为之隐,乃解。五年进左侍郎,元飙发其贪污状,帝不省。

应熊博学多才,熟谙典故,而性谿刻强狠,人多畏之。周延儒、温体仁援以自助,咸与亲善。及延儒罢,体仁援益力。六年冬,廷推阁臣,应熊望轻不与,特旨擢礼部尚书兼东阁大学士,与何吾驺并入参机务。命下，朝野胥骇。给事中章正宸劾之曰："应熊强愎自张，纵横为习，小才足覆短，小辨足济贪。今大用，必且芟除异己，报复恩仇，混淆毁誉。况狼籍封靡，沦于市行。愿收还成命，别选忠良。且讹言谓左右先容，由他途以进，使天下薰心捷足之徒驰骋而起，为圣德累不小。"帝大怒，下正宸诏狱，削籍归。有讽应熊为文彦博者，应熊怫然，伴具疏引退，语多愤激。屡为给事中范淑泰、御史吴履中所攻，帝皆不问。

八年正月，流贼陷凤阳，毁皇陵。巡抚杨一鹏，应熊座主；巡按吴振缨，体仁姻也。二人恐帝震怒，留一鹏、振缨疏未上，俟恢复报，同奏之，遂拟旨令抚按戴罪。主事郑尔说、胡江交章诋应熊、体仁朋比误国，帝怒谪二人，而给事中何楷、许誉卿、范淑泰，御史张缵曾、吴履中、张肯堂言之不已。淑泰言："一鹏《恢复疏》以正月二十一日，核察失事情形疏以正月二十八日，天下有未失事先恢复者哉？应熊改填月日，欺诳之罪难辞。"且劾其他受贿事。帝顾应熊厚，皆不听，而镌楷、缵曾秩，慰谕应熊。应熊亦屡疏辩，谓"座主门生，谊不容薄，敢辞比之名。票拟实臣起草，敢辞误之罪。"楷益愤，屡疏纠之，最后复疏言："故事，奏章非发抄，外人无由闻；非奉旨，邸报不许抄传。臣疏六月初十日上，十四日始奉明旨，应熊乃于十三日奏辩。旨尚未下，应熊何由知？臣不解者一。且旨下必由六科抄发。臣疏十四日下，而百户赵光修先送锦衣堂上官，则疏可不由科抄矣。臣不解者二。"应熊始惧，具疏引罪。帝下其家人及直日中书七人于狱。狱具，家人戍边，中书贬二秩。应熊乃屡疏乞休去，乘传赐道里费，行人护行。帝亦知应熊不协人望，特己所拔擢，不欲以人言去也。

十二年遣官存问。其弟应熙横于乡，乡人诣阙击登闻鼓，列状至四百八十余条，赃一百七十余万，词连应熊。诏下抚按勘究。会应熊复召，事得解。

时延儒再相，患言者攻己，独念应熊刚很，可藉以制之，力言于帝。十五年冬，遣行人召应熊。明年六月，应熊未至，延儒已罢归。

给事中龚鼎孳密疏言："陛下召应熊，必因其秉国之日，众口交攻，以为孤立无党；孰知其同年密契，肺腑深联，恃延儒在也。臣去年入都，闻应熊贿延儒为再召计。延儒对众大言，至尊欲起巴县。巴县者，应熊也。未几，召命果下。以政本重地，私相援引，是延儒虽去犹未去，天下事何堪再误！"帝得疏心动，留未下。已而延儒被逮，不即赴，俟应熊至，始尾之行。一日，帝顾中官曰："延儒何久不至？"对曰："需王应熊先入耳。"帝益疑之。九月，应熊至，宿朝房。请入对，不许，请归田，许之，乃惭沮而返。

十七年三月，京师陷。五月，福王立于南京。八月，张献忠陷四川。乃改应熊兵部尚书兼文渊阁大学士，总督川、湖、云、贵军务，专办川寇。时川中诸郡，惟遵义未下，应熊入守之。缟素誓师，开幕府，传檄讨贼。明年奏上方略，请敕川陕、湖贵两总督，郧阳、湖广、贵州、云南四巡抚出师合讨。并劾四川巡抚马体乾纵兵淫掠，革职提问。命未达而南都亡，体乾居职如故。已而献忠死，诸将杨展等各据州县自雄，应熊不能制。其部将曾英最有功，复重庆，屡破贼兵。王祥亦出师綦江相犄角。祥才武不及英，而应熊委任过之。又明年十月，献忠余党孙可望、李定国等南走重庆，英战殁。可望袭破遵义，应熊遁入永宁山中，旋卒于毕节卫。一子阳禧，死于兵，竟无后。

何吾驺，香山人。万历四十七年进士。由庶吉士历官少詹事。崇祯五年，擢礼部右侍郎。六年十一月，加尚书，同王应熊入阁。温体仁久柄政，欲斥给事中许誉卿。已拟旨，文震孟争之，吾驺亦助为言。体仁讦奏，帝夺震孟官，兼罢吾驺。详见震孟传。

居久之，唐王自立于福州，召为首辅，与郑芝龙议事辄相抵牾，闽疆既失，踉跄回广州。永明王以原官召之，为给事中金堡、大理寺少卿赵昱等所攻。引疾辞去，卒于家。

张至发，淄川人。万历二十九年进士。历知玉田、遵化。行取，授礼部主事，改御史。时齐、楚、浙三党方炽。至发，齐党也，上疏陈内降之弊。因言："陛下恶结党，而秉揆者先不能超然门户外。顷读科臣疏云：'日来慰谕辅臣温旨，辅臣与司礼自相参定，方听御批。'果若人言，天下事尚可问耶？"语皆刺叶向高，帝不报。时言官争排东林，户部郎中李朴不平，抗疏争。至发遂劾朴背公死党，诳语欺君，帝亦不报。

寻出按河南。福王之藩洛阳，中使相望于道。至发以礼裁之，无敢横。宗禄不给，为置义田，以赡贫者。四十三年，豫省饥，请留饷备振，又请改折漕粮，皆报闻。还朝，引病归。

天启元年，进大理寺丞。三年，请终养。魏忠贤党荐之，矫旨令吏部擢用，至发方养亲不出。

崇祯五年，起顺天府丞，进光禄卿。精核积弊，多所厘正，遂受帝知。八年春，迁刑部右侍郎。六月，帝将增置阁臣。以翰林不习世务，思用他官参之。召廷臣数十人，各授一疏，令拟旨。遂擢至发礼部左侍郎兼东阁大学士，与文震孟同入直。自世宗朝许赞后，外僚入阁，自至发始。

时温体仁为首辅，钱士升、王应熊、何吾驺次之。越二年，体仁辈尽去，至发遂为首辅。万历中，申时行、王锡爵先后柄政，大旨相绍述，谓之"传衣钵"。至发代体仁，一切守其所为，而才智机变逊之，以位次居首，非帝之所注也。尝简东宫讲官，摈黄道周，为给事中冯元飙所刺。至发怒，两疏诋道周，而极颂体仁孤执不欺，复为编修吴伟业所劾。讲官项煜论至发把持考选，庇儿女姻任而抑成勇。至发上章辩，帝遂逐煜去。

内阁中书黄应恩悍戾，体仁、至发辈倚任之，恃势恣横。及为正字，不当复为东宫侍书，恐帝与太子开讲同日也。至发不谙故事，令兼之。应恩不能兼，讲官撰讲义送应恩缮录，拒不纳。检讨杨士聪论之，至发揭寝其疏。士聪复上书阁中，极论其事，至发终庇之。会复故总督杨鹤官，许给诰命，应恩当撰文。因其子嗣昌得君，力为洗雪。忤旨，将加罪，至发拟公揭救。同官孔贞运、传冠曰："曩许士柔事，吾辈未尝救，独救应恩何也？"至发怫然曰："公等不救，我自救

之。"连上三揭。帝不听,特降谕削应恩籍。嗣昌疏救,亦不听。无
何,大理寺副曹荃发应恩赇请事,词连至发。至发愤,连疏请勘。帝
虽优旨褒答,卒下应恩狱。至发乃具疏,自谓当去者三,而未尝引
疾。忽得旨回籍调理,时人传笑,以为遵旨患病云。

　　至发颇清强。起自外史,诸翰林多不服。又始终恶异己,不能
虚公延揽。帝亦恶其泄漏机密,听之去。且不遣行人护行,但令乘
传,赐道里费六十金、彩币二表里,视首辅去国彝典,仅得半焉。既
归,损赀改建淄城,赐敕优奖。俄以徽号礼成,遣官存问。十四年夏,
帝思用旧臣,特敕召周延儒、贺逢圣及至发,独至发四疏辞。明年七
月病殁。先屡加太子太傅、礼部尚书、文渊阁大学士。及卒,赠少保,
祭葬,荫子如制。

　　代至发为首辅者,孔贞运。代贞运者,刘宇亮。贞运,句容人,
至圣六十三代孙也。万历四十七年以殿试第二人授编修。天启中,
充经筵展书官,纂修两朝实录。庄烈帝嗣位,贞运进讲《皇明宝训》,
称述祖宗勤政讲学事,帝嘉纳之。

　　崇祯元年,擢国子监祭酒,寻进少詹,仍管监事。二年正月,帝
临雍,贞运进讲《书经》。唐贞观时,祭酒孔颖达讲《孝经》,有释奠
颂。孔氏子孙以国师进讲,至贞运乃再见。帝以圣裔故,从优赐一
品服。冬十月,畿辅被兵,条上御敌城守应援数策。寻以艰归。六
年服阕,起南京礼部侍郎。越二年,迁吏部左侍郎。

　　九年六月与贺逢圣、黄士俊并入内阁。时体仁当国,欲重治复
社,值其在告,贞运从宽结之。体仁怒语人曰:"句容亦听人提索
矣。"自是不敢有所建白。及至发去位,贞运代之,乃揭救郑三俊、钱
谦益,俱从宽拟。帝亲定考选诸臣,下辅臣再阅,贞运及薛国观有所
更。迨命下,阁拟悉不从,而帝以所择十八卷下部议行。适新御史
郭景昌等谒贞运于朝房,贞运言所下诸卷,说多难行。景昌与辩,退
即上疏劾之。帝虽夺景昌俸,贞运卒引归。十七年五月,庄烈帝哀
诏至。贞运哭临,恸绝不能起。升归,得疾遽卒。

　　黄士俊,顺德人。万历三十五年殿试第一。授修撰,历官礼部尚书。崇祯九年入阁,累加少傅,予告归。父母俱在堂,锦衣侍养,人以为荣。唐王以原官召,未赴。后相永明王,耄不能决事,数为台省论列。辞归而卒。

　　刘宇亮,绵竹人。万历四十七年进士。屡迁吏部右侍郎。崇祯十年八月,擢礼部尚书,与傅冠、薛国观同入阁。宇亮短小精悍,善击剑。居翰林,常与家僮角逐为乐。性不嗜书,馆中纂修、直讲、典试诸事,皆不得与。座主钱士升为之援,又力排同乡王应熊,张己声誉,竟获大用。明年六月,贞运罢归,遂代为首辅。其冬,都城戒严,命阅视三大营及勇卫营军士,两日而毕。又阅视内城九门,外城七门,皆苟且卒事。

　　时大清兵深入,帝忧甚,宇亮自请督察军情。帝喜,即革总督卢象升任,命宇亮往代。宇亮请督察,而帝忽改为总督,大惧,与国观及杨嗣昌谋,且具疏自言。乃留象升,而宇亮仍往督察,各镇勤王兵皆属焉。甫抵保定,闻象升战殁。过安平,侦者报大清兵将至,相顾无人色,急趋晋州避之。知州陈弘绪闭门不纳,士民亦歃血誓不延一兵。宇亮大怒,传令箭:亟纳师,否则军法从事。弘绪亦传语曰:"督师之来以御敌也,今敌且至,奈何避之?刍粮不继,责有司。欲入城,不敢闻命。"宇亮驰疏劾之,有旨逮治。州民诣阙讼冤,愿以身代者千计,弘绪得镌级调用。帝自是疑宇亮不任事,徒扰民矣。

　　明年正月至天津。愤诸将退避,疏论之,因及总兵刘光祚逗留状。国观方冀为首辅,与嗣昌谋倾宇亮,遽拟旨军前斩光祚。比旨下,光祚适有武清之捷,宇亮乃系光祚于狱,而具疏乞宥,继上武清捷音。国观乃拟严旨,责以前后矛盾,下九卿科道议。佥谓宇亮玩弄国宪,大不敬。宇亮疏辩,部议落职闲住。给事中陈启新、沈迅复重劾之,改拟削籍。帝令戴罪图功,事平再议。宇亮竟以此去位,而国观代为首辅矣。已而定失事者五案,宇亮终免议。久之,卒于家。

薛国观，韩城人。万历四十七年进士。授莱州推官。天启四年擢户部给事中，数有建白。魏忠贤擅权，朝士争击东林。国观所劾御史游士任、操江都御史熊明遇、保定巡抚张凤翔、兵部侍郎萧近高、刑部尚书乔允升，皆东林也。寻迁兵科右给事中，于疆事亦多所论奏。忠贤遣内臣出镇，偕同官疏争。七年再迁刑科都给事中。

崇祯改元，忠贤遗党有欲用王化贞、宽近高，出胡嘉栋者，国观力持不可。奉命祭北镇医无闻，还言关内外营伍虚耗、将吏侵克之弊，因荐大将满桂才。帝褒以忠谠，令指将吏侵克者名。列上副将王应晖等六人，诏俱属之吏。陕西盗起，偕乡人仕于朝者，请设防速剿，并追论故巡抚乔应甲纳贿纵盗罪。削应甲籍，籍其赃。国观先附忠贤，至是大治忠贤党，为南京御史袁耀然所劾。国观惧，且虞挂察典，思所以挠之，乃劾吏科都给事中沈惟炳、兵科给事中许誉卿，言：“两人主盟东林，与瞿式耜掌握杖卜。文华召对，陛下恶章允儒妄言，严旨处分。誉卿乃持一疏授惟炳，使同官刘斯䴵邀臣列名，臣拒不应，遂使耀然劾臣。臣自立有品，不入东林，遂罹其害。今朝局惟论东林异同向背，借崔、魏为题，报仇倾陷。今又把持京察，而式耜以被斥之人，久居郭外，遥制察典，举朝无敢言。”末诋耀然贿刘鸿训得御史。帝虽以挠察典责之，国观卒免察。然清议不容，旋以终养去。

三年秋，用御史陈其猷荐，起兵科都给事中。遭母忧，服阕，起礼科都给事中，迁太常少卿。九年擢左金都御史。明年八月拜礼部左侍郎兼东阁大学士，入参机务。国观为人阴鸷谿刻，不学少文。温体仁因其素仇东林，密荐于帝，遂超擢大用之。

十一年六月，进礼部尚书。其冬，首辅刘宇亮出督师，国观与杨嗣昌比，构罢宇亮。明年二月代其位。叙剿寇功，加太子太保、户部尚书，进文渊阁。叙城守功，加少保、吏部尚书，进武英殿。

先为首辅者，体仁最当帝意，居位久。及张至发、孔贞运、刘宇亮继之，皆非帝意所属，故旋罢去。国观得志，一踵体仁所为，导帝以深刻,而才智弥不及,操守亦弗如。帝初颇信响之,久而觉其奸,遂及于祸。

始帝燕见国观,语及朝士贪婪。国观对曰:"使厂卫得人,安敢如是。"东厂太监王德化在侧,汗流沾背,于是专察其阴事。国观任中书王升彦,而恶中书周国兴、杨余洪,以漏诏旨、招权利劾之,并下诏狱。两人老矣,毙廷杖下。其家人密绁国观通贿事,报东厂。而国观前匿史䃟所寄银,周、杨两家又诱䃟苍头首告。由是诸事悉上闻,帝意渐移。

史䃟者,清苑人。为御史无行,善结纳中官,为王永光死党。巡按淮、扬,括库中赃罚银十余万入己橐。摄巡盐,又掩取前官张锡命贮库银二十余万。及以少卿家居,检讨杨士聪劾吏部尚书田唯嘉纳周汝弼金八千推延绥巡抚,䃟居间,并发䃟盗盐课事。䃟得旨自陈,遂讦士聪,而盐课则请敕淮、扬监督中官杨显名核奏。俄而锡命子沆讦䃟,给事中张焜芳复劾䃟侵盗有据。又尝勒富人于承祖万金,事发,则遣家人赍重赀谋于黠吏,图改旧籍。帝乃怒,褫䃟职。䃟急携数万金入都,主国观邸。谋既定,出疏攻焜芳及其弟炳芳、炜芳。阁臣多徇䃟,拟严旨。帝不听,止夺炳芳官候讯。及显名核疏上,力为䃟解,而不能讳者六万金,䃟下狱。会有兵事,狱久不结,瘐死。都人籍籍,谓䃟所携赀尽为国观有。家人证之,事大著。国观犹力辨䃟赃为党人构陷,帝不听。

帝初忧国用不足,国观请借助,言:"在外群僚,臣等任之;在内戚畹,非独断不可。"因以武清侯李国瑞为言。国瑞者,孝定太后兄孙,帝曾祖母家也。国瑞薄庶兄国臣,国臣愤,诡言"父赀四十万,臣当得其半,今请助国为军赀。"帝初未允。因国观言,欲尽借所言四十万者,不应则勒期严追。或教国瑞匿赀勿献,拆毁居第,陈什器通衢鬻之,示无所有。嘉定伯周奎与有连,代为请。帝怒,夺国瑞爵,国瑞悸死。有司追不已,戚畹皆自危。因皇五子病,交通宦官宫姜,倡言孝定太后已为九莲菩萨,空中责帝薄外家,诸皇子尽当夭,降神于皇五子。俄皇子卒,帝大恐,急封国瑞七岁儿存善为侯,尽还所纳金银,而追恨国观,待隙而发。

国观素恶行人吴昌时。及考选,昌时虞国观抑己,因其门人以求见。国观伪与交欢,拟第一,当得吏科。迨命下,乃得礼部主事。昌时大恨,以为卖己,与所善东厂理刑吴道正谋,发丁忧侍郎蔡奕琛行贿国观事。帝闻之,益疑。

十三年六月,杨嗣昌出督师,有所陈奏。帝令拟谕,国观乃拟旨以进。帝遂发怒,下五府九卿科道议奏。掌都督府魏国公徐允祯、吏部尚书傅永淳等不测帝意,议颇轻,请令致仕或闲住。帝度科道必言之,独给事中袁恺会议不署名,且疏论永淳徇私状,而微诋国观貌肆妒嫉。帝不怿,抵疏于地曰:“成何纠疏!”遂夺国观职,放之归,怒犹未已。

国观出都,重车累累,侦事者复以闻。而东厂所遣伺国观邸者,值陛彦至,执之,得其招摇通贿状。词所连及,永淳、奕琛暨通政使李梦辰、刑部主事朱永祐等十一人。命下陛彦诏狱穷治。顷之,恺再疏,尽发国观纳贿诸事,永淳、奕琛与焉。国观连疏力辨,诋恺受昌时指使,帝不纳。

至十月,陛彦狱未成,帝以行贿有据,即命弃市,而遣使逮国观。国观迁延久不赴,明年七月入都。令待命外邸,不以属吏,国观自谓必不死。八月初八日夕,监刑者至门,犹鼾睡。及闻诏使皆绯衣,蹶然曰:“吾死矣!”仓皇觅小帽不得,取苍头帽覆之。宣诏毕,顿首不能出声,但言“吴昌时杀我”,乃就缢。明日,使者还奏。又明日,许收敛,悬梁者两日矣。辅臣戮死,自世庙夏言后,此再见云。法司坐其赃九千,没入田六百亩,故宅一区。

国观险忮,然罪不至死。帝徒以私愤杀之,赃又悬坐,人颇有冤之者。

袁恺,聊城人。既劾罪国观,后为给事中宋之普所倾,罢去。福王时,起故官,道卒。

程国祥，字仲若，上元人。举万历三十二年进士。历知确山、光山二县，有清名。迁南京吏部主事，乞养归。服阕，起礼部主事。天启四年，吏部尚书赵南星知其可任，调为己属，更历四司。发御史杨玉珂请属，玉珂被谪，国祥亦引疾归。其冬，魏忠贤既逐南星，御史张讷劾国祥为南星邪党，遂除名。

崇祯二年，起稽勋员外郎。迁考功郎中，主外计，时称公慎。御史龚守忠诋国祥通贿，国祥疏辩。帝褒以清执，下都察院核奏，事得白，守忠坐褫官。寻迁大理右寺丞。历太常卿、南京通政使，就迁工部侍郎，复调户部。

九年冬，召拜户部尚书。杨嗣昌议增饷，国祥不敢违。而是时度支益匮，四方奏报灾伤者相继。国祥多方区画，亦时有所蠲减。最后建议，借都城赁舍一季租，可得五十万，帝遂行之。勋戚奄竖悉隐匿不奏，所得仅十三万，而怨声载途。然帝由是眷国祥。

十一年六月，帝将增置阁臣，出御中极殿，召廷臣七十余人亲试之。发策言："年来天灾频仍，今夏旱益甚，金星昼见五旬，四月山西大雪。朝廷腹心耳目臣，务避嫌怨。有司举劾，情贿关其心。克期平贼无功，而剿兵难撤。外敌生心，边饷日绌。民贫既甚，正供犹艰。有司侵削百方，如火益热。若何处置得宜，禁戢有法，卿等悉心以对。"会天大雨，诸臣面对后，漏已深，终考者止三十七人。顾帝意已前定，特假是为名耳。居数日，改国祥礼部尚书，与杨嗣昌、方逢年、蔡国用、范复粹俱兼东阁大学士，入参机务。时刘宇亮为首辅，傅冠、薛国观次之，又骤增国祥等五人。国观、嗣昌最用事。国祥委蛇其间，自守而已。明年四月召对，无一言。帝传谕责国祥缄默，大负委任。国祥遂乞休去。

国祥始受业于焦竑。历任卿相，布衣蔬食，不改儒素。与其子上俱撰有诗集。国祥殁后，家贫，不能举火。上营葬毕，感疾卒，无嗣。

蔡国用，金溪人。万历三十八年进士。由中书舍人擢御史。天启五年,陈时政六事,诋叶向高、赵南星,而荐亓诗教、赵兴邦、邵辅忠、姚宗文等七人。魏忠贤喜,矫旨褒纳。寻忤珰意,勒令闲住。

崇祯元年,起故官,屡迁工部右侍郎。督修都城,需石甚急,不克办。国用建议取牙石用之。牙石者,旧列崇文、宣武两街,备驾出除道者也。帝阅城,嘉其工,遂欲大用。十一年六月,廷推阁臣,国用望轻,不获与,特旨擢礼部尚书,入阁办事。累加少保,改吏部尚书、武英殿。十三年六月卒于官,赠太保,谥文恪。国用居位清谨,与同列张四知皆庸才,碌碌无所见。

范复粹,黄县人。万历四十七年进士。除开封府推官。崇祯元年为御史。廷议移毛文龙内地,复粹言:"海外亿万生灵谁非赤子,倘栖身无所,必各据一岛为盗,后患方深。"又言:"袁崇焕功在全辽,而尚宝卿董懋中诋为逆党所庇,持论狂谬。"懋中遂落职,文龙亦不果移。

巡按江西,请禁有司害民六事。时大厘邮传积弊,减削过甚,反累民,复粹极陈不便。丁艰归。服阕,还朝,出按陕西。陈治标治本之策:以任将、设防、留饷为治标;广屯、蠲赋、招抚为治本。帝褒纳之。廷议有司督赋缺额,兼罪抚按,复粹力言不可。

由大理右寺丞进左少卿。居无何,超拜礼部左侍郎兼东阁大学士。时同命者五人,翰林惟方逢年,余皆外僚,而复粹由少卿,尤属异数。盖帝欲阁臣通知六部事,故每部简一人;首辅刘宇亮由吏部,国祥以户,逢年以礼,嗣昌以兵,国用以工。刑部无人,复粹以大理代之。累加少保,进吏部尚书、武英殿。

十三年六月,国观罢,复粹为首辅。给事中黄云师言"宰相须才识度三者"。复粹恚,因自陈三者无一,请罢,温旨慰留。御史魏景琦劾复粹及张四知学浅才疏,伴食中书,遗讥海内。帝以妄诋下之吏。明年,加少傅兼太子太傅,改建极殿。贼陷洛阳,复粹等引罪乞罢,不允。帝御乾清宫左室,召对廷臣,语及福王被害,泣下。复粹曰:"此乃天数。"帝曰:"虽气数,亦赖人事挽回。"复粹等不能对。帝疾初愈,大赦天下,命复粹录囚,自尚书傅宗龙以下,多所减免。是年五月致仕。国变后,卒于家。

方逢年,遂安人。万历四十四年进士。天启四年,以编修典湖广试,发策有"巨珰大蠹"语,且云"宇内岂无人焉,有薄士大夫而觅皋夔、稷契于黄衣阉尹之流者。"魏忠贤见之,怒,贬三秩调外。御史徐复阳希指劾之,削籍为民。

崇祯初,起原官,累迁礼部侍郎。十一年诏廷臣举边才,逢年以汪乔年应。未几,擢礼部尚书,入阁辅政。其冬,刑科奏摘参未完疏,逢年以犯赃私者,人亡产绝,亲戚坐累,几同瓜蔓,遂轻拟以上。而帝意欲罪刑部尚书刘之凤,责逢年疏忽。逢年引罪,即罢归。

福王时,复原官,不召。鲁王三召之,用其议,定称鲁监国。绍兴破,王航海,逢年追不及,与方国安等降于我大清。已而以蜡丸书通闽,事泄被诛。

张四知者,费县人。天启二年进士。由庶吉士授检讨。崇祯中,历官礼部右侍郎。貌寝甚,尝患恶疡。十一年六月,廷推阁臣忽及之。给事中张淳劾其为祭酒时贪污状,四知愤,帝前力辨,言己孤立,为廷臣所嫉。帝意颇动,薛国观因力援之。明年五月与姚明恭、魏照乘俱拜礼部尚书,兼东阁大学士。

明恭,蕲水人。出赵兴邦门,公论素不予。崇祯十一年,由詹事迁礼部侍郎,教习庶吉士。给事中耿始然劾其与副都御史袁鲸比为奸利,帝不听。明年遂柄用。

照乘,滑人。天启时,为吏部都给事中。崇祯十一年,历官兵部侍郎。明年,国观引入阁。

三人者,皆庸劣充位而已。四知加太子太保,进吏部尚书、武英殿。明恭加太子太保,进户部尚书、文渊阁。照乘加太子少傅,进户部尚书、文渊阁。帝自即位,务抑言官,不欲以其言斥免大臣。弹章愈多,位愈固。四知秉政四载,为给事中马嘉植,御史郑昆贞、曹溶等所劾,帝皆不纳。十五年六月,始致仕。照乘亦四载。御史杨仁愿、徐殿臣、刘之勃相继论劾,引疾去。明恭甫一载,乡人诣阙讼之,请告归。后四知降于我大清。

陈演,井研人。祖效,万历间以御史监征倭军,卒于朝鲜,赠光禄卿。演登天启二年进士,改庶吉士,授编修。崇祯时,历官少詹事,掌翰林院,直讲筵。十三年正月,擢礼部右侍郎,协理詹事府。

演庸才寡学,工结纳。初入馆,即与内侍通。庄烈帝简用阁臣,每亲发策,以所条对觇能否。其年四月,中官探得帝所欲问数事,密授演,条对独称旨,即拜礼部左侍郎兼东阁大学士,与谢升同入阁。明年,进礼部尚书,改文渊阁。十五年以山东平盗功加太子少保,改户部尚书、武英殿。被劾乞罢,优旨慰留。明年五月,周延儒去位,遂为首辅。寻以城守功,加太子太保。十七年正月考满,加少保,改吏部尚书、建极殿。逾月罢政。再逾月,都城陷,遂及于难。

演为人既庸且刻,恶副都史房可壮、河南道张暄不受属,因会推阁臣谗于帝,可壮等六人俱下吏。王应熊召至,旋放还,演有力焉。

自延儒罢后,帝最倚信演。台省附延儒者,尽趋演门。当是时,国势累卵,中外举知其不支。演无所筹画,顾以贿闻。及李自成陷陕西,逼山西,廷议撤宁远吴三桂兵,入守山海关,策应京师。帝意亦然之,演持不可。后帝决计行之,三桂始用海船渡辽民入关。往返者再,而贼已陷宣、大矣。演惧不自安,引疾求罢。诏许之,赐道里费五十金,彩币四表里,乘传行。

演既谢事,蓟辽总督王永吉上疏力诋其罪,请置之典刑。给事中汪惟效、孙承泽亦极论之。演入辞,谓佐理无壮,罪当死。帝怒曰:"汝一死不足蔽辜。"叱之去。演赀多,不能遽行。贼陷京师,与魏藻德等俱被执,系贼将刘宗敏营中。其日献银四万,贼喜,不加刑。四月八日,已得释。十二日,自成将东御三桂,虑诸大臣后患,尽杀之。演亦遇害。

魏藻德，顺天通州人。崇祯十三年举进士。既殿试，帝思得异才，复召四十八人于文华殿，问：“今日内外交讧，何以报仇雪耻。”藻德即以“知耻”对，又自叙十一年守通州功。帝善之，擢置第一，授修撰。

十五年，都城戒严，疏陈兵事。明年三月，召对称旨。藻德有口才。帝以己所亲擢，且意其有抱负，五月骤擢礼部右侍郎兼东阁大学士，入阁辅政。藻德力辞部衔，乃改少詹事。正统末年，兵事孔棘，彭时以殿试第一人，逾年即入阁，然仍故官修撰，未有超拜大学士者。陈演见帝遇之厚，曲相比附。八月补行会试，引为副总裁，越蒋德璟、黄景昉而用之。藻德居位，一无建白，但倡议令百官捐助而已。十七年二月，诏加兵部尚书兼工部尚书、文渊阁大学士，总督河道、屯田、练兵诸事，驻天津，而命方岳贡驻济宁，盖欲出太子南京，俾先清道路也。有言百官不可令出，出即潜遁者，遂止不行。

及演罢，藻德遂为首辅。同事者李建泰、方岳贡、范景文、丘瑜，皆新入政府，莫能补救。至三月，都城陷，景文死之，藻德、岳贡、瑜并被执，幽刘宗敏所。贼下令勒内阁十万金，京卿、锦衣七万，或五三万，给事、御史、吏部、翰林五万至一万有差，部曹数千，勋戚无定数。藻德输万金，贼以为少，酷刑五日夜，脑裂而死。复逮其子追征，诉言：“家已馨尽。父在，犹可丐诸门生故旧。今已死，复何所贷？”贼挥刃斩之。

李建泰，曲沃人。天启五年进士。历官国子祭酒，颇著声望。崇祯十六年五月，擢吏部右侍郎。十一月以本官兼东阁大学士，与方岳贡并命。疏陈时政切要十事，帝皆允行。

明年正月，李自成逼山西。建泰虑乡邦被祸，而家富于赀，可藉以佐军，毅然有灭贼志，常与同官言之。会平阳陷，帝临朝叹曰：“朕非亡国之君，事事皆亡国之象。祖宗栉风沐雨之天下，一朝失之，何面目见于地下！朕愿督师亲决一战，身死沙场无所恨，但死不瞑目

耳!"语毕痛哭。陈演、蒋德璟诸辅臣请代,俱不许。建泰顿首曰:
"臣家曲沃,愿出私财饷军,不烦官帑,请提师以西。"帝大喜,慰劳
再三,曰:"卿若行,朕仿古推毂礼。"建泰退,即请复故御史卫桢固
官;授进士凌𫘧职方主事,并监军;参将郭中杰为副总兵,领中军
事;荐进士石焱联络延、宁、甘、固义士,讨贼立功。帝俱从之。加建
泰兵部尚书,赐尚方剑,便宜从事。

二十六日,行遣将礼。驸马都尉万炜以特牲告太庙。日将午,
帝御正阳门楼,卫士东西列,自午门抵城外,旌旗甲仗甚设。内阁五
府六部都察院掌印官及京营文武大臣侍立,鸿胪赞礼,御史纠仪。
建泰前致辞。帝奖劳有加,赐之宴。御席居中,诸臣陪侍。酒七行,
帝手金卮亲酌建泰者三,即以赐之。乃出手敕曰"代朕亲征"。宴毕,
内臣为披红簪花,用鼓乐导尚方剑而出。建泰顿首谢,且辞行。帝
目送之。行数里,所乘肩舆忽折,众以为不祥。

建泰以宰辅督师,兵食并绌,所携止五百人。甫出都,闻曲沃已
破,家赀尽没,惊悸而病。日行三十里,士卒多道亡。至定兴,城门
闭不纳。留三日,攻破之,笞其长吏。抵保定,贼锋已逼,不敢前,入
屯城中。已而城陷,知府何复、乡官张罗彦等并死之。建泰自刎不
殊,为贼将刘方亮所执,送贼所。

贼既败,大清召为内院大学士。未几,罢归。姜瓖反大同,建泰
遥应之。兵败被擒,伏诛。

赞曰:天下治乱,系于宰辅。自温体仁导帝以刻深,治尚操切,
由是接踵一辙。应熊刚很,至发险忮,国观阴鸷,一效体仁之所为,
而国家之元气已索然殆尽矣。至于演、藻德之徒,机智弗如,而庸庸
益甚,祸中于国,旋及其身,悲夫!

明史卷二五四

列传第一四二

乔允升　易应昌等　　曹于汴

孙居相　弟鼎相　　曹珖　　陈于廷

郑三俊　李日宣　　张玮

金光辰

乔允升，字吉甫，洛阳人。万历二十年进士。除太谷知县。以治行高等，征授御史。历按宣、大、山西、畿辅，并著风采。

三十九年，大计京官。允升协理河南道，力锄匪类。而主事秦聚奎、给事中朱一桂咸为被察者讼冤。察疏犹未下，允升虑帝意动摇，三疏别白其故，且劾吏部侍郎萧云举佐察行私，事乃获竣，云举亦引去。寻迁顺天府丞，进府尹。齐、楚、浙三党用事，移疾归。

天启初，起历刑部左、右侍郎。三年，进尚书。魏忠贤逐吏部尚书赵南星，廷推允升代。忠贤以允升为南星党，并逐主议者，允升复移疾归。既而给事中薛国观劾允升主谋邪党，诏落职闲住。

崇祯初，召拜故官。时讼狱益繁，帝一切用重典。允升执法不挠，多所平反。先是，钱谦益典试浙江。有奸人金保元、徐时敏伪作关节，授举子钱千秋。千秋故有文，获荐，觉保元、时敏诈，与之哄。事传京师，为部、科磨勘者所发。谦益大骇，诘知二奸所为，疏劾之，并千秋俱下吏。罪当戍，二奸瘐死，千秋更赦释还，事已七年矣。温体仁以枚卜不与，疑谦益主之，复发其事。诏逮千秋再讯。帝深疑

廷臣结党,蓄怒以待,而体仁又密伺于旁,廷臣相顾慑息。允升乃会
都御史曹于汴,大理卿康新民等讞鞫者再。千秋受拷,无异词,允升
等具以闻。帝不悦,命覆勘。体仁虑谦益事白,已且获谴,再疏劾法
官六欺,且言狱词尽出谦益手。允升愤,求去。帝虽慰留,卒如体仁
言,夺谦益官闲住。千秋荷校死。

　　二年冬,我大清兵薄都城,狱囚刘仲金等百七十人破械出,欲
逾城,被获。帝震怒,下允升及左侍郎胡世赏、提牢主事敖继荣狱,
欲置之死。中书沈自植乘间撼劾允升他罪,章并下按问。副都御史
掌院事易应昌以允升等无死罪,执奏再三。帝益怒,并下应昌狱,镌
金都御史高弘图、大理寺卿金世俊级,夺少卿周邦基以下俸,令再
谳。弘图等乃坐允升绞,而微言其年老可念。帝谓允升法当死,特
高年笃疾减死,与继荣俱戍边,世赏赎杖为民。尚书胡应台等上应
昌罪,帝以为轻。杖郎中徐元暇于廷,镌应台秩视事,应昌论死。四
年四月,久旱求言,多请缓刑。乃免应昌及工部尚书张凤翔、御史李
长春、给事中杜齐芳、都督李如桢死,遣戍边卫。允升赴戍所,未几
死。允升端方廉直,扬历中外,具有声绩,以违误获重谴,天下惜之。

　　易应昌,字瑞芝,临川人。万历四十一年进士。熹宗时,由御史
累迁大理少卿。逆党劾为东林,削籍。崇祯二年,起左佥都御史,进
左副都御史,与曹于汴持史𡎴、高捷起官事,为时所重,至是获罪。
福王时,召复故官,迁工部右侍郎。国变后卒。

　　帝在位十七年,刑部易尚书十七人。薛贞,以奄党抵死。苏茂
相,半岁而罢。王在晋,未任改兵部去。允升,遣戍。韩继思,坐议
除名。胡应台,独得善去。冯英,被劾遣戍。郑三俊,坐议狱逮系。
刘之凤,坐议狱论绞,瘐死狱中。甄淑,坐纳贿下诏狱,改系刑部,瘐
死。李觉斯,坐议狱,削籍去。刘泽深,卒于位。郑三俊,再为尚书,
改吏部。范景文,未任,改工部。徐石麒,坐议狱落职闲住。胡应台,
再召不赴。继其后者张忻,贼陷京师,与子庶吉士端并降。

曹于汴,字自梁,安邑人。万历十九年举乡试第一。明年,成进士,授淮安推官。以治行高第,授吏科给事中。疏劾两京兵部尚书田乐、邢玠及云南巡抚陈用宾,乐、玠遂引去。吏部郎赵邦清被诬,于汴疏雪之。谒告归,僦屋以居,不蔽风日。

起历刑科左、右给事中。朝房灾,请急补旷官,修废政。辽左有警,朝议增兵。于汴言:“国家三岁遣使者阅边,盛奖边臣功伐。蟒衣金币之赐,官秩之增,未尝或靳。今废防至此,宜重加按问。边道超擢,当于秩满时阅实其绩,毋徒循资俸,坐取建牙开府。”

进吏科都给事中。给事中胡嘉栋发中官陈永寿兄弟奸,永寿反讦嘉栋。于汴极论永寿罪。故事,章疏入会极门,中官直达之御前,至是必启视然后进御。于汴谓乖祖制,泄事机,力请禁之。三十八年,典外察,去留悉当。明年典京察,屏汤宾尹、刘国缙等,而以年例出王绍徽、乔应甲于外。其党群起力攻,于汴持之坚,卒不能夺。以久次擢太常少卿,疏寝不下,请告又不报,候命岁余,移疾归。

光宗立,始以太常少卿召。至则改大理少卿,迁左佥都御史,佐赵南星京察。事竣,进左副都御史。天启三年秋,吏部缺右侍郎,廷推冯从吾,以于汴副。中旨特用于汴。于汴以从吾名位先己,义不可越,四辞不得,遂引疾归。明年起南京右都御史,辞不拜。时绍徽、应甲附魏忠贤得志,必欲害于汴,属其党石三畏以东林领袖劾之,遂削夺。

崇祯元年召拜左都御史。振举宪规,约敕僚史,台中肃然。明年京察,力汰匪类,忠贤余党几尽,仕路为清。温体仁讦钱谦益,下钱千秋法司,讯不得实。体仁以于汴,谦益座主也,并讦之。于汴亦发体仁欺罔状。帝终信体仁,谦益竟获罪。

先是,诏定逆案。于汴与大学士韩爌、李标、钱龙锡,刑部尚书乔允升平心参决,不为已甚,小人犹恶之。故御史高捷、史䰄素憸邪,为清议所摈,吏部尚书王永光力荐之。故事,御史起官,必都察院咨取。于汴恶其人,久弗咨。永光愤,再疏力争。已得请,于汴犹以故事持之,两人遂投牒自乞。于汴益恶之,卒持不予。两人竟以部疏起官,遂日夜谋倾于汴。

中书原抱奇者,贾人子也,尝诬劾大学士炉。至是再劾炉及于汴并及尚书孙居相、侍郎程启南、府丞魏光绪,目为“西党”,请皆放黜,以五人籍山西也。帝绌抱奇言不听。而工部主事陆澄源复劾于汴朋奸六罪。帝虽谪澄源,于汴卒谢事去。及辞朝,以敦大进规。七年卒,年七十七。赠太子太保。

于汴笃志正学,操履粹白。立朝,正色不阿,崇奖名教,有古大臣风。

孙居相,字伯辅,沁水人。万历二十年进士。除恩县知县。征授南京御史。负气敢言。尝疏陈时政,谓:“今内自宰执,外至郡守县令,无一人得尽其职。政事日废,治道日乖,天变人怨,究且瓦解土崩。纵珠玉金宝亘地弥天,何救危乱!”帝不省。诚意伯刘世延屡犯重辟,废为庶人,锢原籍。不奉诏,久居南京,益不法,妄言星变,将勒兵赴阙。居相疏发其奸,并及南京勋臣子弟暴横状。得旨下世延吏,安远、东宁、忻城诸侯伯子弟悉按问,强暴为戢。税使杨荣激变云南,守太和山中宦黄勋嗾道士殴辱知府,居相皆极论其罪。

时中外多缺官,居相兼摄七差,署诸道印,事皆办治。大学士沈一贯数被人言,居相力诋其奸贪植党,一贯乃去,居相亦夺禄一年。连遭内外艰。服阕,起官,出巡漕运,还发汤宾尹、韩敬科场事。廷议当褫官,其党为营护,旨下法司覆勘。居相复发敬通贿状,敬遂不振。故事,御史年例外转,吏部、都察院协议。王时熙、魏云中之去,都御史孙玮不与闻。居相再疏劾尚书赵焕,焕引退。及郑继之代焕,复以私意出宋槃、潘之祥于外,居相亦据法力争。吏部侍郎方从哲由中旨起官,中书张光房等五人以持议不合时贵,摈不与科道选,居相并抗章论列。

当是时,朋党势成,言路不肖者率附吏部,以驱除异己,势张甚。居相挺身与抗,气不少沮。于是过庭训、唐世济、李征仪、刘光复、赵兴邦、周永春、姚宗文、吴亮嗣、汪有功、王万祚辈群起为难。

居相连疏摧柱,诸人迄不能害。至四十五年,亦以年例出居相江西参政,引疾不就。

天启改元,起光禄少卿。改太仆,擢右佥都御史,巡抚陕西。四年春,召拜兵部右侍郎。其冬,魏忠贤盗柄,复引疾归。无何,给事中陈序谓居相出赵南星门,与杨涟交好。序同官虞廷陛又劾居相荐李三才,遥结史记事,遂削夺。

崇祯元年,起户部右侍郎,专督鼓铸。寻改吏部,进左侍郎,以户部尚书总督仓场。转漕多雇民舟,民惫甚,以居相言获苏。高平知县乔淳贪虐,为给事中杨时化所劾,坐赃二万有奇。淳家京师,有奥援,乞移法司覆讯,且讦时化请嘱致隙。时化方忧居,通书居相,报书有"国事日非,邪氛益恶"语,为侦事者所得,闻于朝。帝大怒,下居相狱,谪戍边。七年卒于戍所。

弟鼎相,历吏部郎中、副都御史,巡抚湖广,亦有名东林中。

曹珖,字用韦,益都人。万历二十九年进士。授户部主事,督皇城四门。仓卫军贷群珰子钱,偿以月饷,军不支饷者三年。及饷期,群珰抱券至,珖命减息,珰大哗。珖曰:"并私券奏闻,听上处分耳。"群珰请如命,军困稍苏。以忧去。

起补兵部武选主事,历职方郎中。大珰私人求大帅,珖不可。东厂太监卢受疏申职掌,珖亦请敕受约束部卒,毋陷良民。稍迁河东参政,引疾归。久之,起南京太常少卿。光宗骤崩,驰疏言:"先帝春秋鼎盛,奄弃群臣,道路咸知奸党阴谋,医药杂进,以至于此。天下之杀逆,有毒而非酖,戕而非刃者,此与先年梃击,同一奸宄。乞明诏辅臣,直穷奸状,以雪先帝之仇。"报闻。

天启初,叙职方时边功,加光禄卿,进太常大理卿。魏忠贤乱政,大狱纷起,珖请告归。寻为给事中潘士闻所劾,落职闲住。御史卢承钦历攻东林,诋珖狃主邪盟,遂削夺。

崇祯元年,起户部右侍郎,督钱法,寻迁左侍郎。三年拜工部尚书。珖初名珍,避仁宗讳,始改名。五年,陵工成,加太子少保。桂王重建府第，议加江西、河南、山东、山西田赋十二万有奇。浙江逋织造银十余万，巡抚陆完学请编入正额。珫皆持不可。

中官张彝宪总理户、工两部事，议设座于部堂，珫不可。右侍郎高弘图履任，彝宪欲共设公座。珫与弘图约，比彝宪至，皆曰"事竣矣"。撤座去，彝宪怏怏。及主事金铉、冯元扬交疏劾彝宪，彝宪疑出珫，日捃摭其隙。会山永巡抚刘宇烈请料价万五千两、铅五万斤，工部无给银例，与铅之半。宇烈怒，奏铅皆滥恶。彝宪取粗铅进曰"库铅尽然"，欲以罪珫。严旨尽熔库铅，司官中毒死者三人，内外官多获罪。彝宪乃纠巡视科道许国荣等十一人，珫疏救，忤旨诘责。彝宪又指闸工冒破齮龁之，珫累疏乞骸骨归，五月得请。屡荐不起。家居十四年卒。

陈于廷，字孟谔，宜兴人。万历二十三年进士。历知光山、唐山、秀水三县，征授御史。甫拜命，即谕救给事中汪若霖，诋大学士朱赓甚力，坐夺俸一年。顷之，劾职方郎中用懋、赵拱极、黄克谦为宰相私人，不宜处要地，又劾赓及王锡爵当斥。已，言谕德顾天埈素干清议，不宜久玷词林。语皆峻切。视鹾河东，劾税使张忠挠盐政。正阳门灾，极陈时政阙失。父丧归。服除，起按江西。时税务已属有司，而中官潘相欲亲督湖口税，于廷劾其背旨虐民。淮府庶子常洪作奸，论置之法。改按山东。

光宗立，擢太仆少卿，徙太常。议"红丸"事，极言崔文升、李可灼当斩。尚书王纪被斥，特疏申救。再进大理卿、户部右侍郎，改吏部，进左侍郎。尚书赵南星既逐，于廷署事。大学士魏广微传魏忠贤意，欲用其私人代南星，且许擢于廷总宪。于廷不可，以乔允升、冯从吾、汪应蛟名上。忠贤大怒，谓所推仍南星遗党，矫旨切责，并杨涟、左光斗尽斥为民。文选郎张可前、御史袁化中、房可壮亦坐贬黜。自是清流尽逐，小人日用事矣。

崇祯初，起南京右都御史。与郑三俊典京察，尽去诸不肖者。南御史差竣，例听北考，于廷请先考于南，报可。召拜左都御史。以巡方责重,列上纠大吏、荐人才、修荒政、核屯盐、禁耗羡、清狱囚、访奸豪、弭寇盗八事,请于回道日核实课功。优诏褒纳。给事中马思理,御史高倬、余文缙坐事下吏,并抗疏救之。秩满,加太子少保。三疏乞休,不允。

两浙巡盐御史祝徽、广西巡按御史毕佐周并擅挞指挥,非故事。事闻,帝方念疆场多故,欲倚武臣,旨下参核。于廷等言:“军官起世胄,率不循法度,概列弹章,将不胜扰,故小过薄责以惩。凡御史在外者尽然,不自二臣始。”帝以指挥秩崇,非御史得杖,令会兵部稽典制以闻。典制实无杖指挥事,乃引巡抚敕书提问四品武职语以对。帝以比拟不伦,责令再核。于廷等终右御史,所援引悉不当帝意。疏三上三却,竟削籍归。家居二年卒。福王时,赠少保。

于廷端亮有守。周延儒当国,于廷其里人,无所附丽。与温体仁不合,故卒获重谴去。

郑三俊,字用章,池州建德人。万历二十六年进士。授元氏知县。累迁南京礼部郎中、归德知府、福建提学副使。家居七年,起故官,督浙江粮储。

天启初,召为光禄少卿,改太常。未上,陈中官侵冒六事。时魏忠贤、客氏离间后妃,希得见帝,而三俊疏有“笃厚三宫,妖冶不列于御”语。忠贤遣二竖至阁中,摘“妖冶”语,令重其罪。阁臣力争,而拟旨则以先朝故事为辞。三俊复疏言:“近日糜烂荼毒,无逾中珰,阁臣悉指为故事。古人言‘奄竖闻名,非国之福。’今闻名者已有人。内连外结,恃阁臣弹压抑损之,而阁臣辄阿谀自溺其职,可为寒心。”忠贤益怒,以语侵内阁,留中不下。擢左金都御史,疏陈兵食大计,规切内外诸司。吏部郎中徐大相言事被谪,抗疏救之。

四年正月,迁左副都御史。户部右侍郎杨涟劾忠贤,三俊亦上疏极论。寻署仓场事。太仓无一岁蓄,三俊奏行足储数事。忠贤尽逐涟等,三俊遂引疾去。明年,忠贤党张讷请毁天下书院,劾三俊与邹元标、冯从吾、孙慎行、余懋衡合污同流,褫职闲住。

崇祯元年，起南京户部尚书兼掌吏部事。南京诸僚多忠贤遗党，是年京察，三俊澄汰一空。京师被兵，大臣大获谴。明年春，三俊以建储入贺，力言："皇上忧劳少过，人情郁结未宣。百职庶司，救过不赡，上下暌孤，足为隐虑。愿保圣躬以保天下，收人心以收封疆。"帝褒纳之。南粮岁额八十二万七千有奇，积逋至数百万，而兵部又增兵不已。三俊初至，仓库不足一月饷。三俊力袪宿弊，纠有司尤怠玩者数人，屡与兵部争虚冒，久之，士得宿饱。万历时，税使四出，芜湖始设关，岁征税六七万，泰昌时已停。至是，度支益绌，科臣解学龙请增天下关税，南京宣课司亦增二万。三俊以为病民，请减其半，以其半征之芜湖坐贾。户部遂派芜湖三万，复设关征商。三俊请罢征，并于工部分司计舟输课，不税货物。皆不从，遂为永制。芜湖、淮安、杭州三关皆隶南户部，所遣司官李友兰、霍化鹏、任俶皆贪，三俊悉劾罢之。

居七年，就移吏部。八年正月，复当京察，斥罢七十八人，时服其公。旋上议官评、杜请属、慎差委三事，帝皆采纳。流寇大扰江北，南都震动，三俊数陈防御策。礼部侍郎陈子壮下狱，抗疏救之。

考绩入都，留为刑部尚书，加太子少保。帝以阴阳愆和，命司礼中官录囚，流徒以下皆减等。三俊以文武诸臣违误久系者众，请令出外候谳。因论告讦株蔓之弊，乞敕"内外诸臣行恻隐实政。内而五城讯鞫，非重辟不必参送法司；外而抚按提追，非真犯不必尽解京师。刑曹决断，以十日为期"。帝皆从之。代州知州郭正中因天变，请举寒审之典，帝命考故事。三俊稽历朝宝训，得祖宗冬月录囚数事，备列上奏，寝不行。前尚书冯英坐事遣戍，其母年九十有一，三俊乞释还侍养，不许。

初，户部尚书侯恂坐屯豆事下狱，帝欲重谴之。三俊屡谳上，不称旨。逸者谓恂与三俊皆东林，曲法纵舍。工部钱局有盗穴其垣，命按主者罪，三俊亦拟轻典。帝大怒，褫其官下吏。应天府丞徐石麒适在京，上疏力救，忤旨切责。帝御经筵，讲官黄景昉称三俊至清，又偕黄道周各疏救。帝不纳，切责三俊欺罔。以无赃私，令出狱候讯。宣大总督庐象升复救之，大学士孔贞运等复以为言，乃许配赎。

十五年正月，召复故官。会吏部尚书李日宣得罪，即命三俊代之。时值考选，外吏多假缮城、垦荒名，减俸行取，都御史刘宗周疏论之。诸人乃夤缘周延儒，嘱兵部尚书张国维以知兵荐，帝即欲召对亲擢。三俊言："考选者部、院事，天子且不得专，况枢部乎？乞先考定，乃请圣裁。"帝不悦，召三俊责之，对不屈。宗周复言："三俊欲俟部、院考后，第其优劣纯疵，恭请钦定。若但以奏对取人，安能得真品？"帝不从，由是幸进者众。帝下诏求贤，三俊举李邦华、刘宗周自代，且荐黄道周、史可法、冯元扬、陈士奇四人。姜垛、熊开元言事下狱，及宗周获严谴，三俊皆恳救。先后奏罢不职司官数人，铨曹悉凛凛。大僚缺官，三俊数引荐，贤士之废斥者多复用。刑部尚书徐石麒获罪，率同官合疏乞留。

三俊为人端严清亮，正色立朝。惟引吴昌时为属，颇为世诟病。时文选缺郎中，仪制郎中吴昌时欲得之。道辅周延儒力荐于帝，且以嘱三俊。他辅臣及言官亦多称其贤，三俊遂请调补。帝特召问，三俊复徇众意以对。帝颔之，明日即命下。以他部调选郎，前此未有也。帝恶言官不职，欲多汰之，尝以语三俊。三俊与昌时谋出给事四人、御史六人于外。给事、御史大哗，谓昌时紊制弄权，连章力攻，并讦三俊。三俊恳乞休致，诏许乘传归。国变后，家居十余年乃卒。

李日宣，字晦伯，吉水人。万历四十一年进士。授中书舍人，擢御史。

天启元年，辽阳破。请帝时召大僚，面决庶政。寻请宥侯震旸以开言路，厚中宫以肃名分。忤旨，切责。已又荐丁元荐、邹维琏、麻僖等十余人，乞召还朱钦相、刘廷宣等，帝以滥荐逐臣，停俸三月。旋出理河东盐政。还朝，以族父邦华佐兵部，引嫌归。五年七月，逆党倪文焕劾邦华、日宣为东林邪党，遂削籍。

庄烈帝即位,复故官,以邦华在朝,久不出。崇祯三年起故官,巡按河南。还朝,掌河南道事。中官王坤讦大学士周延儒,日宣率同官言:"内臣监兵,不宜侵辅臣,且插款中疑,边情多故,坤责亦不可逭。"报闻。迁大理丞,屡进太常卿。九年冬,擢兵部右侍郎,镇守昌平。久之,进左侍郎,协理戎政。寻叙护陵功,加兵部尚书。十三年九月,擢吏部尚书。

十五年五月,会推阁臣,日宣等以蒋德璟、黄景昉、姜曰广、王锡衮、倪元璐、杨汝成、杨观光、李绍贤、郑三俊、刘宗周、吴甡、惠世扬、王道直名上。帝令再推数人,而副都御史房可壮、工部右侍郎宋玫、大理寺卿张三谟与焉。大僚不获推者,为流言入内,且创二十四气之说,帝深惑之。逾月,召日宣及与推诸臣入中左门,偕辅臣赐食。已,出御中极殿,令诸臣奏对。玫陈九边形势甚辩。帝恶其干进,叱之,乃命德璟、景昉、甡入阁,而以徇情滥举责日宣等回奏。奏上,帝怒不解,复御中左门,太子及定、永二王侍。帝召日宣,声甚厉。次召吏科都给事中章正宸、河南道御史张暄,及玫、可壮、三谟,诘其妄举。日宣奏辩。帝曰:"汝尝言秉公执法,今何事不私?"正宸奏:"日宣多游移,臣等常劾之,然推举事,实无所徇。"日宣复为玫等三人解。帝命锦衣官提下日宣等六人,并褫冠带就执。时帝怒甚,侍臣皆股栗失色。德璟、景昉、甡叩头辞新命,因言:"臣等并在会推中。若诸臣有罪,臣等岂能安。"大学士周延儒等亦乞优容。帝皆不许,遂下刑部。廷臣交章申救,不纳。帝疑其未就狱,责刑部臣克期三日定谳。侍郎惠世扬、徐石麒拟予轻比,帝大怒,革世扬职,镌石麒二秩,郎中以下罪有差。御史王汉言:"枚卜一案,日宣等无私。陛下怀疑,重其罪,刑官莫知所执。"不听。狱上,日宣、正宸、暄戍边,玫、可壮、三谟削籍。久之,赦还,卒。

张玮,字席之,武进人。少孤贫,取糠粃自给,不轻受人一饭,为同里薛敷教所知。讲学东林书院,师孙慎行。其学以慎独研几为宗。

万历四十年,举应天乡试第一。越七年,成进士,授户部主事。

调兵部职方,历郎中,出为广东提学佥事。粤俗奢丽,督学至,宫室供张舆马饩牵之奉甲他省,象犀文石,名花珠贝,磊砢璀璨,玮悉屏去弗视也。大吏建魏忠贤祠,乞上梁文于玮,玮即日引去。玮廉归而布袍草履,授徒于家。

庄烈帝即位,起江西参议,历福建、山东副使。大学士吴宗达谓玮难进而易退,言之吏部,召为尚宝卿,进太仆少卿。坐事调南京大理丞,引疾去。久之,起应天府丞。是岁,四方大旱,玮以军食可虞,奏请:"禁江西、湖广遏籴,而令应天、常、镇、淮、扬五郡折输漕粮银,赴彼易米,则小民免催科之苦,太仓无颗粒之亏。他十库所收铜锡、颜料、皮、布,非州县土产者,悉解折色,且尽改民解为官解,以救民汤火。"所司多议行。

迁南京光禄卿,召入为右佥都御史,迁左副都御史。时刘宗周、金光辰并总宪纪,玮乃上《风励台班疏》曰:"惩往正以儆来。今极贪则原任巡按苏松御史王志举,极廉则原任南京试御史成勇。勇与臣曾不相知,家居闻勇被逮,士民泣送者万辈,百里不休。后入南都,始知勇在台不滥听一辞,不轻贷一镪,不受属吏一蔬一果。杰绅悍吏为民害者,不少假借。委曲开导民以孝弟。臣离南中,辄扳辕愿借成御史,惠我南人。虽前奉严谴,宣召为诸御史劝。"疏上,一时称快。诏下志举法司逮治,成勇叙用。

玮旋以病谢归,未几卒。福王时,赠左都御史,谥清惠。

金光辰,字居垣,全椒人。崇祯元年进士。授行人,擢御史,巡视西城。内使周二杀人,牒司礼监捕之,其人方直御前,叩头乞哀。帝曰:"此国家法,朕不得私。"卒抵罪。出按河南,条奏三百余章,弹劾不避权势。九年还朝。京师戒严,光辰分守东直门,劾兵部尚书张凤翼三不可解,一大可忧。帝以凤翼方在行间,寝其奏。

时帝久罢内遣,然以边警,诸臣类萎腇不任,仍分遣中官卢维宁等总监通、津、临、德等处兵马粮饷,而意颇讳言之。光辰疏请罢遣,帝怒,召对平台。风雨骤至,侍臣立雨中,至以袖障溜。久之,帝召光辰责之。光辰对曰:"皇上以文武诸臣无实心任事,委任内臣。臣愚以任内臣,诸臣益弛卸不任。"帝大怒,声色俱厉,将重遣光辰,而迅雷直震御座,风雨声大作。光辰因言:"臣往在河南,见皇上撤内臣而喜。"语未吟,帝沉吟即云"汝言毋复尔",然意亦稍解。人谓光辰有天幸云。时张元佐以兵部右侍郎出守昌平,同时内臣提督天寿山者即日往。帝顾阁臣曰:"内臣即日往,侍臣三日未出,朕之用内臣过耶?"翼日有诏,光辰镌三级调外。

久之,由浙江按察司照磨召为大理寺正,进太仆丞。十三年五月复偕诸大臣召对平台,咨以御边、救荒、安民之策。光辰班最后,时已夜,光辰独对烛影中,娓娓数百言,帝为耸然听。明日谕诸臣各缮疏以进。寻移尚宝丞。陈罢练总、换授、私派、金报数事,报闻。历光禄少卿、左通政。十五年五月,复偕诸臣召对德政殿,备陈贼形势。帝悦,擢左佥都御史。无何,以救刘宗周,仍镌三级调外。事具《宗周传》。明年丁父忧。福王时,起故官,未赴。国变,家居二十余年卒。

　　赞曰:明自神宗而后,士大夫峻门户而重意气。其贤者敦厉名检,居官有所执争,即清议翕然归之。虽其材识不远,耳目所熟习,不能不囿于风会,抑亦一时之良也。遭时孔棘,至救过不暇,顾安得责以挽回干济之业哉。

明史卷二五五
列传第一四三

刘宗周 祝渊　王毓蓍 黄道周
叶廷秀

　　刘宗周,字起东,山阴人。父坡,为诸生。母章氏妊五月而坡亡。既生宗周,家酷贫,携之育外家。后以宗周大父老疾,归事之,析薪汲水,持药糜。然体屡甚,母尝忧念之不置,遂成疾。又以贫故,忍而不治。万历二十九年,宗周成进士。母卒于家。宗周奔丧,为垩室中门外,日哭泣其中。服阕,选行人,请养大父母。遭丧,居七年始赴补。母以节闻于朝。

　　时有崑党、宣党与东林为难。宗周上言:"东林,顾宪成讲学处。高攀龙、刘永澄、姜士昌、刘元珍,皆贤人。于玉立、丁元荐,较然不欺其志,有国士风。诸臣摘流品可也,争意见不可;攻东林可也,党崑、宣不可。"党人大哗,宗周乃请告归。

　　天启元年,起仪制主事。疏言:"魏进忠导皇上驰射戏剧,奉圣夫人出入自由。一举逐谏臣三人,罚一人,皆出中旨,势将指鹿为马,生杀予夺,制国家大命。今东西方用兵,奈何以天下委阉竖乎。"进忠者,魏忠贤也,大怒,停宗周俸半年。寻以国法未伸,请戮崔文升以正弑君之罪,戮卢受以正交私之罪,戮杨镐、李如桢、李维翰、郑之范以正丧师失地之罪,戮高出、胡嘉栋、康应乾、牛维曜、刘国缙、傅国以正弃城逃溃之罪;急起李三才为兵部尚书,录用清议名贤丁元荐、李仆等,净臣杨涟、刘重庆等,以作仗节徇义之气。帝切责之,累迁光禄丞、尚宝、太仆少卿,移疾归。四年起右通政,至则忠贤逐东林且尽,宗周复固辞。忠贤责以矫情厌世,削其籍。

崇祯元年冬,召为顺天府尹。辞,不许。明年九月入都,上疏曰:

陛下励精求治,宵旰靡宁。然程效太急,不免小利而速近功,何以致唐、虞之治。

夫今日所汲汲于近功者,非兵事乎?诚以屯守为上策,简卒节饷,修刑政而威信布之,需以岁月,未有不望风束甲者。而陛下方锐意中兴,刻期出塞。当此三空四尽之秋,竭天下之力以奉饥军而军愈骄,聚天下之军以博一战而战无日,此计之左也。

今日所规规于小利者,非国计乎?陛下留心民瘼,恻然疴瘝。而以司农告匮,一时所讲求者皆掊克聚敛之政。正供不足,继以杂派。科罚不足,加以火耗。水旱灾伤,一切不问。敲扑日峻,道路吞声。小民至卖妻鬻子以应。有司以掊克为循良,而抚字之政绝;上官以催征为考课,而黜陟之法亡。欲求国家有府库之财,不可得已。

功利之见动,而庙堂之上日见其烦苛。事事纠之不胜纠,人人摘之不胜摘,于是名实紊而法令滋。顷者,特严赃吏之诛,自宰执以下,坐重典者十余人,而贪风未尽息,所以导之者未善也。贾谊曰:“礼禁未然之先,法施已然之后。”诚导之以礼,将人人有士君子之行,而无狗彘之心,所谓禁之于未然也。今一切诖误及指称贿赂者,即业经昭雪,犹从吏议,深文巧诋,绝天下迁改之途。益习为顽钝无耻,矫饰外貌以欺陛下。士节日隳,官邪日著,陛下亦安能一一察之。

且陛下所以劳心焦思于上者,以未得贤人君子用之也。而所嘉予而委任者,率奔走集事之人,以摘发为精明,以告讦为正直,以便给为才谞,又安所得贤者而用之。得其人矣,求之太备,或以短而废长;责之太苛,或因过而成误。

且陛下所擘画,动出诸臣意表,不免有自用之心。臣下救过不给,谗谄者因而间之,猜忌之端遂从此起。夫恃一人之聪明,而使臣不得尽其忠,则耳目有时壅;凭一人之英断,而使诸大夫国人不得衷其是,则意见有时移。方且为内降,为留中,何以追喜起之盛乎?数十年来,以门户杀天下几许正人,犹蔓延不已。陛下欲折君子以平小人之气,用小人以成君子之公,前日之覆辙将复见于天下也。

陛下求治之心,操之太急。酝酿而为功利,功利不已,转为刑名;刑名不已,流为猜忌;猜忌不已,积为壅蔽。正人心之危,所潜滋暗长而不自知者。诚能建中立极,默正此心,使心之所发,悉皆仁义之良,仁以育天下,义以正万民,自朝廷达于四海,莫非仁义之化,陛下已一旦跻于尧、舜矣。

帝以为迂阔,然叹其忠。

未几,都城被兵,帝不视朝,章奏多留中不报。传旨办布囊八百,中官竞献马骡,又令百官进马。宗周曰:"是必有以迁幸动上者。"乃诣午门叩头谏曰:"国势强弱,视人心安危。乞陛下出御皇极门,延见百僚,明言宗庙山陵在此,固守外无他计。"俯伏待报,自晨迄暮,中官传旨乃退。米价腾跃,请罢九门税,修贾区以处贫民,为粥以养老疾,严行保甲之法,人心稍安。

时枢辅诸臣多下狱者,宗周言:"国事至此,诸臣负任使,无所逃罪,陛下亦宜分任咎。禹、汤罪己,兴也勃焉。曩皇上以情面疑群臣,群臣尽在疑中,日积月累,结为阴痞,识者忧之。今日当开示诚心,为济难之本,御便殿以延见士大夫,以票拟归阁臣,以庶政归部、院,以献可替否予言官。不效,从而更置之,无坐锢以成其罪。乃者朝廷缚文吏如孤雏,而视武健士不啻骄子;渐使恩威错置,文武皆不足信,乃专任一二内臣,阃以外次弟委之。自古未有宦官典兵不误国者。"又劾马世龙、张凤翼、吴阿衡等罪,忤帝意。

三年,以疾在告,进祈天永命之说,言:

法天之大者,莫过于重民命,则刑罚宜当宜平。陛下以重典绳下,逆党有诛,封疆失事有诛。一切违误,重者杖死,轻者谪去,朝署中半染赭衣。而最伤国体者,无如诏狱。副都御史易应昌以平反下吏,法司必以锻炼为忠直,苍鹰乳虎接踵于天下矣。愿体上天好生之心,首除诏狱,且宽应昌,则祈天永命之一道也。

法天之大者,莫过于厚民生,则赋敛宜缓宜轻。今者宿逋见征及来岁预征,节节追呼,闾阎困敝,贪吏益大为民厉。贵州巡按苏琰以行李被讦于监司。巡方黩货,何问下吏。吸膏吮脂之辈,接迹于天下矣。愿体上天好生之心,首除新饷,并严饬官方,则祈天永命之又一道也。

然大君者,天之宗子,辅臣者,宗子之家相。陛下置辅,率由特简。亦愿体一人好生之心,毋驱除异己,构朝士以大狱,结国家朋党之祸;毋宠利居成功,导人主以富强,酿天下土崩之势。

周延儒、温体仁见疏不怿。以时方祷雨,而宗周称疾,指为偃蹇,激帝怒,拟旨诘之,且令陈足兵、足饷之策。宗周条画以对,延儒、体仁不能难。

为京尹,政令一新,挫豪家尤力。阉人言事辄不应,或相诟谇,宗周治事自如。武清伯苍头殴诸生,宗周捶之,枷武清门外。尝出,见优人笼篚,焚之通衢。周恤单丁下户尤至。居一载,谢病归,都人为罢市。

八年七月,内阁缺人,命吏部推在籍者,以孙慎行、林钎及宗周名上。诏所司敦趣,宗周固辞,不许。明年正月入都,慎行已卒,与钎入朝。帝问人才、兵食及流寇猖獗状。宗周言:“陛下求治太急,用法太严,布令太烦,进退天下士太轻。诸臣畏罪饰非,不肯尽职业,故有人而无人之用,有饷而无饷之用,有将不能治兵,有兵不能杀贼。流寇本朝廷赤子,抚之有道,则还为民。今急宜以收拾人心为本,收拾人心在先宽有司。参罚重则吏治坏,吏治坏则民生困,盗贼由此日繁。”帝又问兵事。宗周言:“御外以治内为本。内治修,远人自服,干羽舞而有苗格。愿陛下以尧、舜之心,行尧、舜之政,天下

自平。"对毕趋出。帝顾体仁迂其言,命钎辅政,宗周他用。旋授工部左侍郎。逾月,上《痛愤时艰疏》,言:

陛下锐意求治,而二帝三王治天下之道未暇讲求,施为次第犹多未得要领者。首属意于边功,而罪督遂以五年恢复之说进,是为祸胎。己巳之役,谋国无良,朝廷始有积轻士大夫之心。自此耳目参于近侍,腹心寄于干城,治术尚刑名,政体归丛脞,天下事日坏而不可救。厂卫司讥察,而告讦之风炽;诏狱及士绅,而堂廉之等夷。人人救过不给,而欺罔之习转甚;事事仰成独断,而诡谀之风日长。三尺法不伸于司寇,而犯者日众。诏旨杂治五刑,岁躬断狱以数千,而好生之德意泯。刀笔治丝纶而王言亵,诛求及琐屑而政体伤。参罚在钱谷而官愈贪,吏愈横,赋愈逋。敲扑繁而民生瘁,严刑重敛交困而盗贼日起。总理任而臣下之功能薄,监视遣而封疆之责任轻。督、抚无权而将日懦,武弁废法而兵日骄,将懦兵骄而朝廷之威令并穷于督、抚。朝廷勒限平贼,而行间日杀良报功,生灵益涂炭。一旦天牖圣衷,撤总监之任,重守令之选,下弓旌之招,收酷吏之威,布维新之化,方与二三臣工洗心涤虑,以联泰交,而不意君臣相遇之难也。得一文震孟而以单辞报罢,使大臣失和衷之谊;得一陈子壮而以过戆坐辜,使朝宁无呼咈之风。此关于国体人心非浅鲜者。

陛下必体上天生物之心以敬天,而不徒倚风雷;必念祖宗鉴古之制以率祖,而不轻改作。以简要出政令,以宽大养人才,以忠厚培国脉。发政施仁,收天下泮涣之人心。而且还内廷扫除之役,正懦帅失律之诛,慎天潢改授之途。遣廷臣赍内帑、巡行郡国、为招抚使,赦其无罪而流亡者。陈师险隘,坚壁清野,听其穷而自归。诛渠之外,犹可不杀一人,而毕此役,奚待于观兵哉。

疏入,帝怒甚,谕阁臣拟严旨再四。每拟上,帝辄手其疏覆阅,起行数周。已而意解,降旨诘问,谓大臣论事宜体国度时,不当效小臣归过朝廷为名高,且奖其清直焉。

　　时太仆缺马价,有诏愿捐者听。体仁及成国公朱纯臣以下皆有捐助。又议罢明年朝觐。宗周以输赀、免觐为大辱国。帝虽不悦,心善其忠,益欲大用。体仁患之,募山阴人许瑚疏论之,谓宗周道学有余,才谞不足。帝以瑚同邑,知之宜真,遂已不用。

　　其秋,三疏请告去。至天津,闻都城被兵,遂留养疾。十月,事稍定,乃上疏曰:

　　　　己巳之变,误国者袁崇焕一人。小人竞修门户之怨,异己者概坐以崇焕党,日造蜚语,次第去之。自此小人进而君子退,中官用事而外廷浸疏。文法日繁,欺罔日甚,朝政日隳,边防日坏。今日之祸,实己巳以来酿成之也。

　　　　且以张凤翼之溺职中枢也,而俾之专征,何以服王洽之死?以丁魁楚等之失事于边也,而责之戴罪,何以服刘策之死?诸镇勤王之师,争先入卫者几人,不闻以逗留蒙诘责,何以服耿如杞之死?今且以二州八县之生灵,结一饱飏之局,则廷臣之累累若若可幸无罪者,又何以谢韩爌、张凤翔、李邦华诸臣之或戍或去?岂昔为异己驱除,今不难以同己相容隐乎?臣于是而知小人之祸人国无已时也。

　　　　昔唐德宗谓群臣曰:“人言卢杞奸邪,朕殊不觉。”群臣对曰:“此乃杞之所以为奸邪也。”臣每三覆斯言,为万世辨奸之要。故曰“大奸似忠,大佞似信”。频年以来,陛下恶私交,而臣下多以告讦进;陛下录清节,而臣下多以曲谨容;陛下崇励精,而臣下奔走承顺以为恭;陛下尚综覆,而臣下琐屑吹求以示察。凡若此者,正似信似忠之类,究其用心,无往不出于身家利禄。陛下不察而用之,则聚天下之小人立于朝,有所不觉矣。天下即乏才,何至尽出中官下。而陛下每当缓急,必委以大任。三协有遣,通、津、临、德有遣;又重其体统,等之总督。中官总督,置总督何地?总督无权,置抚、按何地?是以封疆尝试也。

　　　　且小人每比周小人,以相引重,君子独岸然自异。故自古

有用小人之君子,终无党比小人之君子。陛下诚欲进君子退小
人,决理乱消长之机,犹复用中官参制之,此明示以左右袒也。
有明治理者起而争之,陛下即不用其言,何至并逐其人。而御
史金光辰竟以此逐,若惟恐伤中官心者,尤非所以示天下也。

　　至今日刑政之最舛者,成德,傲吏也,而以赃戍,何以肃惩
贪之令?申绍芳,十余年监司也,而以莫须有之钻刺戍,何以昭
抑竞之典?郑鄤之狱,或以诬告坐,何以示敦伦之化?此数事
者,皆为故辅文辰孟引绳批根,即向驱除异己之故智,而廷臣
无敢言,陛下亦无从知之也。呜呼,八年之间,谁秉国成,而至
于是!臣不能为首揆温体仁解矣。语曰"谕生厉阶,至今为
梗",体仁之谓也。

疏奏,帝大怒,体仁又上章力诋,遂斥为民。

　　十四年九月,吏部缺左侍郎,廷推不称旨。帝临朝而叹,谓大臣
"刘宗周清正敢言,可用也",遂以命之。再辞不得,乃趋朝。道中进
三剳:一曰明圣学以端治本,二曰躬圣学以建治要,三曰重圣学以
需治化,凡数千言。帝优旨报之。明年八月未至,擢左都御史。力
辞,有诏敦趋。逾月,入见文华殿。帝问都察院职掌安在,对曰:"在
正己以正百僚。必存诸中者,上可对君父,下可质天下士大夫,而后
百僚则而象之。大臣法,小臣廉,纪纲振肃,职掌在是,而责成巡方
其首务也。巡方得人,则吏治清,民生遂。"帝曰:"卿力行以副朕
望。"乃列建道揆、贞法守、崇国体、清伏奸、惩官邪、饬吏治六事以
献,帝褒纳焉。俄劾御史喻上猷、严云京,而荐袁恺、成勇,帝并从
之。其后上猷受李自成显职,卒为世大诟。

　　冬十月,京师被兵。请旌死事卢象升,而追戮误国奸臣杨嗣昌,
逮跋扈悍将左良玉;防关以备反攻,防潞以备透渡,防通、津、临、德
以备南下。帝不能尽行。

　　闰月晦日召见廷臣于中左门。时姜埰、熊开元以言事下诏狱,
宗周约九卿共救。入朝,闻密旨置二人死。宗周愕然,谓众曰:"今
日当空署争,必改发刑部始已。"及入对,御史杨若桥荐西洋人汤若

望善火器,请召试。宗周曰:"边臣不讲战守屯戍之法,专恃火器。近来陷城破邑,岂无火器而然?我用之制人,人得之亦可制我,不见河间反为火器所破乎?国家大计,以法纪为主。大帅跋扈,援师逗留,奈何反姑息,为此纷纷无益之举耶?"因议督、抚去留,则请先去督师范志完。且曰:"十五年来,陛下处分未当,致有今日败局。不追祸始,更弦易辙,欲以一切苟且之政,补目前罅漏,非长治之道也。"帝变色曰:"前不可追,善后安在?"宗周曰:"在陛下开诚布公,公天下为好恶,合国人为用舍,进贤才,开言路,次第与天下更始。"帝曰:"目下烽火逼畿甸,且国家败坏已极,当如何?"宗周曰:"武备必先练兵,练兵必先选将,选将必先择贤督、抚,择贤督、抚必先吏、兵二部得人。宋臣曰:'文官不爱钱,武官不惜死,则天下太平。'斯言,今日针砭也。论者但论才望,不问操守;未有操守不谨,而遇事敢前,军士畏威者。若徒以议论捷给,举动恢张,称曰才望,取爵位则有余,责事功则不足,何益成败哉。"帝曰:"济变之日,先才后守。"宗周曰:"前人败坏,皆由贪纵使然;故以济变言,愈宜先守后才。"帝曰:"大将别有才局,非徒操守可望成功。"宗周曰:"他不具论,如范志完操守不谨,大将偏裨无不由贿进,所以三军解体。由此观之,操守为主。"帝色解曰:"朕已知之。"敕宗周起。

于是宗周出奏曰:"陛下方下诏求贤,姜垛、熊开元二臣遽以言得罪。国朝无言官下诏狱者,有之自二臣始。陛下度量卓越,妄如臣宗周,戆直如臣黄道周,尚蒙使过之典,二臣何不幸,不邀法外恩?"帝曰:"道周有学有守,非二臣比。"宗周曰:"二臣诚不及道周,然朝廷待言官有体,言可用用之,不可置之。即有应得之罪,亦当付法司。今遽下诏狱,终于国体有伤。"帝怒甚曰:"法司锦衣皆刑官,何公何私?且罪一二言官,何遽伤国体?有如贪赃坏法,欺君罔上,皆可不问乎?"宗周曰:"锦衣,膏粱子弟,何知礼义,听寺人役使。即陛下问贪赃坏法,欺君罔上,亦不可不付法司也。"帝大怒曰:"如此偏党,岂堪宪职!"有间曰:"开元此疏,必有主使,疑即宗周。"金光辰争之。帝叱光辰,并命议处。翼日,光辰贬三秩调用,宗周革职,刑部议罪。阁臣持不发，捧原旨御前恳救，乃免，斥为民。

归二年而京师陷。宗周徒步荷戈，诣杭州，责巡抚黄鸣骏发丧讨贼。鸣骏诚以镇静，宗周勃然曰："君父变出非常，公专阃外，不思枕戈泣血，激励同仇，顾藉口镇静，作逊避计耶？"鸣骏唯唯。明日，复趣之。鸣骏曰："发丧必待哀诏。"宗周曰："嘻，此何时也，安所得哀诏哉！"鸣骏乃发丧。问师期，则曰："甲仗未具。"宗周叹曰："嗟乎，是乌足与有为哉！"乃与故侍郎朱大典，故给事中章正宸、熊汝霖召募义旅。将发，而福王监国于南京，起宗周故官。宗周以大仇未报，不敢受职。自称草莽孤臣，疏陈时政，言：

今日大计，舍讨贼复仇，无以表陛下渡江之心；非毅然决策亲征，无以作天下忠义之气。

一曰据形胜以规进取。江左非偏安之业，请进图江北。凤阳号中都，东扼徐、淮，北控豫州，西顾荆、襄，而南去金陵不远，请以驻亲征之师。大小铨除，暂称行在，少存臣子负罪引慝之心。从此渐进，秦、晋、燕、齐必有响应而起者。

一曰重藩屏以资弹压。淮、扬数百里，设两节钺，不能御乱，争先南下，致江北一块土，拱手授贼。督漕路振飞坐守淮城，久以家属浮舟远地，是倡之逃也。于是镇臣刘泽清、高杰遂有家属寄江南之说。军法临阵脱逃者斩，臣谓一抚二镇，皆可斩也。

一曰慎爵赏以肃军情。请分别各帅封赏，孰当孰滥，轻则收侯爵，重则夺伯爵。夫以左帅之恢复而封，高、刘之败逃亦封，又谁不当封者？武臣既滥，文臣随之。外臣既滥，中珰随之。恐天下闻而解体也。

一曰核旧官以立臣纪。燕京既破，有受伪官而叛者，有受伪官而逃者，有在封守而逃者，有奉使命而逃者，法皆不赦。亟宜分别定罪，为戒将来。

至于伪命南下，徘徊顺逆之间，实繁有徒；必且倡为曲说，以惑人心，尤宜诛绝。

又言：

当贼入秦流晋，渐过畿南，远近汹汹，独大江南北晏然。而二三督抚不闻遣一骑以壮声援，贼遂得长驱犯阙。坐视君父之危亡而不救，则封疆诸臣之当诛者一。凶问已确，诸臣奋戈而起，决一战以赎前愆，自当不俟朝食。方且仰声息于南中，争言固圉之策，卸兵权于阃外，首图定策之功，则封疆诸臣之当诛者又一。新朝既立之后，谓宜不俟终日，首遣北伐之师。不然，则亟驰一介，间道北进，檄燕中父老，起塞上名王，哭九庙，厝梓宫，访诸王。更不然，则起闽帅郑芝龙，以海师下直沽，九边督镇合谋共奋，事或可为。而诸臣计不出此，则举朝谋国不忠之当诛者又一。罪废诸臣，量从昭雪，自应援先帝遗诏及之，今乃概用新恩。诛阉定案，前后诏书鹘突，势必彪虎之类，尽从平反而后已，则举朝谋国不忠之当诛者又一。臣谓今日问罪，当自中外诸臣不职者始。

诏纳其言，宣付史馆，中外为悚动。而马士英、高杰、刘泽清恨甚，滋欲杀宗周矣。

宗周连疏请告不得命，遂抗疏劾士英，言：

陛下龙飞淮甸，天实予之。乃有蕞跸微劳，入内阁，进中枢，宫衔世荫，晏然当之不疑者，非士英乎？于是李沾侈言定策，挑激廷臣矣。刘孔昭以功赏不均，发愤豕臣，朝端哗然聚讼，而群阴且翩翩起矣。借知兵之名，则逆党可以然灰，宽反正之路，则逃臣可以汲引，而阁部诸臣且次第言去矣。中朝之党论方兴，何暇图河北之贼；立国之本纪已疏，何以言匡攘之略。高杰，一逃将也，而奉若骄子，浸有尾大之忧。淮、扬失事，不难谴抚臣、道臣以谢之，安得不长其桀骜，则亦恃士英卵翼也。刘、黄诸将，各有旧汛地，而置若弈棋，汹汹为连鸡之势，至分剖江北四镇以慰之，安得不启其雄心，则皆高杰一人倡之也。京营自祖宗以来，皆勋臣为政，枢贰佐之。陛下立国伊始，而有内臣卢九德之命，则士英有不得不辞其责者。

　　总之，兵戈盗贼，皆从小人气类感召而生，而小人与奄宦又往往相表里。自古未有奄宦用事，而将帅能树功于方域者。惟陛下首辨阴阳消长之机，出士英仍督凤阳，联络诸镇，决用兵之策。史可法即不还中枢，亦当自淮而北，历河以南，别开幕府，与士英相犄角。京营提督，独断寝之。书之史册，为弘光第一美政。

王优诏答之，而促其速入。

　　士英大怒，即日具疏辞位，且扬言于朝曰："刘公自称草莽孤臣，不书新命，明示不臣天子也。"其私人朱统鑨遂劾宗周疏请移跸凤阳："凤阳，高墙所在，欲以罪宗处皇上，而与史可法拥立潞王。其兵已伏丹阳，当急备。"而泽清、杰日夜谋所以杀宗周者不得，乃遣客十辈往刺宗周。宗周时在丹阳，终日危坐，未尝有惰容。客前后至者，不敢加害而去。而黄鸣骏入觐，兵抵京口，与防江兵相击斗。士英以统鑨言为信也，亦震恐。于是泽清疏劾："宗周阴挠恢复，欲诛臣等，激变士心，召生灵之祸。"刘良佐亦具疏言宗周力持"三案"，为门户主盟，倡议亲征，图晁错之自为居守，司马懿之闭城拒君。疏未下，泽清复草一疏，署杰、良佐及黄得功名上之，言："宗周劝上亲征，谋危君父，欲安置陛下于烽火凶危之地。盖非宗周一人之谋，姜曰广、吴甡合谋也。曰广心雄胆大，翊戴非其本怀，故阴结死党，翦除诸忠，然后追劫乘舆迁之别郡。如甡、宗周入都，臣等即渡江赴阙，面讦诸奸，正《春秋》讨贼之义。"疏入，举朝大骇，传谕和衷集事。宗周不得已，以七月十八日入朝。初，泽清疏出，遣人录示杰。杰曰："我辈武人，乃预朝事耶？"得功疏辨："臣不预闻。"士英寝不奏。可法不平，遣使遍诘诸镇，咸云不知，遂据以入告，泽清辈由是气沮。

　　士英既嫉宗周，益欲去之，而荐阮大铖知兵。有诏，冠带陛见。未几，中旨特授兵部添注右侍郎。宗周曰："大铖进退，系江左兴亡，老臣不敢不一争之。不听，则亦将归尔。"疏入，不听，宗周遂告归，诏许乘传。将行，疏陈五事：

　　一曰修圣政，毋以近娱忽远猷。国家不幸，遭此大变，今纷纷制作，似不复有中原志者。土木崇矣，珍奇集矣，俳优杂剧陈矣；内竖充廷，金吾满座，戚畹骈阗矣；谗夫昌，言路扼，官常乱矣。所谓狃近娱而忽远图也。

　　一曰振王纲，无以主恩伤臣纪。自陛下即位，中外臣工不曰从龙，则曰佐命。一推恩近侍，则左右因而秉权；再推恩大臣，则阁部可以兼柄；三推恩勋旧，则陈乞至今未已；四推恩武弁，则疆场视同儿戏。表里呼应，动有藐视朝廷之心；彼此雄长，即为犯上无等之习。礼乐征伐，渐不出自天子，所谓亵主恩而伤臣纪也。

　　一曰明国是，无以邪锋危正气。朋党之说，小人以加君子，酿国家空虚之祸，先帝末造可鉴也。今更为一二元恶称冤，至诸君子后先死于党，死于徇国者，若有余戮。揆厥所由，止以一人进用，动引三朝故事，排抑旧人。私交重，君父轻，身自树党，而坐他人以党，所谓长邪锋而危正气也。

　　一曰端治术，无以刑名先教化。先帝颇尚刑名，而杀机先动于温体仁。杀运日开，怨毒满天下。近如贪吏之诛，不经提问，遽科罪名；未科罪名，先追赃罚。假令有禹好善之巡方，借成德以媚权相，又孰辨之？又职方戎政之奸弊，道路啧有烦言，虽卫臣有不敢问者，则厂卫之设何为？徒令人主亏至德，伤治体，所谓急刑名而忘教化也。

　　一曰固邦本，毋以外衅酿内忧。前者淮、扬告变，未几而高、黄二镇治兵相攻。四镇额兵各三万，不以杀敌而自相屠毒，又日烦朝廷讲和，何为者！夫以十二万不杀敌之兵，索十二万不杀敌之饷，必穷之术耳。不稍裁抑，惟加派横征。蓄一二苍鹰乳虎之有司，以天下徇之已矣，所谓积外衅而酿内忧也。

优诏报闻。

明年五月，南都亡。六月，潞王降，杭州亦失守。宗周方食，推案恸哭，自是遂不食。移居郭外，有劝以文、谢故事者。宗周曰："北都之变,可以死,可以无死,以身在田里,尚有望于中兴也。南都之变,主上自弃其社稷,尚曰可以死,可以无死,以俟继起有人也。今吾越又降矣,老臣不死,尚何待乎?若曰身不在位,不当与城为存亡,独不当与土为存亡乎?此江万里所以死也。”出辞祖墓,舟过西洋港,跃入水中。水浅不得死,舟人扶出之。绝食二十三日,始犹进茗饮,后勺水不下者十三日,与门人问答如平时。闰六月八日卒,年六十有八。其门人徇义者有祝渊、王毓蓍。

渊,字开美,海宁人。崇祯六年举于乡。自以年少学未充,栖峰巅僧舍,读书三年,山僧罕见其面。十五年冬,会试入都,适宗周廷净姜埰、熊开元削籍。渊抗疏曰:“宗周戆直性成,忠孝天授。受任以来,蔬食不饱,终宵不寝,图报国恩。今四方多难,贪墨成风,求一清刚臣以司风纪,孰与宗周。宗周以迂懑斥,继之者必澴涩;宗周以偏执斥,继之者必便捷。澴涩便捷之夫进,必且营私纳贿,颠倒贞邪。乞收还成命,复其故官,天下幸甚。”帝得疏不怿,停渊会试,下礼官议。渊故不识宗周,既得命往谒。宗周曰:“子为此举,无所为而为之乎,抑动于名心而为之也?”渊爽然避席曰:“先生名满天下,诚耻不得列门墙尔,愿执赞为弟子。”

明年,从宗周山阴。礼官议上,逮下诏狱,诘主使姓名。渊曰:“男儿死即死尔,何听人指使为!”移刑部,进士共疏出渊。未几,都城陷,营死难太常少卿吴麟征丧,归其柩。诣南京刑部,竟前狱,尚书谕止之。上疏请诛奸辅,通政司抑不奏。给事中陈子龙疏荐渊及待诏涂仲吉义士,可为台谏。仲吉者,漳浦人。以诸生走万里上书明黄道周冤,得罪杖谴者也。不许。

宗周罢官家居,渊数往问学。尝有过,入曲室长跪流涕自挝。杭州失守,渊方葬母,趣竣工。既葬,还家设祭,即投缳而卒,年三十五也。逾二日,宗周饿死。

毓蓍,字元趾,会稽人。为诸生,跌宕不羁。已,受业宗周之门,同门生咸非笑之。杭州不守,宗周绝粒未死,毓蓍上书曰:“愿先生早自裁,毋为王炎午所吊。”俄一友来视,毓蓍曰:“子若何?”曰:“有陶渊明故事在。”毓蓍曰：“不然，吾辈声色中人，虑久则难持也。”一日，遍召故交欢饮，伶人奏乐。酒罢，携灯出门，投柳桥下，先宗周一月死。乡人私谥正义先生。

宗周始受业于许孚远。已，入东林书院，与高攀龙辈讲习。冯从吾首善书院之会，宗周亦与焉。越中自王守仁后，一传为王畿，再传为周汝登、陶望龄，三传为陶奭龄，皆杂于禅。奭龄讲学白马山，为因果说，去守仁益远。宗周忧之，筑证人书院，集同志讲肄。且死，语门人曰：“学之要，诚而已，主敬其功也。敬则诚，诚则天。良知之说，鲜有不流于禅者。”宗周在官之日少，其事君，不以而从为敬。入朝，虽处暗室，不敢南向。或讯大狱，会大议，对明旨，必却坐拱立移时。或谢病，徒步家居，布袍粗饭，乐道安贫。闻召就道，尝不能具冠裳。学者称念台先生。子汋，字伯绳。

黄道周，字幼平，漳浦人。天启二年进士。改庶吉士，授编修，为经筵展书官。故事，必膝行前，道周独否，魏忠贤目摄之。未几，内艰归。

崇祯二年起故官，进右中允。三疏救故相钱龙锡，降调，龙锡得减死。五年正月，方候补，遭疾求去。濒行，上疏曰：

臣自幼学《易》，以天道为准。上下载籍二千四百年，考其治乱，百不失一。陛下御极之元年，正当师之上九，其爻云：“大君有命，开国承家，小人勿用”。陛下思贤才不遽得，惩小人不易绝，盖陛下有大君之实，而小人怀干命之心。臣入都以来，所见诸大臣皆无远猷，动寻苛细。治朝宁者以督责为要谈，治边疆者以姑息为上策。序仁义道德，则以为迂昧而不经；奉刀笔簿书，则以为通达而知务。一切磨勘，则葛藤终年；一意不调，而株连四起。陛下欲整顿纪纲，斥攘外患，诸臣用之以滋章法令，摧折缙绅；陛下欲剔弊防奸，惩一警百，诸臣用之以借题修隙，敛怨市权。且外廷诸臣敢诳陛下者，必不在拘挛守文之士，而在权力谬巧之人；内廷诸臣敢诳陛下者，必不在锥刀泉布之微，而在阿柄神丛之大。惟陛下超然省览，旁稽载籍，自古迄今，决无数米量薪，可成远大之猷者；吹毛数睫，可奏三五之治者。彼小人见事，智每短于事前，言每多于事后。不救凌围，而谓凌城必不可筑；不理岛民，而谓岛众必不可用。兵逃于久顿，而谓乱生于无兵；饷糜于漏卮，而谓功销于无饷。乱视荧听，浸淫相欺，驯至极坏，不可复挽，臣窃危之。自二年以来，以察去弊，而弊愈多；以威创顽，而威滋殚。是亦反申、商以归周、孔，捐苛细以崇惇大之时矣。

帝不怿，摘"葛藤"、"株连"数语，令具陈。道周上言曰：

迩年诸臣所目营心计，无一实为朝廷者。其用人行事，不过推求报复而已。自前岁春月以后，盛谈边疆，实非为陛下边疆，乃为逆珰而翻边疆也；去岁春月以后，盛言科场，实非为陛下科场，乃为仇隙而翻科场也。此非所谓"葛藤"、"株连"乎？自古外患未弭，则大臣一心以忧外患；小人未退，则大臣一心以忧小人。今独以遗君父，而大臣自处于催科比较之末。行事而事失，则曰事不可为；用人而人失，则曰人不足用。此臣所谓舛也。三十年来，酿成门户之祸，今又取缙绅稍有器识者，举网投阱，即缓急安得一士之用乎！

凡绝饵而去者，必非鳅鱼；恋栈而来者，必非骏马。以利禄拳士，则所拳者必嗜利之臣；以箠楚驱人，则就驱者必驽骀之骨。今诸臣之才具心术，陛下其知之矣。知其为小人而又以小人矫之，则小人之焰益张；知其为君子而更以小人参之，则君子之功不立。天下总此人才，不在廊庙则在林薮。臣所知识者有马如蛟、毛羽健、任赞化，所闻习者有惠世扬、李邦华，在仕籍者有徐良彦、曾樱、朱大典、陆梦龙、邹嘉生，皆卓荦骏伟，使当一面，必有可观。

语皆刺大学士周延儒、温体仁。帝益不怿，斥为民。

九年，用荐召，复故官。明年闰月，久旱修省，道周上言："近者中外斋宿，为百姓请命，而五日内系两尚书，未闻有人申一疏者。安

望其戡乱除凶,赞平明之治乎。陛下焦劳于上,小民展转于下,而诸
臣括囊其间,稍有人心,宜不至此。"又上疏曰:"陛下宽仁弘宥,有
身任重寄至七八载罔效、拥权自若者。积渐以来,国无是非,朝无枉
直,中外臣工率苟且图事,诚可痛愤。然其视听一系于上。上急催
科,则下急贿赂;上乐镂核,则下乐巉险;上喜告讦,则下喜诬陷。当
此南北交讧,奈何与市井细民,申勃豁之谈,修睚眦之隙乎。"时体
仁方招奸人构东林、复社之狱,故道周及之。

　　旋进右谕德,掌司经局,疏辞。因言己有三罪、四耻、七不如。三
罪、四耻,以自责。七不如者,谓"品行高峻,卓绝伦表,不如刘宗周;
至性奇情,无愧纯孝,不如倪元璐;湛深大虑,远见深计,不如魏呈
润;犯言敢谏,清裁绝俗,不如詹尔选、吴执御;志尚高雅,博学多
通,不如华亭布衣陈继儒、龙溪举人张燮;至圜土累系之臣,朴心纯
行,不如李汝璨、傅朝祐;文章意气,坎坷磊落,不如钱谦益、郑鄤。"
鄤方被杖母大诟,帝得疏骇异,责以颠倒是非。道周疏辩,语复营护
鄤。帝怒,严旨切责。

　　道周以文章风节高天下,严冷方刚,不谐流俗,公卿多畏而忌
之,乃藉不如鄤语为口实。其冬,择东宫讲官。体仁已罢,张至发当
国,摈道周不与。其同官项煜、杨廷麟不平,上疏推让道周。至发言:
"鄤杖母,明旨煌煌,道周自谓不如,安可为元良辅导。"道周遂移疾
乞休,不许。

　　十一年二月,帝御经筵。刑部尚书郑三俊方下吏,讲官黄景昉
救之,帝未许。而帝适追论旧讲官姚希孟尝请漕储全折以为非。道
周听未审,谓帝将宽三俊念希孟也,因言:"故辅臣文震孟一生蹇
直,未蒙帷盖恩。天下士,生如三俊,殁如震孟、希孟,求其影似,未
可多得。"帝以所对失实,责令回奏。再奏再诘,至三奏乃已。凡道
周所建白,未尝得一俞旨,道周顾言不已。

　　六月,廷推阁臣。道周已充日讲官,迁少詹事,得与名。帝不用,
用杨嗣昌等五人。道周乃草三疏,一劾嗣昌,一劾陈新甲,一劾辽抚
方一藻,同日上之。其劾嗣昌,谓:

天下无无父之子,亦无不臣之子。卫开方不省其亲,管仲至比之猳狗。李定不丧继母,宋世共指为人枭。今遂有不持两服,坐司马堂如杨嗣昌者。宣大督臣卢象升以父殡在途,捶心饮血,请就近推补,乃忽有并推在籍守制之旨。夫守制者可推,则闻丧者可不去;闻丧者可不去,则为子者可不父,为臣者可不子。即使人才甚乏,奈何使不忠不孝者连苞引蘖,种其不祥以秽天下乎?嗣昌在事二年,张网溢地之谈,款市乐天之说,才智亦可睹矣,更起一不祥之人,与之表里。陛下孝治天下,缙绅家庭小小勃豀,犹以法治之,而冒丧斁伦,独谓无禁,臣窃以为不可也。

其论新甲,言其:

守制不终,走邪径,托捷足。天下即甚无才,未宜假借及此。古有忠臣孝子无济于艰难者,决未有不忠不孝而可进乎功名道德之门者也。臣二十躬耕,手足胼胝,以养二人。四十余削籍,徒步荷担二千里,不解扉屦。今虽逾五十,非有妻子之奉,婢仆之累。天下即无人,臣愿解清华,出管锁钥,何必使被棘负涂者,袚不祥以玷王化哉!

其论一藻,则力诋和议之非。帝疑道周以不用怨望,而"缙绅"、"勃豀"语,欲为郑鄤脱罪,下吏部行谴。嗣昌因上言:"鄤杖母,禽兽不如。今道周又不如鄤,且其意徒欲庇凶徒,饰前言之谬,立心可知。"因自乞罢免,帝优旨慰之。

七月五日,召内阁及诸大臣于平台,并及道周。帝与诸臣语所司事,久之,问道周曰:"凡无所为而为者,谓之天理;有所为而为者,谓之人欲。尔三疏适当廷推不用时,果无所为乎?"道周对曰:"臣三疏皆为国家纲常,自信无所为。"帝曰:"先时何不言?"对曰:"先时犹可不言,至简用后不言,更无当言之日。"帝曰:"清固美德,但不可傲物遂非。且惟伯夷为圣之清,若小廉曲谨,是廉,非清也。"时道周所对不合指,帝屡驳,道周复进曰:"惟孝弟之人始能经纶天下,发育万物。不孝不弟者,根本既无,安有枝叶。"嗣昌出奏曰:"臣不生空桑，岂不知父母。顾念君为臣纲，父为子纲，君臣固在父子前。况古为列国之君臣，可去此适彼；今则一统之君臣，无所逃于天地之间。且仁不遗亲，义不后君，难以偏重。臣四疏力辞，意词臣中有如刘定之、罗伦者，抗疏为臣代请，得遂臣志。及抵都门，闻道周人品学术，为人宗师，乃不如郑鄤。"帝曰："然，朕正拟问之。"乃问道周曰："古人心无所为，今则各有所主，故孟子欲正人心，息邪说。古之邪说，别为一教，今则直附于圣贤经传中，系世道人心更大。且尔言不如郑鄤，何也？"对曰："匡章见弃通国，孟子不失礼貌，臣言文章不如鄤。"帝曰："章子不得于父，岂鄤杖母者比。尔言不如，岂非朋比？"道周曰："众恶必察。"帝曰："陈新甲何以走邪径，托捷足？且尔言软美容悦，叩首折枝者谁耶？"道周不能对，但曰："人心邪则行径皆邪。"帝曰："丧固由礼，岂遭凶者即凶人，尽不祥之人？"道周曰："古三年丧，君命不过其门。自谓凶与不祥，故军礼凿凶门而出。夺情在疆外则可，朝中则不可。"帝曰："人既可用，何分内外？"道周曰："我朝自罗伦论夺情，前后五十余人，多在边疆。故嗣昌在边疆则可，在中枢则不可；在中枢犹可，在政府则不可。止嗣昌一人犹可，又呼朋引类，竟成一夺情世界，益不可。"帝又诘问久之。帝曰："少正卯当时亦称闻人。心逆而险，行僻而坚，言伪而辨，顺非而泽，记丑而博，不免圣人之诛。今人多类此。"道周曰："少正卯心术不正，臣心正，无一毫私。"帝怒。有间，命出候旨。道周曰："臣今日不尽言，臣负陛下，陛下今日杀臣，陛下负臣。"帝曰："尔一生学问，止成佞耳。"叱之退，道周叩首起，复跪奏："臣敢将忠佞二字剖析言之。夫人在君父前，独立敢言为佞，岂在君父前谗谄面谀为忠耶？忠佞不别，邪正淆矣，何以致治？"帝曰："固也，非朕漫加尔以佞。但所问在此，所答在彼，非佞而何？"再叱之退。顾嗣昌曰："甚矣，人心偷薄也。道周恣肆如此，其能无正乎？"乃召文武诸臣，咸聆戒谕而退。

　　是时，帝忧兵事，谓可属大事者惟嗣昌，破格用之。道周守经，失帝意。及奏对，又不逊。帝怒甚，欲加以重罪，惮其名高，未敢决。会刘同升、赵士春亦劾嗣昌，将予重谴，而部拟道周谴顾轻。嗣昌惧道周轻，则论己者将无已时也，亟购人劾道周者。有刑部主事张若麒谋改兵部，遂阿嗣昌意，上疏曰："臣闻人主之尊，尊无二上；人臣无将，将而必诛。今黄道周及其徒党造作语言，亏损圣德。举古今未有之妷语尽出道周，无不可归过于君父。不颁示前日召对始末，背公死党之徒，鼓煽以惑四方，私记以疑后世，拚圣天子正人心息邪说至意，大不便。"帝即传谕廷臣，毋为道周劫持相朋党，凡数百言。贬道周六秩，为江西按察司照磨，而若麒果得兵部。

久之，江西巡抚解学龙荐所部官，推奖道周备至。故事，但下所司，帝亦不覆阅。而大学士魏照乘恶道周甚，则拟旨责学龙滥荐。帝遂发怒，立削二人籍，逮下刑部狱，责以党邪乱政，并杖八十，究党与。词连编修黄文焕、吏部主事陈天定、工部司务董养河、中书舍人文震亨，并系狱。户部主事叶廷秀、监生涂仲吉救之，亦系狱。尚书李觉斯谳轻，严旨切责，再拟谪戍烟瘴，帝犹以为失出，除觉斯名，移狱镇抚司掠治，乃还刑部狱。逾年，尚书刘泽深等言："二人罪至永戍止矣，过此惟论死。论死非封疆则贪酷，未有以建言者。道周无封疆贪酷之罪，而有建言蒙戮之名，于道周得矣，非我圣主覆载之量也。陛下所疑者党耳。党者，见诸行事。道周抗疏，只托空言，一二知交相从罢斥，乌睹所谓党，而烦朝廷大法乎。且陛下岂有积恨道周，万一圣意转圜，而臣已论定，悔之何及。"仍以原拟请，乃永戍广西。

十五年八月，道周戍已经年。一日，帝召五辅臣入文华后殿，手一编从容问曰："张溥、张采何如人也？"皆对曰："读书好学人也。"帝曰："张溥已死，张采小臣，科道官何亟称之？"对曰："其胸中自有书，科道官以其用未竟而惜之。"帝曰："亦不免偏。"时延儒自以嗣昌既已前死矣，而己方再入相，欲参用公议，为道周地也，即对曰："张溥、黄道周皆未免偏，徒以其善学，故人人惜之。"帝默然。德璟曰："道周前日蒙戍，上恩宽大，独其家贫子幼，其实可悯。"帝微笑。演曰："其事亲亦极孝。"璟曰："道周学无不通，且极清苦。"帝不答，但微笑而已。明日传旨复故官。道周在途疏谢，称学龙、廷秀贤。既还，帝召见道周，道周见帝而泣："臣不自意今复得见陛下，臣故有犬马之疾。"请假，许之。

居久之，福王监国，用道周吏部左侍郎。道周不欲出，马士英讽之曰："人望在公，公不起，欲从史可法拥立潞王耶？"乃不得已趋朝。陈进取九策，拜礼部尚书，协理詹事府事。而朝政日非，大臣相继去国，识者知其将亡矣。明年三月，遣祭告禹陵，濒行，陈进取策，时不能用。甫竣事，南都亡，见唐王聿键于衢州，奉表劝进。王以道周为武英殿大学士。道周学行高，王敬礼之特甚，赐宴。郑芝龙爵通侯，位道周上，众议抑芝龙，文武由是不和。一诸生上书诋道周迂，不可居相位。王知出芝龙意，下督学御史挞之。

当是时，国势衰，政归郑氏，大帅恃恩观望，不肯一出关募兵。道周请自往江西图恢复。以七月启行，所至远近响应，得义旅九千余人，由广信出衢州。十二月进至婺源，遇大清兵。战败，被执至江宁，幽别室中，囚服著书。临刑，过东华门，坐不起，曰："此与高皇帝陵寝近，可死矣。"监刑者从之。幕下士中书赖雍、蔡绍谨，兵部主事赵士超等皆死。

道周学贯古今，所至学者云集。铜山在孤岛中，有石室，道周自幼坐卧其中，故学者称为石斋先生。精天文历数皇极诸书。所著《易象正》、《三易洞玑》及《太函经》，学者穷年不能通其说，而道周用以推验治乱。殁后，家人得其小册，自谓终于丙戌，年六十二，始信其能知来也。

叶廷秀，濮州人。天启五年进士。历知南乐、衡水、获鹿三县，入为顺天府推官。英国公张惟贤与民争田，廷秀断归之民。惟贤属御史袁弘勋驳勘，执如初。惟贤诉诸朝。帝卒用廷秀奏，还田于民。

崇祯中，迁南京户部主事，遭内外艰。服阕，入都，未补官，疏陈吏治之弊，言："催科一事，正供外有杂派，新增外有暗加，额办外有贴助。小民破产倾家，安得不为盗贼。夫欲救州县之弊，当自监司郡守始。不澄其源，流安能洁。乃保举之令行已数年，而称职者希觏,是连坐法不可不严也。"帝纳之,授户部主事。帝以傅永淳为吏部尚书。廷秀言永淳庸才,不当任统均。甫四月,永淳果败。道周逮下狱,廷秀抗疏救之。帝怒,杖百,系诏狱。明年冬,遣戍福建。

廷秀受业刘宗周门,造诣渊邃。宗周门人以廷秀为首。与道周未相识,冒死论救,获重罪,处之恬然。及道周释还,给事中左懋第、御史李悦心复相继论荐,执政亦称其贤,道周在途又为请。帝令所司核议,已而执政复荐。十六年冬,特旨起故官。会都城陷,未赴。福王时,兵部侍郎解学龙荐道周,并及廷秀,命以佥都御史用。及还朝,马士英恶之,抑授光禄少卿。南都覆,唐王召拜左佥都御史,进兵部右侍郎。事败,为僧以终。

赞曰:刘宗周、黄道周所指陈,深中时弊。其论才守,别忠佞,足为万世龟鉴。而听者迂而远之,则救时济变之说惑之也。传曰"虽危起居,竟信其志,犹将不忘百姓之病也",二臣有焉。杀身成仁,不违其素,所守岂不卓哉!

明史卷二五六
列传第一四四

崔景荣　黄克缵　毕自严
李长庚 王志道　刘之凤

崔景荣,字自强,长垣人。万历十一年进士。授平阳府推官。擢御史,劾东厂太监张鲸罪。巡按甘肃、湖广、河南,最后按四川,积台资十八年。

播州乱,景荣监大帅刘綎、吴广辈军。綎驰金帛至景荣家,为其父寿,景荣上疏劾之。播州平,或请以播北畀安氏,景荣不可。会总督李化龙忧去,景荣为请蠲蜀一岁租,恤上东五路,罢矿使。化龙疏叙监军功,弗及景荣。已,晋太仆少卿。

三年满,擢右佥都御史,巡抚宁夏。银定素骄,岁入掠,景荣亲督战破之,因议革导贼诸部赏。诸部惧,请与银定绝。银定既失导,亦叩关求市。宁夏岁市费不赀,景荣议省之。在任三年,仅一市而已。其后延镇吉能等挟款求补市,卒勿许,岁省金钱十余万。

四十一年,入为兵部右侍郎,总京营戎政。改吏部。以疾辞去。逾年,起宣府、大同总督。召还,晋兵部尚书。会辽、沈失,熊廷弼、王化贞议不协,命廷臣议经、抚去留。景荣数为言官所论。御史方震孺请罢景荣,以孙承宗代之。遂引疾归。

天启四年十一月,特起为吏部尚书。当是时,魏忠贤盗国柄,群小更相倚附,逐尚书赵南星。即家起景荣,欲倚为助。比至,忠贤饰大宅以待,景荣不赴。锦衣帅田尔耕来谒,又辞不见。帝幸太学,忠贤欲先一日听祭酒讲,议裁诸听讲大臣赐坐赐茶礼,又议减考选员额,汰京堂添注官。景荣皆力持不行,浸忤忠贤指。又移书魏广微,劝其申救杨涟、左光斗。广微不得已,为具揭。寻以景荣书为征,曰:"景荣教我也。"于是御史倪文焕、门克新先后劾景荣,阴护东林,媚奸邪而邀后福。得旨,削夺为民。崇祯改元,复原职。四年卒,赠少保。

黄克缵,字绍夫,晋江人。万历八年进士。除寿州知州,入为刑部员外郎。累官山东左布政使,就迁右副都御史,巡抚其地。请停矿税,论劾税使陈增、马堂,他惠政甚著。屡以平盗功,加至兵部尚书。四十年诏以故官参赞南京机务,为御史李若星、魏云中所劾,还家候命。居三年,始履任。四十四年冬,隆德殿灾,上疏陈时政,语极痛切。不报。

召理京营戎政,改刑部尚书,预受两朝顾命。李选侍将移宫,其内侍王永福、姚进忠等八人坐盗乾清宫珠宝,下吏。克缵拟二人辟,余俱末减。帝不从,命辟六人,余遣戍。克缵言:"姜昇、郑稳山、刘尚理不持一物,刘逊拾地上珠,还之选侍,而与永福、进忠同戮,轻重失伦。况选侍箧中物,安知非先朝所赐。"当是时,诸珰罪重,谋脱无自,惟请帝厚待选侍,则狱情自缓。于是流言四布,谓帝薄待先朝妃嫔,而克缵首入其言。帝不悦,责克缵偏听,命如前旨。已,杨涟陈移宫始末。帝即宣谕廷臣,备述选侍凌虐圣母状。且曰:"大小臣工,惟私李党,责备朕躬。"克缵皇恐上言:"礼,父母并尊。事有出于念母之诚,迹或涉于彰父之过。必委曲周全,浑然无迹,斯为大孝。若谓党庇李氏,责备圣躬,臣万死不敢出。"御史焦源溥力驳其持论之谬。末言:"群竖持赀百万,借安选侍为名,妄希脱罪,克缵堕其术而不觉。"克缵奏辨,因乞罢。略言:"源溥谓在神宗时为元子者为忠,为福藩者非是。臣敢广之曰:神宗既保护先帝,授以大位,则为神考而全其贵妃,富贵其爱子者,尤忠之大也。又谓在先帝时为二后者为忠,为选侍者非忠。臣亦广之曰:圣母既正名定位,则光昭刑于之令德，勿虚传宫帏之忿争，尤忠之大也。若如源溥言，必先帝不得正其始，圣母不得正其终，方可议斯狱耳。"疏入，帝怒甚，责以轻肆无忌，不谙忠孝。克缵皇恐引罪，大学士刘一燝等亦代为言，乃已。无何，给事中董承业、孙杰、毛士龙，御史潘云翼、杨新期，南京御史王允成并劾克缵是非舛谬。克缵不服，言曩不举李三才，故为诸人所恶。源溥复劾克缵借三才以倾言官。克缵奏辨，再乞休，帝不问。

天启元年冬，加太子太保。寻复以兵部尚书协理戎政。廷臣议"红丸"，克缵述进药始末，力为方从哲辨。给事中薛文周诋其灭伦常，昵私交，昧大义。克缵愤，援《春秋》不书隐公、闵公之弑，力诋文周，且白选侍无殴圣母事。给事中沈惟炳助文周复劾克缵。先是，帝宣谕百官，明言选侍殴崩圣母。及惟炳疏上，得旨："选侍向有触忤。朕一时传谕，不无过激。追念皇考，岂能恝然。"于是外议纷纭，咸言前此上谕，悉出王安矫托。而诸请安选侍者，益得藉为词。盖是时王安已死，魏忠贤方窃柄，故前后谕旨牴牾如此。

克缵历官中外，清强有执。持议与争"三案"者异，攻击纷起。自是群小排东林，创《要典》，率推克缵为首功。时东林方盛，克缵移疾。诏加太子太傅，乘传归。四年十二月，魏忠贤尽逐东林，召克缵为工部尚书。视事数月，复移疾归。三殿成，加太子太师。崇祯元年，起南京吏部尚书。有劾之者，不就，卒于家。

毕自严，字景曾，淄川人。万历二十年进士。除松江推官。年少有才干，征授刑部主事。历工部员外郎中，迁淮徐道参议。内艰阕，分守冀宁。改河东副使，引疾去。起洮岷兵备参政。以按察使徙治榆林西路，进右布政使。泰昌时，召为太仆卿。

天启元年四月，辽阳覆。廷议设天津巡抚。专饬海防，改自严右佥都御史以往。置水军，缮战舰，备戎器。及熊廷弼建三方布置策，天津居其一，增设镇海诸营。用戚继光遗法，水军先习陆战，军由是可用。魏忠贤令锦衣千户刘侨逮天津废将，自严以无驾帖疏论之，报闻。四方所募兵日逃亡，用自严言，摄其亲属补伍。兵部主事来斯行有武略，自严请为监军。山东白莲妖贼起，令斯行率五千人往，功多。

初，万历四十六年，辽左用兵，议行登、莱海运。明年二月，特设户部侍郎一人，兼右佥都御史，出督辽饷，语详《李长庚传》。及是长庚迁，乃命自严代。叙前平贼功，进右都御史兼户部左侍郎。时议省天津巡抚，令督饷侍郎兼领其事，即以委自严。又议讨朝鲜。自严言不可遽讨，当俟请贡输诚，东征效力。徐许其封耳。京师数地震，因言内批宜慎，恩泽宜节，人才宜惜，内操宜罢。语甚切直。自严在事数年，综核撙节，公私赖之。

五年，以右都御史掌南京都察院。明年正月，就改户部尚书。忠贤议鬻南太仆牧马草场，助殿工。自严持不可，遂引疾归。

崇祯元年，召拜户部尚书。自严以度支大绌，请核逋赋，督屯田，严考成，汰冗卒，停蓟、密、昌、永四镇新增盐菜银二十二万。俱报可。二年三月疏言："诸边年例，自辽饷外，为银三百二十七万八千有奇。今蓟、密诸镇节省三十三万，尚应二百九十四万八千。统计京边岁入之数，田赋百六十九万二千，盐课百一十万三千，关税十六万一千，杂税十万三千，事例约二十万，凡三百二十六万五千有奇。而逋负相沿，所入不满二百万，即尽充边饷，尚无赢余。乃京支杂项八十四万，辽东提塘三十余万，蓟辽抚赏十四万，辽东旧饷改新饷二十万，出浮于入，已一百十三万六千。况内供召买，宣、大抚赏，及一切不时之需，又有出常额外者。乞敕下廷臣，各陈所见。"于是，廷臣争效计画。自严择其可者，先列上十二事，曰：增盐引，议鼓铸，括杂税，核隐田，税寺产，核牙行，停修仓廒，止葺公署，南马协济，崇文铺税，京运拨兑，板木折价。已，复列上十二事，曰：增关税，捐公费，鬻生祠，酌市税，汰冗役，核虚冒，加抵赎，班军折银，吏胥纳班，河滨滩荡，京东水田，殿工冠带。帝悉允行。

诏辑《赋役全书》。自严曰："全书之作，自行一条鞭始，距今已四十五年。有一事而此多彼少者，其弊为混派。有司听奸吏暗洒瓜分，其弊为花派。当大为申饬。"因条八式以献。帝即命颁之天下。

给事中汪始亨极论盗屯损饷之弊。自严曰："相沿已久，难于核实，请无论军种民种，一照民田起科。"帝是其议。先是，忠贤乱政，边饷多缺，自严给发如期。又疏言："最耗财者，无如客饷。诸镇年例合三百二十七万，而客饷居三之一，宜大裁省。其次则有抚赏、召买、修筑诸费，皆不可不节。"帝褒纳之。

其冬，京师被兵，帝忧劳国事，旨中夜数发。自严奏答无滞。不敢安寝，头目臃肿，事幸无乏。明年夏，以六罪自劾，乞罢，优旨慰留。先以考满加太子少保，叙遵、永克复功，再进太子太保。

兵部尚书梁廷栋请增天下田赋。自严不能止。于是，旧增五百二十万之外，更增百六十五万有奇，天下益耗矣。已，陈时务十事，意主利民，帝悉采纳。又以兵饷日增，屡请清核，而兵部及督抚率为寝阁。复乞汰内地无用之兵，帝即令严饬，然不能尽行也。

御史余应桂劾自严殿试读卷，首荐陈于泰，乃辅臣周延儒姻娅。自严引疾乞休，疏四上，不允。时有诏，县令将行取者，户部先核其钱谷。华亭知县郑友元已入为御史，先任青浦，逋金花银二千九百。帝以诘户部，自严言友元已输十之七贮太仓。帝令主库者核实，无有，帝怒责自严。自严饰词辨，帝益怒，遂下自严狱，遣使逮友元。御史李若谠疏救，不纳。逾月，给事中吴甘来复抗疏论救，帝乃释之。八年五月叙四川平贼功，复官，致仕。又三年卒，赐恤如制。

李长庚，字酉卿，麻城人。万历二十三年进士。授户部主事。历江西左、右布政使，所在励清操。入为顺天府尹。改右副都御史，巡抚山东。尽心荒政，民赖以苏。盗蔓武定诸州县，讨擒其渠魁。

四十六年，辽东用兵，议行登、莱海运。长庚初言不便，后言："自登州望铁山西北口，至羊头凹，历中岛、长行岛抵北信口，又历兔儿岛至深井，达盖州，剥运一百二十里，抵娘娘宫，陆行至广宁一百八十里，至辽阳一百六十里，每石费一金。"部议以为便，遂行之。

明年二月，特设户部侍郎一人兼右佥都御史，出督辽饷，驻天津，即以长庚为之。奏行造淮船，通津路，议牛车，酌海道，截帮运，议钱法，设按臣，开事例，严海防九事。时议岁运米百八十万石，豆九十万石，草二千一百六十万束，银三百二十四万两。长庚请留金花，行改折，借税课，言："臣考会计录，每岁本色折色通计千四百六十一万有奇。入内府者六百余万，入太仓者，自本色外，折色四百余万。内府六百万，自金花籽粒外，皆丝绵布帛蜡茶颜料之类，岁久皆朽败。若改折一年，无损于上，有益于下。他若陕西羊绒，江、浙织造，亦当稍停一年，济军国急。"帝不悦，言："金花籽粒本祖宗旧制，内供正额及军官月俸，所费不赀，安得借留？其以今年天津、通州、江西、四川、广西上供税银，尽充军费。"

于是，户科给事中官应震上言："考《会典》于内库则云，金花银，国初解南京供武俸，诸边或有急，亦取给其中。"正统元年，始自南京改解内库。嗣后除武官俸外，皆为御用。是金花银国初常以济边，而正统后方供御用也。《会典》于太仓库则云，嘉靖二十二年题准诸处京运钱粮，不拘金花籽粒，应解内府者悉解贮太仓库，备各边应用。是世宗朝金花尽充兵饷，不知陛下初年何故敛之于内也。今不考各边取给应用之例，而反云正供旧额，何相左若是。至武官月俸，岁不过十余万，乃云所费不赀哉。且原数一百万，陛下始增二十万，年深日久，颠末都忘。以臣计之，毋论今年当借，即嗣后年年借用可也。毋论未来者当济边，即见在内帑者尽还太仓可也。若夫物料改折，隆庆元年曾行之以解部济边，六年又行于南京监局，亦以济边。此则祖宗旧制，陛下独不闻耶？"帝卒不听。

时诸事创始，百务丛集。长庚悉办治。天启二年迁南京刑部尚书，就移户部。明年召拜户部尚书，未任，以忧归。

崇祯元年，起工部尚书，复以忧去。久之，代闵洪学为吏部尚书。六年正月，修撰陈于泰疏陈时弊。宣府监视中官王坤力诋之，侵及首辅周延儒。长庚率同列上言："陛下博览古今，曾见有内臣参论辅臣者否？自今以后，廷臣拱手屏息，岂盛朝所宜有。臣等溺职，祈立赐谴黜，终不忍开内臣轻议朝政之端，流祸无穷，为万世口实。"帝不怿。次日召对平台。时副都御史王志道劾坤语尤切,帝责令回奏。奏上,帝益怒。及面对,诘责者久之,竟削其籍。

志道,漳浦人。天启时为给事中。议"三案"为高攀龙所驳,谢病归。其后附魏忠贤,历擢左通政,论者薄之。及是,以忤中官罢。

长庚不植党援,与温体仁不甚合。推郎中王茂学为真定知府,帝不允。复推为顺德知府,帝怒,责以欺蒙,并追咎冠带监生授职事,责令回奏。奏上,斥为民。家居十年,国变。久之卒。

刘之凤,字洛鸣,中牟人。万历四十四年进士。历南京御史。天启三年六月,上疏别白孙承宗、王象乾、阎鸣泰本末,请定去留,而撤毛文龙海外军,令居关内。又请亟罢内操,忤魏忠贤。传旨切责,复宣谕廷臣,再渎奏者罪无赦。六年,之凤方视江防,期满奏报。忠贤夺其职。

崇祯二年,起故官。帝召周延儒燕见,宵分始出。之凤偕同官上疏曰:"臣等待罪陪京,去延儒原籍三百里,其立身居乡,不堪置齿颊。今乃特蒙眷注,必将曰举朝尽欺,独延儒一人捐躯为国,使陛下真若廷臣无可信,而延儒乃得藉所忌。树所私,日为冯铨、霍维华等报怨。此一召也,于国事无纤毫益,而于圣德有邱山之损。"忤旨,诘责。已复列上五事,曰:举谋勇,止援兵,练土著,密侦探,选守令,俱见采纳。

累迁刑部侍郎,遂代郑三俊为本部尚书。之凤以天下囚徒皆五年一审录,高墙罪独不与,上疏言之,报可。尝与左侍郎王命璿召对平台,论律例及狱情,帝申饬而退。时有火星之变,之凤特请修刑,言:"自今狱情大者,一月奏断,小者半月。赃重人犯,结案在数年前者,大抵本犯无髓可敲,戚属亦无脂可吸。祈悉宥免,全好生之仁。"从之。然之凤虽为此奏,其后每上狱词,帝必严驳,之凤惧甚。诸司呈稿,迟疑不敢遽发。屡疏谢病,帝不从。会尚书范景文劾南京给事中荆可栋贪墨,下部讯,之凤予轻比。帝疑其受贿,下之吏,法司希旨坐绞。给事中李清言于律未合,同官葛枢复论救。帝怒,镌枢级，调外。十三年四月，之凤狱中上书自白无赃贿，情可矜原。亦置不省。竟瘐死。

计崇祯朝刑部易尚书十七人。薛贞以奄党抵死。苏茂相半岁而罢。王在晋未任，改兵部。乔允升坐逸囚遣戍。韩继思坐议狱除名。胡应台独得善去。冯英被劾遣戍。郑三俊坐议狱逮系。之凤论绞瘐死狱中。甄淑坐纳贿下诏狱，改系刑部，瘐死。李觉斯坐议狱削籍。刘泽深卒于位。郑三俊再为尚书，改吏部。范景文未任，改工部。徐石麒坐议狱，落职闲住。胡应台再召不赴。继其后者张忻，贼陷京师，与子庶吉士端并降。

赞曰：崔景荣、黄克缵皆不为东林所与，然特不附东林耳。方东林势盛，罗天下清流。士有落然自异者，诟谇随之矣。攻东林者，幸其近己也，而援以为重。于是中立者类不免蒙小人之玷。核人品者，乃专以与东林厚薄为轻重，岂笃论哉。毕自严、李长庚计臣中办治才，而自严增赋之议，识者病焉。刘之凤议狱不当，罪止谪罢，竟予重比。刑罚不中，欲求治得乎！

明史卷二五七
列传第一四五

张鹤鸣 弟鹤腾　　董汉儒 汪泗论
赵彦　王洽 王在晋 高第　梁廷栋
熊明遇　张凤翼　陈新甲
冯元飙 兄元飏

　　张鹤鸣,字元平,颍州人。中万历十四年会试,父病,驰归。越六年,始成进士。除历城知县,移南京兵部主事。累官陕西右参政,分巡临、巩。以才略闻。

　　再迁右佥都御史,巡抚贵州。自杨应龙平后,销兵太多,苗仲所在为寇。鹤鸣言:"仲贼乃粤西猺种,流入黔中。自贵阳抵滇,人以三万计,砦以千四百七十计,分即为民,合即为盗。又有红苗,环铜仁、石阡、思州、思南四郡,数几十万,而镇远、清平间,大江、小江、九股诸种,皆应龙遗孽,众万余。臣部卒止万三千,何以御贼?"因列上增兵增饷九议。合诸土兵剿洪边十二马头,大破红苗。追剿猱坪。贼首老蜡鸡据峰巅仰天窝,窝有九井,地平衍,容数千人,下通三道,各列三关。老蜡鸡僭王号。鹤鸣夺其关,老蜡鸡授首,抚降余众而还。寻发兵击平定、广、威平、安笼诸贼,威名甚著。迁兵部右侍郎,总督陕西三边军务。未上,转左侍郎,佐理部事。时兵事亟,兵部增设二侍郎,而鹤鸣与祁伯裕、王在晋并卧家园不赴。

　　至天启元年，辽阳破，兵事益亟。右侍郎张经世督援师出关，部中遂无侍郎。言官请趣鹤鸣等，章数十上，帝乃克期令兵部马上督催，鹤鸣等始履任。至则论平苗功，进本部尚书，视侍郎事。尚书王象乾出督蓟、辽军务，鹤鸣遂代其位。给事中韦蕃请留象乾，出鹤鸣督师。忤旨，谪外。时熊廷弼经略辽东，性刚负气，好谩骂，凌轹朝士，鹤鸣与相失，事多龃龉，独喜巡抚王化贞。化贞本庸才，好大言。鹤鸣主之，所奏请无不从，令无受廷弼节度。中外皆知经、抚不和，必误封疆。而鹤鸣化贞愈笃，卒致疆事大坏。

　　二年正月，廷议经、抚去留，给事中惠世扬、周朝瑞议以鹤鸣代廷弼，其他多言经、抚宜并任，鹤鸣独毅然主撤廷弼，专任化贞。议甫上，化贞已弃广宁遁。鹤鸣内惭，且惧罪，乃自请行边。诏加太子太保，赐蟒玉及尚方剑。鹤鸣惮行，逗留十七日，始抵山海关。至则无所筹画，日下令捕间谍，厚啖蒙古炒花、宰赛诸部而已。

　　初广宁败书闻，廷臣集议兵事。鹤鸣盛气詈廷弼自解。给事中刘弘化首论之，坐夺俸。御史江秉谦、何荐可继劾，并贬官。廷臣益愤御史谢文锦，给事中惠世扬、周朝瑞、萧良佐、侯震旸、熊德阳等交章极论，请用世宗戮丁汝夔、神宗逮石星故事，与化贞并按。鹤鸣抵言廷弼偾疆事，由故大学士刘一燝、尚书周嘉谟党庇不令出关所致，因诋言者为一燝鹰犬。且曰："祖宗故事，大司马不以封疆蒙功罪。"于是，朝瑞等复合疏劾之。御史周宗文亦列其八罪。帝不问，鹤鸣迁延数月，谢病归。

　　六年春，魏忠贤势大炽，起鹤鸣南京工部尚书。寻以安邦彦未灭，鹤鸣先有平苗功，改兵部尚书，总督贵州、四川、云南、湖广、广西军务，赐尚方剑。功未就，庄烈帝嗣位。给事中瞿式耜、胡永顺、万鹏以鹤鸣由忠贤进，连章击之。鹤鸣求去，诏加太子太师，乘传归。崇祯八年，流贼陷颍州，执鹤鸣倒悬于树，骂贼死，年八十五。

　　弟鹤腾，字元汉，举万历二十三年进士。历官云南副使。行谊醇笃。誉过其兄。城陷被执，骂不绝口而死。

董汉儒,开州人。万历十七年进士。授河南府推官,入为户部主事。疏陈减织造,裁冒滥诸事。且曰:"迩来九阁三殿间,惟闻纵酒、淫刑、黩货。时事可忧,不止国计日绌已也。"不报。朝鲜再用兵,以郎中出理饷务。

寻迁山东佥事,进副使,历湖广左、右布政使,所在有声。四十年,就拜右副都御史,巡抚其地。帝赐福王庄田,责湖广四千四百余顷。汉儒以无所得田,请岁输万金代租,不听。楚宗五十余人,讦假王事获罪,囚十载,汉儒力言,王,假也,请释系者。又为满朝荐、卞孔时等乞宥。俱不报,忧归。

光宗立,召拜工部右侍郎。旋改兵部,总督宣府、大同、山西军务,天启改元,辽阳失,简精卒二千入卫,诏褒之。明年秋,以左侍郎协理戎政。未上,擢兵部尚书。时辽地尽亡,汉儒请逮治诸降将刘世勋等二十九人家属,立诛逃将蔡汝贤等,报可。毛文龙居海外,屡以虚言诳中朝,登莱巡抚袁可立每代为奏请。汉儒言文龙计画疏,虚声未可长恃。又请诛逃将管大藩、张思任、孟淑孔等,语甚切。帝命逮治思任等,而大藩卒置不问。诸镇援辽军多逃逸,有出塞投插部者。汉儒请捕获立诛,同伍相擒,捕者重赏。且给饷以时,则逃者自少。帝亦嘉纳。

奄人王体乾、宋晋、魏忠贤等十二人有旧劳,命所荫锦衣官皆予世袭。汉儒据祖制力争,帝不从。给事中程注、御史汪泗论等合疏谏,给事中朱大典、周之纲,御史宋师襄、胡良机特疏继之,卒不纳。汉儒旋以母丧归。后忠贤大横,汉儒服阕,遂不召。追叙甘肃功,即家进太子太保,荫子锦衣百户。卒赠少保,谥肃敏。

汪泗论,字自鲁,休宁人。祖坦,嘉靖中进士,历官福建兵备佥事,分守福宁。倭犯同安,坦释重囚七人为军锋,击倭却之。捷闻,赍金币。

泗论中万历三十八年进士。授漳浦知县,调福清,有惠政。清屯田,缮城堡。征擢御史,首请杜内批以严履霜之渐,又请召还科臣杨涟等以作士气。巡按江西,敦重持大体,奸宄肃然。宗人禄不给,疏以桥税赎锾存留接济。历太仆寺少卿。尝识黄道周于诸生中，人服其精鉴。

赵彦，肤施人。万历十一年进士。授行人，屡迁山西左布政使。光宗嗣位，以右佥都御史巡抚山东。辽阳既失，彦请增兵戍诸岛，特设大将登州。登、莱设镇，自此始。天启二年，广宁复失，彦以山东南北咽喉，列上八事，诏多允行。

先是，蓟州人王森得妖狐异香，倡白莲教，自称闻香教主。其徒有大小传头及会主诸号，蔓延畿辅、山东、山西、河南、陕西、四川。森居滦州石佛庄，徒党输金钱称朝贡，飞竹筹报机事，一旦数百里。万历二十三年，有司捕系森，论死，用贿得释。乃入京师，结外戚中官，行教自如。后森徒李国用别立教，用符咒召鬼。两教相仇，事尽露。四十二年，森复为有司所摄。越五岁，毙于狱。其子好贤及钜野徐鸿儒、武邑于弘志辈踵其教，徒党益众。至是，好贤见辽东尽失，四方奸民思逞，与鸿儒等约是年中秋并起兵。会谋泄，鸿儒遂先期反，自号中兴福烈帝，称大成兴胜元年。用红巾为识。五月戊申，陷郓城，俄陷邹、滕、峄，众至数万。

时承平久，郡县无守备，山东故不置重兵。彦任都司杨国栋、廖栋，而檄所部练民兵，增诸要地守卒。请留京操班军及广东援辽军，以备征调。荐起故大同总兵官杨肇基为山东总兵官，讨贼。贼乘肇基未至，袭兖州，为滋阳知县杨炳所却。栋等击败贼，复郓城。其别部犯钜野，知县赵延庆固守不下。国栋兵至，败之，又败其犯兖州者。遂偕栋等合攻邹县。兵溃，游击张榜战死。贼遂围曲阜、郯城。旋败去，遂复峄县。

七月，彦视师兖州。甫出城，遇贼万余，彦缒入城。肇基急迎战，而令国栋及栋夹击，大败之横河。时贼精锐聚邹、滕中道，彦欲攻邹、滕，副使徐从治曰："攻邹、滕难下，不如捣其中坚，两城可图也。"彦乃与肇基令游兵缀贼邹城，而以大军击贼精锐于黄阴、纪王城，大败贼，蹙而殪之峄山，遂围邹。大小数十战，城未下，令天津金事来斯行及国栋等乘间复滕县。国栋又大破贼沙河，乃筑长围以攻邹。鸿儒抗守三月，食尽，贼党尽出降。鸿儒单骑走，被擒。抚其众四万七千余人。彦乃纪绩，告庙献俘，磔鸿儒于市。鸿儒躏山东二十年，徒党不下二百万，至是始伏诛。

于弘志亦于是年六月据武邑白家屯，将取景州应鸿儒。斯行方赴援山东，还军讨之。弘志突围走，为诸生叶廷珍所获，凡举事七日而灭。好贤亦捕得伏诛。

彦已加兵部侍郎，论功，进尚书兼右副都御史，再加太子太保，荫子锦衣世金事，赉银币加等。奏请振济，且捐邹、滕赋三年，郓城、峄、滋阳、曲阜一年，钜野半之，皆报许。

三年八月，召代董汉儒为兵部尚书，极陈边将克饷、役军、虚伍、占马诸弊，因条列综核事宜。帝称善，立下诸边举行。参将王楹行边，为哈刺慎部袭杀，彦请核实论罪，并敕诸边抚赏毋增故额。有传我大清兵欲入喜峰口者，彦忧之，画上八事，帝皆褒纳。杨涟劾魏忠贤二十四罪，彦亦抗疏劾之，自是为忠贤所恶。贵州征苗兵屡败，彦列八策以献，诏颁示军中。

彦有筹略，晓畅兵事。然征妖贼时，诸将多杀良民冒功，而其子官锦衣，颇招摇都市。给事御史交劾之。彦三疏乞罢，忠贤挟前憾，令乘传归，子削籍。初，妖贼兴，辽东经略王在晋遣兵助讨，彦叙功不及在晋，在晋憾之。至是，为南京吏部，数诋彦。给事中袁玉佩遂劾彦冒功滥荫，且言京观不当筑。诏削其世荫，并京观毁之。寻追叙兵部时边功，即家进太子太傅，未几卒。

王洽，字和仲，临邑人。万历三十二年进士。历知东光、任邱。服阕，补长垣。洽仪表颀伟，危坐堂上，吏民望之若神明。其廉能为一方最。

擢吏部稽勋主事，历考功文选郎中。天启初，诸贤汇进，洽有力焉。迁太常少卿。三年冬，以右佥都御史巡抚浙江。洽本赵南星所引，及魏忠贤逐南星，洽乞罢，不许。五年四月，御史李应公希忠贤指劾洽,遂夺职闲住。

崇祯元年,召拜工部右侍郎,摄部事。兵部尚书王在晋罢,帝召见群臣,奇洽状貌,即擢任之。上疏陈军政十事,曰:"严偾帅,修武备,核实兵,衡将材,核欺蔽,惩朘削,勤训练,厘积蠹,举异才,弭盗贼。帝并褒纳。宣大总督王象乾与大同巡抚张宗衡争插汉款战事,帝召诸大臣平台,诘问良久。洽及诸执政并主象乾策,定款议。详见象乾、宗衡传。

寻上言:"祖宗养兵百万,不费朝廷一钱,屯田是也。今辽东、永平、天津、登、莱沿海荒地,及宝坻、香河、丰润、玉田、三河、顺义诸县闲田百万顷,元虞集有京东水田之议。本朝万历初,总督张佳允、巡抚张国彦行之蓟镇,为豪右所阻。其后,巡抚汪应蛟复行之河间。今已垦者荒,未垦者置不问,遗天施地生之利,而日讲生财之术,为养军资,不大失筹乎!乞敕诸道监司,遵先朝七分防操、三分屯垦之制,实心力行,庶国计有裨,军食无缺。"帝称善,即命行之。尝奏汰年深武弁无荐者四十八人,以边才举监司杨嗣昌、梁廷栋,后皆大用。

二年十月,我大清兵由大安口入,都城戒严。洽急征四方兵入卫。督师袁崇焕,巡抚解经传、郭之琮,总兵官祖大寿、赵率教、满桂、侯世禄、尤世威、曹鸣雷等先后至,不能拒,大清兵遂深入。帝忧甚,十一月召对廷臣。侍郎周延儒言:"本兵备御疏忽,调度乖张。"检讨项煜继之,且曰:"世宗斩一丁汝夔,将士震悚,强敌宵遁。"帝颔之,遂下洽狱,以左侍郎申用懋代。明年四月,洽竟瘐死。寻论罪,复坐大辟。

洽清修伉直,雅负时望,而应变非所长。骤逢大故,以时艰见绌。遵化陷,再日始得报。帝怒其侦探不明,又以廷臣玩愒,拟用重典,故于洽不少贷。厥后都城复三被兵,枢臣咸获免,人多为洽惜之。

在晋,字明初,太仓人。万历二十年进士。授中书舍人。自部曹历监司,由江西布政使擢巡抚山东,右副都御史进督河道。泰昌时，迁添设兵部左侍郎。天启二年，署部事。三月，迁兵部尚书兼右副都御史，经略辽东、蓟镇、天津、登、莱，代熊廷弼。八月改南京兵部尚书，寻请告归。五年，起南京吏部尚书，寻就改兵部。崇祯元年，召为刑部尚书，未几，迁兵部。坐张庆臻改敕书事，削籍归，卒。

高第，字登之，滦州人。万历十七年进士。历官兵部尚书，经略蓟、辽。未数月，以恇怯劾罢去。崇祯二年冬，大清兵破滦州，第窜免。

梁廷栋，鄢陵人。父克从，太常少卿。廷栋举万历四十七年进士，授南京兵部主事，召改礼部，历仪制郎中。天启五年，迁抚治西宁参议。七年，调永平兵备副使。督抚以下为魏忠贤建祠，廷栋独不往，乞终养归。

崇祯元年，起故官，分巡口北道。明年加右参政。十一月，大清兵克遵化，巡抚王元雅自缢，即擢廷栋右佥都御史代之。廷栋请赐对，面陈方略，报可。未几，督师袁崇焕下狱，复擢廷栋兵部右侍郎兼故官，总督蓟、辽、保定军务及四方援军。廷栋有才知兵，奏对明爽，帝心异之。

三年正月，兵部尚书申用懋罢，特召廷栋掌部事。时京师虽解严，羽书旁午，廷栋剖决无滞。而廷臣见其骤用，心嫉之。给事中陈良训首刺廷栋，同官陶崇道复言："廷栋数月前一监司耳，倏而为巡抚、总督、本兵，国士之遇宜何如报。乃在通州时，言遵、永易复，良、固难破，自以为神算。今何以难者易，易者难？且尝请躬履行间，随敌追击，以为此报主热血。今偃然中枢，热血何销亡也？谓制敌不专在战，似矣。而伐谋用间，其计安在？"帝不听崇道言。廷栋疏辨，乞一岩疆自效，优诏慰留之。未几，工部主事李逢申劾廷栋虚名。崇道又言廷栋轻于发言，致临洮、固原入卫兵变。帝皆不纳。五月，永平四城复，赏廷栋调度功，加太子少保，世荫锦衣金事。

其秋，廷栋以兵食不足，将加赋，因言："今日闾左虽穷，然不穷于辽饷也。一岁中，阴为加派者，不知其数。如朝觐、考满、行取、推升,少者费五六千金。合海内计之,国家选一番守令,天下加派数百万。巡按查盘、访缉、馈遗、谢荐,多者至二三万金,合天下计之,国家遣一番巡方,天下加派百余万。而曰民穷于辽饷何也?臣考九边额设兵饷,兵不过五十万,饷不过千五百三十余万,何忧不足。故今日民穷之故,惟在官贪。使贪风不除,即不加派,民愁苦自若。使贪风一息,即再加派民欢忻亦自若。"疏入,帝俞其言,下户部协议。户部尚书毕自严阿廷栋意,即言今日之策,无逾加赋,请亩加九厘之外,再增三厘。于是增赋百六十五万有奇,海内并咨怨。已,陈厘弊五事。曰屯田,曰盐法,曰钱法,曰茶马,曰积粟。又极陈陕西致寇之由,请重惩将吏贪污者以纾军民之愤,塞叛乱之源。帝皆褒纳。

廷栋居中枢岁余,所陈兵事多不中机宜,帝甚倚任。然颇挟数行私,不为朝论所重。给事中葛应斗劾御史袁弘勋纳参将胡宗明金,请嘱兵部。廷栋亦劾弘勋及锦衣张道浚通贿状。两人遂下狱,两人者,吏部尚书王永光私人也。廷栋谋并去永光,以己代之,得释兵事,永光遂由此去。御史水佳允者,弘勋郡人也,两疏力攻廷栋,发其所与司官手书,且言其纵奸人沈敏交关蓟抚刘可训,纳贿营私。廷栋疏辩求去,帝犹慰留。有安国栋者,初以通判主插汉抚赏事,廷栋荐其才,特擢职方主事,仍主抚赏,颇为奸利。廷栋庇之。后佳允坐他事左迁行人司副,复上疏发两人交通状,并列其贿鬻将领数事,事俱有迹。廷栋危甚。赖中人左右之,得闲住去,以熊明遇代。

八年冬,召拜兵部右侍郎兼右都御史,代杨嗣昌总督宣、大、山西军务。明年七月,我大清兵由间道逾天寿山,克昌平,逼京师。山后地,乃廷栋所辖也,命戴罪入援。兵部尚书张凤翼惧罪,自请督师。两人悾愡不敢战,近畿地多残破,言官交章论劾。两人益惧,度解严后必罹重谴,日服大黄药求死。八月十九日,大清兵出塞。至九月朔,凤翼卒。逾旬日,廷栋亦卒。已,法司定罪,廷栋坐大辟,以既死不究云。廷栋既殁,其父克从尚在。后贼破鄢陵,避开封。及开封被淹,死于水。

熊明遇,字良孺,进贤人。万历二十九年进士。知长兴县。四
十三年擢兵科给事中,旋掌科事。上疏极陈时弊,言:

今春以来,天鼓两震于晋地,流星昼陨于清丰,地震二十
八天,天火九,石首雨菽,河内女妖,辽东兵端吐火,即春秋二
百四十年间,未有稠于今日者。且山东大浸,人相食,黄河水稽
天,兼以太白经天,辅星湛没,荧惑袭月,金水愆行,或日光无
芒,日月同晕,为恒风,为枯旱,天谴愈深,而陛下所行皆诬天
拂经之事,此诚禽息碎首,贾生痛哭之时也。敢以八忧、五渐、
三无之说进。

今内库太实,外库太虚,可忧一。饷臣乏饷,边臣开边,可
忧二。套部图王,插部觊赏,可忧三。黄河泛滥,运河胶淤,可
忧四。齐苦荒天,楚苦索地,可忧五。鼎铉不备,栋梁常挠,可
忧六。群哗盈衢,讹言载道,可忧七。吴民喜乱,冠履倒置,可
忧八。

八忧未已,五渐继之。太阿之柄,渐入中涓。魁垒之人,渐
如陨箨。制科之法,渐成奸薮。武库之器,渐见销亡。商旅之
途,渐至梗塞。

五渐未已,三无继之。匹夫可荧惑天子,小校可滥邀丝纶,
是朝廷无纪纲。滇、黔之守令皆途穷,扬、粤之监司多规避,是
远方无吏治。谗搆之口甚于戈戟,倾危之祸惨于苏、张,是士大
夫无人心。天下事可不寒心哉!

帝不省。亓诗教等以明遇与东林通,出为福建佥事,迁宁夏参议。

天启元年,以尚宝少卿进太仆少卿,寻擢南京右佥都御史,提
督操江。建营伏虎山,选练苍头军,以资守御。永乐中,齐王榑以罪
废,其子孙居南京,号齐庶人。有睿熿者,自负异表,与奸人谋不轨,
明遇捕获之,置其党十余人于法。魏忠贤党谋尽逐东林,以明遇尝
救御史游士任,五年三月给事中薛国观遂劾其党庇徇私,忠贤即矫
旨革职。未几,坐汪文言狱,追赃千二百金,谪戍贵州平溪卫。

庄烈帝即位,释还。崇祯元年,起兵部右侍郎。明年进左,迁南

京刑部尚书。四年,召拜兵部尚书,疏陈四司宿弊,悉见采纳。杨鹤被逮,明遇言:"秦中流寇,明旨许抚剿并行。臣谓渠魁乞降亦宜抚,胁从负固亦宜剿。今鹤以抚贼无功就逮,倘诸臣因鹤故欲尽戮无辜,被胁之人绝其生路。宜急救新督臣洪承畴,谕贼党杀贼自效。即神一魁、刘金辈,果立奇功,亦一体叙录。而诸将善抚驭如吴弘器等,仍与升擢,庶贼党日孤。"帝亦纳之。

五年正月,山东叛将李九成等陷登州,明遇过信巡抚余大成言,力主抚议,久愈猖獗,莱城被围几陷,乃调关外军讨定之。语详《徐从治传》。当是时,我大清兵入宣府,巡抚沈棨与中官王坤等遣使议和,馈金帛牢醴,师乃旋。事闻,帝恶棨专擅,召对明遇等于平台。明遇曲为棨解,帝不悦,逮棨下吏。于是,给事中孙三杰力诋明遇、棨交关误国,同官陈赞化、吕黄钟,御史赵继鼎连劾之。明遇再疏乞罢,帝责以疏庸偾事,命解任候勘。寻以故官致仕。久之,用荐起南京兵部尚书,改工部,引疾归。国变后卒。

张凤翼,代州人。万历四十一年进士。授户部主事。历广宁兵备副使,忧归。

天启初,起右参政,饬遵化兵备。三年五月,辽东巡抚阎鸣泰罢,擢凤翼右佥都御史代之。自王化贞弃广宁后,关外八城尽空,枢辅孙承宗锐意修复,而版筑未兴。凤翼闻命,疑承宗欲还朝,以辽事委之。已,甚惧,即疏请专守关门。其座主叶向高、乡人韩爌柄政,抑使弗上。既抵关,以八月出阅前屯、宁远诸城,上疏极颂承宗经理功。且曰:"八城奋插,非一年可就之工;六载疮痍,非一时可起之疾。今日议剿不能,言战不得,计惟固守。当以山海为根基,宁远为门户,广宁为哨探。"其意专主守关,与承宗异议。

时赵率教驻前屯,垦田、练卒,有成效。及袁崇焕、满桂守宁远,关外规模略定。忽有传中左所被兵者,永平吏民汹汹思窜。凤翼心动,亟遣妻子西归。承宗曰:"我不出关,人心不定。"遂于四年正月东行。凤翼语人曰:"枢辅欲以宁前荒塞居我,是杀我也。国家即弃辽左,犹不失全盛,如大宁、河套,弃之何害?今举世不欲复辽,彼一人独欲复耶?"密令所知居言路者诋马世龙贪淫及三大将建闸之非,以撼承宗。承宗不悦,举其言入告。适凤翼遭内艰,遂解去。承宗复上疏为世龙等辨,因诋凤翼才鄙而怯,识闇而狡,工于趋利,巧于避患。廷议以既去不复问。

六年秋,起故官,巡抚保定。明年冬,蓟辽总督刘诏罢,进凤翼右都御史兼兵部右侍郎代之。

崇祯元年二月,御史宁光先劾凤翼前抚保定,建魏忠贤生祠。凤翼引罪乞罢,不许。未几,谢病去。诸建祠者俱入逆案,凤翼以边臣故获宥。

三年起故官,代刘策总督蓟、辽、保定军务。既复遵、永四城,叙功,进太子少保、兵部尚书,世荫锦衣佥事。凤翼以西协单弱,条奏增良将、宿重兵、备火器、预军储、远哨探数事,从之。已复谢病去。久之,召为兵部尚书。

明年二月,召对平台,与吏部尚书李长庚同奉"为国任事,洁己率属"之谕。寻以宣、大兵寡,上言:"国初额军,宣府十五万一千,今止六万七千。大同十三万五千,今止七万五千。乞两镇各增募万人,分营训练。且月饷止给五钱,安能致赴桓之士,乞一人食二饷。"帝并从之。给事中周纯修、御史葛征奇等以兵事日棘,劾凤翼溺职。凤翼连疏乞休,皆不许。

七年,以恢复登州功,加太子少保。七月,我大清西征插汉,师旋,入山西、大同、宣府境。帝怒守臣失机,下兵部论罪。部议巡抚戴君恩、胡沾恩、焦源清革职赎杖,总督张宗衡闲住。帝以为轻,责凤翼对状。于是总督、巡抚及三镇总兵睦自强、曹文诏、张全昌俱遣戍,监视中官刘允中、刘文中、王坤亦充净军。时讨贼总督陈奇瑜以招抚偾事,给事中顾国宝劾凤翼举用非人,帝亦不问。奇瑜既罢,即命三边总督洪承畴兼督河南、山西、湖广军务,剿中原群盗。言官以承畴势难兼顾,请别遣一人为总督。凤翼不能决,既而承畴竟无功。及贼将南犯,请以江北巡抚杨一鹏镇凤阳,防护皇陵。温体仁不听,凤翼亦不能再请。八年正月，贼果毁凤阳皇陵，言官交章劾凤翼。凤翼亦自危，引罪乞罢。帝不许，令戴罪视事。

初，贼之犯江北也，给事中桐城孙晋以乡里为忧。凤翼曰："公南人，何忧贼？贼起西北，不食稻米，贼马不饲江南草。"闻者笑之。事益急，始令朱大典镇凤阳。寻推卢象昇为总理，与洪承畴分讨南北贼，而贼已蔓延不可制矣。给事中刘昌劾凤翼推总兵陈壮猷，纳其重贿。凤翼力辩，昌贬秩调外。

已而凤翼言："剿贼之役，原议集兵七万二千，随贼所向，以殄灭为期。督臣承畴以三万人分布豫、楚数千里，力薄，又久戍生疾，故尤世威、徐来朝俱溃。以二万人散布三秦千里内，势分，又孤军无援，故艾万年、曹文诏俱败。今既益以祖宽、李重镇、倪宠、牟文绶兵万二千，又募楚兵七千，合九万有奇，兵力厚矣。请以贼在关内者属承畴，在关外者属象昇。倘贼尽出关，则承畴合剿于豫；尽入关，则象昇合剿于秦。臣更有虑者，贼号三四十万，更迭出犯，势众而力合；我零星四应，势寡而力分。贼所至因粮于我，人皆宿饱；我所至樵苏后爨，动辄呼庚。贼马多行疾，一二日而十舍可至，我步多行缓，三日而重茧难驰。众寡、饥饱、劳逸之势，相悬如此，贼何日平。乞严敕督、理二臣，选将统军，军各一二万人，俾前茅、后劲、中权联络相贯，然后可制贼而不为贼制。今贼大势东行，北有黄河，南有长江，东有漕渠，彼无舟楫，岂能飞越？我兵从西北穷追，犹易为力。此防河扼险，目前要策，所当申饬者也。"帝称善，命速行之。凤翼自请督师讨贼，帝优诏不允。

九年二月，给事中陈昌文上言："将在军，君命有所不受。今既假督、理二臣以便宜，则行军机要不当中制。若今日议不许斩级，明日又议必斩级，今日议征兵援凤，明日又议撤兵防河，必至无所适从。愿枢臣自今凡可掣督、抚之肘者，俱宽之文法，俾得展布可也。兵法，守敌所不攻，攻敌所不守，奇正错出，灭贼何难。今不惟不能灭，乃今日破军杀将，明日又陷邑残州，止罪守令而不及巡抚，岂法之平。愿枢臣自今凡可责诸抚之成者，勿宽文法，俾加磨砺可也。"

帝纳其言。

江北之贼,自滁州、归德两败后,尽趋永宁、卢氏、内乡、淅川大山中,关中贼亦由阌乡、灵宝与之合。凤翼请敕河南、郧阳、陕西三巡抚各督将吏扼防,毋使轶出。四川、湖广两巡抚移师近界,听援剿,而督、理二臣以大军入山蹙之,且严遏米商通贩,贼可尽殄。帝深然之,克期五月荡平,老师费财,督抚以下罪无赦。凤翼虽建此策,象昇所部多骑军,不善入山,贼竟不能灭。

至七月,我大清兵自天寿山后入昌平,都城戒严。给事中王家彦以陵寝震惊,劾凤翼坐视不救。凤翼惧,自请督师。赐尚方剑,尽督诸镇勤王兵。以左侍郎王业浩署部事,命中官罗维宁监督通、津、临、德军务,而宣大总督梁廷栋亦统兵入援。三人相犄角,皆退怯不敢战,于是宝坻、顺义、文安、永清、雄、安肃、定兴诸县及安州、定州相继失守。言官劾疏五六上,凤翼忧甚。

己巳之变,尚书王洽下狱死,复坐大辟。凤翼知不免,日服大黄药,病已殆,犹治军书不休。至八月末,都城解严,凤翼即以九月朔卒。已而议罪夺其官。十一年七月论前剿寇功,有诏叙复。

帝在位十七年间,易中枢十四人,皆不久获罪。凤翼善温体仁,独居位五载。其督师也,意图逭责,乃竟以畏法死。

陈新甲,长寿人。万历时举于乡,为定州知州。崇祯元年,入为刑部员外郎,进郎中。迁宁前兵备佥事。宁前,关外要地,新甲以才能著。四年,大凌、新城被围,援师云集,征缮悉倚赖焉。及城破,坐削籍。巡抚方一藻惜其才,请留之,未报。监视中官马云程亦以为言,乃报可。新甲言:"臣蒙使过之恩,由监视疏下,此心未白,清议随之,不敢受。"不许。寻进副使,仍莅宁远。

七年九月,擢右佥都御史,代焦源清巡抚宣府。新甲以戎备久弛,亲历塞垣,经前人足迹所不到,具得士马损耗、城堡倾颓、弓矢甲仗朽敝状。屡疏请于朝,加整饬,边防赖之。杨嗣昌为总督,与新甲共事,以是知其才。九年五月,内艰归。

十一年六月，宣大总督卢象昇丁外艰，嗣昌方任中枢，荐新甲堪代。诏擢兵部右侍郎兼右佥都御史，夺情任之。会大清兵深入内地，诏新甲受代，即督所部兵协御。未几，象昇战殁，孙传庭代统其军。新甲与相倚仗，终不敢战。明年春，畿辅解严。顺天巡按刘呈瑞劾其前后逗挠。新甲历陈功状，且言呈瑞挟仇，帝不问。既赴镇，列上编队伍、严哨探、明训练、饬马政、练火器、禁侵渔诸事，报可。麾下卒夜哗，新甲请罪，亦不问。给事中戴明说尝劾之，帝以轻议重臣，停其俸。

十三年正月，召代傅宗龙为兵部尚书。自弘治初贾俊后，乙榜无至尚书者。兵事方亟，诸大臣避中枢，故新甲得为之。陛见毕，陈保邦十策，多廷臣所尝言。惟言天寿山后宜设总兵，徐州亦宜设重镇通两京咽喉，南护凤陵，中防漕运，帝并采用之。复陈枢政四要及兵事四失，帝即命饬行。

十四年三月，贼陷雒阳、襄阳，福、襄二王被难，镌新甲三秩视事。旧制，府、州、县城郭失守者，长吏论死。宛平知县陈景建言村镇焚掠三所者，长吏当戍边。新甲主其议，言："有司能兼顾乡城，即与优叙。若四郊被寇，与失机并论。"帝即从之。然是时中原皆盗，其法亦不能行也。杨嗣昌卒于军中，新甲举丁启睿往代，议者尤其失人。然傅宗龙、孙传庭并以微罪系狱，新甲于召对时称其才，退复上章力荐，两人获用，亦新甲力也。寻论秋防功，复所镌秩。

时锦州被围久，声援断绝。有卒逸出，传祖大寿语，请以车营逼，毋轻战。总督洪承畴集兵数万援之，亦未敢决战。帝召新甲问策，新甲请与阁臣及侍郎吴甡计之，因陈十可忧、十可议，而遣职方郎张若麒面商于承畴。若麒未返，新甲请分四道夹攻，承畴以兵分力弱，意生持重以待。帝以为然，而新甲坚执前议。若麒素狂躁，见诸军稍有斩获，谓围可立解，密奏上闻。新甲复贻书趣承畴。承畴激新甲言，又奉密敕，遂不敢主前议。若麒益趣诸将进兵。诸将以八月次松山，为我大清兵所破，大溃，士卒死亡数万人。若麒自海道遁还，言官请罪之。新甲力庇，复令出关监军。锦州围未解，承畴又被围于松山，帝深以为忧，新甲不能救。十五年二月，御史甘惟燆劾新甲寡谋误国，请速令举贤自代，不纳。三月，松山、锦州相继失，若麒复自宁远遁还。言官劾若麒者，悉及新甲。新甲屡乞罢，皆不从。

新甲雅有才，晓边事，然不能持廉，所用多债帅。深结中贵为援，与司礼王德化尤昵，故言路攻之不能入。当是时，闯贼蹂躏河南，开封屡被围，他郡县失亡相踵。总督傅宗龙、汪乔年出关讨贼，先后陷殁，贼势愈张。言官劾新甲者，章至数十。新甲请罪章亦十余上，帝辄慰留。

初，新甲以南北交困，遣使与大清议和，私言于傅宗龙。宗龙出都日，以语大学士谢陞。陞后见疆事大坏，述宗龙之言于帝。帝召新甲诘责，新甲叩头谢罪。陞进曰："倘肯议和，和亦可恃。"帝默然，寻谕新甲密图之，而外廷不知也。已，言官谒陞，陞言："上意主和，诸君幸勿多言。"言官骇愕，交章劾陞，陞遂斥去。帝既以和议委新甲，手诏往返者数十，皆戒以勿泄。外廷渐知之，故屡疏争，然不得左验。一日，所遣职方郎马绍愉以密语报，新甲视之置几上。其家僮误以为塘报也。付之抄传。于是言路哗然，给事中方士亮首论之。帝愠甚，留疏不下。已，降严旨切责新甲，令自陈。新甲不引罪，反自诩其功，帝益怒。至七月，给事中马嘉植复劾之，遂下狱。新甲从狱中上书乞宥，不许。新甲知不免，遍行金内外。给事中廖国遴、杨枝起等营救于刑部侍郎徐石麒，拒不听。大学士周延儒、陈演亦于帝前力救，且曰："国法，敌兵不薄城，不杀大司马。"帝曰："他且勿论，戮辱我亲藩七，不甚于薄城耶？"遂弃新甲于市。

新甲为杨嗣昌引用，其才品心术相似。军书旁午，裁答无滞。帝初甚倚之。晚特恶其泄机事，且彰主过，故杀之不疑。厥后给事中沈迅力诋其失，帝曰："令尔作新甲，恐更不如。"迅惭而退。新甲初自阳和入都门，黄雾四塞，识者以为不祥，及是果应。

冯元飙，字尔弢，慈谿人。父若愚，南京太仆少卿。天启元年，元飙与兄元飏同举于乡。明年，元飙成进士，历知澄海、揭阳。

崇祯四年，征授户科给事中。帝遣中官出镇，元飙力争。时元飏亦疏论中官，兄弟俱有直声。无何，上疏力诋周延儒，被切责。寻论山东总督刘宇烈纵寇主抚罪。又言礼部侍郎王应熊无大臣体，宜罢。复荐词臣姚希孟孤忠独立，不当夺讲官；科臣赵东曦正词谠论，不当夺言路。皆不纳。应熊谋改吏部，元飙复撽劾其贪秽数事。被旨谯责，遂乞假归。

八年春，还朝。时凤阳皇陵毁，廷臣交论温体仁、王应熊朋比误国。元飙上言：“政本大臣，居实避名，受功辞罪。平时养威自重，遇天下有事，辄曰：‘昭代本无相名，吾侪止供票拟。’上委之圣裁，下委之六部，持片语，丛百欺。夫中外之责，孰大于票拟。有汉、唐宰相之名，而更代天言；有国初顾问之荣，而兼隆位号。地亲势峻，言听志行，柄用专且重者莫如今日，犹可谢天下责哉？”迁礼科右给事中，再迁刑科左给事中。数言部因多轻罪，请帝宽宥，并采纳之。诏简东宫讲官，左谕德黄道周为首辅张至发所扼，且疏诋之。元飙言：“道周至清无徒，忠足以动人主，惟不能得执政欢。”至发恚，两疏诋元飙，帝皆置不问。由户科都给事中擢太常少卿，改南京太仆卿，就迁通政使。

十五年六月，召拜兵部右侍郎，转左。元飙多智数，尚权谲，与兄元飏并好结纳，一时翕然称“二冯”。然故与冯铨通谱谊。初在言路，诋周延儒。及为侍郎，延儒方再相，元飙因与善。延儒欲以振饥为铨功，复其冠带，惮众议，元飙令引吴甡入阁助之，既而甡背延儒议。熊开元欲尽发延儒罪，元飙沮止之，开元以是获重谴。兵部尚书陈新甲弃市，元飙署部事。一日，帝召诸大臣游西苑，赐宴明德殿，因论兵事。良久，出御马佳者百余匹，及内制火箭，次第示元飙，元飙为辨其良楛。帝曰：“大司马缺久，无逾卿者。”元飙以多病辞，乃用张国维。

十六年五月，国维下狱，遂以元飙为尚书。帝倚之甚至，元飙顾不能有所为。河南、湖广地尽陷，关、宁又日告警。至八月，以病剧乞休。帝慰留之，赐瓜果食物，遣医诊视。请益坚，乃允其去。

　　元飙颇能料事,孙传庭治兵关中,元飙谓不可轻战。廷臣多言不战则贼益张,兵久易懦。元飙谓将士习懦,未经行阵,宜致贼而不宜致于贼。乃于帝前争之曰:"请先下臣狱,俟一战而胜,斩臣谢之。"又贻书传庭,戒毋轻斗,白、高两将不可任。传庭果败。将归,荐李邦华、史可法自代。帝不用,用兵科都给事中张缙彦,都城遂不守。福王时,元飙卒,其家请恤。给事中吴适言:"元飙身膺特简,莫展一筹,予以祭葬。是使误国之臣生死皆得志也。"部议卒如所请。

　　元飏,字尔赓,举崇祯元年进士。授都水主事。帝遣中官张彝宪总理户、工二部事。元飏抗疏谓:"内臣当别立公署,不当踞二部,堂二部司属亦不得至彝宪门,犯交结禁。"帝责以沽名,彝宪亦愠,元飏请告归。寻起礼部主事,进员外郎中,迁苏松兵备参议。温体仁当国,唐世济为都御史,皆乌程人,其乡人盗太湖,以两家为奥主。元飏捕得其渠魁,则世济族子也,置之法。迁福建提学副使,巡抚张国维奏留之。太仓人陆文声讦其乡官张溥、张采倡复社,乱天下。巡按倪元珙以属元飏,元飏盛称溥等,元珙据以入告。体仁庇文声,两人并获谴,元飏谪山东盐运司判官。十一年,济南被兵,摄济宁兵备事。十四年,迁天津兵备副使。十月,擢右佥都御史,代李继贞巡抚天津,兼督辽饷。明年叙军功,荫一子锦衣卫。时元飙已掌中枢,帝顾其兄弟厚,尝赐宫参疗元飏疾。而元飏以衰老乞休。诏遣李希沆代,未至而京城陷,元飏乃由海道脱归。是秋九月卒。

　　赞曰:明季疆埸多故,则重本兵之权,而居是位者乃多庸阘阘冗之辈。若张鹤鸣之任王化贞,陈新甲之举丁启睿,皆暗于知人。至松山之役,其误国可胜言哉!梁廷栋谓民穷之故在官贪,似矣,而因以售其加派之说,是所谓亡国之言也。

明史卷二五八
列传第一四六

许誉卿　华允诚　魏呈润

胡良机　李日辅　赵东曦　毛羽健　黄宗昌

韩一良　吴执御　吴彦芳　王绩灿

章正宸　黄绍杰　李世祺

傅朝祐　庄鳌献　李汝璨　姜埰　弟垓

熊开元　方士亮　詹尔选

汤开远　成勇　陈龙正

　　许誉卿，字公实，华亭人。万历四十四年进士。授金华推官。天启三年，征拜吏科给事中。疏言锦衣世职，不当滥畀保姆奄尹。织造中官李实诬劾苏州同知杨姜，侵抚按职。中旨谓姜贿誉卿出疏，停誉卿俸半年。杨涟劾魏忠贤，誉卿亦抗疏极论忠贤大逆不道：“视汉之朋结赵娆，唐之势倾中外，宋之典兵矫诏，谋间两宫何异！”忠贤大怒。又言：“内阁政本重地，而票拟大权拱手授之内廷。厂卫一奉打问之旨，五毒备施，迩复用立枷法，士民槁项毙者不知凡几。又行数十年不行之廷杖，流毒缙绅，岂所以昭君德哉！祖制，宦官不典兵，今禁旅日繁，内操未罢，聚虎狼于萧墙之内，逗金革于禁闼之中，不为早除，必贻后患。"于是忠贤怒益甚，会赵南星、高攀龙被逐，誉卿偕同列论救，遂镌秩归。

庄烈帝即位，诛崔、魏，将大计天下吏。奄党房壮丽、安伸、杨维垣之徒冀收余烬，屡诏起废，辄把持使不得进，引其同类。誉卿时已起兵科给事中，具疏争。吏部尚书王永光素附珰，仇东林，尤阴鸷。诏定逆案，颂珰者即党逆。永光尝颂珰，治逆案，阴护持之。南京给事中陈尧言疏劾永光当珰孽，不当正铨席。然帝方眷永光，责尧言。誉卿又抗疏争，于是都给事中薛国观以己亦珰孽也，遂讦誉卿及同官沈惟炳东林主盟，结党乱政。誉卿上疏自白，即日引去。

七年，起故官，历工科都给事中。明年正月，流贼陷颍州，誉卿请急调五千人守凤阳。疏入而凤阳已陷，皇陵毁焉。誉卿痛愤，直发本兵张凤翼固位失事，及大学士温体仁、王应熊玩寇速祸罪，"贼在秦、晋时，早设总督，遏其渡河，祸止西北一隅耳，乃侍郎彭汝楠避不肯行。及贼入楚、豫，人言交攻，然后不得已而议设之。侍郎汪庆百又避不行，乃推极边之陈奇瑜。鞭长不及，酿成今日之祸，非枢臣之固位失事乎。流寇发难已久，枢臣因东南震邻，始有淮抚操江移镇之疏，识者已恨其晚。及奉旨，则曰不必移镇。臣观各地方稍有兵力，贼即不敢轻犯。凤阳何地，使巡抚早移，岂有今日。今枢臣以曾请移镇藉口，抚臣以不必移镇为词，则辅臣欲讳玩寇速祸，其可得哉？"帝以苛求责之。

而是时言官吴履中等复交章劾体仁、应熊交相赞美，"其拟旨慰留，曰忠悃，曰荩画，曰绝私奉公，曰弘济时艰。不知时事至此，忠荩安在，而奉公济艰者何事也？"誉卿再疏论，帝仍不问。誉卿曰："皇上临驭有年，法无假贷，独于误国辅臣不一问。今者巡抚杨一鹏、巡按吴振缨且相继就逮矣。辅臣顾从容入直，退食委蛇，谓可超然事外乎？"帝终不听。

誉卿在天启时，谢升方为文选郎。及是，陞长吏部，誉卿犹滞垣中。以资深当擢京卿，升希体仁意，出之南京。大学士文震孟愠，语侵升，升亦愠。适山东布政使劳永嘉贿营登莱巡抚，主给事中宋之普家,升等列之举首,为给事中张第元所发。帝以诘升,言路因欲攻陞及都御史唐世济。誉卿以世济恃体仁,恶尤甚,当先去之。御史张缵曾乃独劾升,升疑出誉卿及震孟意,之普又搆之升。先是,福建布政使申绍芳亦欲得登莱巡抚,誉卿曾言之升。升遂疏攻誉卿,谓其营求北缺,不欲南迁,为把持朝政地,并及嘱绍芳事。体仁从中主之,誉卿遂削籍,绍芳逮问遣戍。十五年,御史刘逵及给事中杨枝起相继论荐,竟不果用。福王立,起光禄卿,不赴。国变,薙发为僧,久之卒。

华允诚,字汝立,无锡人。曾祖舜钦,瑞州知府。祖启直,四川参政。允诚举天启二年进士。从同里高攀龙讲学首善书院,先后旋里,遂受业为弟子,传其主静之学。四年春,从攀龙入都,授都水司主事。攀龙去官,允诚亦告归。

崇祯改元,起营缮主事,进员外郎。二年冬,京师戒严,分守德胜门,四十余日不懈。帝微行察知之,赐白金,叙功,加俸一年,改职方员外郎。五年六月,以温体仁、闵洪学乱政,疏陈三大可惜,四大可忧,略言:

当事借皇上刚严,而佐以舞文击断之术;倚皇上综核,而骋其讼谍握算之能。遂使和恒之世竞尚刑名,清明之躬浸成丛脞。以圣主图治之盛心,为诸臣斗智之捷径。可惜一。

帅属大僚,惊魂于回奏认罪;封驳重臣,奔命于接本守科。遂使直指风裁徒征事件,长史考课惟问钱粮。以多士靖共之精神,为案牍钩较之能事。可惜二。

庙堂不以人心为忧,政府不以人才为重。四海渐成土崩瓦解之形,诸臣但有角户分门之念。意见互骑,议论滋扰,遂使剿抚等于筑舍,用舍有若举棋。以兴邦启圣之岁时,为即聋从昧之举动。可惜三。

人主所以总一天下者,法令也。丧师误国之王化贞,与杨镐异辟。洁己爱民之余大成,与孙元化并逮。甚至一言一事之偶误,执讯随之。遂使刑罚不中,钛钺无威。一可忧也。

国家所恃以为元气者,公论也。直言敢谏之士一鸣辄斥,指佞荐贤之章目为奸党,不惟不用其言,并锢其人,又加之罪。遂使暗默求容,是非共蔽。二可忧也。

国家所赖以防维者,廉耻也。近者中使一遣,妄自尊大,群僚趋走,惟恐后时。皇上以近臣可倚,而不知倖窦已开;以操纵惟吾,而不知屈辱士大夫已甚。遂使阿谀成风,羞恶尽丧,三可忧也。

国家所藉以进贤退不肖者,铨衡也。我朝罢丞相,以用人之权归之吏部,阁臣不得侵焉。今次辅体仁与冢臣洪学,同邑朋比,惟异己之驱除。阁臣兼操吏部之权,吏部惟阿阁臣之意,造门请命,夜以为常。黜陟大柄,祗供报复之私。甚至庇同乡,则逆党公然保举,而白简反为罪案;排正类,则讲官借题逼逐,而荐剡遂作爰书。欺莫大于此矣,擅莫专于此矣,党莫固于此矣。遂使威福下移,举措倒置。四可忧也。

疏入,帝诘其别有指使。允诚乃列上洪学徇私数事,且曰:"体仁生平,绀臂涂颜,廉隅扫地。陛下排众议而用之,以其悻直寡谐,岂知包藏祸心,阴肆其毒。又有如洪学者,为之羽翼,遍植私人,戕尽善类,无一人敢犯其锋者,臣复受何人指使?"帝以体仁纯忠亮节,而摘疏中"握定机关"语,再令陈状。允诚复上言:"二人朋比,举朝共知。温育仁不识一丁,以家赀而首拔。邓英以论沈演而谪,罗喻义以"左右非人"一语而逐。此非事之章明较著者乎?"帝亦悟两人同里有私,乃夺允诚俸半年,而洪学亦旋罢去。

其冬,以省亲归,孝养母。母年八十三而终。后为福王验封员外郎,十余日即引疾归。

允诚践履笃实,不慕荣达。延儒再召,遣人以京卿啗之,允诚拒不应。入南都,士英先造请,亦不报谢。国变后,屏居墓田,不肯薙发,与从孙尚濂骈斩于南京。

魏呈润,字中严,龙溪人。崇祯元年进士。由庶吉士改兵科给事中。

三年冬,疏陈兵屯之策:"请敕顺天、保定两巡抚简所部壮士,大邑五百人,小邑二三百人,分营训练。而天津翟凤翀、通州范景文、昌平侯恂并建节钺,宜令练兵之外兼营屯田。"又陈闽海剿抚机宜六事。并议行。

明年夏,久旱求言,疏言:"驿站所裁,才六十万,未足充军饷十一,而邮传益疲,势必再编里甲。是犹剜肉医疮,疮未瘳而肉先溃。关外旧兵十八万,额饷七百余万。今兵止十万七千,合蓟门援卒,非溢原数。加派五百九十万外,新增又百四十余万,犹忧不足,可不为稽核乎!边报告急,非臣子言功之日,而小捷频闻,躐加峻秩,门客厮养诡名戎籍,不阶而升,悉糜俸料,臣惧其难继也。江、淮旱灾,五湖之间,海岸为谷,旧谷不登,新丝未熟,上供织造,宜且暂停。铨法坏于事例,正途日壅,不可不疏通。抚按诸臣捐赏助饷,大抵索之民间,顾奉急公之褒。上蒙而下削,不可不禁饬。"又条陈数策,请大修北方水政。帝皆纳其言。

熹宗时,司业朱之俊议建魏忠贤祠国学旁,下教有"功不在禹下"语,置籍,责诸生捐助。及帝即位,委过诸生陆万龄、曹代何以自解,首辅韩爌以同乡庇之,漏逆案。及是,之俊已迁侍讲。呈润发其奸,请与万龄弃西市。之俊由是废。

宣府监视中官王坤以册籍委顿,劾巡按御史胡良机。帝夺良机官,即令坤按核。呈润上言:"我国家设御史巡九边,秩卑而任钜。良机在先朝以纠逆珰削籍,今果有罪,则有回道考核之法在,而乃以付坤。且边事日坏,病在十羊九牧。既有将帅,又有监司;既有督抚,有巡方,又有监视。一官出,增一官扰。中贵之威,又复十倍。御史偶获戾,且莫自必其命,谁复以国事抗者?异日九边声息,监视善恶,奚从而闻之?乞召还良机,毋使仰鼻息于中贵。"帝以呈润党比,贬三级,出之外。

良机者,南昌人也,字省之,万历四十四年进士。天启间为御史，尝纠魏忠贤之恶不减汪直、刘瑾。忠贤憾之，以年例迁广东参议。良机方按贵州，不候代而去，遂斥为民。崇祯元年，起故官，按宣、大二镇。年满当代，以其敏练，再巡一年。至是，遂为坤劾罢。

时又有御史李曰辅者，亦以论中官获谴，廷臣交章论救，不听。而御史赵东曦又疏劾坤，亦获谴云。

曰辅，字元卿，亦南昌人也。与胡良机同里闬。万历中举于乡，为成都推官。与巡抚朱燮元计兵事，偕诸将攻复重庆。崇祯四年，擢南京御史。时中官四出，张彝宪总理户、工钱粮，唐文征提督京营戎政，王坤监饷宣府，刘文忠监饷大同，刘允中临饷山西。又命王应期监军关、宁，张国元监军东协，王之心监军中协，邓希诏监军西协。又命吴直监饷登岛，李茂奇监茶马陕西。曰辅上疏谏曰："迩者一日遣内臣四，寻又遣用五，非兵机则要地也。廷臣方交章，而登岛、陕西又有两阉之遣。假专擅之权，骇中外之听，启水火之隙，开依附之门，灰任事之心，藉委卸之口。臣愚实为寒心。陛下践阼初，尽撤内臣，中外称圣。昔何以撤，今何以遣？天下多故，择将为先。陛下不筑黄金台招颇、牧，乃汲汲内臣是遣，曾何补理乱之数哉！"帝怒，谪曰辅广东布政司照磨。

东曦，字驭初，上海人。万历四十七年进士。崇祯五年由知县入为刑科给事中，请兴屯塞下，以充军用，不报。适宣塞有私和事，王坤时监饷，且请代。东曦上言："宣塞失事，陛下赫然震怒，逮巡抚沈棨，罢本兵熊明遇。乃监视王坤方会饮城楼，商榷和议，边臣倚庇，欺蔽日甚。坤不得辞扶同罪，反侈边烽已熄为己功，且请代。夫内臣之遣，陛下一用之，非不易之典。今即尽撤之，犹谓不早。坤顾请代，图弥缝于去后。愿陛下正坤罪，撤各使还京。"帝言："宣镇擅和，实坤奏发，何谓欺隐？"调东曦外任，谪福建布政司都事。

异时呈润起官，以光禄署丞终。良机起光禄典簿，终南京吏部主事。东曦稍迁行人司正、礼部郎中，奉使还里。福王时，召东曦为给事中，曰辅为御史，而二人者皆已死矣。

毛羽健,字芝田,公安人。天启二年进士。崇祯元年由知县征授御史。好言事,首劾杨维垣八大罪及阮大铖反覆变幻状,二人遂被斥。王师讨安邦彦久无功。羽健言:贼巢在大方,黔其前门,蜀、遵、永其后户。由黔进兵,必渡陆广奇险,七昼夜抵大方,一夫当关,千人自废,王三善、蔡复一所以屡败也。遵义距大方三日程,而毕节止百余里平衍,从此进兵,何患不克?"因画上足兵措饷方略,并荐旧总督朱燮元、闵梦得等。帝即议行,后果平贼。已,陈驿递之害:"兵部勘合有发出,无缴入。士绅递相假,一纸洗补数四。差役之威如虎,小民之命如丝。"帝即饬所司严加厘革,积困为苏。

当是之时,阉党既败,东林大盛。而朝端王永光阴阳闪烁,温体仁猾贼,周延儒回佞。言路新进标直之徒,尤竞抨击以为名高。体仁之讦钱谦益也,以科场旧事,延儒助之恶,且目攻己者为结党欺君,帝怒而为之罢会推矣。御史黄宗昌疏纠体仁热中枚卜,欲以"结党"二字破前此公论之不予,且箝后来言路之多口。羽健亦愤朋党之说,曰"彼附逆诸奸既不可用,势不得不用诸奸摈斥之人。如以今之连袂登进者为相党而来,抑将以昔之鳞次削夺者为相党而去乎!陛下不识在朝诸臣与奸党诸臣之孰正孰邪,不观天启七年前与崇祯元年后之天下乎?孰危孰安?今日语太平则不足,语剔弊则有余,诸臣亦何负国家哉!一夫高张,辄疑举朝皆党,则株连蔓引,不且一网尽哉。"帝责羽健疑揣,而以前条陈驿递原之。

太常少卿谢陛求巡抚于永光,永光长吏部,陛当推蓟镇,畏而引病以避,后推太仆则不病。羽健劾升、永光朋比,宜并罪。永光召对文华殿,力诋羽健,请究主使之者。大学士韩爌曰:"究言官,非体也。"帝不从,已而宥之。一日,帝御文华殿,独召延儒语良久,事秘,举朝疑骇。羽健曰:"召见不以盈廷而以独侍;清问不以朝参而以燕间。更漏已沉,阁门犹启。汉臣有言:'所言公,公言之;所言私,王者不受私。'"疏入,切责。羽健既积忤权要,其党思因事去之。及袁崇焕下狱,主事陆澄源以羽健尝疏誉崇焕,劾之,落职归,卒。

黄宗昌,字长倩,即墨人。天启二年进士。崇祯初,为御史,请斥矫旨伪官，言："先帝宾天在八月二十三日。三殿叙功止先一日，正当帝疾大渐之时，岂能安闲出诏？凡加衔进秩，皆魏氏官也。"得旨："汰叙功冒滥者。"宗昌争曰："臣所纠乃矫旨，非冒滥也。冒滥犹可容，矫伪不可贷。"遂列上黄克缵、范济世、霍维华、邵辅忠、吕纯如等六十一人，乞罢免。帝以列名多，不听。寻劾罢逆党尚书张我续、侍郎吕图南、通政使岳骏声、给事中潘士闻、御史王珙。又劾周延儒贪秽数事，帝怒，停俸半年。既而劾体仁，不纳。

二年冬，巡按湖广。岷王禋洪为校尉侍圣及善化王长子企錭等所弑。参政龚承荐等不以实闻，狱不决者久之。宗昌至，群奸始伏辜。帝责问前诸臣失出罪，宗昌纠承荐等。时体仁、延儒皆已入阁，而永光意忌，以为不先劾承荐也。镌宗昌四级，宗昌遂归。

十五年，即墨被兵，宗昌率乡人拒守，城全。仲子基中流矢死，其妻周氏及三妾郭氏、二刘氏殉之，谓之《一门五烈》。

庄烈帝初在位，锐意图治，数召见群臣论事。然语不合，辄诃谴。而王永光长吏部，尤乐沮之。澄城人韩一良者，元年授户科给事中，言："陛下平台召对，有"文官不爱钱"语，而今何处非用钱之地？何官非爱钱之人？向以钱进，安得不以钱偿。以官言之，则县官为行贿之首，给事为纳贿之尤。今言者俱咎守令不廉，然守令亦安得廉？俸薪几何？上司督取，过客有书仪，考满、朝觐之费，无虑数千金。此金非从天降，非从地出，而欲守令之廉，得乎？臣两月来，辞却书帕五百金，臣寡交犹然，余可推矣。伏乞陛下大为惩创，逮治其尤者。"帝大喜，召见廷臣，即令一良宣读。读已，以疏遍视阁臣曰："一良忠鲠，可金都御史。"永光请令指实。一良唯唯，如不欲告讦人者，则令密奏。五日不奏，而举周应秋、阎鸣泰一二旧事为言，语颇侵永光。帝乃再召见一良、永光及廷臣，手前疏循环颂，音琅然，而曰"此金非从天降，非从地出"，则掩卷而叹。问一良"五百金谁之馈也？"一良卒无所指。固问，则对如前。帝欲一良指实，将有所惩创，一良卒以风闻谢，大不怿。谓大学士刘鸿训曰："都御史可轻授耶！"叱一良前后矛盾，褫其官。

　　吴执御，字朗公，黄岩人。天启二年进士。除济南推官。德州建魏忠贤祠，不赴。

　　崇祯三年，征授刑科给事中。明年，请除掣签法，使人地相配。议格不行。请蠲畿辅加派，示四方停免之期，晓然知息肩有日，不至召乱。请罢捐助搜括，毋为贪墨藏奸薮。帝以沽名市德责之。

　　劾吏部尚书王永光比匪："用王元雅而封疆误，听张道濬贿举尹同皋而祖制紊。国家立法惩贪，而永光诲贪，官邪何日正，宠赂何日清。"帝以永光清慎，不纳其言。请召黄克缵、刘宗周、郑鄤，忤旨谯让。又言："往者边警，袁崇焕、王元雅拥金钱数百万，士马数十万，狼狈失守。而史应聘、王象云、张星、左应选以一邑抗强敌。故曰筹边不在增兵饷，而在择人。请畿辅东北及秦、晋沿边州县，选授精敏甲科，赐玺书，畀本地租赋，抚练军民自御寇。边关文武吏缮修战守外，责以理财，如先臣王翱、叶盛辈所为。客兵可撤，饷省可数百万。"帝时未审执御所论畿辅、秦、晋也，而曰："岁赋留本地，则国用何资？"不听。

　　又劾首辅周延儒揽权，其姻亲陈于泰及幕客李元功等交关为奸利。初，执御行取入都，延儒遣元功招之，不赴，至是竟劾延儒。又陈内外阴阳之说："九边、中原、庙堂之上，无非阴气；心膂大臣，不皆君子。"帝以所称"阳刚君子"无主名，令指实。执御乃以前所荐刘宗周三人及姜曰广、文震孟、陈仁锡、黄道周、倪元璐、曹于汴、惠世扬、罗喻义、易应昌对。会御史吴彦芳言："执御所举固真君子，他若侍郎李瑾、李邦华、毕茂康、倪思辉、程绍皆忠良当用，通政使章光岳邪媚当斥。"帝怒其朋比，执政复从中搆之，遂削二人籍，下法司讯。时御史王绩灿方以荐李邦华、刘宗周等下狱，而执御、彦芳复继之，举朝震骇。言官为申救，卒坐三人赎徒三年。

　　彦芳，字延祖，歙县人。为御史。大凌被围，疏论孙承宗。又驳逆案吕纯如辨冤之谬。登州用兵，请设监岛中官。至是遣归。

　　绩灿，字伟奏，安福人。与给事中邓英陈奸吏私派之弊，又进赐

环、起废、容谏三说。荐张凤翔、李邦华、刘宗周、惠世扬,遂获罪,
卒。福王时,复官。

彦芳、缵灿两人者,皆以天启五年举进士。彦芳授莆田知县,缵
灿授兴化知县,又皆以治行高等擢崇祯四年御史,并有声。其免官
也,又皆以荐才不中,与吴执御同论谴云。

章正宸,字羽侯,会稽人。从学同里刘宗周,有学行。崇祯四年
进士。由庶吉士改礼科给事中。劝帝法周、孔,黜管、商,崇仁义,贱
富强。

礼部侍郎王应熊者,温体仁私人也,廷推阁臣,望轻不得与。体
仁引为助,为营入阁。正宸上言:"应熊强愎自张,何缘特简。事因
多扰,变以刻成,综核伤察,宜存浑厚。奈何使很傲之人,与赞平明
之治哉。"帝大怒,下狱拷讯,竟削籍归。

九年冬,召为户科给事中,迁吏科都给事中。周延儒再相,帝尊
礼之特重。正宸出其门,与楷拄。岁旦朝会,帝隆师傅礼,进延儒等
而揖之曰:"朕以天下听先生。"正宸曰:"陛下隆礼阁臣,愿阁臣积
诚以格君心。毋缘中官,毋修恩怨,毋以宠利居成功,毋以爵禄私亲
昵。"语皆风刺延儒。延儒欲用宣府巡抚江禹绪为宣大总督,正宸持
不可。吏部希延儒指,用之。延儒欲起江陵知县史调元,正宸止之。
延儒以罪辅冯铨力得再召,欲假守涿功复铨冠带,正宸争之,事遂
寝。其不肯阿徇如此。未几,会推阁臣,救李日宣,谪戍均州。语在
《日宣传》。

福王立,召复正宸故官。正宸痛举朝无讨贼心,上疏曰:"比者
河北、山左各结营寨,擒杀伪官,为朝廷效死力。忠义所激,四方响
应。宜亟檄江北四镇,分渡河、淮,联络诸路,一心齐力,互为声援。
两京血脉通,而后塞井陉,绝孟津,据武关以攻陇右。陛下缟素,亲
率六师,驻跸淮上,声灵震动,人切同仇,勇气将自倍。简车徒,选将
帅,缮城堑,进寸则寸,进尺则尺,据险处要,以规中原。天下大矣,
渠无人应运而出哉?"

　　魏国公徐弘基荐逆案张捷，部议并起用邹之麟、张孙振、刘光斗，安远侯柳祚昌等荐起阮大铖，正宸并疏谏，不纳。改大理丞，正宸请假归。鲁王监国，署旧官。事败，弃家为僧。

　　黄绍杰，万安人。天启五年进士。授中书舍人。崇祯元年，考选给事中。需次，劾罢奄党南京御史李时馨、徐复阳。补授兵科。五年，蓟辽总督曹文衡与监视中官邓希诏相讦，绍杰言："文衡烈士，受内臣指摘，何颜立三军上。希诏内竖，讦边臣辱国，大不便。宜亟更文衡而罢希诏。"帝不听。久之，文衡以闲住去。绍杰迁刑科左给事中。

　　七年五月，因旱求言。绍杰疏论大学士温体仁曰："汉世灾异，策免三公，宰执亦引罪以求罢。今者久旱，陛下修明政治，纳谠言，可谓应天以实矣，而雨泽不降，何哉？天有所甚怒而不解也。次辅温体仁者，秉政数载，上干天和，无岁不旱暵，无日不风霾，无处不盗贼，无人不愁怨。秉政既久，窥睇益工，中外趋承益巧。一人当用，则曰'体仁意未遽尔也'。一事当行，则曰：'体仁闻恐不乐也。'覆一疏，建一议，又曰：'虑体仁有他属'。不然则'体仁忌讳，毋撄其凶锋也。'凡此召变之尤。愿陛下罢体仁以回天意。体仁罢而甘霖不降，杀臣以正欺君之罪。"帝方眷体仁，贬绍杰一秩。体仁辨，且讦其别有指授。绍杰言："廷臣言事，指及乘舆，犹荷优容。一字涉体仁，必遭贬黜。谁不自爱，为人指授耶？"因列其罪状：东南不肯设立总督，庇兵部侍郎彭汝楠，致失机宜；用贪秽胡锺麟为职方郎，而黜李继贞；嘱尚书闵洪学起私人唐世济为南京总宪，锢正人瞿式耜等；庇姻娅沈荣为宣抚，私款辱国；庇主考丁进，从宽磨勘。且曰："臣所仰祝圣明，洞烛体仁奸欺者，其说则有两端。下惟朋党一语，可以箝言官之口，挑善类之祸；上惟票拟一语，可以激圣明之怒，盖偾误之愆。"体仁犹辨，且以朋党为言。绍杰遂言："体仁受铜商王诚金，体仁长子受巡抚荣及两淮巡盐高钦顺等金，皆万计。体仁用门干王治，东南之利皆其转输。体仁私邸两被盗，失黄金宝玉无算，匿不敢言。"帝怒,调为上林苑署丞,迁行人司副。八年,贼犯皇陵,绍杰再劾体仁误国召寇,再谪应天府检校。屡迁南京吏部郎中,卒。

先是,七年正月,给事中李世祺论温体仁及大学士吴宗达,并劾兵部尚书张凤翼溺职状。帝怒,谪福建按察司检校。世祺,字寿生,青浦人。天启二年进士,授行人。崇祯三年擢刑科给事中,陈大计之当定者二,曰兵食之计,民生之计;大弊之当厘者三,曰六曹之弊在吏胥,边吏之弊在欺隐,贪墨之弊在奢靡。夏旱,祷雨未应,乃进修政之说三,曰恤畿甸,议催科,预储备。帝并纳之。中官出镇,世祺上言:"祖宗立法,钱谷兵马,军民各分事权,防专擅。内阁入奉天颜,出司兵食,内廷意旨既得而阴伺之,外廷事权又得而显操之。魏忠贤盗弄神器,则赖圣天子躬翦除之,而奈何复躬自蹈之。"不听。

五年八月,淫雨损山陵,昌平地动。世祺上言:"日者辅理调燮无闻,精神为固宠之用,统军衡才无术,缓急无可恃之人。中枢决策,掩耳盗铃;主计持筹,医疮剜肉。州县迫功令,鞭策不前;六曹窘簿书,救过不赡。簪笔执简之臣,接迹图圄;考槃薖轴之士,抗声鸿举。一人议,疑及众人;一事訾,疑及众事。黄衣之使,颉颃卿贰之堂;貂蝉之座,雄踞节钺之上。低眉则气折,强项则衅开。各边监视之遣,已将期月,初虽间有摘发,至竟同归模棱,效不效可概见。伏愿撤回各使,以明阴不干阳之分。然后采公论以进退大臣,酌事情以衡量小臣,释疑忌之根,开功名之路,庶天变可回,时艰可济。"帝以借端渎奏,切责之。

给事中陈赞化劾周延儒,谓"延儒尝语人曰:今上,羲皇上人也。此成何语?臣闻之世祺。"帝诘世祺,则言闻之赞化。帝诘责者再三,世祺执如初,乃已。至是论体仁绝世之奸,大贪之尤,遂贬官。久之,起行人司副,屡迁太仆寺卿。遣祭鲁王,事竣旋里。国变,杜门不出,久之卒。

傅朝祐,字右君,临川人。有孝行。万历中举乡试第一,师事邹元标。天启二年成进士，授中书舍人。崇祯三年考选给事中。永平初复，列上善后七事。帝采纳之，补授兵科。明年八月，疏劾首辅周延儒："以机械变诈之心，运刑名督责之术。见佞则加之膝，结袁弘勋、张道濬为腹心；遇贤则坠之渊，摈钱象坤、刘宗周于草莽。倾陷正士，加之极刑，曰：'上意不测也。'攘窃明旨，播诸朝右，曰'吾意固然也。'皇上因旱求言，则恐其扬己过，故削言官以立威；皇上慎密兵机，则欲其箝人口，故挫直臣以怵众。往时纠其罪恶者尽遭斥逐，而亲知乡曲遍列要津。大臣之道固如是乎？"忤旨切责。

屡迁工科左给事中，陈当务十二事：一纳谏，二恤民，三择相，四勿以内批用辅臣，五勿使中官司弹劾，六勿令法外加滥刑，七止缇骑，八停内操，九抑武臣骄玩，十广起废，十一敕有司修城积粟，十二讲圣谕六条。出封益藩，事竣还里。

九年即家进刑科都给事中。还朝愆期，为给事中陈启新所劾，贬秩调外。未行，疏论温体仁六大罪。略言：

> 陛下当边警时，特简体仁入阁。体仁乃不以道事君，而务刑名。窥陛下意在振作，彼则借以快恩仇；窥陛下治尚精明，彼则托以张威福，此谓得罪于天子。凤阳、昌平钟灵之地，体仁曾无未雨绸缪，两地失守，陵寝震惊。此谓得罪于祖宗。燮理职在三公，体仁为相，日月交蚀，星辰失行，风霾迭见，四方告灾，岁比不登，地震河决，城陷井枯，曾莫之惩，则日寻恩怨，图报睚眦。此谓得罪于天地。强敌内逼，大盗四起，高丽旦暮且陷。体仁冒赏冒荫，中外解体因之。此谓得罪于封疆。体仁子见屏于复社诸生，募人纠弹，株连不已。且七年又议裁减茂才，国家三百年取士之经，一旦坏于体仁之手。此谓得罪于圣贤。同生天地，谁无本心，体仁自有肺肠，偏欲残害忠良。祇今文武臣僚，几数百人，骈首圄圉，天良尽丧。此谓得罪于心性。

> 夫人主之辨奸在明，而人主之去奸在断。伏愿陛下大施明断，速去体仁。毋以天变为不足畏，毋以人言为不足恤，毋以群小之逢迎为必可任，毋以一己之精明为必可恃。大赦天下，除

苛政,庶倒悬可解,太平可致。

帝怒,除名,下吏按治。逾月,体仁亦罢。

中官杜勋雅重朝祐,令其上疏请罪,而已从中主之,可复故官,朝祐不应。十一年冬,国事益棘,获罪者益众,狱几满。朝祐乃从狱中上书,请宽恤,语过激。会有边警,未报也。明年春,责以颠倒贤奸,恣意讪侮,廷杖六十,创重而卒。

当时,台省竞言事,言不中多获谴。章正宸、庄鳌献、李汝璨之徒好直谏,朝祐当疏称之。

鳌献,字任公,晋江人。崇祯六年由庶吉士改兵科给事中,上《太平十二策》,极论东厂之害。忤旨,贬浙江布政司照磨。

汝璨,字用章,南昌人。崇祯时为刑科给事中。十年闰月,因旱求言,陈回天四要,论财用政事之弊。又言:“八九年来,干和召灾,始于端揆,积于四海。水旱盗贼频见叠出,势将未已,何怪其然。”帝怒,削籍归。国变,衰绖北面哀号,作《祈死文》祈死,竟死。

汝璨、朝祐既死,福王时,复官。鳌献事福王,复官,久之卒。

姜埰,字如农,莱阳人。崇祯四年进士。授密云知县,调仪真,迁礼部主事。十五年擢礼科给事中。

山阳武举陈启新者,崇祯九年诣阙上书,言:“天下三大病。士子作文,高谈孝悌仁义,及服官,恣行奸慝。此科目之病也。国初典史授都御史,贡士授布政,秀才授尚书,嘉靖时犹三途并用,今惟一途。举贡不得至显官,一举进士,横行放诞。此资格之病也。旧制,给事御史,教官得为之,其后途稍隘,而举人、推官、知县犹与其列,今惟以进士选。彼受任时,先以给事御史自待,监司郡守承奉不暇,剥下虐民,恣其所为。此行取考选之病也。请停科目以绌虚文,举孝廉以崇实行,罢行取考选以除积横之习,蠲灾伤田赋以苏民困,专拜大将以节制有司便宜行事。”捧疏跪正阳门三日,中官取以进。帝大喜,立擢吏科给事中。历兵科左给事中。刘宗周、詹尔选等先后论之。歙人杨光先讦其出身贱役,及徇私纳贿状。帝悉不究。然启新在事所条奏，率无关大计。御史王聚奎劾其溺职，帝怒，谪聚奎。以佥都御史李先春议聚奎罚轻，并夺其职。久之，御史伦之楷劾其请托受赇，还乡骄横，始诏行勘，未上而启新遭母忧，採因劾其不忠不孝，大奸大诈。遂削启新籍，下抚按追赃拟罪。启新竟逃去，不知所之。国变后，为僧以卒。

时帝以寇氛未息，民罹锋镝，建斋南城。埰上疏谏，不报。已，陈荡寇二策，曰明农业，收勇敢。帝善其言。

初，温体仁及薛国观排异己及建言者。周延儒再相，尽反所为，广引清流，言路亦蜂起论事。忌者乃造二十四气之说，以指朝士二十四人，直达御前。帝适下诏戒谕百官，责言路尤至。埰疑帝已入其说，乃上言："陛下视言官重，故责之严。如圣谕云'代人规卸，为人出缺'者，臣敢谓无其事。然陛下何所见而云？倘如二十四气蜚语，此必大奸巨憝，恐言者不利己，而思以中之，激至尊之怒，箝言官之口，人皆暗默，谁与陛下言天下事者？"

先是，给事中方士亮论密云巡抚王继谟不胜任，保定参政钱天锡因夤缘给事中杨枝起廖国遴，以属延儒，及廷推，遂得俞旨。适帝有'为人出缺'谕，盖举廷臣积习告戒之，非为天锡发也。埰探之未审，谓帝实指其事，仓卒拜疏。而帝于是时方忧劳天下，默告上帝，戴罪省愆。所颁戒谕，词旨哀痛，读者感伤。埰顾反覆诘难，若深疑于帝者，帝遂大怒，曰："埰敢诘问诏旨，藐玩特甚。"立下诏狱考讯。掌镇抚梁清宏以狱词上，帝曰："埰情罪特重。且二十四气之说，类匿名文书，见即当毁，何故累腾奏牍。其速按实以闻。"

时行人熊开元亦以建言下锦衣卫。帝怒两人甚密，旨下卫帅骆养性，令潜毙之狱。养性惧，以语同官。同官曰："不见田尔耕、许显纯事乎？"养性乃不敢奉命，私以语同乡给事中廖国遴，国遴以语同官曹良直。良直即疏劾养性"归过于君，而自以为功。陛下无此旨，不宜诬谤；即有之，不宜泄。请并诛养性、开元。"养性大惧，帝亦不欲杀谏臣，疏竟留中。会镇抚再上埰狱，言掠讯者再，供无异词。养性亦封还密旨。乃命移刑官定罪，尚书徐石麒等拟埰戍，开元赎徒。

帝责以徇情骩法,令对状。乃夺石麒及郎中刘沂春官,而逮垛、开元至午门,并杖一百。垛已死,垛弟垓口溺灌之,乃复苏,仍系刑部狱。明年秋,大疫,命诸囚出外收保。垛、开元出,即谒谢宾客。帝以语刑部尚书张忻,忻惧,复禁之狱。十七年二月,始释垛,戍宣州卫。将赴戍所,而都城陷。

福王立,遇赦,起故官。丁父艰,不赴。国变后,流寓苏州以卒。且死语其二子曰:"吾奉先帝命戍宣州,死必葬我敬亭之麓。"二子如其言。

垓,字如须。崇祯十三年进士。授行人。垛下狱,垓尽力营护。后闻乡邑破,父殉难,一门死者二十余人。垓请代兄系狱,释垛归葬,不许。即日奔丧,奉母南走苏州。初,垓为行人,见署中题名碑,崔呈秀、阮大铖与魏大中并列,立拜疏请去二人名。及大铖得志,滋欲杀垓甚。垓乃变姓名,逃之宁波。国亡乃解。

熊开元,字鱼山,嘉鱼人。天启五年进士。除崇明知县,调繁吴江。

崇祯四年,征授吏科给事中。帝遣中官王应期等监视关、宁军马,开元抗疏争,不纳。王化贞久系不决,奸人张应时等疏颂其功,请以身代死,俾戴罪立功。开元疏驳之,言:"化贞家赀巨万,每会朝审,辄买燕市少年,杂立道旁,投熊廷弼瓦砾,嗟叹化贞不休,以此荧惑上听。今应时复敢为此请,宜立肆化贞市朝。"化贞卒正法。

时有令,有司征赋不及额者不得考选。给事中周瑞豹考选而后完赋,帝怒贬谪之,命如瑞豹者悉以闻。于是,开元及御史郑友元等三人并贬二秩,调外,开元不赴官。久之,起山西按察司照磨,迁光禄寺监事。

十三年,迁行人司副。左降官率骤迁,开元以淹久颇觖望。会光禄丞缺,开元诣首辅周延儒述已困顿状。延儒适以他事辄命驾出,开元大愠。会帝以畿辅被兵求言,官民陈事者,报名会极门,即日召对。

开元欲论延儒，次日即请见。帝召入文昭阁，开元请密论军事。帝屏左右，独辅臣在，开元不敢言，但奏军事而出。越十余日，复请见。帝御德政殿，秉烛坐。开元从辅臣入，奏言："易称'君不密则失臣，臣不密则失身'，请辅臣暂退。"延儒等引退者再，帝不许。开元遂言："陛下求治十五年，天下日以乱，必有其故。"帝曰："其故安在？"开元言："今所谋画，惟兵食寇贼。不揣其本，而末是图，虽终日夜不寝食，求天下治无益也。陛下临御以来，辅臣至数十人，不过陛下曰贤，左右曰贤而已，未必诸大夫国人皆曰贤也。天子心膂股肱，而任之易如此。庸人在高位，相继为奸，人祸天殃，迄无衰止。迨言官发其罪状，诛之斥之，已败坏不可复救矣。"帝与诘问久之，疑开元有所为，曰："尔意有人欲用乎？"开元辨无有，且奏且频目延儒。延儒谢，帝曰："天下不治皆朕过，于卿等何与？"开元言："陛下令大小臣工不时面奏，而辅臣在左右，谁敢为异同之论以速祸。且昔日辅臣，繁刑厚敛，屏弃忠良，贤人君子攻之。今辅臣奉行德意，释累囚，蠲逋赋，起废籍，贤人君子皆其所引用。偶有不平，私慨叹而已。"帝责开元有私。开元辨，延儒等亦前为解。

开元复请遍召廷臣，问以辅臣贤否。"辅臣心事明，诸臣流品亦别。陛下若不察，将吏狃情面贿赂，失地丧师，皆得无罪，谁复为陛下捐躯报国者。"延儒等奏情面不尽无，贿赂则无有。开元复言："敌兵入口四十余日，未闻逮治一督、抚。"帝曰："督、抚初推，人以为贤，数月后即以为不贤，必欲去之而后快。边方与内地不同，使人何以展布。"开元言："四方督、抚，率自监司。明日廷推，今日传单，其人姓名不列。至期，吏部出诸袖，诸臣唯唯而已。既推后，言官转相采访，而其人伎俩亦自露于数月间，故人得而指之，非初以为贤，继以为不贤也。"帝命之退。延儒等请令补牍，从之。

当是时，开元欲发延儒罪，以其在侧不敢言。而延儒虑其补牍，谋沮之。大理卿孙晋、兵部侍郎冯元飙责开元，"首辅多引贤者。首辅退，贤者且尽逐。"开元意动。大理丞吴履中至，亦以开元言为骤。礼部郎中吴昌时者，开元知吴江时所拔士也，复致书言之。开元乃止述奏辞，不更及延儒他事。帝方信延儒，大清兵又未退，焦劳甚，得奏，大怒，令锦衣卫逮治。卫帅骆养性，开元乡人也，雅怨延儒，次日即以狱上，帝益怒，“开元谗谮辅弼，必使朕孤立于上，乃便彼行私，必有主使者。养性不加刑，溺职甚，其再严讯以闻。”十二月朔，严刑诘供主谋。开元坚不承，而尽发延儒之隐，养性具以闻。帝乃廷杖开元，系狱。

始，方士亮劾罢密云巡抚王继谟，参政钱天锡得巡抚。御史孙凤毛发其事，劾给事中杨枝起。廖国遴为天锡贪缘。因言开元面奏，实二人主之，欲令邱瑜秉政，陈演为首辅。御史李陈玉亦言之。帝以开元已下吏，不问，而责令凤毛陈奏。凤毛死，其子诉冤，谓国遴、枝起鸩杀之。两人及天锡并削职下狱。士亮又言恐代继谟者未能胜继谟，继谟得留任。十六年六月，延儒罢，言官多救开元者，不报。刑部拟赎徒，不许。明年正月遣戍杭州。

未几，京师陷。福王召起吏科给事中。丁母艰，不赴。唐王立，起工科左给事中。连擢太常卿、左佥都御史，随征东阁大学士。乞假归。汀州破，弃家为僧，隐苏州之灵岩以终。

士亮，歙县人。崇祯四年进士。历嘉兴、福州推官，擢兵科给事中。与同官朱徽、倪仁祯等谒大学士谢升于朝房，升言：“人主以不用聪明为高。今上太用聪明，致天下尽坏。”又曰：“款事诸君不必言，皇上祈签奉先殿，意已决。”诸人退，谓升诽谤君父，泄禁中语。仁祯、国遴等交章论之，斥升大不道，无人臣礼。士亮及他言官继之，疏数十上。帝大怒，削升籍。已而士亮连劾诸督、抚张福臻、徐世荫、朱大典、叶廷贵及兵部侍郎吕大器、甘肃总兵马爌，事多施行。又请召旧谏臣姚思孝、何楷、李化龙、张作楫、张焜芳、李模、詹尔选、李右谠、林兰友、成勇、傅元初，而恤已死者吴执御、魏呈润、傅朝祐、吴彦芳、王绩灿、葛枢，帝颇采纳。周延儒出督师，请士亮赞画军务。延儒获谴，士亮亦削职下狱，久之释归。福王时，复官，国变后卒。

詹尔选,字思吉,抚安人。崇祯四年进士。授太常博士。八年擢御史。时诏廷臣举守令,尔选言:"县令多而难择,莫若精择郡守。郡守贤,县令无不贤。"因请起用侍郎陈子壮、推官汤开远,报闻。

明年,疏劾陈启新:"宜召九卿科道,觌面敷陈,罄其底蕴。果有他长,然后授官。遽尔授官,非所以重名器。吏部尚书谢升、大学士温体仁不加驳正,尸素可愧。"帝怒。未几,大学士钱士升以争武生李琎搜括富户,忤旨,引罪乞休去。尔选上疏曰:

辅臣引咎求黜,遽奉回籍之谕。夫人臣所以不肯言者,其源在不肯去耳。辅臣肯言肯去,臣实荣之,独不能不为朝廷惜此一举也。琎以非法导主上,其端一开,大乱将至。辅臣忧心如焚,忽奉改拟之命,遂尔执奏。皇上方嘉许不暇,顾以为疑君要誉耶?人臣无故疑其君,非忠也,乃谓吾君万举万当者,第容悦之借名,必非忠。人臣沽名,义所不敢出也,乃人主不以名誉鼓天下,使其臣尸位保宠,寡廉鲜耻,亦必非国家利。

况今天下疑皇上者不少矣。将骄卒惰,尚方不灵,亿万民命,徒供武夫贪冒,则或疑过于右武。穿札与操觚并课,非是者弗录。人见卖牛买马,绌德齐力,徒使强寇混迹于道途,父兄莫必其子弟,则或疑缓于敷文。免觐之说行,上意在苏民困也,而或疑朝宗之大义,不敌数万路用之金钱。驳问之事烦,上意在惩奸顽也,而或疑明启之刑书,几禁加等之纷乱。

其君子忧驱策之无当,其小人惧陷累之多门。明知一切苟且之政,或拊心愧恨,或对众歍歔。辅臣不过偶因一事,代天下发愤耳,而竟郁郁以去,恐后之大臣无复有敢言者矣。大臣不敢言,而小臣愈难望其言矣。所日与皇上言者,惟苛细刻薄,不识大体之徒,似忠似直,如狂如痴,售则挺身招摇,败则潜形遁窜,骇心志而爚耳目,毁成法而酿隐忧,天下事尚忍言哉!祈皇上以远大宅心,以简静率宪,责大臣弼违之义,作言官敢谏之风。宁献可替否,毋籍口圣明独断,掩圣主之谦冲。宁进礼退义,毋藉口君恩未酬,饰引身之濡滞。臣愚不胜惓惓。

　　疏入，帝震怒，召见武英殿，诘之曰："辅臣之去，前旨甚明，汝安得为此言？"对曰："皇上大开言路，辅臣乃以言去国，恐后来大臣以言为戒，非皇上求言意。"帝曰："建言乃谏官事，大臣何建言？"对曰："大臣虽在格心，然非言亦无由格。大臣止言其大者，决无不言之理。大臣不言，谁当言者？"帝曰："朕如此焦劳，天下尚疑朕乎？即尚方剑何尝不赐，彼不能用，何言不灵？"对曰："诚如圣谕。但臣见督理有参疏，未蒙皇上大处分，与未赐何异。"帝曰："刑官拟罪不合，朕不当驳乎？"对曰："刑官不职，但当易其人，不当侵其事。"帝曰："汝言一切苟且之政，何者为苟且？"对曰："加派。"帝曰："加派，因贼未平，贼平，何难停。汝尚有言乎？"对曰："搜括抽扣亦是。"帝曰："此供军国之用，非输之内帑。汝更何言？"对曰："即捐助亦是。"帝曰："本令愿捐者听，何尝强人？"

　　时帝声色俱厉，左右皆震慑，而尔选词气不挠。帝又诘发愤诸语，及帖黄简略，斥为欺罔，命锦衣提下。尔选叩头曰："臣死不足惜，皇上幸听臣，事尚可为。即不听，亦可留为他日思。"帝愈怒，罪且不测。诸大臣力救，乃命系于直庐。明日下都察院议罪，议止停俸。帝以语涉夸诩，并罪视草御史张三谟，令吏部同议。请镌五级，以杂职用。复不许，乃削籍归。自后言者屡荐，皆不听。十五年，给事中沈迅、左懋第相继荐。有诏召还，未及赴而都城陷。

　　福王立，首起故官。未上，群小用事，惮尔选鲠直，令补外僚，遂不出。国变后，又十二年而终。

　　汤开远，字伯开，主事显祖子也。早负器识，经济自许。崇祯五年由举人为河南府推官。帝恶廷臣玩愒，持法过严。开远疏谏曰：
　　　　陛下临御以来，明罚敕法。自小臣至大臣，蒙重谴下禁狱者相继，几于刑乱国用重典矣。见廷臣荐举不当，疑为党徇；恶廷臣执奏不移，疑为藐抗。以策励望诸臣，于是戴罪者多，而不开以立功之路；以详慎责诸臣，于是引罪者众，而不谅其致误之由。墨吏宜逮，然望稍宽出入，无绌能臣。至三时多害，五方交警，诸臣怵参罚，惟急催科，民穷则易为乱。陛下宽一分在臣子，既宽一分在民生，此可不再计决者。尤望推诸臣以心，待诸臣以礼，谕中外法司以平允。至锦衣禁狱，非寇贼奸宄，不宜轻入。

帝怒，摘其疏中"桁杨惨毒，遍施劳臣"语，责令指实。乃上奏曰：

时事孔棘，诸臣有过可议，亦有劳可准；有罪可程，亦有情可原。究之议过不足惩过，而后事转因前事以灰心，声罪不足服罪，而故者更藉误者以实口。综核太过则要领失措，惩创太深则本实多缺。往往上以为宜详宜新之事，而下以为宜略宜仍之事。朝所为缧辱摈弃不少爱之人，又野所为推重忾叹不可少之人。上与下异心，朝与野异议，欲天下治平，不可得也。

苏州金事左应选任昌黎县令，率土著保孤城。事平之日，擢任监司。乃用小过，卒以赃拟。城池失守者既不少贷，捍御著绩者又不获原，诸臣安所适从哉。事急则钜万可捐，事平则锱铢必较，向使昌黎不守，同于遵、永，不知费朝廷几许金钱，安所得涓滴而问之。臣所惜者此其一。

给事中马思理、御史高倬，值草场火发，狂奔尽气，无救燎原，此不过为法受过耳，更欲以他罪论，则甚矣。今岁盛夏雪雹，地震京圻，草场不爇自焚。陛下不宽刑修省，反严鞫而长系之，非所以召天和，称善事也。臣所惜者此其一。

宣大巡按胡良机，陛下知其谙练，两任岩疆，寻因过误褫革，舆论惜之，岂成命终难反汗哉！臣所惜者此其一。

监兑主事吴澧，宵旦河干，经营漕事。运弁稽违，量行责戒，乃褫革之，又欲究治之。夫兵哗则为兵易将，将哗则为武抑文，勇于哗而怯于斗，安用此骄兵骄将为也！臣所惜者此又其一。

末复为都御史陈于廷、易应昌申辨。帝怒，切责之。

河南流贼大炽，开远监左良玉军，躬擐甲胄，屡致克捷。帝以天下用兵，意颇重武，督、抚失事多逮系，而大将率姑息。开远以为偏，八年十月上疏曰：

比年寇贼纵横，抚、镇为要，乃陛下于抚臣则惩创之，于镇臣则优遇之。试观近日诸抚臣，有不褫夺不囚系者乎？诸帅臣及偏裨，有一礼貌不崇、升荫不遂者乎？即观望败衄罪状显著者，有不宽假优容者乎？夫惩创抚臣，欲其惕而戒也；优遇武臣，欲其感而奋也。然而封疆日破坏、寇贼日蔓延者，分别之法少也。抚臣中清操如沈棨，干济如练国事，捍御两河、身自为将如元默，拮据兵事、沮贼长驱如吴甡，或丽爰书，或登白简，其他未可悉数。而武臣桀骜恣睢，无日不上条陈，争体统。一旦有警，辄逡巡退缩。即严旨屡颁，袖如充耳。如王朴、尤世勋、王世恩辈，其罪可胜诛哉！

秦抚甘学阔有《法纪全疏》一疏，请正纵贼诸弁以法，明旨顾切责之。然则自今以后，败将当不问矣。文臣未必无才能，乃有宁甘斥黜必不肯任不敢任者，以任亦罪，不任亦罪，不任之罪犹轻，而任之罪更重也。诚欲使诸臣踊跃任事，在宽文法，原情实，分别去留，毋以一眚弃贤才。至辁輎之夫，不使怙且欺者倖乎其间，则赏罚以平，文武用命矣。

帝以抚臣不任者，无所指实，责令再陈。乃上言曰：

朝廷赏罚无章，于是诸臣之不肯任不敢任者罪，而肯任敢任者亦罪，且其罪反重。劝惩无当，欲勘定大乱，未之前闻。从来无诎督臣以伸庸帅者，至今而杨嗣昌不得关其说。从来无抑言路以伸劣弁者，至今而王肇坤不得保其秩。王朴恇怯暴著，听敌饱去，犹得与吴甡并论，播之天下，不大为口实哉！若抚臣之不肯任不敢任者，如陕西之胡廷晏、山西之仙克谨、宋统殷、许鼎臣，何以当日处分视后皆轻？练国事、元默承大坏极敝之后，竭力撑持，何以当日处分较前更重？

且近日为办寇而诛督臣者一，逮督臣抚臣者二，褫抚臣者亦二。甚至巡方与抚臣并议，而并逮两按臣；计典与失事牵合，而并褫南枢臣。若监司、守令之获重谴者，不可胜纪。试问前后诸帅臣有一诛且逮者乎？即降而偏裨，有一诛且逮者乎？甚至避寇、纵寇、养寇、助寇者皆置弗问。即或处分，不过降级戴罪而已。然则诸将之不肯任不敢任者，直谓之无罪可乎？是陛下于文武二途，委任同，责成不同。明旨所谓一体者，终非一体矣。

不特此也。按臣曾周当旧抚艰去，力障寇锋，初非失事，乃竟从逮配，将来无肯任敢任之按臣矣。道臣祝万龄拮据兵食，寝饵俱废，至疽发于背，而遽行削籍，将来无肯任敢任之监司矣。史洪谟作令宜阳，战守素备，贼渡渑池，不敢薄城，及知六安，复有全城之绩，而襂夺骤加，将来无肯任敢任之州县矣。贼薄永宁，旧蜀抚张论与子给事鼎延倾赀募士，凤夜登陴，及论物故，鼎延请恤，并其子官夺之，将来无肯任敢任之乡官矣。吏部惟杂职多弊，臣乡吴羽文竭力厘剔，致刀笔贾竖哄然而起，羽文略不为挠，乃以起废一事，长系深求，将来无肯任敢任之部曹矣。

臣读明旨，谓诸事皆经确核，以议处有铨部，议罪有法司，稽核纠举有按臣也。不知诏旨一下，铨部即议降议革，有肯执奏曰"此不当处"者乎？一下法司，即拟配拟戍，有肯执奏曰"此不当罪"者乎？至查核失事，按臣不过据事上闻，有原功中之罪，罪中之功，乞贷于朝廷者乎？是非诸臣不肯分别也，知陛下一意重创，言之必不听，或反以甚其罪也。所以行间失事，无日不议处议罪，而于荡寇安民毫无少补。则今日所少者，岂非大公之赏罚哉！

帝得奏大怒，命削籍，抚按解京讯治。河南人闻之，若失慈母。左良玉偕将士七十余人合奏乞留，巡按金光辰亦备列其功状以告。帝为动容，命释还戴罪办贼。

十年正月，讨平舞阳大盗杨四。论功当进秩，总理王家祯复荐之。乃擢按察佥事，监安、庐二郡军。其年冬，太子将出阁。奏言："陛下言教不如身教。请谨幽独，恤民穷，优大臣，容直谏，宽拙吏，薄货财,疏滞狱,俾太子得习见习闻,为他日出治临民之本。"帝深纳之。

是时,贼大扰江北,开远数有功。巡抚史可法荐其治行卓异,进秩副使,监军如故。十三年,与总兵官黄得功等大破革里眼诸贼,贼遂乞降。朝议将用为河南巡抚,竟以劳瘁卒官,军民咸为泣下。赠太仆少卿。

成勇,字仁有,安乐人。天启五年进士。授饶州推官。谒邹元标于吉水,师事之。中使至,知府以下郊迎,勇不往,且捕笞其从人。丁内外艰。历开封、归德二府推官。流贼攻归德。击走之。

崇祯十年,行取入京。时变考选例,优者得为翰林。公论首勇,而吏部尚书田唯嘉抑之,勇得南京吏部主事以去。明年二月,帝御经筵,问讲官保举考选得失,谕德黄景昉讼勇及朱天麟屈。帝亲策诸臣,天麟得翰林,而勇以先赴南京不与。寻用御史涂必泓言,授南京御史。

杨嗣昌夺情入阁,言者咸获谴。勇愤,其年九月上疏言:"嗣昌秉枢两年,一筹莫展,边警屡惊,群寇满野。清议不畏,名教不畏,万世公义不畏,臣窃为青史虑。"疏入,帝大怒,削籍提讯,诘主使姓名。勇狱中上书言:"臣十二年外吏,数十日南台,无权可招,无贿可纳,不知有党。"帝怒,竟戍宁波卫。中外荐者十余疏,不召。后以御史张玮言,执政合词请擢用。帝以勇宥罪方新,不当复职,命以他官用。甫闻命,而京师陷。

福王时,起御史,不赴。披缁为僧,越十五年而终。

陈龙正,字惕龙,嘉善人。父于王,福建按察使。龙正游高攀龙门。崇祯七年成进士,授中书舍人。时政尚综核,中外争为深文以避罪,东厂缉事尤冤滥。

十一年五月,荧惑守心,下诏修省,有"哀恳上帝"语。龙正读之泣,上《养和》、《好生》二疏。略曰:"回天在好生,好生无过减死。皋陶赞舜曰'罪疑惟轻',是圣人于折狱不能无失也。盖狱情至隐,人命至重,故不贵专信,而取兼疑;不务必得,而甘或失。臣居家所见闻,四方罪犯,无甚穷凶奇谋者。及来京师,此等乃无虚月。且罪案一成,立就诛磔,亦宜有所惩戒,何犯者若此累累?臣愿陛下怀帝舜之疑,宁使圣主有过仁之举,臣下获不经之愆。"盖阴指东厂事也。越数日,果谕提督中官王之心不得轻视人命云。其冬,京师戒严,诏廷臣举堪任督、抚者。御史叶绍颙举龙正。久之,刑部主事赵奕昌请访求天下真贤才。帝令奕昌自举,亦以龙正对。帝皆不用。

龙正居冷曹,好言事,十二年十月,彗星见。是岁冬至,大雷电雨雹。十三年二月,京师大风,天黄日眚,浃旬不解,龙正皆应诏条奏,大指在听言省刑。

十五年夏,帝复下诏求言,云:"拯困苏残,不知何道。"龙正上言:"拯困苏残,以生财为本,但财非折色之谓。以折色为财,则取于人而易尽。必知本色为财,则生于地而不穷,今持筹之臣曰设处,曰搜括,曰加派,皆损下之事,聚敛之别名也。民日病,国奚由足?臣谓宜专意垦荒,申明累朝永不起科之制,招集南人巨贾,尽垦荒田,使畿辅、河南、山东菽粟日多,则京仓之积,边军之饷,皆可随宜取给。或平粜,或拜爵,或中监,国家命脉不专倚数千里外之转运,则民间加派自可尽除。"

然是时中原多残破,有田不得耕,龙正执常理而已。翌日复进《用人探本疏》,帝皆优容焉。

给事中黄云师劾其学非而博,言伪而辩,又以进垦荒议为陵竞。帝不问。时议欲用龙正为吏部,御史黄澍以伪学诋之。十七年正月,左迁南京国子监丞。甫抵家而京师陷。

福王立于南京,用为祠祭员外郎,不就。南京不守,龙正已得疾,遂卒。

赞曰:崇祯时,金壬相继枋政,天下多故,事之可言者众矣。许誉卿诸人,抨击时宰,有直臣之风。然傅朝祐死杖下,姜埰、熊开元得重谴,而詹尔选抗雷霆之威,顾获放免。言天子易,言大臣难,信哉。汤开远以疏远外僚,侃侃论事,愤惋溢于辞表。就其所列国势,亦重可慨矣夫!

明史卷二五九
列传第一四七

杨镐　李维翰　周永春　　袁应泰
薛国用　熊廷弼　王化贞　　袁崇焕
毛文龙　赵光抃　范志完

　　杨镐，商邱人。万历八年进士。历知南昌、蠡二县。入为御史，坐事调大理评事。再迁山东参议，分守辽海道。尝偕大帅董一元雪夜度墨山，袭蒙古炒花帐，大获。进副使。垦荒田百三十余顷，岁积粟万八千余石。进参政。

　　二十五年春，偕副将李如梅出塞，失部将十人，士卒百六十余人。会朝鲜再用兵，命免镐罪，擢右佥都御史，经略朝鲜军务。镐未至，先奏陈十事。请令朝鲜官民输粟得增秩、授官、赎罪，及乡吏奴丁免役，大氐皆苟且之事。又以朝鲜君臣隐藏储蓄不饷军，劾奏其罪。由是朝鲜多怨。

　　当是时，倭将行长清正等已入据南原、全州，引兵犯全罗、庆尚，逼王京，锐甚。赖沈惟敬就擒，乡导乃绝。而朝鲜兵燹之余，千里萧条，贼掠无所得，故但积粟全罗，为久留计，而中国兵亦渐集。九月朔，镐始抵王京，会副将解生等屡挫贼，朝鲜军亦数有功，倭乃退屯蔚山。十二月，镐会总督邢玠、提督麻贵议进兵方略，分四万人为三协，副将高策将中军，李如梅将左，李芳春、解生将右，合攻蔚山。先以少兵尝贼。贼出战，大败，悉奔据岛山，结三栅城外以自固。

镐官辽东时,与如梅深相得。及是游击陈寅连破贼二栅,第三栅垂拔矣,镐以如梅未至,不欲寅功出其上,遽鸣金收军。贼乃闭城不出,坚守以待援,官兵四面围之,地泥淖,且时际穷冬,风雪裂肤,士无固志。贼日夜发炮,用药煮弹,遇者辄死。官兵攻围十日不能下。贼知官兵懈,诡乞降,以缓之。明年正月二日,行长救兵骤至。镐大惧,狼狈先奔,诸军继之。贼前袭击,死者无算。副将吴惟忠、游击茅国器断后,贼乃还,辎重多丧失。

是役也,谋之经年,倾海内全力,合朝鲜通国之众,委弃于一旦,举朝嗟恨。镐既奔,挈贵奔趋庆州,惧贼乘袭,尽撤兵还王京,与总督玠诡以捷闻,诸营上军籍,士卒死亡殆二万。镐大怒,屏不奏,止称百余人。镐遭父丧,诏夺情视事。御史汪先岸尝劾其他罪,阁臣庇之,拟旨褒美,旨久不下。赞画主事丁应泰闻镐败,诣镐咨后计。镐示以张位、沈一贯手书,并所拟未下旨,扬扬诩功伐。应泰愤,抗疏尽列败状,言镐当罪者二十八,可羞者十,并劾位、一贯扶同作奸,帝震怒,欲行法。首辅赵志皋营救,乃罢镐,令听勘,以天津巡抚万世德代之。已,东征事竣。给事中杨应文叙镐功,诏许复用。

三十八年,起抚辽东。袭炒花于镇安,破之。御史田生金劾其开衅。时辽左多事,镐力荐李如梅,请复用为大将,为给事中麻僖、御史杨州鹤所劾。镐疏辨乞休,帝不问,镐竟引去。

四十六年四月,我大清兵起,破抚顺,守将王命印死之,辽东巡抚李维翰趣总兵官张承允往援,与副总兵颇廷相等俱战殁,远近大震。廷议镐熟谙辽事,起兵部右侍郎,往经略。既至,申明纪律,征四方兵,图大举。至七月,大清兵由鸦鹘关克清河,副将邹储贤战死。诏赐镐尚方剑,得斩总兵以下官。乃斩清河逃将陈大道、高炫徇军中。其冬,四方援兵大集,遂议进师。时蚩尤旗长竟天,彗见东方,星陨地震,识者以为败征。大学士方从哲、兵部尚书黄嘉善、兵科给事中赵兴邦等皆以师久饷匮,发红旗,日趣镐进兵。

明年正月,镐乃会总督汪可受、巡抚周永春、巡按陈王庭等定议,以二月十有一日誓师,二十一日出塞。兵分四道:总兵官马林出开原,攻北;杜松出抚顺,攻西;李如柏从鸦鹘关出趋清河,攻南;东南则以刘𬘫出宽奠;由凉马佃捣后;而以朝鲜兵助之。号大兵四十七万,期三月二日会二道关并进。天大雪,兵不前,师期泄。松欲立首功,先期渡浑河,进至二道关,伏发,军尽覆。林统开原兵从三岔口出,闻松败,结营自固。大清兵乘高奋击,林不支,遂大败,遁去。镐闻,急檄止如柏、𬘫两军,如柏遂不进。𬘫已深入三百里,至深河,大清兵击之而不动。已,乃张松旗帜,被其衣甲绐𬘫。既入营,营中大乱,𬘫力战死。惟如柏军获全。文武将吏前后死者三百一十余人,军士四万五千八百余人,亡失马驼甲仗无算。败书闻,京师大震,御史杨鹤疏劾之,不报。无何,开原、铁岭又相继失。言官交章劾镐,逮下诏狱,论死,崇祯二年伏法。

李维翰,睢州人。万历四十四年以右副都御史巡抚辽东。辽三面受敌,无岁不用兵。自税使高淮朘削十余年,军民益困。而先后抚臣皆庸才,玩愒苟岁月。天子又置万几不理,边臣呼吁,漠然不闻,致辽事大坏。及张承允覆没,维翰犹获善归。至天启初,始下吏论死。

周永春,金乡人。官礼科都给事中。齐党方炽,永春与亓诗教为之魁。寻由太常少卿擢右佥都御史,代维翰为巡抚。值丧败之后,佐经略调度军食,拮据劳瘁。越二年,罢归。天启初,言官追论开原失陷罪,遣戍。

袁应泰,字大来,凤翔人。万历二十三年进士。授临漳知县。筑长堤四十余里,捍御漳水。调繁河内,穿太行山,引沁水,成二十五堰,溉田数万顷,邻邑皆享其利。河决朱旺,役夫多死者。应泰设席为庐,饮食作止有度,民欢然趋事,治行冠两河。

迁工部主事,历兵部武选郎中。汰遣假冒世职数百人。迁淮徐兵备参议。山东大饥,设粥厂哺流民,缮城浚濠,修先圣庙,饥者尽得食。更搜额外税及漕折马价数万金,先后发振。户部劾其擅移官廪,时已迁副使,遂移疾归。

　　久之，起河南右参政，以按察使治兵永平。辽事方棘，应泰练兵缮甲，修亭障，饬楼橹，关外所需刍茭、火药之属呼吸立应。经略熊廷弼深赖焉。

　　泰昌元年九月，擢右佥都御史，代周永春巡抚辽东。逾月，擢兵部右侍郎，兼前职，代廷弼为经略，而以薛国用为巡抚。应泰受事，即刑白马祀神，誓以身委辽。疏言："臣愿与辽相终始，更愿文武诸臣无怀二心，与臣相终始。有托故谢事者，罪无赦。"熹宗优诏褒答，赐尚方剑。乃戮贪将何光先，汰大将李光荣以下十余人，遂谋进取抚顺。议用兵十八万，大将十人，上奏陈方略。

　　应泰历官精敏强毅，用兵非所长，规画颇疏。廷弼在边，持法严，部伍整肃。应泰以宽矫之，多所更易。而是时蒙古诸部大饥，多入塞乞食。应泰言："我不急救，则彼必归敌，是益之兵也。"乃下令招降。于是归者日众，处之辽、沈二城，优其月廪，与民杂居，潜行淫掠，居民苦之。议者言收降过多，或阴为敌用，或敌杂间谍其中为内应，祸且叵测。应泰方自诩得计，将藉以抗大清兵。会三岔儿之战，降人为前锋，阵死者二十余人，应泰遂用以释群议。

　　明年，天启改元，三月十有二日，我大清兵来攻沈阳。总兵官贺世贤、尤世功出城力战，败还。明日，降人果内应，城遂破。二将战死。总兵官陈策、童仲揆等赴援，亦战死。应泰乃撤奉集、威宁诸军，并力守辽阳，引水注濠沿，濠列火器，兵环四面守。十有九日，大清兵临城。应泰身督总兵官侯世禄、李秉诚、梁仲善、姜弼、朱万良出城五里迎战，军败多死。其夕，应泰宿营中，不入城。明日，大清兵掘城西闸，以泄濠水，分兵塞城东水口，击败诸将兵，遂渡濠，大呼而进。鏖战良久，骑来者益众，诸将兵俱败，望城奔，杀溺死者无算。应泰乃入城，与巡按御史张铨等分陴固守。诸监司高出、牛维曜、胡嘉栋及督饷郎中傅国并逾城遁，人心离沮。又明日，攻城急，应泰督诸军列楯大战，又败。薄暮，谯楼火，大清兵从小西门入，城中大乱，民家多启扉张炬以待，妇女亦盛饰迎门，或言降人导之也。应泰居城楼，知事不济，太息谓铨曰："公无守城责，宜急去，吾死于此。"遂佩剑印自缢死。妇弟姚居秀从之。仆唐世明凭尸大恸，纵火焚楼死。事闻，赠兵部尚书，予祭葬，官其一子。

国用，洛南人。历官山东右参政，分守辽海道，以右佥都御史代应泰巡抚辽东。应泰死，廷议将起廷弼。道远未至，乃进国用兵部右侍郎，代应泰为经略。历官醇谨，久于辽，日夜忧战守备。会大清兵不至，得安其位。无何请告，竟卒于官。

熊廷弼，字飞百，江夏人。万历二十五年举乡试第一。明年成进士，授保定推官，擢御史。

三十六年巡按辽东。巡抚赵楫与总兵官李成梁弃宽奠新疆八百里，徙编民六万家于内地。已，论功受赏，给事中宋一韩论之。下廷弼覆勘，具得弃地驱民状，劾两人罪，及先任按臣何尔健、康丕扬党庇。疏竟不下。时有诏兴屯，廷弼言辽多旷土，岁于额军八万中以三分屯种，可得粟百三十万石。帝优诏褒美，命推行于诸边。边将好捣巢，辄生衅端。廷弼言防边以守为上，缮垣建堡，有十五利，奏行之。岁大旱，廷弼行部金州，祷城隍神，约七日雨，不雨毁其庙。及至广宁，逾三日，大书白牌，封剑，使使往斩之。未至，风雷大作，雨如注，辽人以为神。在辽数年，杜馈遗，核军实，按劾将吏，不事姑息，风纪大振。

督学南畿，严明有声。以杖死诸生事，与巡按御史荆养乔相讦。奏，养乔投劾去，廷弼亦听勘归。

四十七年，杨镐既丧师，廷议以廷弼熟边事，起大理寺丞兼河南道御史，宣慰辽东。旋擢兵部右侍郎兼右佥都御史，代镐经略。未出京，开原失，廷弼上言：“辽左，京师肩背；河东辽镇腹心；开原又河东根本。欲保辽东则开原必不可弃。敌未破开原时，北关、朝鲜犹足为腹背患，今已破开原，北关不敢不服，遣一介使，朝鲜不敢不从。既无腹背忧，必合东西之势以交攻，然则辽、沈何可守也？乞速遣将士，备刍粮，修器械，毋窘臣用，毋缓臣期，毋中格以沮臣气，毋旁挠以掣臣肘，毋独遗臣以艰危，以致误臣、误辽，兼误国也。”疏入,悉报允,且赐尚方剑重其权。甫出关,铁岭复失,沈阳及诸城堡军民一时尽奔,辽阳汹汹。廷弼兼程进,遇逃者,谕令归。斩逃将刘遇节、王捷、王文鼎,以祭死节士。诛贪将陈伦,劾罢总兵官李如桢,以李怀信代。督军士造战车,治火器,浚濠缮城,为守御计。令严法行,数月守备大固。乃上方略,请集兵十八万,分布瑷阳、清河、抚顺、柴河、三岔儿、镇江诸要口,首尾相应,小警自为堵御,大敌互为应援。更挑精悍者为游徼,乘间掠零骑,扰耕牧,更番迭出,使敌疲于奔命,然后相机进剿。疏入,帝从之。

廷弼之初抵辽也,令佥事韩原善往抚沈阳,惮不肯行。继命佥事阎鸣泰,至虎皮驿恸哭而返。廷弼乃躬自巡历,自虎皮驿抵沈阳,复乘雪夜赴抚顺。总兵贺世贤以近敌沮之,廷弼曰:"冰雪满地,敌不料我来。"鼓吹入。时兵燹后,数百里无人迹,廷弼祭诸死事者而哭之。遂耀兵奉集,相度形势而还。所至招流移,缮守具,分置士马,由是人心复固。

廷弼身长七尺,有胆知兵,善左右射。自按辽即持守边议,至是主守御益坚。然性刚负气,好谩骂,不为人下,物情以故不甚附。

明年五月,我大清兵略地花岭。六月,略王大人屯。八月,略蒲河。将士失亡七百余人,诸将世贤等亦有斩获功。而给事中姚宗文腾谤于朝,廷弼遂不安其位。宗文者,故户科给事中,丁忧归。还朝,欲补官。而吏部题请诸疏率数年不下,宗文患之。假招徕西部名,属当事荐己。疏屡上,不得命。宗文计穷,致书廷弼,令代请。廷弼不从,宗文由是怨。后夤缘复吏科,阅视辽东士马,与廷弼议多不合。辽东人刘国缙先为御史,坐大计谪官。辽事起,廷议用辽人,遂以兵部主事赞画军务。国缙主募辽人为兵,所募万七千余人,逃亡过半。廷弼闻于朝,国缙亦怨。廷弼为御史时,与国缙、宗文同在言路,意气相得,并以排东林、攻道学为事。国缙辈以故意望廷弼,廷弼不能如前,益相失。宗文故出国缙门下,两人益相比,而倾廷弼。及宗文归,疏陈辽土日蹙,诋廷弼废群策而雄独智,且曰:"军马不训练,将领不部署,人心不亲附,刑威有时穷,工作无时止。"复鼓其同类攻击,欲必去之。御史顾慥首劾廷弼出关逾年,漫无定画;蒲河失守,匿不上闻;荷戈之士徒供挑浚,尚方之剑逞志作威。

当是时,光宗崩,熹宗初立,朝端方多事,而封疆议起。御史冯三元劾廷弼无谋者八,欺君者三,谓不罢,辽必不保。诏下廷议,廷弼愤,抗疏极辨,且求罢。而御史张修德复劾其破坏辽阳。廷弼益愤,再疏自明,云"辽已转危为安,臣且之生致死。"遂缴还尚方剑,力求罢斥。给事中魏应嘉复劾之。朝议允廷弼去,以袁应泰代。廷弼乃上疏求勘,言:"辽师覆没,臣始驱羸卒数千,跟跄出关,至杏山,而铁岭又失。廷臣咸谓辽必亡,而今且地方安堵,举朝帖席,此非不操练,不部署者所能致也。若谓拥兵十万,不能斩将擒王,诚臣之罪。然求此于今日,亦岂易言。令箭催而张帅殒命,马上催而三路丧师,臣何敢复蹈前轨。"

三元、应嘉、修德等复连章极论,廷弼即请三人往勘。帝从之,御史吴应奇、给事中杨涟等力言不可,乃改命兵科给事中朱童蒙往。廷弼复上疏曰:"臣蒙恩回籍听勘,行矣。但台省责臣以破坏之辽遗他人,臣不得不一一陈之于上。今朝堂议论,全不知兵。冬春之际,敌以冰雪稍缓,哄然言师老财匮,马上促战。及军败,始愀然不敢复言。比臣收拾甫定,而愀然者又复哄然责战矣。自有辽难以来,用武将,用文吏,何非台省所建白,何尝有一效。疆场事,当听疆场吏自为之,何用拾帖括语,徒乱人意,一不从,辄怫然怒哉!"及童蒙还奏,备陈廷弼功状,末言:"臣入辽时,士民垂泣而道,谓数十万生灵皆廷弼一人所留,其罪何可轻议?独是廷弼受知最深,蒲河之役,敌攻沈阳,策马趋救,何其壮也;及见官兵驽弱,遽尔乞骸以归,将置君恩何地。廷弼功在存辽,微劳虽有可纪;罪在负君,大义实无所逃。此则罪浮于功者矣。"帝以廷弼力保危城,仍议起用。

天启元年,沈阳破,应泰死,廷臣复思廷弼。给事中郭巩力诋之,并及阁臣刘一燝。及辽阳破,河西军民尽奔,自塔山至闾阳二百余里,烟火断绝,京师大震。一燝曰:"使廷弼在辽,当不至此。"御史江秉谦追言廷弼保守危辽功,兼以排挤劳臣为巩罪。帝乃治前劾廷弼者,贬三元、修德、应嘉、巩三秩,除宗文名。御史刘廷宣救之,亦被斥。乃复诏起廷弼于家,而擢王化贞为巡抚。

化贞,诸城人。万历四十一年进士。由户部主事历右参议,分守广宁。蒙古炒花诸部长乘机窥塞下。化贞抚之,皆不敢动。朱童蒙勘事还,极言化贞得西人心,勿轻调,隳抚事。化贞亦言辽事将坏,惟发帑金百万,亟款西人,则敌顾忌不敢深入。会辽、沈相继亡,廷议将起廷弼,御史方震孺请加化贞秩,便宜从事,令与薛国用同守河西。乃进化贞右佥都御史,巡抚广宁。广宁城在山隈,登山可俯瞰城内,恃三岔河为阻,而三岔之黄泥洼又水浅可涉。广宁止屯卒千,化贞招集散亡,复得万余人。激厉士民,联络西部,人心稍定。辽阳初失,远近震惊,谓河西必不能保。化贞提弱卒,守孤城,气不慑,时望赫然。中朝亦谓其才足倚,悉以河西事付之。而化贞又以登、莱、天津兵可不设,诸镇入卫兵可止。当事益信其有才,所奏请辄报可。时金、复诸卫军民及东山矿徒,多结砦自固,以待官军。其逃入朝鲜者,亦不下二万。化贞请鼓舞诸人,优以爵禄,俾自奋于功名;诏谕朝鲜,褒以忠义,勉之同仇。帝亦从之。

至六月,廷弼入朝,首请免言官贬谪,帝不可。乃建三方布置策:广宁用马步列垒河上,以形势格之,缀敌全力,天津、登、莱各置舟师,乘虚入南卫,动摇其人心,敌必内顾,而辽阳可复。于是登、莱议设巡抚如天津,以陶朗先为之;而山海特设经略,节制三方,一事权。遂进廷弼兵部尚书,兼右副都御史,驻山海关,经略辽东军务。廷弼因请尚方剑,请调兵二十余万,以兵马、刍粮、器械之属责成户、兵、工三部。白监军道臣高出、胡嘉栋,督饷郎中傅国无罪,请复官任事。议用辽人故赞画主事刘国缙为登莱招练副使,蓟州同知佟卜年为登莱监军佥事,故临洮推官洪敷教为职方主事,军前赞画,用收拾辽人心,并报允。七月,廷弼将启行,帝特赐麒麟服一,彩币四,宴之郊外,命文武大臣陪饯,异数也。又以京营选锋五千护廷弼行。

先是,袁应泰死,薛国用代为经略,病不任事。化贞乃部署诸将,沿河设六营,营置参将一人,守备二人,画地分守。西平、镇武、柳河、盘山诸要害,各置戍设防。议既上,廷弼不谓然,疏言:"河窄难恃,堡小难容,今日但宜固守广宁。若驻兵河上,兵分则力弱。敌轻骑潜渡,直攻一营,力必不支。一营溃,则诸营俱溃,西平诸戍亦不能守。河上止宜置游徼兵,更番出入,示敌不测。不宜屯聚一处,为敌所乘。自河抵广宁,止宜多置烽堠;西平诸处止宜稍置戍兵,为传烽哨探之用。而大兵悉聚广宁,相度城外形势,犄角立营,深垒高栅以俟。盖辽阳去广宁三百六十里,非敌骑一日能到。有声息,我必预知。断不宜分兵防河,先为自弱之计也。"疏上,优旨褒答。会御史方震孺亦言防河六不足恃,议乃寝。而化贞以计不行,愠甚,尽委军事于廷弼。廷弼乃请申谕化贞,不得藉口节制,坐失事机。先是,四方援辽之师,化贞悉改为"平辽",辽人多不悦。廷弼言:"辽人未叛,乞改为'平东'或'征东',以慰其心。"自是化贞与廷弼有隙,而经抚不和之议起矣。

　　八月朔,廷弼言:"三方建置,须联络朝鲜。请亟发敕使往劳彼国君臣,俾尽发八道之师,连营江上,助我声势。又发诏书悯恤辽人之避难彼国者,招集团练,别为一军,与朝鲜军合势。而我使臣即权驻义州,控制联络,俾与登、莱声息相通,于是有济。更宜发银六万两,分犒朝鲜及辽人,而臣给与空名劄付百道,俾承制拜除。其东山矿徒能结聚千人者,即署都司;五百人者,署守备。将一呼立应,而一二万劲兵可立致也。"因荐监军副使梁之垣生长海滨,习朝鲜事,可充命使。帝立从之,且命如行人奉使故事,赐一品服以宠其行。之垣乃列上重事权、定职掌八事,帝亦报可。

　　之垣方与所司议兵饷,而化贞所遣都司毛文龙已袭取镇江,奏捷。举朝大喜,亟命登、莱、天津发水师二万应文龙,化贞督广宁兵四万进据河上,合蒙古军乘机进取,而廷弼居中节制。命既下,经抚各镇互观望,兵不果进。顷之,化贞备陈东西情形,言:"敌弃辽阳不守,河东失陷将士日夜望官军至,即执敌将以降。而西部虎墩兔、炒花咸愿助兵,敌兵守海州不过二千,河上止辽卒三千。若潜师夜袭,势在必克。敌南防者闻而北归，我据险以击其惰，可尽也。"兵部尚书张鹤鸣以为然，奏言时不可失。御史徐卿伯复趣之，请令廷弼进驻广宁，蓟辽总督王象乾移镇山海。会化贞复驰奏："敌因官军收复镇江，遂驱掠四卫屯民，屯民据铁山死守，伤敌三四千人，敌围之益急。急宜赴救。"于是，兵部愈促进师。化贞即以是月渡河。廷弼不得已出关，次右屯，而驰奏海州取易守难，不宜轻举。化贞卒无功而还。

化贞为人骁而憨，素不习兵，轻视大敌，好谩语。文武将吏进谏悉不入，与廷弼尤牴牾。妄意降敌者李永芳为内应，信西部言，谓虎墩兔助兵四十万，遂欲以不战取全胜。一切士马、甲仗、糗粮、营垒俱置不问，务为大言罔中朝。尚书鹤鸣深信之，所请无不允，以故廷弼不得行其志。广宁有兵十四万，而廷弼关上无一卒，徒拥经略虚号而已。延绥入卫兵不堪用，廷弼请罪其帅杜文焕，鹤鸣议宽之。廷弼请用卜年，鹤鸣上驳议。廷弼奏遣之垣，鹤鸣故稽其饷。两人遂相怨，事事龃龉。而廷弼亦褊浅刚愎，有触必发，盛气相加，朝士多厌恶之。

毛文龙镇江之捷，化贞自谓发踪奇功。廷弼言："三方兵力未集，文龙发之太早，致敌恨辽人，屠戮四卫军民殆尽，灰东山之心，寒朝鲜之胆，夺河西之气，乱三方并进之谋，误属国联络之算，目为奇功，乃奇祸耳。"贻书京师，力诋化贞。朝士方以镇江为奇捷，闻其言，亦多不服。廷弼又显诋鹤鸣，谓："臣既任经略，四方援军宜听臣调遣，乃鹤鸣径自发戍，不令臣知。七月中，臣咨部问调军之数，经今两月，置不答。臣有经略名，无其实，辽左事惟枢臣与抚臣共为之。"鹤鸣益恨。至九月，化贞犹言虎墩兔兵四十万且至，请速济师。廷弼言："抚臣恃西部，欲以不战为战计。西部与我，进不同进。彼入北道，我入南道。相距二百余里。敌分兵来应，亦须我自撑拒。臣未敢轻视敌人，谓可不战胜也。臣初议三方布置，必使兵马、器械、舟车、刍茭无一不备，而后克期齐举，进足战，退亦足以守。今临事中乱，虽枢臣主谋于中，抚臣决策于外，卜一举成功，而臣犹有万一不必然之虑也。"既而,西部竟不至,化贞兵亦不敢进。

廷弼既与化贞隙,中朝右化贞者多诋廷弼。给事中杨道寅谓出、嘉栋不宜用。御史徐景濂极誉化贞,刺廷弼,诋之垣逍遥故乡,不称任使。御史苏琰则言廷弼宜驻广宁,不当远驻山海,因言登、莱水师无所用。廷弼怒,抗疏力诋三人。帝皆无所问。而帝于讲筵忽问:"卜年系叛族,何擢金事?国缙数经论列,何起用?嘉栋立功赎罪,何在天津?"廷弼知左右谮之,抗疏辨,语颇愤激。

是时,廷弼主守,谓辽人不可用,西部不可恃,永芳不可信,广宁多间谍可虞。化贞一切反之,绝口不言守,谓我一渡河,河东人必内应。且腾书中朝,言仲秋之月,可高枕而听捷音。识者知其必偾事,以疆场事重,无敢言其短者。

至十月,冰合,广宁人谓大清兵必渡河,纷然思窜。化贞乃与震孺计,分兵守镇武、西平、闾阳、镇宁诸城堡,而以大军守广宁。鹤鸣亦以广宁可虑,请敕廷弼出关。廷弼上言:"枢臣第知经略一出,足镇人心;不知徒手之经略一出,其动摇人心更甚。且臣驻广宁,化贞驻何地?鹤鸣责经、抚协心同力,而枢臣与经臣独不当协心同力乎?为今日计,惟枢部俯同于臣,臣始得为陛下任东方事也。"其言甚切至,鹤鸣益不悦。廷弼乃复出关,至右屯,议以重兵内护广宁,外扼镇武、闾阳。乃令刘渠以二万人守镇武,祁秉忠以万人守闾阳。又令罗一贯以三千人守西平。复申令曰:"敌来,越镇武一步者,文武将吏诛无赦。敌至广宁而镇武、闾阳不夹攻,掠右屯饷道而三路不救援者,亦如之。"部署甫定,化贞又信谍者言,遽发兵袭海州,旋亦引退。廷弼乃上言:"抚臣之进,及今而五矣。八、九月间屡进屡止,犹未有疏请也。若十月二十五日之役,则拜疏辄行者也。臣疾趋出关,而抚臣归矣。西平之会,相与协心议守,犄角设营,而进兵之书又以晦日至矣。抚臣以十一月二日赴镇武,臣即以次日赴杜家屯,比至中途,而军马又遣还矣。初五日,抚臣又欲以轻兵袭牛庄,夺马圈守之,为明年进兵门户。时马圈无一敌兵,即得牛庄,我不能守,敌何损,我何益?会将吏力持不可,抚臣亦怏怏回矣。兵屡进屡退,敌已窥尽伎俩,而臣之虚名亦以轻出而损。愿陛下明谕抚臣,慎重举止,毋为敌人所笑。”化贞见疏,不悦,驰奏辨。且曰:“愿请兵六万,一举荡平。臣不敢贪天功,但厚赉从征将士,辽民赐复十年,海内得免加派,臣愿足矣。即有不称,亦必杀伤相当,敌不复振,保不为河西忧。”因请便宜行事。

时叶向高复当国,化贞座主也,颇右之。廷臣惟太仆少卿何乔远言宜专守广宁,御史夏之令言蒙古不可信,款赏无益,给事中赵时用言永芳必不可信,与廷弼合。余多右化贞,令毋受廷弼节制。而给事中李精白欲授化贞尚方剑,得便宜操纵。孙杰劾一爆以用出、嘉栋、卜年为罪,而言廷弼不宜驻关内。廷弼愤,上言:“臣以东西南北所欲杀之人,而适遭事机难处之会。诸臣能为封疆容则容之,不能为门户容则去之,何必内借阁部,外借抚道以相困。”又言:“经、抚不和,恃有言官。言官交攻,恃有枢部。枢部佐斗,恃有阁臣。臣今无望矣。”帝以两臣争言,遣兵部堂官及给事中各一人往谕,抗违不遵者治罪。命既下,廷臣言遣官不便,乃下廷臣集议。

初,廷弼之出关也,化贞虑夺己兵权,佯以兵事委廷弼。廷弼上言:“臣奉命控扼山海,非广宁所得私。抚臣不宜卸责于臣。”会震孺奏经、抚不和,中有化贞心懂意懒语,廷弼据以刺化贞,化贞益不悦。及化贞请一举荡平,廷弼乃言:“宜如抚臣约,亟罢臣以鼓士气。”

当是时,中外举知经、抚不和,必误疆事,章日上。而鹤鸣笃信化贞,遂欲去廷弼。二年正月,员外郎徐大化希指劾廷弼大言罩世,嫉能妒功,不去必坏辽事。疏并下部,鹤鸣乃集廷臣大议。议撤廷弼者数人,余多请分任责成。鹤鸣独言化贞一去,毛文龙必不用命,辽人为兵者必溃,西部必解体,宜赐化贞尚方剑,专委以广宁,而撤廷弼他用。议上,帝不从,责吏、兵二部再奏。会大清兵逼西平,遂罢议,仍兼任二臣,责以功罪一体。

无何,西平围急。化贞信中军孙得功计,尽发广宁兵,畀得功及祖大寿往会秉忠进战。廷弼亦驰檄渠撤营赴援。二十二日,遇大清兵平阳桥。锋始交,得功及参将鲍承先等先奔,镇武、闾阳兵遂大溃,渠、秉忠战没沙岭,大寿走觉华岛。西平守将一贯待援不至,与参将黑云鹤亦战殁。廷弼已离右屯,次闾阳。参议邢慎言劝急救广宁,为佥事韩初命所沮,遂退还。时大清兵顿沙岭不进。化贞素任得功为腹心,而得功潜降于大清,欲生缚化贞以为功,讹言敌已薄城。城中大乱奔走,参政高邦佐禁之,不能止。化贞方阖署理军书,不知也。参将江朝栋排闼入,化贞怒呵之。朝栋大呼曰:"事急矣,请公速走。"化贞莫知所为。朝栋掖之出上马,二仆人徒步从,遂弃广宁,踉跄走。与廷弼遇大凌河。化贞哭,廷弼微笑曰:"六万众一举荡平,竟何如?"化贞惭,议守宁远及前屯。廷弼曰:"嘻,已晚,惟护溃民入关可耳。"乃以己所将五千人授化贞为殿,尽焚积聚。二十六日偕初命护溃民入关。化贞、出、嘉栋先后入,独邦佐自经死。得功率广宁叛将迎大清兵入广宁,化贞逃已两日矣。大清兵追逐化贞等二百里,不得食,乃还。报至,京师大震。鹤鸣恐,自请视师。

二月,逮化贞,罢廷弼,听勘。四月刑部尚书王纪、左都御史邹元标、大理寺卿周应秋等奏上狱词,廷弼、化贞并论死。后当行刑,廷弼令汪文言赂内廷四万金祈缓,既而背之。魏忠贤大恨,亟速斩廷弼。及杨涟等下狱,诬以受廷弼贿,甚其罪。已逻者获市人蒋应旸,谓与廷弼子出入禁狱,阴谋叵测。忠贤愈欲速杀廷弼,其党门克新、郭兴治、石三畏、卓迈等遂希指趣之。会冯铨亦憾廷弼与顾秉谦等侍讲筵,出市刊《辽东传》谮于帝曰:"此廷弼所作,希脱罪耳。"帝怒,前以五年八月弃市,传首九边。已,御史梁梦环谓廷弼侵盗军资十七万。御史刘徽谓廷弼家资百万,宜籍以佐军。忠贤即矫旨严追,罄赀不足,姻族家俱破。江夏知县王尔玉责廷弼子貂裘珍玩,不获,将挞之。其长子兆珪自刭死,兆珪母称冤。尔玉去其两婢衣,挞之四十。远近莫不嗟愤。

崇祯元年,诏免追赃。其秋,工部主事徐尔一讼廷弼冤,曰:

> 廷弼失陷封疆,至传首陈尸,籍产追赃。而臣考当年,第觉其罪无足据,而劳有足矜也。广宁兵十三万,粮数百万,尽属化

贞。廷弼止援辽兵五千人,驻右屯,距广宁四十里耳。化贞忽同三四百万辽民一时尽溃,廷弼五千人,不同溃足矣。尚望其屹然坚壁哉！廷弼罪安在？化贞仗西部,廷弼云"必不足仗"。化贞信李永芳内附,廷弼云"必不足信"。无一事不力争,无一言不奇中,廷弼罪安在？且屡疏争各镇节制不行,屡疏争原派兵马不与。徒拥虚器,抱空名,廷弼罪安在？唐郭子仪、李光弼与九节度师同溃,自应收溃兵扼河阳桥,无再往河阳坐待思明缚去之理。今计广宁西,止关上一门限,不趣扼关门何待？史称慕容垂一军三万独全,亦元再驻淝水与晋人决战之理。廷弼能令五千人不散,至大凌河付与化贞,事政相类,宁得与化贞同日道乎！

　　所谓劳有足矜者:当三路同时陷没,开、铁、北关相继奔溃,廷弼经理不及一年,俄进筑奉集、沈阳,俄进屯虎皮驿,俄迎扼敌兵于横河上,于辽阳城下凿河列栅埋炮,屹然树金汤。令得竟所施,何至举榆口关外拱手授人！而今俱抹摋不论,乃其所由必死则有故矣。其才既笼盖一时,其气又陵厉一世,揭辩纷纷,致撄众怒,共起杀机,是则所由必杀其躯之道耳。当廷弼被勘、被逮之时,天日辄为无光,足明其冤。乞赐昭雪,为劳臣劝。

不从,明年五月,大学士韩爌等言:

　　廷弼遗骸至今不得归葬,从来国法所未有。今其子疏请归葬,臣等拟票许之。盖国典皇仁,并行不悖,理合如此。若廷弼罪状始末,亦有可言。皇祖朝,戊申巳酉间,廷弼以御史按辽东,早以辽患为虑,请核地界,饬营伍,联络南、北关,大声疾呼,人莫为应。十年而验若左券,其可言者一。戊午巳未,杨镐三路丧师,抚顺、清河陷没。皇祖用杨鹤言,召起廷弼代镐。一年余,修饬守具,边患稍宁。会皇祖宾天,廷议以廷弼无战功,攻使去,使袁应泰代,四阅月而辽亡。使廷弼在,未必至此,其可言者二。辽阳既失,先帝思廷弼言,再起之田间,复任经略。

化贞主战,廷弼主守,群议皆是化贞。廷弼屡言玩师必败,奸细当防,莫有听者。徘徊踟蹰,以五千人驻右屯,化贞兵十三万驻广宁。广宁溃,右屯乃与俱溃,其可言者三。

假令廷弼于此时死守右屯,捐躯殉封疆,岂非节烈奇男子。不然,支撑宁、前、锦、义间,扶伤救败,收拾残黎,犹可图桑榆之效。乃仓皇风鹤、偕化贞并马入关。其意以我固尝言之,言而不听,罪当末减。此则私心短见。杀身以此,杀身而无辞公论,亦以此。传首边庭,头足异处,亦足为临难鲜忠者之戒矣。然使诛廷弼者,按封疆失陷之条,偕同事诸臣,一体伏法,廷弼九原目瞑。乃先以贿赃拷坐杨涟、魏大中等,作清流陷阱;既而刊书惑众,借题曲杀。身死尚悬坐赃十七万,辱及妻孥,长子兆珪迫极自刭。斯则廷弼死未心服,海内忠臣义士亦多愤惋窃叹者。特以“封疆”二字,噤不敢讼陈皇上之前。

臣等平心论之,自有辽事以来,诳官营私者何算。廷弼不取一金钱,不通一馈问,焦唇敝舌,争言大计。魏忠贤盗窃威福,士大夫靡然从风。廷弼以长系待决之人,屈曲则生,抗违则死,乃终不改其强直自遂之性,致独膺显戮,慷慨赴市,耿耿刚肠犹未尽泯。今纵不敢深言,而传首已逾三年,收葬原无禁例,圣明必当垂仁。臣所以娓娓及此者,以兹事虽属封疆,而实阴系朝中邪正本末。皇上天纵英哲,或不以臣等为大谬也。诏许其子持首归葬。五年,化贞始伏诛。

袁崇焕,字元素,东莞人。万历四十七年进士。授邵武知县。为人慷慨负胆略,好谈兵。遇老校退卒,辄与论塞上事,晓其阨塞情形,以边才自许。

天启二年正月,朝觐在都,御史侯恂请破格用之,遂擢兵部职方主事。无何,广宁师溃,廷议扼山海关,崇焕即单骑出阅关内外。部中失袁主事,讶之,家人亦莫知所往。已,还朝,具言关上形势。曰:“予我军马钱谷,我一人足守此。”廷臣益称其才,遂超擢佥事,监关外军,发帑金二十万,俾招募。时关外地悉为哈剌慎诸部所据,崇焕乃驻守关内。未几,诸部受款,经略王在晋令崇焕移驻中前所,监参将周守廉、游击左辅军,经理前屯卫事。寻令赴前屯安置辽人之失业者。崇焕即夜行荆棘虎豹中,以四鼓入城,将士莫不壮其胆。在晋深倚重之,题为宁前兵备佥事。然崇焕薄在晋无远略,不尽遵其令。及在晋议筑重城八里铺,崇焕以为非策。争不得,奏记首辅叶向高。

十三山难民十余万,久困不能出。大学士孙承宗行边,崇焕请:"将五千人驻宁远,以壮十三山势,别遣骁将救之。宁远去山二百里,便则进据锦州,否则退守宁远,奈何委十万人置度外?"承宗谋于总督王象乾。象乾以关上军方丧气,议发插部护关者三千人往。承宗以为然,告在晋。在晋竟不能救,众遂没,脱归者仅六千人而已。及承宗驳重城议,集将吏谋所守。阎鸣泰主觉华,崇焕主宁远,在晋及张应吾、邢慎言持不可,承宗竟主崇焕议。已,承宗镇关门,益倚崇焕。崇焕内拊军民,外饬边备,劳绩大著。崇焕尝核虚伍,立斩一校。承宗怒曰:"监军可专杀耶?"崇焕顿首谢,其果于用法类此。

三年九月,承宗决守宁远。佥事万有孚、刘诏力阻,不听,命满桂偕崇焕往。初,承宗令祖大寿筑宁远城,大寿度中朝不能远守,筑仅十一,且疏薄不中程。崇焕乃定规制:高三丈二尺,雉高六尺,址广三丈,上二丈四尺。大寿与参将高见、贺谦分督之。明年迄工,遂为关外重镇。桂,良将,而崇焕勤职,誓与城存亡;又善抚,将士乐为尽力。由是商旅辐辏,流移骈集,远近望为乐土。遭父忧,夺情视事。四年九月,偕大将马世龙、王世钦率水陆马步军万二千,东巡广宁,谒北镇祠,历十三山,抵右屯,遂由水道泛三岔河而还。寻以五防叙劳,进兵备副使,再进右参政。

崇焕之东巡也,请即复锦州、右屯诸城,承宗以为时未可,乃止。至五年夏,承宗与崇焕计,遣将分据锦州、松山、杏山、右屯及大小凌河,缮城郭居之。自是宁远且为内地,开疆复二百里。十月,承宗罢,高第来代,谓关外必不可守,令尽撤锦、右诸城守具,移其将士于关内。督屯通判金启倧上书崇焕曰:"锦、右、大凌三城皆前锋要地。倘收兵退,既安之民庶复播迁,已得之封疆再沦没,关内外堪几次退守耶?"崇焕亦力争不可,言:"兵法有进无退。三城已复,安可轻撤。锦、右动摇,则宁、前震惊,关门亦失保障。今但择良将守之,必无他虑。"第意坚,且欲并撤宁、前二城。崇焕曰:"我宁前道也,官此,当死此,我必不去。"第无以难,乃撤锦州、右屯,大、小凌河及松山、杏山、塔山守具,尽驱屯兵入关,委弃米粟十余万。而死亡载途,哭声震野,民怨而军益不振。崇焕遂乞终制,不许。十二月,进按察使,视事如故。我大清知经略易与,六年正月,举大军西渡辽河。二十三日,抵宁远。崇焕闻,即偕大将桂、副将左辅、朱海,参将大寿、守备何可刚等集将士誓死守。崇焕更刺血为书,激以忠义,为之下拜,将士咸请效死。乃尽焚城外民居,携守具入城,清野以待。令同知程维楧诘奸,通判启倧具守卒食,辟道上行人。橄前屯守将赵率教、山海守将杨麒,将士逃至者悉斩。人心始定。明日,大军进攻,戴楯穴城,矢石不能退。崇焕令闽卒罗立发西洋巨炮,伤城外军。明日,再攻,复被却,围遂解,而启倧亦以然炮死。

　　启倧起小吏,官经历,主赏功事,勤敏有志介。承宗重之,用为通判,核兵马钱粮,督城工,理军民词讼,大得众心。死,赠光禄少卿,世荫锦衣试百户。

　　初,中朝闻警,兵部尚书王永光大集廷臣议战守,无善策。经略第、总兵麒并拥兵关上,不救。中外谓宁远必不守。及崇焕以书闻,举朝大喜,立擢崇焕右佥都御史,玺书奖励,桂等进秩有差。我大清初解围,分兵数万略觉华岛,杀参将金冠等及军民数万。崇焕方完城,力竭不能救也。高第镇关门,大反承宗政务,折辱诸将,诸将咸解体。遇麒若偏裨,麒至,见侮其卒。至是坐失援,第、麒并褫官去,而以王之臣代第,赵率教代麒。我大清举兵,所向无不摧破,诸将罔敢议战守。议战守,自崇焕始。三月复设辽东巡抚,以崇焕为之。魏忠贤遣其党刘应坤、纪用等出镇。崇焕抗疏谏,不纳。叙功,加兵部右侍郎,赉银币,世荫锦衣千户。

崇焕既解围,志渐骄,与桂不协,请移之他镇,乃召桂还。崇焕以之臣奏留桂,又与不协。中朝虑偾事,命之臣专督关内,以关外属崇焕画关守。崇焕虞廷臣忌己,上言:"陛下以关内外分责二臣,用辽人守辽土,且守且战,且筑且屯。屯种所入,可渐减海运。大要坚壁清野以为体,乘间击瑕以为用。战虽不足,守则有余;守既有余,战无不足。顾勇猛图敌,敌必仇,奋迅立功,众必忌。任劳则必召怨,蒙罪始可有功。怨不深则劳不著,罪不大则功不成。谤书盈篋,毁言日至,从古已然,惟圣明与廷臣始终之。"帝优旨褒答。

其冬,崇焕偕应坤、用、率教巡历锦州,大、小凌河,议大兴屯田,渐复第所弃旧土。忠贤与应坤等并因是荫锦衣,崇焕进所荫为指挥佥事。崇焕遂言:"辽左之坏,虽人心不固,亦缘失有形之险,无以固人心。兵不利野战,祇有凭坚城用大炮一策。今山海四城既新,当更修松山诸城,班军四万人,缺一不可。"帝报从之。

先是,八月中,我太祖高皇帝晏驾,崇焕遣使吊,且以觇虚实。我太宗文皇帝遣使报之,崇焕欲议和,以书附使者还报。我大清兵将讨朝鲜,欲因此阻其兵,得一意南下。七年正月,再遣使答之,遂大兴兵渡鸭绿江南讨。朝议以崇焕、之臣不相能,召之臣还,罢经略不设,以关内外尽属崇焕,与镇守中官应坤、用并便宜从事。崇焕锐意恢复,乃乘大军之出,遣将缮锦州、中左、大凌三城,而再使使持书议和。会朝鲜及毛文龙同告急,朝命崇焕发兵援。崇焕以水师援文龙,又遣左辅、赵率教、朱梅等九将将精卒九千先后逼三岔河,为牵制之势,而朝鲜已为大清所服,诸将乃还。

崇焕初议和,中朝不知。及奏报,优旨许之,后以为非计,频旨戒谕。崇焕欲藉是修故疆,持愈力。而朝鲜及文龙被兵,言官因谓和议所致。四月,崇焕上言:"关外四城虽延袤二百里,北负山,南阻海,广四十里尔。今屯兵六万,商民数十万,地隘人稠,安所得食?锦州、中左、大凌三城,修筑必不可已。业移商民,广开屯种。倘城不完而敌至,势必撤还,是弃垂成功也。故乘敌有事江东,姑以和之说缓之。敌知，则三城已完，战守又在关门四百里外，金汤益固矣。"帝优旨报闻。

时率教驻锦州，护版筑。朝命尤世禄来代，又以辅为前锋总兵官，驻大凌河。世禄未至，辅未入大凌，五月十一日大清兵直抵锦州，四面合围。率教偕中官用婴城守，而遣使议和，欲援师以待救。使三返不决，围益急，崇焕以宁远兵不可动，选精骑四千，令世禄、大寿将，绕出大军后决战。别遣水师东出，相牵制。且请发蓟镇、宣大兵，东护关门。朝廷已命山海满桂移前屯，三屯孙祖寿移山海，宣府黑云龙移一片石，蓟辽总督阎鸣泰移关城；又发昌平、天津、保定兵驰赴上关；檄山西、河南、山东守臣整兵听调。世禄等将行，大清已于二十八日分兵趋宁远。崇焕与中官应坤、副使毕自肃督将士登陴守，列营濠内，用炮距击。而桂、世禄、大寿大战城外，士多死，桂身被数矢。大军亦旋引去，益兵攻锦州。以溽暑不能克，士卒多损伤，六月五日亦引还，因毁大、小凌河二城。时称宁、锦大捷，桂、率教功为多。忠贤因使其党论崇焕不救锦州为暮气，崇焕遂乞休。中外方争颂忠贤，崇焕不得已，亦请建祠，终不为所喜。七月，遂允其归。而以王之臣代为督师兼辽东巡抚，驻宁远。及叙功，文武增秩赐荫者数百人，忠贤子亦封伯，而崇焕止增一秩。尚书霍维华不平，疏乞让荫，忠贤亦不许。

未几，熹宗崩。庄烈帝即位，忠贤伏诛，削诸冒功者。廷臣争请召崇焕，其年十一月擢右都御史，视兵部添注左侍郎事。崇祯元年四月，命以兵部尚书兼右副都御史，督师蓟、辽，兼督登、莱、天津军务，所司敦促上道。七月，崇焕入都，先奏陈兵事。帝召见平台，慰劳甚至，咨以方略。对曰："方略已具疏中。臣受陛下特眷，愿假以便宜，计五年，全辽可复。"帝曰："复辽，朕不吝封侯赏。卿努力解天下倒悬，卿子孙亦受其福。"崇焕顿首谢。帝退少憩，给事中许誉卿叩以五年之略。崇焕言："圣心焦劳，聊以是相慰耳。"誉卿曰："上英明，安可漫对。异日按期责效，奈何？"崇焕怃然自失。顷之，帝出，即奏言："东事本不易竣。陛下既委臣，臣安敢辞难。但五年内，户部转军饷,工部给器械,吏部用人,兵部调兵选将,须中外事事相应,方克有济。"帝为饬四部臣,如其言。崇焕又言:"以臣之力,制全辽有余,调众口不足。一出国门,便成万里。忌能妒功,夫岂无人。即不以权力掣臣肘,亦能以意见乱臣谋。"帝起立倾听,谕之曰:"卿无疑虑,朕自有主持。"大学士刘鸿训等请收还之臣、桂尚方剑,以赐崇焕,假之便宜。帝悉从之,赐崇焕酒馔而出。崇焕以前此熊廷弼、孙承宗皆为人排挤,不得竟其志,上言:"恢复之计,不外臣昔年以辽人守辽土,以辽土养辽人,守为正著,战为奇著,和为旁著之说。法在渐不在骤,在实不在虚。此臣与诸边臣所能为。至用人之人,与为人用之人,皆至尊司其钥。何以任而勿贰,信而勿疑?盖驭边臣与廷臣异,军中可惊可疑者殊多,但当论成败之大局,不必摘一言一行之微瑕。事任既重,为怨实多。诸有利于封疆者,皆不利于此身者也。况图敌之急,敌亦从而间之,是以为边臣甚难。陛下爱臣知臣,臣何必过疑惧,但中有所危,不敢不告帝。"优诏答之,赐蟒玉、银币,疏辞蟒玉不受。

是月,川、湖兵戍宁远者,以缺饷四月大噪,余十三营起应之,缚系巡抚毕自肃、总兵官朱梅、通判张世荣、推官苏涵淳于谯楼上。自肃伤重,兵备副使郭广初至,躬翼自肃,括抚赏及朋桩二万金以散,不厌,贷商民足五万,乃解。自肃疏引罪,走中左所,自经死。崇焕以八月初抵关,闻变驰与广密谋,宥首恶张正朝、张思顺,令捕十五人戮之市,斩知谋中军吴国琦,责参将彭簪古,黜都司左良玉等四人。发正朝、思顺前锋立功,世荣、涵淳以贪虐致变,亦斥之。独都司程大乐一营不从变,特为奖励。一方乃靖。

关外大将四五人,事多掣肘。后定设二人,以梅镇宁远,大寿仍驻锦州,至是梅将解任,崇焕请合宁、锦为一镇,大寿仍驻锦州,加中军副将何可刚都督佥事,代梅驻宁远,而移蓟镇率教于关门,关内外止设二大将。因极称三人之才,谓:"臣自期五年,专藉此三人,当与臣相终始。届期不效,臣手戮三人,而身归死于司败。"帝可之,崇焕遂留镇宁远。自肃既死,崇焕请停巡抚。及登莱巡抚孙国桢免,崇焕又请罢不设。帝亦报可。哈剌慎三十六家向受抚赏，后为插汉所迫，且岁饥，有叛志。崇焕召至于边，亲抚慰，皆听命。二年闰四月，叙春秋两防功，加太子太保，赐蟒衣、银币，荫锦衣千户。

崇焕始受事，即欲诛毛文龙。文龙者，仁和人。以都司援朝鲜，逗留辽东。辽东失，自海道遁回，乘虚袭杀大清镇江守将，报巡抚王化贞，而不及经略熊廷弼，两人隙始开。用事者方主化贞，遂授文龙总兵，累加至左都督，挂将军印，赐尚方剑，设军镇皮岛如内地。皮岛亦谓之东江，在登莱大海中，绵亘八十里，不生草木，远南岸，近北岸，北岸海面八十里即抵大清界，其东北海则朝鲜也。岛上兵本河东民，自天启元年河东失，民多逃岛中。文龙笼络其民为兵，分布哨船，联接登州，以为犄角计。中朝是之，岛事由此起。

四年五月，文龙遣将沿鸭绿江越长白山，侵大清国东偏，为守将击败，众尽歼。八月，遣兵从义州城西渡江，入岛中屯田。大清守将觉，潜师袭击，斩五百余级，岛中粮悉被焚。五年六月，遣兵袭耀州之官屯寨，败归。六年五月，遣兵袭鞍山驿，丧其卒千余。越数日又遣兵袭撒尔河，攻城南，为大清守将所却。七年正月，大清兵征朝鲜，并规剿文龙。三月，大清兵克义州，分兵夜捣文龙于铁山。文龙败，遁归岛中。时大清恶文龙蹑后，故致讨朝鲜，以其助文龙为兵端。

顾文龙所居东江，形势虽足牵制，其人本无大略，往辄败衄，而岁糜饷无算；且惟务广招商贾，贩易禁物，名济朝鲜，实阑出塞，无事则鬻参贩布为业，有事亦罕得其用。工科给事中潘士闻劾文龙糜饷杀降，尚宝卿董茂忠请撤文龙，治兵关、宁。兵部议不可，而崇焕心弗善也，尝疏请遣部臣理饷。文龙恶文臣监制，抗疏驳之，崇焕不悦。及文龙来谒，接以宾礼，文龙又不让，崇焕谋益决。

至是，遂以阅兵为名，泛海抵双岛，文龙来会。崇焕与相燕饮，每至夜分，文龙不觉也。崇焕议更营制，设监司，文龙怫然。崇焕以归乡动之，文龙曰：“向有此意，但惟我知东事，东事毕，朝鲜衰弱，可袭而有也。”崇焕益不悦。以六月五日邀文龙观将士射，先设幄山

上,令参将谢尚政等伏甲士幄外。文龙至,其部卒不得入。崇焕曰:
"予诘朝行,公当海外重寄,受予一拜。"交拜毕,登山。崇焕问从官
姓名,多毛姓。文龙曰:"此皆予孙。"崇焕笑,因曰:"尔等积劳海外,
月米止一斛,言之痛心,亦受予一拜,为国家尽力。"众皆顿首谢。崇
焕因诘文龙违令数事,文龙抗辩。崇焕厉色叱之,命去冠带縶缚,文
龙犹倔强。崇焕曰:"尔有十二斩罪,知之乎?祖制,大将在外,必命
文臣监。尔专制一方,军马钱粮不受核,一当斩。人臣之罪莫大欺
君,尔奏报尽欺罔,杀降人难民冒功,二当斩。人臣无将,将则必诛。
尔奏有牧马登州,取南京如反掌语,大逆不道,三当斩。每岁饷银数
十万,不以给兵,月止散米三斗有半,侵盗军粮,四当斩。擅开马市
于皮岛,私通外番,五当斩。部将数千人悉冒己姓,副将以下滥给札
付千,走卒、舆夫尽金绯,六当斩。自宁远还,剽掠商船,自为盗贼,
七当斩。强取民间子女,不知纪极,部下效尤,人不安室,八当斩。驱
难民远窃人参,不从则饿死,岛上白骨如莽,九当斩。辇金京师,拜
魏忠贤为父,塑冕旒像于岛中,十当斩。铁山之败,丧军无算,掩败
为功,十一当斩。开镇八年,不能复寸土,观望养敌,十二当斩。"数
毕,文龙丧魂魄,不能言,但叩头乞免。崇焕召谕其部将曰:"文龙罪
状当斩否?"皆惶怖唯唯。中有称文龙数年劳苦者,崇焕叱之曰:"文
龙一布衣尔,官极品,满门封荫,足酬劳,何悖逆如是!"乃顿首请旨
曰:"臣今诛文龙以肃军。诸将中有若文龙者,悉诛。臣不能成功,
皇上亦以诛文龙者诛臣。"遂取尚方剑斩之帐前。乃出谕其将士曰:
"诛止文龙,余无罪。"

　　当是时,文龙麾下健校悍卒数万,惮崇焕威,无一敢动者。于是
命棺敛文龙。明日具牲醴拜奠曰:"昨斩尔,朝廷大法;今祭尔,僚友
私情。"为之下泪。乃分其卒二万八千为四协,以文龙子承祚、副将陈
继盛、参将徐敷奏、游击刘兴祚主之。收文龙敕印、尚方剑,令继盛
代掌。犒军士,檄抚诸岛,尽除文龙虐政。还镇,以其状上闻,末言:
"文龙大将,非臣得擅诛,谨席藁待罪。"时崇祯二年五月也。帝骤
闻,意殊骇,念既死,且方倚崇焕,乃优旨褒答。俄传谕暴文龙罪,以

安崇焕心；其爪牙伏京师者，令所司捕。崇焕上言："文龙一匹夫，不法至此，以海外易为乱也。其众合老稚四万七千，妄称十万，且民多，兵不能二万，妄设将领千。今不宜更置帅，即以继盛摄之，于计便。"帝报可。

崇焕虽诛文龙，虑其部下为变，增饷银至十八万。然岛弁失主帅，心渐携，益不可用，其后致有叛去者。崇焕言："东江一镇，牵制所必资。今定两协，马军十营，步军五，岁饷银四十二万，米十三万六千。"帝颇以兵减饷增为疑，以崇焕故，特如其请。

崇焕在辽，与率教、大寿、可刚定兵制，渐及登、莱、天津，及定东江兵制，合四镇兵十五万三千有奇，马八万一千有奇，岁费度支四百八十余万，减旧一百二十余万。帝嘉奖之。

文龙既死，甫逾三月，我大清兵数十万分道入龙井关、大安口。崇焕闻，即督大寿、可刚等入卫。以十一月十日抵蓟州，所历抚宁、永平、迁安、丰润、玉田诸城，皆留兵守。帝闻其至，甚喜，温旨褒勉，发帑金犒将士，令尽统诸道援军。俄闻率教战殁，遵化、三屯营皆破，巡抚王元雅、总兵朱国彦自尽，大清兵越蓟州而西。崇焕惧，急引兵入护京师，营广渠门外。帝立召见，深加慰劳，咨以战守策，赐御馔及貂裘。崇焕以士马疲敝，请入休城中，不许。出与大军鏖战，互有杀伤。

时所入隘口乃蓟辽总理刘策所辖，而崇焕甫闻变即千里赴救，自谓有功无罪。然都人骤遭兵怨，谤纷起，谓崇焕纵敌拥兵。朝士因前通和议，诬其引敌胁和，将为城下之盟。帝颇闻之，不能无惑。会我大清设间，谓崇焕密有成约，令所获宦官知之，阴纵使去。其人奔告于帝，帝信之不疑。十二月朔，再召对，遂缚下诏狱。大寿在旁，战栗失措，出即拥兵叛归。大寿尝有罪，孙承宗欲杀之，爱其才，密令崇焕救解。大寿以故德崇焕，惧并诛，遂叛。帝取崇焕狱中手书，往召大寿，乃归命。

方崇焕在朝，尝与大学士钱龙锡语，微及欲杀毛文龙状。及崇焕欲成和议，龙锡尝移书止之。龙锡故主定逆案，魏忠贤遗党王永光、高捷、袁弘勋、史蓳辈谋兴大狱,为逆党报仇,见崇焕下吏,遂以擅主和议,专戮大帅二事为两人罪。捷首疏力攻,蓳、弘勋继之,必欲并诛龙锡。法司坐崇焕谋叛,龙锡亦论死。三年八月,遂磔崇焕于市。兄弟妻子流三千里,籍其家。崇焕无子,家亦无余赀,天下冤之。

崇焕既缚,大寿溃而去。武经略满桂以趣战急,与大清兵战,竟死,去缚崇焕时甫半月。初,崇焕妄杀文龙,至是帝误杀崇焕。自崇焕死,边事益无人,明亡征决矣。

赵光抃,字彦清,九江德化人。父赞化,工部郎中。光抃举天启五年进士。乡人曹钦程父事魏忠贤。骤得太仆少卿。光抃语之曰:"富贵一时,名节千古,君不可不审。"钦程恶之,即日出赞化为南宁知府。南宁恶地,赞化侘傺而死。光抃奔丧归。

崇祯初,服阕,除工部都水主事,历兵部职方郎中。十年秋,遣阅蓟、辽戎务,尽得边塞形势,战守机宜,列十二事以献。明年冬大清兵入密云,总督吴阿衡败殁,廷议增设巡抚一人,驻密云,遂擢光抃右佥都御史任之。至即发监视中官邓希诏奸谋,帝召希诏还,而令分守中官孙茂霖核实。茂霖为希诏解,光抃反得罪,遣戍广东。

十五年,兵事益棘,廷臣荐光抃复官。光抃家素饶,闻命持数万金入都,为军资。既至,召见德政殿。奏对称旨,拜兵部右侍郎兼右佥都御史,总督蓟州、永平、山海、通州、天津诸镇军务。而大清已克蓟州,分兵四出,命光抃兼督诸路援军。诸援军观望,河间迤南皆失守。光抃不敢救,尾而南。已,闻塞上警,又驱而北。廷臣交章劾光抃,谓列城被攻不救,退回高阳,坐视沦覆。明年,复论光抃及范志完。四月,大清兵北旋,光抃、唐通、白广恩等八镇兵邀于螺山,皆败走。帝闻,大怒。既解严,与志完并获谴。帝召见雷缜祚,缜祚诋志完,而称光抃。帝曰:"志完、光抃逗留河间,独罪志完,渠服其心乎?"遂并逮光抃。光抃尝荐广恩,广恩抗不赴召,帝以是益恶光抃,卒与志完同日斩西市。

光抃才气豪迈,而于大虑亦疏。在职方,深为尚书杨嗣昌所倚,曰:"吾不及光抃。"先是,毛文龙据东江,海疆赖之。文龙死,陈继盛、黄龙、沈世魁代其部,往往为乱。中朝又素以縻饷为忧。及世魁死,岛中无帅,光抃怂臾嗣昌撤之。二十年积患一朝而除,而于边计亦左焉。光抃虽文士,有胆决。尝遇敌,诸将欲奔,光抃坐地不起,久之,乃引归。其起戍中也,将士不相习,猝遇大敌,先胆落,故所当辄败。然受事破军之余,身先被创,顾与志完同诛,人咸以为冤。福王时,太仆万元吉奏复其官。

范志完,虞城人。崇祯四年进士。授永平推官,专理插汉抚赏,意不欲行。上疏言权轻,请得特疏奏军事。当事者恶之,谪湖广布政司检校。擢宁国推官,历官分巡关内佥事。十四年冬,超擢右佥都御史,巡抚山西。其座主周延儒当国,遂拜志完兵部右侍郎兼右佥都御史,总督蓟州、永平、山海、通州、天津诸镇军务,代杨绳武。

绳武者,云南弥勒人也。由庶吉士改授御史。十一年冬,用杨嗣昌荐召见,吐言如流,画地成图。帝伟之,遂超擢右佥都御史,巡抚顺天。洪承畴困松山,遂擢绳武总督,寻以志完代之,而令绳武总督辽东宁远诸军,出关救松、锦,加衔督师。

明年正月,绳武卒官,赠兵部尚书,荫锦衣世袭百户。遂进志完左侍郎,督师出关如绳武,而以张福臻督蓟镇,驻关内。自王朴诸军败,兵力益单,松、锦相继失,志完乃筑五城宁远城南,护转输,募土著实之。又议修觉华岛城,为犄角势,帝甚倚之。六月,易衔钦命督师,总督蓟、辽、昌、通等处军务,节制登、津抚镇。辽事急则移驻中后、前屯,关内急则星驰入援,三协有警则会同蓟、昌二督并力策应。时关内外并建二督,而关外加督师衔,地望尤尊,又于昌平、保定设二督,于是千里之内有四督臣。又有宁远、永平、顺天、密云、天津、保定六巡抚,宁远、山海、中协、西协、昌平、通州、天津、保定八总兵。星罗棋置,无地不防,而事权反不一。

十五年,给事中方士亮劾福臻昏庸,因言移督师关内,则蓟督可裁,福臻可罢。于是召还福臻,令志完兼制关内,移驻关门。志完

辞,不许。求去,不许。上疏言不能兼蓟,请仍设蓟督。逾月,始以
赵光抃任之。而大清兵已入自墙子岭,克蓟州而南下矣。兵部劾志
完疏防,廷臣亦言志完贪惧。帝以敌兵未退,责令戴罪立功。然志
完无谋略,悾怯甚,不敢一战,所在州县覆没,惟尾而呵噪,兵所到
剽房。至德州,金事雷缜祚劾之,自是论列者益众。帝犹责志完后
效,志完终不敢战。

　　明年,大清兵攻下海州、赣榆、沭阳、丰县,已而北旋。志完、光
抃卒观望,皆不进。事定,议罪,召缜祚廷质,问志完逗留淫掠状,志
完辨。问御史吴履中,对如缜祚言。时座主延儒督师亦无功,遂命
下志完狱,以十二月斩志完。

　　先是,十二年封疆之案,伏罪者三十有六人。至是,失事甚于
前,诛止志完、光抃及巡抚马成名、潘永图,总兵薛敏忠,副将柏永
镇,其他悉置不问。而保定巡抚杨进得善去,山东巡抚王永吉反获
迁擢。帝之用刑,至是穷矣。

　　赞曰:三路丧师,收降取败,镐与应泰同辜。然君子重绳镐而宽
论应泰,岂不以士所重在节哉!惜乎廷弼以盖世之材,褊性取忌。功
名显于辽,亦隳于辽。假使廷弼效死边城,义不反顾,岂不毅然节烈
丈夫哉!广宁之失,罪由化贞,乃以门户曲杀廷弼,化贞稽诛者且数
年。崇焕智虽疏,差有胆略,庄烈帝又以谗间诛之,国步将移,刑章
颠覆,岂非天哉!

明史卷二六〇
列传第一四八

杨鹤 从弟鹗　　陈奇瑜 元默
熊文灿 洪云蒸　　练国事
丁启睿 从父魁楚　　郑崇俭 方孔炤
杨一鹏　邵捷春　余应桂
高斗枢　张任学

　　杨鹤，字修龄，武陵人。万历三十二年进士。授雒南知县，调长安。

　　四十年擢御史，上疏请东宫讲学。且言："顷者，爱女被躏于宫奴，馆甥受挞于朝市，叩阍不闻，上书不达，壅蔽极矣。"时寿宁主婿冉兴让为掌家宫人梁盈女、内官彭进朝等殴辱，公主三奏不达，兴让挂冠长安门去，故鹤言及之。

　　寻出督两淮盐法，巡按贵州。贵州接壤乌撒，去川南叙州千里，节制难。土官安云龙死，其族人与沾益安效良争印，构兵三十年，后竟为效良所据，其父绍庆又据沾益州，皆川、云、贵咽喉地。鹤请割乌撒隶贵州，地近节制便，可弭后患，朝议不决。未几，效良为乱，如其言。贵州土官以百数，水西安氏最大，而土地、户口、贡赋之属，无籍可稽。鹤乃檄宣慰安位尽著之籍，并首领目把主名、承袭源委，悉列上有司。自是簿牒始明，奸弊易核。事竣，不候命径归。久之，还朝。

　　杨镐四路师败，鹤荐熊廷弼、张鹤鸣、李长庚、薛国用、袁应泰，言："辽事之失，不料彼已，丧师辱国，误在经略；不谙机宜，马上催战，误在辅臣；调度不闻，束手无策，误在枢部。至尊优柔不断，又至尊自误。"当事恶其直，将假他事逐之，乃引疾去。丁外艰。天启初，起太仆少卿，擢右金都御史，巡抚南、赣。未任，丁内艰，而广宁又败。魏忠贤以鹤党护廷弼，除鹤名。

　　崇祯元年召拜左金都御史，进左副都御史。鹤上言："图治之要，在培元气。自大兵大役，加派频仍，公私交罄，小民之元气伤。自辽左、黔、蜀丧师失律，暴骨成丘，封疆之元气伤。自搢绅构党，彼此相倾，逆奄乘之，诛锄善类，士大夫之元气伤。譬如重病初起，百脉未调，风邪易入，道在培养。"时以为名言。先是，辽左用兵，逃军惮不敢归伍，相聚剽房。至是，关中频岁祲，有司不恤下。白水王二者，鸠众，墨其面，闯入澄城，杀知县张耀采。由是府谷王嘉胤、汉南王大梁、阶州周大旺群贼蜂起，三边饥军应之，流氛之始也。当是时，承平久，卒被兵，人无固志。大吏恶闻贼，曰："此饥氓，徐自定耳。"明年，总督武之望死。久之，廷臣莫肯往者，群推鹤。帝召见鹤，问方略。对曰："清慎自持，抚恤将卒而已。"遂拜鹤兵部右侍郎，代之望总督陕西三边军务。至则大梁、大旺、王二已前诛灭，而继起者益众。鹤素有清望，然不知兵。其冬，京师戒严，延绥、宁夏、甘肃、固原、临洮五镇总兵官悉以勤王行。延绥兵中道逃归，甘肃兵亦哗，惧诛，并合于贼，贼益张。

　　三年正月，王左挂等攻宜川，为知县成材所却，转攻韩城。军中无帅，鹤命参政洪承畴御之。俘斩三百余人，围解，贼走清涧。鹤连疏请诸将还镇，不果，起故将杜文焕任之。二月，延安知府张辇、都司艾穆躄贼延川，降其魁王子顺、张述圣、姬三儿。别贼王嘉允掠延安、庆阳，鹤匿不奏，而给降贼王虎、小红狼、一丈青、掠地虎、混江龙等免死牒，安置延绥、河曲间。贼淫掠如故，有司不敢问。寇患成于此矣。

七月，嘉胤陷黄甫、清水、木瓜，遂陷府谷，文焕击走之，贼流入山西。已抚王左挂以白汝学攻绥德州，谋内应。事觉，巡按李应期与承畴计诛左挂等绥德，五十七人皆死。十二月，贼神一元攻陷新安、宁塞、柳树涧等堡。宁塞，文焕所居，宗人多死。

明年正月，贼弃宁塞，陷保安。一元死，弟一魁围庆阳，陷合水。鹤闻，移驻宁州。一魁求抚，送还合水知县蒋应昌。别贼拓先龄、金翅鹏、过天星、田近庵、独头虎、上天龙等亦先后降。鹤设御座于城楼，贼跪拜呼万岁。鹤宣圣谕，令设誓，或归伍，或归农。贼佯应之，则立赦其罪。群盗自是视总督如儿戏矣。鹤又以一魁最强，致其婿帐中，同卧起；而一魁果至。数以十罪，则稽首谢。即宣诏赦之，畀以官，处其众四千余人于宁塞，使守备吴弘器护焉。文焕闻之，叹曰：“宁塞之役，贼畏我而逃。今者贼伪降，杨公信之，借名城为盗资。我宗人，可与贼逼处此土乎！”遂以其族行。

五月，鹤移驻耀州。贼攻破金锁关，杀都司王廉。七月，别贼李老柴、独行狼攻陷中部，田近庵以六百人守马栏山应之。而降渠一魁之党茹成名者，尤桀骜，鹤令一魁诱杀之于耀州。其党猜惧，挟一魁以叛。御史谢三宾言：“鹤谓庆阳抚局既毕，贼散遣俱尽。中部之贼，宁自天降？”疏下巡按御史吴甡核奏，甡奏鹤主抚误国。帝怒，逮鹤下狱，戍袁州。

七年秋，子嗣昌擢宣、大、山西总督，疏辞。言：“臣父鹤以总督蒙谴，已三年，臣何心复居此职。”帝优诏答之，而不赦鹤罪。八年冬，鹤卒于戍所。嗣昌请恤。帝复鹤官，而不予恤。鹤初以尤世禄宁夏大捷功，进兵部尚书、太子少保，世荫锦衣千户。十年，叙贺虎臣宁夏破贼功，追加太子少傅。十三年又以甘肃叙功，任一子官。

从弟鸮，崇祯四年进士。官御史，有才名，擢顺天巡抚。京师陷，南归，福王以为兵部右侍郎，总督川、湖军务。

陈奇瑜，字玉铉，保德州人。万历四十四年进士。除洛阳知县。天启二年擢礼科给事中。杨涟劾魏忠贤，奇瑜亦抗疏力诋。六年春，由户科左给事中出为陕西副使,迁右参政,分守南阳。

崇祯改元,加按察使职,寻历陕西左右布政使。五年擢右佥都御史,代张福臻巡抚延绥。时大盗神一魁、不沾泥等已歼,而余党犹众。岁大凶,民多从贼。明年五月,奇瑜上疏,极言廊、延达镇城千余里饥荒盗贼状,诏免延安、庆阳田租。奇瑜乃遣副将卢文善讨斩截山虎、柳盗跖、金翅鹏等。寻遣游击常怀德斩薛仁贵,参政戴君恩斩一条龙、金刚钻、开山鹞、黑煞神、人中虎、五阎王、马上飞,都司贺思贤斩王登槐,巡检罗圣楚斩马红狼、满天飞,参政张伯鲸斩满鹅、擒黄参耀、隔沟飞,守备阎士衡斩张聪、樊登科、樊计荣、一块铁、青背狼、穿山甲、老将军、二将军、满天星、上山虎,把总白士祥斩埽地虎,守备郭金城斩扒地虎、括天飞,守备郭太斩跳山虎、新来将、就地滚、小黄莺、房日兔,游击罗世勋斩贾总管、逼上天、小红旗,他将斩草上飞、一只虎、一翅飞、云里手、四天王、薛红旗、独尾狼,诸渠魁略尽。奇瑜乃上疏曰:"流寇作难,始于岁饥,而成于元凶之煽诱,致两郡三路皆盗薮。今未顿一兵,未绝一弦,擒斩头目百七十七人,及其党千有奇。头目既除,余党自散。向之斩木揭竿者,今且荷锄负耒矣。"帝嘉之,令录有功将士以闻。

延绥群贼多解,独钻天哨、开山斧据永宁关。永宁在镇城东,前阻山,下临黄河,数年不下。奇瑜谓是不可以力取,乃阴简锐士,阳言总制檄发兵,令贺人龙将之而西,身为后劲,直抵延川。俄策马东,曰:"视吾马首所向。"潜师疾走入山。贼不虞大兵至,惊溃。焚其巢,斩首千六百有奇,二贼俱馘。分兵击斩金翅鹏、一座城,获首五百五十。延水群盗平,奇瑜威名著关陕。于是,君盗尽萃于山西,流突河北、畿南。冬冰坚,从渑池渡,蹂河南、湖广窥四川。

明年,廷议诸镇抚事权不一,宜设大臣统之,多推荐洪承畴。以承畴方督三边,不可易,乃擢奇瑜兵部右侍郎兼右佥都御史,总督陕西、山西、河南、湖广、四川军务,专办流贼。奇瑜檄诸将会兵陕州。先是,老回回、过天星、满天星、闯塌天、混世王五大营自楚入蜀,陷夔州。阻险,复走还楚,分为三:一犯均州,往河南;一犯郧阳,

往淅川；一犯金漆坪，渡河犯商南。奇瑜乃驰至均州，檄四巡抚会
讨。陕西练国事驻商南，遏其西北。郧阳卢象昇驻房竹，遏其西。河
南元默驻卢氏，遏其东北。湖广唐晖驻南漳，遏其东南。奇瑜乃偕
象昇督将士由竹溪至平利之乌林关，十余战，斩贼千七百余级。越
七日，大破之乜家沟，斩千八十余级，总兵邓玘功为多。已，设伏蚋
溪，连战，斩三百余级。至狮子山，斩七百二十余级。别将杨化麟、
杨世恩、周任凤、杨正芳等分道击杀贼，擒其魁闯王、翻山虎等。

　　奇瑜上言："楚中屡捷，一时大盗几尽，其窜伏深山者，臣督乡
兵为向道，无穴不搜，楚中渐有宁宇。"帝嘉劳之。乃督副将刘迁等
搜竹溪、平利贼，追至五狼河，擒其魁十二人。遣参将贺人龙等追八
昼夜至紫阳，贼死者万余人。

　　先是，贼入蜀，复自蜀人秦，由阳平关奔巩昌，承畴御之秦州。
贼遂越两当，袭破凤县，分为二：一向汉中，取间道犯城固、洋阳；一
由凤县奔宝鸡、汧阳。于是贼在平利、洵阳间者数万，自四川入西乡
者二三万。犯城固、洋县者又东下石泉、汉阴，会汉、兴，窥商、雒。当
是时，奇瑜以湖广贼尽，鼓行而西，谓贼不足平也。乃遣游击唐通防
汉中，以护藩封；遣参将贺人龙、刘迁、夏镐扼略阳、沔县，防贼西
遁；遣副将杨正芳、余世任扼褒城，防贼北遁；自督副将杨化麟、柳
国镇等驻洋县，防贼东遁。又檄练国事、卢象昇、元默各守要害，截
贼奔逸。

　　贼见官军肆集，大惧，悉遁入兴安之车厢峡，诸渠魁李自成、张
献忠等咸在焉。峡四山巉立，中亘四十里，易入难出。贼误入其中，
山上居民下石击，或投以炬火，山口累石塞，路绝，无所得食，困甚。
又大雨二旬，弓矢尽脱，马乏刍，死者过半。当是时，官军蹙之，可尽
歼。自成等见势绌，用其党顾君恩谋，以重宝贿奇瑜左右及诸将帅，
伪请降。奇瑜无大计，遽许之，先后籍三万六千余人，悉劳遣归农。
每百人以安抚官一护之，檄所过州县具糗粮传送，诸将无邀挠抚
事。诸贼未大创，降非实也。既出栈道，遂不受约束，尽杀安抚官五
十余人，攻掠诸州县，关中大震。

奇瑜悔失计,乃委罪他人以自解。贼初叛,猝至凤翔,诱开城。守城知其诈,绐以縋城上,杀其先登者三十六人,余噪而去。其犯宝鸡,亦为知县李嘉彦所挫。奇瑜遂劾嘉彦及凤翔乡官孙鹏等挠抚局,抚按官亦异心。帝怒,切责抚按,逮嘉彦、鹏及士民五十余人。奇瑜又请敕陕西、郧阳、湖广、河南、山西五巡抚各守要害,有失则治诸臣罪,冀以分己过。又委罪巡抚练国事,国事亦被逮。给事中顾国宝劾奇瑜误封疆,诏解任候勘。御史傅永淳复劾奇瑜解陇州围报首功不实,诏除名,锦衣官逮讯。九年六月谪戍边。

初,奇瑜官南阳,唐王杀其世子,欲并废世子子聿键。赖奇瑜力,聿键得为世孙。后聿键自立于闽,召奇瑜为东阁大学士。道远,未闻命,卒于家。

元默,字中象,静海人。万历四十七年进士。除怀庆推官,擢吏科给事中。魏忠贤焰方炽,以乡里欲招致之,默谢不可。言路承忠贤意,劾罢归。

崇祯初,复官,历迁太常卿。六年春,以佥都御史巡抚河南。流贼由均州犯河内,默率左良玉、汤九州、李卑、邓玘兵待境上;复率九州乘雪夜薄吴城贼营,大破之。嵩、雒以北名城数十,贼避勿敢攻。奇俞既失李自成于车箱峡,默自汝州移驻卢氏,檄良玉、九州各陈兵守要害,得稍宁者数月。当是时,贼势张,良玉等承督师檄,守备尚固。默率诸将斩获多,贼多趋秦、楚境。已分为三,自颍州犯凤阳皇陵,中州所在告急。八年夏,默被逮去。久之,得释,归八年卒。

熊文灿,贵州永宁卫人。万历三十五年进士。授贵州推官,迁礼部主事,历郎中。出封琉球还,擢山东左参政、山西按察使、山东右布政使。忧归,自是徙家蕲水。

崇祯元年起福建左布政使。三月就拜右佥都御史,巡抚其地。海上故多剧盗,袁进、李忠既降,杨六、杨七及郑芝龙继起。总兵官俞咨皋招六、七降,芝龙猖獗如故。然芝龙常败都司洪先春,释不追;获一游击,不杀;咨皋战败,纵之走。当事知其可抚,遣使谕降之。文灿至，善遇芝龙，使为己用。其党李魁奇再降，再叛去，芝龙击擒之。海警渐息，而钟斌又起。斌初亦就抚，后复叛，寇福州。文灿诱斌往泉州，令芝龙击败之。既而蹙之大洋，斌投海死，闽中屡平巨寇，皆芝龙力，文灿亦叙功增秩焉。

五年二月，擢文灿兵部右侍郎兼右佥都御史，总督两广军务，兼巡抚广东。先是，海寇钟灵秀既降，复叛，为芝龙所擒，其党溃入长汀，转掠江西属邑，文灿檄芝龙屡败贼。而福建有红夷之患，海盗刘香乘之，连犯闽、广沿海邑，帝以责文灿。文灿不能讨，乃议招抚，贼佯许之参政洪云蒸，长沙人，初官广西参政，尝搜凌秀余党，斩三十余级，尽毁其巢。文灿乃令云蒸与副使康承祖，参将夏之本、张一杰入贼舟宣谕，俱被执。文灿惧罪，奏诸臣信贼自陷，给事中朱国栋劾之，诏贬秩，戴罪自效。八年，芝龙合广东兵击香于田尾远洋。香胁云蒸止兵，云蒸大呼曰：“我矢死报国，急击勿失。”遂遇害。香势蹙，自焚溺死，承祖等脱还。贼党千余人诣浙江归款，海盗尽平。

文灿官闽、广久，积赀无算，厚以珍宝结中外权要，谋久镇岭南。会帝疑刘香未死，且不识文灿为人，遣中使假文西采办名，往觇之。既至，文灿盛有所赠遗，留饮十日。中使喜，语及中原寇乱。文灿方中酒，击案骂曰：“诸臣误国耳。若文灿往，讵令鼠辈至是哉！”中使起立曰：“吾非往广西采办也，衔上命觇公。公信有当世才，非公不足办此贼。”文灿出不意，悔失言，随言有五难四不可。中使曰：“吾见上自请之，若上无所吝，即公不得辞矣。”文灿辞穷，应曰诺。中使还朝，果言之帝。初，文灿徙蕲水，与邑人姚明恭为姻娅，明恭官詹事，又与杨嗣昌善。嗣昌握兵柄，承帝眷，以帝急平贼，冀得一人自助。明恭因荐文灿，且曰：“此有内援可引也。”嗣昌喜，遂荐之。

十年四月，拜文灿兵部尚书兼右副都御史，代王家祯总理南畿、河南、山西、陕西、湖广、四川军务。文灿拜命，即请左良玉所将六千人为己军，而大募粤人及乌蛮精火器者一二千人以自护，弓刀甲胄甚整。次庐山，谒所善僧空隐。僧迎谓曰：“公误矣。”文灿屏人问故，僧曰：“公自度所将兵足制贼死命乎？”曰：“不能。”曰：“诸将

有可属大事、当一面、不烦指挥而定者乎?"曰:"未知何如也。"曰:
"二者既不能当贼,上特以名使公,厚责望,一不效,诛矣。"文灿却
立良久,曰:"抚之何如?"僧曰:"吾料公必抚。然流寇非海寇比,公
其慎之。"文灿去,抵安庆。帝所遣中官刘元斌、卢九德监勇卫营军
者亦至。良玉宿将桀骜,不受文吏节制,会其下与粤军不和,大诟。
文灿不得已,遣还南兵,然良玉军实不为用。嗣昌言于帝,乃以边将
冯举、苗有才兵五千人隶焉。有才败于真阳。而京营将黄得功连破
贼兵,威甚振。

当是时,嗣昌建"四正六隅"之策,增兵饷大半,期灭贼,贼颇
惧。及文灿至,京军屡捷,益惧。文灿顾决计招降。初抵安庆,即遣
人招张献忠、刘国能,二人听命。乃益刊招降檄,布通都。又请尽迁
民与粟闭城中,贼无所掠,当自退。帝怒,谯让文灿。嗣昌亦心非之,
既已任之,则曲为文灿解。因其请,畀以畿辅、山西兵各三千。明年,
国能果降,而献忠袭据谷城。会得功又大破贼舞阳,马士秀、杜应金
夜半降,信阳城下。献忠为左良玉所创,几被擒,其下饥困多散去。
献忠穷蹙,亦因陈洪范以降。于是嗣昌议功罪,绌洪承畴、曹变蛟
等,而称文灿功焉。

已而京军解遂平围,斩获三千有奇。时文灿在裕州,马进忠、罗
汝才十三家贼聚南阳。文灿下令,杀贼者偿死。贼不肯从,则赍金
帛酒牢犒之,名曰"求贼"。帝诇得状,曰:"文灿大言无实。"文灿恐。
孙传庭出关击贼,文灿不救,而嗣昌已入政府掌中枢矣。九月,文灿
次襄阳,贼分踞郧、襄诸险。诸将请战,文灿议分兵。卢九德曰:"兵
分则力弱,一失利,全军摇矣。莫若厚集其力而合击之。"众曰:
"善。"乃以金事张大经监大将左良玉、陈洪范军,以通判孔贞会监
副将龙在田军,战于双沟,大破之,斩首二千余级。罗汝才、惠登相
率九营走均州,李万庆率三营走光、固。

十一月,京师戒严,召洪承畴、孙传庭入卫。汝才等以为讨己
也,惧而叩太和山提督中官,求抚于文灿,许之。处汝才一丈青、小
秦王、一条龙四营于郧县,处登相及王国宁、常德安、杨友贤、王光

恩五营于均州。上言："臣于李万庆、贺一龙、马光玉及顺天王主剿，他皆主抚。请赦汝才等罪，授之官。"可之。时京军、良玉军皆以入卫行，马士秀、杜应金遂叛于许州。初，士秀等降，良玉以其众处许之郊外。许，大州也，良玉诸将寄孥与贿焉。良玉久征不归，士秀、应金在文灿军中，伪请急，假良玉军号入城。夜半，兵从府第出，烧城南楼，刳库，杀官吏，挈其资投万庆。万庆者，贼魁射塌天也。

十二年三月，良玉还，破降马进忠，使刘国能击降万庆，士秀、应金亦再降。顺天王已前死，其党顺义王为其下所杀。文灿遂上言："臣兵威震慑，降者接踵。十三家之贼，惟革、左及马光裕三部尚稽天诛，可岁月平也。"帝优诏报之。

初，张献忠之降也，拥兵万人踞谷城，索十万人饷。文灿及中外要人日与之。为请官，请地，请关防矣，献忠列军状曰请备遣。既而三檄其兵不应，朝野知献忠必叛也。其后，汝才降，不肯释甲。及进忠、万庆等并降，文灿以为得策，谓天下且无贼也。五月，献忠遂反于谷城，刳汝才于房县，于是九营俱反。初，均州五营惧见讨，自疑，相与歃自拒献忠，无何亦叛去。帝闻变，大惊，削文灿官，戴罪视事。七月，良玉击献忠罗猴山，败绩。帝大怒。命嗣昌来代。嗣昌已至军，即遣使逮文灿下狱，坐大辟。所亲姚明恭柄国而不能救也。

十三年十月，文灿竟弃市。

练国事，字君豫，永城人。万历四十四年进士。授沛县知县，调山阳。

天启二年，征授御史。广宁失守，国事请蓟州、宣府、大同及山东、山西、河南抚臣各练兵万，以美山海声援。又请捕诛杀大同妖人。又疏论魏忠贤使群阉辱尚书钟羽正，索冬衣，伤国体。国事在谏垣，匡救多。给事中赵兴邦，忠贤私人也，以国事为赵南星党，劾之，削籍。

崇祯元年，复官，擢太仆少卿，进右佥都御史，巡抚陕西。关中频岁饥，盗贼蜂起。四年正月，神一元陷保安。国事遣贺虎臣援延安,而身率副将张全昌连破点灯子于中部、郃阳、韩城,义破别部于宜君、雒川,降其魁李应鳌。诸将张全昌、赵大允、王承恩、杜文焕、贺虎臣等分剿贼澄城、宜川、耀州、白水、郃阳,斩首千九百有奇。总督杨鹤既受群贼降,已,复相继叛,田近庵、李老柴陷中部。国事偕承恩攻围五月,克之。而所部亦频失事,杨鹤被征,国事亦戴罪自赎。

五年,红军友、李都司等将犯平凉。国事自泾趋固原,檄大帅杨嘉谟杀贼塘马,断其侦探。贼乃走庆阳西壕,嘉谟、曹文诏邀击,大败之。自三月至五月,大小数十战,贼迄破灭。国事免戴罪。

当是时,关中五镇,大帅曹文诏、杨嘉谟、王承恩、杨麟、贺虎臣各督边军协讨,总督洪承畴尤善调度。贼魁多歼,余尽走山西,关中稍靖。

六年冬,贼既从渑池渡,入卢氏。明年,贼遂由河南、湖广入汉南。总督陈奇瑜檄国事驻商州,协剿商南、卢氏贼。汉南贼遂由宁羌至两当,掠凤县,出栈道,陷宝鸡,关中贼复炽。既而奇瑜受贼降,檄诸军勿击。贼出险,遂大掠凤翔、麟游、宝鸡、扶风、汧阳、乾州、泾阳、醴泉。奇瑜委罪国事以自解,国事上言:"汉南贼尽入栈道,奇瑜檄止兵。臣未知所抚实数。及见奇瑜疏,八大王部万三千余人,蝎子块部万五百余人,张妙手部九千一百余人,八大王又一部八千三百余人,臣不觉仰天长叹。夫一月内,抚强寇四万余,尽从栈道入内地,食饮何自出,安得无剽掠。且一大帅将三千人,而战一贼魁反拥万余众。安能受纪律。即藉口回籍,延安州县骤增四万余人,安集何所。合诸征剿兵不满二万,而降贼逾四万,岂内地兵力所能支,宜其连陷名城而不可救也。若咎臣不堵剿,则先有止兵檄矣。若云贼已受抚,因误杀使人致然,则未误杀之先,何为破麟游、永寿。今事已至此,惟急调大军致讨。若仍以愿回原籍,禁兵勿剿,三秦之祸安所终极哉!"疏入,事已不可为,遂逮下狱。九年正月遣戍广西。久之,叙前功,赦还,复冠带。

福王时,召为户部左侍郎,寻改兵部。十二月加尚书,仍莅侍郎事。明年二月致仕,未几卒。

丁启睿,永城人。万历四十七年进士。崇祯初,历山东右参政,坐事谪陕西副使。九年,宁夏兵变,永睿捕斩杀巡抚王楫者首恶六人,军中大定。再迁右布政使,分守关南,从巡抚孙传庭讨贼。

十一年冬,就拜右佥都御史,代传庭巡抚陕西。岁频旱,民益为盗,长武、环、白水、长安、临潼、咸阳贼起如蝟毛。十三年用督师杨嗣昌荐,擢兵部右侍郎兼右佥都御史,代郑崇俭总督陕西三边军务讨贼。明年,嗣昌死,加启睿兵部尚书,改称督师,代嗣昌尽督陕西、湖广、河南、四川、山西及江南、北诸军,仍兼总督陕西三边军务,赐剑、敕、印如嗣昌。

启睿自谪河西副使,数迁皆在陕西,然实庸才。为督、抚,奉督师期会,谨慎无功过;及督师任重专制,即莫知为计。启睿已受命出潼关,将由承天赴嗣昌军于荆州。湖广巡按汪承诏言:"大寇在河南,荆、襄幸息警,无烦大军。"尽匿汉津船。启睿至,五日不得渡,折而向邓州,州人闭门诟;过内乡,长吏闭之㐒。军行荒山间,割马赢,燎以野草,士咯不得饱。是时李自成已陷雒阳,围开封,有众七十万。启睿惮不敢援。闻张献忠在光山、固始间,少弱,乃谋于诸将曰:"上命我剿豫贼,此亦豫贼也。"遂檄左良玉破之于麻城,斩首千二百。开封日告急,则曰:"我方有事于献忠,不赴矣。"闻傅宗龙将入关督秦师,启睿曰:"三边已置总督矣。"乞帝更敕书,乃更敕书宗龙办自成。九月,宗龙败殁于项城,启睿不能救。贼乘胜陷南阳,杀唐王,开、汝二郡望风下。十二月,自成再围开封。河南巡抚高名衡飞檄至,启睿督兵赴之,避贼入城,部下大淫掠。总兵陈永福射自成,中其左目。明年正月,贼解围去。

启睿之在许州也,畏贼逼,始赴开封。离城三十里,而城即破。其抵开封,启门入,贼乘之,几陷。四月,自成合群贼复攻开封。六月,帝释侯恂于狱,命督援剿诸军救开封。未至,开封围益急。帝数诏切责启睿。启睿不得已,乃大集良玉、虎大威、杨德政、方国安之军，偕保定总督杨文岳，以七月会于朱仙镇，与贼垒相望。贼众百万。启睿欲战，良玉曰："贼锋锐，未可击也。"启睿曰："围已急，必击之。"诸将皆惧。良玉归营，即先走，诸营俱走。启睿、文岳联骑奔汝宁。贼渡河逐之，追奔四百里。丧马羸七千，将士数万，启睿敕书、印、剑俱失。事闻，诏褫职候代。九月，贼决马家口河灌开封，开封遂陷。乃征下吏，久之释归。自嗣昌死二年而启睿败，启睿败又二年而明亡矣。

福王时，启睿贪缘马士英充为事官，督河南劝农、剿寇诸务。寻以擒斩归德伪官，拜兵部尚书，加太子太保，官其一子。事败，脱身旋里，久之卒。

从父魁楚，崇祯四年春，以右佥都御史巡抚保定。七年，擢兵部右侍郎，代傅宗龙总督蓟、辽、保定军务。九年七月，畿辅被兵，魁楚坐下吏，久之放还。福王时，起故官，总督河南、湖广，兼巡抚承天、德安、襄阳，未赴，会两广总督沈犹龙入为侍郎，魁楚竟代其任。寻加兵部尚书。唐王自立于福州，命以故官协理戎政。靖江王亨嘉反桂林，下梧州，执巡抚瞿式耜。魁楚檄思恩参将陈邦传等袭走之，获于桂林。封魁楚平粤伯，仍留镇两广。闽中事败，与式耜拥立桂王于肇庆，进东阁大学士，兼理戎政。大清兵下广州，渐近肇庆。魁楚奉王走梧州，复弃之，走岑溪。辎重多，舳舻相属，为大将李成栋追获，魁楚遂降。成栋与有隙，录其家数百人杀之。魁楚乞一子，成栋笑曰："汝身且莫保，尚求活人耶？"并杀之。

郑崇俭，字大章，乡宁人。万历四十四年进士。授河南府推官，历济南兵备副使。崇祯初，迁陕西右参政。屡迁右佥都御史，巡抚宁夏。数败套寇，赉银币，世荫锦衣副千户。

十二年正月擢兵部右侍郎，代洪承畴总督陕西三边军务。五月，张献忠反谷城，罗汝才等九营皆反，兴安告警。总理熊文灿请敕楚抚方孔炤防荆门、当阳，郧抚王鳌永防江陵、远安，陕抚丁启睿、蜀抚邵捷春各严兵于其境，而崇俭主提兵合击。时固原、临洮、宁夏三总兵左光先、曹变蛟、马科随承畴入卫，柴时华中道还甘肃，征之不应。崇俭乃檄副将贺人龙、李国奇等军发西安。国奇至洛阳，卒大噪，剽瑞王租。国奇已擢陕西总兵官，坐停新命，崇俭亦贬一秩。

献忠既叛，大败左良玉军于房县之罗猴山，谋入陕。崇俭率人龙、国奇军扼之兴安。贼还走兴山、太平，处楚、蜀交。是时，杨嗣昌已出师，入文灿军而代之矣。先是，尚书傅宗龙议令崇俭兼督蜀军，而嗣昌亦檄秦军入蜀。崇俭乃以十三年早月率人龙、国奇会良玉大败贼于玛瑙山，获首功千三百三十有三，降贼将二十有五人，获马赢、甲仗无算。是役也，崇俭身在行，而嗣昌远处襄阳。及论功，所赐半嗣昌，但增一秩，复先所降一秩而已。

献忠既败，窜柯家坪，蜀将张令追之，被围。崇俭遣兵击走贼，人龙、国奇等复追败之寒溪寺、盐井，先后斩首千五百级。其党顺天王、一条龙、一只龙皆降。崇俭军五日三捷，威名甚振。以年衰乞骸骨，不许，令率总兵郑家栋还关中，留人龙、国奇讨贼。

当是时，献忠窜伏兴、归山中。秦、楚师俱集于夔，诸将协心穷搜深箐，千余残寇可尽歼，崇俭既去，未几，人龙军亦自开县噪而西归，楚师遂败绩于土地岭，蜀中由是大乱。嗣昌因言崇俭撤兵太早，致贼猖獗。帝初以崇俭不能驭军，不悦，及是命削籍，以启睿赴军前代理，而疑崇俭托疾，令按臣核实。明年春，献忠陷襄阳，嗣昌死，帝益恨崇俭不犄角平贼也，逮下狱，责以纵兵擅还，失误军律。不俟秋后，以五月弃市。

帝自即位以来，诛总督七人，崇俭及袁崇焕、刘策、杨一鹏、熊文灿、范志完、赵光抃也。帝愤寇日炽，用法益峻，功罪不假贷，而疆事寝坏，卒至于亡。福王时，给事中李清言："崇俭未失一城，丧一旅，因他人巧卸，遂服上刑。群臣微知其冤，无敢讼言者，臣甚痛之。"崇俭冤始白。

方孔炤，字潜夫，桐城人。万历四十四年进士，天启初，为职方员外郎。忤崔呈秀,削籍。

崇祯元年,起故官。忧归。定桐城民变,还朝。十一年以右佥
都御史巡抚湖广,击贼李万庆、马光玉、罗汝才于承天,八战八捷。
时文灿纳献忠降,处之谷城。孔炤条上八议,言主抚之误,不听,而
阴厉士马备战守。已而贼果叛,如孔炤言。贼故畏孔炤,不敢东,文
灿乃檄孔炤防荆门、当阳,鳌永防江陵、远安,秦、蜀各严兵。崇俭主
合击,孔炤乃请专断德、黄,守承天,护献陵;而江、汉南责鳌永。会
嗣昌代文灿,令孔炤仍驻当阳。惠王常润言:"孔炤遏献忠,有来家
河、神通堡之捷,射中贼魁马光玉,陵寝得无虞。请增秩久任。"章下
部,未奏,而部将杨世恩、罗安邦奉调,会川、沅兵剿竹山寇。两将深
入,至香油坪而败。嗣昌既以孔炤抚议异己也,又忮其言中,遂因事
独劾孔炤,逮下诏狱。子简讨以智,国变后弃家为僧,号无可者也,
伏阙讼父冤,膝行沙坏者两年。帝为心动,下议,孔炤护陵寝功多,
减死戍绍兴。久之,用荐复官,以右佥都御史屯田山东、河北。驰至
济南,复命兼理军务,督大名、广平二监司御贼。命甫下而京师陷,
孔炤南奔。马、阮乱政,归隐十余年而终。

先是,有以陵寝失守获重谴者,为杨一鹏。一鹏,临湘人。历官
大理寺丞,削籍。崇祯六年以兵部左侍郎拜户部尚书兼右佥都御
史,总督漕运,巡抚江北四府。凤阳军民素疾守陵太监杨泽贪虐,引
贼来寇。八年正月,贼遂攻陷凤阳,焚皇陵,烧龙兴寺,燔公私邸舍
二万二千六百五十,戮中都留守朱国相、指挥使程永宁等四十有一
员,杀军民数万人。

先是,贼渐逼江北,兵部尚书张凤翼请敕一鹏移镇凤阳,温体
仁格其议。贼骤至,一鹏在淮安,远不及救。帝闻变大惊,素服避殿,
亲祭告太庙,遂逮一鹏及巡按御史吴振缨、守陵官泽。泽先自杀,一
鹏弃市,振缨戍边。

邵捷春,字肇复,侯官人。万历四十七年进士。累官稽勋郎中。

崇祯二年，出为四川右参政，分守川南，抚定天全六番高、杨二氏。迁浙江按察使。大计，坐贬。久之，起四川副使，以十年秋抵成都。时秦贼已入蜀，巡抚王维章、总兵侯良柱悉众北拒，城中惟屯田军及蜀府护卫军，人情恇惧。捷春启门纳乡民避贼者。中尉奉镨勾贼抵城下，捷春与御史陈廷谟擒击奉镨，而募市人、起废将固守。贼去，蜀王疏其功。会维章罢，傅宗龙代，命捷春监军，偕总兵罗尚文击贼。明年，尚文及安锦副使吴麟征大破贼过天星等。捷春进右参政，仍监军。

十二年五月，宗龙入掌中枢，即擢捷春右佥都御史代之。时张献忠、罗汝才已叛，谋入秦。秦兵扼之兴安，乃犯兴山及蜀太平，遂窥大宁。捷春遣副将王之纶、方国安分道扼之。国安连破贼，贼遂还入秦、楚。十月朔，杨嗣昌誓师襄阳，檄蜀军受节度。嗣昌以楚地广衍，贼难制，驱使入蜀，蜀险阻，贼不得逞，蹙之可全胜。又虑蜀重兵扼险，贼将还毒楚，调蜀精锐万余为己用，蜀中卒自是益罢弱不足支矣。捷春愤曰：“令甲失一城，巡抚坐。今以蜀委贼，是督师杀我也。”争之，不能得。于是汝才、惠登相遂自兴山、远安犯大宁、大昌，献忠亦西至太平。明年二月，左良玉大破献忠玛瑙山，他将张应元、张令等复数败之。献忠乃逃兴，归山中。久之复振，由汝才入宁昌故道走而西。

初，汝才在宁昌阻江，为诸将刘贵、秦良玉、秦翼明、杨茂选等所拒，不得渡。会献忠西，遂与合。贵等战皆却，贼乃渡江，营万顷山、苦桃湾，其别部营红茨崖、青平砦，归、巫间大震。嗣昌乃上夷陵，而檄捷春扼夔门。蜀大宁、大昌界楚竹溪、房县，有三十二隘口，嗣昌欲厚集兵力专守夔，弃宁、昌啖贼，官军环攻之。捷春曰：“弃隘口不守，是延贼入户也。”乃遣茂选及覃思岱等出关分守。二将不相得，思岱谮杀茂选，捷春令兼统其众，其众相率去。贼入隘，守者溃。贼夜斩夔关，将士大惊溃，新宁、大竹皆陷。而汝才、登相越巴雾河，陷开县，为郑嘉栋、贺人龙所破。汝才乃与小秦王、混世王东奔。而登相独过开县西。人龙及李国奇又西追之。汝才等遁还兴山，屡挫。

会嗣昌下招降令,小秦王、混世王皆降,惟汝才逸去,嗣昌见楚地无贼,以八月终率师入蜀,于是群贼尽萃蜀中。

当是时,捷春提弱卒二万守重庆,所倚惟秦良玉、张令军。无何,秦师噪而西归,楚将张应元等败绩于夔州之土地岭。于是捷春以大昌上、中、下马渡水浅地平,难与持久,乃扼水寨观音岩为第一隘,以部将邵仲光守之,而夜叉岩、三黄岭、磨子岩、鱼河洞、下涌诸处,各分兵三四百人以守。万元吉以兵分力弱为忧,捷春不听。九月,献忠突败仲光军,破上马渡。元吉急檄诸将分邀之,复令张奏凯屯净壁。捷春遣二将罗洪政、沈应龙为助。十月,献忠突净壁,遂陷大昌,屯开县。良玉、令两军皆覆。贼行则哨探,止则息马抄粮。关隘侦候不明,防军或远离戍所,贼乘隙而过无人之境。嗣昌遂收斩仲光,上疏劾捷春失事。捷春收兵扼梁山。时登相已归正,而汝才复与献忠合,以梁山河深不能渡,乃自开县西走达州。捷春退保绵州,扼涪江。贼疾走,陷剑州,遂趋广元。将由间道入汉中,为秦兵所扼,乃复走巴西。应元诸军邀之梓潼,战小利,既而衄,蜀将曹志耀等力战却之。降将张一州、张载福陷阵死,涪江师遂溃,贼屠绵州。捷春归成都,贼逼成都。十一月逮捷春使者至,遂以军事付代者廖大亨而去。

捷春为人清谨,治蜀有惠政。士民哭送者载道,舟不得行,竞逐散官旗。蜀王为疏救,不听。敕巡按御史遣官送京师,下狱论死。捷春知不可脱,明年八月仰药死狱中。福王时,复官,赠兵部右侍郎。

余应桂,字二矶,都昌人。万历四十七年进士。历知武康、龙岩、海澄三县。

崇祯四年,征授御史。劾户部尚书毕自严朋比。殿试读卷,取陈于泰第一。于泰者,首辅周延儒姻也。劾延儒纳孙元化参、貂,受杨鹤重赂。帝方眷延儒,责应桂。未几,贼陷登州,元化被执,应桂再疏劾延儒。帝怒,贬三秩视事,应桂引疾归。

七年还朝,出按湖广,居守承天。捐赎锾十余万募壮士,缮城治器,贼不敢逼献陵。帝闻而嘉之。期满,命再巡一年。贻赎锾万五千助卢象昇军需,而奏报属城失事,具以实闻。帝以是知巡抚王梦尹诈,而益信应桂。期满,命再巡一年。十年即擢应桂右佥都御史,代梦尹。

当是时,诸监司袁继咸、包凤起、高斗枢辈已削平湖南群贼,而江北贼势日炽,诸将虽奏捷,不能大创也。帝命熊文灿为总理,文灿主抚。明年降其渠刘国能、张献忠。马进忠西走潼关,马光玉、贺一龙、李万庆、顺义王、九条龙众士余万萃麻城、黄安。应桂谕降光玉、一龙,未至,而遣将击顺天王等于黄福店,贼遂走黄安。会文灿至麻城,应桂请协击,不从。贼复东走江北,为左良玉所遏,折而走广济、蕲水。文灿檄诸道兵合击贼于茶山,贼逸于应桂所分地,文灿遂劾其后期误军。兵部尚书杨嗣昌以应桂曾劾其父鹤也,奏逮之。应桂乃陈抚剿始末,白己无罪,而诋文灿,言:

正月初,议抚刘国能,其党李万庆等诸大贼尽走泌阳、枣阳。时文灿、良玉并在德安。臣以为兵势方盛,宜乘此追剿,而文灿调良玉诸军尽赴信阳剿马进忠。臣谓进忠小寇,胜之不武,文灿不听。自此机一失,贼走西,而文灿东,致张献忠攻陷谷城以要抚。李万庆五部收余烬,势复振。而豫、楚之患,遂自文灿之愎谏贻之矣。迨贼西溃之后,遮饰上闻,妄报斩级。其自恃所长惟火炮火攻,经过州县用夫至八百,死亡载道未见其一试也。

且文灿办贼之策曰“先抚后剿”。乃茶山不效,麻城又不效,第见招抚之旗络绎于道。一遣使招贺一龙,而使者被杀,一遣使招李万庆而馈盐椒、运鱼肉与通市,贼反因之焚掠,未见一贼归顺也。天下有如是抚法乎?其一切军需,悉取于所历之有司,名曰“借办”,致城市空虚,孑遗尽绝。三月至麻城,民不堪淫掠,欲焚其署,始踉跄而走。麻城,文灿婿家也,戚里如是,余可知矣。三月在蕲水,其兵杀乡民报捷。民家环哭,竟不敢治一兵。蕲水,文灿家园也,乡里如是,余可知矣。是以捷报日张,寇势愈炽。十三家之贼蹂躏南阳、汝宁,如履无人之境。文灿驻宛、汝已久,调度不闻,天下有如是剿法乎!

献忠在谷城招纳亡命,买马置器,人人知其叵测。文灿顾欲借之为前茅,遣官调之。非惟不应,复留解饷之官,求总兵湖广。今已造浮桥跨汉水矣。文灿前既夸张而叙功,后复掩匿而不报,可不谓之欺君乎!以总理之大柄畀之颠蹶之耄夫,臣不知其可也。

帝不纳。逮至,下狱。

初,应桂贻书文灿,言献忠必反,可先未发图之。其书为献忠逻者所得,献忠腾牒郧阳巡抚戴东旻,言"抚军欲杀我"。东旻闻之文灿,文灿再纠应桂。应桂再疏辨,帝亦不纳。应桂竟遣戍。无何。献忠果反,廷臣交章荐应桂。

十六年,起应桂兵部右侍郎。十月,潼关陷,帝召问大臣。陈演言:"贼入关中,必恋子女玉帛,犹虎入陷阱。"应桂叱之曰:"壮士健马咸出关西。贼得之必长驱横行,大臣安得面谩!"演股栗失色。十一月,督师孙传庭战殁,命应桂兼右佥都御史往代之。应桂以无兵无饷,入见帝而泣。帝但遣京军千人护行,给御用银万两、银花四百、银牌二百、蟒币二百、杂币倍之,为军前赏功之用而已。应桂既受命,日夜悲疑,将至山西,则伪官充斥,遂巡不得前。帝责以逗留,夺职,命新擢陕西巡抚李化熙代之,化熙亦不能进也。未几,京师陷,应桂家居不出。久之,死于难。

高斗枢,字象先,鄞人。崇祯元年进士。授刑部主事。坐议巡抚耿如杞狱,与同列四人下诏狱。寻复官,进员外郎。

五年,迁荆州知府。久之,擢长沙兵备副使。楚郡之在湖北者,尽罹贼祸,势且及湖南,临、蓝、湖、湘间土寇蜂起。长沙止老弱卫卒五百,又遣二百戍攸县,城库雉堞尽圮,斗枢至建飞楼四十,大修守具。临、蓝贼艘二百余,由衡、湘抵城下。相拒十余日乃却去,转攻

袁州。遣都司陈上才蹑其后,贼亦解去。寻击杀乱贼刘高峰等,抚
定余众。诏录其功。巡抚陈睿谟大征临、蓝寇,斗枢当南面,大小十
余战,贼尽平。诏赉银币。

十四年六月,进按察使,移守郧阳。郧被寇且十载,属邑有六,
居民不四千,数百里荆榛。抚治王永祚以襄阳急,移师镇之。斗枢
至甫六日,张献忠自陕引而东。斗枢与知府徐启元遣游击王光恩及
弟光兴分扼之,战频捷,贼不敢犯。光恩者,均州降渠小秦王也。初
与张献忠、罗汝才辈为贼。献忠、汝才降而复叛,均州五营惧见讨自
疑。又以献忠强,虑为所并,光恩敛众,据要害以拒献忠。居久之,
乃有稍稍飐去者,光恩亦去,已而复降。光恩善用其下,下亦乐为之
用。斗枢察其诚,招入郡守。当是时,斗枢、启元善谋,光恩善战,郧
城危而复全。

十五年冬,李自成陷襄阳、均州,攻郧阳四日而去。明年春,复
来攻。十余日不克,乃退屯杨溪。五月,斗枢召游击刘调元入城,旬
日间杀贼三千余。自成将来攻,卒不克而去。乃令光恩复均州,调
元下光化,躬率将士复谷城。将袭襄阳,闻孙传庭败,旋师,均州复
为贼有。

十七年正月,自成遣将路应标等以三万人攻郧。斗枢遣人入均
州,烧其蓄积,贼乏食而退。当是时,湖南、北十四郡皆陷,独郧在。
自十五年冬,抚治王永祚被逮,连命李乾德、郭景昌代之,路绝不能
至,中朝谓郧已陷,不复设抚治。十六年夏,斗枢上请兵疏,始知郧
存,众议即任斗枢。而陈演与之有隙,乃擢启元右佥都御史任之,加
斗枢太仆少卿,路阻亦不能达。是年二月,朝议设汉中巡抚,兼督川
北军务,擢斗枢右副都御史以往,朝命亦不达。至三月始闻太仆之
命,即以军事付启元。七月而北都变闻,并闻汉中之命。地已失不
可往。

福王立,移斗枢巡抚湖广,代何腾蛟。复以道路不通,改用王
骥,斗构皆不闻也。国变后数年卒。启元、光恩亦皆以功名终。

张任学,安岳人。天启五年进士。授太原知县,以才调榆次。

崇祯四年举治行卓异,入为御史。陈蜀中私税、催科、讼狱三大苦,帝为饬行。出视两浙盐法,数条奏利弊。八年,流贼陷凤阳,诏逮巡按吴振缨,命任学往代。还朝,复按河南,监军讨贼。时群盗纵横,而诸将缩朒不敢击。任学慨然曰:"事不辞难,臣职也。贼势如此,我辈可雍容坐镇耶!"

十一年二月,遂上疏极诋诸将。请易武阶,亲执干戈,为国平贼。帝壮之,下吏、兵二部及都察院议。诸臣以文吏无改武职者,请仍以监军御史兼总兵事。帝不从,命授署都督佥事,为河南总兵官。河南旧无总兵,左良玉、陈永福并以客兵备援剿,至是大将特设。而麾下无一官,兵部乃以署镇许定国兵授之,使参将罗岱为中军。岱,健将,屡著战功,任学倚以自强。时熊文灿专主抚,刘国能、张献忠俱降,罗汝才、马进忠、李万庆等蹒中原如故。河南人据坞壁自保者数十,贼悉摧破之,踞息县、光州,磔人投汝水,水为赤。任学不能大创也。进忠势衰,佯求抚。文灿及巡抚常道立许之,乘间逸去。事闻,任学与文灿、道立并镌秩。

七月,任学督岱等赴罗山,合左良玉军击汝才、万庆及紫微星、顺义王,大败之,追奔五十里,斩首一千四百有奇,获黑虎狼、满天星,贼奔遂平。九月,进忠寇开封,至瓦子坡。岱奋击,贼尽弃辎重遁入大隗山,获其妻子。

其冬,京师戒严,任学入卫,道谒文灿,言:"献忠狼子野心,终为国患,我以勤王为名,出其不意,可立缚也。"文灿不能用。抵畿南,有诏却还。巡抚道立调良玉兵于陕州。贼乘卢氏虚,遁入内乡、淅川,为文灿所劾。明年,除道立名,任学亦镌一秩。游击宋怀智、都司孔道兴再破贼陈州,部将王应龙、尤之龙等破贼襄城,五战皆胜。副将岱与应龙、怀智等复破贼叶县,十日奏八捷。帝诏所司核实。已,又挫贼裕州。而是时总兵孙应元、黄得功统京军讨贼,屡奏大捷,凯旋录功,任学亦叙复二秩。

寻与左良玉、陈洪范蹙李万庆于内乡。万庆方降,献忠已叛,文灿尽调河南军援剿,独任学留汝南。川贵总督李若星论文灿主抚之谬,请复任学原官,摄行大将,督察军事。不从。七月,献忠合汝才自房县西走,岱偕良玉追之。良玉令岱为前锋,己随其后。至罗猴山,军乏食。贼伏兵要害,岱与副将刘元捷鼓勇直上,伏四起。岱马足绁于藤,抽刀断之,蹶而复进,乃弃马步斗。久之矢尽,陷于贼,良玉军亦大败。事闻,任学坐褫职。十五年,言官请起废,任学与焉,未及用而卒。

赞曰:流贼之肆毒也,祸始于杨鹤,成于陈奇瑜,而炽于熊文灿、丁启睿。然练国事、郑崇俭先罹其罚,而邵捷春、俞应桂亦或死或戍。疆场则剿抚乖方,庙堂则赏罚不当,偾师玩寇,贼势日张,谓非人谋不臧实使之然乎!

明史卷二六一
列传第一四九

卢象昇 弟象晋　象观　从弟象同
刘之纶　邱民仰 邱禾嘉

　　卢象昇,字建斗,宜兴人。祖立志,仪封知县。象昇白皙而癯,膊独骨,负殊力。举天启二年进士,授户部主事。历员外郎,稍迁大名知府。

　　崇祯二年,京师戒严,募万人入卫。明年进右参政兼副使,整饬大名、广平、顺德三府兵备,号“天雄军”。又明年,举治行卓异,进按察使,治兵如故。象昇虽文士,善射,娴将略,能治军。

　　六年,山西贼流入畿辅,据临城之西山。象昇击却之,与总兵梁甫、参议寇从化连败贼。贼走还西山,围游击董维坤冷水村。象昇设伏石城南,大破之。又破之青龙冈,又破之武安。连斩贼魁十一人,歼其党,收还男女二万。三郡之民,安堵者数岁。象昇每临阵,身先士卒,与贼格斗,刃及鞍勿顾,失马即步战。逐贼危崖,一贼自巅射中象昇额,又一矢仆夫毙马下,象昇提刀战益疾。贼骇走,相戒曰:“卢廉使遇即死,不可犯。”象昇以是有能兵名。贼惧,南渡河。

　　明年,贼入楚,陷郧阳六县。命象昇以右佥都御史,代蒋允仪抚治郧阳。时蜀寇返楚者驻郧之黄龙滩。象昇与总督陈奇瑜分道夹击,自乌林关、乜家沟、石泉坝、康宁坪、狮子山、太平河、竹木砭、箸口诸处,连战皆捷,斩馘五千六百有奇,汉南寇几尽。因请益郧主兵,减税赋,缮城郭,贷邻郡仓谷,募商采铜铸钱,郧得完辑。

八年五月,擢象昇右副都御史,代唐晖巡抚湖广。八月,命总理江北、河南、山东、湖广、四川军务,兼湖广巡抚。总督洪承畴办西北,象昇办东南。寻解巡抚任,进兵部侍郎,加督山西、陕西军务,赐尚方剑,便宜行事。汝、洛告警,象昇倍道驰入汝。贼部众三十余万,连营百里,势甚盛。象昇督副将李重镇、雷时声等击高迎祥于城西,用强弩射杀贼千余人。迎祥、李自成走,陷光州,象昇复大破之确山。先是,大帅曹文诏、艾万年阵亡,尤世威败衄,诸将率畏贼不敢前。象昇每慷慨洒泣,激以忠义。军中尝绝三日饷,象昇亦水浆不入口。以是得将士心,战辄有功。

九年正月,大会诸将于凤阳。象昇乃上言曰:“贼横而后调兵,贼多而后增兵,是为后局。兵至而后议饷,兵集而后请饷,是为危形。况请饷未敷,兵将从贼而为寇,是八年来所请之兵皆贼党,所用之饷皆盗粮也。”又言:“总督、总理宜有专兵专饷。请调咸、宁、甘、固之兵属总督,蓟、辽、关、宁之兵属总理。”又言:“各直省抚臣,俱有封疆重任。毋得一有贼警即求援求调。不应则吴、越也,分应则何以支”。又言“台谏诸臣,不问难易,不顾死生,专以求全责备。虽有长材,从何展布。臣与督臣,有剿法无堵法,有战法无守法”。言皆切中机宜。

于是迎祥围庐州,不克,分道陷含山、和州,进围滁州。象昇率总兵祖宽、游击罗岱救滁州,大战于城东五里桥,斩贼首摇天动,夺其骏马。贼连营俱溃,逐北五十里。朱龙桥至关山,积尸填沟委堑,滁水为不流。贼乃北趋凤阳,围寿州,突颍、霍、萧、砀、灵、璧、虹,窥曹、单。总兵刘泽清拒河,乃掠考城、仪封而西。其犯亳者,折入归德。永宁总兵官祖大乐邀击之,贼乃北向开封。陈永福败之朱仙镇,贼遂走登封,与他贼合,分趋裕州、南阳。象昇合宽、大乐、岱兵大破之七顶山,歼自成精骑殆尽。已,次南阳,令大乐备汝宁,宽备邓州,而躬率诸军蹙贼。遣使告湖广巡抚王梦尹、郧阳抚治宋祖舜曰:“贼疲矣,东西邀击,前阻汉江,可一战歼也。”两人竟不能御,贼遂自光化潜渡汉入郧。象昇遣总兵秦翼明、副将雷时声由南漳、谷城入山击贼。宽等骑军，不利阻隘，副将王进忠军哗，罗岱、刘肇基兵多逃，追之则弯弓内向。象昇乃调四川及箪子土兵，搜捕均州贼。是时，楚、豫贼及迎祥等俱在秦、楚、蜀之交万山中，象昇自南阳趋襄阳进兵。贼多兵少，而河南大饥，饷乏，边兵益汹汹。承畴、象昇议，关中平旷，利骑兵，以宽、重镇军入陕。而襄阳、均、宜、谷、上津、南漳，环山皆贼。七月，象昇渡浙河而南。九月，追贼至郧西。

京师戒严，有诏入卫，再赐尚方剑。既行，贼遂大逞，骎骎乎不可复制矣。既解严，诏迁兵部左侍郎，总督宣、大、山西军务。大兴屯政，谷熟，亩一钟，积粟二十余万。天子谕九边皆式宣、大。

明年春，闻宣警，即夜驰至天城。矢橄旁午，言二百里外乞炭马蹄阔踏四十里。象昇曰："此大举也。"问："入口乎？"曰："未。"象昇曰："殆欲右窥云、晋，令我兵集宣，则彼乘虚入耳。"因橄云、晋兵勿动，自率师次右卫，戒边吏毋轻言战。持一月，象昇曰："懈矣，可击。"哨知三十六营离墙六十里，潜召云师西来，宣师东来，自督兵直子午，出羊房堡，计日鏖战。乞炭闻之遂遁。象昇在阳和，乞炭不敢近边。五月丁外艰，疏十上，乞奔丧。时杨嗣昌夺情任中枢，亦起陈新甲制中，而令象昇席丧候代。进兵部尚书。新甲在远，未即至。

九月，大清兵入墙子岭、青口山，杀总督吴阿衡，毁正关，至营城石匣，驻于牛兰。召宣、大、山西三总兵杨国柱、王朴、虎大威入卫。三赐象昇尚方剑，督天下援兵。象昇麻衣草履，誓师及郊。驰疏报曰："臣非军旅才。愚心任事，谊不避难。但自臣父奄逝，长途惨伤，溃乱五官，非复昔时；兼以草土之身踞三军上，岂惟观瞻不耸，尤虞金鼓不灵。"已闻总监中官高起潜亦衰绖临戎，象昇谓所亲曰："吾三人皆不祥之身也。人臣无亲，安有君。枢辅夺情，亦欲予变礼以分愆耶！处心若此，安可与事君。他日必面责之。"

当是时，嗣昌、起潜主和议。象昇闻之，顿足叹曰："予受国恩，恨不得死所，有如万分一不幸，宁捐躯断脰耳。"及都，帝召对，问方略。对曰："臣主战。"帝色变，良久曰："抚乃外廷议耳，其出与嗣昌、起潜议。"出与议，不合。明日，帝发万金犒军，嗣昌送之，屏左右，戒毋浪战，遂别去。师次昌平，帝复遣中官赍帑金三万犒军。明日又赐御马百，太仆马千，银铁鞭五百。象昇曰："果然外廷议也，帝意锐甚矣。"决策议战，然事多为嗣昌、起潜挠。疏请分兵，则议宣、大、山西三帅属象昇，关、宁诸路属起潜。象昇名督天下兵，实不及二万。次顺义。

先是，有瞽而卖卜者周元忠，善辽人。时遣之为媾。会嗣昌至军，象昇责数之曰："文弱，子不闻城下盟《春秋》耻之，而日为媾。长安口舌如锋，袁崇焕之祸其能免乎？"嗣昌颊赤，曰："公直以尚方剑加我矣。"象昇曰："既不奔丧，又不能战，齿剑者我也，安能加人。"嗣昌辞遁。象昇即言："元忠讲款，往来非一日，事始于蓟门督监，受成于本兵，通国闻之，谁可讳也。"嗣昌语塞而去。又数日会起潜安定门，两人各持一议。新甲亦至昌平，象昇分兵与之。当是时，象昇自将马步军列营都城之外，冲锋陷阵，军律甚整。

大清兵南下，三路出师：一由涞水攻易，一由新城攻雄，一由定兴攻安肃。象昇遂由涿进据保定，命诸将分道出击，大战于庆都。编修杨廷麟上疏言："南仲在内，李纲无功；潜善秉成，宗泽殒恨。国有若人，非封疆福。"嗣昌大怒，改廷麟兵部主事，赞画行营，夺象昇尚书，侍郎视事。命大学士刘宇亮辅臣督师，巡抚张其平闭阃绝饷。俄又以云、晋警，趣出关，王朴径引兵去。

象昇提残卒，次宿三宫野外。畿南三郡父老闻之，咸叩军门请曰："天下汹汹且十年，明公出万死不顾一生之计为天下先。乃奸臣在内，孤忠见嫉。三军捧出关之檄，将士怀西归之心。栖迟绝野，一饱无时，脱巾狂噪，云帅其见告矣。明公诚从愚计，移军广顺，召集义师。三郡子弟喜公之来，皆以昔非公死贼，今非公死兵，同心戮力，一呼而裹粮从者可十万，孰与只臂无援，立而就死哉！"象昇泫然流涕而谓父老曰："感父老义。虽然，自予与贼角，经数十百战未尝衄。今者，分疲卒五千，大敌西冲，援师东隔，事由中制，食尽力穷，且夕死矣，无徒累尔父老为也。"众号泣雷动，各携床头斗粟饷军，或赆枣一升，曰："公煮为粮。"

十二月十一日，进师至钜鹿贾庄。起潜拥关、宁兵在鸡泽，距贾庄五十里而近，象昇遣廷麟往乞援，不应。师至蒿水桥，遇大清兵。象昇将中军，大威帅左，国柱帅右，遂战。夜半，觱篥声四起。旦日，骑数万环之三匝。象昇麾兵疾战，呼声动天，自辰迄未，炮尽矢穷。奋身斗，后骑皆进，手击杀数十人，身中四矢三刃，遂仆。掌牧杨陆凯惧众之残其尸，而伏其上，背负二十四矢以死。仆顾显者殉，一军尽覆。大威、国柱溃围乃得脱。

起潜闻败，仓皇遁，不言象昇死状。嗣昌疑之，有诏验视。廷麟得其尸战场，麻衣白网巾。一卒遥见，即号泣曰："此吾卢公也。"三郡之官闻之，哭失声。顺德知府于颍上状，嗣昌故靳之，八十日而后殓。明年，象昇妻王请恤。又明年，其弟象晋、象观又请，不许。久之，嗣昌败，廷臣多为言者，乃赠太子少师、兵部尚书，赐祭葬，世荫锦衣千户。福王时，追谥忠烈，建祠奉祀。

象昇少有大志，为学不事章句。居官勤劳倍下吏，夜刻烛，鸡鸣盥栉，得一机要，披衣起，立行之。暇即角射，箭衔花，五十步外，发必中。爱才惜下如不及，三赐剑，未尝戮一偏裨。

高平知县侯弘文者，奇士也，侨寓襄阳，散家财，募滇军随象昇讨贼。象昇移宣、大，弘文率募兵至楚，巡抚王梦尹以扰驿闻。象昇上疏救，不得，弘文卒遣戍。天下由是惜弘文而多象昇。

象昇好畜骏马，皆有名字。尝逐贼南漳，败。追兵至沙河，水阔数丈，一跃而过，即所号五明骥也。

方象昇之战殁也，嗣昌遣三逻卒察其死状。其一人俞振龙者，归言象昇实死。嗣昌怒，鞭之三日夜，且死，张目曰："天道神明，无枉忠臣。"于是天下闻之，莫不欷歔，益恚嗣昌矣。

其后南都亡，象观赴水死，象晋为僧，一门先后赴难者百余人。从弟象同及其部将陈安死尤烈。

象观，崇祯十五年乡荐第一，成进士。官中书。象晋、象同皆诸生。

象昇死时，年三十九。

刘之纶，字元诚，宜宾人。家世务农。之纶少从父兄力田，间艾薪樵，卖之市中。归而学书，铭其座曰"必为圣人"。里中由是号之纶"刘圣人"。天启初，举乡试。奢崇明反，以策干监司扼贼归路，监司不能用。

崇祯元年，第进士，改庶吉士。与同馆金声及所客申甫三人者相与为友，造单轮火车、偏厢车、兽车，刳木为西洋大小炮，不费司农钱。

明年冬，京师戒严。声上书得召见，荐之纶及甫。帝立召之纶、甫。之纶言兵，了了口辨。帝大悦，授甫京营副总兵，资之金十七万召募；改声御史，监其军；授之纶兵部右侍郎，副尚书闵梦得协理京营戎政。于是之纶宾宾以新进骤跻卿贰矣。

初，正月元日，有黑气起东北亘西方。甫见之大惊，趋语之纶、声曰："天变如此，汝知之乎？今年当喋血京城下，可畏也。"闻者皆笑。及冬十一月三日，大清兵破遵化。十五日至坝上。二十日薄都城，自北而西。都人从城上望之，如云万许片驰风，须臾已过。遂克良乡，还至卢沟，夜杀甫一军七千余人，黎明掩杀大帅满桂、孙祖寿，生擒黑云龙、麻登云以去。之纶曰："元日之言验矣。"请行，无兵，则请京营兵，不许，则请关久川兵，不许，则议召募，召募得万人，遂行。抵通州，时永平已陷，天大雨雪。之纶奏军机，七上，不报。

明年正月，师次蓟。当是时，大清兵蒙古诸部号十余万，驻永平；诸勤王军数万在蓟。之纶乃与总兵马世龙、吴自勉约，由蓟趋永平，牵之无动，而自率兵八路进攻遵化。既由石门至白草顶，距遵化八里娘娘山而营，世龙、自勉不赴约。二十二日，大清兵自永平趋三屯营，骁骑三万，望见山上军，纵击之。之纶发炮，炮炸，军营自乱。左右请结阵徐退，以为后图。之纶叱曰："毋多言！吾受国恩，吾死耳！"严鼓再战，流矢四集。之纶解所佩印付家人，"持此归报天子"，遂死。一军皆哭，拔营野战，皆死之。尸还，矢饮于颅，不可拔。声以齿啮之出，以授其家人。

初,讲官文震孟入都,之纶、声往见之。震孟教以持重。之纶既受命视师,骤贵,廷臣抑之。震孟使人讽之,谓宜辞侍郎而易科衔以行,不听。既行,通州守者不纳,雨雪宿古庙中,御史董羽宸劾其行留。之纶曰:"小人意忌,有事则委卸,无事则议论,止从一侍郎起见耳。乞削臣今官,赐骸骨。"不许。及战死,天子嘉其忠,从优恤,赠兵部尚书。震孟止之曰:"死绥,分也,侍郎非不尊。"遂不予赠,赐一祭半葬,任一子。之纶母老,二子幼,贫不能返柩,请于朝,给驿还。久之,赠尚书。后十五年,声死难。

邱民仰,字长白,渭南人。万历中举于乡。以教谕迁顺天东安知县,厘宿弊十二事。河啮,岁旱蝗,为文祭祷。河他徙,蝗亦尽。调繁保定之新城。

崇祯二年,县被兵,晨夕登陴守。四方勤王军毕出其地,民仰调度有方,民不知扰。擢御史,号敢言。时四方多盗,镇抚率怯懦不敢战,酿成大乱。吴桥兵变,列城多陷,巡抚余大成、孙元化皆主抚。流贼扰山西,巡抚宋统殷下令,杀贼者抵死。民仰先后疏论其非,后皆如民仰言。遭妻丧,告归。出为河间知府,迁天津副使,调大同,监军汝宁,迁永平右参政,移督宁前兵备。民仰善理剧,以故所移皆要地。

十三年三月,擢右佥都御史,代方一藻巡抚辽东,按行关外八城,驻宁远。十四年春,锦州被围,填壕毁堑,声援断绝。有传其帅祖大寿语者:"逼以车营,毋轻战。"总督洪承畴集兵,民仰转饷,未发。帝忧之。朝议两端。命郎中张若麒就行营计议,若麒至,则趣进师。七月,师次乳峰,去锦州五六里而营。旦日,杨国柱之军溃。逾月,王朴军亦溃。未几,马科等五将皆溃。大清兵掘松山,断我归路,遂大败,蹂躏杀溺无算,退保松山。围急,外援不至,刍粮竭。至明年二月,且半年矣。城破,承畴降,民仰死,若麒跳从海上荡渔舟而还,宁远关门劲旅尽丧。事闻,帝惊悼甚,设坛都城,承畴十六,民仰六,赐祭尽哀。赠民仰右副都御史,官为营葬,录其一子。寻命建祠都城外，与承畴并列，帝将亲临祭焉。将祭，闻承畴降，乃止。

邱禾嘉，贵州新添卫人。举万历四十一年乡试，好谈兵。天启时，安邦彦反，捐资制器，协擒其党何中蔚。选祁门教谕，以贵州巡抚蔡复一请，迁翰林待诏，参复一军。

崇祯元年有荐其知兵者，命条上方略。帝称善，即授兵部职方主事。三年正月，蓟辽总督梁廷栋入主中枢，衔总理马世龙违节制，命禾嘉监纪其军。时永平四城失守，枢辅孙承宗在关门，声息阻绝。蓟辽总督张凤翼未至，而顺天巡抚方大任老病不能军，惟禾嘉议通关门声援，率军入开平。二月，大清兵来攻，禾嘉力拒守，乃引去。已，分略古冶乡，禾嘉令副将何可纲、张洪谟、金国奇、刘光祚等迎战，抵滦州。甫还，而大清兵复攻牛门、水门，又督参将曹文诏等转战，抵遵化而返。无何，四城皆复。

宁远自毕自肃遇害，遂废巡抚官，以经略兼之，至是议复设。廷栋力推禾嘉才，超拜右佥都御史，巡抚其地，兼辖山海关诸处。禾嘉初莅镇，大清兵以二万骑围锦州。禾嘉督诸将赴救，城获全。登莱巡抚孙元化议彻岛上兵于关外，规复广宁及金、海、盖三卫。禾嘉议用岛兵复广宁、义州、右屯。廷栋虑其难，以咨承宗。承宗上奏曰："广宁去海百八十里，去河百六十里，陆运难。义州地偏，去广宁远，必先据右屯，聚兵积粟，乃可渐逼广宁。"又言："右屯城已隳，修筑而后可守。筑之，敌必至，必复大、小凌河，以接松、杏、锦州。锦州绕海而居，敌难陆运。而右屯之后即海，据此则粮可给，兵可聚，始得为发轫地。"奏入，廷栋力主之，于是有大凌筑城之议。

会禾嘉讦祖大寿，大寿亦发其赃私。承宗不欲以武将去文臣，抑使弗奏，密闻于朝，请改禾嘉他职。四年五月，命调南京太仆卿，以孙谷代。谷未至，部檄促城甚急。大寿以兵四千据其地，发班军万四千人筑之，护以石砫士兵万人。禾嘉往视之，条九议以上。工垂成，廷栋罢去。廷议大凌荒远不当城，撤班军赴蓟，责抚镇矫举，令回奏。禾嘉惧，尽撤防兵，留班军万人，输粮万石济之。

　　八月，大清兵抵城下，掘濠筑墙，四面合围，别遣一军截锦州大道。城外堠台皆下，城中兵出，悉败还。禾嘉闻之，驰入锦州，与总兵官吴襄、宋伟合兵赴救。离松山三十余里，与大清兵遇，大战长山、小凌河间，互有伤损。九月望，大清兵薄锦州，分五队直抵城下，襄、伟出战，不胜，乃入城。二十四日，监军张春会襄、伟兵，过小凌河东五里，筑垒列车营，为大凌声援。大清兵扼长山，不得进。禾嘉遣副将张洪谟、祖大寿、靳国臣、孟道等出战五里庄，亦不胜。夜趋小凌河，至长山接战，大败。春及副将洪谟、杨华征、薛大湖等三十三人俱被执，副将张吉甫、满库、王之敬等战殁。大寿不敢出，凌城援自此绝。败书闻，举朝震骇。孙谷代禾嘉，未至而罢，改命谢琏。琏畏惧，久不至。后兵事亟，召琏驻关外，禾嘉留治中。及是闻败，移驻松山，图再举，言官以推委诋之。帝以禾嘉独守松山，非卸责，戒饬而已。

　　大凌粮尽食人马。大清屡移书招之，大寿许诺，独副将可纲不从。十月二十七日，大寿杀可纲，与副将张存仁等三十九人投誓书约降。是夕出见，以妻子在锦州，请设计诱降锦州守将，而留诸子于大清。禾嘉闻大凌城炮声，谓大寿得脱，与襄及中官李明臣、高起潜发兵往迎。适大寿伪逃还，遂俱入锦州。大凌城人民商旅三万有奇，仅存三之一，悉为大清所有，城亦被毁。十一月六日，大清复攻杏山。明日攻中左所。城上用炮击，乃退。大寿入锦州，未得间，而禾嘉知其纳款状，具疏闻于朝。因初奏大寿突围出，前后不仇，引罪请死。于是言官交劾，严旨饬禾嘉。而帝于大寿欲羁縻之，弗罪也。

　　新抚琏已至，禾嘉犹在锦州。会廷议山海别设巡抚，诏罢琏，令方一藻抚宁远，禾嘉仍以佥都御史巡抚山海、永平。寻论筑城召衅罪，贬二秩，巡抚如故。禾嘉请为监视中官设禁兵。御史宋贤诋其谄附中人，帝怒，贬贤三秩。禾嘉持论每与承宗异，不为所喜，时有诋诽。既遭丧败，廷论益不容，遂坚以疾请。五年四月，诏许还京，以杨嗣昌代。令其妻代陈病状，乃命归田，未出都卒。

　　明世举于乡而仕至巡抚者，隆庆朝止海瑞，万历朝张守中、艾穆。庄烈帝破格求才,得十人:丘民仰、宋一鹤、何腾蛟、张亮以忠义著,刘可训以武功闻,刘应遇、孙元化、徐起元皆以勤劳致位,而陈新甲官最显。

　　赞曰:危乱之世,未尝乏才,顾往往不尽其用。用矣,或掣其肘而驱之必死。若是者,人实为之,要之亦天意也。卢象昇在庄烈帝时,岂非不世之才,乃困抑之以至死,何耶!至忠义激发,危不顾身,若刘之纶、丘民仰之徒,又相与俱尽,则天意可知矣。

明史卷二六二
列传第一五○

傅宗龙　汪乔年 张国钦等
杨文岳 傅汝为等　孙传庭

　　傅宗龙，字仲纶，昆明人。万历三十八年进士。除铜梁知县，调巴县，行取，入为户部主事。久之，授御史。

　　天启元年，辽阳破，帝下募兵之令，宗龙请行。一月余，得精卒五千。明年，安邦彦反，围贵阳，土寇蜂起。请发帑金济滇将士，开建昌，通由蜀入滇之路，别设偏沅巡抚，罢湖广退怯总兵薛来允。帝多采纳之。又上疏自请讨贼，言："为武定、寻甸患者，东川土酋禄千钟。为沾益、罗平患者，贼妇设科及其党李贤辈。攻围普安，为滇、黔门永患者，龙文治妻及其党尹二。困安南，据关索岭者，沙国珍及罗应魁辈。困乌撒者，安效良。臣皆悉其生平，非臣敌。臣愿以四川巡按兼贵州监军，灭此群丑。"帝大喜，下所司议。会宗龙以疾归，不果行。

　　四年正月，贵州巡抚王三善为降贼陈其愚所绐，败殁。其夏即家起宗龙巡按其地，兼监军。初，部檄滇抚闵洪学援黔，以不能过盘江而止。宗龙既被命，江学令参政谢存仁、参将袁善及土官普名声、沙如玉等以兵五千送之。宗龙直渡盘江，战且行，寇悉破。乃谢遣存仁、善，以名声等土兵七百人入贵阳，擒斩其愚。军民大快。宗龙尽知黔中要害及土酋逆顺，将士勇怯。巡抚蔡复一倚信之，请敕宗龙专理军务，设中军旗鼓，裨将以下听赏罚，可之。宗龙乃条上方略,又备陈黔中艰苦,请大发饷金,亦报可。初,三善令监军道臣节制诸将,文武不和,进退牵制。宗龙反其所为,令监军给刍粮,核功罪,不得专进止。由是诸将用命,连破贼汪家冲、蒋义寨,直抵织金。

五年正月,总理鲁钦败绩于陆广河。宗龙上言:"不合滇、蜀,则黔不能平贼;不专总督任,则不能合滇、蜀兵。请召还朱燮元,以复一兼督四川,开府遵义,而移蜀抚驻永宁,滇抚驻沾益,黔抚驻陆广,沅抚驻偏桥,四面并进,发饷二百万金给之。更设黔、蜀巡抚。"帝以复一新败,令解官,即以燮元代,而命尹同皋抚蜀,王瑊抚黔,沅抚闵梦得移镇,一如宗龙议。

陆广败后,诸苗复蠢动。复一、宗龙谋,讨破乌粟、螺蛳、长田诸叛苗,大破平越贼,毁其砦百七十,贼党渐孤。宗龙乃条上屯守策,言:

> 蜀以屯为守,黔则当以守为屯。盖安酋土地半在水外,仡狫、龙仲、蔡苗诸杂种,缓急与相助。贼有外藩,我无边蔽,黔兵所以分力愈诎。臣谓以守为屯者,先发兵据河,夺贼所恃。然后抚剿诸种,随渡口大小,置大小寨,深沟高垒,置烽墩炮台。小渡则塞以木石,使一粟不入水内,一贼不出水外,贼无如我何。又令沿河兵习水战,当贼耕耨时,频出奇兵,渡江扰之。贼不敢附河而居,而后我可以议屯也。

> 屯之策有二:一曰清卫所原田,一曰割逆贼故壤,而以卫所之法行之。盖黔不患无田,患无人。客兵聚散无常,不能久驻。莫若仿祖制,尽举屯田以授有功。因功大小,为官高下,自指挥至总、小旗畀以应得田为世业,而禁其私卖买。不待招徕,户口自实。臣所谓以守为屯者如此。然兵当用四万八千人,饷当岁八十余万,时当阅三年,如此而后贼可尽灭也。部议从之。

复一卒,王瑊代,事悉倚办。宗龙乃渐剪水外逆党,将大兴屯田。邦彦惧,谋沮之。六年三月大举渡河入寇。宗龙击破邦彦赵官屯,斩老虫添,威名大著。当是时,大帅新亡,全黔震动,燮元远在蜀,瑊拥虚位,非宗龙,黔几殆。诏加太仆少卿。忧归。

　　崇祯三年起故官。用孙承宗荐擢右佥都御史,巡抚顺天。未几,拜兵部右侍郎兼佥都御史,总督蓟、辽、保定军务。

　　用小故夺官矣。居久之,十年十月流寇大入蜀,陷蜀三十余州县,帝拊髀而思宗龙曰:"使宗龙抚蜀,贼安至是哉!"趣即家起宗龙。宗龙至蜀,代王维章与总兵罗尚文御却贼十二年五月,以杨嗣昌荐,召为兵部尚书,去蜀。宗龙自定黔乱后,凡十有四年,辄起用,用不久辄迁去。八月至京,入见帝。宗龙为人伉直任气,不能从谀意。帝愤中枢失职,嗣昌以权诡得主知。宗龙朴忠,初入见,即言民穷财尽。帝颇然之,顾狠狠言不已,遂怫然曰:"卿当整理兵事尔。"既退,语嗣昌曰:"何哉?宗龙善策黔,而所言卑卑,皆他人唾余,何也?"自是所奏请多中格。

　　熊文灿既罢,宗龙乃言:"向者贼流突东西,嗣昌故建分剿之策。今则流突者各止其所,臣请收势险节短之效。总理止辖楚、豫,秦督兼辖四川,凤督兼辖安庆,各率所辖抚镇,期十二月成功。"因荐湖广巡抚方孔炤堪代文灿。帝不用,用嗣昌督师。

　　嗣昌既督师,上章请兵食,不悉应,劾中枢不任。宗龙亦劾嗣昌徒耗敝国家,不能报效,以气凌廷臣。会蓟辽总督洪承畴请用刘肇基为团练总兵官,中官高起潜又揭肇基恇怯,宗龙不即覆。帝遂发怒,责以抗旨,令对状。奏上,复以戏视封疆下吏。法司拟戍边,不许,欲置之死。在狱二年矣,十四年春,嗣昌死,尚书陈新甲荐其才,帝未有以应也,良久曰:"朴忠,吾以凤负用之,宜尽死力。"遂释之出狱,以兵部右侍郎兼右佥都御史代丁启睿,总督陕西三边军务。

　　当是之时,李自成有众五十万,自陷河、洛,犯开封,罗汝才复自南阳趋邓、浙,与合兵。帝命宗龙专办自成。议尽括关中兵饷以出,然属郡旱蝗,已不能应。

　　九月四日,以川、陕兵二万出关,次新蔡,与保督杨文岳兵会。贺人龙、李国奇将秦兵,大威将保兵,共结浮桥,东渡汝,合兵趋项城。五日,两军毕渡,走龙口。自成、汝才亦结浮桥于上流,将趋汝宁。觇两督兵至,尽伏精锐于林中,阳驱诸贼自浮桥西渡。人龙使后骑觇贼，还报曰："贼向汝矣，结浮桥将渡矣。"宗龙、文岳夜会诸将于龙口，诘朝将战。

六日，两军并进，中道一骑驰而告曰："贼毕渡矣。"复进，一骑驰而告曰："贼半渡矣，三分渡其二矣。"宗龙、文岳曰："驱之。"走三十里，至于孟家庄，日卓午。人龙、大威曰："马力乏矣，诘朝而战，止兵为营。"诸军弛马甲，植戈锌，散行墟落求刍牧。贼觇之，尘起于林中，伏甲并出搏我兵。人龙有马千骑不战，国奇以麾下兵迎击之，不胜。秦兵、保兵俱溃，人龙、大威奔沈丘，国奇从之，三帅师溃。宗龙、文岳合兵屯火烧店，贼以步兵攻其营。诸军鸣大炮，震死贼百余。日暮，贼引去。宗龙军西北，文岳军东南，画堑而守。保兵宵溃，保督副将挟文岳骑而驰，夜奔于项城。宗龙复分秦兵立营于东南，诸将分壁当贼垒。

九日，檄人龙、国奇还兵救，二帅不应。宗龙曰："彼避死，宜不来，吾岂避死哉！"语其麾下曰："宗龙老矣，今日陷贼中，当与诸军决一死战，不能效他人卷甲走也。"召裨校李本实，即文岳壁穿堑筑垒以拒贼。贼亦穿壕二重以围之。

十一日，秦师食尽，宗龙杀马骡以享军。明日，营中马骡尽，杀贼取其尸分啗之。十八日，营中火药、铅子、矢并尽。宗龙简士卒，夷伤死丧之余，有众六千。夜半，潜勒诸军突贼营，杀千余人，溃围出。诸军星散，宗龙徒步率诸军且战且走。十九日，日卓午，未至项城八里，贼追及之，执宗龙，呼于门曰："秦督围随官丁也，请启门纳秦督。"宗龙大呼曰："我秦督也，不幸堕贼手，左右皆贼耳。"贼唾宗龙。宗龙骂贼曰："我大臣也，杀则杀耳，岂能为贼赚城以缓死哉！"贼抽刀击宗龙，中其脑而仆，斫其耳鼻死城下。事闻，帝曰："若此，可谓朴忠矣。"复官兵部尚书，加太子少保，谥忠壮，荫子锦衣世百户，予祭葬。

人龙、国奇兵溃归陕，贼遂屠项城。分兵屠商水、扶沟，遂攻叶县。

　　汪乔年,字岁星,遂安人。天启二年进士。授刑部主事,历郎中。母忧归。

　　崇祯二年起工部,迁青州知府。以治行卓异,迁登莱兵备副使,乞终养归。父丧除,起官平阳,迁陕西右参政,提督学校。再以卓异,就迁按察使。乔年清苦自励,恶衣菲食,之官,携二仆,不以家自随。为青州,行廊置土锉十余,讼者自炊候鞫,吏无敢索一钱。自负才武,休沐辄驰骑,习弓刀击刺,寝处风露中。

　　十四年擢右佥都御史,巡抚陕西。时李自成已破河南,声言入关。乔年疾驱至商、洛,不见贼。贼围开封,而三边总督傅宗龙亦至陕,议抽兵括饷,则关中兵食已尽,无以应。宗龙、乔年握手欷歔而别。未几,宗龙败殁于项城,乔年流涕叹曰:“傅公死,讨贼无人矣。”已,又闻诏擢乔年兵部右侍郎,总督三边军务,代宗龙。部檄踵至,趣出关。是时,关中精锐尽没于项城。乔年曰:“兵疲饷乏,当方张之寇。我出,如以肉馁虎耳。然不可不一出,以持中原心。”乃收散亡,调边卒,得马步三万人。

　　十五年正月,率总兵贺人龙、郑嘉栋、牛成虎出潼关。先是,临颍为贼守,左良玉破而屠之,尽获贼所掳。自成闻之怒,舍开封而攻良玉。良玉退保郾城,贼围之急。乔年诸将议曰:“郾城危在旦夕。吾趋郾,贼方锐,难与争锋。吾闻襄城距郾四舍,贼老寨咸在。吾舍郾而以精锐攻其必应,贼心还兵救,则郾城解矣。郾城解,我击其前,良玉乘其背,贼可大破也。”诸将皆曰:“善。”乃留步兵火器于洛阳,简精骑万人兼程进。次郏县,襄城人张永祺等迎乔年。

　　二月二日,乔年入襄城,分人龙、嘉栋、成虎军三路,驻城东四十里,逼郾城而军,而自勒兵驻城外。贼果解郾城而救襄城。贼至,三帅奔,良玉救不至,军大溃。乔年叹曰:“此吾死所也。”率步卒千余入城守。贼穴地实火药攻城,乔年亦穿阱,视所凿,长矛刺之。贼炮击乔年坐纛,雉堞尽碎。左右环泣请避之,乔年怒,以足蹴其首曰:“汝畏死,我不畏死也。”二十七日,城陷,巷战,杀三贼,自刭不殊,为贼所执,大骂,贼割其舌,磔杀之。襄城人建祠而祀之。

时张国钦、张一贯、党威、李万庆及监纪西安同知孙兆禄、材官李可从、襄城知县曹思正从乔年,皆死之。万庆者,降将射塌天也。又有马帅某者,逸其名。兆禄、盐山人。可从,盩厔人,党威,神木人。余莫考。党威则尝击贼于西雒峪,擒贼首窦阿婆者也。

自成购永祺不得,屠其族,劓剕诸生刘汉臣等百九十人。自成数月之间再败秦师,获马二万,降秦兵又数万,威震河、雒。

初,乔年之抚陕西也,奉诏发自成先塚。米脂令边大受,河间静海举人,健令也,诇得其族人为县吏者,掠之。言:"去县二百里曰李氏村,乱山中,十六塚环而葬,中其始祖也。相传,穴,仙人所定,圹中铁灯檠,铁灯不灭,李氏兴。"如其言发之,蝼蚁数石,火光荧荧然。斫棺,骨青黑,被体黄毛。脑后穴大如钱,赤蛇盘,三四寸,角而飞,高丈许,咋咋吞日光者六七,反而伏。乔年函其颅骨、腊蛇以闻。焚其余,杂以秽,弃之。自成闻之,啮齿大恨曰:"吾必致死于乔年。"既杀乔年,由西华攻陈州。

杨文岳,字斗望,南充人。万历四十七年进士,授行人。天启五年擢兵科给事中,屡迁礼科都给事中。

崇祯二年,出为江西右参政,历湖广、广西按察使,云南、山西左右布政使,以右副都御史巡抚登莱。十二年擢兵部右侍郎,总督保定、山东、河北军务,代孙传庭。

十四年正月,李自成陷洛阳,犯开封。文岳率总兵虎大威以众二万赴救。渡河,贼先遁,追击于鸣皋。还,驻兵开封。疫作,乃顿兵于汝宁,出屯西平、新蔡间。七月,自成走内乡、淅川,与罗汝才合。文岳趋邓州,自成还攻之。文岳战三捷,斩其魁一条龙、一只龙,贼遁去。

九月会陕西总督傅宗龙于新蔡,与贼遇,大溃于孟家庄,再溃于火烧店。部将挟文岳夜入于项城。明日奔陈州,宗龙遂覆没。事闻,文岳革职,充为事官,戴罪自赎。乃收集散亡,率所部就巡抚高名衡防杞。贼遂破叶县,拔泌阳,乘胜陷南阳,杀唐王,下邓州等十四城,再围开封。

明年正月,文岳驰救开封,论功复官。临颍为贼守,左良玉破而屠之,退保郾城。自成围郾城。二月,督师丁启睿及文岳、大威救郾城。贼溃,距官军数里而营。文岳、启睿相犄角,持十一昼夜。总督汪乔年出关,贼引去,再攻开封。六月诏起侯恂兵部右侍郎,总督保定、山东、河南、湖北军务,代文岳。命所司察文岳罪状。七月朔,文岳、启睿合良玉、大威及杨德政、方国安四总兵之师,次朱仙镇。诸军尽溃,启睿、文岳奔汝宁。贼渡河,追奔四百里,官军失亡数万。诏褫官候勘。

九月,文岳在汝宁,夜袭贼营有功。贼既灌开封,旋败孙传庭兵,以闰十一月悉众薄汝宁,老回回、革里眼、左金王等毕会。文岳遣都司康世德以轻骑侦贼。世德走还汝,将其步骑五百,夜纵火噪而奔。十三日,群贼并至,压汝宁五里而军。监军佥事孔贞会以川兵屯城东,文岳以保兵屯城西。贼兵进攻,相持一昼夜。川兵溃,杀伤数百。贼夺其马骡,悉众攻保兵,渐不支。佥事王世琮、知府傅汝为、通判朱国宝,绁将士入城。副将贾悌、参将冯名圣亦掖文岳、贞会登城。

明日,贼四面环攻,戴扉以阵,矢石云梯堵墙而立。城头矢炮擂石雨集,贼死伤山积,而攻不休。一鼓百道并登,执文岳及世琮、国宝、悌、名圣于城头,杀汝阳知县文师颐于城上。汝为闻变,赴水死。贼拥文岳等见自成,大骂。贼怒,缚之城南三里铺,以大炮击之,洞胸糜骨而死。士民屠戮数万,焚公私廨舍殆尽。贞会执去,不知所终。自成以文岳死忠,备礼敛之。遂拔营走确山、信阳、泌阳,向襄阳,虏崇王由樻、崇世子、诸王妃及河南怀安诸王以行。

汝为,字于宣,江陵人。崇祯七年进士。世琮,字仲发,达州人。国宝,成都人。师颐,全州人。皆举人。世琮尝为汝宁推官,讨土寇,流矢贯耳不为动,时号王铁耳者也。师颐莅任甫三日。

孙传庭,字百雅,代州振武卫人。自父以上,四世举于乡。传庭仪表颀硕,沈毅多筹略。万历四十七年成进士,授永城知县,以才调商邱。天启初,擢吏部验封主事,屡迁稽勋郎中,请告归。家居久不出。

崇祯八年秋,始迁验封郎中,超迁顺天府丞。陕西巡抚甘学阔不能讨贼,秦之士大夫哗于朝,乃推边才用传庭,以九年三月受代。传庭莅秦,严征发期会,一从军兴法。秦人爱之不如总督洪承畴,然其才自足办贼。贼首整齐王据商、雒,诸将不敢攻,檄副将罗尚文击斩之。

当是时,贼乱关中,有名字者以十数,高迎祥最强,拓养坤党最众,所谓闯王、蝎子块者也。传庭设方略,亲击迎祥于盩厔之黑水峪,擒之,及其伪领哨黄龙、总管刘哲,献俘阙下。录功,增秩一等。而贼党自是乃共推李自成为闯王矣。明年,养坤及其党张耀文来降。已而养坤叛去,谕其下追斩之。击贼惠登相于泾阳、三原,登相西走。河南贼马进忠、刘国能等十七部入渭南,追之出关,复合河南兵夹击之,先后斩首千余级。进忠等复扰商、雒、蓝田,叛卒与之合,将犯西安。遣左光先、曹变蛟追走之渭南,降其渠一条龙,招还胁从。募健儿击余贼,斩圣世王、瓦背王、一翅飞,降镇天王、上山虎。又歼白捍贼渠魁数人。关南稍靖。遣副将盛略等,败贼大天王于宝鸡。贼走入山谷,传庭追之凤翔。他贼出栈道,谋越关犯河南,还军击。贼走伏斜谷,复大败之,降其余众。西安四卫,旧有屯军二万四千,田二万余顷,其后田归豪右,军尽虚籍。传庭厘得军万一千有奇,岁收屯课银十四万五千余两,米麦万三千五百余石。帝大喜,增秩,赍银币。

会杨嗣昌入为本兵,条上方略。洪承畴以秦督兼剿务,而用广抚熊文灿为总理,分四正六隅,马三步七,计兵十二万,加派至二百八十万,期百日平贼。传庭移书争之,曰:“无益。且非特此也,部卒屡经溃蹶,民力竭矣,恐不堪命。必欲行之,贼不必尽,而害中于国家。”累数千言。嗣昌大忤。部议,秦抚当一正面,募土著万人,给饷

银二十三万，以商、雒等处为汛守。传庭知其不可用也，乃核帑藏，
蠲赎锾，得银四万八千，市马募兵，自办灭贼具，不用部议。会诸抚
报募兵及额，传庭疏独不至。嗣昌言军法不行于秦，自请白衣领职，
以激帝怒。传庭奏曰："使臣如他抚，籍郡县民兵上之，遂谓及额，则
臣先所报屯兵已及额矣。况更有募练马步军，数且逾万，何尝不遵
部议。至百日之期，商、雒之汛守，臣皆不敢委。然使贼入商、雒。而
臣不能御，则治臣罪。若臣扼商、雒，而逾期不能灭贼，误剿事者，必
非臣。"嗣昌无以难，然衔之弥甚。传庭两奉诏进秩，当加部衔，嗣昌
抑弗奏。十一年春，贼破汉阴、石泉，则坐传庭失援，削其所加秩。

　　传庭出扼商、雒。大天王等犯庆阳、宝鸡，还军战合水，破走之，
获其二子，追击之延安。过天星、混天星等，从徽、秦趋凤翔，逼澄
城。传庭分兵五道，击之杨家岭、黄龙山，大破之，斩首二千余级。大
天王知二子不杀，遂降。贼引而北，犯延安。传庭策鄜州西、合水东
三四百里，荒山邃谷，贼入当自毙。乃率标兵中部遏其东，檄变蛟、
庆阳拒其西，伏兵三水、淳化间。贼饥，出掠食，则大张旗帜，鸣鼓角
以邀之，一日夜驰二百五十里。贼大惊，西奔，至职田庄，遇伏而败。
复走宝鸡，取栈道，再中伏大败。折而走陇州关山道，又为伏兵所
挫。三败，贼死者无算，过天星、混天星并降。又逐贼邠、宁间，陷阵，
获其渠。河南贼马进忠、马光玉驱宛、洛之众，箕张而西。传庭击之，
贼还走。又设伏于潼关原，变蛟逐贼入伏。而闯王李自成者，为洪
承畴所逐，尽亡其卒，以十八骑溃围遁。关中群盗悉平，是为崇祯之
十一年春也。捷闻，大喜，先叙澄城之捷，命加传庭部衔。嗣昌仍格
不奏。

　　当是时，总理熊文灿主抚。湖广贼张献忠已降，惟河南贼如故。
罗汝才、马进忠、贺一龙、左金王等十三部西窥潼关，联营数十里。
传庭计曰："天下大寇尽在此矣。我出击其西，总理击其东，贼不降
则灭。此贼平，天下无贼矣。献忠即狙伏，无能为也。"乃遂引兵东，
大败贼阌乡、灵宝山间，贯其营而东，复自东以西。贼窘甚，以文灿
招降手谕上，言且夕且降。传庭曰："尔曹日就熊公言抚，而日攻堡

屠寨不已，是伪也。降即解甲来，有说即非真降，吾明日进兵矣。"明日擐甲而出，得文灿檄于途中曰："毋妒吾抚功。"又进，得本兵嗣昌手书，亦云。传庭怏怏撤兵还。然贼迄不就抚，移瞰商、雒。文灿悔，期传庭夹击。司吏王文清等三战三败之，贼奔内乡、淅川而去。传庭既屡建大功，其将校数奉旨优叙，嗣昌务抑之不为奏。传庭恳请上其籍于部，嗣昌曰："需之。"

十月，京师戒严，召传庭及承畴入卫，擢兵部右侍郎兼右佥都御史，代总督卢象升督诸镇援军，赐剑。当是时，传庭提兵抵近郊，与嗣昌不协，又与中官高起潜忤，降旨切责，不得朝京师。承畴至，郊劳，且命陛见，傅庭不能无觖望。无何，嗣昌用承畴以为蓟督，欲尽留秦兵之入援者守蓟、辽。传庭曰："秦军不可留也。留则贼势张，无益于边，是代贼撤兵也。秦军妻子俱在秦，兵日杀贼以为利，久留于边，非哗则逃，不复为吾用，必为贼用，是驱民使从贼也。安危之机，不可不察也。"嗣昌不听。传庭争之不能得，不胜郁郁，耳遂聋。

传庭初受命，疏言："年来疆事决裂，由计画差谬。事竣，当面请决大计。"明年，帝移传庭总督保定、山东、河南军务。既解严，疏请陛见。嗣昌大惊，谓传庭将倾之，斥来役赍疏还之传庭。传庭愠，引疾乞休。嗣昌又劾其托疾，非真聋。帝遂发怒，斥为民，下巡抚杨一隽核真伪。一隽奏言："真聋，非托疾。"并下一隽狱。传庭长系待决，举朝知其冤，莫为言。在狱三年，文灿、嗣昌相继败。而是时，闯王李自成者，已攻破河南矣，犯开封，执宗龙，杀唐王，兵散而贼益横。帝思传庭言，朝士荐者益众。

十五年正月，起传庭兵部右侍郎，亲御文华殿问剿贼安民之策，传庭侃侃言。帝嗟叹久之，燕劳赏赉甚渥，命将禁旅援开封。开封围已解，贼杀陕督汪乔年，帝即命传庭往代。大集诸将于关中，缚援剿总兵贺人龙，坐之麾下，数而斩之。谓其开县噪归，猛帅以孤军失利而献，曹出柙也。又谓其遇敌先溃，新蔡、襄城连丧二督也。诸将莫不洒然动色者。传庭既已诛杀人龙，威詟三边，日夜治军为平贼计，而贼遂已再围开封。诏御史苏京监延、宁、甘、固军，趣传庭出关。传庭上言：“兵新募，不堪用。”帝不听。传庭不得已出师，以九月抵潼关。大雨连旬，自成决马家口河灌开封。开封已陷，传庭趋南阳。自成西行逆秦师。传庭设三覆以待贼：牛成虎将前军，左勷将左，郑嘉栋将右，高杰将中军。成虎阳北以诱贼，贼奔入伏中，成虎还兵而斗，高杰、董学礼突起翼之，左勷、郑嘉栋左右横击之。贼溃东走，斩首千余。追三十里，及之郏县之塚头。贼弃甲仗军资于道，秦兵趋利。贼觇我军器，反兵乘之，左勷、萧慎鼎之师溃，诸军皆溃。副将孙枝秀跃马以追贼，击杀数十骑。贼兵围之，驰突不得出，马蹶被执，植立不挠。以刃临之，瞠目不答。一人曰：“此孙副将也。”遂杀之。参将黑尚仁亦被执不屈而见杀，覆军数千。材官小将之殁者，张暎奎、李楼凤、任光裕、戴友仁以下七十有八人。贼倍获其所丧马。传庭走巩，由孟入关，执斩慎鼎；罚勷马以二千，以勷父光先故，贷勷。是役也，天大雨，粮不至，士卒采青柿以食，冻且馁，故大败。豫人所谓“柿园之役”也。

传庭既已败归陕西，计守潼关，扼京师上游。且我军新集，不利速战，乃益募勇士，开屯田，缮器，积粟，三家出壮丁一。火车载火炮甲仗者三万辆，战则驱之拒马，止则环以自卫。督工苛急，夜以继日，秦民不能堪。而关中频岁饥，驻大军饷乏，士大夫厌苦传庭所为，用法严，不乐其在秦。相与哗于朝曰：“秦督玩寇矣。”又相与危语恫胁之曰：“秦督不出关，收者至矣。”

明年五月命兼督河南、四川军务，寻进兵部尚书，改称督师，加督山西、湖广、贵州及江南、北军务，赐剑。趣战益急。传庭顿足叹曰：“奈何乎！吾固知往而不返也。然大丈夫岂能再对狱吏乎！”顷之，不得已遂再议出师。总兵牛虎将前锋，高杰将中军，王定、官抚民将延、宁兵为后劲，白广恩统火车营，檄左良玉赴汝宁夹击。当是时，自成已据有河南、湖北十余郡，自号新顺王，设官置戍，营襄阳而居之。将由内、淅窥商、雒，尽发荆、襄兵会于汜水、荥泽，伐竹结筏，人佩三葫芦，将谋渡河，传庭分兵防御。八月十日，传庭出师潼关，次于阌乡。二十一日，师次陕州，檄河南诸军渡河进剿。九月八

日,师次汝州,伪都尉四天王李养纯降。养纯言贼虚实:诸贼老营在
唐县,伪将吏屯宝丰,自成精锐尽聚于襄城。遂破贼宝丰,斩伪州牧
陈可新等。遂捣唐县,破之,杀家口殆尽,贼满营哭,转战至郏县,遂
擒伪果毅将军谢君友,斫贼坐纛,尾自成几获。贼奔襄城,大军遂进
逼襄城。贼惧谋降,自成曰:"无畏!我杀王焚陵罪大矣,姑决一死
战。不胜,则杀我而降未晚也。"而大军时皆露宿与贼持,久雨道泞,
粮车不能前。士饥,攻郏破之,获马赢啖之立尽。雨七日夜不止,后
军哗于汝州。贼大至,流言四起,不得已还军迎粮,留陈永福为后
拒。前军既移,后军乱,永福斩之不能止。贼追及之南阳,官军还战。
贼阵五重,饥民处外,次步卒,次马军,又次骁骑,老营家口处内。
战,破其三重。贼骁骑殊死斗,我师阵稍动。广恩军将火车者呼曰:
"师败矣!"脱鞿辖而奔,车倾塞道,马挂于衡不得前,贼之铁骑凌而
腾之,步贼手白棓遮击,中者首兜鍪俱碎。自成空壁蹑我。一日夜,
官兵狂奔四百里,至于孟津,死者四万余,失亡兵器辎重数十万。传
庭单骑渡垣曲,由阌乡济。贼获督师坐纛,乘胜破潼关,大败官军。
传庭与监军副使乔迁高跃马大呼而殁于阵,文恩降贼。传庭尸竟不
可得。传庭死,关以内无坚城矣。

　　初,传庭之出师也,自分必死,顾语继妻张夫人曰:"尔若何?"
夫人曰:"丈夫报国耳,毋忧我。"及西安破,张率二女三妾沉于井,
挥其八岁儿世宁亟避贼去之。儿逾墙堕民舍中,一老翁收养之。长
子世瑞闻之,重跰入秦,得夫人尸井中,面如生。翁归其弟世宁,相
扶携还。道路见者,知与不知皆泣下。传庭死时,年五十有一矣。传
庭再出师,皆以雨败也。或言传庭未死者,帝疑之,故不予赠荫。传
庭死而明亡矣。

　　赞曰:流贼蔓延中原,所恃以御贼者,独秦兵耳。傅宗龙、孙传
庭远近相望,倚以办贼。汪乔年、杨文岳,奋力以当贼锋,而终于溃
偾。此殆有天焉,非其才之不任也。传庭败死,贼遂入关,势以愈炽。
存亡之际,所系岂不重哉!

明史卷二六三
列传第一五一

宋一鹤 沈寿崇 萧汉 　冯师孔

黄綗等 林日瑞 郭天吉等 　蔡懋德

赵建极等 卫景瑗 朱家仕等

朱之冯 朱敏泰等 　陈士奇 陈缵等

龙文光 刘佳引 　刘之勃 刘镇藩

宋一鹤，宛平人。为诸生，见天下大乱，即究心兵事。崇祯三年举于乡。授教谕，以荐迁邱县知县，复以荐加东昌同知，仍知县事。

巡按御史禹好善以一鹤知兵，荐之，授兵部员外郎，寻擢天津兵备佥事，改饬汝南兵备，驻信阳。

时熊文灿总理南畿、河南、山西、陕西、湖广、四川军务，主抚议。一鹤降其盗魁黄三耀，又降其死贼顺天王之党刘喜才。一鹤先后剿剧贼，斩首七百有奇。从副将龙在田破贼固始，一鹤毒杀其贼千人。左良玉降其贼李万庆，一鹤抚而定之数万。文灿屡上其功，荐之，进副使，调郧阳。

文灿诛，杨嗣昌代，以一鹤能，荐之，擢右佥都御史，代方孔炤巡抚湖广。时湖广贼为诸将所逼，多窜入四川。一鹤以云南军移镇当阳，中官刘元斌以京军移镇荆门，相犄角。左良玉等大破贼于玛瑙山，一鹤叙功增俸。遣副将王允成、孙应元等大破贼汝才五大营于丰邑坪,斩首三千余级。嗣昌署一鹤荆楚第一功。献忠陷襄阳,与革里眼、左金王等东萃黄州、汝宁间。一鹤移驻蕲州,焚舟,遏贼渡。贼移而北,一鹤又断横江,贼不敢渡。

嗣昌卒,丁启睿代。启睿破献忠于麻城,会一鹤及凤阳总督朱大典、安庆巡抚郑二阳蹙贼左金王、老回回等于潜山、怀宁山中。一鹤又督参将王嘉谟等追破左金王、争世王、治世王于灯草坪,斩首千八百级。十五年遣部将陈治等合江北兵,破贼于桐城、舒城。

一鹤起乡举,不十年秉节钺,廷臣不能无忮。御史卫周允上疏丑诋一鹤。一鹤屡建功,然亦往往蒙时诟。嗣昌父名鹤,一鹤投揭,自署其名曰一鸟,楚人传笑之。一鹤亦连疏引疾,帝疑其伪,下所司严核。先以襄阳陷,夺职戴罪,至是许解官候代。

趋救汝宁,汝宁城已陷。十二月,襄阳、德安、荆州连告陷,一鹤趋承天护献陵。陵军栅木为城。贼积薪烧之,烟窅纯德山。城穿,一鼓而登。犯献陵,毁祼殿。守陵巡按御史李振声、总兵官钱中选皆降,遂攻承天。岁除,明年正月二日,有以城下贼者。城陷,一鹤自经,故留守沈寿崇、钟祥知县萧汉俱死,分巡副使张凤翥走入山中。先是左良玉军扰襄、樊,一鹤疏纠之。既,良玉自襄走承天,军饥而掠,乞饷于一鹤,不许。良玉衔之。至是,一鹤谋留良玉兵,良玉走武昌,故及于难。

寿崇,宣城人,都督有容子。崇祯初武进士。忤巡按,被劾罢,未行而贼至,遂及于难。赠都督佥事,荫子锦衣百户。

汉,字云涛,南丰人。崇祯十年进士。秩满将行,贼薄城,即辞家庙,授帨于妾媵曰:"男忠女烈,努力自尽。"遂出登陴,拒守五昼夜。元旦,突围出,趋献陵。贼骑环之,汉大呼"钟祥令在,谁敢惊陵寝者!"贼挟之去,不杀,说降,不听。明日,城陷,送汉吉祥寺,谨视之,求死不得。越三日,从僧榻得剃刀藏之,取敝纸书杨继盛绝命词,纸尽,投笔起,复拾土块画"钟祥县令萧汉愿死此寺"十字于壁。即对壁自刭,血正溅字上,死矣。贼嘉其义,用锦衣敛而瘗之。贼退,其门人改敛之以时服,曰:"呜呼,大白其无黩乎!吾师肯服贼服乎!"悉易之。诏赠汉大理寺丞。

振声,米脂人,与自成同县而同姓。自成呼之为兄,后复杀之。将发献陵,大声起山谷,若雷震虎嗥,惧,乃止。

冯师孔,字景鲁,原武人。万历四十四年进士。授刑部主事,历员外郎、郎中。恤刑陕西,释疑狱百八十人。天启初,出为真定知府,迁井陉兵备副使,忧归。

崇祯二年起临巩兵备,改固原,再以忧归。服阕,起怀来兵备副使,移密云。忤镇守中官邓希诏。希诏撼他事劾之,下吏,削籍归。

十五年诏举边才,用荐起故官,监通州军。勤王兵集都下,剽刦公行,割妇人首报功。师孔大怒,以其卒抵死。明年举天下贤能方面官,郑三俊荐师孔。六月擢右佥都御史,代蔡官治巡抚陕西,调兵食,趣总督孙传庭出关。

当是之时,贼十三家七十二营降,师殆尽,惟李自成、张献忠存。自成尤强,据襄阳。以河洛、荆襄四战之地,关中其故乡,士马甲天下,据之可以霸,决策西向。惮潼关天险,将自淅川龙车寨间道入陕西。传庭闻之,令师孔率四川、甘肃兵驻商、雒为犄角,而师孔趣战。无何,我师败绩于南阳,贼遂乘胜破潼关,大队长驱,势如破竹。师孔整众守西安,人或咎师孔趣师致败也。贼至,守将王根子开门入之。十月十一日,城陷,师孔投井死。同死者,按察使黄绹,长安知县吴从义,秦府长史章尚绹,指挥崔尔达。

绹,字季侯,光州人。天启二年进士。崇祯中,以淮海兵备副使忧归。流贼陷州城,绹方庐墓山中,子彝如死于贼,其妹亦被难。服除,起临巩兵备副使,调番兵,大破李自成潼关原。寻以右参政分守洮岷,擢陕西按察使。自成劝之降,叱曰:"潼关之役,汝、我戮余也,今日肯降汝耶?"妻王赴井,绹得间亦赴井,皆死。赠太常卿,谥忠烈。

尚绹,会稽人。闻城陷,投印井中,冠服趋王府端礼门,雉经。赠按察司副使。

从义，山阴人。儿时梦一人拊其背曰："岁寒松柏，其在斯乎。"崇祯十三年成进士，之官。兵荒，从义练丁壮三百人杀贼。贼破秦，从义曰："嗟乎，岂非天哉！吾唯昔梦是践矣。"遂投井死。赠按察司佥事。

尔达，不知何许人，亦投井死之。自是长安多义井。贼遂执秦王存枢，处其宫署，置百官，称王西安。坐王府中，日执士大夫拷掠，索金钱，分兵四出攻抄。有小吏邱从周者，长不及三尺，乘醉骂自成曰："若一小民无赖，妄踞王府，将僭伪号，而所为暴虐若此，何能久！"贼怒，斫杀之。而布政使平湖陆之祺，及里居吏部郎乾州宋企郊、提学佥事真宁巩焴皆降贼，得宠用。

先是，户部尚书倪元璐奏曰："天下诸藩，孰与秦、晋。秦、晋山险，用武国也。请谕二王，以剿贼保秦责秦王，以遏贼不入责晋王。王能杀贼，假王以大将军权；不能杀贼，悉输王所有饷军，与其赍盗。贼平，益封王各一子如亲王，亦足以明报矣。二王独不鉴十一宗之祸乎？贤王忠而熟于计，必知所处矣。"书上，不报。至是贼果破秦，悉为贼有焉。

林日瑞，字浴元，诏安人。万历四十四年进士。崇祯初，以江西右参政忧归。服阕，起故官，分守湖东。属县铅山界闽，妖人聚山中谋不轨，围铅山。日瑞击败之，捣其巢，屡迁陕西左、右布政使。

十五年夏，迁右佥都御史，代吕大器巡抚甘肃。明年十一月，李自成屠庆阳。其别将贺锦犯兰州，兰州人开城迎贼。贼遂渡河。凉州、庄浪二卫降，即进逼甘州。日瑞闻贼急，结西羌，严兵以待，而自率副将郭天吉等扼诸河干。十二月，贼踏冰过，直抵甘州城下。日瑞入城，战且守。大雪深丈许，树尽介，角干折，手足皲瘃，守者咸怨。贼乘夜坎雪而登，城陷，执日瑞。诱以官，不从，磔于市。

初，日瑞抚甘肃，廷议以其不任也，遣杨汝经代之。未至，日瑞遂及于难。

天吉及总兵官官马炉,抚标中军哈维新、姚世儒,监纪同知蓝
台,里居总兵官罗俊杰、赵宧,并死之。贼杀居民四万七千余人。三
边既陷,列城望风降,惟西宁卫固守不下。贼无后顾,乃长驱而东。
福王时,赠曰瑞兵部尚书,台太仆寺少卿,皆赐祭葬。

蔡懋德,字维立,昆山人。少慕王守仁为人,著《管见》,宗良知
之说。举万历四十七年进士,授杭州推官。天启间,行取入都。同
乡顾秉谦柄国,懋德不与通。秉廉怒,以故不得显擢。授礼部仪制
主事,进祠祭员外郎。尚书率诸司往谒魏忠贤祠,懋德托疾不赴。

崇祯初,出为江西提学副使,好以守仁《拔本塞源论》教诸生,
大抵释氏之绪论。迁浙江右参政,分守嘉兴、湖州。剧盗屠阿丑有
众千余,出没太湖。懋德曰:"此可计擒也。"悉召濒湖豪家,把其罪,
简壮士与同发,遂擒阿丑。皆曰:"懋德知兵。"内艰,服除,起井陉兵
备。旱,懋德祷,即雨。他乡争迎以祷,又辄雨。调宁远,以守松山
及修台堡功,数叙赉。会灾异求言,懋德上《省过》、《治平》二疏,规
切君相,一时咸笑为迂。

懋德好释氏,律身如苦行头陀。杨嗣昌谓其清修弱质,不宜处
边地,改济南道。济南新残破,大吏多缺人,懋德摄两司及三道印。
迁山东按察使、河南右布政使。田荒谷贵,民苦催科,贼复以先服不
输租相煽诱。懋德亟檄州县停征,上疏自劾,诏镌七级视事。十
四年冬,擢右佥都御史,巡抚山西。召对,赐酒馔、银币。明年春,抵任,
讨平大盗王冕。十月统兵入卫京师,诏扼守龙泉、固关二关。李自
成已陷河南,懋德御之河上。

十六年冬,自成破潼关,据西安,尽有三秦。十二月,懋德师次
平阳,遣副将陈尚智扼守河津。山西,京师右背,蒲州北抵保德,悉
邻贼,依黄河为险。然穷冬冰合,贼骑得长驱。懋德连章告急,请禁
旅及保定、宣府、大同兵疾赴河干合拒。中朝益积忧山西,言防河者
甚众,然无兵可援。懋德以疲卒三千,当百万狂寇。时太原汹汹,晋
王手教趣懋德还省。十八日,懋德去平阳。二十日,贼抵河津,自船

窝东渡,尚智走还平阳。二十二日,贼攻平阳,拔之。尚智奔入泥源山中。二十八日,懋德还太原。

明年正月,自成称王于西安。贼既渡河,转掠河东,列城皆陷。于是山西巡按御史汪宗友上言曰:"晋河二千里,平阳居其半。抚臣懋德不待春融冰泮,遽尔平阳返斾,贼即于明日报渡矣。随行马步千人,即时倍道西向,召集陈尚智叛卒,移檄各路防兵援剿,乃不发一兵。岁终至省,臣言宜提一旅,星驰而前,张疑声讨,尚冀桑榆之收,无如不听何。贼日遣伪官,匝月,余郡皆失,是谁之过欤!"有诏夺官候勘,以郭景昌代之。

二十三日,尚智叛降于贼。于是懋德誓师于太原,布政使赵建极,监司毛文炳、蔺刚中、毕拱辰,太原知府孙康周,署阳曲县事长史范志泰等,官吏军民咸在。懋德哭,众皆哭。罢官命适至,或请出城候代。懋德不可,曰:"吾已办一死矣。景昌即至,吾亦俱死。"调阳和兵三千协守东门。刚中虑其内应,移之南关之外。遣部将张雄分守新南门,召中军副总兵应时盛入参谋议。懋德等登城。

二月五日,贼至城下。遣部将牛勇、朱孔训、王永魁出战,死之。明日,自成具卤簿,督众攻城,阳和兵叛降贼。又明日,昼晦,懋德草遗表。须臾大风起,拔木扬沙。调张雄守大南门,雄已缒城出降,语其党曰:"城东南角楼,火器火药皆在,我下即焚楼。"夜中火起,风转烈,守者皆散。贼登城,懋德北面再拜,出遗表付友人贾士璋间道达京师。语人曰:"吾学道有年,已勘了死生,今日吾致命时也。"即自刭,麾下持之。时盛请下城巷战,顾懋德曰"上马"。懋德上马,时盛持矛突杀贼数十人。至炭市口,贼骑充斥,时盛呼曰"出西门"。懋德遽下马曰:"我当死封疆,诸君自去。"众复拥懋德上马,至水西门。懋德叱曰:"诸君欲陷我不忠耶!"复下马,据地坐。时盛已出城,杀妻子,还顾不见,复斫门入,语懋德曰:"请与公俱死。"遂偕至三立祠。懋德就缢未绝,时盛释甲加其肩,乃绝。时盛取弓弦自经。建极危坐公堂,贼拥之见自成。不屈,将斩之。下阶呼万岁者再,曰:"臣失守封疆,死有余罪。"自成以为呼己也,曳还。建极瞋目曰:"我呼大明皇帝,宁呼贼耶?"立射杀之。时自成执晋王,据王宫云。

　　文炳被杀,妻赵、妾李亦投井死;子兆梦甫数岁,贼掠去。士民以其忠臣子也,赎而归之。欲降刚中,不从,杀之。首既堕,复跃起丈余,贼皆辟易。贼适得新刀,拱辰睨之。问:"何睨?"曰:"欲得此斫头耳。"遂取斩之。康周巷战死,志泰不食死。自懋德而下,太原死事凡四十有六人,贼皆尸之城上。自成恨懋德之不降也,验其尸,以刃断颈而去。福王时,以懋德不守河为失策,乃谥忠襄,赐祭葬而不予赠荫,余赐恤有差。间考四十六人,行事多缺,姓名不传,莫得而次云。

　　建极,河南永宁人。贼掠永宁时,建极五子皆死,后生三子又夭,至是赵氏一门竟绝。

　　文炳,字梦石,郑州人。以史科给事中出为山西兵备副使。为给事时,杨嗣昌督师,议调民兵讨贼。文炳言:"民兵可守不可调,不若官军乘马便杀贼。"又言:"当大计,主计者喜奔竞,抑廉静,宜令官得互纠不公者。"帝皆纳其言。

　　刚中,字坦生,陵县人。为南京给事中,奏保护留都六事,又陈漕事救弊之要。山东饥,疏言:"民死而丁存,田荒而赋在,安得不为盗!宜清户口并里甲。"皆切时病。迁山西副使。

　　拱辰,字星伯,掖县人。知朝邑、盐城二县,数迁数贬。历淮徐兵备佥事,督漕侍郎史可法谓其不任,移之冀宁。

　　建极、文炳、刚中、拱辰由进士。康周,字晋侯,安丘人,由乡举。时盛,辽阳诸生。为懋德所知,拔隶幕下,至都督佥事。志泰,虞城人。余莫考。

　　太原既破,贼移檄远近,所至郡县望风结寨以拒官兵。而其仗义死难,陷胸断胫而甘心者,则有若安邑知县房之屏,宛平人,起家乡举。城陷,北向拜天子,入署拜其母,命妻子各自尽,遂投井,贼曳出斩之。忻州知州杨家龙,字惕若,曲阳人。为宁乡知县,凡七年,流亡复其业。迁忻,贼即至,曰:"此城必不守,我出,尔民可全也。"

出城骂贼而死。州人祠祀之。代州参将阎梦夔，鹿邑人，汾州知州侯君昭，皆城亡与亡。汾阳知县刘必达袖出骂贼文，贼诵而杀之。其义勇范奇芳，刺杀一伪都尉而自刭。宁武兵备副使王孕懋，字有怀，由太原知府迁。自成既陷太原，遣使说降，孕懋斩之，与总兵官周遇吉共守，城陷自杀。妻杨投井殉之。孕懋，霸州人，进士。遇吉自有传。宁武失，贼破三关，犯大同。

卫景瑗，字仲玉，韩城人。天启五年进士。授河南推官。

崇祯四年，征授御史，劾首辅周延儒纳贿行私数事，复劾吏部侍郎曾楚卿憸邪。帝不纳。出按真定诸府。父丧，不俟命竟归。服阕，起故官。疏救给事中傅朝祐、李汝璨以论温体仁下吏，故帝不怿，左迁行人司正。历尚宝、大理丞，进少卿。十五年春，擢右佥都御史，巡抚大同。岁饥疫，疏乞振济。收军实，练火器，戢谊宗，声绩甚著。

十七年正月，李自成将犯山西，宣大总督王继谟檄大同总兵官姜瓖扼之河上，瓖潜使纳款而还。景瑗不知其变也，及山西陷，景瑗邀瓖歃血守。瓖出告人曰："卫巡抚，秦人也，将应贼矣。"代王疑之，不见景瑗，永庆王射杀景瑗仆。会景瑗有足疾，不时出。兵事，瓖主之。瓖兄瑄，故昌平总兵也，劝瓖降贼。瓖虑其下不从，人犒之银，言励守城将士，代王信之。诸郡王分门守，瓖每门遣卒二百人助守。

至三月朔，贼抵城下。瓖即射杀永庆王，开门迎贼入。绐景瑗计事，景瑗乘马出，始知其变也，自坠马下。贼执之见自成，自成欲官之。景瑗据地坐，大呼皇帝而哭。贼义之，曰"忠臣也"，不杀。景瑗猝起，以头触阶石，血淋漓。贼引出，顾见瓖，骂曰："反贼，与我盟而叛，神其赦汝耶！"贼使景瑗母劝之降。景瑗曰："母年八十余矣，当自为计。儿国大臣，不可以不死。"母出，景瑗谓人曰："我不骂贼者，以全母也。"初六日自缢于僧寺。贼叹曰："忠臣。"移其妻子空舍，戒毋犯。杀代王传㸅及其宗室殆尽。

分巡副使朱家仕，尽驱妻妾子女入井，而己从之，死者十有六人。督储郎中徐有声、山阴知县李倬亦死之。诸生李若蔡自题其壁曰"一门完节",一家九人自经。家仕,河州人。

福王时,赠景瑷兵部尚书,谥忠毅。

贼既陷大同,以兵徇阳和,长驱向宣府。

朱之冯,字乐三,大兴人。天启五年进士。授户部主事,榷税河西务。课赢,贮公帑无所弘。以外艰去。

崇祯二年起故官,进员外郎。坐罣误,谪浙江布政司理问,稍迁行人司副,历刑部郎中、浙江驿传佥事、青州参议。盗劫沂水民,株连甚众。之冯捕得真盗,大狱尽解。擒治乐安土豪李中行。权贵为请,不听。进副使,赍表入都,寄家属济南。济南破,妻冯匿姑及子于他所,而自沉于井。姑李闻之,为绝粒而死。枢还,之冯庐墓侧三年。起河东副使。河东大猾朱全宇潜通秦贼,之冯至则执杀之,部内以宁。之冯自妻死不再娶,亦不置姜媵,一室萧然。

十六正月,擢右佥都御史,巡抚宣府。司饷主事张硕抱以克饷激变,群缚硕抱。之冯出抚谕,贷商民赏给散,而密捕诛首恶七人,劾硕抱下吏。军情帖然。

明年三月,李自成陷大同。之冯集将吏于城楼,设高皇帝位,歃血誓死守,悬赏格励将士。而人心已散,监视中官杜勋且与总兵王承允争先纳款矣,见之冯叩头,请以城下贼。之冯大骂曰:"勋,尔帝所倚信,特遣尔,以封疆属尔,尔至即通贼,何面目见帝!"勋不答,笑而去。俄贼且至,勋蟒袍鸣驺,郊迎三十里之外,将士皆散。之冯登城太息,见大炮,语左右:"为我发之!"默无应者。自起爇火,则炮孔丁塞,或从后掣其肘。之冯抚膺叹曰:"不意人心至此!"仰天大哭。贼至城下,承允开门入之,讹言贼不杀人,且免徭赋,则举城讹然皆喜,结采焚香以迎。左右欲拥之冯出走,之冯叱之,乃南向叩头,草遗表,劝帝收人心,厉士节,自缢而死。贼弃尸濠中,濠旁犬日食人尸,独之冯无损也。

同日死者,督粮通判朱敏泰、诸生姚时中、副将宁龙及系狱总兵官董用文,副将刘九卿及里居知县申以孝。其他妇女死义者,又十余人。福王时,赠之冯兵部尚书,谥忠壮。

勋既降贼,从攻京师,射书于城中。城中初闻勋死宣府,帝为予赠荫立祠,至是以为鬼。守城监王承恩倚女墙而与语,缒勋入见帝,盛称自成,上可自为计。复缒之出,笑语诸守监曰:"吾辈富贵自在也。"

陈士奇,字平人,漳浦人也。好学,有文名,不知兵。举天启五年进士,授中书舍人。崇祯四年考选,授礼部主事,擢广西提学佥事。父忧归。服阕,起重庆兵备,寻改贵州,复督学政。母忧阕,起赣州兵备参议,进副使,督四川学政。廷臣交章荐士奇知兵。

十五年秋,擢右佥都御史,代廖大奇巡抚四川。松潘兵变,众数万,士奇谕以祸福,咸就抚。摇、黄贼十三家,纵横川东北十余年,杀掠军民无算;执少壮,文其面为军,至数十万。士奇檄副使陈其赤,葛征奇,参将赵荣贵等进讨,屡告捷。而贼狡,迄不能制。士奇本文人,再督学政,好与诸生谈兵,朝士以士奇知兵。及秉节钺,反以文墨为事,军政废弛。石砫女将秦良玉尝图全蜀形势,请益兵分守十三隘,扼贼奔突。置不问,蜀以是扰。

明年十二月,朝议以其不任,命龙文光代之。士奇方候代,而阳平将赵光远拥兵二万,护瑞王常浩自汉中来奔,士民避难者又数万,至保宁,蜀人震骇。士奇驰责光远曰:"若退守阳平关,为吾捍卫,不惜二万金犒军。如顿此,需厚饷,吾头可断,饷不可得也。"光远退屯阳平,王以三千骑奔重庆,明年四月,文光受代,士奇将行,京师告变。士奇自以知兵也,曰:"必报国仇。"遂留驻重庆,遣水师参将曾英击贼于忠州,焚其舟;遣赵荣贵御贼于梁山。献忠由葫芦坝,左步右骑,翼舟而上,二将败奔,遂夺佛图关,陷涪州。士奇征石砫援兵不至。或劝:"公已谢事,宜去。"士奇不可。贼抵城下,击以滚炮,贼死无数。二十日夜,黑云四布,贼穴地轰城。城陷,王、士奇及副使陈纁、知府王行俭、知县王锡俱被执。士奇大骂,贼缚于教场,将杀之。忽雷雨晦冥,咫尺不见。献忠仰而诟曰:"我杀人,何与天事?"用大炮向天丛击。俄晴霁,遂肆僇。士奇骂不绝口而死,王亦遇害。贼集军民三万七千余人,斫其臂。遂犯成都。

纁,本关南兵备副使,护瑞王入蜀,及于难。行俭,字质行,宜兴人。崇祯十年进士,守重庆,善抚驭,为贼脔死。锡,新建人。崇祯十三年进士。除巴县知县。尝从士奇歼土寇彭长庚之党,又斩摇、黄贼魁马超。至是,贼蒙巨板穴城,锡灌以热油,多死。及被执,大骂。抉其齿,骂不已。捶膝使跪,益亢立。舁至教场,缚树上射之,又脔肉烙之。既死,复毁其骨。

指挥顾景闻城陷,入瑞王府,以己所乘马乘王,鞭而走,遇贼呼曰:"贼宁杀我,无犯帝子。"贼刺杀王,景遂死之。

龙文光,马平人。天启二年进士。崇祯十七年,以川北参政擢右佥都御史,代陈士奇巡抚四川。闻命,与总兵官刘佳引率兵三千,由顺庆驰赴之。部署未定,数日而城陷。贼民尽驱文武将吏及军民男妇于东门之外,将戮之,忽有龙尾下垂。贼以为瑞,遂停刑。文光、佳引卒不屈,贼杀文光于濯锦桥,佳引自投于浣花溪。

刘之勃,字安侯,凤翔人。崇祯七年进士。授行人,擢御史。上节财六议,言:"先朝马万计,草场止五六所。今马渐少,场反增二倍,可节省者一。水衡工役费,岁几百万。近奉明旨,朝廷不事兴作,而节慎库额数袭为常,可节省者二。诸镇兵马时败溃而饷额不减,虚伍必多,可节省者三。光禄宴享赐赉,大抵从简,而监局厨役多冗滥,可节省者四。三吴织造,泽、潞机杼,以及香蜡、药材、陶器,无岁不贡,积之内为废物,输之下皆金钱,可节省者五。军前监纪、监军、赞画之官,不可胜纪。平时则以一人而糜千百人之饷,临敌又以千百人而卫一人之身,耗食兼耗兵,可节省者六。"又疏陈东厂三弊,言:"东厂司缉访,而内五城,外巡按,以及刑部、大理皆不能举其职,此不便于官守。奸民千里首告,假捏姓名,一纸株连,万金立罄,此不便于民生。子弟讦父兄,奴仆讦家主,部民讦官长,东厂皆乐闻,此不便于国体。"帝皆纳其言。

十五年出按四川。十六年秋,类报灾异,请"缓赋省刑,亦弭灾一术",时不能用。明年正月,张献忠大破川中郡邑。四月闻都城失守,人心益汹惧。举人杨锵、刘道贞等谋拥蜀王至澍监国,之勃不可,跃入池中,议乃寝。八月,贼逼成都,之勃与巡抚龙文光、建昌兵备副使刘士斗等分陴拒守。总兵官刘镇藩出战而败。贼穴城,实以火药;又刳大木长数丈者合之,缠以帛,贮药,向城楼。之勃厉众奋击,贼却二三里,皆喜,以为将去也。初九日黎明,火发,北楼陷,木石飞蔽天,守陴者皆散,贼遂入城。蜀王率妃妾自沉于菊井。镇藩突围出,赴浣花溪死之。之勃等被执,贼以之勃同乡,欲用之。之勃劝以不杀百姓,辅立蜀世子。不从,遂大骂,贼攒箭射杀之。时福王立于南京,擢之勃右佥都御史,巡抚四川,已不及闻矣。

赞曰:潼关既破,李自成乘胜遂有三秦。渡河而东,势若燎原。宣、大继覆,明亡遂决。一时封疆诸臣后先争死,可不谓烈哉! 然平阳之旆甫东,船窝之警旋告。死非难,所以处死为难,君子不能无憾于懋德焉已。若夫一鹤之死显陵,士奇之死夔州,刘之勃、龙文光之死成都,不亦得死所者欤!

明史卷二六四
列传第一五二

贺逢圣　傅冠　尹如翁　　南居益
族父企仲　族弟居业　　周士朴
吕维祺　弟维祜　　王家祯
焦源溥　兄源清　　李梦辰
宋师襄　麻禧　　王道纯
田时震　朱崇德　崇德子国栋

　　贺逢圣,字克繇,江夏人。与熊廷弼少同里闬,而不相能。为诸生,同受知于督学熊尚文。尚文并奇二生,曰:"熊生,干将、莫邪也;贺生,夏瑚、商琏也。"举于乡。家贫,就应城教谕。万历四十四年,殿试第二人,授翰林编修。

　　天启间,为洗马。当是时,廷弼已再起经略辽东矣。广宁之败,同乡官将揭白廷弼之冤,意逢圣且沮之。逢圣作色曰:"此乃国家大事,吾安敢小嫌介介,不以明!"即具草上之。湖广建魏忠贤生祠,忠贤闻上梁文出逢圣手,大喜,即日诣逢圣。逢圣曰:"误,借衔陋习耳。"忠贤咈然去。翌日削逢圣籍。

　　庄烈帝即位,复官,连进秩。九年六月,以礼部尚书兼东阁大学士,入阁辅政,加太子太保,改文渊阁。十一年致政。十四年再入阁。

明年再致政。

逢圣为人廉静，束修砥行。帝颇事操切，逢圣终无所匡言。其再与周延儒同召，帝待之不如延儒。及予告，宴饯便殿，赐金，赐坐蟒。感激大哭，伏地不能起，帝亦汍澜动容焉。

是时，湖广贼大扰。明年春，张献忠连陷蕲、黄、逼江夏。有大冶人尹如翁，逢圣门生，走三百里，持一僧帽、一袈裟来贻逢圣。逢圣反其衣曰："子第去，毋忧我。"如翁去。五月壬戌晦，贼陷武昌，执逢圣。叱曰："我朝廷大臣，若曹敢无礼！"贼麾使去，遂投墩子湖死也。贼来自夏，去以秋云。大吏望衍而祭，有神梦于湖之人，"我守贺相殊苦，汝受而视之，有黑子在其左手，其征是"。觉而异之，俟于湖，赫然而尸出，验之果是，盖沉之百有七十日，面如生。以冬十一月壬子殓，大吏挥泪而葬之。

初，城之陷也，逢圣载家人以其舸舻，出墩子，凿其舨舻，皆溺。贺氏死者，妻危氏，子觐明，子妇曾氏、陈氏、孙三人，次子光明自他所来，凡二十余人。福王时，赠少傅，谥文忠，祭葬荫子如制。

如翁去，归大冶。大冶城破，其慷慨而死者，如翁也。

其后有傅冠。冠，字元甫，进贤人。祖炯，南京刑部尚书。天启二年，冠举进士第二，授翰林编修。崇祯十年秋，由礼部右侍郎拜尚书兼东阁大学士。性简易，有章奏发自御前，冠以为揭帖，援笔判其上。既知误，惶恐引罪，帝即放归。唐王时，命以原官督师江西。嗜酒，或劾之，乃致仕。大清下江西，冠走匿门人泰宁汪亨龙家。亨龙执而献之有司，杀之汀州，血渍地，久而犹鲜。

南居益，字思受，渭南人，尚书企仲族子、师仲从子也。曾祖从吉与曾伯祖大吉皆进士。两人子姓，科第相继。

企仲，大吉孙，万历八年进士。以祖母年高，请终养。祖母既殁，授刑部主事。客寓赁其家，夫妇并殁，企仲呼其子还之。吏部尚书孙丕扬以为贤，调为己属，历文选郎，擢太仆少卿，进太仆卿。三十年，帝以疾诏免矿税，释系囚，录建言贬斥诸臣。既而悔之，命矿税如故，余所司议行。吏、刑二部尚书李戴、萧大亨迟数日未奏，企仲请亟罢二人，而敕二部亟如诏奉行。帝大恚，传谕亟停二事，落企仲一官。给事中萧近高，御史李培、余懋衡亦请信明诏。帝益怒，并夺其俸，且命益重前贬谪官邹元标等罚，欲以钳言者。诸阁臣力争，乃止。而给事中张凤翔迎帝意，劾企仲他事，遂削籍。天启初，起太常卿，累迁南京吏部尚书，以老致仕。师仲父轩，吏部郎中，尝著《通鉴纲目前编》。师仲至南京礼部尚书。

居益少厉操行，举万历二十九年进士，授刑部主事。三迁广平知府，擢山西提学副使，雁门参政，历按察使、左右布政使，并在山西。

天启二年，入为太仆卿。明年擢右副都御史，巡抚福建。红毛夷者，海外杂种，绀眼，赤须发，所谓和兰国也。自昔不通中土，由大泥、咬𠺕吧二国通闽商。万历中，奸民潘秀引其人据彭湖求市，巡抚徐学聚令转贩之二国。二国险远，商舍而之吕宋。夷人疑吕宋邀商舶，攻之，又寇广东香山澳，皆败，不敢归国，复入彭湖求市，且筑城焉。巡抚商周祚拒之，不能靖。会居益代周祚，贼方犯漳、泉，招日本、大泥、咬𠺕吧及海寇李旦等为助。居益使人招旦，说携大泥、咬𠺕吧。贼帅高文律惧，遣使求款，斩之。筑城镇海港，逼贼风柜。贼穷蹙，泛舟去，遂擒文律，海患乃息。五年迁工部右侍郎，总督河道。魏忠贤衔居益叙功不及己，格其赏。给事中黄承昊复论居益倚傍门户，蹭蹬通显，遂削籍去。闽人诣阙讼之，不听。乃立祠以祀，勒碑于彭湖及平远台。

崇祯元年起户部右侍郎，总督仓场。陕西镇缺饷至三十余月，居益请以陕赋当输关门者，留三十万纾其急，报可。畿辅戒严，居益在通州，为城守计甚备。会工部尚书张凤翔坐军械不具下吏，四司郎中瘐死者三，遂诏居益代凤翔。未几，试炮而炸，兵部尚书梁廷栋劾郎中王守履失职。守履惧，讦兵部郎中王建侯诬己。廷议不如守履言,遂下狱。居益疏捄,帝以为徇私,削籍归。廷杖守履六十,斥为民。寻叙城守功,复居益冠带。

十六年,李自成陷渭南,责南氏饷百六十万。企仲年八十三矣,遇害。诱降居益及企仲子礼部主事居业,皆不从。明年正月,贼遣兵拥之去,加炮烙。二人终不屈,绝食七日而死。

周士朴,字丹其,商丘人。万历四十一年进士。除曲沃知县。泰昌元年,征授礼科给事中。中官王添爵选净身男子,索贿激变。守陵刘尚忠鼓陵军挟赏。刘朝等假赍送军器名,出行山海外,势汹汹。织造李实讦周起元。群珰索冬衣,辱尚书钟羽正。士朴皆疏争。士朴性刚果,不能委蛇随俗,尤好与中官相揳柱,深为魏忠贤所恶。会当擢京卿,忠贤持不下,士朴遂谢病归。

崇祯元年,起太常少卿,历户部左、右侍郎,拜工部尚书。帝命中官张彝宪监户、工二部出纳,士朴耻之,数与龃龉。彝宪讦于帝,士朴疏对辞直,帝无以难。未几,驸马都尉齐赞元以遂平长公主茔价,士朴不引瑞安大长主例,而寿宁大长公主薨,则引瑞安例,上疏丑诋之,遂削其籍。

十五年,廷臣交荐,不召。其年八月,李自成陷商丘,与妻曹、妾张、子举人业熙、子妇沈,同日缢死。

吕维祺,字介孺,新安人。祖母牛氏以守节被旌。父孔学,事母孝,捐粟千二百石振饥,两旌孝义。维祺举万历四十一年进士,授兖州推官,擢吏部主事,更历四司。光宗崩,皇长子未践阼,内侍导幸小南城。维祺谒见慈庆宫,言梓宫在殡,乘舆不得轻动,乃止。天启初,历考功交选员外郎,进验封郎中,告归。开封建魏忠贤生祠,遗书士大夫戒勿预。忠贤毁天下书院,维祺立芝泉讲会,祀伊、洛七贤。

崇祯元年,起尚宝卿,迁太常少卿,督四夷馆。明年四月,廷议军饷,维祺陈奏十五事。其冬,奏防微八事,言:"陛下初勤批答,今或留中,留中多则疑虑起,当防一。初虚怀商榷,及拟旨一不当,改拟径行,岂无当执奏,当防二。初无疑厌,疑厌诸臣自取,今且共、夔并进,当防三。初日御讲筵,今始传免,当防四。初寡嗜欲,慎宴游,今或偶涉,当防五。初慎刑狱,今有下诏狱者。且登闻频击,恐长嚣讼风,当防六。初重廷推,今间用陪,非常典,当防七。初乐谠言,今或谴诃时及,当防八。"帝优旨报之。

三年,擢南京户部右侍郎,总督粮储。设会计簿,钩考隐没侵欺,及积逋不输,各数十百万;大者弹奏,小者捕治。立法严督屯课,仓庾渐充。条上六议,曰:"稽出入以杜侵渔,增比较以完积案,设本科以重题覆,时会计以核支收,定差序以杜营私,禁差假以修职业。"帝称善,即行之。

六年,拜南京兵部尚书,参赞机务。清冒伍八千余名。请申饬江防,凤陵单外为忧,弗省。八年正月,贼犯江北,遣参将薛邦臣防全椒,赵世臣戍浦口。世臣溃走,南京震动,凤阳亦旋告陷。大计拾遗,言官复劾他事,遂除名。时维祺父孔学避贼洛阳,维祺乃归留洛,立伊洛会,及门二百余人。著《孝经本义》成,上之。

十二年,洛阳大饥。维祺劝福王常洵散财饷士,以振人心,王不省。乃尽出私廪,设局振济。事闻,复官。然饥民多从贼者,河南贼复大炽。无何、李自成大举来攻,维祺分守洛阳北城。夜半,总兵王绍禹之军有骑而驰者,周呼于城上,城外亦呼而应之,于是城陷。贼有识维祺者曰:"子非振饥吕尚书乎?我能活尔,尔可以间去。"维祺弗应,贼拥维祺去。时福王常洵匿民舍中,贼迹而执之,遇维祺于道。维祺反接,望见王,呼曰:"王,纲常至重。等死耳,毋屈膝于贼!"王瞠不语。见贼渠于周公庙,按其项使跪,不屈,延颈就刃而死。时十四年之正月某日也。维祺年五十有王,赠太子少保,祭葬,荫子如制。而维祺之家在新安者,十六年城陷,家亦破。

弟维祮,字泰孺,由选贡生为乐平知县者也。至是解职归,亦抗节死。赠按察佥事。福王立南京,加赠维祺太傅,谥忠节。

王家祯，长垣人。万历三十五年进士。天启间，历官左佥都御史，巡抚甘肃。松山部长银定、歹成扰西鄙二十余年。家祯至，三犯三却之，先后斩首五百四十。擢户部右侍郎，转左。崇祯元年摄部事，边饷不以时发。秋，辽东兵鼓噪，巡抚毕自肃自缢死。帝大怒，削家祯籍。已，叙甘肃功，复其冠带。

九年七月，京师被兵，起兵部左侍郎，寻以本官兼右佥都御史，总理河南、湖广、山西、陕西、四川、江北军务，代卢象升讨贼。会河南巡抚陈必谦罢，即命兼之。督将士会剿贼马进忠等于南阳，复遣兵救襄阳，大战牌楼阁。其冬，家丁鼓噪，烧开封西门。家祯夜自外归，慰谕犒赏，诘旦，发往南阳讨土寇杨四以去。杨四者，舞阳剧盗也。初，四与其党郭三海、侯驭民等降于必谦，至是复叛，故家祯有是遣。其后南阳同知万年策与监纪推官汤开远，诸将左良玉、牟文绶等，连破四。四焚死，其党亦为诸将所擒诛云。

当是时，流贼尽趋江北，留都震惊。言者谓家祯奉命讨安庆贼，未尝一出中州。帝亦以家丁之变心轻之。明年四月乃以总理授熊文灿，令家祯专抚河南。文灿未至，诏遣左良玉援安庆，家祯不遣。秋，刘国能犯开封，裨将李春贵等战殁。议罪，家祯落职闲住。久之，李自成陷京师，遣兵据长垣，设伪官。家祯与其子元炌并自经死。

焦源溥，字涵一，三原人。万历四十一年进士。历知沙河、浚二县，考最，召为御史。

熹宗嗣位，移宫议起，刑部尚书黄克缵请宽盗宝诸奄。源溥折之曰："光宗，神宗元子也，为元子者为忠，则为福藩者非忠。孝端、孝靖神宗后也，为二后者为忠，则为郑贵妃者非忠。孝元、孝和光宗后也，为二后者为忠，则为李选侍者非忠。贵妃三十年心事，人谁不知。张差持梃，危在呼吸，尚忍言哉！况当先帝御极之初，忽传皇祖封后之命。请封不得，冶容进矣。张差之梃不中，则投以女优之惑；崔文升之药不速，则促以李可灼之丸。痛哉！先帝欲讳言进御之事，

遂甘蒙不白之冤。今即厚待贵妃，始终恩礼，而郑养性之都督不可
不夺也，崔文升不可不磔也。若竟置弗问，不几于忘父乎！李选侍
一宫人，更非贵妃比，如圣谕阻陛下于暖阁，挟陛下以垂帘，及凌虐
圣母状，有臣子所不忍言者。今即为选侍乞怜，第可求曲宥前辜，量
从优典，而移宫始末不可得而抹杀也，盗宝诸奄不可得而宽宥也。
若竟置诸奄弗问，不几于忘母乎！"疏上，举朝寒惧。

　　天启二年，忧归。服阕还朝，出按真定诸府，例转凤阳兵备副
使。时崔文升出镇两淮，欲甘心源溥，遂移疾归。

　　崇祯二年起故官，分巡河东道，迁宁武参政，有平寇功，就迁山
西按察使。七年擢右佥都御史，巡抚大同。时边事日棘，兵缺伍，饷
又久乏。岁洊饥，民淘马粪以食。源溥请蠲振增饷，当事不能应。逾
年，自劾求去，遂罢归。十六年冬，李自成陷关中，从与兄源清同被
执，勒令输金。源溥瞋目大骂，贼拔其舌，支解之。

　　源清，字湛一，由进士历官宣府巡抚。七年秋，坐万全左卫失
守，夺官谪戍。久之释还，年七十。至是，抗节不食，七日死。

　　李梦辰，字元居，睢州人。崇祯元年进士。授庶吉士，改兵科给
事中。时盗起陕西，山东曹、濮间之盗，道梗三百余里，河北有回贼。
梦辰历陈其状，请敕将吏急防。五年上疏言："中外交讧，秦、晋、齐、
鲁多乱，两河居中尤要地。铅硝久市直未尝，漕米岁输累无已，宗禄
并征，南阳加派，河决岁歉，邮传催科之患百出，民室如悬磬，生计
日不支，急难谁肯用命。两河标兵、磁兵，新旧不满七千，一有警，防
御何资？今日之务急防河，缮城，备器，练乡兵，治甲胄，尤以收拾人
心为本。"帝命所司严饬。六年冬，钜盗尽萃河北。梦辰虑其南犯，
请敕河南诸道监司急防渡口。而巡抚移驻卫辉，与山西、保定二抚
臣犄角急击。帝方下兵部议，贼已从渑池潜渡。自是中州郡县无日
不告警矣。

　　累迁本科左给事中。复言："将骄军悍，邓玘、张外嘉之兵弑主

而叛,曹文诏、艾万年之兵望贼而奔,尤世威、徐来朝之兵离汛而
遁。今者,张全昌、赵光远之兵,且倒戈为乱矣。荥泽劫库杀人,偃
师列营对垒。且全昌等会剿豫贼,随处逗遛,及中途兵变,全昌竟东
行,光远始西向。骄抗如此,安可不重治。"帝颇采其言。进吏科都
给事中。都御史唐世济荐霍维华,福建巡按应喜臣荐周维京,冀并
翻逆案。梦辰疏驳之,世济、喜臣皆下吏谪戍。

　　寻擢太常少卿,累迁至通政使。坐代人削章奏,贬秩调任。未
几,有持金嘱中书舍人某贿大学士,求为副都御史者,逻卒廉得之,
词连梦辰。帝令梦辰自奏,事得白。然梦辰竟坐是削籍。

　　十五年春,贼攻开封不克,遂去,陷西华,屠陈州,逼睢州。时州
缺正官,梦辰归,即乘城主守。无何,贼从他门入,拥梦辰见罗汝才。
汝才问怕欲,曰:"我大臣,但欲死尔。"汝才去,遣其客说降,且进之
酒。梦辰覆杯于地,太息起,扼吭而卒。妻王氏,方病,闻之不食死。

　　宋师襄,耀州人。万历四十四年进士。历官御史。

　　天启三年五月,请罢内操,言:"自刘朝营脱死,与沈淮谋为固
宠计。淮以募兵为朝外护,朝以内操为淮内援。宫府内外,知有朝
而不知天子。天牖圣聪,一旦发露,屏之南京。然朝虽去,而三千虎
旅安归?世未有蓄怨藏怒之人,潜布左右而不为患者,今惟有散之
而已。夫平日卵翼朝者,黄克缵也,亡何以戎政内宣。抄参朝者,毛
士龙也,未几以构陷削籍。岂非握兵据要,转相恐喝,以至是乎?"帝
以内操祖宗故事,不纳。又陈足财之策,请减上供,汰冗官,核营造,
省赍赏。皆宦官所不便,格不行。奉圣夫人客氏子及中官王体乾、
宋晋、魏进忠等十二人,俱世袭锦衣。进忠者,魏忠贤也。师襄力谏。
又言左都御史熊尚文、工部侍郎周应秋、登莱巡抚袁可立当去不
去,光禄卿须之彦、太常卿吕纯如不当来而来。帝皆不听。

　　四年巡按河南。陛辞,言:"今之言者,皆曰治平要务,乃终日筹
边事,商国计,饬吏治,计民生,弭盗贼,而漫无实效。所以然者,台
谏以进言为责,条奏一入,即云尽职,言之行否,置弗问矣。六曹以

题覆为责,题覆一上,即云毕事,事之行否,置弗问矣。内阁以票拟
为责,票拟一定,即为明纶,旨之行否,置弗问矣。上谩下欺,酿成大
患。今人怨已极,天怒已甚,灾害并至,民不聊生。相聚思乱,十而
八九。臣恐今日之患,不在辽左、黔、蜀,而在数百年休养之赤子
也。”明年复命荐部内人才,首及尚书盛以弘。魏忠贤责以徇私,贬
一秩调任,师襄遂归。

崇祯元年召复官,擢太仆少卿,累迁至太常卿,致仕。奸人宋梦
郊,假师襄手书营兵部。事觉,师襄被逮,系狱者二年。至徐石麒为
刑部,始得雪。十六年冬,贼陷耀州,师襄死之。

麻僖,庆阳人。父永吉,由庶吉士为御史,终湖广按察使,以清
操闻。僖举万历三十五年进士,授庶吉士,改兵科给事中。代王长
子鼎渭讦父废长立幼,僖劾代王无君,鼎渭无父。

四十年疏陈纳谏诤、举枚卜、补大僚、登遗佚、速考选数事,不
报。已,复请重武科,复比试,清纳级,汰家丁,恤班操,急边饷,时亦
不能用。辽东巡抚杨镐请用旧将李如梅,以僖言,改用张承荫。承
荫未至而镇远堡、曹庄相继失事,镐皆不以实闻。僖两疏劾之,镐旋
引去。已,与同官孙振基等劾熊廷弼杀人媚人。又言汤宾尹取韩敬,
关节显然,语具《振基传》。寻乞假归。四十五年京察,宾尹党用事,
以僖倚附东林,谪山西按察知事。

天启二年起兵部主事,历尚宝丞、少卿,改太常。五年六月,魏
忠贤党御史陈世埈劾之,遂落职。崇祯初,复官,致仕家居。十六年
冬,李自成陷庆阳,僖死之。

王道纯,字怀鞠,蒲城人。天启五年进士。授中书舍人。崇祯
三年擢御史。疏陈破资格之说,言铨除、举劾、考选,甲乙科太低昂,
宜变通,则贤才日广。帝命所司即行,而甲科势重,卒不能返。流贼
蹂关中,道纯请急振饥民,毋使从贼,报可。已,劾罢光禄卿苏晋、参
政张尔基。四年劾吏部尚书王永光当去者三,不可留者四,不纳。

巡按山东。其时李九成、孔有德叛于吴桥，南下。道纯移书巡抚余大成，令讨捕，大成不信。再促之，遂托疾请告，与登莱巡抚孙元化遣使招抚。道纯以为非，请敕二抚速剿。及贼陷登州，元化被紮，大成犹主招抚。道纯愤，抗疏力争。帝即命道纯监军。及徐从治代大成，谢琏代元化，并入莱州，为贼困。在外调度，止道纯一人。贼遣人伪乞抚，道纯焚书斩使，驰疏言："贼日以抚愚我，一抚而六城陷，再抚而登州亡，三抚而黄县失，今四抚而莱州被围。我军屡挫，安能复战？乞速发大军，拯此危土。"

时周延儒、熊明遇主抚议，道纯反被责让。明遇遣职方主事张国臣赞画军事，国臣入贼中招谕。贼佯许之，攻围如故。及总督刘宇烈至，进兵沙河，道纯与之俱。宇烈中情怯，顿兵不进，日议抚，寻弃军奔。道纯复请速讨，不纳。迨巡抚谢琏被执，帝震怒，逮宇烈，召道纯还京，而明遇亦罢去。宇烈下吏，引道纯分过。道纯疏驳其所奏十余事，命所司并按，又劾明遇、国臣交通误国十罪，语侵延儒。疏未下，延儒泄之国臣，国臣亦劾道纯十罪，道纯遂并劾延儒。帝皆不问。已而贼平，道纯竟坐监军溺职，斥为民。

十五年以廷臣荐，将起用，未果。及李自成陷蒲城，道纯抗节死。福王时，赠恤如制。

田时震，富平人。天启二年进士。历知光山、灵宝。崇祯二年入为御史，疏劾南京户部尚书范济世、顺天巡抚单明诩、御史卓迈党逆罪，而请免故御史夏之令诬坐赃，并从之。劾刘鸿训纳田仰金，嘱吏部尚书王永光用为四川巡抚，仰迄罢去。时震以发鸿训私进，秩一等。未几，又劾永光及温体仁，忤旨切责。御史袁弘勋者，永光心腹也，被劾罢职，永光力援之。时震言："弘勋因阁臣刘鸿训贿败，辄肆渎辩。不知鸿训之差快人意者，正以能别白徐大化、霍维华诸人之奸而斥去之，安得借此为翻案之端耶？弘勋计行，大化、维华辈将乘间抵隙，害不可胜言。"因荐故光禄少卿史记事，萧然四壁，讲学著书,亟宜召用,帝不纳。

时震既屡忤永光,遂以年例出为江西右参议,调山西,就迁左参政,罢归。十六年冬,流贼陷富平,授以伪职,不屈死。

同邑朱崇德,字淳庵,侍郎国栋父也。国栋中天启二年进士,历户科给事中。吏部侍郎张捷荐逆案吕纯如,国栋上疏力诋。已,又劾两广总督熊文灿,招抚海盗刘香,奏词掩饰欺罔五罪,帝切责文灿。而国栋累迁巡抚山东右佥都御史,督治昌平。十五年卒。

国栋卒之明年,富平陷于贼。贼驱崇德往长安,中道称病。贼见其老,以为果病也,听之归。崇德曰:"始吾所以隐忍者,为九族计也,今得死所矣。"乃北面再拜,自谥死。是时关中诸死节者甫议恤,而国变至。福王立,始赠崇德右副都御史。

赞曰:流贼荼毒中原,所至糜烂。士大夫遭难者,不死则辱。然当其时,徘徊隐忍蒙垢而终以自戕者,亦不少矣。贺逢圣诸人从容就义,临患难而不易其节,一死顾不重哉!逢圣与南居益、周士朴公方清正,吕维祺邃学纯修,固中朝贤士大夫。宋师襄所谓"上谩下欺,酿成大患",末季之习,痛哉其言之也。

明史卷二六五
列传第一五三

范景文　倪元璐　李邦华
王家彦　孟兆祥　子章明
施邦曜　凌义渠

　　崇祯十有七年三月,流贼李自成犯京师。十九日丁未,庄烈帝殉社稷。文臣死国者,东阁大学士范景文而下,凡二十有一人。福王立南京,并予赠谥。皇清顺治九年,世祖章皇帝表章前代忠臣,所司以范景文、倪元璐、李邦华、王家彦、孟兆祥、子章明、施邦曜、凌义渠、吴麟征、周凤翔、马世奇、刘理顺、汪伟、吴甘来、王章、陈良谟、申佳胤、许直、成德、金铉二十人名上。命所在有司各给地七十亩,建祠致祭,且予美谥焉。

　　范景文,字梦章,吴桥人。父永年,南宁知府。景文幼负器识,登万历四十一年进士,授东昌推官。以名节自励,苞苴无敢及其门。岁大饥,尽心振救,阖郡赖之。用治行高等,擢吏部稽勋主事,历文选员外郎,署选事。泰昌时,群贤登进,景文力为多,寻乞假去。
　　天启五年二月,起文选郎中。魏忠贤暨魏广微中外用事,景文同乡,不一诣其门,亦不附东林,孤立行意而已。尝言:“天地人才,当为天地惜之。朝廷名器,当为朝廷守之。天下万世是非公论,当与天下万世共之。”时以为名言。视事未弥月,谢病去。

　　崇祯初,用荐召为太常少卿。二年七月擢右佥都御史,巡抚河南。京师戒严,率所部八千人勤王,饷皆自赍。抵涿州,四方援兵多剽掠,独河南军无所犯。称驻都门,再移昌平,远近恃以无恐。明年三月,擢兵部添注左侍郎,练兵通州。通镇初设,兵皆召募,景文综理有法,军特精。尝请有司实行一条鞭法,徭役归之官,民稍助其费,供应平买,不立官价名。帝令永著为例。居二年,以父丧去官。

　　七年冬,起南京右都御史。未几,就拜兵部尚书,参赞机务。屡遣兵戍池河、浦口,援庐州,扼滁阳,有警辄发,节制精明。尝与南京户部尚书钱春以军食相讦奏,坐镌秩视事。已,叙援剿功,复故秩。十一年冬,京师戒严,遣兵入卫。杨嗣昌夺情辅政,廷臣力争多被谪,景文倡同列合词论救。帝不悦,诘首谋,则自引罪,且以众论佥同为言。帝益怒,削籍为民。

　　十五年秋,用荐召拜刑部尚书,未上,改工部。入对,帝迎劳曰:"不见卿久,何癯也?"景文谢。十七年二月,命以本官兼东阁大学士,入参机务。未几,李自成破宣府,烽火逼京师。有请帝南幸者,命集议阁中。景文曰:"固结人心,坚守待援而已,此外非臣所知。"及都城陷,趋至宫门。宫人曰:"驾出矣。"复趋朝房,贼已塞道。从者请易服还邸,景文曰:"驾出安归?"就道旁庙草遗疏,复大书曰:"身为大臣,不能灭贼雪耻,死有余恨。"遂至演象所拜辞阙墓,赴双塔寺旁古井死。景文死时,犹谓帝南幸也。赠太傅,谥文贞。本朝赐谥文忠。

　　倪元璐,字玉汝,上虞人。父涑,历知抚州、淮安、荆州、琼州四府,有当官称。

　　天启二年,元璐成进士,改庶吉士,授编修。册封德府,移疾归。还朝,出典江西乡试。暨复命,则庄烈帝践阼,魏忠贤已伏诛矣。杨维垣者,逆奄遗孽也,至是上疏并诋东林、崔、魏。元璐不能平,崇祯元年正月上疏曰:

　　　　臣顷阅章奏,见攻崔、魏者必与东林并称邪党。夫以东林为邪党,将以何者名崔、魏?崔、魏既邪党矣,击忠贤、呈秀者又邪党乎哉!东林天下才数也,而或树高明之帜,绳人过刻,持论太深,谓之非中行则可,谓之非狂狷不可。且天下议论,宁假借,必不可失名义;士人行己,宁矫激,必不可忘廉隅。自以假借矫激为大咎,于是彪虎之徒公然背畔名义,决裂廉隅。颂德不已,必将劝进;建祠不已,必且呼嵩。而人犹且宽之曰"无可奈何,不得不然耳"。充此无可奈何、不得不然之心,又将何所不至哉!乃议者以忠厚之心曲原此辈,而独持已甚之论苛责吾徒,所谓舛也。今大狱之后,汤火仅存,屡奉明纶,俾之酌用,而当事者犹以道学封疆,持之铁案,毋亦深防其报复乎?然臣以为过矣。年来借东林媚崔、魏者,其人自败,何待东林报复?若不附崔、魏,又能攻去之,其人已乔岳矣,虽百东林乌能报复哉。

　　臣又伏读圣旨,有"韩爌清忠有执,朕所鉴知"之谕。而近闻廷臣之议,殊有异同,可为大怪。爌相业光伟,他不具论,即如红丸议起,举国沸然,爌独侃侃条揭,明其不然。夫孙慎行,君子也,爌且不附,况他人乎!而今推毂不及,点灼横加,则徒以其票拟熊廷弼一事耳。廷弼固当诛,爌不为无说,封疆失事,累累有徒,乃欲独杀一廷弼,岂平论哉。此爌所以阁笔也。然廷弼究不死于封疆而死于局面,不死于法吏而死于奸珰,则又不可谓后之人能杀廷弼,而爌独不能杀之也。又如词臣文震孟正学劲骨,有古大臣之品,三月居官,昌言获罪,人以方之罗伦、舒芬。而今起用之旨再下,谬悠之谭不已,将毋门户二字不可重提耶?用更端以相遮抑耶?书院、生祠,相胜负者也,生祠毁,书院岂不当修复!

时柄国者悉忠贤遗党,疏入,以论奏不当责之。于是维垣复疏驳元璐。元璐再疏曰:

　　臣前疏原为维垣发也。陛下明旨曰"分别门户,已非治征",曰"化异为同",曰"天下为公"。而维垣则倡为孙党、赵党、熊党、邹党之说。是陛下于方隅无不化，而维垣实未化；陛下于正气无不伸，而维垣不肯伸。

维垣怪臣盛称东林，以东林尝推李三才而护熊廷弼也。抑知东林有力击魏忠贤之杨涟，首劾崔呈秀之高攀龙乎！忠贤穷凶极恶，维垣犹尊称之曰"厂臣公"，"厂臣不爱钱"，"厂臣知为国为民"，而何责乎三才。五彪五虎之罪，刑官仅拟削夺，维垣不驳正，又何诔乎廷弼。维垣又怪臣盛称韩爌。夫舍爌昭然忤珰之大节，而加以罔利莫须有之事，已为失平。至廷弼行贿之说，乃忠贤借以诬陷清流，为杨、左诸人追赃地耳，天下谁不知，维垣犹守是说乎？维垣又怪臣盛称文震孟。夫震孟忤珰削夺，其破帽策蹇傲蟒玉驰驿语，何可非。维垣试观数年来破帽策蹇之辈，较超阶蹑级之俦，孰为荣辱。自此义不明，畏破帽策蹇者，相率而颂德建祠，希蟒玉驰驿者呼父、呼九千岁而不怍，可胜叹哉！维垣又怪臣盛称邹元标。夫谓都门聚讲为非则可，谓元标讲学有他肠则不可。当日忠贤驱逐诸人，毁废书院者，正欲箝学士大夫之口，恣行不义耳。自元标以伪学见驱，而逆珰遂以真儒自命。学宫之内，俨然揖先圣为平交。使元标诸人在，岂遂至此。

维垣又驳臣假借矫激。夫当崔、魏之世，人皆任真率性，颂德建祠。使有一人假借矫激，而不颂不建，岂不犹赖是人哉！维垣以为真小人，待其贯满可攻去之，臣以为非计也。必待其贯满，其败坏天下事已不可胜言，虽攻去之，不已晚乎！即如崔、魏，贯满久矣，不遇圣明，谁攻去之。维垣终以无可奈何为颂德建祠者解，臣以为非训也。假令呈秀一人舞蹈称臣于逆珰，诸臣亦以为无可奈何而从之乎？又令逆珰以兵劫诸臣使从叛逆，诸臣亦靡然从之，以为无可奈何而然乎？维垣又言"今日之忠直，不当以崔、魏为对案"，臣谓正当以崔、魏为对案也。夫人品试之崔、魏而定矣，故有东林之人，为崔、魏所恨其抵触，畏其才望而必欲杀之逐之者，此正人也。有攻东林之人，虽为崔、魏所借,而劲节不阿,或远或逐者,亦正人也。以崔、魏定邪正,犹以明镜别妍媸。维垣不取证于此,而安取证哉!

　　总之,东林之取憎于逆珰独深,其得祸独酷。在今日当曲原其被抑之苦,不当毛举其尺寸之瑕。乃归逆珰以首功,代逆珰而分谤,斯亦不善立论者矣。

疏入,柄国者以互相诋訾两解之。当是时,元凶虽殪,其徒党犹盛,无敢颂言东林者。自元璐疏出,清议渐明,而善类亦稍登进矣。

元璐寻进侍讲。其年四月,请毁《三朝要典》,言:“梃击、红丸、移宫三议,哄于清流。而《三朝要典》一书,成于逆竖。其议可兼行,其书必当速毁。盖当事起议兴,盈廷互讼。主梃击者力护东宫,争梃击者计安神祖主。红丸者仗义之言,争红丸者原情之论。主移宫者弭变于几先,争移宫者持平于事后。数者各有其是,不可偏非。总在逆珰未用之先,虽甚水火,不害埍篪,此一局也。既而杨涟二十四罪之疏发,魏广微此辈门户之说兴,于是逆珰杀人则借三案,群小求富贵则借三案。经此二借,而三案全非矣。故凡推慈归孝于先皇,正其颂德称功于义父。又一局也。网已密而犹疑有遗鳞,势已重而或忧其翻局。崔、魏诸奸始创立私编,标题《要典》,以之批根今日,则众正之党碑;以之免死他年,即上公之铁券。又一局也。由此而观,三案者,天下之公议;《要典》者,魏氏之私书。三案自三案,《要典》自《要典》也。今为金石不刊之论者,诚未深思。臣谓翻即纷嚣,改亦多事,惟有毁之而已。”帝命礼部会词臣详议。议上,遂焚其板。侍讲孙之獬,忠贤党也,闻之诣阁大哭,天下笑之。

　　元璐历迁南京司业,右中允。四年进右谕德,充日讲官,进右庶子。上制实八策:曰间插部,曰缮京邑,曰优守兵,曰靖降人,曰益寇饷,曰储边才,曰奠辇毂,曰严教育。又上制虚八策:曰端政本,曰伸公议,曰宣义问,曰一条教,曰虑久远,曰昭激劝,曰励名节,曰假体貌。其端政本,悉规切温体仁。其伸公议,则诋张捷荐吕纯如谋翻逆案事。捷大怒,上疏力攻,元璐疏辨,帝俱不问。八年迁国子祭酒。

　　元璐雅负时望,位渐通显。帝意向之,深为体仁所忌。一日,帝手书其名下阁，令以履历进，体仁益恐。会诚意伯刘孔昭谋掌戎政，体仁饵孔昭使攻元璐，言其妻陈尚存，而妾王冒继配复封，败礼乱法。诏下吏部核奏，其同里尚书姜逢元，侍郎王业浩、刘宗周及其从兄御史元珙，咸言陈氏以过被出，继娶王非妾，体仁意沮。会部议行抚按勘奏，即拟旨云：“登科录二氏并列，罪迹显然，何待行勘。”遂落职闲住。孔昭京营不可得，遂以南京操江偿之。

十五年九月，诏起兵部右侍郎兼侍读学士。明年春抵都，陈制敌机宜，帝喜。五月超拜户部尚书兼翰林院学士，仍充日讲官。祖制，浙人不得官户部。元璐辞，不许。帝眷元璐甚，五日三赐对。因奏：“陛下诚用臣，臣请得参兵部谋。”帝曰：“已谕枢臣，令与卿协计。”当是时，冯元飙为兵部，与元璐同志，钩考兵食，中外想望治平。惟帝亦以用两人晚，而时事益不可为，左支右诎，既已无可奈何。故事，诸边饷司悉中差，元璐请改为大差，兼兵部衔，令清核军伍，不称职者即遣人代之。先是，屡遣科臣出督四方租赋，元璐以为扰民无益，罢之，而专责抚按。户部侍郎庄祖诲督剿寇饷，忧为盗劫，远避之长沙、衡州。元璐请令督抚自催，毋烦朝使。自军兴以来，正供之外，有边饷，有新饷，有练饷，款目多，黠吏易为奸。元璐请合为一。帝皆报可。时国用益诎，而灾伤蠲免又多。元璐计无所出，请开赎罪例，且令到官满岁者，得输赀给封诰。帝亦从之。

先是，有崇明人沈廷扬者，献海运策，元璐奏闻。命试行，乃以庙湾船六艘听运进。月余，廷扬见元璐。元璐惊曰：“我已奏闻上，谓公去矣，何在此？”廷扬曰：“已去复来矣，运已至。”元璐又惊喜闻上。上亦喜，命酌议。乃议岁粮艘，漕与海各相半行焉。十月，命兼摄吏部事。陈演忌元璐，风魏藻德言于帝曰：“元璐书生，不习钱谷。”元璐亦数请解职。

十七年二月，命以原官专直日讲。逾月，李自成陷京师，元璐整衣冠拜阙，大书几上曰：“南都尚可为。死吾分也，勿以衣衾敛。暴我尸，聊志吾痛。”遂南向坐，取帛自缢而死。赠少保，吏部尚书，谥文正。本朝赐谥文正。

李邦华，字孟暗，吉水人。受业同里邹元标，与父廷谏同举万历三十一年乡试。父子自相镞砺，布衣徒步赴公车。明年，邦华成进士，授泾县知县，有异政。行取，拟授御史。值党论初起，朝士多诋顾宪成。邦华与相挂，遂指目邦华东林。以是，越二年而后拜命。陈法祖用人十事：曰内阁不当专用词臣，曰词臣不当专守馆局，曰词臣不当教习内书堂，曰六科都给事中不当内外间阻，曰御史升迁不当概论考满，曰吏部乞假不当积至正郎，曰关仓诸差不当专用举贡任子，曰调简推知不当骤迁京秩，曰进士改教不当概从内转，曰边方州县不当尽用乡贡。疏上，不报。

四十一年，福王之藩已有期，忽传旨庄田务足四万顷。廷臣相顾愕眙，计田数必不足，则期将复更，然无敢抗言争之者。邦华首疏谏，廷臣乃相继争，期得毋易。巡视银库，上祛弊十事。中贵不便，格不行。巡按浙江，织造中官刘成死，命归其事于有司，别遣中官吕贵录成遗赀。贵嗾奸民纪光诡称机户，诣阙保留贵代成督造。邦华极论二人交关作奸罪。光疏不由通政，不下内阁，以中旨行之。邦华三疏争，皆不报。是时神宗好货，中官有所进奉，名为孝顺。疏中刺及之，并劾左右大奄之党贵者，于是期满，久不得代。

四十四年引疾归。时群小力排东林，指邹元标为党魁。邦华与元标同里，相师友，又性好别黑白。或劝其逡蛇，邦华曰："宁为偏枯之学问，不作反覆之小人。"闻者益嫉之。明年，以年例出为山东参议。其父廷谏时为南京刑部郎中，亦罢归。邦华乃辞疾不赴。

天启元年起故官，饬易州兵备。明年迁光禄少卿，即还家省父。四月擢右佥都御史，代毕自严巡抚天津。军府新立，庶务草创，邦华至，极力振饬，津门军遂为诸镇冠。进兵部右侍郎，复还家省父。四年夏抵京，奄党大哗，谓枢辅孙承宗以万寿节入觐，将清君侧之恶，邦华实召之。乃立勒承宗还镇，邦华引疾去。明年秋，奄党劾削其官。

崇祯元年四月，起工部右侍郎，总督河道。寻改兵部，协理戎

政。还朝，召见，旋知武会试，事竣入营。故事，冬至郊，列队扈跸，
用军八万五千人，至是增至十万有奇。时方郊，总督勋臣缺，邦华兼
摄其事。所设云辇、龙旌、宝纛、金鼓、旗帜、甲胄、剑戟，焕然一新，
帝悦。明年春幸学，亦如之。命加兵部尚书。时戎政大坏，邦华先
陈更操法、慎拣选、改战车、精火药、专器械、责典守、节金钱、酌兑
马、练大炮九事。

京营故有占役、虚冒之弊。占役者，其人为诸将所役，一小营至
四五百人，且有卖闲、包操诸弊。虚冒者，无其人诸将及勋戚、奄寺、
豪强以苍头冒选锋壮丁，月支厚饷。邦华核还占役万，清虚冒千。三
大营军十余万，半老弱。故事，军缺听告补，率由贿得。邦华必亲校，
非年壮力强者不录，自是军鲜冒滥。三营选锋万，壮丁七千，饷倍他
军，而疲弱不异。邦华下令，每把总兵五百，月自简五人，年必二十
五以下，力必二百五十斤以上，技必兼弓矢火炮，月一解送，补选锋
壮丁之缺，自是人人思奋。三大营领六副将，又分三十六营，官以三
百六十七人计，所用掾史皆积猾。邦华按罪十余人，又行一岁二考
察之令，自是诸奸为戢。

营马额二万六千，至是止万五千。他官公事得借骑，总督、协理
及巡视科道，例有坐班马，不肖且折橐入钱，营马大耗。邦华首减己
班马三之一，他官借马，非公事不得骑。自是滥借为希。

京营岁领太仆银万六千两，屯田籽粒银千六十两，犒军制器胥
徒工食取给焉。各官取之无度，岁用不敷。邦华建议，先协理岁取
千四百，总督巡视递节减，自是营帑遂裕。

营将三百六十，听用者称是。一官缺，请托纷至。邦华悉杜绝，
行计日省成法。每小营各置簿，月上事状于协理，以定殿最。旧制，
三大营外复设三备兵营，营三千人，饷视正军，而不习技击，益为豪
家隐冒。邦华核去四千余人，又汰老弱千，疏请归并三大营不另设，
由是戎政大厘。

仓场总督南居益言：“京营岁支米百六十六万四千余石，视万
历四十六年增五万七千余石，宜减省。”邦华因上议军以十二万为

额，饷以百四十四万石为额，岁省二十二万有奇。帝亦报可，著为令。帝知邦华忠，奏无不从，邦华亦感帝知，不顾后患。诸失利者衔次骨，而怨谤纷然矣。

其年十月，畿辅被兵，简精卒三千守通州，二千援蓟州，自督诸军营城外，军容甚壮。俄有命邦华军撤还守陴，于是侦者不敢远出，声息遂断，则请防寇贼，缉间谍，散奸宄，禁譌言。邦华自闻警，衣不解带，捐赏造炮车及诸火器。又以外城单薄，自请出守。而诸不逞之徒，乃构蜚语入大内。襄城伯李守锜督京营，亦衔邦华扼己，乘间诋欺。邦华自危，上疏陈情，归命于帝。会满桂兵拒大清兵德胜门外，城上发大炮助桂，误伤桂兵多。都察院都事张道泽遂劾邦华，言官交章论列，遂罢邦华闲住。自是代者以为戒，率因循姑息，戎政不可问矣。邦华前后罢免家居二十年。父廷谏无恙。

十二年四月，起南京兵部尚书，定营制，汰不急之将，并分设之营。谓守江南不若守江北，防下流不若防上流。乃由浦口历滁、全椒、和，相形势，绘图以献。于浦口置沿江敌台，于滁设戍卒，于池河建城垣，于滁、椒咽喉则筑堡于藉塘。和遭屠戮，请以隶之太平。又请开府采石之山，置哨太平之港，大垦当涂闲田数万顷资军储。徐州，南北要害，水陆交会，请宿重兵，设总督，片檄征调，奠陵京万全之势。皆下所司，未及行，以父忧去。

十五年冬，起故官，掌南京都察院事，俄代刘宗周为左都御史。都城被兵，即日请督东南援兵入卫，力疾上道。明年三月抵九江。左良玉溃兵数十万，声言饷乏，欲寄帑于南京，艨艟蔽江东下。留都士民一夕数徙，文武大吏相顾愕眙。邦华叹曰："中原安静土，东南一角耳。身为大臣，忍坐视决裂，袖手局外而去乎！"乃停舟草檄告良玉，责以大义。良玉气沮，答书语颇恭。邦华用便宜发九江库银十五万饷之，而身入其军，开诚慰劳。良玉及其下皆感激，誓杀贼报国，一军遂安。帝闻之，大喜，陛见嘉劳。邦华跪奏移时，数诏起立，温语如家人，中官屏息远伏。其后召对百官，帝辄目注邦华云。旧例御史出巡，回道考核。邦华谓回道而后黜，害政已多。论罢巡按、巡盐御史各一人。奉命考试御史,黜冒滥者一人,追黜御史无显过而先任推官著贪声者一人。台中始畏法。

十七年二月,李自成陷山西。邦华密疏请帝固守京师,仿永乐朝故事,太子监国南都。居数日未得命,又请定、永二王分封太平、宁国二府,拱护两京。帝得疏意动,绕殿行,且读且叹,将行其言。会帝召对群臣,中允李明睿疏言南迁便,给事中光时亨以倡言泄密纠之。帝曰:“国君死社稷,正也,朕志定矣。”遂罢邦华策不议。未几,贼逼都城,亟诣内阁言事。魏藻德漫应曰:“姑待之。”邦华太息而出。已,率诸御史登城,群奄拒之不得上。十八日,外城陷,走宿文信国祠。明日,内城亦陷,乃三揖信国曰:“邦华死国难,请从先生于九京矣。”为诗曰:“堂堂丈夫兮圣贤为徒,忠孝大节兮誓死靡渝,临危授命兮吾无愧吾。”遂投缳而绝。赠太保、吏部尚书,谥忠文。本朝赐谥忠肃。

王家彦,字开美,莆田人。天启二年进士。授开化知县,调兰谿。擢刑科给事中,弹击权贵无所避。

崇祯四年请释大学士钱龙锡于狱,龙锡得减死。请推行按月奏报例于四方,狱囚得无久淹。闽海盗刘香扰郡邑,抚镇追剿多失利,朝议召募,将大举。家彦言:“旧制,卫所军饩于官,无别兵亦无别将,统于各卫之指挥。寨设号船,联络呼应,又添设游击等官,虽支洋穷港,戈船相望。臣愚以今日策防海,莫若复旧制,勤训练。练则卫所军皆劲卒,不练虽添设召募兵,犹驱市人而战之,縻饷扰民无益,贼终不能尽。”时以为名言。奉命巡青,所条奏多议行。

先是,隆庆间太仆种马额存十二万五千,边马至二十六万。言者以民间最苦养马,所纳马又不足用,议马征银十两,加草料银二两,岁可得银百四十四万两。中枢杨博持不可,诏折其半,而马政始变。万历九年议尽行改折,南寺岁征银二十二万,北寺五十一万,银人两寺而马政日弛。家彦极陈其弊,请改国初种马及西番茶马之制。又班军旧额十六万,后减至七万,至是止二万有奇,更有建议尽征行粮、月粮,免其番上者。家彦时巡京营,力陈不可,且请免其工役,尽归行伍。帝皆褒纳其言。遵化铁冶久废,奸民请开之,家彦言有害无利。复有请开开化云雾山以兴屯者,亦以家彦言而止。

屡迁户科都给事中。军兴饷诎,总督卢象升有因粮加饷之议,户部尚书侯恂请于未被寇之地,士大夫家赋银两者,加二钱;民间五两以上者,两加一钱。家彦言:"民赋五两上者,率百十家成一户,非富民,不可以朘削。"军食不足,畿辅、山东、河南、江北召买米豆输天津,至九十余万石,吏胥侵耗率数十万。家彦请严治,帝并采纳焉。忧归。

十二年起吏科都给事中。流寇日炽,缘墨吏朘民,民益走为盗。盗日多,民生日蹙。家彦上疏曰:"臣见秦、晋之间,饥民相煽,千百为群。其始率自一乡一邑,守令早为之所,取《周官》荒政十二而行之,民何至接踵为盗,盗何至溃裂以极。论者谓功令使然,催科急者书上考,督责严者号循良,不肖而墨者以束湿济其饕餮,一二贤明吏束于文法,展布莫由。惟稍宽文网,壹令抚绥,盗之聚者可散,散者可不复聚。又旧制捕蝗令,吏部岁九月颁勘合于有司,请实意举行。"帝皆纳之。擢大理丞,进本寺少卿。

十五年迁太仆卿。家彦向言马政,帝下兵部檄陕西督抚,未能行。至是,四疏言马耗之故,请行官牧及金牌差发遗制。且言:"课马改折,旧增至二十四万两,已重困。杨嗣昌不恤民,复增三十七万,致旧额反逋,不可不厘正。"帝手其疏,语执政曰:"家彦奏皆善。"敕议行。然军兴方亟,不能尽举也。

顷之,擢户部右侍郎。都城被兵,命协理戎政。即日登陴,阅视内外城十六门。雪夜,携一灯,步巡城堞,人无知者。翌日校勤惰,将士皆服,争自励。初,分守阜成门,后移安定门,寝处城楼者半岁。解严,赐宴午门,增秩一等。

十七年二月,廷推户部尚书。帝曰:"戎政非家彦不可。"特留任。贼逼京师,襄城伯李国桢督京营,又命中官王德化尽督内外军。国桢发三大营军城外,守陴益少。诸军既出城,见贼辄降。降卒反攻城，城上人皆其侪，益无固志。廷臣分门守，家彦守安定门。号令进止由中官，沮诸臣毋得登城，又绐叛监杜勋上，与密约而去。帝手敕兵部尚书张缙彦登城察视，家彦从。中官犹固拒，示之手敕，问勋安在，曰："去矣。"秦、晋二王欲上城，家彦曰："二王降贼，即贼也，贼安得上！"顿足哭。偕缙彦诣宫门请见，不得入。黎明，城陷，家彦投城下，不死，自缢于民舍。遭贼焚，残其一臂，仆收其余体焉。赠太子太保、兵部尚书，谥忠端。本朝赐谥忠毅。

孟兆祥，字允吉，山西泽州人也。世籍交河，举于乡，九赴会试。天启二年始擢第，除大理左评事。

崇祯初，迁吏部稽勋主事，历文选员外郎。门生谒选请善地，兆祥正色拒之，其人悚然退。进稽勋郎中，历考功。忤权要，贬行人司副，寻迁光禄丞，进少卿，历左通政、太仆卿，旋进通政使，拜刑部右侍郎。

贼薄都城，兆祥分守正阳门。襄城伯李国祯统京营军，稽月饷不予，士无固志。城陷，兆祥曰："社稷已覆，吾将安之！"自经于门下。

长子章明，字纲宜，甫成进士，兆祥挥之曰："我死，汝可去。"对曰："君父大节也，君亡父死，我何生为！"乃投缳于父之侧。兆祥妻吕，章明妻王相向哭，既而曰："彼父子死忠矣，我二人独不能死乎！"皆自缢。兆祥赠刑部尚书，谥忠贞，章明河南道御史，谥节愍。本朝赐兆祥谥忠靖，章明贞孝。

施邦曜，字尔韬，余姚人。万历四十一年进士。不乐为吏，改顺天武学教授，历国子博士、工部营缮主事，进员外郎。魏忠贤兴三殿工，诸曹郎奔走其门，邦曜不往。忠贤欲困之，使拆北堂，期五日。适大风拔屋，免谯责。又使作兽吻，仿嘉靖间制，莫考。梦神告之，发地得吻，嘉靖旧物也，忠贤不能难。

迁屯田郎中，寻迁漳州知府，尽知属县奸盗主名，每发辄得，阖郡惊为神。盗刘香、李魁奇横海上,邦曜絷香母诱之,香就擒。魁奇援郑芝龙事,请抚,邦曜言于巡抚邹维琏讨平之。迁福建副使、左参政、四川按察使、福建左布政使,并有声。

或馈之朱墨竹者,姊子在旁请受之。曰:"不可。我受之,即彼得以乘闲而尝我,我则示之以可欲之门矣。"性好山水。或劝之游峨眉,曰:"上官游览,动烦属吏支应,伤小民几许物力矣。"其洁己爱民如此。

历两京光禄寺卿,改通政使。黄道周既谪官,复逮下诏狱。国子生涂仲吉上书讼之,邦曜不为封进,而大署其副封曰:"书不必上,论不可不存。"仲吉劾邦曜,邦曜以副封上,帝见其署语怒,下仲吉狱,而夺邦曜官。逾年起南京通政使。入都陛见,陈学术、吏治、用兵、财赋四事,帝改容纳焉。出都三日,命中使召还,曰:"南京无事,留此为朕效力。"吏部推刑部右侍郎。帝曰:"邦曜清执,可左副都御史。"时崇祯十六年十二月也。

明年,贼薄近郊。邦曜语兵部尚书张缙彦檄天下兵勤王,缙彦慢弗省,邦曜太息而去。城陷,趋长安门,闻帝崩,恸哭曰:"君殉社稷矣,臣子可偷生哉!"即解带自经。仆救之苏,恨曰:"是儿误我!"贼满衢巷,不得还邸舍,望门求缢,辄为居民所麾。乃命家人市信石杂烧酒,即途中服之,血迸裂而卒。

邦曜少好王守仁之学,以理学、文章、经济三分其书而读之,慕义无穷。鲁时生者,里同年生也,官庶吉士,殁京师。邦曜手治含敛,以女妻其子。尝买一婢,命洒扫,至东隅,捧彗凝视而泣。怪问之,曰:"此先人御史宅也。明堕环兹地,不觉凄怆耳。"邦曜即分嫁女资,择士人归之。其笃于内行如此。赠太子少保、左都御史,谥忠介。本朝赐谥忠愍。

凌义渠,字骏甫,乌程人。天启五年进士。除行人。崇祯三年授礼科给事中,知无不言。三河知县刘梦炜失饷银三千,责偿急,自缢死,有司责其家。义渠言:"以金钱殒命吏,恐天下议朝廷重金,意不在盗也。"帝特原之。宜兴、溧阳及遂安、寿昌民乱,焚掠巨室。义渠言:"魏羽林军焚领军张彝第,高欢以为天下事可知。日者告密渐启,藩国悍宗入京越奏,里闾小故叫阍声冤,仆竖侮家长,下吏箝上官,市侩持缙绅,此《春秋》所谓六逆也。天下所以治,恃上下之分。防维决裂,即九重安所藉以提挈万灵哉!"

义渠与温体仁同里,无所附丽。给事中刘含辉劾体仁拟旨失当,被贬二秩。义渠言:"谏官不得规执政失,而委申饬权于部院,反得制言路。大臣以揽权为奉旨,小臣以结舌为尽职,将贻国家无穷忧。"兵部尚书张凤翼叙废将陈壮猷功,为给事中刘昌所驳,昌反被斥。义渠言:"今上下尽相蒙,疆场欺蔽已甚。官方尽滥徇,武弁幸功为甚。中枢不职,舍其大,摘其细,已足为言者羞。辨疏一入,调用随之。自今奸弊丛生,功罪倒置,言者将杜口。"不纳。

三迁兵科都给事中。东江自毛文龙后,叛者接踵。义渠言:"东岛孤悬海外,转饷艰,向仰给朝鲜。今路阻绝,不得食,内溃可虑。"居无何,众果溃,挟帅求抚。义渠言:"请阳抚阴剿,同恶必相戕。"及命新帅出海,义渠言:"奸渠散党宜速,速则可图功,迟则更生他衅。"后其语皆验。

义渠居谏垣九年,建白多。史科给事中刘安行恶之,以年例出义渠福建参政。寻迁按察使,转山东右布政使,所至有清操。召拜南京光禄寺卿,署应天尹事。

十六年,入为大理卿。明年三月,贼犯都城,有旨召对。趋赴长安门,且不启扉。俄传城陷,还。已,得帝崩问,负墙哀号,首触柱,血被面。门生劝无死,义渠厉声曰:"尔当以道义相勖,何姑息为!"挥使去。据几端坐,取生平所好书籍尽焚之,曰:"无使贼手污也。"且日其绯衣拜阙,作书辞父。已,自系,奋身绝吭而死,年五十二。赠刑部尚书,谥忠清。本朝赐谥忠介。

赞曰:范景文、倪元璐等皆庄烈帝腹心大臣,所共图社稷者,国亡与亡,正也。当时靦颜屈节,侥幸以偷生者,多被刑掠以死,身名俱裂，贻诟无穷。而景文等树义烈于千秋，荷褒扬于兴代，名与日月争光。以彼洁此，其相去得失何如也。

明史卷二六六
列传第一五四

马世奇　吴麟征　周凤翔
刘理顺　汪伟　吴甘来
王章　陈良谟　陈纯德
申佳允　成德　许直　金铉

马世奇，字君常，无锡人。祖濂，进士，桂林知府。世奇幼颖异，嗜学，有文名。登崇祯四年进士，改庶吉士，授编修。十一年，帝遣词臣分谕诸藩。世奇使山东、湖广、江西诸王府，所至却馈遗。还，进左谕德。父忧归。

久之还朝，进左庶子。帝数召廷臣问御寇策。世奇言："闯、献二贼，除献易，除闯难。人心畏献而附闯，非附闯也，苦兵也。今欲收人心，惟敕督抚镇将严束部伍，使兵不虐民，民不苦兵，则乱可弭。"帝善其言，为下诏申饬。时寇警日亟，每召对，诸大臣无能画一策。世奇归邸，辄太息泣下，曰："事不可为矣。"

十七年三月，城陷。世奇方早食，投箸起，问帝安在，东宫二王安在。或言帝已出城，或言崩，或又言东宫二王被执。世奇曰："嗟乎，吾不死安之！"其仆曰："如太夫人何？"世奇曰："正恐辱太夫人耳。"将自经，二妾朱、李盛饰前。世奇讶曰："若以我死，将辞我去耶？"对曰："闻主人尽节，我二人来从死耳。"世奇曰："有是哉！"二妾并自经。世奇端坐，引帛自力缢，乃死。先是，兵部主事成德将死，贻书世奇，以慷慨从容二义质焉。世奇曰："勉哉元升。吾人见危授命，吾不为其难，谁为其难者！与君携手黄泉，预订斯盟，无忘息壤矣。"

世奇修颐广颡，扬眉大耳，砥名行，居馆阁有声，好推奖后进。为人廉，父死，苏州推官倪长圩以赎镪三千助丧。世奇辞曰："苏饥，留此可用振。"座主周延儒再相，世奇同郡远嫌，除服不赴都。及还朝，延儒已赐死，亲昵者率避去，世奇经纪其丧。其好义如此。赠礼部右侍郎，谥文忠。本朝赐谥文肃。

吴麟征，字圣生，海盐人。天启二年进士。除建昌府推官，擒豪猾，捕剧盗，治声日闻。父忧归。补兴化府，廉公有威，僚属莫敢以私进。

崇祯五年，擢吏科给事中，请罢内遣，言："古用内臣以致乱，今用内臣以求治。君之于臣，犹父之于子，未有信仆从，舍其子，求家之理者。"又言："安民之本在守令。郡守廉，县令不敢贪。郡守慈，县令不敢虐。郡守精明，县令不敢丛脞。宜仿宣宗用况钟故事，精择而礼遣之，重以玺书，假便宜久任。民生疾苦，吏治臧否，使得自达天子。"时不能行。麟征在谏垣，直声甚著。寻上疏乞假葬父。既去，贻言路公揭，谓："自言官积轻，庙堂之上往往反其言而用之。奸人窥见此旨，明告君父，目为朋党，自称孤立，下背公论，上窃主权。诸君子宜尽化沾沾之意，毋落其彀中，使清流之祸再见明时。"

居久之，还朝。劾吏部尚书田唯嘉赃污，唯嘉罢去。再迁刑科给事中，丁继母忧。服阕，起吏科都给事中。时货赂公行，铨曹资格尽废。麟征上言："限年平配，固铨政之弊，然舍此无此待中才。今迁转如流，不循资格，巧者速化，拙者积薪，开奔竞之门，无益军国之计。"帝深然之。

十七年春，推太常少卿。未几，贼薄京师。麟征奉命守西直门。门当贼冲，贼诈为勤王兵求入。中官欲纳之，麟征不可。以土石坚塞其门，募死士縋城袭击之，我所斩获。贼攻益急，麟征趋入朝，欲见帝白事。至午门，魏藻德引麟征手曰："国家如天之福，必无他虞。旦夕兵饷集，公何匆遽为？"引之出，遂还西直门。明日城陷。欲还邸，已为贼所据。乃入道旁祠，作书诀家人曰："祖宗二百七十余年宗社，一旦至此，虽上有亢龙之悔，下有鱼烂之殃，而身居谏垣，无所匡救，法当褫服。殓用角巾青衫，覆以单衾，以志吾哀。"解带自经。家人救之苏，环泣请曰："待祝孝廉至，一诀可乎？"许之。祝孝廉名渊，尝救刘宗周下狱，与麟征善者也。明日，渊至。麟征慷慨曰："忆登第时，梦隐士刘宗周吟文信国零丁洋诗，今山河碎矣，不死何为！"酌酒与渊别，遂自经，渊为视含殓而去。赠兵部右侍郎，谥忠节。本朝赐谥贞肃。

方贼之陷山西也，蓟辽总督王永吉请撤宁远吴三桂兵守关门，选士卒西行遏寇，即京师警旦夕可援。天子下其议，麟征深然之。辅臣陈演、魏藻德不可，谓："无故弃地二百里，臣不敢任其咎。"引汉弃凉州为证。麟征复为议数百言，六科不署名，独疏昌言，弗省。及烽烟彻大内，帝始悔不用麟征言，旨下永吉。永吉驰出关，徙宁远五十万众，日行数十里。十六日入关，二十日抵丰润，而京师已陷矣。城破，八门齐启，惟西直门坚塞不能通。至五月七日，集民夫发掘乃开。

周凤翔，字仪伯，浙江山阴人。崇祯元年进士。改庶吉士，授编修。迁南京国子司业。灵璧侯奴辱诸生，凤翔执付法司。历中允、谕德，为东宫讲官。尝召对平台，陈灭寇策。言论慷慨，帝为悚听。军需急，议税间架钱。凤翔曰："事至此，急宜收人心，尚可括民财援国势耶！"

亡何，京师陷，庄烈帝殉社稷。有讹传驾南幸者。凤翔不知帝所在，趋入朝。见魏藻德、陈演、侯恂、宋企郊等群入，而贼李自成据御坐受朝贺。凤翔至殿前大哭，急从左掖门趋出，贼亦不问。归至邸，作书辞二亲，题诗壁间自经。诗曰："碧血九原依圣主，白头二老哭忠魂。"天下悲之，去帝崩才两日也。后赠礼部右侍郎，谥文节。本朝赐谥文忠。

刘理顺，字复礼，杞县人。万历中举于乡。十赴会试，至崇祯七年始中式。及廷对，帝亲擢第一，还宫喜曰："朕今日得一耆硕矣。"拜修撰。益勤学，非其人不与交。

十二年春，畿辅告警，疏陈作士气、矜穷民、简良吏、定师期、信赏罚、招胁从六事。历南京司业、左中允、右谕德，入侍经筵兼东宫讲官。杨嗣昌夺情入阁，理顺昌言于朝，嗣昌夺其讲官。开封垂陷，理顺建议河北设重臣，练敢死士为后图，疏格不行。嗣昌、薛国观、周延儒迭用事，理顺一无所附丽。出温体仁门，言论不少徇。

贼犯京师急，守卒缺饷，阴雨饥冻。理顺诣朝房语诸执政，急请帑，众唯唯。理顺太息归，捐家赀犒守城卒。僚友问进止，正色曰："存亡视国，尚须商酌耶！"城破，妻万、妾李请先死。既绝，理顺大书曰："成仁取义，孔、孟所传。文信践之，吾何不然！"书毕投缳，年六十三。仆四人皆从死。群盗多中州人，入唁曰："此吾乡杞县刘状元也，居乡厚德，何遽死。"罗拜号泣而去。后赠詹事，谥文正。本朝赐谥文烈。

汪伟，字叔度，休宁人，寄籍上元。崇祯元年进士。十一年，由慈谿知县行取。帝以国家多故，朝臣词苑起家，儒缓不习吏事，无以理纷御变，改旧例，择知推治行卓绝者入翰林。伟擢检讨。给假归。还朝，充东宫讲官。

十六年，贼陷承天、荆、襄。伟以留都根本之地，上江防绸缪疏，言："金陵城周围百二十里，虽十万众不能守。议者谓无守城法，有防江法。贼自北来，淮安为要；自上游来，九江为要。御淮所以御江，守九江所以守金陵也。淮有史可法，屹然保障。九江一郡，宜设重臣镇之。自是而上之至于武昌，下之至于太平、采石、浦口，命南京兵部大臣建牙分阃，以接声援，而金陵之门户固矣。南京兵部有重兵而无用,操江欲用兵而无人,宜使缓急相应。而府尹、府丞之官,重其权,久其任,联百万士民心,以分兵部操江之责。”帝嘉纳之,乃设九江总督。又言:“兵额既亏,宜以卫所官舍余丁补伍操练,修治兵船,以资防御。额饷不足,暂借盐课、漕米给之。”所条奏皆切时务。

明年三月,贼兵东犯。伟语阁臣:“事急矣,亟遣大僚守畿郡。都中城守,文自内阁,武自公侯伯以下,各率子弟画地守。庶民统以绅士,家自为守。而京军分番巡徼,以待勤王之师。”魏藻德笑曰:“大僚守畿辅,谁肯者?”伟曰:“此何等时,犹较尊卑、计安危耶?请以一剧郡见委。”藻德哂其迂计。未几,真定游击谢加福杀巡抚徐标迎贼。伟泣曰:“事至此乎!”作书寄友人曰:“贼据真定,奸人满都城,外郡上供丝粟不至,诸臣无一可支危亡者,如圣主何! 平时误国之人,终日言门户而不顾朝廷,今当何处伸狂喙耶!”

贼薄都城,守兵乏饷,不得食,伟市饼饵以馈。已而城陷,伟归寓,语继室耿善抚幼子。耿泣曰:“我独不能从公死乎!”因以幼子属其弟,衣新衣,上下缝,引刀自刭不殊,复投缳遂绝,时年二十三。伟欣然曰:“是成吾志。”移其尸于堂,贻子观书,勉以忠孝,乃自经。赠少詹事,谥文烈。本朝赐谥文毅。

吴甘来,字和受,江西新昌人。父之才,西安府同知。甘来与兄泰来同举乡试。崇祯改元,甘来成进士,授中书舍人。后三年,泰来亦成进士,授南京太常博士。

五年,甘来擢刑科给事中。七年,西北大旱,秦、晋人相食,疏请发粟以振,而言:“山西总兵张应昌等,半杀难民以冒功,中州诸郡畏曹变蛟兵甚于贼。陛下生之而不能,武臣杀之而不顾,臣实痛之。”又言:“赏罚者,将将大机权也。陛下加意边陲,赏无延格。乃红夷献俘,黔、蜀争功,昌黎死守,功犹待勘,急则用其死绥,缓则束以文法。且封疆之罚,武与文二,内与外二,士卒与将帅二。受命建牙,或逮或逐,以封疆罪罪之。而跋扈将帅,罪状已暴,止于戴罪。偏裨不能令士卒,将帅不能令偏裨,督抚不能令将帅,将听贼自来自去,谁为陛下戮凶逆者?"忧归。服阕,起吏科,进兵科右给事中,乞假归。

十五年起历户科都给事中。中外多故,荆、襄数郡,贼未至而抚道诸臣率称护藩以去。甘来曰:"若尔,则是弃地方而逃也。城社人民,谁与守者?"乃上疏曰:"天子众建亲亲,将使屏藩帝室,故曰'宗子维城'。乃烽火才传,一朝委去以为民望,而诸臣犹哓哓以拥卫自功,掩其失地之罪。是维城为可留可去之人,名都为可守可弃之土,抚道为可有可无之官。功罪不明,赏罚不著,莫此为甚!"疏入,帝大嘉叹。一日,帝诘户部尚书倪元璐饷额,甘来曰:"臣科与户曹表里饷可按籍稽。臣所虑者,兵闻贼而逃,民见贼而喜,恐非无饷之患;而无民之患。宜急轻赋税,收人心。"帝颔之。

甘来构疾,连请告。会帝命编修陈名夏掌户科,甘来喜得代。不数日,贼薄都城。时泰来官礼部员外郎矣,甘来属兄归事母,而自誓必死。明日,城陷,有言驾南幸者,甘来曰:"主上明决,必不轻出。"乃疾走皇城,不得入。返检几上疏草曰:"当贼寇纵横,徒持议论,无益豪末。"尽取焚之,毋钓后世名,遂投缳死。赠太常卿,谥忠节。本朝赐谥庄介。

王章,字汉臣,武进人。崇祯元年进士。授诸暨知县。少孤,母训之严。及为令,祖帐归少暮,母诃跪予杖,曰:"朝廷以百里授酒人乎!"章伏地不敢仰视。亲友为力解,乃已。治诸暨有声。甫半岁,以才调鄞县。诸暨民与鄞民争挽章,至相哗。治鄞益有声,数注上考。

十一年行取入都。时有考选翰林之命,行取者争奔竞,给事中陈启新论之。帝怒,命吏部上访册,罪廷臣滥徇者。尚书姜逢元、王业浩,给事中傅元初、御史禹好善等六人闲住;给事中孙晋、御史李右谠等三人降调;给事中刘含辉、御史刘兴秀等十一人贬二秩视事。吏部尚书田维嘉等乃请先推部曹,凡推二十二人,章与焉,授工

部主事。章及任浚、涂必泓、李嗣京欲疏辨，惮为首获罪。李士淳者
耄矣，四人不告而首其名。士淳知之，惧且怒，与章等大诟。而帝知
维嘉有私，诏许与考。又以为首者必良士也，擢士淳编修，章等皆御
史。章上疏，请罢内操，宽江南逋赋。

明年，出按甘肃，持风纪，饬边防。西部寇庄浪，巡抚急征兵。章
曰："贫寇索食耳。"策马入其帐，众罗拜乞降，乃稍给之食。两河旱，
章檄城隍神："御史受钱或戕害人，神殛御史，毋虐民。神血食兹土，
不能请上帝苏一方，当奏天子易尔位。"檄焚，雨大注。边卒贷武弁
金，偿以贼首，武弁以冒功，坐是数召边衅。章著令，非大举毋得以
零级冒功。劾罢巡抚刘镐贪惰。又所部十道监司，劾罢其四。母忧
归。服阕，还朝，巡视京营，按籍额军十一万有奇。喜曰："兵至十万，
犹可为也。"及阅视，半死者。余冒伍，惫甚，矢折刀缺，闻炮声掩耳，
马未驰辄堕。而司农缺饷，半岁不发。章屡疏请帑，不报。

逾月，贼隐真定，京师大震。襄城伯李国桢发营卒五万营城外。
章与给事中光时亨守阜成门。城内外堞凡十五万四千有奇，三堞一
卒。三月初登陴，阅十日始一还邸，栉沐易新衣冠。家人大骇，章不
应。贼傅城下，章手发二炮，贼少却。顷之各门砲声绝。时亨摄章
走，章厉声曰："事至此，犹惜死耶！"时亨曰："死此与士卒何别？入
朝访上所在，不获则死，死未晚也。"章从之，与时亨并马行。俄贼突
至，呼下马。时亨仓皇下马跪。章持鞭不顾，叱曰："吾视军御史也，
谁敢犯！"贼刺章股，堕。章骂曰："逆贼！勤王兵且至。我死，尔灭
不旋踵矣。"贼怒，攒槊刺杀章而去。抵暮，家人觅尸，犹一手据地
坐，张口怒目，勃勃如叱贼状。妻姜在籍，闻之，一恸而绝。赠大理
寺卿，谥忠烈。本朝赐谥节愍。次子之枅，仕闽，为职方主事，亦死
难。

陈良谟，字士亮，鄞人。崇祯四年进士。授大理推官。初名天
工。庄烈帝虔事上帝，诏群臣名"天"者悉改之，乃改良谟。在职六
年，两注上考。行取陛见，擢御史。

十二年出按四川。期满当代，再留任。时流寇大入蜀，诏良谟专护蜀王，巡抚邵捷春专办贼。良谟饬守具，坚壁清野。贼犯成都，遣将据要害为犄角。一再战，贼溃奔。帝闻贼扰蜀，下诏责良谟，已闻其善守御，乃优旨赐银币。及还朝，贼势益迫，所规画率不行，而京师陷矣。

良谟尝梦拜文文山于堂下。文山挽之上：“公与予先后一揆，何下拜为？”觉而异之。及是城陷，良谟方移疾卧邸中，一恸几绝，自是水浆不入口。或劝良谟无死，不答。谓邑子李天葆曰：“吾为国死，义不顾家。惟是母老，先君莫葬，继嗣未定，须一言耳。”因赋诗付天葆。未几，闻帝崩煤山，大恸曰：“主上不冕服，臣子敢具冠带乎！吾巾袭，安所得明巾。”天葆以巾进。良谟著巾，蓝便服，起入户。妾时氏随之，遂与妾俱自缢死。时氏，京师人，年十八。良谟逾五十无子，以礼纳之，侍良谟百三日耳。良谟既卒，其族人以其兄之子久枢为之后。未几，久枢亦卒，良谟竟无后。赠太仆卿，谥恭愍。本朝赐谥恭洁。

陈纯德，字静生，零陵人。为诸生，以学行称。尝夜泊洞庭，为盗窘，跃出堕水，再跃入洲渚。比晓，坐芦苇中，去泊舟数十丈。

崇祯十三年成进士，年已六十矣。庄烈帝召诸进士，咨以时事。纯德奏称旨，立擢御史，巡按山西。七月，部内严霜，民冻馁。纯德上疏请恤，因陈抽练之弊。言：“兵抽则人失故居，无父母妻子之依，田园丘垅之恋，思归则逃，逢敌则溃。抽余者，既以饷薄而安于无用，抽去者，又以远调，而不乐为用。伍虚而饷仍在，不归主帅，则归偏裨，乐其逃而利其饷，凡藉以营求迁秩，皆是物也。精神不以束伍，而以侵饷；厚饷不以养士，而以求官。伍虚则无人，安望其练；饷糜则愈缺，安望其充。此今日行间大弊也。”帝不能用。

还朝，督畿辅学政。将出按部，都城陷。贼下令，百官以某日入见，紫摄纯德入，还邸恸哭，遂自经。京山人秦嘉系，买地葬之永定门外，立石表墓焉。赠太仆卿，谥恭节。

申佳胤，字孔嘉，永年人。崇祯四年进士。授仪封知县。县故
多盗，佳胤严保甲法，盗无所容。霪雨河决，舣舟怒涛中，塞其口。捕
大猾置之法。以才调杞县。八年，贼扫地王率万人来攻，城土垣多
圮。佳胤募死士击走贼，因甓其城。唐王聿键勤王，将抵开封。诸
大吏惴恐，集议曰：“留之，不听。行，守土者且得罪。”佳胤曰：“惟周
王可留之。”众称善，用其计。

治行卓异，擢吏部文选主事，上备边五策。进考功员外郎，佐京
察。大学士薛国观，倾少詹事文安之。安之，佳胤座主也，事连佳胤，
左迁南京国子博士。

久之，迁大理评事，进太仆丞。阅马近畿。闻李自成破居庸，叹
曰：“京师不守矣！君父有难，焉逃死？”驰入都，遍谒大臣为画战守
策，皆不省。贻子涵光书曰：“行己曰义，顺数曰命。义不可背也，命
不可违也。天下事莫不坏于贪生而畏死。死于疾，死于利，死于刑
戮，于房帏，于斗战，均死也。死数者，不死君父，盖亦不善用死矣。
今日之事，君父之事，死义也，犹命也，我则行之。”

京师陷，冠带辞母，策马至王恭厂，从者请易服以避贼。佳胤
曰：“吾起微贱，食禄十三年。国事至此，敢爱死乎！”两仆环守不去，
绐之曰：“吾不死也，我将择善地焉。”下马，旁见灌畦巨井，急跃入。
仆号呼，欲出之。佳胤亦呼曰：“告太安人，有子作忠臣，勿过伤也。”
遂死，年四十二。赠太仆少卿，谥节愍。本朝赐谥端愍。

成德，字元升，霍州人，依舅氏占籍怀柔。崇祯四年进士。除滋
阳知县。性刚介，清操绝俗，疾恶若仇。文震孟入都，德郊迎，执弟
子礼，语刺温体仁，体仁闻而恨之。兖州知府增饷额，德固争，又尝
捕治其牙爪吏。知府怒，谮于御史禹好善。好善，体仁客也，诬德贪
虐，逮入京。滋阳民诣阙讼冤。震孟在阁，亦为之称枉。德道中具
疏，极论体仁罪，而震孟已被体仁挤而去之。好善再劾德，言其疏出
震孟手，帝不之究。德母张，伺体仁长安街，绕舆大骂，拾瓦砾掷之。

体仁恚,疏闻于朝。诏五城御史驱逐,移德镇抚狱掠治,杖六十午门外,戍边,坐脏六千有奇。而给体仁校尉五十人护出入。

德居戍所七年,用御史詹兆恒荐,起如皋知县。寻擢武库主事。以母老辞,不允,乃就道。至则上言:"年来中外多故,居官者爵禄迷心,廉耻道丧。陛下御极十七年,何仗节死义之寥寥也!宋臣张栻有言:'仗节死义之臣,当于犯颜谏诤中求之。'夫犯颜谏诤何难,在朝廷养之而已。表厥宅里,所以伸忠臣孝子于生前;殊厥井疆,所以诛乱臣贼子于未死。苟死敌者无功,则媚敌者且无罪;死贼者褒扬不亟,则从贼者恬而不知畏也。"

未几,城破,不知帝所在,旁皇厅事。已,趋至午门,见兵部尚书张缙彦自贼所出。德以头触缙彦胸,且詈之。俄闻帝崩,痛哭。持鸡、酒奔东华门,奠梓宫于茶棚之下,触地流血。贼露刃胁之,不为动。奠毕归家,有妹年二十余未嫁,德顾之曰:"我死,汝何依?"妹曰:"兄死,妹请前。"德称善,哭而视其缢。入别其母,哭尽哀,出而自缢。母见子女皆死,亦投缳死。先是,怀柔城破,德父文桂遇害,家属尽没。妻刘在京,以征德赃急,忧悸死。至是,又阖门死难,惟幼子先寄友人家获存。赠德光禄卿,谥忠毅。本朝赐谥介愍。

许直,字若鲁,如皋人。崇祯七年成进士。出文震孟之门,以名节自砥,除义乌知县。母忧归,哀毁骨立,终丧蔬食,寝柩旁。补广东惠来县。用清望,征授吏部文选主事,进考功员外郎。

贼薄都城,约同官出赀乡士,为死守计。城陷,贼令百官报名。直曰:"身可杀,志不可夺。"有传帝南狩者,直将往从。见贼骑塞道,出门辄返,曰:"四方兵戈,驾焉往?国乱不匡,君危无济,我何生为!"已,知帝崩,一恸几绝。客以七十老父为解,直曰:"不死,辱及所生。"赋绝命诗六章,阖户自经。越旦视之,神气如生。赠太仆卿,谥忠节。本朝赐谥忠愍。

直有族子德溥者,在南。闻庄烈帝崩,大哭数日。扬州陷,又哭数日。每独坐辄恸哭,食必以崇祯钱一枚置几上,祭而后食,食已复哭。又刺其两臂曰："生为明臣,死为明鬼。"事发,死西市。

金铉,字伯玉,武进人,占籍顺天之大兴。祖汝升,南京户部郎中。父显名,汀州知府。铉少有大志,以圣贤自期许。年十八举乡试第一。明年,崇祯改元,成进士。不习为吏,改扬州府教授,日训诸生阐濂、洛正学。燕居言动,俱有规格,诸生严惮之。历国子博士、工部主事。

帝方锐意综核,疑廷臣朋党营私。度支告匮,四方亟用兵,饷不敷,遣中官张彝宪总理户、工二部,建专署,檄诸曹谒见,礼视堂官。铉耻之,再疏争,不纳。乃约两部诸僚,私谒者众唾其面,彝宪慍甚。铉当榷税杭州,辞疾请假。彝宪撼火器不中程,劾铉落职。铉杜门谢客,躬爨以养父母。

十七年春,始起兵部主事,巡视皇城。闻大同陷,疏曰:"宣、大,京师北门。大同陷则宣府危。宣府危,大事去矣。请急撤回监宣中官杜勋,专任巡抚朱之冯。勋二心偾事,之冯忠恳,可属大事。"不报。未几,勋以宣府下贼,贼杀之冯,烽火逼京师。铉奔告母:"母可且逃匿。儿受国恩,义当死。"铉母章时年八十余矣,呵曰:"尔受国恩,我不受国恩乎! 庑下井,是我死所也。"铉哭而去。

城破,趋入朝,宫人纷纷出。知帝已崩,解牙牌拜授家人,即投金水河。家人争前挽之,铉怒,口啮其臂,得脱,遂跃入水。水浅,濡首泥中乃绝。母闻即投井,妾王随之,皆死。贼踞大内,逾月始去。金水河冠袍泛泛见水上,内官群指之曰:"此金兵部也。"弟镕辨其尸,验网巾环,得铉首归,合以木身,如礼而殓。事竣,镕自经。后赠铉太仆少卿,谥忠节。本朝赐谥忠洁。

右范景文至铉二十有一人,皆自引决。其他率逶蛇见贼。贼以大僚多误国,概囚絷之。庶官则或用或否,用者,下吏,政府铨除;不用者,诸伪将掳掠,取其赀,大氐降者十七,刑者十三。福王时,以六等罪治诸从逆者。而文武臣殉难并予赠荫祭葬,且建旌忠祠于都城焉。曰正祀文臣,祀景文以下二十人,及大同巡抚卫景瑗、宣府巡抚朱之冯、布衣汤文琼、诸生许琰四人。曰正祀武臣,祀新乐侯刘文炳、惠安伯张庆臻、襄城伯李国桢、驸马都尉巩永固、左都督刘文耀、山西总兵官周遇吉、辽东总兵官吴襄七人。曰正祀内臣,祀太监王承恩一人。曰正祀妇人,祀烈妇成德母张氏,金铉母章氏,汪伟妻耿氏,刘理顺妻万氏,姜李氏,马世奇妾朱氏、李氏,陈良谟妾时氏,吴襄妻祖氏九人。曰附祀文臣,祀进士孟章明及郎中徐有声,给事中顾铉、彭琯,御史俞志虞,总督徐标,副使朱廷焕七人。曰附祀武臣,祀成国公朱纯臣、镇远侯顾肇迹、定远侯邓文明、武定侯郭培民、阳武侯薛濂、永康侯徐锡登、西宁侯宋裕德、怀宁侯孙维藩、彰武伯杨崇猷、宣城伯卫时春、清平伯吴遵周、新建伯王先通、安乡伯张光灿、右都督方履泰、锦衣卫千户李国禄十五人。曰附祀内臣,祀太监李凤翔、王之心、高时明、褚宪章、方正化、张国元六人。有司春秋致祭。然顾铉、彭琯、俞志虞辈,特为贼拷死,诸侯伯亦大半以兵死。而郎中周之茂、员外郎宁承烈、中书宋天显、署丞于腾云、兵马指挥姚成、知州马象乾,皆以不屈死,顾未邀赠恤也。

徐有声,字闻复,金坛人。登乡荐,崇祯十三年特擢户部主事,历员外郎、郎中。督饷大同。城陷,被执不屈死。福王时,赠太仆少卿。

徐标,字准明,济宁人。天启五年进士。崇祯时,历官淮徐道参议。十六年二月,超擢右佥都御史,巡抚保定。陛见,请重边防,择守令,用车战御敌,招流民垦荒。帝深嘉之。李自成陷山西,警日逼,加标兵部侍郎,总督畿南、山东、河北军务,仍兼巡抚,移驻真定以遏贼。无何,贼遣使谕降,标毁檄戮其使。贼别将掠畿辅,真定知府丘茂华移妻孥出城,标执茂华下之狱。中军谢加福伺标登城画守御策,鼓众杀之,出茂华于狱。数日而贼至,以城降。福王时,赠标兵部尚书。

朱廷焕,单县人。崇祯七年进士。除工部主事,历知庐州、大名二府,即以兵备副使分巡大名。十七年,贼逼畿辅,廷焕严守备。贼传檄入城,怒而碎之。三月四日,贼来攻,军民皆走,城遂陷。被执不屈死。福王时,赠右副都御史。

周之茂,字松如,黄麻人。崇祯七年进士。历官工部郎中。服阕,需次都下。贼搜得之,迫使跪。不屈,折其臂而死。

宁承烈,字养纯,大兴人。举于乡,历魏县教谕、户部司务,进本部员外郎,莞太仓银库。城陷,自经于官廨。

宋天显,松江华亭人。由国子生,官内阁中书舍人。为贼所获,自经。

于腾云,顺天人。为光禄署丞。贼至,语其妻曰:"我朝臣,汝亦命妇,可污贼耶!"夫妇并服命服,从容投缳死。

姚成,字孝威,余姚人。由礼部儒士为北城兵马司副指挥。城陷,自缢死。

马象乾,京师人。举于乡,官濮州知州。方里居,贼入,率妻及子女五人并自缢。

至若御史冯垣登、兵部员外郎关逢兰、行人谢于宣,皆拷死,郎中李逢申,拷掠久之,逼令缢死。与铉、瑄、志虞,皆获赠太仆少卿,而垣登、于宣至谥忠节。行取知县邹逢吉拷死,赠太仆寺丞。时南北阻绝,皆未能核实也。汤文琼、许琰事载忠义传。

赞曰:传云"君子居其位,则思死其官"。夫忠贞之士,临危授命,岂矫厉一时,邀名身后哉!分谊所在,确然有以自持而不乱也。马世奇等皆负贞亮之操,励志植节,不欺其素,故能从容蹈义,如出一辙,可谓得其所安者矣。

明史卷二六七

列传第一五五

马从聘 耿荫楼　张伯鲸　宋玫
族叔应亨　陈显际　赵士骥等　范淑泰
高名衡 王汉　徐汧 杨廷枢
鹿善继 薛一鹗

马从聘，字起莘，灵寿人。万历十七年进士。授青州推官，擢御史。勋卫李宗城，册封平秀吉逃归。从聘言，其父言恭不当复督戎政，不从。出理两淮盐课，言近日泰山崩离，坼者里余，由开矿断地脉所致，当速罢。不报。奸人田应璧，请掣卖没官余盐助大工，帝遣中官鲁保督之。从聘极陈欺罔状，不从。还朝，改按浙江，又按苏、松，请免增苏、松、常镇税课，亦不报。以久，次擢太仆少卿，拜右金都御史，巡抚延绥，失事夺俸。既而有捣巢功，未叙，引疾归，加兵部右侍郎。家居凡二十余年，终熹宗世不出。

崇祯十一年冬，大清破灵寿。从聘年八十有二矣，谓其三子曰："吾得死所矣。"又曰："吾大臣，义不可生，汝曹生无害也。"三子不从。从聘缢，三子皆缢。赠兵部尚书，谥介敏，官其一子。

耿荫楼，从聘同邑人也，字旋极。天启中，任临淄知县。久旱，囚服暴烈日中，哭于坛，雨立澍。摄寿光，祷雨如临淄。崇祯中，入

为兵部主事,调吏部,历员外郎,乞假归。城破,偕子参并死之。赠
光禄少卿。

张伯鲸,字绳海,江都人。万历四十四年进士。历知会稽、归安、
鄞三县。天启中,大计,调补卢氏。

崇祯二年称迁户部主事,出督延、宁二镇军储。自黄甫川西抵
宁夏千二百里,不产五谷,刍粟资内地。贺兰山沿黄河汊、唐二渠,
东抵花马池,素沃野,亦荒芜甚。伯鲸疏陈其状,为通商惠工,转菽
麦。又仿边商中盐意,立官市法以招之,军民称便。大盗起延绥,擢
伯鲸兵备佥事,辖榆林中路。击破贺思贤,斩一座城、金翅鹏,败套
寇于长乐堡。巡抚陈奇瑜上其功,诏进三阶,为右参政。仍视兵备
事。

七年春,奇瑜迁总督,遂擢伯鲸右佥都御史代之。督总兵王承
恩等,分道击破插汉部长及套寇于双山、鱼河二堡,斩首三百。明
年,以拾遗论罢。寻论延绥功,诏起用,荫子锦衣千户。

十年秋,杨嗣昌议大举讨贼,遣户部一侍郎驻池州,专理兵食。
帝命傅淑训。明年,淑训忧去,即家起伯鲸代之,如淑训官。又明年,
熊文灿抚事败,嗣昌自出督师,移伯鲸襄阳。文灿之被逮也,言剿饷
不至者六十余万,伯鲸坐贬秩。

十五年召为兵部左侍郎。明年,尚书冯元飙在告,伯鲸摄部事。
召对万岁山,疾作,中官扶出,遂乞休。又明年,京城陷,微服遁还。
福王立于南京,伯鲸家居不出。久之,扬州被围,与当事分城守。城
破,自经死。

宋玫,字文玉,莱阳人。父继登,万历三十二年进士。历官陕西
右参议。天启五年大计谪官。玫即以是年,偕族叔应亨,同举进士。
玫授虞城知县,应亨得清丰。

崇祯元年,玫兄琼亦举进士,知祥符,而玫以才调繁杞县。三人
壤地相接,并有治声。应亨迁礼部主事,玫亦擢吏科给事中。尝疏

论用人，谓："陛下求治之心愈急，则浮薄喜事之人皆饰诡而钓奇。陛下破格之意愈殷，则巧言孔壬之徒皆乘机而斗捷。"众韪其言。时应亨已改吏部，累迁稽勋郎中，落职归。玫方除母丧，起故官，历刑科都给事中。请热审概行于天下。又言狱囚稽滞瘐死，与刑死几相半，宜有矜释。帝采纳之。迁太常少卿，历大理卿、工部右侍郎。玫父继登已久废，至是为浙江右参政。大学士周延儒客盛顺者，为浙江巡抚熊奋渭营内召，果擢南京户部侍郎，继登父子信之。

十五年夏，廷推阁臣，顺为玫营推甚力。会诏令再推，玫与焉。帝已中流言，疑诸臣有私。比入对，玫冀得帝意，侃侃敷奏。帝发怒，叱退之，与吏部尚书李日宣等并下狱。日宣等遣戍，玫除名，顺乃惊窜。

闰十一月，临清破，应亨与知县陈显际谋城守。应亨以城北庳薄，出千多建瓮城，浃旬而毕。玫及邑人赵士骥亦出赀治守具。无何，大清兵薄城，城上火炮矢石并发，围乃解。明年二月复至，城遂破，玫、应亨、显际、士骥并死之。显际，真定人，士骥官中书舍人，并起家进士。玫、应亨有文名。

沈迅，亦莱阳人也。崇祯四年举进士，历知新城、蠡二县，与胶州张若麒同年友善。十一年行取入都。帝以吏部考选行私，亲策诸臣。迅、若麒并得刑部主事。两人大恚恨，结杨嗣昌，得改兵部。其年冬，畿辅被兵。迅请于广平、河间、定州、蠡县各设兵备一人。又请以天下僧人配尼姑，编入里甲，三丁抽一，可得兵数十万。他条奏甚多。章下兵部，嗣昌盛称迅言可用，乃命为兵科给事中。

迅欲自结于帝，数言事，皆中旨。当是时，军兴方棘，廷臣言兵者即以为知兵，大者推督、抚，小者兵备。一当事任，罪累立至。于是上下讳言兵，章奏无敢及者。迅极言其弊，乞敕廷臣五日内陈方略。帝即从其言。迅考选时，为掌河南道御史王万象所抑，因事劾罢万象，势益张，与若麒尽把持山东事。会顺天府丞戴澳，诬劾平远知县王凝命、嘉兴推官文德翼贪。迅上疏颂二人廉能，澳下吏削籍。

迅累迁礼科都给事中。陈新甲主款，迅面斥其非，廷辨良久。又言：
"杨嗣昌死有余戮，借久案以邀功，陈新甲负罪不遑，移边劳而录
荫，非论功议罪法。"帝是其言。迅本由嗣昌进，随众诋毁，时论訾薄
之。

　　寻以保举高斗光为凤阳总督不当，谪国子博士，乞假归。及新
甲诛，命追论兵科不纠发罪，吏部上迅名。帝曰："迅御前驳议，朕犹
识之，可复故官。"未赴而京师陷。迅家居，与弟迓设寨自卫。迓短
小精悍，马上舞百斤铁椎。兄弟率里中壮士，捕剿土寇略尽。大清
兵至，破寨，迅阖门死之。

　　若麒劾黄道周以媚嗣昌。历职方郎中，新甲遣赴宁、锦督战，覆
洪承畴等十余万军，独渡海逃还，论死系狱。李自成陷都城，出降。

　　范淑泰，字通也，滋阳人。崇祯元年进士。授行人。五年冬，擢
工科给事中。上疏陈刑狱繁多，乞敕刑官疏理，帝褒纳之。流贼犯
河南，追论先任巡抚樊尚璟罪，劾总兵邓玘淫掠状。时中官张彝宪
言，天下逋赋至一千七百余万，请遣科道官督征。帝大怒，责抚按回
奏。淑泰言，民贫盗起，逋赋难以督追，不从。给事中庄敖献、章正
宸建言下吏，抗疏救之。

　　吏部张捷荐逆党吕纯如，淑泰极论其谬，并论大学士王应熊朋
比行私，劾捷徇应熊意，用其私人王维章抚蜀。言："维章官西宁，坐
加征激变，落职闲住。捷朦胧启事，明肆奸欺。"帝责捷自陈。捷诋
淑泰党同伐异，帝不问。时皇陵被毁，巡抚杨一鹏得罪。应熊以座
主故，力庇之。淑泰发其停匿章奏状，帝亦不死。淑泰乃摭应熊纳
贿数事上之，应熊捐赀助陵工，淑泰又劾其召寇庇奸。帝责以挟私
求胜，终不纳。

　　十一年冬，上疏言："今以措饷故，至搜括借助。即行之而得，再
有兵事，能复行乎！治不规其可久，徒仓皇于补救之术，非所以为忠
也。陛下方以清节风天下，而乃条叙百官金钱于多寡之间，是教之
贪也。至借贷之说，尤不可行。京师根本重地，迩者物力困竭，富商

大贾大半旋归。内不安,何以攘外! 乞立寝其说。"又言:"强兵莫如行法。今之兵,索饷则强,赴敌则弱;杀良冒功则强,除暴救民则弱。请明示法令,诸将能用命杀贼者,立擢为大将,否则死无赦。毋以降级戴罪,徒为不切身之痛痒。"帝是其言。

十五年迁吏科,典浙江乡试,事竣还家。十二月,大清兵围兖州,淑泰竭力固守。城破,死之。诏赠太仆少卿,官一子。

高名衡,字仲平,沂州人。崇祯四年进士。除如皋知县,以才调兴化,征授御史。十二年出按河南。明年期满,留再巡一年。

十四年正月,李自成陷洛阳,乘胜遂围开封。巡抚李仙风时在河北,名衡集众守。周王恭枵发库金百万两,募死士杀贼。炊米屑麦,执爨以饷军,凡七昼夜。仙风驰还开封。副将陈永福背城而战,斩首二千。游击高谦夹击,斩首七百。贼解去。仙风既还,与名衡互讦奏。帝以陷福藩罪诏逮仙风,以襄阳兵备副使张克俭代。克俭已前死难,即擢名衡右金都御史代之。以永福充总兵官都督佥事,镇守河南。

当是时,贼连陷南阳、邓、汝十余州县,唐、徽二王遇害,名衡不能救。开封周邸图书文物之盛甲他藩,士大夫埋富,蓄积充牣。自成攻之不能克,然欲得而甘心焉。十二月杪,贼再围开封。永福射自成,中其左目,炮殪上天龙等。自成大怒,急攻之。开封故宋汴都,金帝南迁所重筑也,厚数丈,内坚致而疏外。贼用火药放进,火发即外击,甂瓴飞鸣,贼骑皆糜烂,自成大惊。会杨文岳援兵亦至,乃解围去。西华、郾、襄、睢、陈、大康、商丘、宁陵、考城俱陷。

四月复至开封,围而不攻,欲坐困之。六月,帝诏释故尚书侯恂于狱,命督保定、山东、河北、湖北诸军务,并辖平贼等镇援剿官兵。拔知县苏京、王汉、王燮为御史。诏苏京监延、宁、甘、固军,趣孙传庭出关;王汉监平贼镇标楚、蜀军,同侯恂等急击;王燮监阳、怀东晋军,刻期渡河。总兵许定国以晋军次沁水,一夕溃去,宁武兵亦溃于怀庆,诏逮定国。七月,河上之兵溃。督师丁启睿、保督杨文岳合左良玉、虎大威、杨德政、方国安诸军,次于朱仙镇。良玉走还襄阳,诸军皆溃,启睿、文岳奔汝宁。诏山东总兵官刘泽清援开封。城中食尽,名衡、永福偕监司梁炳、苏壮、吴士讲,同知苏茂灼,通判彭士奇,推官黄澍等,守益坚。泽清以兵来援,诸军并集河北朱家寨,不敢进。泽清曰:“朱家寨去开封八里。我以兵五千南渡,依河而营,引水环之。以次结八营,直达大堤。筑甬道输河北之粟,以饷城中。贼兵已老,可一战走也。”诸军皆曰:“善。”乃以兵三千人先渡立营。贼攻之,战三昼夜,诸军无继者,甬道不就,泽清拔营归。日夜望传庭出关,不至。

贼图开封者三,士马损伤多,积愤,誓必拔之。围半年,师老粮匮,欲决黄河灌之。以城中子女货宝,犹豫不决。闻秦师已东,恐诸镇兵夹击,欲变计。会有献计于巡按御史严云京者,请决河以灌贼。云京语名衡、澍,名衡、澍以为然。周王恭枵募民筑羊马墙,坚厚如高岸。贼营直傅大堤,河决贼可尽,城中无虞。我方凿朱家寨口,贼知,移营高阜。艨艟巨筏以待,而驱掠民夫数万,反决马家口以灌城。九月癸未望,夜半,二口并决。天大雨连旬,黄流骤涨,声闻百里。丁夫荷锸者,随堤漂没十数万,贼亦沉万人。河入自北门,贯东南门以出,流入于涡水。名衡、永福乘小舟至城头,周王率其宫眷衣宁乡诸郡王避水栖城楼,坐雨绝食者七日。王燮以舟迎王,王从城上泛舟出,名衡等皆出。茂灼、士奇久饿不能起,并溺死。贼浮舰入城,遗民俱尽,拔营而西。城初围时百万户,后饥疫死者十二三。汴梁佳丽甲中州,群盗心艳之,至是尽没于水。帝闻,痛悼。犹念诸臣拒守劳,命叙功。加名衡兵部右侍郎,名衡辞以疾。即擢王汉右佥都御史,代名衡巡抚河南。名衡归未几,大清兵破沂州,名衡夫妇殉难。

王汉,字子房,掖县人。崇祯十年进士。除高平知县。调河内,擒巨寇天坛山刘二。又乘雪夜,破妖僧智善。夜半渡河,破贼杨六郎。李自成围开封,汉然火金龙口柳林为疑兵,遣死士入贼中,声言

"诸镇兵来援,各数十万至矣"。贼闻则惊走。

汉为人负气爱士。人有一长,嗟叹之不容口。僚属绅士陈民疾苦,或言已过,则瞿然下拜。用兵士卒同甘苦,人乐为之死。好用间,贼中虚实莫不知。攻天坛山贼,山陡绝,登者辄以布。汉持刀直上,人服其勇。时贼氛日炽,帝每临朝而叹汉前后破贼功,降旨优叙。

十五年春,以减俸行取入都,与苏京、王燮同召对,称旨。命三臣皆以试御史监军。汉监平贼镇标楚、蜀军,与督臣侯恂南援汴。

时兵部奏援剿兵十万,十之四以属京、燮,属汉以其六。汉所监凡五万九千,然大半已溃散,兵部空名使之。汉乃请自立标营兵千人,骑二百,报可。乃简保营兵百余人,募邯郸、钜鹿壮士三百人,又取故治河内所练义兵及修武、济源素从征剿者五百人,及亲故子弟,合千人。八月朔夜半,袭贼范家滩,斩一红甲贼目。檄诸将合剿。自走襄阳,督左良玉兵救汴。至潼关,有诏汉巡按河南。时贼灌开封,汉闻,趣诸将自柳园夜半渡河,伏兵四岸,檄卜从善等夹攻之,斩首九十余级,遂入汴。大张旗鼓为疑兵,追贼至朱仙镇,连战皆捷。巡抚高名衡谢病,即擢汉右佥都御史代之。汉乃广间谍,收土豪,议屯田,谋所以图贼。

无何,刘超反永城。超,永城人,跛而狡,为贵州总兵,坐罪免。上疏言兵计,陈新甲用为河南总兵。以私怨杀其乡官御史魏景琦一家三十余人,惧罪,遂据城反。汉上疏请讨,语泄,超得为备。明年正月,汉入永城,声言招抚,为贼所杀。参将陈治邦、游击连光耀父子皆战死。游击马魁负汉尸以出,面如生。诏赠兵部尚书,荫锦衣世百户,建祠致祭。既而超伏诛,传首九边。

徐汧,字九一,长洲人。生未期而孤。稍长砥行,有时名,与同里杨廷枢相友善。廷枢,复社诸生所称维斗先生者也。天启五年,魏大中被逮过苏州,汧贷金,资其行。周顺昌被逮,缇骑横索钱,汧与廷枢敛财经理之。当是时,汧、廷枢名闻天下。

崇祯元年,汧成进士,改庶吉士,授检讨。三年,廷枢举应天乡试第一。中允黄道周以救钱龙锡贬官。倪元璐,道周同年生,请以己代谪,帝不允。汧上疏颂道周、元璐贤,且自请罢黜,帝诘责汧。汧曰:"推贤让能,荩臣所务;难进易退,儒者之风。间者陛下委任之意希注外廷,防察之权辄逮阉寺,默窥圣意,疑贰渐萌。万一士风日贱,宸向日移,明盛之时为忧方大。"帝不听。汧寻乞假归。还朝,迁右庶子,充日讲官。

十四年奉使益王府,便道还家。当是时,复社诸生气甚盛,汧与廷枢、顾杲、华允诚等,往复尤契。居久之,京师陷。福王召汧为少詹事。汧以国破君亡,臣子不当叨位。且痛宗社之丧亡,由朋党相倾,移书当事,劝以力破异同之见。既就职,陈时政七事,倦倦以化恩仇、去偏党为言。而安远侯柳祚昌疏攻汧,谓:"朝服谒潞王于京口,自恃东林巨魁,与复社杨廷枢、顾杲诸奸,狼狈相倚。陛下定鼎金陵,彼为讨金陵檄,所云'中原逐鹿,南国指马'是何语?乞置汧于理,除廷枢、杲名,其余徒党,容臣次第纠弹。"时国事方棘,事亦竟寝。汧移疾归。

明年,南京失守,苏、常相继下。汧慨然太息,作书戒二字,投虎邱新塘桥下死。郡人赴哭者数千人。时又有一人儒冠蓝衫而来,跃虎丘剑池中,土人怜而葬之,卒不知何人也。

于是廷枢闻变,走避之邓尉山中。久之,四方弄兵者群起,廷枢负重名,咸指目廷枢。当事者执廷枢,好言慰之。廷枢谩骂不已,杀之芦墟泗州寺。首已堕,声从项中出,益厉。门人迮绍原购其尸葬焉。

汧子枋,字昭法,举十五年乡试。枋依隐,有高行云。

鹿善继,字伯顺,定兴人。祖久征,万历中进士,授息县知县。时诏天下度田,各署上中下壤,息独以下田报,曰:"度田以纾民,乃病民乎!"调襄垣,擢御史,以言事谪泽州判官,迁荥泽知县,未任而卒。父正,苦节自砺。县令某欲见之,方粪田,投锸而往。急人之难,倾其家不惜,远近称鹿太公。

善继端方谨悫。由万历四十一年进士，授户部主事。内艰除，起故官。辽左饷中绝，廷臣数请发帑，不报。会广东进金花银，善继稽旧制，金花贮库，备各边应用。乃奏记尚书李汝华曰："与其请不发之帑，何如留未进之金。"汝华然之。帝怒，夺善继俸一年，趣补进。善继持不可，以死争。乃夺汝华俸二月，降善继一级，调外。汝华惧，卒补银进。泰昌改元，复原官，典新饷。连疏请帑百万，不报。

天启元年，辽阳陷，以才改兵部职方主事。大学士孙承宗理兵部事，推心任之。及阅视关门，以善继从。出督师，复表为赞画。布衣羸马，出入亭障间，延见将卒相劳苦，拓地四百里，收复城堡数十，承宗倚之若左右手。在关四年，累进员外郎、郎中。承宗谢事，善继亦告归。

先是，杨、左之狱起，魏大中子学洢、左光斗弟光明，先后投鹿太公家。太公客之，与所善义士容城举人孙奇逢谋，持书走关门，告其难于承宗。承宗、善继谋借巡视蓟门，请入觐。奄党大哗，谓阁部将提兵清君侧，严旨阻之。狱益急，五日一追赃，搒掠甚酷。太公急募得数百金输之，而两人者则皆已毙矣。至是善继归，而周顺昌之狱又起。顺昌，善继同年生，善继又为募得数百金，金入而顺昌又毙。奄党居近善继家，难家子弟仆从相望于道。太公曰："吾不惧也。"崇祯元年，逆珰既诛，善继起尚宝卿，迁太常少卿，管光禄丞事，再请归。

九年七月，大清兵攻定兴。善继家在江村，白太公请入扞城，太公许之，与里居知州薛一鹗等共守。守六日而城破，善继死。家人奔告太公，太公曰："嗟乎，吾儿素以身许国，今果死，吾复何憾！"事闻，赠善继大理卿，谥忠节，敕有司建祠。子化麟，举天启元年乡试第一，伏阙讼父忠。逾年亦卒。

薛一鹗，字百当，由贡生为黄州通判。荆王姬诬他姬酖世子，一鹗白其诬。奄人傅太妃命，欲竟其狱，卒直之。迁兰州知州。州北有田没于番，吏派其赋于他户，后田复归，为卫卒所据，而民出赋三十年,一鹗核除其害。至是佐善继城守,遂同死。

　　赞曰:士大夫致政里居,无封疆民社之责,可逊迹自全,非以必死为勇也。然而慷慨捐躯,冒白刃而不悔,湛宗覆族,君子哀之。岂非名义所在,有重于生者乎! 气节凛然,要于自遂其志。其英风义烈,固不可泯没于宇宙间矣。

明史卷二六八
列传第一五六

曹文诏 弟文耀　　周遇吉
黄得功

曹文诏,大同人。勇毅有智略。从军辽左,历事熊廷弼、孙承宗,积功至游击。

崇祯二年冬,从袁崇焕入卫京师。明年二月,总理马世龙畀所赐尚方剑,令率参将王承胤、张叔嘉,都司左良玉等伏玉田枯树、洪桥,鏖战有功,迁参将。自大堑山转战逼遵化,又从世龙等克大安城及鲇鱼诸关。以兴复四城功,加都督佥事。七月,陕西贼炽,擢延绥东路副总兵。

贼渠王嘉胤久据河曲。四年四月,文诏克其城。嘉胤脱走,转掠至阳城南山。文诏追及之,其下斩以降。以功擢临洮总兵官。

点灯子自陕入山西。文诏追之,及于稷山,谕降七百人。点灯子遁,寻被获,伏诛。

李老柴、独行狼陷中部,巡抚练国事、延绥总兵王承恩围之。五月,庆阳贼郝临庵、刘道江援之。会文诏西旋,与榆林参政张福臻合剿,馘老柴及其党一条龙,余党奔摩云谷。副将张弘业、游击李明辅战死。文诏乃与游击左光先、崔宗荫、李国奇分剿绥德、宜君、清涧、米脂贼,战怀宁川、黑泉峪、封家沟、绵湖峪,皆大捷。扫地王授首。

红军友、李都司、杜三、杨老柴者,神一魁余党也,屯镇原,将犯平凉。国事檄甘肃总兵杨嘉谟、副将王性善扼之,贼走庆阳。文诏从郿州间道与嘉谟、性善合。五年三月，大战西濠，斩千级，生擒杜三、杨老柴。余党纠他贼掠武安监，陷华亭，攻庄浪。文诏、嘉谟至，贼屯张麻村。官军掩击，贼走高山。游击曹变蛟、冯举、刘成功、平安等噪而上，贼溃走。变蛟者，文诏从子也。会性善及甘肃副将李鸿嗣、参将莫与京等至，共击斩五百二十余级。追败之咸宁关，又败之关上岭。追至陇安，嘉谟、变蛟夹击，复败之。贼余众数千欲走汉南，为游击赵光远所遏，乃由长宁驿走张家川。其逸出清水者，副将蒋一阳遇之败，都司李宫用被执。文诏乃纵反间，绐其党，杀红军友，遂蹙败之水落城。追至静宁州，贼奔据唐毛山，变蛟先登，殄其众。

可天飞、郝临庵、刘道江为王承恩所败，退保铁角城。独行狼、李都司走与合，可天飞、刘道江遂围合水。文诏往救。贼匿精锐，以千骑逆战，诱抵南原，伏大起。城上人言，曹将军已殁。文诏持矛左右突，匹马萦万众中。诸军望见，夹击，贼大败，僵尸蔽野，余走铜川桥。文诏率变蛟、举、嘉谟及参将方茂功等追及之，大战陷阵，贼复大败。寻与宁夏总兵贺虎臣、固原总兵杨麒破贼甘泉之虎兕凹。麒复追贼安口河、崇信窑、白茅山，皆大获。总督洪承畴斩可天飞、李都司于平凉，降其将白广恩，余贼分窜。文诏追击之陇州、平、凤间。十月三战三败之，遂蹙贼耀州锥子山，其党杀独行狼、郝临庵以降。承畴戮四百人，余散遣。关中巨寇略平。

巡抚御史范复粹汇奏首功凡三万六千六百有奇，文诏功第一，嘉谟次之，承恩、麒又次之。文诏在陕西，大小数十战，功最多。承畴不为叙。巡按御史吴甡推奖甚至，复粹疏复上。兵部抑其功，卒不叙。

当是时，贼见陕兵盛，多流入山西，其魁紫金梁、混世王、姬关锁、八大王、曹操、闯塌天、兴加哈利七大部，多者万人，少亦半之，蹂躏汾州、太原、平阳。御史张宸极言："贼自秦中来。秦将曹文诏威名宿著，士民为之谣曰：'军中有一曹，西贼闻之心胆摇'。且尝立功晋中，而秦贼灭且尽。宜敕令入晋协剿。"于是命陕西、山西诸将并受文诏节制。

六年正月抵霍州，败贼汾河、盂县，追及于寿阳。巡抚许鼎臣遣谋士张宰先大军尝贼，贼惊溃。二月，文诏追击之，斩混世王于碧霞村。余党为猛如虎逐走，遇文诏兵方山，复败。五台、盂、定襄、寿阳贼尽平。鼎臣命文诏军平定，备太原东；张应昌军汾州，备太原西。文诏连败贼太谷、范村、榆社。太原贼几尽。帝以文诏功多，敕所过地多积糗粮以犒，并敕文诏速平贼。山西监视中官刘中允言，文诏剿贼徐沟、盂、定襄，所司不给米，反以炮石伤士卒。帝即下御史按问。

三月，贼从河内上太行，文诏大败之泽州。贼走潞安，文诏至阳城遇贼不击，自沁水潜师，还击之芹地刘村寨，斩首千余。四月，贼屯润城，其他部陷平顺，杀知县徐明扬。文诏至，贼走。乃夜半袭润城，斩贼千五百。紫金梁、老回回自榆社走武乡，过天星走高泽山，文诏之皆击败。他贼围涉县，闻文诏破贼黎城，解去。

五月，帝遣中官孙茂霖为文诏内中军。贼犯沁水，文诏大败之，擒其魁大虎，又败之辽城毛岭山西。贼既屡败，乃避文诏锋，多流入河北。帝乃命文诏移师往讨。而贼已败邓玘兵于林县，文诏率五营军夜袭，破之。七月大败怀庆贼柴陵村，馘其魁滚地龙，又追斩老回回于济源。

文诏在洪洞时，与里居御史刘令誉忤。及是，令誉按河南，而四川石砫土官马凤仪军败没于侯家庄，赖文诏驰退贼。甫解甲，与令誉相见，语复相失。文诏拂衣起，面叱之。令誉怒，遂以凤仪之败为文诏罪。部议文诏怙胜而骄，乃调之大同。

七年七月，大清兵西征插汉，还师入大同境，攻拔得胜堡，参将李全自经。遂攻围怀仁县及井坪堡、应州。文诏偕总督张宗衡先驻怀仁固守。八月，围解，即移驻镇城，挑战败还。已而灵邱及他屯堡多失陷，大清兵亦旋。十一月论罪，文诏、宗衡及巡抚胡沾恩并充军边卫。令甫下，山西巡抚吴甡荐文诏知兵善战，请用之晋中。乃命为援剿总兵官，立功自赎。当是时，河南祸尤剧，帝已允兵部议，敕文诏驰剿河南贼。甡复抗疏力争,请令先平晋贼,后入豫,帝不许。而文诏以甡有恩,竟取道太原,为甡所留。

会贼高加计已歼,而凤阳告陷,遂整兵南,以八年三月会总督洪承畴于信阳。承畴大喜,即令击贼随州,文诏追斩贼三百八十有奇。四月,承畴次汝州。以贼尽入关中,议还顾根本。分命诸将扼要害,檄文诏入关,文诏乃驰至灵宝谒承畴。承畴以贼在商、洛,闻官兵至,必先走汉中,而大军由潼关入,反在其后,乃令文诏由阌乡取山路至洛南、商州,直捣贼巢,复从山阳、镇安、洵阳驰入汉中,遏其奔轶。曰:“此行也,道路回远,将军甚劳苦,吾集关中兵以待将军。”拊其背而遣之,文诏跃马去。五月五日抵商州。贼去城三十里,营火满山。文诏夜半率从子参将变蛟、守备鼎蛟、都司白广恩等败贼深林中,追至金岭川。贼据险以千骑逆战,变蛟大呼陷阵,诸军并进,贼败走。变蛟勇寇三军,贼中闻大小曹将军名,皆怖慑。

已而闯王、八大王诸贼犯凤翔,趋汧阳、陇州,文诏自汉中驰赴。贼尽向静宁、泰安、清水、秦州间,众且二十万。承畴以文诏所部合张全昌、张外嘉军止六千,众寡不敌,告急于朝,未得命。六月,官军遇贼乱马川。前锋中军刘弘烈被执,俄副将艾万年、柳国镇复战死。文诏闻之,瞋目大骂,亟诣承畴请行。承畴喜曰:“非将军不能灭此贼。顾吾兵已分,无可策应者。将军行,吾将由泾阳趋淳化为后劲。”文诏乃以三千人自宁州进,遇贼真宁之湫头镇。变蛟先登,斩首五百,追三十里,文诏率步兵继之。贼伏数万骑合围,矢蝟集。贼不知为文诏也,有小卒缚急,大呼曰:“将军救我!”贼中叛卒识之。欺贼曰:“此曹总兵也。”贼喜,围益急。文诏左右跳荡,手击杀数十人,转斗数里。力不支,拔刀自刎死。游击平安以下,死者二十余人。承畴闻,拊膺大哭,帝亦痛悼,赠太子太保、左都督,赐祭葬,世荫指挥佥事,有司建祠,春秋致祭。文诏忠勇冠时,称明季良将第一。其死也,贼中为相庆。

弟文耀,从兄征讨,数有功。河曲之战,斩获多。后击贼忻州,战死城下。诏子赠恤。从子变蛟,自有传。

周遇吉,锦州卫人。少有勇力,好射生。后入行伍,战辄先登,积功至京营游击。京营将多勋戚中官子弟,见遇吉质鲁,意轻之。遇吉曰:"公等皆纨袴子,岂足当大敌。何不于无事时练胆勇,为异日用,而徒糜廪禄为!"同辈咸目笑之。

崇祯九年,都城被兵。从尚书张凤翼数血战有功,连进二秩,为前锋营副将。明年冬,从孙应元等讨贼河南,战光山、固始,皆大捷。十一年班师,进秩受赍。明年秋,复出讨贼,破胡可受于淅川,降其全部。杨嗣昌出师襄阳,遇吉从中官刘元斌往会。会张献忠将至房县,嗣昌策其必窥渡郧滩,遣遇吉扼守槐树关,张一龙屯光化,贼遂不敢犯。十二月,献忠败于兴安,将走竹山、竹溪,遇吉复以嗣昌令至石花街、草店扼其要害,贼自是尽入蜀。遇吉乃从元斌驻荆门,专护献陵。明年与孙应元等,大破罗汝才于丰邑坪。又明年与黄得功追破贼凤阳。已而旋师,败他贼李青山于寿张,追至东平,歼灭几尽,青山遂降。屡加太子少保、左都督。

十五年冬,山西总兵官许定国有罪论死,以遇吉代之。至则汰老弱,缮甲仗,练勇敢,一军特精。明年十二月,李自成陷全陕,将犯山西。遇吉以沿河千余里,贼处处可渡,分兵扼其上流,以下流蒲坂属之巡抚蔡懋德,而请济师于朝。朝廷遣副将熊通以二千人来赴。十七年正月,遇吉令通防河,会平阳守将陈尚智已遣使迎贼,讽通还镇说降。遇吉叱之曰:"吾受国厚恩,宁从尔叛逆!且尔统兵二千,不能杀贼,反作说客邪!"立斩之,传首京师。至二月七日,太原陷,懋德死之。贼遂陷忻州,围代州。

遇吉先在代遏其北犯,乃凭城固守,而潜出兵奋击。连数日,杀贼无算。会食尽援绝,退保宁武。贼亦踵至,大呼五日不降者屠其城。遇吉四面发大炮,杀贼万人,火药且尽,外围转急。或请甘言绐之,遇吉怒曰:"若辈何怯邪!"能胜,一军皆忠义。即不支,缚我予贼。"于是设伏城内,出弱卒诱贼入城,亟下闸杀数千人。贼用炮攻城,圮复完者再,伤其四骁将。自成惧,欲退。其将曰:"我众百倍于

彼,但用十攻一,番进,蔑不胜矣。"自成从之。前队死,后复继。官
军力尽,城遂陷。遇吉巷战,马蹶,徒步跳荡,手格杀数十人。身被
矢如蝟,竟为贼执,大骂不屈。贼悬之高竿,丛射杀之,复磔其肉。城
中士民感遇吉忠义,巷战杀贼,不可胜计。其舍中儿,先从遇吉出
斗,死亡略尽。夫人刘氏素勇健,率妇女数十人据山巅公廨,登屋而
射,每一矢毙一贼,贼不敢逼。纵火焚之,阖家尽死。

　　自成集众计曰:"宁武虽破,吾将士死伤多。自此达京师,历大
同、阳和、宣府、居庸,皆有重兵。倘尽如宁武,吾部下宁有孑遗哉!
不如还秦休息,图后举。"刻欺将遁,而大同总兵姜瓖降表至。自成
大喜,方宴其使者,宣府总兵王承荫表亦至,自成益喜。遂决策长
驱,历大同、宣府抵居庸。太监杜之秩、总兵唐通复开门延之,京师
遂不守矣。贼每语人曰:"他镇复有一周总兵,吾安得至此。"福王
时,赠太保,谥忠武,列祀旌忠祠。

　　黄得功,号虎山,开原卫人,其先自合肥徙。早孤,与母徐居。少
负奇气,胆略过人。年十二,母酿酒熟,窃饮至尽。母责之,笑曰:
"偿易耳。"时辽事急,得功持刀杂行伍中,出斩首二级,中赏率得白
金五十两,归奉母,曰:"儿以偿酒也。"由是隶经略为亲军,累功至
游击。

　　崇祯九年迁副总兵,分管京卫营。十一年以禁军从总督熊文灿
击贼于舞阳、鏖光、固间,最。八月又从击贼马光玉于淅川之吴村、
王家寨,大破之。诏加太子太师,署总兵衔。十三年从太师卢九德
破贼于板石畈,贼革里眼等五营降。十四年以总兵与王宪分护凤
阳、泗州陵,得功驻定远。张献忠攻桐城,挟营将廖应登至潜城下诱
降。得功与刘良佐合兵击之于鲍家岭,贼败遁,追至潜山,擒斩贼将
闯世王马武、三鹞子王兴国。三鹞子,献忠养子,最号骁勇者也。得
功箭伤面,愈自奋,与贼转战十余日,所杀伤独多。明年移镇庐州。

　　十七年封靖南伯。福王立江南,进封侯。旋命与刘良佐、刘泽
清、高杰为四镇。

初，督辅史可法虑杰跋扈难制，故置得功仪真，阴相牵制。适登莱总兵黄蜚将之任，蜚与得功同姓，称兄弟，移书请兵备非常。得功率骑三百由扬州往高邮迎之，杰副将胡茂桢驰报杰。杰素忌得功，又疑图已，乃伏精卒道中邀击之。得功行至土桥，方作食。伏起出不意，上马举铁鞭，飞矢雨集。马踣，腾他骑驰。有骁骑舞槊直前，得功大呼反斗，挟其槊而扶之，人马皆糜。复杀数十人，跳入颓垣中，哮声如雷，追者不敢进，遂疾驰至大军得免。方斗时，杰潜师捣仪真，得功兵颇伤，而所俱行三百骑皆殁。遂诉于朝，愿与杰决一死战。可法命监军万元吉和解之，不可。会得功有母丧，可法来吊，语之曰："土桥之役，无智愚皆知杰不义。今将军以国故捐盛怒，而归曲于高，是将军收大名于天下也。"得功色稍和，终以所杀亡多为恨。可法令杰偿其马，复出千金为母赗。得功不得已，听之。

明年，杰欲趋河南，规取中原。诏得功与刘良佐守邳、徐。杰死，得功还仪真。杰家并将士妻子尚留扬州，得功谋袭之。朝廷急遣卢九德谕止，得功遂移镇庐州。四月，左良玉东下，以清君侧为名，至九江病死，军中立其子梦庚。命得功趋上江御之，驻师荻港。得功破梦庚于铜陵，解其围。命移家镇太平，一意办贼，论功加左柱国。

时大清兵已渡江，知福王奔，分兵袭太平。得功方收兵屯芜湖，福王潜入其营。得功惊泣曰："陛下死守京城，臣等犹可尽力，奈何听奸人言，仓卒至此！且臣方对敌，安能扈驾？"王曰："非卿无可仗者。"得功泣曰："愿效死。"得功战荻港时，伤臂几堕。衣葛衣，以帛络臂，佩刀坐小舟，督麾下八总兵结束前迎敌。而刘良佐已先归命，大呼岸上招降。得功怒叱曰："汝乃降乎！"忽飞矢至，中其喉偏左。得功知不可为，掷刀拾所拔箭刺吭死。其妻闻之，亦自经。总兵翁之琪投江死，中军田雄遂挟福王降。

得功粗猛不识文义。江南初立，王诏书指挥，多出群小。得功得诏纸或对使骂裂之。然忠义出天性，闻以国事相规诫者，辄屈己改不旋踵。北来太子之狱，得功抗疏争曰："东宫未必假冒，先帝子即上子，未有了无证明，混然雷同者。臣恐在廷诸臣，谄徇者多，抗颜者少,即明白识认,亦不敢抗词取祸矣。"时太子真伪莫敢决,而得功忠愤不阿如此。得功每战,饮酒数斗,酒酣气益厉。喜持铁鞭战,鞭渍血沾手腕,以水濡之,久乃得脱,军中呼为黄闯子。始为偏裨,随大帅立功名,未尝一当大敌。及专镇封侯,不及一年余而南北转徙,主逃将溃,无所一用其力,束手就殪,与国俱亡而已。其军行纪律严,下无敢犯,所至人感其德。卢州、桐城、定远皆为立生祠。葬仪真方山母墓侧。

赞曰:曹文诏等秉骁猛之资,所向摧败,皆所称万人敌也。大命既倾,良将颠蹶。三人者忠勇最著,死事亦最烈,故别著于篇。

明史卷二六九
列传第一五七

艾万年　李卑　汤九州　杨正芳

杨世恩　陈于王　程龙等　侯良柱

子天锡　张令　汪之凤　猛如虎

刘光祚等　虎大威　孙应元

姜名武　王来聘等　邓祖禹　尤世威

王世钦等　侯世禄　子拱极　刘国能

李万庆

艾万年，米脂人。由武学生从军，积功至神木参将。

崇祯四年，从曹文诏复河曲。点灯子入山西，万年从文诏连败之桑落镇、花地峪、雾露山，都司王世虎、守备姚进忠战死。贼退屯石楼之康家山，西距河三十里，绥德知州周士奇、守备孙守法伏兵含峪，渡河袭杀之。五年，从参政樊一蘅讨平不沾泥。山西告警，隶文诏东讨，与李卑一月奏五捷，又与贺人龙败八大王、扫地王兵。明年，贼将东遁，连破之延家山、亢义村、贾寨村，擢副总兵。

初，山西既中贼，其土寇亦乘间起，三关王刚、孝义通天柱、临县王之臣皆残破城邑。后见贼衰，相继归顺，然阴结党不散。巡抚戴君恩新视事，谋诛之。七年正月迎春，召王刚宴，杀之，并杀通天柱于他所,而万年亦捕杀王豹五与其党领兵王,生擒翻山动、姬关锁、掌世王,献俘京师,晋中巨盗略靖。豹五即之臣也。有议君恩杀降者,给事中张第元力言诸贼蹂躏之惨,请录万年功。万年适遘疾告归,寻加署都督金事。

八年二月上疏言:

臣仗剑从戎七载,复府谷,解孤山围,救清水、黄甫、木瓜十一营堡。转战高山,设伏河曲,有马镇、虎头岩、石台山、西川之捷。战平阳、汾州、太原,复临县及蹶亭驿。大小数十战,精力尽耗。与臣共事者李卑,溘先朝露。臣病势奄奄,犹力战冀北。又抚剿王刚、豹五、领兵王、通天柱,解散贼一万三千有奇。蒙恩许臣养病,而督臣洪承畴檄又至,臣不敢不力疾上道。但念灭贼之法,不外剿抚,今剿抚俱未合机宜,臣不得不极言。

夫剿贼不患贼多,患贼走。盖叠嶂重峦,皆其渊薮,兵未至而贼先逃,所以难灭,其故则兵寡也。当事非不知兵寡,因糗粮不足,为苟且计,日引月长,以至于今,虽多措饷,多设兵,而已不可救矣。宜合计贼众多寡,用兵若干,饷若干,度其足用,然后审察地利,用正用奇,用伏用间,或击首尾,或行左右,有不即时殄灭者,臣不信也。

次则行坚壁清野之法,困贼于死地,然后可言抚。盖群贼携妻挈子,无城栅,无辎重,暮楚朝秦,传食中土,以剽掠为生。诚令附近村屯移入城郭,储精兵火器以待之,贼衣食易尽,生理一绝,鸟惊鼠窜。然后选精锐,据要害以击之;或体陛下好生之心,诛厥渠魁,宥其胁从,不伤仁,不损威,乃抚剿良策。

帝深嘉之,下所司议行,然卒不能用其策也。

寻授孤山副总兵,戍平凉。当是时,总督洪承畴迫六月灭贼之期,急进战。诸将见贼众兵寡,咸自揣不敌,而势不可止。万年及副将刘成功、柳国镇,游击王锡命合兵三千,以六月十四日至宁州之襄乐,遇贼大战,斩首数百。伏兵骤起,围之数重。万年、国镇力战不支,皆战殁。成功、锡命负重伤归。士卒死者千余人。事闻,赠恤如制。

李卑,字侍平,榆林人。由千总擢守备。天启初,总督王象乾设蓟镇车营五,以卑为都司金书,统西协后车营。迁山海关游击,坐事罢归。

崇祯二年,陕西巡抚刘广生议讨延庆回贼,三道进兵,命卑与游击伍维藩等由西路入。卑简精骑二百,追击两昼夜,行四百里抵保安宁塞,连破之,共获首功一千有奇。旋起延安参将。时群盗蜂起,延安尤甚,卑连败之富家湾、松树屯。四年,神一元陷保安,卑与宁夏总兵贺虎臣守延安,贼不敢犯。寻擢孤山副总兵。谭雄陷安塞,据其城,卑与王承恩击降雄,戮之,斩首五百三十余级。

五年春,混天猴陷宜君、鄜州,其夏攻合水。卑及参将马科追至甘泉山。七月破之延水关,斩首六百二十余级。其地东限黄河,贼溺死者无算,科部卒斩混天猴以献。初,卑及游击吴国俊等斩贼魁三人于甘泉桥子沟,寻剿贼固原,斩其魁薛仁贵等三人。时陕西贼多流入山西。诏卑及贺人龙各率部卒千,隶总督张宗衡麾下。会王自用陷辽州,闻官兵至,弃城走。六年春,诸军入城,多杀良民冒功,卑独严戢其下无所扰。已,败贼阳城之郎家山,又与艾万年连败之南独泉土河村,复败之茈坬村。贼入济源山中,巡抚许鼎臣檄卑、万年合剿,卑破之天井关。七月,临洮总兵曹文诏改大同,命卑代署其事,协讨河北贼,加都督佥事,数有功。其冬,贼尽走河南,命卑援剿。七年春,败贼内乡,驰至光化,与楚兵败贼莲花坪、白沟坪,实授临洮总兵官。讨贼湖广,贼多聚郧、襄,总理卢象升方倚卑办贼,六月卒于官。

卑善持纪律,所至军民安堵。为人有器度,当仓猝,镇静如常。赠右都督,赐祭葬。

汤九州,石埭人。崇祯时为昌平副总兵。六年夏,流贼大扰河北、畿南。命九州协剿,与左良玉等屡破贼兵,贼悉渡河而南。其冬,大败过天星于吴城镇,斩首四百二十级。追贼闯天王等五华集,又败之,斩首六百四十余级。七年击贼嵩县之潭头,斩首三百二十级。贼驻商、洛谋再入山西。左良玉迎击于商南,九州遣部将赵柱、周尔敬逆之洛南。贼至商州返。已,复侵阌乡。九州病,遣部将凌元机、胡良翰等搜山,悉败殁。九州寻赴援山西。未几,以河南剿贼功,加署都督佥事。

八年春,被劾褫官,从军自效。洪承畴入关,以吴村、瓦屋为商南贼走内乡、淅川要地,令九州偕良玉扼之。寻移驻洛阳。九年二月,贼走登封石阳关,与伊、嵩贼合。九州期良玉夹击,良玉半道归。九州以孤军千二百人,由嵩县深入。贼屡败,穷追四十余里,误入深崖。遇贼数万,据险攻围。九州势不敌,夜移营,为贼所乘,遂战殁。从孙文琼伏阙三上书请恤,不报。文琼后亦殉难。

时有杨正芳者,天启间,以小校从军,屡剿贵州贼,积功至副总兵。叙桃红坝功,加署都督同知。崇祯三年击破定番叛苗。七年,贼陷当阳,正芳以镇箪兵败贼班鸠滩,复其城。湖广巡抚唐晖以献陵、惠藩为重,令正芳及总兵许成名专护荆州、承天。正芳连奏金沙铺、莲花坪、白沟坪、官田、石门山之捷。陈奇瑜出师郧阳,正芳偕成名、邓玘从竹山、竹溪、白河分道进,皆大获。至十月,正芳督箪兵千余援雒南,战败,及部将张上选皆死焉,一军尽殁。赠太子少师、左都督,世荫指挥同知,再荫一子守备,赐祭葬,有司建祠。

又有杨世恩者,崇祯时历官湖广副总兵。七年春,败贼竹溪。大雨,山水骤发,贼多漂溺死,余溃走。世恩疾击,斩镇山虎等四十余人。已,追贼石河口,连战康家坪、蚋溪,功最。八年冬,败贼孝感。九年春,祖宽大破贼滁州。世恩从卢象升驰至,复大破之。十年春,与秦翼明破刘国能于细石岭,获其魁新来虎。贼陷随州、青戴罪自赎。

十二年冬,督师杨嗣昌令守宜城。会贼罗汝才、惠登相分屯兴山、远安,夷陵告急。嗣昌檄世恩及荆门守将罗安邦赴救,至洋坪猴儿洞,道险甚,嗣昌再檄召还,而安邦由柞峪,世恩由重阳坪已两道深入,期至马良坪合兵。汝才、登相围之香油坪,嗣昌连发数道兵往援,皆以道远不能进。世恩等被困久,突围走黄连坪,绝地无水,士饥渴甚。贼至,两军尽覆,世恩、安邦并死。

陈于王,字丹衷,吴县人。世为苏州卫千户。既袭职,两举武乡试,授奇兵营守备。以捕获海盗功,迁都司佥书,守崇明蛇山。盗王一爵等乱海滨,于王率战舰数十击之羊山,持刀跃入其舟,生擒一爵,歼其党殆尽。上官交荐,遂知名。天启初,经略熊廷弼用为标下参将。代者至,饮于王酒暴卒。其子诉于王毒杀之,逮系久不释。

崇祯二年,京师有警。巡抚曹文衡贳其罪,署前锋游击,将兵勤王。既至,兵事已解,遂南还。久之,巡抚张国维用为中军守备。九年,贼入江北,围庐州,陷和州。国维遣于王守六合,守备蒋若来守江浦。贼方围江浦,若来急入与知县李维樾固守。贼登城,若来拒却之。镞下角贼,矢著其颊,左臂伤,裹血还战,贼乃退。六合无城,若来与于王掎角捍贼,二邑赖以全。贼犯宿松,于王弟国计偕指挥包文达等以二千人往救。文达败殁,于王骤马入,拔其弟而出。

十年正月,贼分犯江浦、六合及安庆。国维遣部将张载赓等援安庆,而以新募兵二千令副将程龙及于王、若来分戍二邑。已而贼不至,国维议赴安庆,城太湖,乃提龙等三将兵西上。三月,贼犯太湖,副将潘可大将安庆兵九百,龙等三将将吴中兵三千六百,御之丰家店。贼先犯可大营,龙等至,夹击之,贼多死。夜复至,中伏,亦败去。监军史可法欲退扼要害,诸将不从,掘堑守二十四日。罗汝才、刘国能等七营数万众齐至,围数重,诸将突击,颇有杀伤。可法偕副将许自强驰救,扼于贼,鸣大炮遥为声援,诸将亦呼噪突围。会天雨,甲重不得出。明日日中,贼四面入,将士短兵接战。可大战死,龙引火自焚死。于王手执大刀,左右杀贼,伤重力竭,北面叩头自刭死,阅十日面色如生。若来服围人衣以免。同死者,武举詹兆鹏首触石死。陆王猷杀贼过当,贼脔分其肉死。莫是骍、詹世龙及千户王定远皆力战死。百户王弘猷为贼所执,锯齿断足,骂不绝声死。士卒脱者仅千余人。事闻，赠于王昭勇将军、指挥使，世荫副千户。余赠荫有差。

侯良柱，字朝石，永宁卫人。天启初，累官四川副总兵。讨奢崇明父子，复遵义城。又与参议赵邦清招降奢寅党安銮。六年五月，代李维新为四川总兵官，镇永宁。时崇明败奔水西，与安邦彦合，贵州兵数讨不克。

崇祯二年，总督朱燮元遣贵州总兵许成名复赤水卫，崇明、邦彦以十余万众来争。成名还永宁，贼追之锐甚。良柱偕监军副使刘可训出战小却，成名等来援，贼乃据五峰山桃红坝。越数日，良柱乘贼不备，与副将邓玘等侵早雾迫之，贼大溃，成名闻山上呼噪声亦出。贼奔鹅项岭，径长而陿，人马不能容。良柱、玘军至，贼复大败，死者数万人。崇明、邦彦与邦彦党伪都督莫德并授首，俘其党杨作等数千人。积年巨寇平，时称"西南奇捷。"

四川巡抚张论上其功不及黔将。成名等怒，言邦彦、德乃已部将赵国玺所斩，且崇明犹未死，燮元信之，奏于朝。兵部不能决，赏久不行。御史孙徵兰言："讯俘囚阿痴、杨作等，咸云邦彦即时授首，灼然非黔兵力。"帝即命献俘告庙，传首九边。川中抚按及御史毛羽健皆讼良柱、可训功，诋燮元。燮元疏辩，且求去，赏遂格不行。良柱怨燮元，不为用，至与相讦奏，解职候勘。久之，御史刘宗祥列上功状。七年八月，始录前功，进良柱左都督，世荫锦衣指挥佥事；成名等亦优叙。未几，复为四川总兵官。

八年夏，总督洪承畴大举讨贼，令良柱扼贼入川路。战凤县三江口，斩首三百七十有奇。明年冬，贼犯汉中，瑞王遣使乞师。良柱督兵援，与他将同却贼。十年四月，川中地震者七，地鸣者一，占主兵。贼果入犯，陷南江、通江。帝切责良柱及巡抚王维章。时良柱驻广元，尽召诸地兵九千有奇，分防扼险，止余二千人。贼知其势弱，五月复寇川北。维章告急于朝。会贼转掠他所，良柱乃撤还守隘兵，专守广元。维章以为非计，上章言之。十月，李自成、过天星、混天星等陷宁羌,分三道入寇。良柱急拒战于绵州,众寡不敌,阵亡。贼直逼成都,维章方守保宁,反在外,连失三十余州县。帝大怒,命逮二人下诏狱,犹未知良柱死。狱成,维章遣戍,追夺良柱官。

十三年,良柱子指挥天锡伏阙言:"臣与贼不共戴天。愿捐资缮甲,选募劲旅及臣父旧将,自当一队,与贼血战,下雪父耻,上报国恩。"帝深嘉之,命授游击,赴嗣昌军立功。已,嗣昌言天锡所将亲丁二百六十人及召募精卒五六百人皆剽悍敢战。帝益嘉之,再增一秩。

张令,永宁宣抚司人。天启元年,奢崇明反,令为伪总兵,从攻成都。令虽为贼用,非其志。崇明败归永宁,令结宋武等乘间擒其伪丞相何若海,率众以降。崇明怒,杀令一家,夷其先墓。巡抚朱燮元言令等为国忘家,请优擢示劝,命与武并授参将。后屡从大军征讨,频有功,加副总兵,仍视参将事,后实授建武游击。

崇祯中,屡迁副总兵,镇川北。七年,流贼入犯,总兵张尔奇以令为先锋,副将陈一龙、武声华为左右翼,拒之员山。令追至龙潭,一龙等不至,面中三矢,斩贼百余级而还。贼犯略阳,令又击败之;扼保宁、汉中诸要害,秦贼不敢犯。十年冬,李自成等陷四川三十余州县,总兵侯良柱阵亡,令获免。杨嗣昌之督师也,张献忠等悉奔兴安,为令所扼,不得入汉中,乃转寇夔州。十三年二月,大败玛瑙山,走岔溪千江河,令复与副将方国安大破之。令时年七十余,马上用五石弩,中必洞胸,军中号"神弩将。"

献忠转入柯家坪,其地乱峰错峙,箐深道险,令率众追及之,分其下为五,鼓勇争利。贼众官军寡,国安为后拒,他道逸去。令独深入,被围,居绝阪中,屡射贼营,应弦毙者甚众。水远士渴,赖天雨以济,围终不解。襄阳监军佥事张克俭言于总督郑崇俭曰:"张令健将,奈何弃之!"急令参将张应元、汪之凤从八台山进,总兵贺人龙从满月漕进。三月八日,应元等先至。令方与贼斗,呼声动山谷。应元等应之,内外夹击,贼乃败去。令与贼万余相持十三日,所杀伤过当,其卒仅五千耳。

时巡抚邵捷春驻重庆,遣守黄泥洼,倚令及秦良玉为左右手。后捷春移大昌,以令守竹箘坪,防贼逸。九月,献忠兵大至。令力战,中矢死,军遂败。

之凤既解柯家坪围,后与应元同守夔州之土地岭,部卒多新募。忠尽锐来攻,之凤、应元力战,贼分兵从后山下,突入其营。应元突围出。之凤走他道免,山行道渴,饮斗水卧,血凝臆而死。逾月,令亦战死。军中失二将,为夺气。

猛如虎,本塞外降人,家榆林,积功至游击。

崇祯五年击邢红狼于高平,解其围。明年败贼寿阳黑山,覆姬关锁军。已,从曹文诏追贼西偃、碧霞村,斩混世王。与颇希牧逐贼寿阳东,又与陈国威、马杰破来远寨。从文诏大破贼范村。国威以步卒三百夜劫贼红山岭,如虎、杰及虎大威、和应诏击杀九条龙。寻以巡抚许鼎臣命,由文水入山剿贼。又与大威、应诏、杰由皋落山剿东犯之贼。并有功。贼流入畿南,山西警渐息,如虎仍隶鼎臣。七年剿贼沁源,馘五条龙。

如虎骁果善战,与虎大威齐名。戴君恩、吴甡相继为巡抚,并委任之。以功进参将。其年冬,贼在河南,欲乘冰北渡,如虎、大威扼之河滨。八年二月,与大威、国威斩剧贼高加计。山西贼尽平,用甡加副总兵。其冬以防河功,加署都督佥事。连岁防河及援剿河南贼,劳绩甚著。十一年冬,京师有警,如虎督兵勤王。明年四月擢蓟镇中协总兵官。

十三年坐事落职,发边方立功。督师杨嗣昌请于朝,令从入蜀。十一月,监军万元吉大飨将士于保宁。以诸军进止不一,擢如虎为正总统,张应元副之,率军趋绵州。分遣诸将屯要害。而元吉自间道走射洪,扼蓬溪以待贼。贼方屯安岳界,侦官军且至,宵遁,抵内江。如虎简骁骑追之。元吉、应元营安岳城下,以扼其归路。十二月,张献忠陷泸州,其地三面阻江,惟立石站可北走。元吉以贼居绝地,将遣大兵南捣其老巢,而伏兵旁塞玉蟾寺,蹙贼北窜永川,逆而击之,可尽殄。永川知县已先遁,城中止丞簿一二人。如虎觅饷导不可得,夜宿西关空舍。及抵立石,贼已先渡南溪返走。关中将贺人龙军隔水不击,贼遂越成都,走汉川、德阳,渡绵河入巴州。

明年正月,嗣昌亲统舟师下云阳,檄诸将陆追贼,诸军乃尽躏贼后。贼折而东返,归路悉空,不可复遏。如虎所将止六百骑,余皆左良玉部兵,骄悍不可制,所过肆焚掠,惟参将刘士杰勇敢思立功。诸军从良玉,多优闲不战。改隶如虎,驰逐山谷风雪中,咸怨望。谣曰:"想杀我左镇,跑杀我猛镇。"时贺人龙兵已大噪西归,所恃止如虎,元吉深忧之。贼自巴州至开县,官军追之,遇诸黄陵城。日晡雨作,诸将疲乏,请诘朝战。士杰奋曰:"四旬逐贼,今始及之。舍弗击,我不能也。"执戈先,如虎激诸军继之。士杰所当,辄摧陷。献忠登高望官军,见无后继,密抽壮骑潜行箐谷中,乘高大呼驰下。良玉兵先溃,士杰及游击郭开、如虎子先捷并战死。如虎率亲兵力战,部将挟上马,溃围出,旗纛军符尽失。乃收残卒从嗣昌下荆州。及嗣昌死,率所部扼德安、黄州。会疽发背,不能战,退屯承天,寻移驻南阳。

十一月,李自成覆傅宗龙兵,乘势来攻。如虎与刘光祚凭城固守,用计杀贼精卒数千。已而城破,如虎持短兵巷战,大呼冲击,血盈袍袖。过唐府门,北面叩头谢上恩,自称力竭,为贼揕死。光祚及分守参议艾毓初、南阳知县姚运熙并死之,唐王亦遇害。

光祚,字鸿基,榆林卫人。初为诸生,弃去。承祖荫,历官延绥游击。崇祯三年奉诏勤王,与何可纲等战滦州有功,迁汾州参将。五年与游击王尚义败贼张有义于临县。贼还兵犯之,军尽覆,光祚仅以身免。被征,未行,偕诸将复临县,诏除其罪。六年,贼犯石楼,光祚分三道击,大败之,斩隔沟飞、扑天虎等六人,获首功三百七十。又数败贼于临县、永宁。扑天飞等诈降,光祚设伏斩之。已,击败贼魏家湾、黑茶山。七年剿败王刚余党,斩四百余级,加署都督佥事,为山西副总兵。败贼嶂县,复其城。八年贼渠贺宗汉号活地草者,见其党刘浩然、高加计破灭,伪乞降。光祚伏兵斩之。晋中群盗皆尽,乃移光祚于宣府。久之,命率兵援剿河南。

十一年连败贼白果园、襄城。已,擢保定总兵官,仍协讨河南贼。其冬,畿辅有警,驰还镇。大清兵薄保定,以光祚坚守,不攻而去。光祚寻从总督孙传庭南下。明年二月,大清兵还至浑河,值水涨,辎重难渡,诸将王朴、曹变蛟等相顾不敢击,光祚恇怯尤甚。视师大学士刘宇亮劾之,诏即军前正法。光祚适报武清捷,宇亮乃系之武清狱,而拜疏请宽。帝怒罢宇亮,论光祚死。十四年,大学士范复粹录囚,力言光祚才武,命充为事官,戴罪办贼。光祚举废将尤翟文等,帝亦从之。

当是时,贼已陷河南、襄阳,中原郡县大抵残破。光祚士马无几,督师丁启睿尤怯。光祚虽少有克捷,而贼势转盛。及傅宗龙败殁于项城,南阳震恐。光祚适经其地,唐王邀与共守,城陷遂死。

虎大威,榆林人。本塞外降卒,勇敢娴将略,从军有功,累官山西参将。崇祯三年冬,从总兵尤世禄击王嘉胤于河曲,力战被伤。五年从总督张宗衡剿贼临川、潞安、阳城、沁水,连胜之。明年从巡抚许鼎臣击贼介休,歼其魁九条龙。时贼去山西,遁据辉林、武陟山中,约二万余。鼎臣令曹文诏自黎城入,大威、猛如虎诸将自皋落山入,贼屡败。寻移大威守平阳。七年,巡抚吴甡至,察诸将中惟大威、如虎沈毅可属兵事,委任之。其冬与如虎扼贼渡河。高加计据岢岚,四出剽掠。明年三月,二将追至忻、代山中。加计马上舞三十筋长梃突阵,大威射杀之,追斩其众五百人。余党悉平。甡荐二人忠勇,进大威副总兵。其冬以扼贼功,加署都督佥事。

九年八月,畿辅被兵,率师入援。明年春,命援剿陕西贼,遂代王忠为山西总兵官。上疏言诸将讨贼,零级不可取,生口不可贪,封域不可限。帝采纳之。十一年诏兵部甄别诸大将,大威以称职增秩。其年冬,京师戒严。命总督卢象升统大威及宣府总兵杨国柱、大同总兵王朴入卫。寻从象转战至钜鹿、贾庄,被围数匝,象升死焉,大威等溃围出。督师刘宇亮、总督孙传庭皆言大威、国柱敢勇，身入重围，视他将异，乞令立功自赎。大威亦上章请罪。帝不从，卒解其任。寻令从军办贼。

十四年正月，李自成围开封。总督杨文岳遣大威及副将张德昌先率五千人渡河。会贼已解围去，乃会河南巡抚李仙风于偃师，以兵少未敢击贼。待文岳军至，与贼战鸣皋，大破之，又与监军道任栋挫贼平峪。七月，自成及张献忠、罗汝才攻邓州，大威从文岳击破之，斩首千余级。陕西总督傅宗龙出关讨贼，文岳、大威会之。九月次新蔡，抵孟家庄。将战，秦帅贺人龙军先溃，大威军亦溃，遂奔沈丘。贼连陷河南邓、许，再围开封。大威从文岳援之，贼引去。明年二月，师次郾城。督师丁启睿、总兵左良玉方与贼鏖战，文岳督大威及冯大栋、张鹏翼等合击，贼大败。相持十一昼夜，俘斩数千。贼遂东陷陈州、归德，已，复围开封。七月朔，启睿、文岳、大威及良玉、杨德政、方国安之师毕会。启睿欲急击，良玉不从，先走，大威诸军亦走。帝大怒，立诛德政，黜遣启睿诸人。大威时奔汝宁，出攻贼寨，中炮死，乃免其罪。

大威为偏裨，最有声。及为大帅，值贼势益张，所将止数千人，不能大有所挫。然身经数十战，卒死王事，论者贤之。

孙应元，不知何许人。历官京营参将，督勇卫营。勇卫营即腾骧、武骧四卫也，其先隶御马监，专牧马。庄烈帝锐意修武备，简应元及黄得功、周遇吉等训练，遂成劲旅。

崇祯九年秋，从张凤翼军畿辅，有功，进副总兵。再以功增秩一等。明年，河南贼炽，应元、得功慷慨请行。帝壮之。发卒万人，监以中官刘元斌、卢九德，戒毋扰民。诸将奉命，军行肃然。十二月大破贼郑州，再破之密县，先后斩首千七百。明年正月，大破之舞阳、光山、固始。四日三捷，斩首二千九百有奇。贼乃谋犯江北，元斌、九德南趋颍州，护凤陵，密遣应元、得功督骑兵扼贼前。自南而北，破之方家集。贼遂由固始走商城。录功，加都督佥事。已，复破之新野，又大破之遂平。熊文灿方主抚不战。而贼惮应元等，多降，降者亦不遽叛，文灿以此擅抚贼功。已而京师有警，召应元等还，贼遂无所忌。帝初闻禁军屡破贼，大喜，累加应元都督同知，赐银币蟒服，至是论功，遂进左都督，加衔总兵官，世荫锦衣副千户。

十二年五月，张献忠、罗汝才复叛，仍命元斌、九德监应元、得功军南征。应元等驰至南阳。会马光玉屯淅川之吴村，伪乞抚，规渡汉江应献忠。淅川知县郭守邦说降其党许可变、胡可受。可变即贼改世王，可受则安世王也。可变夜至，处之东关。可受为光玉所持，约未定。应元、得功趋内乡掩其背，令副将周遇吉等分道别击之。文灿所遣陈洪节亦至。八月至小黄河口，参将马文豸等力战，可受败，呼曰：“始与许王约降者我也，今归命。”遇吉驻马受之。应元、得功遂进兵王家寨。贼分屯南北两山，用木石塞道。应元率文豸战其南，得功率副将林报国战其北，河南兵又扼华阳关，贼遂大败，光玉遁免。元斌至军，檄除可变、可受罪，授以官，报先后首功三千人。

及杨嗣昌督师襄阳，令元斌、应元戍荆门，护献陵。十三年七月，与副将王允成、王之纶，监军佥事孔贞会等大破罗汝才于丰邑坪，斩首二千三百，生擒五百有奇。混世王、小秦王皆降。时称荆楚第一功。十五年春，击贼罗山，力战。孤军无援，遂阵殁。赠恤如制。

应元善战，在行间多与黄得功偕。应元死，得功勋益显，故其名尤震于世。

姜名武，字我扬，保德州人。举天启二年武会试，授大同威远守备。

崇祯初，迁大水峪游击。筑杏山城有功，迁宣府西城参将，击斩大盗王科。移守宣府右卫，擢通州副总兵。护诸陵有功，以故官典保定总督杨文岳中军，兼忠勇营团练事。

十五年，李自成围开封急，名武从文岳往援。时诸军壁朱仙镇者十余万，左良玉最强。一夕，其军大噪，突诸营，诸营惊溃。其军遂乘乱掠诸营马赢以去,于是诸营悉奔,独名武一军坚壁不动。侵晨,贼大至,督麾下血战。杀数百人,力竭被执,大骂,为贼磔死。赠特进荣禄大夫、右都督,荫外卫世袭总旗。其子援王来聘、甄奇杰例,乃议赠特进光禄大夫、左都督,世袭锦衣百户。疏上,逾月而都城陷,不果行。

来聘,京师人。崇祯四年,中武会试。时帝锐意重武,举子运百斤大刀者,止来聘及徐彦琦二人,而彦琦不与选。帝下考官及监试御史狱,悉贬兵部郎二十二人。遣词臣倪元璐等覆阅,取百人,视文榜例,分三甲传胪锡宴,以前三十卷进呈,钦定一甲三人,来聘居首,即授副总兵。武榜有状元,自来聘始也。来聘即拜命,泫然流涕曰:“上重武若此,欲吾侪效命疆埸尔,不捐躯杀贼,何以报上恩!”明年,孔有德据登州叛,官军攻之久不下。又明年二月,以火药轰城,城坏。将士踊入,辄为贼击退。来聘复先登,中伤而死。天子惜之,赠荫有加。奇杰亦官副总兵,隶杨文岳麾下,从击贼河南,战死。

先是,又有邓祖禹者,蕲水人,举万历四十七年武会试,授沈阳守备。尝出战,中矢死,夜半复苏,创甚告归。崇祯初,起宣府游击,入卫京师。副将申甫军殁,祖禹力战芦沟桥,擢涿州参将。疏请召对,不许。入朝上书,声甚厉,为御史所纠下狱,然帝颇采其言。久之赦出,为辰沅参将,擒苗酋尽天王、张五保,斩首千五百级,夷其巢。擢副总兵,辖德安、黄州。攻贼土壁山,尽掩所获为已有。当事将劾之,请剿寇自赎。乃令援应城,将七百人入城。贼大至,围数重。祖禹突围保西城外,贼复围之,军败被执。贼说降,怒骂不屈。贼言之再三,复骂曰:“若此,须换却心肝。”贼笑曰:“换不难。”遂剖心肝而死。

尤世威,榆林卫人。与兄世功、弟世禄并勇敢知名。天启中,世威积官建昌营参将,调守墙子路。七年迁山海中部副总兵。宁远告警,从大帅满桂赴援,力战城东有功,增秩受赐。

崇祯二年擢总兵官,镇守居庸、昌平。其冬,京师戒严,命提兵五千防顺义。俄命还镇,防护诸陵。四年代宋伟为山海总兵官,积资至左都督。七年命偕宁远总兵官吴襄驰援宣府。坐拥兵不进,褫职论戍。未行,会流贼蹒河南,诏世威充为事官,与副将张外嘉统关门铁骑五千往剿。

明年正月,贼陷凤阳。世威以二千五百骑赴之,抵亳州。会总督洪承畴出关讨贼,次信阳,命世威趋汝州。甫二日,承畴亦至。时贼见河南兵盛,悉奔入关中。承畴将入关征讨,乃大会诸将,令分防汝、洛诸要害。以世威部下皆劲旅,令与参将徐来朝分驻永宁、卢氏山中,以扼洛南兰草川、朱阳关之险。戒之曰:"灵、陕,贼所出入,汝勿懈!"及承畴既入关,贼避之而南,复由蓝田走卢氏。扼于世威,仍入商、洛山中。来朝所部三千人不肯入山,大噪。贼至,来朝逃,一军尽殁。世威军暴露久,大疫,与贼战失利。世威及游击刘肇基、罗岱俱负重伤,军大溃。贼遂越卢氏,走永宁。事闻,命解任候勘。十年,宣大总督卢象升言:"世威善抚士卒,晓军机,徒以数千客旅久戍荒山,疾作失利。今当用兵时,弃之可惜。"乃命赴象升军自效。及象升战殁,自免归。

十五年以廷臣荐,命与弟世禄赴京候调。召对中左门,复告归。明年十月,李自成陷西安,传檄榆林招降。总兵官王定惧,率所部精兵弃城走。时巡抚张凤翼未至,城中士马单弱,人心汹汹。布政使都任亟集副将惠显、参将刘廷杰等与里居将帅世威及王世钦、王世国、侯世禄、侯拱极、王学书、故延绥总兵李昌龄议城守。众推世威为主帅。无何,贼十万众陷延安,下绥德,复遣使说降。廷杰大呼曰:"长安虽破,三边如故。贼皆中州子弟,杀其父兄而驱之战,必非所愿。榆林天下劲兵,一战夺其气,然后约宁夏、固原为三师迭进,贼可平也。"众然其言,用歃血誓师,简卒乘,缮甲仗,各出私财佐军。守具未备,贼已抵城下。

廷杰募死士,乞师套都。师将至,贼分兵却之,攻城甚力。官军力战,杀贼无算。贼益众来攻,起飞楼逼城中,矢石交至,世威等战益厉。守七昼夜,贼乃穴城,置大炮轰之,城遂破。世威等犹督众巷战,妇人竖子亦发屋瓦击贼,贼尸相枕藉。既而力不支,任死之,侯世禄父子及学书俱不屈死。贼怒廷杰勾套部,磔之,至死骂不绝口。世威、世钦、世国、昌龄并被执,缚至西安。自成坐秦王府欲降之,四人不屈膝。自成曰:"诸公皆名将,助我平天下,取封侯,可乎?"众骂曰:"当驿卒,敢大言侮我!"自成笑,前解其缚,世钦唾曰:"驿卒毋近前,污将军衣!"自成怒,皆杀之。时显亦被执,大骂贼。贼惜其勇,系至神木,服毒死。

王世钦,大将威子,历山海左部总兵官,谢病去。崇祯八年,洪承畴起之家,击李自成有功,即谢归。十六年召对中左门,未及用而归,遂死于贼。世国,威弟,保定总兵官继子,由柳沟总兵官罢归。甫数日,竟拒贼以死。

世威弟世禄,为宁夏总兵官,累著战功,至是与世威同死。世威从弟翟文,为靖边营副将。尝从洪承畴败闯贼于凤翔之官亭,斩首七百余级。至是,率敢死士出南门奋击,杀伤甚众,中矢死。

又有尤岱者,由步卒起家,至山海铁骑营参将,数有功。忤上官,弃职归,守水西门,城陷自杀。

廷杰既死,其父副使彝鼎闻之不哭,曰:"吾有子矣。"其弟廷夔收兄尸,亦自投阁死。

昌龄,字玉川,镇番卫人。为延绥总兵官,数有功,以刚直罢,徙居榆林。贼至,或劝之去,昌龄曰:"贼至而遁,非勇也。见难而避,非义也。"起偕世威等同守城,卒同死。

侯世禄,榆林人。由世职累官凉州副总兵。辽事亟,诏擢总兵官,提兵赴援。世禄勇敢精悍,为经略熊廷弼所知。及袁应泰代廷弼,亦倚任之。

天启元年,应泰议复抚顺、清河。以世禄及姜弼、梁仲善各将兵一万驻清河。未行,辽阳破,仲善阵亡,世禄、弼俱负重伤,溃围出。世禄以伤重,命立功自效。寻用为固原总兵官。六年以军政拾遗罢。明年,宁、锦告警,命率家丁赴关听调。旋命出守前屯,甫至,令以故官镇山海。

崇祯元年移镇宣府。明年冬，京师戒严，率师入卫。兵再溃，世禄被创。部卒剽民间，奔还镇。事闻，当重坐，以勤王先至，减死戍边。九年八月，京师被兵。率子弟从军，叙功免戍，还籍。廷臣多推荐，卒不复用。十六年，李自成围榆林，世禄与子拱极固守新添门。城陷，父子被执，俱不屈死。

拱极历官参将，常从总兵尤世禄破贼河曲有功。九年冬，任山海总兵官，寻谢病归。后以廷臣荐，应诏入都，与王洪、王世钦、尤世威召对中左门，未用遣归。卒与父同死。

刘国能，延安人。始与李自成、张献忠辈同为盗，自号闯塌天。崇祯三年大乱陕西。已，渡河而东，寇山西，转掠畿南、河北。六年冬，入河南，遂由内乡、淅川犯湖广郧、襄，破数县。明年正月入四川，陷夔州。折而东，入郧阳境，为总督陈奇瑜所蹙。走汉南，同困车箱峡。已得出，复大乱陕西，再入河南，瞯江北。官军逼之，与整齐王屯商、洛山间。九年复偕闯王、蝎子块等由郧、襄趋兴安、汉中，总督洪承畴奔命不暇。寻南走荆、襄，与总兵秦翼明数战。其冬，与蝎子块等十七营窥潼关，巡抚孙传庭扼之，引而南。明年，闻马光玉等将犯蕲、黄，率众会之，直趋江北。官军数道邀击，乃不敢东。还走黄陂，入木兰山，转寇河南，败参将李春贵兵，将迫开封。诏诸将发兵援，乃南走黄、麻。

当是时，总理熊文灿新至，贼惮之。见其下招降令，颇有欲归正者。国能先与张献忠有隙，虑为所并，后又与左良玉战败，乃以十一年正月四日率先就抚于随州，顿首文灿前曰：“愚民陷不义且十载，赖公湔洗更生。愿悉众入军籍，身隶麾下尽死力。”文灿大喜，慰抚之，署为守备，令隶良玉军。国能受约束，无异志。已而张献忠、罗汝才亦降，皆据邑自固。独国能从军征剿，数有功。明年二月从良玉勤王。有诏，还讨贼，奖励之。命兵部授官，录其部下将士，曰：

"献忠能立功,视此。"遂授国能副总兵。四月,良玉会师南阳,击李万庆。国能分击,贼溃奔,遂招万庆降。其秋,献忠、汝才并反。文灿遣国能率万庆兵会讨,遂并守郧阳。既而李自成扰河南,复移守叶县。

初,国能为盗时,与自成、汝才辈结为兄弟。及国能归正,自成辈深恨之。十四年九月围其城,四面力攻,国能不能支,城遂陷,被执。贼犹好谓之曰:"若,我故人也,何不降?"国能瞋目骂曰:"我初与若同为贼,今则王臣也,何故降贼!"遂杀之。事闻,赠左都督,特进荣禄大夫,建祠。

李万庆,延安人。崇祯初,与张献忠、罗汝才等并反,贼中所称射塌天者是也。起陕西,蔓山西、畿南、河北,渡河残河南,出没湖广、四川,还趋郧阳,入兴安,困于车箱峡。出险,益大肆。八年春,贼七十二营会荣阳,议分兵随所向,令万庆及许可变助马进忠、横天王西当陕兵。已而诸路之贼尽萃于陕,总督洪承畴弥岁不能定,益恣,出没于河南、湖广,凡十五家。

迨十一年春,国能、献忠降,万庆等大噪而去,改称十三家,势颇衰。而文灿拥兵德安,不敢击,万庆等复大振,李自成向关中,万庆及马光玉、马进忠、罗汝才、惠登相、贺一龙、蔺养成、顺天王、顺义王九家最著。八月,进忠、光玉大挫于潼关。九月,郧、襄贼又大败于双沟,汝才率九营走均州,万庆率三营走光、固。十一月,汝才亦降,自成又大败关内,势益衰,惟万庆、光玉、一龙、顺天王最劲。而万庆得马士秀、杜应金所劫左良玉赂,富且强,营麻城,徙信阳。

十二年正月,战败,徙应山、德安。会光玉、进忠等皆大败,进忠惧而降,而顺天王已死。一龙、养成伏深山,登相远掠秦、蜀,万庆势益孤。文灿檄良玉击之唐县姚梁,分三营肆贼,逐入三山,裨将王修政趋利战死。文灿收二营卒,令良玉蹙之内乡。万庆等在赤眉城四平冈,依山结垒请降。良玉虑其诈,谋之文灿,益调诸将陈永福、罗岱、金声桓之兵会于贾宋,大剿万庆及光玉、可变。副将国能亦至,由张家林七里河分击,贼大奔。良玉遣国能以二十骑往侦,且谕万庆降。万庆驰见，输情国能，遂执许州叛党于汝虎以降，处内乡城下者四千人。士秀、应金见进忠、万庆降而惧，复来归。有刘喜才者，夜取顺义王首以献，余党推可变为主，与胡可受皆降。自是群盗大衰。至五月，献忠复叛，汝才率其党九营应之，复大炽。而万庆、进忠以徒众既散，无二心。万庆愿从征自效，比国能给饷。遂授为副总兵，与国能守郧阳。献忠等方大乱蜀中，郧境得无事。

十四年，献忠突陷襄阳，郧守如故。明年正月，总督汪乔年讨贼，以万庆从。至襄城，军溃，入城。贼攻围之，固守五日，城陷，乔年死，万庆亦不屈死。事闻，赠都督同知、营禄大夫，立祠襄城。

赞曰：明至末季，流寇蔓延，国势坐困，虽有奋威御敌之臣，而兵孱饷绌，徒使贼乘其敝，溃陷相属，无救乱亡。如艾万年等之捐躯尽节，其可悲者矣。此非其勇不具，略不娴也。兵力耗顿，加以统驭失宜，应援不及，求无败衄，得乎！

明史卷二七〇
列传第一五八

马世龙 杨肇基　贺虎臣 子赞 诚
沈有容　张可大 弟可仕　鲁钦
子宗文　秦良玉　龙在田

　　马世龙，字苍元，宁夏人。由世职举武会试，历宣府游击。

　　天启二年擢永平副总兵。署兵部孙承宗奇其才，荐授署都督佥事，充三屯营总兵官。承宗出镇，荐为山海总兵，俾领中部，调总兵王世钦、尤世禄分领南北二部。明年正月赐尚方剑，实授府衔。承宗为筑坛拜大将，代行授钺礼，军马钱谷尽属之。寻定分地，世龙居中，驻卫城，世钦南海，世禄北山，并受世龙节制，兵各万五千人。世龙感承宗知已，颇尽力，与承宗定计出守关外诸城。四年，偕巡抚喻安性及袁崇焕东巡广宁，又与崇焕、世钦航海抵盖套，相度形势而还。叙劳，加右都督。

　　当是时，承宗统士马十余万，用将校数百人，岁费军储数百万。诸有求于承宗者，率因世龙，不得则大怼。而世龙貌伟，中实怯，忌承宗者多击世龙以撼之。承宗，抗辩于朝曰："人谓其贪淫朘削，臣敢以百口保其必无。"帝以承宗故，不问。

　　五年九月，世龙误信降人刘伯漒言，遣前锋副将鲁之甲、参将李承先率师袭取耀州，败没。言官交章劾奏，严旨切责，令戴罪图功。时魏忠贤方以清君侧疑承宗，其党攻世龙者并及承宗。承宗不安其位去，以兵部尚书高第来代。职方主事徐日久者，先佐第挠辽事，及从第赞画，力攻世龙。世龙阴结忠贤，反削日久籍。其冬，世龙亦谢病去。

崇祯元年，王在晋为尚书。世龙上疏极论其罪，有诏逮世龙，久不至。在晋罢，始诣狱。二年冬，都城戒严。刑部尚书乔允升荐世龙才，诏图功自赎。会祖大寿师溃，京师大震。承宗再起督师，以便宜遣世龙驰谕大寿听命。及满桂战死，遂令世龙代为总理，赐尚方剑，尽统诸镇援师。

三年三月进左都督。时遵化、永平、迁安、滦州四城失守已三月。承宗、大寿隔关门，与世龙诸军声息断绝。帝急诏四方兵勤王，昌平尤世威、蓟镇杨肇基、保定曹鸣雷、山海宋伟、山西王国梁、固原杨麒、延绥吴自勉、临洮王承恩、宁夏尤世禄、甘肃杨嘉谟，所将皆诸边锐卒；内地则山东、河南、南都、湖广、浙江、江西、福建、四川诸军，亦先后至。并壁蓟门，观望不进。给事中张第元上言："世龙在关数载，绩效无闻，非若卫、霍之俦，功名足以服人也。诸帅宿将，非世龙偏裨，欲驱策节制，谁能甘之。师老财匮，锐气日消，延及夏秋，将有不可言者。"帝以世龙方规进取，不纳其言。时大寿于五月十日薄滦州。明日，世龙等以师会。又明日复其城。十三日，游击靳国臣复迁安。明日，副将何可纲复永平。又二日，别将复遵化。阅五月，四城始复。论功，大寿最，世禄次之。世龙加太子少保，荫本卫世千户。八月复谢病归。

六年五月，插汉虎墩兔合套寇犯宁夏，总兵贺虎臣战殁，诏起世龙代之。世龙生长宁夏，习其形势。大修战备。明年正月，二部入犯，遣参将卜应第大破之，斩首二百有奇。逾月，套寇犯贺兰山。世龙遣降丁潜入其营，馘其长撒儿甲，斩级如前。未几，插部大举入寇。世龙遣副将娄光先等分五道伏要害，而己中道待之，夹击，斩首八百有奇。巡抚王振奇亦斩三百余级。寇复犯河西玉泉宫，世龙复邀斩五百余。其年七月犯枣园堡，世龙又大败之，俘斩一千有奇。世龙半岁中屡奏大捷，威名震西塞。无何，卒于官，年四十余。后论功，赠太子太傅,世锦衣金事,赐恤如制。

杨肇基,沂州卫人。起家世职,积官至大同总兵。天启二年,妖贼徐鸿儒反山东,连陷郓、钜野、邹滕、峄,众至数万。巡抚赵彦任都司杨国栋、廖栋檄所部练民兵,增诸要地守卒。时肇基方家居,彦因即家荐起之,为山东总兵官讨贼。未至,栋及国栋等攻邹,兵溃,游击张榜战死。彦方视师兖州,遇贼。肇基至,急迎战,而令国栋及栋夹击,大败之横河。时贼精锐聚邹、滕中道,肇基令游兵缀贼邹城,而以大军击贼黄阴、纪王城,大败贼,蹙而歼之峄山,遂围邹。国栋等亦先后收复郓、钜野、峄、滕诸县,又大破之于沙河。乃筑长围攻。围三月,贼食尽,其党出降,遂擒鸿儒。献俘,磔于市,贼平。肇基由署都督金事进右都督,荫本卫世千户。寻代沈有容镇登、莱。改延绥,以击套寇功,进左都督,荫锦衣千户,屡加太子太保。

崇祯元年移蓟镇西协。二年冬,大清兵克三屯营。肇基乘间收复,困守数月,卒全孤城。荫锦衣世千户。已,录恢复四城功,加太子太师,改荫锦衣金事。明年卒官。子御史蕃,见《徐从治传》。

贺虎臣,保定人。天启初,历天津海防游击,登莱参将,移兖州。六年迁延绥副总兵。河套寇大举入犯,从帅杨肇基协击,大破之。加署都督金事。

崇祯二年,捕诛阶州叛卒周大旺等。擢总兵官,镇守宁夏。关中贼大起,王嘉胤陷清水营,杀游击李显宗,遂陷府谷。其党李老柴应之,啸聚三千余人,攻合水。总督杨鹤檄虎臣往讨,击之盘谷,俘馘六百有奇。已,击斩庆阳贼渠刘六。四年,神一元陷保安。延安告急,延绥抚镇皆东援陕西。巡抚练国事檄虎臣及副将李卑援剿。虎臣等遂进围保安,贼引河套数千骑挫虎臣军。会张应昌击败之,贼众弃城去。虎臣等前后获首功一千九百。明年,可天飞、郝临菴、刘道江、李都司再围合水。虎臣偕临洮曹文诏、甘肃杨嘉谟、固原杨麒合击,大破贼甘泉之虎兕凹,斩首七百有奇,贼大困。

六年五月,插汉虎墩兔合套寇五万骑自清水、横城分道入。守备姚之夔等不能御，沙井驿副将史开先、临河堡参将张问政、兵家楼守备赵访皆溃逃。寇遂进薄灵州，虎臣急领千骑入守。旋尽勒城中兵出击，次大沙井。寇从汉伯堡突至，虎臣军未及布陈，且众寡不敌，遂战死。子谳挟五十骑突重围出。事闻，赠虎臣都督金事，赐祭葬，世荫指挥金事。寻录先后剿寇功，再赠都督同知，世荫锦衣副千户。

赞，勇敢有父风。即承荫，寻举武进士。积官至京营副将。崇祯十七年三月，李自成薄京师，京军六大营分列城外，皆不敢战，或弃甲降。赞独率部卒迎击，中矢死。

弟诚，身长七尺，美须髯，为诸生，以忠义自许。兄诚袭副千户，早卒，无子，诚当袭，以让其弟诠。及贼陷保定，家人劝易衣遁。叱曰："吾忠臣子，偷生而逃，何以见先将军地下！"遂偕妻女投井死。

沈有容，字士弘，宣城人。金事宠之孙也。幼走马击剑，好兵略。举万历七年武乡试。蓟辽总督梁梦龙见而异之，用为昌平千总。复受知总督张佳胤，调蓟镇东路，辖南兵后营。

十二年秋，朵颜长昂以三千骑犯刘家口。有容夜半率健卒二十九人迎击，身中二矢，斩首六级，寇退乃还，由是知名。辽东巡抚顾养谦召隶麾下，俾练火器。十四年，从李成梁出塞，抵可可毋林，斩馘多。明年再出，亦有功。成梁攻北关，有容陷阵，马再易再毙，卒拔其城。录功，世荫千户。迁都司金书，守浯浮屠谷。

从宋应昌援朝鲜，乞归。日本封事坏，福建巡抚金学曾欲用奇捣其穴，起有容守浯屿、铜山。二十九年，倭掠诸寨，有容击败之。逾月，与铜山把总张万纪败倭彭山洋。倭据东番。有容守石湖，谋尽歼之，以二十一舟出海，遇风，存十四舟。过彭湖，与倭遇，格杀数人，纵火沉其六舟，斩首十五级，夺还男妇三百七十余人。倭遂去东番，海上息肩者十年。捷闻，文武将吏悉叙功，有容赍白金而已。

三十二年七月，西洋红毛番长韦麻郎驾三大艘至彭湖，求互市，税使高寀召之也。有容白当事，自请往谕。见麻郎，指陈利害。

麻郎悟，呼寀使者，索还所赂寀金，扬帆去。改金书浙江都司。由浙江游击调天津，迁温、处参将，罢归。四十四年，倭犯福建。巡抚黄承元请特设水师，起有容统之，擒倭东沙。寻招降巨寇袁进、李忠，散遣其众。

泰昌元年，辽事棘，始设山东副总兵，驻登州，以命有容。天启改元，辽、沈相继覆。熊廷弼建三方布置之议，以陶朗先巡抚登、莱，而擢有容都督佥事，充总兵官，登、莱遂为重镇。八月，毛文龙有镇江之捷。诏有容统水师万，偕天津水师直抵镇江策应。有容叹曰："率一旅之师，当方张之敌，吾知其不克济也。"无何，镇江果失，水师遂不进。明年，广宁覆，辽民走避诸岛，日望登师救援。朗先下令，敢渡一人者斩。有容争之，立命数十艘往，获济者数万人。时金、复、盖三卫俱空无人，有欲据守金州者。有容言金州孤悬海外，登州、皮岛俱远隔大洋，声援不及，不可守。迨文龙取金州，未几复失。四年，有容以年老乞骸骨，归，卒。赠都督同知，赐祭葬。

张可大，字观甫，应天人。世袭南京羽林左卫千户，举万历二十九年武会试，授建昌守备。迁浙江都司佥书，分守瓜洲、仪真，江洋大盗敛迹。税监鲁保死，淮抚李三才令可大录其资。保家馈重贿，却不受。叶向高赴召过仪，见而异之，曰："此不特良将，且良吏也。"迁刘河游击，改广东高肇参将。调浙江舟山。奉命征黎，与总兵王鸣鹤用黑番为导，捣其巢，黎乃灭。

舟山，宋昌国城也，居海中，有七十二墺，为浙东要害。可大条上八议，皆硕画。倭犯五罩湖、白沙港、茶山潭头，连败之。加副总兵。城久圮，可大与副使蔡献臣筑之，两月工竣。城内外田数千亩，海潮害稼。可大筑碶蓄淡水，遂为膏腴。民称曰"张公碶"。天启元年以都指挥使掌南京锦衣卫。六年，擢都督佥事，金书南京右府。

崇祯元年，出为登莱总兵官。会议裁登莱抚镇，乃命以总兵官视登州副总兵事，而巡抚遂罢不设。可大尽心海防，亲历巡视，图沿海地形、兵力强弱，为海防图说上之。二年冬，白莲贼余党围莱阳，可大击破之，焚其六寨，斩伪国公二人，围遂解。京师被兵，可大入卫，守西直、广宁诸门。明年，以勤王功，升都督同知。

刘兴治反东江，遂奉诏还镇。已而四城并复，朝议复设登莱巡抚，以孙元化为之。元化率关外八千人至，强半皆辽人。可大虑有变，屡言于元化，不听。

四年七月，录前守城功，进右都督。十月，金书南京左府，兼督池河、浦口二军，登人泣留之。未行而孔有德反吴桥，东陷六城。可大急往剿，元化檄止之，不听。次莱州，遇元化，复为所阻，乃还镇。

岁将晏，有德暮薄城。可大请击之，元化持抚议，不许。可大陈利害甚切，元化期明岁元日发兵合击。至期，元化兵不发。明日，合兵战城东，可大兵屡胜。元化部卒皆辽人，亲党多，无斗志。其将张焘先走，可大兵亦败。中军管维城，游击陈良谟，守备盛洛、姚士良皆战死。焘兵半降有德，遣归为内应。元化开门纳之，可大谏，不听。夜半贼至，城遂陷。可大时守水城，抚膺大恸。解所佩印付旗鼓，间道走济南上之。还家辞母，令弟可度、子鹿征奉母航海趋天津。而以佩剑付部将，尽斩诸婢妾，遂投缳死。事闻，赠特进荣禄大夫、太子少傅，谥庄节，赐祭葬，予世荫，建祠曰"旌忠。"

可大好学能诗，敦节行，有儒将风。为南京锦衣时，欧阳晖由刑部主事谪本卫知事，尝赋诗有"阴霾国事非"句，扬州知府刘铎书之扇，赠一僧。恶铎者潜之魏忠贤，晖、铎俱被逮。可大约束旗尉，捐奉助之，卜室处其妻子。其尚义类如此。

弟可仕，字文峙，以字行。隐居博学，尝辑明布衣诗一百卷。

鲁钦，长清人。万历中，历山西副总兵。天启元年，迁神机营左副将。寻擢署都督佥事，充保定总兵官。奢崇明、安邦彦并反，贵州总兵张彦方在围中，而总理杜文焕称病。明年十月，用钦代文焕，命总川、贵、湖广汉土军刻期解围。未至，围已解，钦驰赴贵阳。三年正月，巡抚王三善大败于陆广，群苗宋万化、何中尉等蜂起。钦佐三善防剿，率诸将擒中尉、万化，遂进营红崖。红崖者，崇明败走处也。

三善谋大举深入，钦及总兵官马炯、张彦方，诸道监司尹伸、岳具仰、向日升、杨世赏各以兵从，五战，斩首万八千，直抵大方。四年正月，三善败殁于内庄，钦等以残卒还。命戴罪办贼。

都匀凯里土司者，运道咽喉也，邦彦结诸蛮困其城，长官杨世蔚不能守。总督蔡复一遣钦及总兵官刘超救之，拔贼岩头寨，遂移师克平茶。已而邦彦尽驱罗鬼，结四十营于斑鸠湾后寨，亘二十余里，分犯普定。复一令钦与总兵官黄钺分道御之。钦率部将张云鹏、刘志敏、邓玘等大败贼汪家冲。钺及参政陆梦龙、副使杨世赏亦大败贼蒋义寨。合追至河，斩首千五百余级。搜山，复斩六百余级。尹伸守普定，亦败贼兵，与大军会，共剪水外逆苗。邦彦势窘，渡河西奔。钦、钺督诸将穷追，梦龙等分驻三岔河岸为后劲。前锋云鹏、玘等深入织金，先后斩首千余级。

复一上其功，言：“钦廉勇。虽名总理，权力不当一偏裨。旧抚臣三善及诸监军，人人为大帅，内庄失律，钦不当独任大帅罪。臣至黔，以诸道监军兵尽属钦，每战身先士卒。钦败可原，胜足录。当免其戴罪，仍以功论。”从之。明年正月，钦等渡河还，中伏，败死者数千人。充为事官，立功自赎。

自平越至兴隆、清平二卫，苗二百余寨盘踞其间，以长田之天保、阿秧为魁。邦彦初反，授二酋都督，使通下六卫声息。是年春，寇石阡、余庆。监军按察使来斯行唊阿秧，使图天保，阿秧反以情告。期行乃诱斩阿秧，议讨天保，会以疾去。复一令贵阳同知周鸿图代为监军，阿秧弟阿买与天保请兵邦彦，复兄仇。复一以兵事属鸿图及钦，而遣参将胡从仪、杨明楷等佐之。钦等三道进，大战米墩山，生擒天保及阿买，先后斩贼魁五十四人，获首功二千三百五十，破焚百七十四寨。盛夏兴师，将士冒暑雨，冲岚瘴，剧寇尽除，土人谓二百年所未有。复一既奏功，未报而卒。监军御史傅宗龙复以为言，乃命钦总理如故，鸿图授平越知府。

六年三月，邦彦复大举入寇。钦御之河上，连战数日，杀伤相当。夜半，贼直逼钦垒。将士逃窜，钦遂自刭。诸营尽溃，贼势复张。

钦勇敢善战，为西南大将之冠。庄烈帝嗣位，赠少保、左都督，世荫指挥佥事，赐祭葬，建祠曰"旌忠"。子宗文承荫。崇祯中，以蓟镇副总兵为总督吴阿衡中军。十一年冬，墙子岭失事，与阿衡并力战死。

秦良玉，忠州人，嫁石柱宣抚使马千乘。万历二十七年，千乘以三千人从征播州，良玉别统精卒五百裹粮自随，与副将周国柱扼贼邓坎。明年正月二日，贼乘官军宴，夜袭。良玉夫妇首击败之，追入贼境，连破金筑等七寨。已，偕酉阳诸军直取桑木关，大败贼众，为南川路战功第一。贼平，良玉不言功。其后，千乘为部民所讼，瘐死云阳狱，良玉代领其职。

良玉为人饶胆智，善骑射，兼通词翰，仪度娴雅。而驭下严峻，每行军发令，戎伍肃然。所部号白扞兵，为远近所惮。

泰昌时，征其兵援辽。良玉遣兄邦屏、弟民屏先以数千人往。朝命赐良玉三品服，授邦屏都司佥书，民屏守备。

天启元年，邦屏渡浑河战死，民屏突围出。良玉自统精卒三千赴之，所过秋毫无犯。诏加二品服，即予封诰。子祥麟授指挥使。良玉陈邦屏死状，请优恤。因言："臣自征播以来，所建之功，不满谗妒口，贝锦高张，忠诚郁表。"帝优诏报之。兵部尚书张鹤鸣言："浑河血战，首功数千，实石砫、酉阳二土司功。邦屏既殁，良玉即遣使入都，制冬衣一千五百，分给残卒，而身督精兵三千抵榆关。上急公家难，下复私门仇，气甚壮。宜录邦屏子，进民屏官。"乃赠邦屏都督佥事，锡世荫，与陈策等合祠；民屏进都司佥书。

部议再征兵二千。良玉与民屏驰还，抵家甫一日，而奢崇明党樊龙反重庆，赍金帛结援。良玉斩其使，即发兵率民屏及邦屏子翼明、拱明溯流西上，度渝城，奄至重庆南坪关，扼贼归路。伏兵袭两河，焚其舟。分兵守忠州，驰檄夔州，令急防瞿塘上下。贼出战，即败归。良玉上其状，擢民屏参将，翼明、拱明守备。

已而奢崇明围成都急，巡抚朱燮元檄良玉讨。时诸土司皆贪贼赂,逗遛不进。独良玉鼓行而西,收新都,长驱抵成都,贼遂解围去。良玉乃还军攻二郎关,民屏先登,已,克佛图关,复重庆。良玉初举兵,即以疏闻。命封夫人,锡诰命,至是复授都督佥事,充总兵官。命祥麟为宣慰使,民屏进副总兵,翼明、拱明进参将。良玉益感奋,先后攻克红崖墩、观音寺、青山墩诸大巢,蜀贼底定。复以援贵州功,数赉金币。

三年六月,良玉上言:"臣率翼明、拱明提兵裹粮,累奏红崖墩诸捷。乃行间诸将未睹贼面,攘臂夸张,及乎对垒,闻风先遁。败于贼者,唯恐人之胜,怯于贼者,唯恐人之强。如总兵李维新,渡河一战,败衄归营,反闭门拒臣,不容一见。以六尺躯须眉男子,忌一巾帼妇人,静夜思之,亦当愧死。"帝优诏报之,命文武大吏皆以礼待,不得疑忌。

是年,民屏从巡抚王三善抵陆广,兵败先遁。其冬,从战大方,屡捷。明年正月,退师。贼来袭,战死。二子佐明、祚明得脱,皆重伤。良玉请恤,赠都督同知,立祠赐祭,官二子。而是时翼明、拱明皆进官至副总兵。

崇祯三年,永平四城失守。良玉与翼明奉诏勤王,出家财济饷。庄烈帝优诏褒美,召见平台,赐良玉彩币羊酒,赋四诗旌其功。会四城复,乃命良玉归,而翼明驻近畿。明年筑大凌河城。翼明以万人护筑,城成,命撤兵还镇。七年,流贼陷河南,加翼明总兵官,督军赴讨,明年,邓玘死,以所部皆蜀人,命翼明将之,连破贼于青崖河、吴家堰、袁家坪,扼贼走郧西路。翼明性恇怯,部将连败,不以实闻,革都督衔,贬二秩办贼。已,从卢象升逐贼谷城。贼走均州,翼明败之青石铺。贼入山自保,翼明攻破之。连破贼界山、三道河、花园沟,擒黑煞神、飞山虎。贼出没郧、襄间,抚治郧阳苗胙土遣使招降,翼明赞其事,为贼所绐,卒不降。翼明、胙土皆被劾。已而贼犯襄阳,翼明连战得利,屯兵庙滩,以扼汉江之浅。而罗汝才、刘国能自深水以渡,遂大扰蕲、黄间。帝以郧、襄属邑尽残,罢胙土,切责翼明,寻亦被劾解官。而良玉自京师还,不复援剿,专办蜀贼。

七年二月，贼陷夔州，围太平，良玉至乃走。十三年扼罗汝才于巫山。汝才犯夔州，良玉师至乃去。已，邀之马家寨，斩首六百，追败之留马垭，斩其魁东山虎。复合他将大败之谭家坪北山，又破之仙寺岭。良玉夺汝才大纛，擒其渠副塌天，贼势渐衰。

当是时，督师杨嗣昌尽驱贼入川。川抚邵捷春提弱卒二万守重庆，所倚惟良玉及张令二军。绵州知州陆逊之罢官归，捷春使按营垒。见良玉军整，心异之。良玉为置酒，语逊之曰：“邵公不知兵。吾一妇人，受国恩，谊应死，独恨与邵公同死耳。”逊之问故，良玉曰：“邵公移我自近，去所驻重庆仅三四十里，而遣张令守黄泥洼，殊失地利。贼据归、巫万山巅，俯瞰吾营。铁骑建瓴下，张令必破。令破及我，我败尚能救重庆急乎！且督师以蜀为壑，无愚智知之。邵公不以此时争山夺险，令贼无敢即我，而坐以设防，此败道也。”逊之深然之。已而捷春移营大昌，监军万元吉亦进屯巫山，与相应援。其年十月，张献忠连破官军于观音岩、三黄岭，遂从上马渡过军。良玉偕张令急扼之竹箘坪，挫其锋。会令为贼所殪，良玉趋救不克，转斗复败，所部三万人略尽。乃单骑见捷春请曰：“事急矣，尽发吾溪峒卒，可得二万。我自廪其半，半饷之官，犹足办贼。”捷春见嗣昌与己左，而仓无见粮，谢其计不用。良玉乃叹息归。时摇、黄十三家贼横蜀中。有秦缵勋者，良玉族人也，为贼耳目，被擒，杀狱卒遁去。良玉捕执以献，无脱者。

张献忠尽陷楚地，将复入蜀。良玉图全蜀形势，上之巡抚陈士奇，请益兵守十三隘，士奇不能用。复上之巡按刘之勃，之勃许之，而无兵可发。十七年春，献忠遂长驱犯夔州。良玉驰援，众寡不敌，溃。及全蜀尽陷，良玉慷慨语其众曰：“吾兄弟二人皆死王事，吾以一孱妇蒙国恩二十年，今不幸至此，其敢以余年事逆贼哉！”悉召所部约曰：“有从贼者，族无赦！”乃分兵守四境。贼遍招土司，独无敢至石砫者。后献忠死，良玉竟以寿终。

翼明既罢，崇祯十六年冬，起四川总兵官。道梗，命不达。而拱明值普名声之乱，与贼阙死，赠恤如制。

　　龙在田，石屏州土官舍人也。天启二年，云南贼安效良、张世臣等为乱，在田与阿迷普名声、武定吾必奎等征讨，数有功，得为土守备。新平贼剽石屏，安效良攻沾益，在田俱破走之。巡抚闵洪学上其功，擢坐营都司。

　　崇祯二年，与必奎收复乌撒。八年，流贼犯凤阳，诏征云南土兵。在田率所部应诏，击贼湖广、河南，频有功，擢副总兵。总理卢象升檄讨襄阳贼，至则象升已奉诏勤王，命属熊文灿。十年三月击擒大盗郭三海。十一年九月大破贺一龙、李万庆于双沟，进都督同知。明年三月大破贼固始，斩首三千五百有奇。张献忠之叛也，文灿命在田驻谷城，遏贼东突。诸将多忌在田，谗言日兴。及文灿被逮，在田亦罢归，还至贵州，击平叛贼安陇壁。

　　十五年夏，中原盗益炽。在田上疏曰："臣以石屏世弁，因流氛震陵，奋激国难，捐资募精卒九千五百，战象四、战马二千，入楚、豫破贼。贼不敢窥江北陵寝，滇兵有力焉。五载捷二十有八，忌口中阻，逼臣病归。自臣罢，亲藩辱，名城屡陷。臣妄谓讨寇必须南兵。盖诸将所统多乌合，遇寇即逃，乏饷即噪，滇兵万里长驱，家人父子同志，非若他军易溃也。且一岁中，秋冬气凉，贼得驰骋。春夏即入山避暑，养锐而出，故其气益盛。夫平原战既不胜，山蹊又莫敢撄，师老财殚，荡平何日。滇兵轻走远跳，善搜山。臣愿整万众，力扫秦、楚、豫、皖诸寇，不灭不止。望速给行粮，沿途接济。臣誓捐躯报国，言而不效，甘伏斧锧。"帝壮之，下兵部议，寝不行。

　　逾二载，乙酉八月，吾必奎叛。黔国公沐天波檄在田及宁州土知州禄永命协讨，击擒之。未几，沙定洲作乱，据云南府，在田不敢击。明年，定洲攻在田不下，移攻宁州，寻陷峨，在田走大理。又明年，孙可望等至贵州，在田说令攻定洲，定洲迄破灭。在田归，卒于家。

　　赞曰：马世龙等值边陲多事，奋其勇略，著绩戎行，或捐躯力战,身膏原野,可谓无忝爪牙之任矣。夫摧锋陷敌,宿将犹难,而秦良玉一土舍妇人,提兵裹粮,崎岖转斗,其急公赴义有足多者。彼仗钺临戎,缩朒观望者,视此能无愧乎!

明史卷二七一
列传第一五九

贺世贤 尤世功　　**童仲揆** 陈策

周敦吉等　张神武等　　**罗一贯** 刘渠

祁秉忠　　**满桂** 孙祖寿　　**赵率教**

朱国彦　　**官维贤** 张奇化　　**何可纲**

黄龙 李惟鸾　　**金日观** 楚继功等

贺世贤，榆林卫人。少为厮养，后从军，积功至沈阳游击，迁义州参将。

万历四十六年七月，清河被围，副将邹储贤固守。城破，率亲丁麗战城南，与参将张旆俱死。部将二十人、兵民万余歼焉。世贤驻瑷阳，闻变，疾驰出塞，得首功百五十有四级，进副总兵。

明年，杨镐四路出师。世贤副李如柏出清河。刘綎深入中伏，劝如柏往救，不从，綎遂覆殁。寻擢都督金事，充总兵官，驻虎皮驿。铁岭被围，世贤驰援，城已破，邀获首功百余级。泰昌元年九月，连战灰山、抚安堡，获首功二百有奇。

当是时，四方宿将鳞集辽左，率缩朒不敢战，独世贤数角斗有功，同列多忌之。移镇沈阳。经略袁应泰下纳降令。广宁总兵李光荣疑世贤所纳多，以状闻。巡抚薛国用亦奏三可虑，兵部尚书崔景荣请拒勿纳，而置已纳于他所。然世贤所纳卒不可散，同列遂谤其有异志。

天启元年三月,我大清以重兵薄沈阳,世贤及总兵尤世功掘堑浚壕,树大木为栅,列盾车火器木石,环城设兵,守城法甚具。大清先以数十骑来侦,世功兵蹑之,杀四人。世贤勇而轻,嗜酒。旦日饮酒,率亲丁千,出城逆击,期尽敌而反。大清兵佯败,世贤乘锐进。俟精骑四合,世贤战且却,抵西门,身被十四矢。城中闻世贤败,各鸟兽窜,而降丁复叛,断城外吊桥。或劝世贤走辽阳,曰:“吾为大将,不能存城,何面目见袁经略乎!”挥铁鞭驰突围中,击杀数人,中矢坠马而死。世功引兵援,亦战死。

世功亦榆林人。万历中,举武乡试,历沈阳游击。张承荫之败也,世功脱归,坐褫职。经略杨镐言其身负重伤,才堪策励,乃补武精营游击。镐四路出师,世功褫录李如柏麾下,得全。寻以副总兵守沈阳。熊廷弼代镐,爱其才,与副将朱万良并倚任。廷弼罢,袁应泰代,议三路出师,用为总兵官。未行,而沈阳被兵,死于战。赠少保,左都督,增世荫三级,再荫指挥金事,世袭,赐祭葬,建祠曰“愍忠”。

世贤既殁,或疑其叛降,恤典故不及。四川副使车朴为讼冤,格众议,不果。

童仲揆,南京人。举武会试,历都指挥,掌四川都司。万历末,擢副总兵,督川兵援辽,与同官陈策并充援剿总兵官。熹宗初立,经略袁应泰招蒙古诸部,处之辽、沈二城。仲揆力谏,不听。

明年,天启改元,应泰欲城清河、抚顺。议三路出师,用大将十人,各将兵万余,仲揆、策当其二。未行,而大清兵已逼沈阳。两人驰救,次浑河。游击周敦吉曰:“事急矣,请直抵沈阳,与城中兵夹击,可以成功。”已,闻沈阳陷,诸将皆愤曰:“我辈不能救沈,在此三年何为!”敦吉固请与石砫都司秦邦屏先渡河,营桥北,仲揆、策及副将戚金、参将张名世统浙兵三千营桥南。邦屏结阵未就,大清兵来攻,却复前者三,诸军遂败。　敦吉、邦屏及参将吴文杰、守备雷安民等皆死。他将走入浙兵营,被围数匝。副将朱万良、姜弼不救,及围急始前,一战即败走。大清兵尽锐攻浙营。营中用火器,多杀伤。火药尽,短兵接,遂大溃。策先战死,仲揆将奔,金止之,乃还兵斗。力尽矢竭,挥刀杀十七人。大清兵万矢齐发,仲揆与金、名世及都司袁见龙、邓起龙等并死焉。万良既遁,经略将斩之,乞勦罪自效。及辽阳被攻,果陷阵死。

自辽左用兵,将士率望风奔溃,独此以万余人当数万众。虽力绌而覆,时咸壮之。事闻,赠策少保、左都督,增世荫三级,再荫本卫指挥佥事,世袭,赐祭葬,建祠曰“愍忠”。仲揆赠都督同知,增世荫三级,祠祀。金、起龙赠都督佥事,增世荫三级,附祀。名世先有罪系狱,尚书薛三才荐其善火器,命从征立功,文杰亦先褫职。及死,并得复官,赠三级,增世荫二级。见龙等皆予赠荫,他副将至把总战死者百二十余人,赠荫有差。

敦吉,先为四川永宁参将。永宁宣抚奢效忠卒,子崇明幼,其妻奢世统与妾奢世续争印,相攻者十余年。后崇明袭职,世续犹匿印不予。都司张神武与敦吉谋,尽掠其积聚子女,擒世续以归。其部目阎宗传怒,以求主母为名,大掠永宁、亦水、普市、麾尼,数百里成丘墟。事闻,敦吉、神武并论死。辽东告警,命敦吉从军自效,及是鏖战死,赠恤如制。

神武,新建人。万历中举武会试第一。授四川都司佥书。既论死,辽左兵兴,用经略袁应泰荐,诏谕从征立功。神武率亲丁二百四十余,疾驰至广宁。会辽阳已失,巡抚薛国用固留之,不可,曰:“奉命守辽阳,非守广宁也。”曰:“辽阳殁矣,若何之?”曰:“将以歼敌。”曰:“二百人能歼敌乎?”曰:“不能,则死之。”前至辽河,遇逃卒十余万。神武以忠义激其帅,欲与还战,帅不从。乃独率所部渡河,抵首山,去辽阳十七里而军。将士不食已一日,遇大清兵,疾呼奋击,孤军无援,尽殁于阵。监军御史方震孺绘神武像,率将士罗拜,为文祭之。诏赠都督佥事,世荫千户,立祠祀之。

又有杨宗业、梁仲善者,皆援辽总兵官。宗业历镇浙江、山西。

杨镐四路败年后,命提兵赴援,至是父子并战死。仲善亦战死辽阳城下。宗业赠都督同知,世荫千户;仲善赠都督佥事,增世荫三级;并从祠附祀。

罗一贯,甘州卫人。以参将守西平堡。辽阳陷,西平地最冲,一贯悉力捍御。巡抚王化贞言于朝,加副总兵。时化贞驻广宁,经略熊廷弼驻右屯,总兵刘渠以二万人守镇武,祁秉忠以万人守闾阳,而一贯帅三千人守西平。已,定议,各缮隍坚垒,急则互相援,违者必诛。明年正月,大清兵西渡河,经抚戒勿轻战。兵渐近,参将黑云鹤出击。一贯止之,不从。明日,云鹤战败,奔还城,追兵歼焉。一贯凭城固拒,用炮击伤者无算。大清树旗招降,且遣使来说,一贯不从。又明日,骑益众,环城力攻。一贯流矢中目,不能战。火药矢石尽,乃北面再拜,曰:“臣力竭矣。”遂自刭。都司陈尚仁、王崇信亦死之。

化贞知城未下,信游击孙得功语,尽发广宁兵。以得功及中军游击祖大寿为前锋,令会秉忠赴援,廷弼亦遣使督渠进战,遇大清兵于平阳。得功怀异志,欲引去。乃分兵为左右翼,稍却,推渠、秉忠前。渠等力战,颇有杀伤。得功及副将鲍承先走,后军见之亦奔,遂大溃。渠战死。秉忠被二刀三矢,家众扶上马,夺围出,创重,卒于途。副将刘征击杀十余人,乃死。大寿走觉华岛。得功遂降。越二日,广宁即破。事闻,赠一贯都督同知,世荫副千户;渠、秉忠少保,左都督,增世荫三级,再荫指挥佥事。皆赐祭葬,建祠并祀。

一贯子俊杰承荫,崇祯中仕至宣府总兵官,免归。李自成犯甘州,城陷,死之。

渠,京城巡捕营副将也,以御史杨鹤荐,擢总兵官,援剿辽东。辽阳被围,广宁总兵李光荣不能救,反断河桥截军民归路,总督文球劾罢之,即以渠代。西平告急,帅镇武兵往援,遂战殁。

秉忠,陕西人。万历四十四年为永昌参将。银定、歹青以二千余骑入塞，秉忠提兵三百拒之，转战两昼夜。援军至，始通。秉忠追还所掠人畜，边人颂之。擢凉州副总兵。经略袁应泰荐其智勇，令率私卒守蒲河。至则辽阳已破，命为援剿总兵官，驻防间阳，援西平，竟死。

自辽左军兴，总兵官阵亡者凡十有四人：抚顺则张承荫，四路出师则杜松、刘綎、王宣、赵梦麟，开原则马林，沈阳则贺世贤、尤世功，浑河则童仲揆、陈策，辽阳则杨宗业、梁仲善。是役，渠与秉忠继之。朝端恤典，俱极优崇。而偾军之将，若李如柏、麻承恩辈，竟有未膺显戮者。

满桂，蒙古人，幼入中国，家宣府。稍长，便骑射。每从征，多斩馘。军令，获敌首一，予一官，否则赉白金五十。桂屡得金，不受职。年及壮，始为总旗。又十余年为百户。后屡迁潮河川守备。杨镐四路师败，荐小将知兵者数人，首及桂。移守黄土岭。为总督王象乾所知，进石塘路游击、喜峰口参将。

天启二年，大学士孙承宗行边，桂入谒。壮其貌，与谈兵事，大奇之。及出镇山海，即擢副总兵，领中军事。承宗幕下，文武辐辏，独用桂。桂椎鲁甚，然忠勇绝伦，不好声色，与士卒同甘苦。

明年，承宗议出关修复宁远，问谁可守者。马世龙荐孙谏及李承先，承宗皆不许。袁崇焕、茅元仪进曰："满桂可。但为公中军，不敢请耳。"承宗曰："既可，安问中军。"呼桂语之，慨然请行。世龙犹疑其不可，承宗不听。即日置酒，亲为之饯。桂至宁远，与崇焕协心城筑，屹然成重镇。语具《崇焕传》中。

时蒙古部落驻牧宁远东鄙，辽民来归者悉遭劫掠，承宗患之。四年二月，遣桂及总兵尤世禄袭之大凌河。诸部号泣西窜，东鄙以宁。拱兔、炒花、宰赛诸部阳受款而阴怀反侧。桂善操纵，诸部咸服，岁省抚赏银不赀。初，城中郭外，一望丘墟。至是军民五万余家，屯种远至五十里。承宗上其功。诏擢都督佥事，加衔总兵。承宗乃令典后部，与前部赵率教相掎角。督饷郎中杨呈秀侵克军粮，副将徐涟激之变,围崇焕署。惮桂家率勇猛,不敢犯,结队东走。桂与崇焕追斩首恶,抚余众而还。

六年正月,我大清以数万骑来攻,远迩大震,桂与崇焕死守。始攻西南城隅,发西洋红夷炮,伤攻者甚众。明日转攻南城,用火器拒却之,围解。帝大喜,擢都督同知,实授总兵官。再论功,加右都督,荫副千户,世袭。桂疏谢,并自叙前后功。优诏褒答,再进左都督。

桂初与率教深相得。是役也,怒其不亲救,相责望。帝闻之,下敕戒勉。而崇焕复与桂不和,言其意气骄矜,谩骂僚属,恐坏封疆大计,乞移之别镇,以关外事权归率教。举朝皆知桂可用,虑同城或偾事,遂召还。督师王之臣力言桂不可去,而召命已下。又请用之关门。崇焕皆不纳。闰六月,乃命以故秩佥书中军府事。未几,崇焕亦自悔,请仍用之臣言。帝可之,命桂持印移镇关门,兼统关外四路及燕河、建昌诸军,赐尚方剑以重事权。

七年五月,大清兵围锦州,分兵略宁远。桂遣兵救,被围笊篱山。桂与总兵尤世禄赴之,大战相当。遂入宁远城,与崇焕为守御计。俄大清兵进薄城下,桂率副将尤世威等出城迎,颇有杀伤,桂亦身被重创。捷闻,加太子太师,世荫锦衣佥事。及崇焕休去,之臣再督师,盛推桂才,请仍镇宁远。会蒙古炒花诸部离散,桂与之臣多收置之麾下。

庄烈帝已嗣位,诏之臣毋蹈袁应泰、王化贞故辙,并责桂阿之臣意。桂遂请病乞休,不允。崇祯元年七月,言官交劾之臣,因及桂。之臣罢,桂亦召还府。适大同总兵渠家桢失事,命桂代之。大同久恃款弛备,插部西侵,顺义王遂入境大掠。家桢及巡抚张翼明论死,插部遂挟赏不去。桂至,遍阅八路七十二城堡,边备大修,军民恃以无恐。

明年冬十月,大清兵入近畿。十一月诏谕勤王。桂率五千骑入卫,次顺义,与宣府总兵侯世禄俱战败,遂趋都城。帝遣官慰劳,犒万金,令与世禄俱屯德胜门。无何,合战,世禄兵溃,桂独前斗。城上发大炮佐之,误伤桂军,桂亦负伤,令入休瓮城。旋与袁崇焕、祖大寿并召见，桂解衣示创，帝深嘉叹。十二月朔复召见，下崇焕狱，赐桂酒馔，令总理关、宁将卒，营安定门外。

桂骁勇敢战。所部降丁间扰民，桂不能问。副将申甫所统多市人，桂军凌之。夜发矢，惊其营，有死者。御史金声以闻，帝亦不问。及大寿军东溃，乃拜桂武经略，尽统入卫诸军，赐尚方剑，趣出师。桂曰："敌劲援寡，未可轻战。"中使趣之急，不得已，督黑云龙、麻登云、孙祖寿诸大将，以十五日移营永定门外二里许，列栅以待。大清兵自良乡回，明日昧爽，以精骑四百蹙之。诸将不能支，大败，桂及祖寿战死，云龙、登云被执。帝闻，震悼，遣礼部侍郎徐光启致祭，赠少师，世荫锦衣佥事，袭升三级，赐祭葬，有司建祠。

孙祖寿，字必之，昌平人。万历中举武乡试，授固关把总。天启二年，历官署都督佥事，为蓟镇总兵官。

孙承宗行边，议于蓟镇三协十二路分设三大将。以祖寿领西协，辖石匣、古北、曹家、墙子四路，驻遵化。而江应诏领东协，驻关门，辖山海关、一片石、燕河、建昌四路。马世龙领中协，驻三屯营，辖马兰、松棚、喜峰、太平四路。经略王在晋、总督王象乾佥谓："永平设镇，本以卫山海。今移之三屯，则去山海四百里，于应援为疏。遵化去三屯止六十里，今并列两镇，于建牙为赘。请令世龙仍镇永平，以东协四路分隶世龙、应诏，而以中、西二协专隶之祖寿，仍镇三屯。"章下兵部，署事侍郎张经世议如其言，承宗坚执如初。乃命祖寿移镇遵化。七年，锦州告警，祖寿赴援，不敢战，被劾罢归。及是，都城被兵，散家财，招回部曲，从满桂赴斗，竟死，赠恤如制。

祖寿初守固关，遘危疾。妻张氏割臂以疗，绝饮食者七日。祖寿生，而张氏旋死，遂终身不近妇人。为大帅，部将以五百金遗其子于家，却不受。他日来省，赐之酒曰："却金一事，善体吾心，否则法不汝宥也。"其秉义执节如此。

赵率教，陕西人。万历中，历官延绥参将，屡著战功。已，劾罢。

辽事急，诏废将蓄家丁者赴军前立功。率教受知于经略袁应泰，擢副总兵，典中军事。

天启元年，辽阳破，率教潜逃，罪当死，幸免。明年，王化贞弃广宁，关外诸城尽空。率教请于经略王在晋，愿收复前屯卫城，率家丁三十八人以往。蒙古据其地，不敢进，抵中前所而止。其年，游击鲁之甲以枢辅孙承宗令，救难民六千口，至前屯，尽驱蒙古于郊外。率教乃得入，编次难民为兵，缮雉堞，谨斥堠，军府由是粗立。既而承宗令裨将陈练以川、湖土兵来助，前屯守始固。而率教所招流亡至五六万。择其壮者从军，悉加训练。余给牛种，大兴屯田，身自督课，至手足胼胝。承宗出关阅视，大喜，以己所乘舆赠之。

蒙古虎墩兔素为总督王象乾所抚。其部下抽扣儿者，善为盗，率教捕斩四人。招抚金事万有孚与率教有隙，遂以故败款事诉之象乾。象乾告兵部尚书董汉儒，将斩之，赖承宗贻书汉儒，得不死。

时承宗分关内外为五部。以马世龙、王世钦、尤世禄领中、左、右部，而令率教与副将孙谏领前、后部，部各万五千人。率教仍驻前屯。四年九月，承宗暴其功于朝。擢署都督金事，加衔总兵。五年冬，承宗去，高第来代，诸将多所更置。率教善事第，第亦委信之。

六年二月，蒙古以宁远被围，乘间入犯平川、三山堡。率教御之，斩首百余级，夺马二百匹，追至高台堡乃还。捷闻，帝大喜，立擢都督同知，实授总兵官，代杨麒镇山海关。寻论功，再进右都督，世荫本卫副千户。时满桂守宁远，亦有盛名，与率教深相得。及宁远被围，率教遣一都司、四守备东援。桂恶其稽缓，拒不纳，以袁崇焕言，乃令入。既解围，率教欲分功。桂不许，且责其不亲援，两人遂有隙。中朝闻之，下敕戒谕。而桂又与崇焕不和。乃召还桂，令率教尽统关内外兵，移镇宁远。

七年正月，大清兵南征朝鲜。率教督兵抵三岔河为牵制，卒无功。三月，崇焕议修筑锦州、大凌河、中左所三城，渐图恢复。率教移镇锦州护工，再加左都督。五月，大清兵围锦州、率教与中官纪用，副将左辅、朱梅等婴城固守。发大炮，颇多击伤。相持二十四日，围始解。时桂亦著功宁远。因称"宁、锦大捷"。魏忠贤等蒙重赏。率教加太子少傅，荫锦衣千户，世袭。

崇祯元年八月，移镇永平，兼辖蓟镇八路。逾月，挂平辽将军印，再移至关门。明年，大清兵由大安口南下。率教驰援，三昼夜抵三屯营。总兵朱国彦不令入，遂策马而西。十一月四日，战于遵化，中流矢阵亡，一军尽殁。帝闻痛悼，赐恤典，立祠奉祀。

率教为将廉勇，待士有恩，勤身奉公，劳而不懈，与满桂并称良将。二人既殁，益无能办东事者。

国彦以崇祯二年四月为蓟镇中协总兵官，驻三屯营。十一月六日，大清兵临城，副将朱来同等挈家潜通。国彦愤，榜诸人姓名于通衢。以所积俸银五百余、衣服器具尽给部卒。具冠带西向稽首，偕妻张氏投缳死。

官维贤，万历末为甘肃裴家营守备。天启二年以都司金书署镇番参将事，历宣府游击、延绥西路参将，仍移镇番。

五年春，河套、松山诸部入犯，惟贤偕参将丁孟科大败之，斩首二百四十余级。明年春，班记剌麻台吉复纠松山银定、歹成及矮木素、三儿台吉以三千骑来犯。惟贤再败之，获首功二百有奇。三儿台吉被创死，进惟贤副总兵。其冬，银定等以三儿之死挟愤图报，益纠河套土巴台吉等分道入掠。惟贤及镇将徐永寿等亦分道拒之，共获首功百有六十。七年春，银定、宾兔、矮木素、班记剌麻合土买火力赤等由黑水河入。惟贤及西路副将陈洪节大破之，斩首百八十余级。当是时，西部频寇边，惟贤屡挫其锋。其秋，王之臣督师辽东，乞惟贤赴关门。

明年，崇祯改元，惟贤至，用为山海北路副总兵。二年冬，京师有警。惟贤入卫，总理马世龙令急援宝坻、漯县。明年正月九日，大清兵自抚宁向山海。翼日，至凤凰店，离关三十里列三营。惟贤与参将陈维翰等设两营以待，合战，互有杀伤。已，大清兵返抚宁，世龙令惟贤率维翰及游击张奇化、李居正、王世选、王成等往袭遵化。

至城西波罗湾，城中兵出击，前锋殊死战。大清兵收入城，后队乘势进攻，城上矢石如雨。寻复遣兵出战，惟贤陷陈，中箭死，士卒杀伤者三百余人。奇化亦战殁。

何可纲，辽东人。天启中，以守备典袁崇焕宁远道中军，廉勇善抚士卒。六年，宁远被围，佐崇焕捍御有功，进都司佥书。明年再被兵，复坚守。迁参将，署宁远副将事。

崇祯元年，巡抚毕自肃令典中军。及崇焕再出镇，复以副将领中军事，靖十三营之变。崇焕欲更置大将，上言："臣昔为巡抚，定议关外止设一总兵。其时魏忠贤窃柄，崔呈秀欲用其私党，增设三四人，以致权势相衡，臂指不运。乃止留宁远及前锋二人，而臂指之不运犹故也。臣以为宁远一路，断宜并归前锋。总兵驻关内者，挂平辽将军印，辖山、石二路，而以前屯隶之。驻关外者，挂征辽前锋将军印，辖宁远一卫，而以锦州隶之。蓟辽总兵赵率教久习辽事，宜与山海麻登云相易，挂平辽将军印。关外总兵旧有朱梅、祖大寿。梅已解任，宜并归大寿，驻锦州，而以臣中军何可纲专防宁远。可纲仁而有勇，廉而能勤，事至善谋，其才不在臣下。臣向所建竖，实可纲力，请加都督佥事，仍典臣中军。则一镇之费虽裁，一镇之用仍在。臣妄谓五年奏凯者，仗此三人之力，用而不效，请治臣罪。"帝悉从之。可纲佐崇焕更定军制，岁省饷百二十万有奇。以春秋二防功，进职右都督。

二年冬，京师被兵，与大寿从崇焕入卫，数有功。崇焕下吏，乃随大寿东溃，复与归朝。明年正月，永平、滦州失守，可纲战古冶乡及双望，颇有斩获。四月，枢辅孙承宗令可纲督诸将营双望诸山，以缀永平之师。令大寿诸军直趋滦州。滦州既复，大清兵弃永平去，可纲遂入其城。论功，加太子太保、左都督。已而锦州被围，可纲督诸将赴救，立功郎马山，复进秩。

四年，筑城大凌河，命可纲偕大寿护版筑。八月甫竣工，大清以十万众来攻，可纲等坚守不下。久之，粮尽援绝。大寿及诸将皆欲降，独可纲不从。令二人掖出城外杀之，可纲颜色不变，亦不发一言，含笑而死。

黄龙，辽东人。初以小校从复锦州，积功至参将。崇祯三年从大军复滦州，功第一，迁副总兵。寻论功进秩三等，为都督佥事，世荫副千户。登莱巡抚孙元化以刘兴治乱东江，请龙往镇。兵部尚书梁廷栋亦荐龙为总兵官，与元化恢复四卫，从之。

先是，毛文龙死，袁崇焕分其兵二万八千为四协，命副将陈继盛，参将刘兴治、毛承祚、徐敷奏主之。后改为两协，继盛领东协，兴治摄西协。语详《崇焕传》。兴治凶狡好乱，与继盛不相能。其兄参将兴祚阵亡，继盛误听谍报，谓未死。兴治愤，择日为兴祚治丧，诸将咸吊。继盛至，伏兵执之，并执理饷经历刘应鹤等十一人。袖出一书，宣于众，诡言此继盛诬兴祚诈死，及以谋叛诬陷已者，遂杀继盛及应鹤等。又伪为岛中商民奏一通，请优恤兴祚，而令兴治镇东江。举朝大骇，以海外未遑诘也。兴治与诸弟兄放舟长山岛，大肆杀掠。岛去登州四十里。时登莱总兵官张可大赴援永平，帝用廷栋言，趣可大还登州，授副将周文郁大将印，令抚定兴治。会永平已复，兴治稍戢，返东江。龙莅皮岛受事，兴治犹桀骜如故。四年三月复作乱，杖其弟兴基，杀参将沈世魁家众。世魁率其党夜袭杀兴治，乱乃定。

游击耿仲明之党李梅者，通洋事觉，龙系之狱。仲明弟都司仲裕在龙军，谋作乱。十月率部卒假索饷名围龙署，拥至演武场，折股去耳鼻，将杀之。诸将为救免。未几，龙捕斩仲裕，疏请正仲明罪。会元化劾龙克饷致兵哗，帝命充为事官，而核仲明主使状。仲明遂偕孔有德反，以五年正月陷登州，招岛中诸将。旅顺副将陈有时、广鹿岛副将毛承禄皆往从之。龙急遣尚可喜、金声桓等抚定诸岛，而躬巡其地，慰商民，诛叛党，纵火焚其舟。贼党高成友者据旅顺，断关宁、天津援师。龙令游击李维鸾偕可喜等击走之，即移驻其地，援始通。其冬，有德等欲弃登州走入海，龙遣副将龚正祥率舟师四千邀之庙岛。飓风破舟，正祥陷贼中。后居登州，谋为内应，事露被杀。初，龙驻旅顺大治兵。贼拘龙母妻及子以胁之，龙不顾。

六年二月，有德、仲明屡为巡抚朱大典所败，航海遁去。龙度有德等必遁，遁必经旅顺，邀击之。有德几获而逸。斩贼魁李九成子应元，生擒生承禄、苏有功、陈光福及其党高志祥等十六人，获首级一千有奇，夺还妇女无算，献俘于朝。帝大喜，磔承禄等，传首九边，复龙官。承禄，文龙族家子也。

有德等大愤，欲报龙。会贼舟泊鸭绿江，龙尽发水师剿之。七月，有德等侦知旅顺空虚，遂引大清兵来袭。龙数战皆败，火药矢石俱尽，语部将谭应华曰："敌众我寡，今夕城必破。若速持吾印送登州，不能赴，即投诸海可也。"应华出，龙率惟鸾等力战。围急，知不能脱，自刭死。惟鸾及诸将项祚临、樊化龙、张大禄、尚可义俱死之。事闻，赠龙左都督，赐祭葬，予世荫，建祠曰"显忠"，惟鸾等附祀。以副总兵沈世魁代龙为总兵官。

世魁本市侩，其女有殊色，为毛文龙小妻。世魁倚势横行岛中，至是为大帅。七年二月，广鹿岛副将尚可喜降于我大清，岛中势益孤。十年，朝鲜告急，世魁移师皮岛为声援。有德等来袭，世魁战败，率舟师走石城，副将金日观阵殁。登莱总兵陈洪范来援，不战而走。世魁亦阵亡，士卒死伤者万余。从子副将志科集溃卒至长城岛，欲得世魁敕印。监军副使黄孙茂不予，志科怒杀之，并杀理饷通判邵启。副将白登庸遂率所部降大清。诸岛虽有残卒，不能成军，朝廷亦不置大帅，以登莱总兵遥领之而已。明年夏，杨嗣昌决策尽徙其兵民宁、锦，而诸岛一空。

金日观，不知何许人。天启五年以将才授守备，效力关门。擢镇标中军游击，加参将行蓟镇东路游击事，专领南兵。

崇祯初，加副总兵，守马兰峪。三年正月，大清兵破京东列城。兵部侍郎刘之纶遣部将吴应龙等结营毛山，规取罗文谷关。师败，日观遣二将驰援，亦败殁。大清兵乘胜据府君、玉皇二山，进攻马兰城甚急。日观坚守,亲然大炮。炮炸,焚头目手足,意气不衰。乞援于总理马世龙。令参将王世选等赴救,兵乃退。寻复以二千余骑来攻,日观偕世选等死守不下。朝廷奖其功,骤加都督同知。四月,与副将谢尚政、曹文诏等攻复大安城,遂偕诸军复遵化。录功,进左都督。时总兵邓玘辖马兰、松棚二路,日观应受节制。以玘衔都督同知,不屑为之下。总督曹文衡劾日观器小易盈,恃功骄纵。帝特戒饬而已。久之,移莱州副总兵。十年春,大清兵攻朝鲜,命从登莱总兵陈洪范往救,驻师皮岛。大清遣孔有德、耿仲明、尚可喜等先攻铁山。四月分兵攻皮岛,水陆夹攻。副将白登庸先遁,洪范亦避走石城。登庸寻帅所部降。日观偕诸将楚继功等相持七昼夜,力不支,阵殁,岛城随破。赠特进光禄大夫、太子太师,世荫锦衣副千户,建祠。继功等赠恤有差。

赞曰:古人有言,彼且为我死,故我得与之俱生。故死封疆之臣,君子重之。观辽左诸帅,委身许国,见危不避,可谓得死所者与!于时优恤之典非不甚渥,然而无救于危亡者,庙算不定,偾事者不诛,文墨议论之徒从而挠之,徒激劝忠义无益也。

明史卷二七二
列传第一六〇

金国凤 杨振 杨国柱　　曹变蛟 朱文德
李辅明 刘肇基 乙邦才 庄子固 马应魁

　　金国凤，宣府人。崇祯中，以副总兵守松山。十二年二月，大清
以重兵来攻，环城发炮，台堞俱摧。城中人负扉以行。国凤间出兵
突击，辄败还，乃以木石瓦补城坏处。大清兵屡登屡却，遂分兵攻塔
山、连山，令锐卒分道穴城。国凤多方拒守，终不下，阅四旬围解。帝
大喜，立擢署都督佥事，为宁远团练总兵官。再论功，署都督同知，
荫锦衣卫千户。是年十月，大清兵复攻宁远。国凤愤将士惧怯，率
亲丁数十人出据北山冈鏖战。移时矢尽力竭，与二子俱死。帝闻痛
悼，赠特进荣禄大夫，左都督，赐祭葬，有司建祠，增世职三级。总督
洪承畴上言：“国凤素怀忠勇。前守松山，兵不满三千，乃能力抗强
敌，卒保孤城。非其才力优也，以事权专，号令一，而人心肃也。迨
擢任大将，兵近万人，反致陨命。非其才力短也，由营伍粉纭，号令
难施，而人心不一也。乞自今设连营节制之法，凡遇警守城，及统兵
出战，惟总兵官令是听。庶军心齐肃，战守有资，所系于封疆甚大。”
帝即允行之。及国凤父子枢归，帝念其忠，命所过有司给以舟车，且
加二祭。其妻张氏援刘綖例，乞加宫保。部议格不行，而请于世职
增级外，再荫本卫试百户世袭，以劝忠臣。帝可之。

　　当松山被围，巡抚方一藻议遣兵救援，诸将莫敢应。独副将杨

振请行,至吕洪山遇伏,一军尽覆。振被执,令往松山说降。未至里许,踞地南向坐,语从官李禄曰:"为我告城中人坚守,援军即日至矣。"禄诣城下致振语,城中守益坚。振、禄皆被杀。事闻,命优恤。

振,义州卫人。世为本卫指挥使。天启二年,河东失守,归路梗,其母自缢。振随父及弟夜行昼伏,渡鸭绿江入皮岛。毛文龙知其父子才,并署卫职。文龙死,振归袁崇焕,为宁远千总。崇祯二年从入卫。救开平有功,进都司佥书。邮马山之战,以游击进参将。久之,擢副总兵。监视中官高起潜招致之,不往。中以他事,落职。用一藻荐,复官,及是死难。

振从父国柱,崇祯九年为宣府总兵官。十一年冬,入卫畿辅,从总督卢象升战贾庄,象升败殁,国柱当坐罪。大学士刘宇亮、侍郎孙传庭皆言其身入重围,非临敌退却者比。乃充为事官,戴罪图功。十四年,祖大寿被困锦州,总督洪承畴率八大将往救。国柱先至松山;陷伏中。大清兵四面呼降,国柱太息,语其下曰:"此吾兄子昔年殉难处也,吾独为降将军乎!"突围,中矢堕马卒。事闻,赠恤如制。

国柱二子俱夭。妻何氏以所遗甲胄弓矢及战马五十三匹献诸朝。帝深嘉叹,命授一品夫人,有司月给米石,饩之终身。

曹变蛟,文诏从子也,幼从文诏积军功至游击。崇祯四年从复河曲。明年,连破贼红军友等于张麻村、陇安、水落城、唐毛山,又破刘道江等于铜川桥,勇冠诸军。以御史吴甡荐,进参将。文诏移山西,变蛟从战辄胜。及文诏改镇大同,山西巡抚许鼎臣言:"晋贼紫金梁虽死,老回回、过天星、大天王、蝎子块、闯塌天诸渠未灭。变蛟骁勇绝人,麾下健儿千百,才乃文诏亚,乞留之晋中。"从之。

七年,群贼入湖广,命变蛟南征。文诏困于大同,又命北援。七月遇大清兵广武,有战功。其冬,文诏失事论戍,变蛟亦以疾归。

明年,文诏起讨陕西贼,变蛟以故官从。大捷金岭川,麾真宁之湫头镇,皆为军锋。文诏既战殁,变蛟收溃卒,复成一军。总督洪承畴荐为副总兵,置麾下,与高杰破贼关山镇,逐北三十余里。又与副将尤翟文、游击孙守法追闯王、高迎祥，与战凤翔官亭，斩首七百余级。又与总兵左光先败迎祥乾州。迎祥中箭走，斩首三百五十余级。已而迎祥自华阴南原绝大岭，夜出朱阳关。光先战不利，赖变蛟陷阵，乃获全。九年破闯将澄城。偕光先等追至靖虏卫，转战安定、会宁，抵静宁、固宁，贼屡挫。其秋追混天星等，败之蒲城。贼西走平凉、巩昌，复击破之。

十年二月，巡抚孙传庭部卒许忠叛，勾贼混十万谋犯西安。变蛟方西追过天星，闻乱急还，贼遂遁。传庭已诛迎祥，其党闯将混天星、过天星踞洮、岷、阶、文深谷间。承畴遣变蛟、光先及祖大弼、孙显祖合击。四月望，入山，遇贼郭家坝，大雨。诸将力战，贼死伤无算，食尽引还。九月，阶州陷，与光先并停俸。俄擢都督金事，为临洮总兵官。当是时，承畴、传庭共矢灭贼。传庭战于东，承畴战于西，东贼几尽。贼在西者，复由阶、成出西和、礼县。光先、显祖皆无功，独变蛟降小红狼。余贼窜走徽州、两当、成、凤间，不敢大逞。

十月，贼觇蜀中虚，陷宁羌州，分三道，连陷三十余州县。承畴率变蛟等由沔县历宁羌，过七盘、朝天二关。山高道狭，士马饥疲，岁暮抵广元，贼已走还秦。变蛟等回军邀击，斩首五百余级。

时兵部尚书杨嗣昌创"四正六隅"之说，限三月平贼。十一年四月以灭贼逾期，普议降罚，变蛟、光先并镌五级，戴罪办贼。

贼之再入秦也，其渠魁号六队者，与大天王、混天王、争管王四部连营东犯，混天星、过天星二部仍伏阶、文，独闯将李自成以三月自洮州出番地。承畴令变蛟偕贺人龙追之，连战斩首六千七百有奇。番地乏食，贼多死亡。变蛟转战千里，身不解甲者二十七昼夜，余贼溃入塞。大弼驻洮州，扼战不力。乃走入岷州及西和、礼县山中。变蛟还剿，贼伏匿不敢出，惟六队势犹张。六月，光先自固原进兵，贼已奔陇州、清水。光先追至秦州，六队及争管王复走成县、阶州，为变蛟所扼。其别部号三队及仁义王、混天王降于光先，而自成、六队及其党祁总管避秦兵，复谋犯蜀，副将马科、贺人龙拒之。将还走阶、文及西乡，惮变蛟，乃走汉中，又为光先所扼。六队、祁总管皆降，惟自成东遁。承畴令变蛟穷追，而设三覆于潼关之南原。变蛟追及，大呼斫贼。伏尽起，贼尸相枕藉。村民用大棒击逃者。自成妻女俱失，从七骑遁去。余皆降。是时，曹兵最强，各镇依之以为固，录关中平贼功，进变蛟左都督。

十一月，京师戒严，召承畴入卫，变蛟及光先从之。明年二月，抵近畿，帝遣使迎劳，将士各有赐。未几，战浑河，无功；再战太平寨北，小有斩获。及解严，留屯遵化。麾下皆秦卒，思归，多逃亡者，追斩之乃定。时张献忠、罗汝才既降复叛，陕西再用兵。总督郑崇俭乞令变蛟兵西还，帝不许，寻用为东协总兵官。

十三年五月，锦州告急。从总督承畴出关，驻宁远。七月与援剿总兵左光先、山海总兵马科、宁远总兵吴三桂、辽东总兵刘肇基，遇大清兵于黄土台及松山、杏山，互有杀伤。大清兵退屯义州。承畴议遣变蛟、光先、科之兵入关养锐，留三桂、肇基于松、杏间，佯示进兵状。又请解肇基任，代以王廷臣，遣光先西归，代以白广恩。部议咸从之，而请调旁近边军，合关内外见卒十五万人备战守。用承畴言，师行粮从，必刍粮足支一岁，然后可议益兵。帝然之，敕所司速措给。

征宣府总兵杨国柱、大同总兵王朴、密云总兵唐通各拣精兵赴援。以十四年三月偕变蛟、科、广恩先后出关，合三桂、廷臣凡八大将，兵十三万，马四万，并驻宁远。

承畴主持重，而朝议以兵多饷艰，职方郎张若麒趣战。承畴念祖大寿被围久，乃议急救锦州。七月二十八日，诸军次松山，营西北冈。数战，围不解。八月，国柱战殁，以山西总兵李辅明代之。承畴命变蛟营松山之北，乳峰山之西，两山间列七营，环以长壕。俄闻我太宗文皇帝亲临督阵，诸将大惧。及出战，连败，饷道又绝。朴先夜遁，通、科、三桂、广恩、辅明相继走。自杏山迤南沿海，东至塔山，为大清兵邀击，溺海死者无算。变蛟、廷臣闻败，驰至松山，与承畴固守。三桂、朴奔据杏山，越数日，欲走还宁远。至高桥遇伏，大败，仅以身免。先后丧士卒凡五万三千七百余人。自是锦州围，益急，而松山亦被围,应援俱绝矣。九月,承畴、变蛟等尽出城中马步兵,欲突围出,败还。守半年,至明年二月,副将夏成德为内应,松山遂破。承畴、变蛟、廷臣及巡抚丘民仰,故总兵祖大乐,兵备道张斗、姚恭、王之桢,副将江翥、饶勋、朱文德,参将以下百余人皆被执见杀,独承畴与大乐获免。

文德,义州卫人,后家锦州。崇祯时,积功至松山副将。忤监视中官高起潜,为所中,斥罢。十一年起故官。及城被围,领前锋拒守甚力,城破竟死。

三月,大寿遂以锦州降。杏山、塔山连失,京师大震。诏赐诸臣祭葬,有司建祠。变蛟妻高氏以赠荫请,乃赠荣禄大夫、太子少保,世荫锦衣指挥佥事。

法司会鞫王朴罪。御史郝晋言:"六镇罪同,皆宜死。三桂实辽左主将,不战而逃,奈何反加提督?"兵部尚书陈新甲覆议,请独斩朴,勒科军令状,再失机即斩决。三桂失地应斩,念守宁远功,与辅明、广恩、通皆贬秩,充为事官。

辅明,辽东人,累官副总兵。崇祯八年从祖宽击贼,连蹙之嵩县、汝州、确山。明年追破贼于滁州。叙功,加都督佥事。十二年擢山西总兵官,被劾罢。明年从承畴出关,使代国柱,竟败。十六年为援剿总兵。是冬,大清兵薄宁远,辅明驰援,军败犹力战,殁于阵。事闻,赠特进荣禄大夫、左都督,世荫锦衣副千户,赐祭葬,列坛前屯祀之。

朴,榆林卫人。父威,官左都督,九佩将印,为提镇者五十年。兄世钦,里居殉难,见《尤世威传》中。朴由父荫屡迁京营副将。崇祯六年,贼蹒畿南,命朴与倪宠为总兵官,将京军六千,监以中官杨应朝、卢九德,屡有斩获功,进右都督。明年代曹文诏镇大同,进左都督。九年秋,都城被兵,诏朴入卫,赉蟒衣彩币,竟无功。十一年加太子太保。是冬,从总督卢象升入卫,方战栾城、束鹿间。或言大同有警,即引兵归。及是救锦州,以首逃下诏狱。十五年五月伏诛。

科,起偏裨至大帅,战功亚变蛟,与三桂同守宁远有功。十六年春,督兵入卫,赐宴武英殿,命从大学士吴甡南征,不果行。明年三月从李建泰西征。李自成兵至,科遂降,封怀仁伯。

广恩,初从混天猴为盗。既降,屡立战功。松山败还,代马科镇山海关。是年十一月,京师戒严,广恩入卫,赉银币羊酒。俄战龙王口,稍有斩获,以捷闻。帝始恶广恩观望,降旨谯责,而冀其后效,特命叙功。明年四月合八镇兵战螺山,悉溃败。总督赵光抃请帝召之入,用为武经略。广恩以帝频戮大将,已又多过,惧不敢至,假索饷名,顿真定。大学士吴甡将南征,密请帝严旨逮治,而已力救,率之剿寇。广恩感甚。无何,帝遣中官赉二万金犒其军,且谕以温旨。广恩遂骄,不为甡用,大掠临洺关,径归陕西。帝不得已,命隶督师孙传庭办贼。十月,郏县师覆,加广恩荡寇将军,俾缘道收溃卒以保潼关。未几,潼关亦破,广恩西奔固原。贼将追蹑及之,即开门降。自成大喜,握手共饮,封桃源伯。

通,口辩无勇略,既败归,仍镇密云。其年冬,奉诏入卫,命守御三河、平谷。大清兵下山东,通尾之而南,抵青州,迄不敢一战。明年复尾而北,战螺山,败绩。已,命从甡南征。甡未行而斥,乃令通辖蓟镇西协。五月汰密云总兵官,命兼辖中协四路。寻用孔希贵于西协,而命通专辖中协。十月,关外有警,命率师赴援,以银牌二百为赏功用。事定,复移镇西协。帝顾通厚,有蟒衣玉带之赐,召见称卿而不名,锡之宴,奖劳备至。明年,贼逼宣府,命移守居庸,封定西伯。无何,贼犯关,即偕中官杜之秩迎降,京师遂陷。

光先,枭将也,与贼角陕西,功最多。自辽左遣还,废不用。后闻广恩从贼,亦诣贼降。

又有陈永福者,守开封,射李自成中目。及自成陷山西,令广恩谕之降。永福惧诛,意犹豫。自成折箭以示信,乃降,封为文水伯。后自成败还山西,永福为守太原,杀晋府宗室殆尽。

刘肇基,字鼎维,辽东人。嗣世职指挥佥事,迁都司佥书,隶山海总兵官尤世威麾下。崇祯七年从世威援宣府,又从剿中原贼。进游击，戍雏南兰草川。明年遇贼，战败伤臂。未几，世威罢，肇基及游击罗岱分将其兵，与祖宽大破贼汝州，斩首千六百有奇。后从宽数有功，而其部下皆边军。久戍思归，与宽军噪而走。总理卢象升乃遣之入秦。其秋，畿辅有警，始还山海，竟坐前罪解职，令从征自效。俄以固守永平功复职，屡迁辽东副总兵。

十二年冬，蓟辽总督洪承畴请用为署总兵官，分练宁远诸营卒。兵部尚书傅宗龙稍持之，帝怒，下宗龙狱，擢肇基都督佥事任之。明年三月，锦州有警。承畴命吴三桂偕肇基赴松山为声援。三桂困松、杏间，肇基救出之，丧士卒千人。七月与曹变蛟等战黄土台及松山、杏山。九月，复战杏山，肇基军稍却。承畴甄别诸将，解肇基职，代以王廷臣。

十七年春，加都督同知，提督南京大教场。及福王立，史可法督师淮、扬，肇基请从征自效。屡加左都督、太子太保。可法议分布诸将，奏荐李成栋、贺大成、王之纲、李本身、胡茂桢为总兵官。成栋镇徐州，大成扬州，之纲开封。本身、茂桢隶高杰麾下，为前锋。而令肇基驻高家集，李栖凤驻睢宁，以防河。栖凤本甘肃总兵，以地失留淮、扬间也。阁标前锋，则用张天禄驻瓜洲。十一月，肇基、栖凤以可法命谋取宿迁。初八日渡河，复其城。越数日，大清兵围邳州，军城北，肇基军城南，相持半月，大清兵引去。

顺治二年三月，大清兵抵扬州，可法邀诸将赴援。独肇基自白洋河趋赴，过高邮不见妻子。既入城，请乘大清兵未集，背城一战。可法持重，肇基乃分守北门，发炮伤围者。已而城破，率所部四百人巷战，格杀数百人。后骑来益众，力不支，一军皆没。副将乙邦才、马应魁、庄子固等皆同死。

乙邦才，青州人。崇祯中，以队长击贼于河南、江北间。大将黄得功与贼战霍山，单骑逐贼，陷淖中。贼围而射之，马毙，得功徒步斗。天将暮，仅余二矢。邦才大呼冲贼走，得功乃得出。邦才授以己马，分矢与之，且走且射，殪追骑十余人，始得及其军。得功自是知邦才。

时有张衡者,亦以骁敢名。贼围六安急,总督马士英救之。甫至,斥其左右副将,而号于军中曰:"孰为乙邦才、张衡者?"两人入谒,即牒补副将,以其兵授之,曰:"为我入六安,取知州状来报。"两人出,即简精骑二百,夜冲贼阵而入,绕城大呼,曰:"大军至矣,固守勿懈!"城中人喜,守益坚。两人促知州署状,复夺围出,不损一骑。

时颍、寿、六安、霍山诸州县数被寇,邦才大小十余战,咸有功。及可法镇扬州,携之行。至是战败,自刭死。

马应魁,字守卿,贵池人。初为小将,率家丁五十人巡村落间。猝遇贼,众惧欲奔。应魁大声曰:"勿怖死!死,命也。"连发二矢殪二贼,贼即退。可法因拔为副总兵,俾领旗鼓。每战披白甲,大书"尽忠报国"四字于背,至是巷战死。

庄子固,字宪伯,辽东人。年十三,杀人亡命。后从军有功。积官至参将。尝从山西总兵许定国救开封,军半道噪归,定国获罪。子固辑余众,得免议。后可法出镇,用为副总兵,俾兴屯于徐州、归德间。子固募壮士七百人,以赤心报国为号。闻扬州被围,率众驰救,三日而至。城将破,欲拥可法出城,遇大清兵,格斗死。

他若副将楼挺、江云龙、李豫,参将陶国祚、许谨、冯国用、陈光玉、李隆、徐纯仁,游击李大忠、孙开忠,都司姚怀龙、解学曾等十余人,皆以巷战死。

赞曰:金国凤之善守,曹变蛟之力战,均无愧良将材。然而运移事易,难于建功,而易于挫败,遂至谋勇兼绌,以身殉之。盖天命有归,莫之为而为者矣。

明史卷二七三
列传第一六一

左良玉 邓玘　贺人龙　高杰 刘泽清
祖宽

　　左良玉,字昆山,临清人。官辽东车右营都司。崇祯元年,宁远兵变,巡抚毕自肃自经死,良玉坐削职回卫。已,复官。总理马世龙令从游击曹文诏援玉田、丰润,连战洪桥、大堑山,直抵遵化。论恢复四城功,与文诏等俱进秩,隶昌平督治侍郎侯恂麾下。大凌河围急,诏昌平军赴援,总兵尤世威护陵不得行,荐良玉可代率兵往。已,恂荐为副将,战香山、杏山下,录功第一。

　　良玉少孤,育于叔父。其贵也,不知其母姓。长身赪面,骁勇,善左右射。目不知书,多智谋,抚士卒得其欢心,以故战辄有功。时陕西贼入河南。图怀庆。廷议令良玉将昌平兵往剿,大指专办河南。会贼寇修武、清化者窜入平阳,因檄良玉入山西御之,颇有斩获。河南巡抚樊尚璟以良玉驻泽州,扼豫、晋咽喉,可四面为援兵。诏从之。时曹文诏将陕西兵,帝令良玉受尚璟节制,与文诏同心讨贼,有急则秦兵东,豫兵西,良玉兵从中横击。

　　六年正月,贼犯隰州,陷阳城。良玉败之于涉县之西陂。二月,良玉兵与贼战武安,大败。尚璟罢,以太常少卿元默代之。三月,贼再入河内,良玉自辉县逐之。贼奔修武,杀游击越效忠,追参将陶希谦,希谦坠马死。良玉击之万善驿,至柳树口大败之,擒贼首数人,贼遂西奔。河南额兵仅七千,数被贼,折亡殆尽。良玉将昌平兵二千余，数战，虽有功，势孤甚。总兵邓玘立功莱州，乃命将川兵益以石柱土司马凤仪兵驰赴良玉，与共角贼。已而凤义以孤军战没于侯家庄。

当是时，贼势已大炽，纵横三晋、畿辅、河北间。诸将曹文诏、李卑、艾万年、汤九州、邓玘、良玉等先后与贼战，胜负略相当。良玉、玘办河南，屡破之于官村，于沁河，于清化，于万善。良玉又扼之武安八德，斩获尤多。会帝命倪宠、王朴为总兵，将京营兵六千赴河南，以中官杨应朝、卢九德监其军，而别遣中官监良玉等军。职方郎中李继贞曰："良玉、李卑身经百战，位反在宠、朴下，恐闻而解体。乃令良玉、卑署都督佥事，为援剿总兵官，与宠、朴体相敌。京营兵至，共击贼，数有功。良玉败贼济源、河内，又败之永宁青山岭银洞沟，又自叶县追至小武当山，皆斩贼魁甚众。然诸将以中官监军，意弗善也。

其冬，贼西奔者复折而东。良玉、九州扼其前，京营兵尾其后，贼大困，官军连破之柳泉、猛虎村。贼张妙手、贺双全等三十六家诡词乞抚于分巡布政司常道立，因监军应朝以请。诸将俟朝命，不出战。会天寒河冰合，贼遂从渑池径渡，巡抚默率良玉、九州、卑、玘兵待之境上。贼乃窜卢氏山中，由此自郧、襄入川中，折而掠秦陇，复出没川中、湖北，以犯河南，中原益大残破，而三晋畿辅独不受贼祸者十年。

贼既渡河去，良玉与诸将分地守。陈奇瑜、卢象升方角贼秦、楚，七年春夏间，中州幸无事，既而奇瑜失李自成于车箱，廷议合晋、豫、楚、蜀兵四面剿之。贼乃分军三：一向庆阳，一趋郧阳，而一出关趋河南。趋河南者又分为三，郡邑所在告急。良玉扼新安、渑池，他将陈治邦驻汝州，陈永福扼南阳，皆坐甲自保而已，不能大创贼也。贼每营数万，兵番进，皆因粮宿饱；我兵寡备多，馈饷不继。贼介马驰，一日夜数百里；我步兵多，骑少，行数十里辄疲乏，以故多畏贼。而良玉在怀庆时，与督抚议不合，因是生心，缓追养寇，多收降者以自重。督抚檄调，不时应命，稍稍露跋扈端矣。十二月遇贼于磁山,大战数十,追奔百余里。

八年正月,河南贼破颍州,毁凤阳皇陵。其陷鹿邑、柘城、宁陵、通许者,良玉在许州不能救。四月,督师洪承畴在汝州,令诸将分地遮贼。尤世威守洛南,陈永福控卢氏、永宁、邓玘、尤翟文、张应昌、许成名遏湖广。以吴村、瓦屋乃内乡、淅川要地,令良玉与汤九州以五千人扼之。未几,邓玘兵哗死,而曹文诏讨陕贼,败没于真宁。贼益张,遂超卢氏,奔永宁。巡抚默被逮未去,檄良玉自内乡与陈治邦、马良文等援卢氏。八月败贼于鄢陵,九月蹑贼于郏之神垕山。贼连营数十里,番休更战,以疲我兵,良玉收其军而止。贼再攻密,良玉自郏援之,乃去。十月,良玉抵灵宝,合辽东总兵祖宽兵剪贼于涧口、焦村。焦村,朱阳关地也。十一月,李自成出朱阳关,张献忠久据灵宝,闯王高迎祥亦与合。良玉、宽御之灵宝,不能支,陕州陷。贼东下攻洛阳,良玉、宽从巡抚陈必谦救洛阳,贼乃去。迎祥、自成走偃师、巩,献忠走嵩、汝。良玉出洛追迎祥、自成,宽分击献忠救汝。会总理卢象升至自湖广,与宽大败贼汝西,令裨将破贼于宣阳黄涧口。

九年二月,贼败于登封郜城镇,走石阳关,与伊、嵩之贼合。故总兵九州由嵩县深入,与良玉夹剿。良玉中道遁归,九州乘胜穷追四十里,无援败没,良玉反以捷闻。五月,象升遣祖宽、李重镇随陕西总督洪承畴西行。良玉军最强,又率中州人,故独久留之。而以其骄亢难用,用孔道兴代其偏将赵柱驻灵宝,防洛西;良玉与罗岱驻宜、永,防洛东。七月,良玉兵抵开封,由登封之唐庄深入击贼,自辰鏖至申,贼不支西走。陈永福方败贼于唐河,贼至田家营,良玉渡河击之,斩获颇众。九月,巡抚杨绳武劾良玉避贼,责令戴罪自赎。

十年正月,贼老回回合曹操、闯塌天诸部沿流东下,安庆告警,诏良玉从中州救之。良玉道剿杀南阳土寇杨四、侯驭民、郭三海,急抵六安,与贼遇。部将岱、道兴乘胜连战,大破贼。贼走霍、潜山。会马爌、刘良佐亦屡败贼于桐城、庐州、六安,贼在滁、和者亦西遁,江北警少息。应天巡抚张国维三檄良玉入山搜剿,不应,放兵掠妇女。

屯舒城月余,河南监军太监力促之,始北去,贼已饱掠入山矣。已,淅川陷,良玉拥兵不救。以六安破贼功,诏落职戴罪,寻复之。贼东下袭六合,攻天长,分掠瓜洲、仪真,破盱眙。良玉坚不肯救,令中州士大夫合疏留已。帝知出良玉意,不能夺也。十月,总理熊文灿至安庆,部檄以良玉军隶焉,良玉轻文灿不为用。

十一年正月,良玉与总兵陈洪范大破贼于郧西。张献忠假官旗号袭南阳,屯于南关。良玉适至,疑而急召之,献忠逸去。追及,发两矢,中其肩,复挥刀击之,面流血。其部下救以免,遂逃之谷城。未几,请降,良玉知其伪。力请击之,文灿不许。九月,文灿剿郧、襄诸贼,良玉与洪范及副将龙在田击破之双沟营,斩首二千余级。十二月,河南巡抚常道立调良玉于陕州。贼乘卢氏虚,遁入内、淅。是月,许州兵变,良玉家在许,歼焉。

十二年二月,良玉率降将刘国能入援京师,诏还讨河南贼。兵过澜头、吴桥,大掠,太监卢九德疏闻,诏令戴罪。已而破贼马进忠于镇平关,进忠降。又与国能再破贼李万庆于张家林、七里河,万庆亦降。七月,献忠叛去,良玉与罗岱追之,使岱为前锋,已随其后。逾房县八十里,至罗猴山,军乏食。伏起,岱马挂于藤,抽刀断之,蹶而复进,弃马登山,贼围急,矢尽被获。良玉大败奔还,军符印信尽失,弃军资千万余,士卒死者万人。事闻,以轻进贬三秩。

十三年春,督师杨嗣昌荐良玉虽败,有大将才,兵亦可用,遂拜平贼将军。当是时,贼分为三:西则张献忠,踞楚、蜀郊;东则革裹眼、左金王等四营,豕突随、应、麻、黄;南则曹操、过天星等十营,伏漳、房、兴远间。闰正月,良玉合诸军击贼于枸坪关,献忠败走,良玉乃请从汉阳、西乡入蜀追之。嗣昌谋以陕西总督郑崇俭率贺人龙、李国奇从西乡入蜀,而令良玉驻兵兴平,别遣偏将追剿,良玉不从。嗣昌檄良玉曰:"贼势似不能入川,仍当走死秦界耳。将军从汉阳、西乡入川,万一贼从旧路疾趋平利,仍入竹、房,将何以御?不则走宁昌,入归、巫,与曹操合,我以大将尾追,促贼反楚,非算也。"良玉报曰:"蜀地肥衍,贼渡险任其奔轶,后难制。且贼入川则有粮可因,回郧则无地可掠，其不复窜楚境明矣。夫兵合则强，分则弱。今已留刘国能、李万庆守郧，若再分三千人入蜀，即驻兴平，兵力已薄，贼来能遏之耶？今当出其不意疾攻之，一大创自然瓦解，纵折回房、竹间，人迹断绝，彼从何得食？况郧兵扼之于前，秦抚在紫、兴扼之于右，势必不得逞。若宁昌、归、巫险且远，曹操、献忠不相下。倘穷而归曹，必内相吞，其亡立见。"良玉已于二月朔涉蜀界之渔溪渡矣，嗣昌度力不能制，而其计良是，遂从之。

时献忠营太平县大竹河，良玉驻渔溪渡。未几，总督崇俭引其兵来会。贼移军九滚坪，见玛瑙山峻险，将据之。良玉始抵山下，贼已踞山颠，乘高鼓噪。良玉下马周览者久之，曰："吾知所以破贼矣。"分所进道为三，已当其二，秦兵当其一。令曰："闻鼓声而上。"两军夹击，贼阵坚不可动。鏖战久之，贼大溃，坠崖涧者无算，追奔四十里。良玉兵斩扫地王曹威、白马邓天王等渠魁十六人。献忠妻妾亦被擒，遁入兴山、归州之山中，寻自盐井窜兴、归界上。是役也，良玉功第一。事闻，加太子少保。四月，良玉进屯兴安、平利诸山，连营百里。诸军惮山险，围而不攻。久之，献忠自兴、房走白羊山而西，与罗汝才合。七月，良玉乘胜击过天星，降之。过天星者，名惠登相，既降，遂始终为良玉部将。

初，良玉受平贼将军印，寝骄，不肯受督师约束。而贺人龙屡破贼有功，嗣昌私许以人龙代良玉。及良玉奏玛瑙山捷，嗣昌语人龙须后命。人龙大恨，具以前语告良玉，良玉亦内恨。当献忠之败走也，追且及，遣其党马元利操重宝啖良玉曰："献忠在，故公见重。公所部多杀掠，而阁部猜且专。无献忠，即公灭不久矣。"良玉心动，纵之去。监军万元吉知良玉跋扈不可使，劝嗣昌令前军蹑贼，后军继之，而身从间道出梓潼扼归以俟济师，嗣昌不用。贼既入蜀之巴州，人龙兵噪而西归。召良玉兵合击，九檄皆不至。

十四年正月，诸军追贼开县之黄陵城。参将刘士杰深入，所当披靡。献忠登高望，见无秦人旗帜，而良玉兵前部无斗志，独士杰孤军。乃密选壮士行箐谷中，乘高大呼驰下，良玉兵先溃，总兵猛如虎溃围出。嗣昌方悔不用元吉言,而献忠已席卷出川,西绝新开驿置,楚、蜀消息中断,遂以计绐入襄阳城。襄王被执,嗣昌不食卒。贼濒死复纵,迄以亡国者,以良玉素骄蹇不用命故也。二月,诏良玉削职戴罪,平贼自赎。五月,献忠陷南阳,即攻泌阳破之。良玉至南阳,贼遁去。良玉不戢士,泌人脱于贼者,遇官军无噍类。既而献忠陷郧西,掠地至信阳,屡胜而骄。良玉乃从南阳进兵,复大破之,降其众数万。献忠中股,负重伤夜遁。而是时,李自成方残襄城,围良玉于郾城,几陷。会陕西总督汪乔年出关,自成乃辍围,与乔年战襄阳城外。乔年军尽覆,良玉不能救。帝既斩贺人龙以肃军政,专倚良玉办贼。

十五年四月,自成复围开封。乃释故尚书初荐良玉者侯恂于狱,起为督师,发帑金十五万犒良玉营将士,激劝之。良玉及虎大威、杨德政会师朱仙镇,贼营西,官军营北。良玉见贼势盛,一夕拔营遁,众军望见皆溃。自成戒士卒待良玉兵过,从后击之。官军幸追者缓,疾驰八十里。贼已于其前穿堑深广各二寻,环绕百里,自成亲率众遮于后。良玉兵大乱,下马渡沟,僵仆溪谷中,趾其颠而过。贼从而蹂之,军大败,弃马骡万匹,器械无算,良玉走襄阳。帝闻良玉败,诏恂拒河图贼,而令良玉以兵来会。良玉畏自成,迁延不至。九月,开封以河决而亡。帝怒恂,罢其官,不能罪良玉也。开封既亡,自成无所得,遂引兵西,谋拔襄阳为根本。

时良玉壁樊城,大造战舰,驱襄阳一郡人以实军,诸降贼附之,有众二十万。然亲军爱将大半死,而降人不奉约束,良玉亦渐衰多病,不复能与自成角矣。自成乘胜攻良玉,良玉退兵南岸,结水寨相持,以万人扼浅洲。贼兵十万争渡,不能遏。良玉乃宵遁,引其舟师,左步右骑而下。至武昌,从楚王乞二十万人饷,曰:“我为王保境。”王不应,良玉纵兵大掠,火光照江中。宗室士民奔窜山谷,多为土寇所害。驿传道王扬基夺门出,良玉兵掠其赀,并及其子女。自十二月十四日抵武昌,至十六年正月中,兵始去。居人登蛇山以望,叫呼更生,曰:“左兵过矣!”良玉既东,自成遂陷承天,傍掠诸州县。

当是时，降兵叛卒率假左军号恣剽掠，蕲州守将王允成为乱首，破建德，劫池阳，去芜湖四十里，泊舟三山、荻港，漕艘盐舶尽夺以载兵。声言诸将寄帑南京，请以亲信三千人与俱。南京诸文武官及操江都御史至陈师江上为守御，士民一夕数徙，商旅不行。都御史李邦华被召，道湖口，草檄告良玉，以危词动之。而令安庆巡抚发九江库银十五万两，补六月粮，军心乃定。邦华入见帝，论良玉溃兵之罪，请归罪于王允成。帝乃令良玉诛允成，而奖其能定变。良玉卒留允成于军中，不诛也。良玉留安庆久之，徐溯九江上。闻献忠破湖广，沉楚王于江，坐视不救。

八月乃入武昌，立军府招徕，下流粗定，分命副将吴学礼援袁州。江西巡抚郭都贤恶其淫掠，檄归之，而自募土人为戍守。会贼陷长沙、吉州，复陷袁州，岳良玉遣马进忠援袁州，马士秀援岳州。士秀率水师败贼岳州城下，二城遂并复。时帝命兵部侍郎吕大器代侯恂为总督，恂解任，中道逮下狱。良玉知其为己故，心鞅鞅，与大器龃龉。贼连陷建昌诸府，大器无兵不能救，良玉亦不援。进忠与贼战嘉鱼，再失利，良玉军遂不振。会献忠从荆河入蜀，良玉遣兵追之，距荆州七十里。荆、襄诸贼因自成入关，尽懈。良玉侦知，乃遣副将卢光祖上随、枣、承德，而惠登相自均、房，刘洪起自南阳，犄贼后，收其空虚地以自为功。

十七年正月，诏封良玉为宁南伯，畀其子梦庚平贼将军印，功成世守武昌。命给事中左懋第便道督战，良玉乃条日月进兵状以闻。疏入，未奉旨，闻京师被陷，诸将汹汹，以江南自立君，请引兵东下。良玉恸哭，誓不许。副将士秀奋曰：“有不奉公令复言东下者，吾击之！”以巨舰置炮断江，众乃定。

福王立，晋良玉为侯，荫一子锦衣卫正千户，且并封黄得功、高杰、刘泽清、刘良佐为诸镇，俱荫子世袭，而以上流之事专委良玉，寻加太子太傅。时李自成败于关门，良玉得以其间稍复楚西境之荆州、德安、承天。而湖广巡抚何腾蛟及总督袁继咸居江西，皆与良玉善，南都倚为屏蔽。

　　良玉兵八十万，号百万，前五营为亲军，后五营为降军。每春秋肆兵武昌诸山，一山帜一色，山谷为满。军法用两人夹马驰，曰"过对"。马足动地殷如雷，声闻数里。诸镇兵惟高杰最强，不及良玉远甚。然良玉自朱仙镇之败，精锐略尽，其后归者多乌合，军容虽壮，法令不复相慑。良玉家于许州，其在武昌，诸营优娼歌舞达旦，良玉块然独处，无姬侍。尝夜宴僚佐，召营妓十余人行酒，履舄交错，少焉左顾而叹，以次引出。宾客肃然，左右莫敢仰视。其统驭有体，为下所服多此类。而是时，良玉已老且病，无中原意矣。

　　良玉之起由侯恂。恂，故东林也。马士英、阮大铖用事，虑东林倚良玉为难，谩语修好，而阴忌之，筑板矶城为西防。良玉叹曰："今西何所防，殆防我耳。会朝事日非，监军御史黄澍挟良玉势，而触马、阮。既返，遣缇骑逮澍，良玉留澍不遣。澍与诸将日以清君侧为请，良玉踌躇弗应。亡何，有北来太子事，澍借此激众以报己怨，召三十六营大将与之盟。良玉反意乃决，传檄讨马士英，自汉口达蕲州，列舟二百余里。良玉疾已剧，至九江，邀总督袁继咸入舟中，袖中出密谕，云自皇太子，劫诸将盟，继咸正辞拒之。部将郝效忠阴入城，纵火残其城而去。良玉望城中火光，曰："予负袁公。"呕血数升，是夜死。时顺治二年四月也。诸将秘不发丧，共推其子梦庚为留后。七日，军东下，朝命黄得功渡江防剿。

　　初，梦庚自立，佯语继咸至池州候旨。抵池，继咸密以疏闻，道梗不得达。惠登相者，初为贼，既降，为良玉副将。诸军自彭泽下，连陷建德、东流，残安庆城，独池州不破，贻书登相曰："留此以待后军。"登相大诟曰："若此，则我反不如前为流贼时矣，如先帅末命何！"檄其军返。梦庚见黑旗船西上，索轻舸追及之，登相与相见大恸。以梦庚不足事，引兵绝江而去，诸将乃议旋师。时大清兵已下泗州，逼仪真矣。梦庚遂偕澍以众降于九江。

　　邓玘，四川人。天启初，从军，积功得守备。安邦彦反，玘追贼织金，勇冠诸将。已，败绩河滨。鲁钦败殁，贼犯威清。玘夜斫营走贼，进都司佥书。讨败苗酋李阿二。自贵州用兵，裨将杨明楷、刘志敏、张云鹏并骁勇，不得为大将，惟玘以功名闻。

　　崇祯初，屡迁四川副总兵，与侯良柱共斩安邦彦。京师有警，率六千人勤王，共复遵、永四城。加署都督佥事，世荫千户。寻擢总兵官，镇守遵化。战喜峰口及洪山，并有功，进秩为真。五年春，叛将乱登、莱，王洪等无功。玘自请行，命为援剿总兵官，与洪及刘国柱御贼沙河，战相当。已而遁走，贼乘之，大败。寻与诸将金国奇等复登、莱二城，录功进署都督同知。

　　玘戍遵化久，思归。及登、莱事竣，复以为言。会贼入河北，言者请令玘剿，玘怏怏而行。给事中范淑泰劾玘虐民，帝不问，旋遣近侍监其军。玘至济源，射杀王自用于善阳山，即贼紫金梁也。顷之，走贼磁州，拒却之彭城镇。与左良玉击贼清池、柳庄，贼走林县。玘部将杨遇春邀贼，中伏死。贼用其旗，并诱杀他将，自是轻玘。俄与良玉逐贼沙河，贼围汤阴，玘被困上樵窝，良玉救乃免。已，共破贼官村、沁河、清池、万善，移师畿南，败贼白草关。贼犯平山，败之红子店、马种川。贼遁青石岭，败之红涧村、醉汉口。贼犯临城，败之鱼桂岭。

　　当是时，贼蔓河朔及畿南，天子特遣倪宠、王朴将京军，而保定梁甫，河南左良玉、汤九州合玘军足殄贼。群帅势相轧，彼此观望，托山深道岐以自解，莫利先入，贼遂由渑池南渡。而诸帅各有近侍为中军，事易掩饰，所报功多不以实也。十一月，贼南遁，玘追败之渑池扣子山，至宜阳、卢氏而还。是月以玘为保定总兵官，代梁甫。

　　七年正月，以贼尽入郧、襄，命玘援剿，解南漳围。寻败贼胡地冲，斩闯天王、九条龙、草上飞、抓山虎、双翼虎。剿房县、竹山、南漳贼，战狮子崖、石漳山，斩一只虎、满天飞。已，击贼洵阳乜家沟，连战皆捷，获首功一千有奇。八月叙五峰山破贼功。进右都督。玘不善驭军。军心亦不附，噪于郧西，玘渡河以避之，总督陈奇瑜犒慰乃定。奇瑜集诸将讨竹山、竹溪诸贼，玘频有功。十一月，贼大入河南，命玘援剿。

　　八年春，贼陷新蔡，知县王信骂贼死，玘追败贼罗山。是时，贼陷凤阳,命玘自黄州速援安庆。及桐城被围,玘竟不至。御史钱守廉劾玘剿贼罗山,杀良冒功,命总督洪承畴核之。四月,承畴至汝州,令玘戍樊城,防汉江。是月,部将王允成克以饷鼓噪,杀其二仆。玘惧,登楼越墙堕地死。

玘由小校,大小数百战,所向克捷。以久戍觖望,恣其下淫掠。大学士王应熊以乡里庇之,玘益无所惮。其死也,人以为逸罚云。

贺人龙,米脂人。初以守备隶延绥巡抚洪承畴麾下。崇祯四年,承畴受贼降,命人龙劳以酒,伏兵击斩三百二十人。其冬,张福臻代承畴,遣人龙剿贼党雄,斩获二百有奇。明年夏,从福臻擒贼孙守法。其秋,以所部援剿山西。六年春,与总兵尤世禄复辽州。已,败贼垣曲、绛县。进都司金书。又连破贼水头镇、花池塞、汤湖村。会山西贼几尽,乃还陕西。从巡抚陈奇瑜讨平延川贼,俘斩一千有奇。奇瑜擢总督,以人龙自随。

七年四月击贼隰州,擒克天虎,进参将。奇瑜追贼郧、襄、兴、汉,人龙并有功。贼轶车箱峡,陷陇州西去,奇瑜遣人龙救之。甫入陇州,李自成复至,环攻。以人龙同里闬,遣其将高杰移书令反,人龙不报。固守两月,左光先救至,围始解。十二月败贼中庄。明年正月,凤阳陷,总督洪承畴遣人龙驰救,败贼睢州。进副总兵。承畴以陕西急,率人龙入关。商、洛贼马光玉等薄西安,距大军五十里。承畴命人龙入子午谷,邀贼之南;别将刘成功、王永祥邀贼之北;张全昌从咸阳绕兴平东。贼以此不敢南遁,尽走武功、扶风,又渡渭走郿县。承畴追至王渠镇,贼方掠南山。人龙、成功等与战,追奔三十里,至大泥峪,贼弃马登山走。七月,高迎祥、张献忠掠秦安、清水,人龙偕全昌破之张家川。已而失利,都司田应龙等死。八月,高杰降,承畴令人龙及游击孙守法挟之趋富平,乘夜击败贼。人龙寻移守延绥。

九年七月,从巡抚孙传庭大破贼盩厔,擒迎祥。九月,惠登相等屯宝鸡,承畴遣人龙等往击,战于贾家村。追奔,为贼所截,川将曾荣耀等来援,败去,人龙坐褫官立功。十年,小红狼围汉中,瑞王告急。承畴率人龙兵由两当趋救，贼解去，诏复人龙官。徽、秦逸贼东趋平、凤，人龙躏至柳林，不利。贼窥西安，人龙御之，斩获多。其冬，自成、登相入四川，承畴率人龙等往援。岁暮至广元，贼已逼成都，自成别由松潘还陕右。

十一年，承畴督人龙等自阶、文穷追，自成走入西羌界，人龙与曹变蛟等大战二十七日。自成引残卒入塞，窜山中，谋入四川，为人龙及马科所追。突汉中，扼于左光先。其党祁总管降，自成几灭。详《变蛟传》。其冬，京师戒严，擢人龙总兵官，帅师入卫。人龙所部多降贼，至山西而噪，寻抚定。抵京，与变蛟等奏捷于太平。明年事定，还陕西。其秋，张献忠、罗汝才叛，谋入陕。人龙及副将李国奇等扼之兴安，乃入川东。杨嗣昌檄陕西总督郑崇俭率人龙、国奇军会剿。十二月，人龙击贼，大败之。

十三年二月与左良玉大破贼玛瑙山，人龙得一千三百余级，降贼将二十五人。六月，汝才、登相犯开县，总兵郑嘉栋击之仙寺岭，人龙击之马弱溪，共斩首一千二百。汝才、登相东西走，追之不能及。时贼尽集于川，监军万元吉令川将守巴、巫诸隘，人龙、国奇及楚将张应元、汪云龙、张奏凯专主追击。及应元军入夔，营土地岭，人龙逗留不至，诸军遂大败，人龙竟还陕。已而献忠、汝才陷剑州，趋广元，将从间道入汉中。人龙拒之阳平、百丈二关，贼乃退。十二月，嗣昌至重庆，三檄人龙会师，不至。

初，嗣昌恶左良玉，许人龙代为平贼将军。及战玛瑙山，良玉功第一，嗣昌语人龙姑待之。人龙大觖望，效良玉所为，不奉约束，嗣昌亦不能制。贼陷泸州而北，人龙屯小市厢，隔一水不击。贼遂越成都走汉州德阳，人龙军大噪而归。

十四年三月，嗣昌卒，丁启睿代，令人龙、国奇出当阳，击败自成于灵宝山中。人龙子大明战殁。九月，总督傅宗龙统人龙、国奇军出关，次新蔡，遇贼孟家庄。将战，人龙先走，国奇战不胜，亦走，宗龙遂殁。十五年正月，总督汪乔年出关击贼，人龙及郑嘉栋、牛成虎从。至襄城遇贼，复不战走，乔年亦殁。帝大怒，欲诛之，虑其为变,姑夺职,戴罪视事。及孙传庭督师陕西,帝授以意。人龙驻咸阳虞祸,晓夜为备。传庭以人龙家米脂,其宗族多在贼中,未可轻发,在道伴上疏曰:"人龙臣旧将,愿贳其罪,俾从臣自效。"帝亦佯许之。人龙稍自安。传庭至陕,密与巡抚张尔忠谋,以五月朔召人龙计事,数其罪斩之。其部将周国卿将精卒二百人,与同党魏大亨、贺国贤、高进库等将逃还泾阳取其孥,与贼为乱。尔忠遣参将孙守法先入泾阳,质其妻子。国卿穷,谋斩大亨等以降。尔忠密闻之大亨,遂斩国卿,函送其首。他部将高杰、高汝利、贺勇、董学礼等十四人俱仍故官,一军乃定。

高杰,米脂人。与李自成同邑,同起为盗。崇祯七年闰八月,总督陈奇瑜遣参将贺人龙救陇州,被围大困。自成令杰遗书约人龙反,不报。使者归,先见杰,后见自成。比围城两月不拔,自成心疑杰,遣别部将往代,杰归守营。自成妻邢氏趫武多智,掌军资,每日支粮杖。杰过氏营,分合符验。氏伟杰貌,与之通,恐自成觉,谋归降。次年八月遂窃邢氏来归。洪承畴以付人龙,使其游击孙守法挟以破贼,取立效为信,自是杰常隶人龙麾下。十三年,张献忠败于玛瑙山,窜兴、归界上,杰随人龙及副将李国奇大败之盐井。

十五年人龙以罪诛,命杰为实授游击。十月,陕西总督孙传庭至南阳,自成与罗汝才西行逆之。传庭以杰与鲁某为先锋,遇于塚头,大战败贼,追奔六十里。汝才见自成败来救,遂出官军后。后军左勷望见贼,怖而先奔,众军皆奔,遂大溃,杰所亡失独少。

十六年进副总兵,与总兵白广恩为军锋,两人皆降将也。广恩鸷骜,素不奉约束,而杰尤凶暴。朝廷以杰为自成所切齿,故命隶传庭办贼。九月从传庭克宝丰,得郏县。时官军乘胜深入,乏食。降将李际遇通贼,自成帅精骑大至。传庭问计于诸将,杰请战,广恩不可。传庭以广恩为怯,广恩不怿,引所部遁去。官军接战,陷伏中。杰登岭上望之曰:"不可支矣。"亦麾众退。军遂大奔,死者数万。广恩走汝州不救,杰乃随传庭走河北。已而自山西渡河,转入潼关,广恩已先至。十一月，自成攻关，广恩力战。而怨广恩以宝丰之败不救己，亦拥众不肯救。广恩战败，关遂破，传庭被杀。自成破西安，据之。杰北走延安，贼将李过追杰。杰东走宜川，河冰适合，遂渡，入蒲津以守。贼至，冰解不得渡，乃免。广恩既败，走固原，为贼将追及，遂以城降。十七年进杰总兵。帝令总督李化熙率杰兵驰救山西，而蒲州、平阳已陷久，杰退至泽州，沿途大掠，贼遂薄太原。

京师陷，杰南走，福王封兴平伯，列于四镇，领扬州，驻城外。杰固欲入城，扬州民畏杰不纳。杰攻城急，日掠厢村妇女，民益恶之。知府马鸣骐、推官汤来贺坚守月余。杰知不可攻，意稍息。阁部史可法议以瓜州予杰，乃止。九月命杰移驻徐州，以左中允卫胤文兼兵科给事中监其军西讨。徐州土贼程继孔被擒至京师，乘李自成乱逃归。十二月，杰擒斩之。加太子少傅，荫一子，世袭锦衣佥事。

初，杰伏兵要击黄得功于土桥，得功几不免，两镇遂相仇怨，事见《得功传》。杰争扬州时，可法颇为所窘。至是，杰感可法忠，与谋恢复。议调得功与刘泽清二镇赴邳、宿防河，杰自提兵直趋归、开，且瞰宛、洛、荆、襄，以为根本。遂具疏上之，语激切。且云："得功与臣犹介介前事。臣知报君雪耻而已，安能与同列较短长哉!"然得功终不欲为杰后劲，而泽清尤狡横难任。可法不得已，调刘良佐赴徐与杰为声援。

顺治二年正月，杰抵归德。总兵领许定国方驻睢州，有言其送子渡河者。杰招定国来会，不应。复邀巡抚越其杰、巡按陈潜夫同往睢州，定国始郊逆。其杰讽杰勿入城，杰心轻定国，不听，遂入城。十一日，定国置酒享杰。杰饮酣，为定国刻行期，且微及送子事。定国益疑，无离睢意。杰固促之行，定国怒，夜伏兵传砲大呼。其杰等急遁走，杰醉卧帐中未起，众拥至定国所杀之。先是，杰以定国将去睢，尽发兵戍开封，所留亲卒数十人而已。定国伪恭顺，多选妓侍杰，而以二妓偶一卒寝。卒尽醉，及闻欲起，为二妓所制不得脱，皆死。明日，杰部下至，攻城，老弱无子遗。定国走降大清军。

杰为人淫毒，扬民闻其死，皆相贺。然是行也，进取意甚锐，故时有惜之者。始朝廷许诸镇与闻国是,故杰屡条奏救降贼者,及请释武愫于狱,不允。复疏荐吴甡、郑三俊、金光辰、姜采、熊开元、金声、沈正宗等。大抵其时武臣风尚多类此。杰死,赠太子太保,以其子元爵袭兴平伯。

刘泽清,曹县人。以将材授辽东宁、前卫守备,迁山东都司佥书,加参将。崇祯三年,大清兵攻铁厂,欲据以绝丰润粮道。援守三屯总兵杨肇基遣泽清来援,未至铁厂一十五里,遇大兵,力战,自辰至午不决。得济师,转战至遵化,夹击,遂得入城。叙功,加二级至副总兵。五年以侵克军粮被劾,诏立功冲要地。六年迁总兵。其冬加左都督,恢复登州有功。八年诏统山东兵防漕。九年,京师戒严,统兵入卫,令驻新城为南北控扼,复命留守通州。加左都督、太子太师。

十三年五月,山东大饥,民相聚为寇,曹、濮尤甚。帝命泽清会总兵杨御蕃兵剿捕之。八月降右都督,镇守山东防海。泽清以生长山东,久镇东省非宜,请辞任。帝令整旅渡河,合诸镇星驰援剿。

十六年二月,贼围开封久,泽清赴援。以朱家寨去汴八里,提五千人南渡,倚河为寨,疏水环之,欲以次结八寨达大堤,筑甬道,馈饷城中。壁垒未成,贼来争。相持三日,互有杀伤。泽清即命拔营去,惶扰奔进,士争舟,多溺死者。

泽清为人性怆怯,怀私观望。尝妄报大捷邀赏赐,又诡称坠马被伤,诏赍药资四十两。命赴保定剿贼,不从,日大掠临清。率兵南下,所至焚劫一空。寇氛日急,给事中韩如愈、马嘉植皆谋奉使南归。如愈常劾泽清,过东昌,泽清遣人杀之于道,无敢上闻者。

京师陷,泽清走南都,福王以为诸镇之一,封东平伯,驻庐州。时武臣各占分地,赋入不以上供,恣其所用,置封疆兵事一切不问。与廷臣互分党援,干预朝政,排挤异己,奏牍粉如,纪纲尽裂,而泽清所言尤狂悖。王初立,即援靖康故事,请以今岁五月改元,又请宥故辅周延儒助饷赃银。都御史刘宗周劾诸将跋扈状,泽清遂两疏劾宗周,且曰:“上若诛宗周,臣即卸职。”朝廷不得已,温诏解之。又请禁巡按不得拿访追赃，请法司严缉故总督侯恂及其子方域，朝廷皆曲意从之。

顺治二年四月，扬州告急，命泽清等往援，而泽清已潜谋输款矣。大清恶其反覆，磔诛之。

泽清颇涉文艺，好吟咏。尝召客饮酒唱和。幕中蓄两猿，以名呼之即至。一日，宴其故人子，酌酒金瓯中，瓯可容三升许，呼猿捧酒跪送客。猿狰狞甚，客战掉，逡巡不敢取。泽清笑曰："君怖耶？"命取囚扑死阶下，剜其脑及心肝，置瓯中，和酒，付猿捧之前。饮醑，颜色自若。其凶忍多此类。

祖宽，辽东人。少有勇力。给侍祖大寿家，从军有功。累官宁远参将。部卒多塞外降人，所向克捷。

崇祯五年七月，叛将李九成等围莱州急，诏发关外兵讨之。宽与靳国臣、祖大弼、张韬率兵抵昌邑。巡抚朱大典获贼书，约宽等为内应，以示宽等，皆誓灭贼以自明，乃用宽、国臣为前锋。宽至沙河与贼遇，众寡不敌，稍却。会国臣至，拔刀大呼直前，宽、大弼、韬咸殊死战，大败贼兵，逐北抵城下，立解莱州围。是月晦，进兵黄县。贼倾巢出战，宽等复大败之，遂与刘泽清等筑长围以困登州。明年二月，贼始平。语详《大典传》。宽以解围功，进都督佥事。再叙功，世荫外卫副千户，进副总兵。

八年秋，命为援剿总兵官，督关外兵三千讨流贼。十月至河南，巡抚陈必谦、监纪推官汤开远令与左良玉抵灵宝，至则挫张献忠于焦村。无何，高迎祥、李自成至，与献忠合攻阌乡。宽赴救，贼解而趋灵宝，断良玉、宽军不相应，遂东陷陕州，攻洛阳。良玉、宽至，迎祥、自成、献忠毕走。良玉追迎祥，而宽分击献忠，夜督副将祖克勇等趋葛家庄，黎明遇贼，大破之。贼奔嵩县九皋山，宽伏二军于山沟诱之。贼趋下，伏发，斩馘九百有奇。寻与副将刘肇基、罗岱遇贼汝州圪料镇，复大败贼，伏尸二十余里，斩馘千六百有奇。献忠愤，合迎祥、自成兵，与宽战龙门、白沙，截官军为二。宽自断后，士卒殊死斗,自晨至夜分,复大捷,斩馘一千有奇。迎祥、自成乃走窥光州,宽督副将李辅明蹑其后。贼走攻确山,宽等驰救,大破之,斩馘五百八十有奇。自成等遂东走庐州,攻围七昼夜。明年正月,宽等至,贼奔全椒,遂围滁州。南京太仆卿李觉斯、知州刘大巩力御之。而宽等军至,奋击大呼,诸军无不一当百,自晨至晡,贼大败。从城东五里追至关山之朱龙桥,横尸枕藉,水为不流。二月,又从总理卢象破升贼七顶山,歼自成精卒殆尽。象升移军南阳,命宽备邓州。会贼渡汉江,入郧、襄,余众三万匿内乡、淅川山中。象升命宽与祖大乐等入山搜讨。

边军强慭,性异他卒,不可以法绳。往时官军多关中人,与贼乡里,临阵相劳苦,抛生口,弃辎重,即纵之去,谓之“打活仗”。边军不通言语,逢贼即杀,故多胜。然所过焚庐舍,淫妇女,恃功不戢;又利野战,惮搜山;且见贼远窜,非旬朔可定,自以为客将,无持久心。宽卒方过河,噪而逸。象升激劝再三,始听命。至党子口,仍按甲不行。而总兵李重镇素恇怯,冀卸责,众益思归。象升乃力陈入山搜剿之难,请令宽、重镇赴关中讨贼。会总督洪承畴亦请之,宽等遂移军陕西,隶承畴麾下。八月,京师被兵,召入卫。录滁州功,进右都督,赍银币。事定,命赴宁远协守。

十一年冬,诏宽率师援畿辅。及山东告急,宽逗遛。明年正月,济南失守,褫职被逮,坐失陷藩封,竟弃市。

宽敢战有功,称骁将。性刚使气,不为文吏所喜,卒致大辟,莫为论救。

赞曰:左良玉以骁勇之材,频歼剧寇,遂拥强兵,骄亢自恣,缓则养寇以贻忧,急则弃甲以致溃。当时以不用命罪诸将者屡矣,而良玉偃蹇偾事,未正刑章,姑息酿患,是以卒至称兵犯阙而不顾也。高杰、祖宽皆刚悍难驯,恃功不戢,而杰尤为凶鸷。杰然被戕于锐意进取之时,宽受诛于力战赴援之后,死非其罪,不能无遗憾焉。

明史卷二七四
列传第一六二

史可法 任民育等　何刚等　**高弘图**
姜曰广 周镳　雷缜祚

　　史可法,字宪之,大兴籍,祥符人。世锦衣百户。祖应元举于乡,官黄平知州,有惠政。语其子从质曰:"我家必昌。"从质妻尹氏有身,梦文天祥入其舍,生可法。以孝闻。举崇祯元年进士,授西安府推官,稍迁户部主事,历员外郎、郎中。

　　八年,迁右参议,分守池州、太平。其秋,总理侍郎卢象升大举讨贼。改可法副使,分巡安庆、池州,监江北诸军。黄梅贼掠宿松、潜山、太湖,将犯安庆,可法追击之潜山天堂寨。明年,祖宽破贼滁州,贼走河南。十二月,贼马守应合罗汝才、李万庆自郧阳东下。可法驰驻太湖,扼其冲。

　　十年正月,贼从间道突安庆石牌,寻移桐城。参将潘可大击走贼,贼复为庐、凤军所扼,回桐城,掠四境。知县陈尔铭婴城守,可法与可大剿捕。贼走庐江,犯潜山,可法与左良玉败之枫香驿,贼乃窜潜山、太湖山中。三月,可大及副将程龙败殁于宿松。贼分其党摇天动别为一营,而合八营二十余万众,分屯桐城之练潭、石井、陶冲。总兵官牟文绶、刘良佐击败之挂车河。

　　当是时,陕寇聚漳、宁,分犯岷、洮、秦、楚、应、皖,群盗遍野。总理卢象升既改督宣、大,代以王家桢,祖宽关外兵亦北归。未几,上复以熊文灿代家桢,专抚贼。贼益狂逞,盘牙江北,南都震惊。七月擢可法右佥都御史,巡抚安庆、庐州、太平、池州四府,及河南之光州、光山、固始、罗田,湖广之蕲州、广济、黄梅,江西之德化、湖口诸县,提督军务,设额兵万人。贼已东陷和州、含山、定远、六合,犯天长、盱眙,趋河南。可法奏免被灾田租。冬,部将汪云凤败贼潜山,京军复连破老回回舒城、庐江,贼遁入山。时监军佥事汤开远善击贼,可法东西驰御,贼稍稍避其锋。十一年夏,以平贼逾期,戴罪立功。

可法短小精悍,而黑,目烁烁有光。廉信,与下均劳苦。军行,士不饱不先食,未授衣不先御,以故得士死力。连败贼英山、六合,顺天王乞降。十二年夏,丁外艰去。服阕,起户部右侍郎兼右佥都御史。代朱大典总督漕运,巡抚凤阳、淮安、扬州,劾罢督粮道三人,增设漕储道一人,大浚南河,漕政大厘。拜南京兵部尚书,参赞机务。因武备久弛,奏行更新八事。

十七年四月朔,闻贼犯阙,誓师勤王。渡江抵浦口,闻北都既陷,缟衣发丧。会南都议立君,张慎言、吕大器、姜曰广等曰:"福王由崧,神宗孙也,伦序当立,而有七不可:贪、淫、酗酒、不孝、虐下、不读书、干预有司也。潞王常涝,神宗侄也,贤明当立。"移牒可法,可法亦以为然。凤阳总督马士英潜与阮大铖计议,主立福王,咨可法,可法以七不可告之。而士英已与黄得功、刘良佐、刘泽清、高杰发兵送福王至仪真,于是可法等迎王。五月朔,王谒孝陵、奉先殿,出居内守备府。群臣入朝,王色赧欲避。可法曰:"王毋避,宜正受。"既朝,议战守。可法曰:"王宜素服郊次,发师北征,示天下以必报仇之义。"王唯唯。明日再朝,出议监国事。张慎言曰:"国虚无人,可遂即大位。"可法曰:"太子存亡未卜,倘南来若何?"诚意伯刘孔昭曰:"今日既定,谁敢复更?"可法曰:"徐之。"乃退。又明日,王监国,廷推阁臣,众举可法、高弘图、姜曰广。孔昭攘臂欲并列,众以本朝无勋臣入阁例,遏之。孔昭勃然曰:"即我不可,马士英何不可?"乃并推士英。又议起废,推郑三俊、刘宗周、徐石麒。孔昭举大铖,可法曰:"先帝钦定逆案,毋复言。"越二日,拜可法礼部尚书兼东阁大学士，与士英、弘图并命。可法仍掌兵部事，士英仍督师凤阳。乃定京营制，如北都故事，侍卫及锦衣卫诸军，悉入伍操练。锦衣东西两司房，及南北两镇抚司官，不备设，以杜告密，安人心。

当是时，士英旦夕冀入相。及命下，大怒，以可法七不可书奏之王。而拥兵入觐，拜表即行。可法遂请督师，出镇淮、扬。十五日，王即位。明日，可法陛辞，加太子太保，改兵部尚书、武英殿大学士。士英即以是日入直，议分江北为四镇。东平伯刘泽清辖淮、海，驻淮北，经理山东一路。总兵官高杰辖徐、泗，驻泗水，经理开、归一路。总兵官刘良佐辖凤、寿，驻临淮，经理陈、杞一路。靖南伯黄得功辖滁、和，驻庐州，经理光、固一路。可法启行，即遣使访大行帝后梓宫及太子二王所在，奉命祭告泗凤、二陵。

可法去，士英、孔昭辈益无所惮。孔昭以慎言举吴甡，哗殿上，拔刀逐慎言。可法驰疏解，孔昭卒扼甡不用。可法祭二陵毕，上疏曰："陛下践阼初，祗谒孝陵，哭泣尽哀，道路感动。若躬谒二陵，亲见泗、凤蒿莱满目，鸡犬无声，当益悲愤。愿慎终如始，处深宫广厦，则思东北诸陵魂魄之未安；享玉食大庖，则思东北诸陵麦饭之无展；膺图受箓，则念先帝之集木驭朽，何以忽遭危亡；早朝晏罢，则念先帝之克俭克勤，何以卒隳大业。战兢惕厉，无时怠荒，二祖列宗将默祐中兴。若晏处东南，不思远略，贤奸无辨，威断不灵，老成投簪，豪杰裹足，祖宗怨恫，天命潜移，东南一隅未可保也。"王嘉答之。

得功、泽清、杰争欲驻扬州。杰先至，大杀掠，尸横野。城中凶惧，登陴守，杰攻之浃月。泽清亦大掠淮上。临淮不纳良佐军，亦被攻。朝命可法往解，得功、良佐、泽清皆听命。乃诣杰。杰素惮可法，可法来，杰夜掘坎十百，埋暴骸。且日朝可法帐中，辞色俱变，汗浃背。可法坦怀待之，接偏裨以温语，杰大喜过望。然杰亦自是易可法，用己甲士防卫，文檄必视而后行。可法夷然为具疏，屯其众于瓜洲，杰又大喜。杰去，扬州以安，可法乃开府扬州。

六月，大清兵击败贼李自成，自成弃京师西走。青州诸郡县争杀伪官,据城自保。可法请颁监国、登极二诏,慰山东、河北军民心。开礼贤馆,招四方才智,以监纪推官应廷吉领其事。八月出巡淮安,阅泽清士马。返扬州,请饷为进取资。士英靳不发,可法疏趣之。因言:"迩者人才日耗,仕途日淆,由名心胜而实意不修,议论多而成功少。今事势更非昔比,必专主讨贼复仇。舍筹兵筹饷无议论,舍治兵治饷无人才。有摭拾浮谈,巧营华要者,罚无赦!"王优诏答之。

初,可法虞杰跋扈,驻得功仪真防之。九月朔,得功、杰构兵,曲在杰。赖可法调剂,事得解。北都降贼诸臣南还,可法言:"诸臣原籍北土者,宜令赴吏、兵二部录用,否则恐绝其南归之心。"又言:"北都之变,凡属臣子皆有罪。在北者应从死,岂在南者非人臣?即臣可法谬典南枢,臣士英叨任凤督,未能悉东南甲疾趋北援,镇臣泽清、杰以兵力不支,折而南走。是首应重论者,臣等罪也。乃因圣明继统,铁钺未加,恩荣叠被。而独于在北诸臣毛举而概绳之,岂散秩闲曹,责反重于南枢、凤督哉。宜摘罪状显著者,重惩示儆。若伪命未污,身被刑辱,可置勿问。其逃避北方,徘徊而后至者,许戴罪讨贼,赴臣军前酌用。"廷议并从之。

杰居扬州,桀骜甚。可法开诚布公,导以君臣大义。杰大感悟,奉约束。十月,杰帅师北征。可法赴清江浦,遣官屯田开封,为经略中原计。诸镇分汛地,自王家营而北至宿迁,最冲要,可法自任之,筑垒缘河南岸。十一月四日,舟次鹤镇,谍报我大清兵入宿迁。可法进至白洋河,令总兵官刘肇基往援。大清兵还攻邳州,肇基复援之,相持半月而解。

时自成既走陕西,犹未灭,可法请颁讨贼诏书,言:

自三月以来,大仇在目,一矢未加。昔晋之东也,其君臣日图中原,而仅保江左,宋之南也,其君臣尽力楚、蜀,而仅保临安。盖偏安者,恢复之退步,未有志在偏安,而遽能自立者也。大变之初,黔黎洒泣,绅士悲哀,犹有朝气。今则兵骄饷绌,文恬武嬉,顿成暮气矣。河上之防,百未经理,人心不肃,威令不行。复仇之师不闻及关、陕,讨贼之诏不闻达燕、齐。君父之仇,置诸膜外。夫我即卑宫菲食，尝胆卧薪，聚才智精神，枕戈待旦，合方州物力，破釜沉舟，尚虞无救。以臣观庙堂谋画，百执事经营，殊未尽然。夫将所以能克敌者，气也；君所以能御将者，志也。庙堂志不奋，则行间气不鼓。夏少康不忘出窦之辱，汉光武不忘燕薪之时。臣愿陛下为少康、光武，不愿左右在位，仅以晋元、宋高之说进也。

先皇帝死于贼，恭皇帝亦死于贼，此千古未有之痛也。在北诸臣，死节者无多；在南诸臣，讨贼者复少。此千古未有之耻也。庶民之家，父兄被杀，尚思穴胸断胫，得而甘心，况在朝廷，顾可漠置。臣愿陛下速发讨贼之诏，责臣与诸镇悉简精锐，直指秦关，悬上爵以待有功，假便宜而责成效，丝纶之布，痛切淋漓，庶海内忠臣义士，闻而感愤也。

国家遭此大变，陛下嗣登大宝，与先朝不同。诸臣但有罪之当诛，曾无功之足录。今恩外加恩未已，武臣腰玉，名器滥觞。自后宜慎重，务以爵禄待有功，庶猛将武夫有所激厉。兵行最苦无粮，搜括既不可行，劝输亦难为继。请将不急之工程，可已之繁费，朝夕之燕衎，左右之进献，一切报罢。既事关典礼，亦宜概从节省。盖贼一日未灭，即有深宫曲房，锦衣玉食，岂能安享！必刻刻在复仇雪耻，振举朝之精神，萃万方之物力，尽并于选将练兵一事，庶人心可鼓，天意可回。

可法每缮疏，循环讽诵，声泪俱下，闻者无不感泣。

比大清兵已下邳、宿，可法飞章报。士英谓人曰：“渠欲叙防河将士功耳。”慢弗省。而诸镇逡巡无进师意，且数相攻。明年，是为大清顺治之二年，正月，饷缺，诸军皆饥。顷之，河上告警。诏良佐、得功率师扼颍、寿，杰进兵归、徐。杰至睢州，为许定国所杀。部下兵大乱，屠睢旁近二百里殆尽。变闻，可法流涕顿足叹曰：“中原不可为矣。”遂如徐州，以总兵李本身为提督，统杰兵。本身者，杰甥也。以胡茂顺为督师中军，李成栋为徐州总兵，诸将各分地，又立杰子元爵为世子，请恤于朝。杰军乃定。杰军既还，于是大梁以南皆不守。士英忌可法威名，加故中允卫允文兵部右侍郎，总督兴平军，以夺可法权。允文，杰同乡也，陷贼南还，杰请为己监军。杰死，允文承士英旨，疏诮可法。士英喜，故有是命，驻扬州。二月，可法还扬州。未至，得功来袭兴平军，城中大惧。可法遣官讲解，乃引去。

时大兵已取山东、河南北，逼淮南。四月朔，可法移军驻泗州，护祖陵。将行，左良玉称兵犯阙，召可法入援。渡江抵燕子矶，得功已败良玉军。可法乃趋天长，檄诸将救盱眙。俄报盱眙已降大清，泗州援将侯方岩全军没。可法一日夜奔还扬州。讹传定国兵将至，歼高氏部曲。城中人悉斩关出，舟楫一空。可法檄各镇兵，无一至者。二十日，大清兵大至，屯班竹园。明日，总兵李栖凤、监军副使高岐凤拔营出降，城中势益单。诸文武分陴拒守。旧城西门险要，可法自守之。作书寄母妻，且曰：“死葬我高皇帝陵侧。”越二日，大清兵薄城下，炮击城西北隅，城遂破。可法自刎不殊，一参将拥可法出小东门，遂被执。可法大呼曰：“我史督师也。”遂杀之。扬州知府任民育，同知曲从直、王缵爵，江都知县周志畏、罗伏龙，两淮盐运使杨振熙，监饷知县吴道正，江都县丞王志端，赏功副将汪思诚，幕客卢渭等皆死。

可法初以定策功加少保兼太子太保，以太后至加少傅兼太子太傅，叙江北战功加少师兼太子太师，擒剧盗程继孔功加太傅，皆力辞，不允。后以宫殿成，加太师；力辞，乃允。可法为督师，行不张盖，食不重味，夏不箑，冬不裘，寝不解衣。年四十余，无子，其妻欲置妾。太息曰：“王事方殷，敢为儿女计乎！”岁除遣文牒，至夜半，倦索酒。庖人报淆肉已分给将士，无可佐者，乃取盐豉下之。可法素善饮，数斗不乱，在军中绝饮。是夕，进数十觥，思先帝，泫然泪下，凭几卧。比明，将士集辕门外，门不启，左右遥语其故。知府民育曰：“相公此夕卧，不易得也。”命鼓人仍击四鼓，戒左右毋惊相公。须臾，可法寤，闻鼓声，大怒曰：“谁犯吾令！”将士述民育意，乃获免。尝子处铃阁或舟中，有言宜警备者，曰：“命在天。”可法死，觅其遗骸。天暑，众尸蒸变，不可辨识。逾年，家人举袍笏招魂，葬于扬州郭外之梅花岭。其后四方弄兵者,多假其名号以行,故时谓可法不死云。

可法无子,遗命以副将史德威为之后。有弟可程,崇祯十六年进士。擢庶吉士。京师陷,降贼。贼败,南归,可法请置之理。王以可法故,令养母。可程遂居南京,后流寓宜兴,阅四十年而卒。

任民育,字时泽,济宁人。天启中乡举,善骑射。真定巡抚徐标请于朝,用为赞画,理屯事。真定失,南还。福王时,授亳州知州。以才擢扬州知府,可法倚之。城破,绯衣端坐堂上,遂见杀,阖家男妇尽赴井死。

从直,辽东人,与其子死东门。缵爵,鄞人,工部尚书佐孙。志畏,亦鄞人,进士,年少好气,数曹杰将士窘辱,求解职。会伏龙至,可法命代之。伏龙,新喻人。故梓潼知县,受代甫三日。振熙,临海人。道正,余姚人。志端,孝丰人。思诚,字纯一,贵池人。

渭,字谓生,长洲诸生。可法出镇淮、扬,渭等伏阙上书,言:"秦桧在内,李纲居外,宋终北辕。"不纳。居礼贤馆久,可法才渭。渭方岁贡,当得官,不受职,而拟授昆山归昭等二十余人为通判、推官、知县。甫二旬,城陷,渭监守钞关,投于河。昭死西门,从死者十七人。

时同守城死者,又有遵义知府何刚、庶吉士吴尔埙。而扬州诸生殉义者,有高孝缵、王士琇、王缵、王绩等。又有武生戴之藩、医者陈天拔、画士陆愉、义兵张有德、市民冯应昌、舟子徐某,并自尽。他妇女死节者,不可胜纪。

何刚,字悫人,上海人。崇祯三年举于乡。见海内大乱,慨然有济世之志。交天下豪俊,与东阳许都善,语之曰:"子所居天下精兵处,合练一旅以待用。"都诺而去。

十七年正月入都上书,言:"国家设制科,立资格,以约束天下豪杰。此所以弭乱,非所以戡乱也。今日救生民,匡君国,莫急于治兵。陛下诚简强壮英敏之士，命知兵大臣教习之，讲韬钤，练筋骨，拓胆智，时召而试之。学成优其秩，寄以兵柄，必能建奇功。臣读戚继光书，继光数言义乌、东阳兵可用。诚得召募数千，加之训练，准继光遗法，分布河南郡县，大寇可平。"因荐都及钱塘进士姚奇允、桐城诸生周岐、陕西诸生刘湘客、绛州举人韩霖。帝壮其言，即擢刚职方主事，募兵金华。而都作乱已前死，霖亦为贼用，刚不知，故并荐之。

刚出都，都城陷，驰还南京。先是，贼逼京师，刚友陈子龙、夏允彝将联海舟达天津，备缓急，募卒二千人，至是令刚统之。子龙入为兵科，言防江莫如水师，更乞广行召募，委刚训练，从之。刚乃上疏言："臣请陛下三年之内，宫室不必修，百官礼乐不必备。惟日求天下才，智者决策，廉者理财，勇者御敌。爵赏无出此三者，则国富兵强，大敌可服。若以骄悍之将驭无制之兵，空言恢复，是却行而求前也。优游岁月，润色偏安，锢豪杰于草间，迫枭雄为盗贼，是株守以待尽也。惟庙堂不以浮文取士，而以实绩续课人，则真才皆为国用，而议论亦省矣。分遣使者罗草泽英豪，得才多者受上赏，则枭杰皆毕命封疆，而盗魁亦少矣。东南人满，徙之江北，或赐爵，或赎罪，则豪右皆尽力南亩，而军饷亦充矣。"时不能用。

寻进本司员外郎，以其兵隶史可法。可法大喜得刚，刚亦自喜遇可法知己。士英恶之，出刚遵义知府。可法垂涕曰："子去，吾谁仗？"刚亦泣，愿死生无相背。逾月，扬州被围，佐可法拒守。城破，投井死。

吴尔埙，崇德人。崇祯进六年进士，授庶吉士。贼败南还，谒可法，请从军赎罪，可法遂留参军事。其父之屏方督学福建，尔埙断一指畀故人祝渊曰："君归语我父母，悉出私财畀我饷军。我他日不归，以指葬可也。"从高杰北征至睢州，杰被难，尔埙流寓祥符。遇一妇人，自言福王妃。尔埙因守臣附疏以进，诏斥其妄言，逮之，可法为救免。后守扬州新城，投井死。

高弘图,字研文,胶州人。万历三十八年进士。授中书舍人,擢御史。枧棱自持,不依丽人。

天启初,陈时政八患,请用邹元标、赵南星。巡按陕西,题荐属吏,赵南星纠之,弘图不能无望,代还,移疾去。魏忠贤亟攻东林,其党以弘图尝与南星有隙,召起弘图故官。入都,则杨涟、左光斗、魏大中等已下诏狱,锻炼严酷。弘图果疏论南星,然言"国是已明,雷霆不宜频击","诏狱诸臣,生杀宜听司败法",则颇谓忠贤过当者。疏中又引汉元帝乘船事,忠贤方导帝游幸,不悦,矫旨切责之。后谏帝毋出跸东郊,又极论前陕西巡抚乔应甲罪,又尝语刺崔呈秀。呈秀、应甲皆忠贤党,由是忠贤大怒,拟顺天巡按不用。弘图乞归,遂令闲住。

庄烈帝即位,起故官。劾罪田诏、刘志选、梁梦环。擢太仆少卿,复移疾去。三年春,召拜左佥都御史,进左副都御史。五年迁工部右侍郎。方入署,总理户、工二部中官张彝宪来会,弘图耻之,不与共坐,七疏乞休。帝怒,遂削籍归,家居十年不起。

十六年,召拜南京兵部右侍郎,就迁户部尚书。明年三月,京师陷,福王立,改弘图礼部尚书兼东阁大学士。疏陈新政八事。一,宣义问。请声逆贼之罪,鼓发忠义。一,勤圣学。请不俟释服,日御讲筵。一,设记注。请召词臣入侍,日记言动。一,睦亲藩。请如先朝践极故事,遣官赍玺书慰问。一,议庙祀。请权附列圣神主于奉先殿,仍于孝陵侧望祀列圣山陵。一,严章奏。请禁奸宄小人借端妄言,脱罪侥幸。一,收人心。请蠲江北、河南、山东田租,毋使贼徒藉口。一,择诏使。请遣官招谕朝鲜,示牵制之势。并褒纳焉。

当是时,朝廷大议多出弘图手。马士英疏荐阮大铖,弘图不可。士英曰:"我自任之。"乃命大铖假冠带陛见。大铖入见,历陈冤状,以弘图不附东林引为证。弘图则力言逆案不可翻,大铖、士英并怒。一日,阁中语及故庶吉士张溥,士英曰:"我故人也,死,酹而哭之。"姜日广笑曰:"公哭东林者,亦东林耶?"士英曰:"我非畔东林者,东林拒我耳。"弘图因纵臾之,士英意解。而刘宗周劾疏自外至,大铖宣言日广实使之,于是士英怒不可止。而荐张捷、谢升之疏出,朝端益水火矣。内札用户部侍郎张有誉为尚书,弘图封还,具奏力谏,卒以廷推简用。中官议设东厂,弘图争不得。遂乞休,不许,加太子少师,改户部尚书,文渊阁。寻以太后至,进太子太保。

其年十月,弘图四疏乞休,乃许之。弘图既谢政,无家可归,流寓会稽。国破,逃野寺中,绝粒而卒。

姜日广,字居之,新建人。万历末,举进士,授庶吉士,进编修。天启六年奉使朝鲜,不携中国一物往,不取朝鲜一钱归,朝鲜人为立怀洁之碑。明年夏,魏忠贤党以日广东林,削其籍。

崇祯初,起右中允。九年积官至吏部右侍郎。坐事左迁南京太常卿,遂引疾去。十五年起詹事,掌南京翰林院。庄烈帝尝言:"日广在讲筵,言词激切,朕知其人。"每优容之。

北都变闻,诸大臣议所立。曰广、吕大器用周镖、雷缜祚言,主立潞王,而诸帅奉福藩至江上。于是文武官并集内官宅,韩赞周令各署名籍。日广曰:"无勿遽,请祭告奉先殿而后行。"明日至奉先殿,诸勋臣语侵史可法,日广呵之,于是群小咸目摄日广。廷推阁臣,以日广异议不用,用史可法、高弘图、马士英。及再推词臣,以王铎、陈子壮、黄道周名上,而首日广。乃改日广礼部尚书兼东阁大学士,与铎并命。铎未至,可法督师扬州,日广与弘图协心辅政。而士英挟拥戴功,内结勋臣朱国弼、刘孔昭、赵之龙,外连诸镇刘泽清、刘良佐等,谋擅朝权,深忌日广。

未几,士英特荐起阮大铖。日广力争不得,遂乞休,言:

前见文武交竞,既惭无术调和;近睹逆案忽翻,又愧不能寝弭。遂弃先帝十七年之定力,反陛下数日前之明诏。臣请以前事言之。臣观先帝之善政虽多,而以坚持逆案为尤美;先帝之害政间有,而以频出口宣为乱阶。用阁臣内传矣,用部臣勋臣内传矣,用大将用言官内传矣。而所得阁臣,则淫贪巧猾之周延儒也，逢君蠹民奸险刻毒之温体仁、杨嗣昌也，偷生从贼之魏藻德也；所得部臣，则阴邪贪狡之王永光、陈新甲；所得勋臣，则力阻南迁尽撤守御狂稗之李国祯；所得大将，则纨绔支离之王朴、倪宠；所得言官，则贪横无赖之史𡐛、陈启新也。凡此皆力排众议，简自中旨，后效可睹。

今又不然。不必金同，但求面对，立谈取官。阴夺会推之柄，阳避中旨之名，决廉耻之大防，长便佞之恶习。此岂可训哉？

臣待罪纶扉，苟好尽言，终蹈不测之祸。聊取充位，又来鲜耻之讥。愿乞骸骨还乡里。

得旨慰留，士英、大铖等滋不悦。国弼、孔昭遂以诽谤先帝，诬蔑忠臣李国祯为言，交章攻之。

刘泽清故附东林，拥立议起，亦主潞王。至是入朝，则力底东林以自解免。且曰："中兴所恃在政府。今用辅臣，宜令大帅金议。"日广愕然。越数日，泽清疏劾吕大器、雷縯祚，而荐张捷、邹之麟、张孙振、刘光斗等。已，又请免故辅周延儒赃。日广曰："是欲渐干朝政也。"乃下部议，竟不许。

日广尝与士英交诟王前。宗室朱统𨨴者，素无行，士英啖以官，使击日广。泽清又假诸镇疏攻刘宗周及日广，以三案旧事及迎立异议为言，请执下法司，正谋危君父之罪。顷之，统𨨴复劾日广五大罪，请并刘士桢、王重、杨廷麟、刘宗周、陈必谦、周镳、雷縯祚置之理，必谦、镳以是逮。日广既连遭诬污，屡疏乞休，其年九月始得请。入辞，诸大臣在列。日广曰："微臣触忤权奸，自分万死，上恩宽大，犹许归田。臣归后，愿陛下以国事为重。"士英熟视日广，詈曰："我权奸，汝且老而贼也。"既出，复于朝堂相诟詈而罢。

日广骨鲠，扼于险邪，不竟其用，遂归。其后左良玉部将金声桓者，已降于我大清，既而反江西，迎日广以资号召。声桓败，日广投契家池死。

周镳，字仲驭，金坛人。父秦峄，云南布政使。镳举乡试第一，崇祯元年成进士，授南京户部主事，榷税芜湖。忧归，服阕，授南京礼部主事。极论内臣言官二事，言："张彝宪用而高弘图、金铉罢，王坤用而魏呈润、赵东曦斥，邓希诏用而曹文衡罢间，王弘祖、李日辅、熊开元罹罪。每读邸报，半属内侍温纶。自今锻炼臣子，委亵天言，祇徇中贵之心，臣不知何所极也。言官言出祸随，黄道周诸臣荐贤不效，而惠世扬、刘宗周勿获进；华允诚诸臣驱奸无济，而陈于廷、姚希孟、郑三俊皆蒙谴。每奉严谕，率皆直臣封章。自今播弃忠良，奖成宵小，祇快奸人之计，臣益不知何所极矣。"帝怒斥为民，镳由是名闻天下。

初，镳世父尚书应秋、叔父御史维持，以附魏忠贤并丽逆案，镳耻之。通籍后，即交东林，矫矫树名节。及被放，与宣城沈寿民读书茅山，廷臣多论荐之。十五年起礼部主事，进郎中，为吏部尚书郑三俊所倚。然为人好名，颇饰伪，给事中韩如愈疏论之，罢归。

福王立于南京。马士英既逐吕大器，以镳及雷縯祚曾主立潞王议，令朱统镶劾曰广，因言镳、縯祚等皆曰广私党，请悉置于理，遂令逮治。而士英劾镳从弟钟从逆，并及镳，钟亦逮治。阮大铖居金陵时，诸生顾杲等出《留都防乱公揭》讨之，主之者镳也，大铖以故恨镳。镳狱急，属御史陈丹衷求解于士英，为缉事者所获，丹衷出为长沙知州。于是察处御史罗万爵希大铖指，上疏痛诋镳。而光禄卿祁逢吉，镳同邑人，见人辄詈镳，遂得为户部侍郎。亡何，左良玉称兵檄讨士英罪，言引用大铖，构陷镳、縯祚，锻炼周内。士英、大铖益怒。大铖谓镳实召良玉兵，王乃赐镳、縯祚自尽，钟弃市。

雷縯祚，太湖人。崇祯三年举于乡。十三年夏，帝思破格用人，而考选止及进士，特命举人贡生就试教职者，悉用为部寺司属推官知县，凡二百六十三人，号为庚辰特用。而縯祚得刑部主事。明年三月劾杨嗣昌六大罪可斩，凤阳总督朱大典、安庆巡抚郑二阳、河南巡抚高名衡、山东巡抚王公弼宜急易，帝不悦。

十五年，擢武德道兵备佥事。山东被兵，縯祚守德州，有诏奖励。乃疏劾督师范志完纵兵淫掠,折除军饷,构结大党。帝心善其言,以淫掠事责兵部,而令缵祚再陈。志完者,首辅周延儒门生也,缵祚意有所忌,久不奏。

明年五月,延儒下廷议,缵祚及奏言:"志完两载佥事,骤陟督师,非有大党,何以至是。大僚则尚书范景文等,词林则谕德方拱乾等,言路则给事中朱徽、沈允培、袁彭年等,皆其党也。方德州被攻。不克去,掠临清,又五日,志完始至。间后部破景州。则大惧,欲避入德州城。漏三下,邀臣议。臣不听,志完乃偕流寓词臣拱乾见臣南城古庙。臣告以督师非入城官,蓟州失事。由降丁内溃,志完不怿而去。若夫座主当朝,罔利曲庇,双手有燎原之势,片语操生死之权,称功颂德,遍于班联。臣不忍见陛下周、召待大臣,而大臣以严嵩、薛国观自待也。臣外藩小吏,乙榜孤踪,不言不敢,尽言不敢,感陛下虚怀俯纳,故不避首辅延儒与举国媚附时局,略进一言。至中枢主计请饷必馈常例,天下共知,他乾没更无算。"

疏入,帝益心动。命议旧计臣李待问、傅淑训,枢臣张国维及户科荆永祚,兵科沈迅、张嘉言罪,而召缵祚陛见。越数日,抵京。又数日入对,召志完、拱乾质前疏中语,拱乾为志完辨,帝颔之。问缵祚称功颂德者谁,对曰:"延儒招权纳贿,如起废、清狱、蠲租,皆自居为功。考选台谏,尽收门下。凡求总兵巡抚者,必先贿幕客董廷献。"帝怒,逮廷献,诛志完,而令缵祚还任。缵祚寻以忧去。

福王时,统镶劾日广,因及之,遂逮治。明年四月与镖同赐自尽。故事,小臣无赐自尽者。因良玉兵东下,故大铖辈急杀之。

赞曰:史可法悯国步多艰,忠义奋发,提兵江浒,以当南北之冲,四镇棋布,联络声援,力图兴复。然而天方降割,权臣制肘于内,悍将跋扈于外,遂致兵顿饷竭,疆圉日蹙,孤城不保,志决身歼,亦可悲矣!高弘图、姜日广皆蕴忠谋,协心戮力,而扼于权奸,不安其位。盖明祚倾移,固非区区一二人之所能挽也。

明史卷二七五
列传第一六三

张慎言 子履旋　徐石麒
解学龙　高倬 黄端伯等
左懋第　祁彪佳

张慎言，字金铭，阳城人。祖升，河南参政。慎言举万历三十八年进士。除寿张知县，有能声。调繁曹县，出库银籴粟备振，连值荒岁，民赖以济。

泰昌时，擢御史。逾月，熹宗即位。时方会议三案，慎言言："皇祖召谕百工，不究张差党与，所以全父子之情；然必摘发奸谋，所以明君臣之义。至先皇践阼，蛊惑之计方行，药饵之奸旋发。崔文升投凉剂于积惫之余，李可灼进红丸于大渐之际，法当骈首，恩反赐金。谁秉国成，一至此极！若夫鼎湖再泣，宗庙之鼎鼒为重，则先帝之簪履为轻。虽神庙郑妃且先徙以为望，选侍不即移宫，计将安待。"无何，贾继春以请安选侍被谴，慎言抗疏救之。帝怒，夺俸二年。

天启初，出督畿辅屯田，言："天津、静海、兴济间，沃野万顷，可垦为田。近同知卢观象垦田三千余亩，其沟洫庐舍之制，种植疏浚之方，犁然具备，可仿而行。"因列上官种、佃种、民种、军种、屯种五法。又言："广宁失守，辽人转徙入关者不下百万。宜招集津门，以无家之众，垦不耕之田便。"诏从之。尝疏荐赵南星，劾冯铨，铨大恨。五年三月，慎言假归，铨属曹钦程论劾，诬盗曹县库银三千，遂下抚按征赃，编戍肃州。

庄烈帝即位，赦免。崇祯元年起故官。会当京察，请先治媚珰者附逆之罪，其他始付考功，报可。旋擢太仆少卿，历太常卿、刑部右侍郎。谳耿如杞狱，不称旨，并尚书韩继思下吏，寻落职归。久之，召为工部右侍郎。国用不支，廷议开采、鼓铸、屯田、盐法诸事。慎言屡疏陈奏，悉根本计。大学士杨嗣昌议改府州县佐为练备、练总，慎言以更制事大，历陈八议，其后卒不能行。由左侍郎迁南京户部尚书，七疏引疾，不允。就改吏部尚书，掌右都御史事。

十七年三月，京师陷。五月，福王即位南京，命慎言理部事。上中兴十议：曰节镇，曰亲藩，曰开屯，曰叛逆，曰伪命，曰褒恤，曰功赏，曰起废，曰惩贪，曰漕税。皆嘉纳。时大起废籍，慎言荐吴甡、郑三俊。命甡陛见，三俊不许，大学士高弘图所拟也。勋臣刘孔昭、赵之龙等一日朝罢，群诉于廷，指慎言及甡为奸邪，叱咤彻殿陛。给事中罗万象言："慎言平生具在，甡素有清望，安得指为奸邪？"孔昭等伏地痛哭，谓慎言举用文臣，不及武臣，嚣争不已。又疏劾慎言，极底三俊。且谓："慎言当迎立时，阻难怀二心。乞寝甡陛见命，且议慎言欺蔽罪。"慎言疏辨，因乞休。万象又言："首膺封爵者，四镇也。新改京营，又加二镇衔，何尝不用武。年来封疆之法，先帝多宽武臣，武臣报先帝者安在？祖制以票拟归阁臣，参驳归言官，不闻委勋臣以纠劾也。使勋臣得兼纠劾，文臣可胜逐哉！"史可法奏："慎言疏荐无不当。诸臣痛哭喧呼，灭绝法纪，恐骄弁悍卒益轻朝廷。"御史王孙蕃言："用人，吏部职掌。奈何廷辱冢宰。"弘图等亦以不能戢文武，各疏乞休，不允。

甡既不出，慎言乞休得请，加太子太保，荫一子，山西尽陷于贼，慎言无家可归，流寓芜湖、宣城间。国亡后，疽发于背，戒勿药，卒，年六十九。

慎言少丧二亲，鞠于祖母。及为御史，讣闻，引义乞归，执丧三年以报。

子履旋,举崇祯十五年乡试。贼陷阳城,投崖死。事闻,赠御史。

徐石麒,字宝摩,嘉兴人。天启二年进士。授工部营缮主事,笈节慎库。魏忠贤兼领惜薪司,所需悉从库发,石麒辄持故事格之。其党噪于庭,不为动。御史黄尊素坐忤忠贤下诏狱,石麒为尽力。忠贤怒,执新城侯王升子下狱,令诬贿石麒,捕系其家人,勒完赃而削其籍。

崇祯三年起南京礼部主事,就迁考功郎中。八年佐尚书郑三俊京察,澄汰至公。历尚宝卿、应天府丞。十一年春入贺。三俊时为刑部尚书,议侯恂狱不中,得罪。石麒疏救,释之。石麒官南京十余年,至是始入为左通政,累迁光禄卿、通政使。十五年擢刑部右侍郎,谳吏部尚书李日宣等狱。帝曰:“杖卜大典,日宣称诩徇私。”石麒予轻比,贬二秩。先是,会推阁臣,日宣一再推,因及副都御史房可壮、工部右侍郎宋玫、大理寺卿张三谟,石麒与焉。召对便殿,石麒独不赴。及是帝怒,戍日宣及吏科都给事中章正宸、河南道御史张瑄,夺可壮、玫、三谟及谳狱左侍郎惠世扬官。石麒代世扬掌部事,旋进左。

当是时,帝以威刑驭下,法官引津,大抵深文附会,予重比。石麒奉命清狱,推明律意,校正今断狱之不合于律者十余章,先以白同官。以次审理十三司囚,多宽减。然廉公,一时大法赫然,无敢幸免者。兵部尚书陈新甲下狱,朝士多营救。石麒持之曰:“人臣无境外交。未有身在朝廷,不告君父而专擅便宜者。新甲私款辱国,当失陷城寨律,斩。”帝曰:“未中,可覆拟。”乃论新甲陷边城四,陷腹城七十二,陷亲藩七,从来未有之奇祸。当临敌缺乏,不依期进兵策应,因而失误军机者斩。奏上,新甲弃市,新甲党皆大恨。

石麒寻擢本部尚书。中官王裕民坐刘元斌党,元斌纵军淫掠,伏诛,裕民以欺隐不举下狱。帝欲杀之,初令三法司同鞠,后专付刑部,石麒议戍烟瘴。奏成,署院寺名以进。帝怒其失出,召诘都御史刘宗周,对曰:“此狱非臣谳。”徐曰:“臣虽不与闻,然阅谳词,已曲尽情事。刑官所执者法耳，法如是止，石麒非私裕民也。"帝曰："此奴欺罔实甚，卿等焉知？"令石麒改谳词，弃之市。无何，宗周以救姜采、熊开元获严谴，佥都御史金光辰救之，夺职。石麒再疏留，不纳。采、开元既下诏狱，移刑部定罪。石麒据原词拟开元赎徒，采谪戍，不复鞫讯。帝责对状，石麒援故事对。帝大怒，除司官三人名，石麒落职闲住。

福王监国，召拜右都御史，未任，改吏部尚书。奏陈省庶官、慎破格、行久任、重名器、严起废、明保举、交堂廉七事。时方考选，与都御史刘宗周矢公甄别，以年例出御史黄耳鼎、给事中陆朗于外。朗贿奄人得留用，石麒发其罪。朗恚，诋石麒，石麒称疾乞休。耳鼎亦两疏劾石麒，并言其枉杀陈新甲。石麒疏辩，求去益力。马士英拟严旨，福王不许，命驰驿归。

石麒刚方清介，扼于权奸，悒悒不得志。士英挟定策功，将图封，石麒议格之。中官田成辈纳贿请嘱，石麒悉拒不应。由是中外皆怨，构之去。去后以登极恩，加太子太保。

明年，南都亡。石麒时居郡城外，城将破，石麒曰："吾大臣也，城亡与亡！"复入居城中，以闰月二十六日朝服自缢死，年六十有八。

解学龙，字石帆，扬州兴化人。万历四十一年进士。历金华、东昌二府推官。

天启二年擢刑科给事中。辽东难民多渡海聚登州，招练副使刘国缙请帑金十万振之，多所乾没。学龙三疏发其弊，国缙遂获谴。王纪忤魏忠贤削籍，学龙言："纪亮节弘猷，召置廊庙，必能表正百僚，裁决大务。"失忠贤意，不报。已，劾川、贵旧总督张我续贪淫漏网，新总督杨述中缩朒肉卸责，帝不罪。学龙通晓政务，上言：

> 辽左额兵旧九万四千有奇，岁饷四十余万。今关上兵止十余万，月饷乃二十二万。辽兵尽溃，关门宜募新兵。蓟镇旧有额兵，乃亦给厚糈召募。旧兵以其饷厚，悉入新营，而旧额又如

故,漏卮可胜言。国初,文职五千四百有奇,武职二万八千有奇。神祖时,文增至一万六千余,武增至八万二千余矣。今不知又增几倍。诚度冗者汰之,岁可得饷数十万。裁冗吏,核旷卒,俾卫所应袭子弟袭职而不给俸,又可得数十万。

京边米一石,民输则非一石也。以民之费与国之收衷之,国之一,民之三。关饷一斛银四钱,以易钱则好米值钱百,恶米止三四十钱,又其下腐臭不可食。以国之费与兵之食衷之,兵之一,国之三。总计之,民费其六,而兵食其一。况小民作奸欺漕卒,漕卒欺官司,官司欺天子,展转相欺,米已化为穅秕沙土;兼湿热蒸变,食不可咽,是又化有用之六,为无用之一矣。臣以为莫如修屯政,屯政修则地辟而民有乐土,粟积而人有固志。昔吴璘守天水,纵横凿渠,绵亘不绝,名曰“地纲”,敌骑不能逞。今仿其制,沟涂之界,各树土所宜木,小可获薪果之饶,大可得抗扼之利,敌虽强,何施乎。

帝亟下所司,而议竟中格。稍进右给事中。五年九月,御史智铤劾学龙及编修侯恪为东林鹰犬,遂削籍。

崇祯元年,起历户科都给事中。以民贫盗起,请大清吏治。寻劾蓟抚王应豸克饷激变,又上足饷十六事。帝皆采纳。迁太常少卿、太仆卿。五年改右佥都御史,巡抚江西。疏言:“臣所部州县七十八,而坐逋赋降罚者至九十人。由数岁之逋责于一岁,数人之逋责于一人,故终无及额之日也。请别新旧,酌多寡,立带征之法。”可之。四方盗贼蜂起,江西独无重兵,学龙以为言,诏增置千人。讨平都昌、萍乡诸盗,合闽兵击破封山妖贼张普薇等,贼遂殄灭。

十二年冬,擢南京兵部右侍郎。明年春,将解任,遵例荐举属吏,并及迁谪官黄道周。帝怒,征下狱,责其党庇行私,廷杖八十,削其籍,移入诏狱,竟坐遣戍。十五年秋,道周召还,半道请释学龙,不听。

十七年五月,福王立于南京,召拜兵部左侍郎。十月擢刑部尚书。时方治从贼之狱,放唐制六等定罪。学龙议定,以十二月上之。

其一等应磔者:吏部员外郎宋企郊,举人牛金星,平阳知府张嶙然,太仆少卿曹钦程,御史李振声、喻上猷,山西提学参议黎志升,陕西左布政使陆之祺,兵科给事中高翔汉,潼关道佥事杨王休,翰林院检讨刘世芳十一人也。

二等应斩秋决者:刑科给事中光时亨,河南提学佥事,巩焴,庶吉士周钟,兵部主事方允昌四人也。

三等应绞拟赎者:翰林修撰兼户、兵二科都给事中陈名夏,户科给事中杨枝起、廖国遴,襄阳知府王承曾,天津兵备副使原毓宗,庶吉士何孕光,少詹事项煜七人也。

四等应戍拟赎者:礼部主事王孙蕙,翰林院检讨梁兆阳,大理寺正钱位坤,总督侍郎侯恂,山西副使王秉鉴,御史陈羽白、裴希度、张懋爵,礼部郎中刘大巩,吏部员外郎郭万象,给事中申芝芳、金汝砺,举人吴达,修撰杨廷鉴及黄继祖十五人也。

五等应徒拟赎者:通政司参议宋学显,谕德方拱乾,工部主事缪沅,给事中吕兆龙、傅振铎,进士吴刚思,检讨方以智、傅鼎铨,庶吉士张家玉及沈元龙十人也。

六等应杖赎者:工部员外郎潘同春,礼部员外郎吴泰来,主事张琦,行人王于曜,行取知县周寿明,进士徐家麟及向列星、李枘八人也。

其留北俟后定夺者:少詹事何瑞征、杨观光,太仆少卿张若麒,副使方大猷,户部侍郎党崇雅,吏部侍郎熊文举,太仆卿叶初春,给事中龚鼎孳、戴明说、孙承泽、刘昌,御史涂必泓、张鸣骏,司业薛所蕴,通政参议赵京仕,编修高尔俨,户部郎中卫周祚及黄纪、孙襄十九人也。

其另存再议者:给事中翁元益、郭充,庶吉士鲁崇、吴尔埙、史可程、王自超、白孕谦、梁清标、杨栖鹗、张元琳、吕崇烈、李化麟、朱积、赵颖、刘廷琮,吏部郎中侯佐,员外郎左懋泰,礼部郎中吴之琦,兵部员外郎邹明魁,行人许作梅,进士胡显,太常博士龚懋熙及王之牧、王皋、梅鹗、姬琨、朱国寿、吴嵩孕二十八人也。

其已奉旨录用者：兵部尚书张缙彦，给事中时敏，谕德卫孕文、韩四维，御史苏京，行取知县黄国琦、施凤仪，兵部郎中张正声，内阁中书舍人顾大成及姜荃林等十人也。

得旨："周钟等不当缓决，陈名夏等未蔽厥辜，侯恂、宋学显、吴刚思、方以智、潘同春等拟罪未合。新榜进士尽污伪命，不当复玷班联。"令再议。惟方拱乾结纳马、阮，特旨免其罪。

明年正月，学龙奉诏拟周钟、光时亨道各加一等，潘同春诸臣皆侯补小臣，受伪无据，仍执前律。当是时，马、阮必欲杀周锺。学龙欲缓其死，谋之次辅王铎，乘士英注籍上之，且请停刑。铎即拟俞旨，褒以详慎平允。士英闻之大怒，然事已无及。大铖及其党张捷、杨维垣声言欲劾学龙，学龙引疾。命未下，保国公朱国弼、御史张孙振等诋其曲庇行私，遂削籍。

大铖既杀钟、时亨，即传旨二等罪斩者谪充云南金齿军，三等罪绞者充广西边卫军，四等以下俱为民，永不叙用。然学龙所定案亦多漏网，而所拟一等诸犯，皆随贼西行，实未尝正刑辟也。黄继祖、沈元龙、向列星、李枬、黄纪、孙襄、王之牧、王皋、梅鹗、姬琨、朱国寿、吴嵩孕、姜荃林，皆未详其官。

学龙归，南都旋失。久之卒于家。

高倬，字枝楼，忠州人。天启五年进士。除德清知县，调金华。

崇祯四年，征授御史。蓟辽总督曹文衡与总监邓希诏相讦奏。诏弹力干济，以副委任。倬乃上疏言："文衡肮脏成性，必不能仰鼻息于中官；希诏睚眦未忘，何能化戈矛为同气。封疆事重，宜撤希诏安文衡心。若文衡不足用，宜更置，勿使中官参之。诸边镇臣如希诏不少，使人效希诏，督抚之展布益难。即诸边督抚如文衡亦不少，使人效文衡，将边事之废坏愈甚。"疏入，贬一秩视事。巡视草场，坐失火下吏。廷臣申救，不纳。逾年热审，给事中吴甘来以为言，始释归。起上林署丞,稍迁大理右寺副。

十一年五月,火星逆行,诏修省。倬以"近者刑狱滋繁。法官务停阁请,敕诸司克期奏报,大者旬,小者五日。其奉旨覆谳者,或五日三日,务俾积案尽疏,囹圄衰灭。"帝为采纳。屡迁南京太仆卿。太仆故驻滁州,滁为南都西北门户。请募州人为兵,保障乡土,从之。十六年二月擢右佥都御史,提督操江。其秋,操江改任武臣刘孔昭,召倬别用,未赴而京师陷。

福王立南京,拜倬工部右侍郎。御用监内官请给工料银,置龙凤几榻诸器物及宫殿陈设金玉诸宝,计资数十万,倬请裁省。光禄寺办御用器至万五千七百有奇,倬又以为言。皆不纳。明年二月,由左侍郎拜刑部尚书。国破,倬投缳死。

是时,大臣殉难者:倬与张捷、杨维垣,庶僚则有黄端伯、刘成治、吴嘉胤、龚廷祥。

端伯,字元公,建昌新城人。崇祯元年进士。历宁波、杭州二府推官。行取赴都,母忧归。服阕入都,疏陈益王居建昌不法状。王亦劾端伯离间亲藩,及出妻酗酒诸事。有诏侯勘,避居庐山。福王立,大学士姜曰广荐起之。明年三月授仪制主事。五月,南都破,百官皆迎降。端伯不出,捕击之。阅四月,谕之降,不从,卒就戮。

成治,字广如,汉阳人。崇祯七年进士。福王时。历官户部郎中。国破,忻城伯赵之龙将出降,入户部封府库。成治愤,手搏之,之龙跳而免。成治自经。

喜胤,字绳如,松江华亭人。由乡举历官户部主事。奉使出都,闻变,还谒方孝孺祠,投缳死。

廷祥,字伯兴,无锡人。马世奇门人也。崇祯十六年进士。为中书舍人。城破,衣冠步至武定桥投水死。

时又有钦天监博士陈于阶、国子生吴可箕、武举黄金玺、布衣陈士达,并死焉。

左懋第,字萝石,莱阳人。崇祯四年进士。授韩城知县,有异政。

遭父丧，三年不入内寝，事母尽孝。

十二年擢户科给事中。疏陈四弊，谓民困、兵弱、臣工委顿、国计虚耗也。又陈贵粟之策，令天下赎罪者尽输粟，盐笑复开中之旧，令输粟边塞充军食。慧星见，诏停刑，懋第请马上速传。又请严禁将士剽掠，有司朘削。请散米钱，振辇下饥民，收养婴孩。明年正月剿饷罢征，亦请马上速行，恐远方吏不知，先已征，民不沾实惠。帝并采纳。

三月，大风霾。帝布袍斋居，祷之不止。懋第言："去秋星变，朝停刑而夕即灭。今者不然，岂陛下有其文未修其实乎？臣敢以实进，练饷之加，原非得已。乃明旨灭兵以省饷，天下共知之，而饷犹未省，何也？请自今因兵征饷，预使天下知应加之数，官吏无所逞其奸，以信陛下之明诏。而刑狱则以睿虑之疑信，定诸囚之死生，诸疑于心与疑信半者，悉从轻典。岂停刑可止彗，解纲不可以返风乎？且陛下屡沛大恩，四方死者犹枕藉，盗贼未见衰止，何也？由蠲停者止一二。存留之赋，有司迫考成，催征未敢缓，是以莫救于凶荒。请于极荒州县，下诏速停，有司息讼，专以救荒为务。"帝曰："然。"于是上灾七十五州县新、旧、练三饷并停，中灾六十八州县止征练饷，下灾二十八州县秋成督征。

十四年督催漕运，道中驰疏言："臣自静海抵临清，见人民饥死者三，疫死者三，为盗者四。米石银二十四两，人死取以食，惟圣明垂念。"又言："臣自鱼台至南阳，流寇杀戮，村市为墟。其他饥疫死者，积水涯，河为不流，振救安可不速。"已，又陈安民息盗之策，请核荒田，察逋户，予以有生之乐，鼓其耕种之心。又言："臣有事河干一载，每进父老问疾苦，皆言练饷之害。三年来，农怨于野，商叹于途。如此重派，所练何兵？兵在何所？剿贼御边，效安在？奈何使众心瓦解，一至此极乎！"又言："臣去冬抵宿迁，见督漕臣史可法，言山东米石二十两，而河南乃至百五十两，漕储多逋。朝议不收折色，需本色。今淮、凤间麦大熟，如收两地折色，易麦转输，岂不大利。昔刘晏有转易之法。今岁河北大稔，山东东、兖二郡亦有收。诚出内帑二三十万，分发所司，及时收籴，于国计便。"帝即命议行。屡迁刑科左给事中。

十六年秋，出察江防。明年五月，福王立，进兵科都给事中，旋擢右佥都御史，巡抚应天、徽州诸府。时大清兵连破李自成，朝议遣使通好，而难其人。懋第母陈殁于燕，懋第欲因是返枢葬，请行。乃拜懋第兵部右侍郎兼右佥都御史，与左都督陈弘范、太仆少卿马绍愉偕，而令懋第经理河北，联络关东诸军。马绍愉者，故兵部郎官也，尝为陈新甲通款事至义州而还。新甲既诛，绍愉以督战致衄，为懋第劾罢。及是绍愉已起官郎中，乃进为少卿，副懋第。懋第言："臣此行致祭先帝后梓宫，访东宫二王踪迹。臣既充使臣，势不能兼理封疆。且绍愉臣所劾罢，不当复与臣共事。必用臣经理，则乞命弘范同绍愉出使，而假臣一旅，偕山东抚臣收拾山东以待，不敢复言北行。如用臣与弘范北行，则去臣经理，但衔命而往，而罢绍愉勿遣。"阁部议止绍愉，改命原任蓟督王永吉。王令仍遵前谕。

懋第濒行言："臣此行，生死未卜。请以辞阙之身，效一言。愿陛下以先帝耻为心，瞻高皇之弓剑，则思成祖列圣之陵寝何存；抚江上之残黎，则念河北、山东之赤子谁恤。更望时时整顿士马，必能渡河而战，始能扼河而守；必能扼河而守，始能画江而安。"众韪其言。王令赍白金十万两、币帛数万匹，以兵三千人护行。八月，舟渡淮。十月朔，次张家湾，本朝传令止许百人从行。

懋第衰经入都门，至则馆之鸿胪寺。请祭告诸陵及改葬先帝，不可，则陈太牢于旅所，哭而奠之。即以是月二十有八日遣还出都。弘范乃请身赴江南招诸将刘泽清等降附，而留懋第等勿遣。于是自沧州追还懋第，改馆太医院。顺治二年六月，闻南京失守，恸哭。其从弟懋泰先为吏部员外郎，降贼，后归本朝授官矣，来谒懋第。懋第曰："此非吾弟也。"叱出之。至闰月十二日，与从行兵部司务陈用极，游击王一斌，都司张良佐、刘统、王廷佐俱以不降诛，而绍愉获免。

祁彪佳，字弘吉，浙江山阴人。祖父世清白吏。彪佳生而英特，丰姿绝人。弱冠，第天启二年进士，授兴化府推官。始至，吏民易其年少。及治事，剖决精明，皆大畏服。外艰归。

崇祯四年起御史。疏陈赏罚之要，言："黔功因一级疑，稽三年之叙，且恩及督抚总帅帷幄大臣，而陷敌冲锋之士不预，何以励行间。山东之变，六城连陷，未尝议及一官，欺蒙之习不可不破。"帝即命议行。又言："九列之长，诘责时闻，四朝遗老或蒙重谴。诸臣怵严威，兢迎合以保名位。臣所虑于大臣者此也。方伯或一二考，台员或十余载，竟不得迁除，监司守令多贬秩停俸。臣子精神才具无余地，展布曷由。急功赴名之心不胜其掩罪匿瑕。臣所虑于小臣者此也。国家闻鼙鼓思将帅，苟得其人，推毂筑坛，礼亦宜之。若必依序循资，冒滥之窦虽可清，奖拔之术或未尽。臣所虑于武臣者此也。抚按则使中官监视会同，隙开水火，其患显；潜通交结，其患深。臣所虑于内臣者此也。"忤旨谯责。

寻上《合筹天下全局疏》，以策关、宁，制登海为二大要。分析中州、秦、晋之流贼，江右楚、粤之山贼，浙、闽、东粤之海贼，滇、黔、楚、蜀之土贼为四大势。极控制驾驭之宜，而归其要于行伍以节饷，实卫所以销兵。复陈民间十四大苦：曰里甲，曰虚粮，曰行户，曰搜贼，曰钦提，曰隔提，曰讦讼，曰窝访，曰私税，曰私铸，曰解运，曰马户，曰盐丁，曰难民。帝善其言，下之所司。出按苏、松诸府，廉积猾四人杖杀之。宜兴民发首辅周延儒祖墓，又焚翰林陈于鼎、于泰庐，亦发其祖墓。彪佳捕治如法，而于延儒无所徇，延儒憾之。回道考核，降俸，寻以侍养归。家居九年，母服终，召掌河南道事。十六年佐大计，问遗莫敢及门。刷卷南畿，乞休，不允，便道还家。

北都变闻，谒福王于南京。王监国，或请登极。彪佳请发丧，服满议其仪，从之。高杰扰据扬州，民奔避江南，奸民乘机剽夺，命彪佳往宣谕，斩倡乱者数人，一方遂安。迁大理寺丞，旋擢右佥都御史，巡抚江南。苏州诸生檄讨其乡官从贼者，奸民和之。少詹事项煜及大理寺正钱位坤、通政司参议宋学显、礼部员外郎汤有庆之家皆被焚劫。常熟又焚给事中时敏家,毁其三代四棺。彪佳请议从逆诸臣罪,而治焚掠之徒以加等,从之。

诏设厂卫缉事官。彪佳上言:"洪武初,官民有犯,或收系锦衣卫,高皇帝见非法凌虐,焚其刑具,送囚刑部。是祖制原无诏狱也。后乃以罗织为事,虽曰朝廷爪牙,实为权奸鹰狗。举朝尽知其枉,而法司无敢雪。惨酷等来、周,平反无徐、杜。此诏狱之弊也。洪武十五年改仪鸾司为锦衣卫,专掌直驾侍卫等事,未尝令缉事也。永乐间设立东厂,始开告密门。凶人投为厮役,赤手巨万。飞诬及于善良,招承出于私拷,怨愤满乎京畿。欲绝苞苴,而苞苴弥盛;欲清奸宄,而奸宄益多。此缉事之弊也。古者刑不上大夫。逆瑾用事,始去衣受杖。本无可杀之罪,乃蒙必死之刑。朝廷受愎谏之名,天下反归忠直之誉。此廷杖之弊也。"疏奏,乃命五御史体访,而缉事官不设。

督辅部将刘肇基、陈可立、张应梦、于永绶驻京口,浙江入卫都司黄之奎亦部水陆兵三四千戍其地。之奎御军严。四将兵恣横,刃伤民,浙兵缚而投之江,遂有隙。已而守备李大开统浙兵斫镇兵马,镇兵与相击,射杀大开。乱兵大焚掠,死者四百人。彪佳至,永绶等遁去。彪佳劾治四将罪,周恤被难家,民大悦。

高杰驻瓜洲,跋扈甚,彪佳克期往会。至期,风大作,杰意彪佳必无来。彪佳携数卒冲风渡,杰大骇异,尽撤兵卫,会彪佳于大观楼。彪佳披肝膈,勉以忠义,共奖王室。杰感叹曰:"杰阅人多矣,如公,杰甘为死!公一日在吴,杰一日遵公约矣。"共饭而别。

群小疾彪佳,兢诋欺,以沮登极、立潞王为言,彪佳竟移疾去。明年五月,南都失守。六月,杭州继失,彪佳即绝粒。至闰月四日,绐家人先寝,端坐池中而死,年四十有四。唐王赠少保、兵部尚书,谥忠敏。

赞曰:张慎言、徐石麒等皆北都旧臣,刚方练达,所建白悉有裨时政。令其受事熙朝，从容展布，庶几乎列卿之良也。而遭时不造，内外交讧，动辄龃龉，虽老成何能设施斡济哉！左懋第仗节全贞，蹈死不悔，于奉使之义，亦无愧焉。

明史卷二七六
列传第一六四

朱大典 王道焜等　张国维
张肯堂 李向中　吴鍾峦　朱永祐等　曾樱
朱继祚 汤芬等　余煌　陈函辉
王瑞栴　路振飞　何楷
林兰友　熊汝霖　钱肃乐　刘中藻
郑遵谦　沈宸荃 邑子履祥

　　朱大典，字延之，金华人。家世贫贱。大典始读书，为人豪迈。登万历四十四年进士，除章丘知县。天启二年擢兵科给事中。中官王体乾、魏忠贤等十二人及乳姬客氏，假保护功，荫锦衣世袭，大典抗疏力谏。五年出为福建副使，进右参政，以忧归。

　　崇祯三年起故官，莅山东，寻调天津。五年四月，李九成、孔有德围莱州。山东巡抚徐从治中炮死，擢大典右佥都御史代之，诏驻青州，调度兵食。七月，登莱巡抚谢琏复陷于贼，总督刘宇烈被逮。乃罢总督及登莱巡抚不设，专任大典，督主、客兵数万及关外劲旅四千八百余人合剿之。以总兵金国奇将，率副将靳国臣、刘邦域，参将祖大弼、祖宽、张韬，游击柏永福及故总兵吴襄、襄子三桂等，以中官高起潜监护军饷，抵德州。贼复犯平度，副将牟文绶、何维忠等救之,杀贼魁陈有时,维忠亦被杀。八月,巡按监军御史谢三实至昌邑,请斩王洪、刘国柱,诏逮治之。兵部尚书熊明遇亦坐主抚误国,罢去。三宾复抗疏请绝口勿言抚事。

国奇等至昌邑,分三路。国奇等关外兵为前锋,邓玘步兵继之,从中路灰埠进。昌平总兵陈洪范,副将刘泽清、方登化,从南路平度进。参将王之富、王文纬等从北路海庙进。檄游击徐元亨等率莱阳师来会,以牟文绶守新河。诸军皆携三日粮,尽抵新河东岸,乱流以济。祖宽至沙河,有德迎战。宽先进,国臣继之,贼大败,诸军乘胜追至城下。贼夜半东遁,围始解。守者疑贼诱,炮拒之。起潜遣中使入谕,阖城相庆。明日,南路兵始至。国奇等遂击贼黄县,斩首万三千,俘八百,逃散及坠海死者数万。

贼窜归登州,国臣等筑长围守之。城三面距山,一面距海,墙三十里而遥,东西俱抵海。分番戍,贼不能出,发大炮,官军多死伤。李九成出战相当。十一月,九成搏战,降者泄其谋。官军合击之,馘于阵,贼乃晓夜哭。贼渠魁五,九成、有德、有时、耿仲明、毛承禄也,及是杀其二。帝嘉解围功,进大典右副都御史,将吏升赏有差。是月,国奇卒,以襄代。攻围既久,贼粮绝,恃水城可走,不降。及王之富、祖宽夺其水门外护墙,贼大惧。

六年二月中旬,有德先遁,载子女财帛出海。仲明以水城委副将王秉忠,已亦以单舸遁,官军遂入大城。攻水城,未下。游击刘良佐献袭城策,匿人永福寺中,穴城置火药,发之,城崩,官军入。贼退保蓬莱阁,大典招降,始释甲,俘千余人,获秉忠及伪将七十五人,自缢及投海死者不可胜计,贼尽平。有德等走旅顺,岛帅黄龙邀击,生擒其党毛承禄、陈光福、苏有功,斩李应元。惟有德、仲明逸去。乃献承禄等于朝。磔之先一日,有功脱械走。帝震怒,斩监守官,刑部郎多获罪。未几被执,伏诛。叙功,进大典兵部右侍郎,世荫锦衣百户,巡抚如故。

八年二月,流贼陷凤阳,毁皇陵,总督杨一鹏被逮。诏大典总督漕运兼巡抚庐、凤、淮、扬四郡,移镇凤阳。时江北州县多陷。明年正月，贼围滁州，连营百余里，总兵祖宽大破之。大典会总理卢象升追袭，复破之。急还兵遏贼众于凤阳，贼始退。十一年，贼复入江北，谋窜茶山。大典与安庆巡抚史可法提兵遏之，贼乃西遁。大典先坐失州县，贬秩视事。是年四月以平贼逾期，再贬三秩。寻叙援剿及转漕功，尽复其秩。

十三年，河南贼大入湖广。大典遣将援，屡有功，进左侍郎。明年六月命大典总督江北及河南、湖广军务，仍镇凤阳，专办流贼，而以可法代督漕运。贼帅袁时中众数万，横颍、亳间。大典率总兵刘良佐等击破之，叙赉有差。大典有保障功，然不能持廉，屡为给事中方士亮、御史郑昆贞等所劾，诏削籍候勘。事未竟，而东阳许都事发。

许都者，诸生，负气，愤县令苛敛，作乱，围金华。大典子万化募健儿御之，贼平而所募者不散。大典闻，急驰归。知县徐调元阅都兵籍有万化名，遂言大典纵子交贼。巡抚御史左光先闻于朝，得旨逮治，籍其家充饷，且令督赋给事中韩如愈趣之。

已而京师陷，福王立。有白其诬者，而大典亦自结于马士英、阮大铖，乃召为兵部左侍郎。逾月，进尚书，总督上江军务。左良玉兴兵，命监黄得功军御之。福王奔太平，大典与大铖入见舟中，誓力战。得功死，王被擒，两人遂走杭州。会潞王亦降，大典乃还乡郡，据城固守。唐王闻，就加东阁大学士，督师浙东。逾年，城破，阖门死之。

其时浙东西郡县前后失守死事者，杭州则有同知王道焜、钱塘知县顾咸建、临安知县唐自采，绍兴则有兵部主事高岱、叶汝蘅，衢州则有巡按王景亮、知府伍经正、推官邓岩忠、江山知县方召。若夫诸生及布衣殉义者，会稽潘集、周卜年，山阴朱玮，诸暨傅日炯，鄞县赵景麟，浦江张君正，瑞安邹钦尧，永嘉邹之琦，其尤著云。

王道焜，字昭平，钱塘人。以天启元年举于乡。崇祯时，为南平知县，迁南雄同知。会光泽寇发，其父老言非道焜不能平。抚按为请，诏改邵武同知，知光泽县事。抚剿兼施，境内底定。庄烈帝破格求贤，尽征天下贤能吏，抚按以道焜名闻。方待命而都城陷，微服南还。及杭州失守，遂投缳死。

顾咸建，字汉石，昆山人，大学士鼎臣曾孙也。崇祯十六年进士。授钱塘知县，甫之官，闻京师陷，人情汹汹。咸建戢奸宄，严警备。巡按御史彭遇颸以贪残激变，赖咸建调护，事宁而民免株连，及南都失守，镇江守将郑彩等率众还闽，缘道劫掠。咸建出私财迎犒，乃敛威去。亡何，马士英拥兵至。顷之，大将方国安兵亦至。咸建谋于上官，先期遣使行赂，兵乃不入城。四乡多被淫掠，城中得无扰。时监司及郡县长吏悉逋窜，咸建散遣妻子，独守官不去。潞王既降，咸建不至。寻被执，死之。

唐自采，达州人。为临安知县。杭州失守，自采与从子阶豫逃山中。有言其受鲁王敕，阴部署为变，遂被捕获。自采麾阶豫走，不从，竟同死。

高岱，字鲁瞻，会稽人。崇祯中，以武学生举顺天乡试，鲁王授为职方主事。及绍兴失守，即绝粒祈死。子朗知父意不可回，先跃入海中死。岱闻之曰：“儿果能先我乎！”自是不复言，数日亦卒。

叶汝蘐，字衡生，岱同邑人，由举人为兵部主事。闻变，与妻王氏出居桐坞墓所，并赴水死。

王景亮，字武侯，吴江人。崇祯末登进士。仕福王为中书舍人。唐王立，擢御史，巡抚金、衢二府，兼视学政。伍经正，安福人。由贡生为西安知县，唐王超擢知府事。邓岩忠，江陵人。由乡举为推官。衢州破，经正赴井死，景亮、岩忠皆自缢死。鲁王所遣镇将张鹏翼亦死之。

方召，宣城人。署江山县事。金华被屠，集父老告之曰：“兵且至，吾义不当去。然不可以一人故，致阖城被殃。”遂封其印，冠带向北拜，赴井死。士民为收葬，立祠祀焉。

张国维，字玉笥，东阳人。天启二年进士。授番禺知县。

崇祯元年，擢刑科给事中，劾罢副都御史杨所修、御史田景新，皆魏忠贤党也。已，陈时政五事，言："陛下求治太锐，综核太严。拙者踽踽以避咎，巧者委蛇以取容，谁能展布四体，为国家营职业者。故治象精明，而腹心手足之谊实薄，此英察宜敛也。祖宗朝，阁臣有封还诏旨者，有疏揭屡上而争一事者。今一奉诘责，则俛首不遑；一承改拟，则顺旨恐后。倘处置失宜，亦必不敢执奏，此将顺宜戒也。召对本以通下情，未有因而获罪者。今则惟传天语，莫睹拜扬。臣同官熊奋渭还朝十日，旁措一词，遂蒙谴谪。不可稍加薄罚，示优容之度乎？此上下宜洽也。"其二条，请平刑罚，溥膏泽。帝不能尽用。进礼科都给事中。京师地震，规弊政甚切，迁太常少卿。

七年擢右佥都御史，巡抚应天、安庆等十府。其冬，流贼犯桐城，官军覆没。国维方壮年，一夕须发顿白。明年正月，率副将许自强赴援，游击潘可大、知县陈尔铭等守桐不下。贼乃攻潜山，知县赵士彦重伤卒。攻太湖，知县金应元、训导扈永宁被杀。国维至，解桐围，遣守备朱士胤趋潜山，把总张其威趋太湖。士胤战死，自强遇贼宿松，杀伤相当。安庆山民桀石以投贼，贼多死，乃越英山、霍山而遁。九月，贼复由宿松入潜山、太湖，他贼扫地王亦陷宿松等三县。国维乃募土著二千人戍之，而以兵事属监军史可法。明年正月，贼围江浦，遣守备蒋若来、陈于王战却之。十二月，贼分兵犯怀宁，可法及左良玉、马𭹁遏之。复犯江浦，副将程龙及若来、于王等拒守。诸城并全。又围望江，遣兵援之，亦解去。

十年三月，国维率龙等赴安庆，御贼丰家店，龙军数千悉没。贼东陷和州、含山、定远，攻陷六合，知县郑同元溃走，贼遂攻天长。国维见贼势日炽，请于朝，割安庆、池州、太平，别设巡抚，以可法任之。安庆不隶江南巡抚，自此始也。议者欲并割江浦、六合，俾国维专护江南，不许。

国维为人宽厚，得士大夫心。属郡灾伤，辄为请命。筑太湖、繁昌二城，建苏州九里石塘及平望内外塘、长洲至和等塘，修松江捍海堤，浚镇江及江阴漕渠，并有成绩。迁工部右侍郎兼右佥都御史，总理河道。岁大旱，漕流涸，国维浚诸水以通漕。山东饥，振活穷民无算。

十四年夏，山东盗起，改兵部右侍郎兼督淮、徐、临、通四镇兵，护漕运。大盗李青山众数万，据梁山泺，遣其党分据韩庄等八闸，运道为梗。周延儒赴召北上，青山谒之，言率众护漕，非乱也。延儒许言于朝，授以职。而青山竟截漕舟，大焚掠，迫临清。国维合所部兵击降之，献俘于朝，磔诸市。兵部尚书陈新甲下狱，帝召国维代之。乃定战守赏罚格，列上严世职、酌推升、慎咨题等七事，帝皆报可。会开封陷，河北震动，条防河数策，帝亦纳之。

十六年四月，我大清兵入畿辅，国维檄赵光抃拒螺山，八总兵之师皆溃。言者诋国维，乃解职，寻下狱。帝念其治河功，得释。召对中左门，复故官，兼右佥都御史，驰赴江南、浙江督练兵输饷诸务。出都十日而都城陷。

福王召令理戎政。寻叙山东讨贼功，加太子太保，荫锦衣金事。吏部尚书徐石麒去位，众议归国维。马士英不用，用张捷。国维乃乞省亲归。

南都覆，逾月，潞王监国于杭州，不数日出降。闰六月，国维朝鲁王于台州，请王监国。即日移驻绍兴，进国维少傅兼太子太傅、兵部尚书、武英殿大学士，督师江上。总兵官方国安亦自金华至。马士英素善国安，匿其军中，请入朝。国维劾其十大罪，乃不敢入。连复富阳、于潜，树木城缘江要害，联合国安及王之仁、郑遵谦、熊汝霖、孙嘉绩、钱肃乐诸营，为持久计。顺治三年五月，国安等诸军乏饷溃，王走台州航海，国维亦还守东阳。六月知势不可支，作绝命词三章，赴水死，年五十有二。

张肯堂，字载宁，松江华亭人。天启五年进士。授浚县知县。

崇祯七年擢御史。明年春，贼陷凤阳，条上灭贼五事。俄以皇陵震惊，疏责辅臣不宜作秦、越之视，帝不问。出按福建，数以平寇功受赉。还朝，言：“监司营竞纷纭，意所欲就，则保留久任；意所欲避，则易地借才。今岁燕、秦，明岁闽、粤，道路往返，动经数千，程限稽迟，多逾数月。加一番更移，辄加一番扰害。"帝是其言。十二年十月，杨嗣昌出督师。肯堂奏言："从古戡乱之法，初起则解散，势成则剪除，未有专任抚者。今辅臣膺新命而出，贼必仍用故技，佯摇尾乞怜。而失事诸臣，冀掩从前败局，必多方荧惑，仍进抚议。请特申一令，专务剿除。有进招抚说者，立置重典。"帝以偏执臆见责之。

十四年四月言："流寇蹂城破邑，往来纵横，如入无人之境，此督师嗣昌受事前所未有。目前大计，在先释嗣昌之权。"疏入而嗣昌已死。十二月复言："今讨贼不可谓无人，巡抚之外更有抚治，总督之上又有督师。位号虽殊，事权无别。今楚自报捷，豫自报败，甚至南阳失守，祸中亲藩，督师职掌安在。试问今为督师者，将居中而运，以发踪指示为功乎，抑分贼而办，以焦头烂额为事乎？今为秦、保二督者，将兼顾提封，相为犄角之势乎，抑遇贼追剿，专提出境之师乎？今为抚者，将一禀督师之令，进退惟其指挥乎，抑兼视贼势之急，战守可以择利乎？凡此肯綮，一切置不问，中枢冥冥而决，诸臣瞆瞆而任。至失地丧师，中枢纠督抚以自解，督抚又互相委以谢愆，而疆事不可问矣。"帝纳其言，下所司详议。十五年请召还建言谴谪诸臣，乃复给事中阴润、李清、刘昌，御史周一敬官。肯堂迁大理丞，旋擢右佥都御史，巡抚福建。

总兵郑鸿逵拥唐王聿键入闽，与其兄南安伯芝龙及肯堂劝进，遂加太子少保、吏部尚书。曾樱至，言官请令樱掌吏部，乃令肯堂掌都察院。肯堂请出募舟师，由海道抵江南，倡义旅，而王由仙霞趋浙东，与相声援。乃加少保，给敕印，便宜从事。芝龙怀异心，阴沮之，不成行。顺治三年，王败死，肯堂飘泊海外。六年至舟山，鲁王用为东阁大学士。八年，大清兵乘天雾集螺头门。定西侯张名振奉王航海去，属肯堂城守。城中兵六千，居民万余，坚守十余日。城破，肯堂衣蟒玉南向坐，令四妾、一子妇、一女孙先死，乃从容赋诗自经。

时同死者，兵部尚书李向中、礼部尚书吴钟峦、吏部侍郎朱永祐、安洋将军刘世勋、左都督张名扬。又有通政使会稽郑遵俭，兵科给事中鄞县董志宁，兵部郎中江阴朱养时，户部主事福建林瑛、苏州江用楫，礼部主事会稽董元，兵部主事福建朱万年、长洲顾珍、临山卫李开国，工部主事长洲顾中尧，中书舍人苏州苏兆人，工部所正鄞县戴仲明，定西侯参谋顺天顾明楫，诸生福建林世英，锦衣指挥王朝相，内官监太监刘朝。凡二十一人。

李向中，钟祥人。崇祯十三年进士。授长兴知县，调秀水。福王时，历车驾郎中，苏松兵备副使。唐王以为尚宝卿。闽事败，避海滨。鲁王监国，召为右佥都御史，从航海，进兵部尚书，从至舟山。及是破，大帅召向中，不赴。发兵捕之，以衰绖见。大帅呵之曰："聘汝不至，捕即至，何也？"向中从容曰："前则辞官，今就戮耳。"

吴钟峦，字峦稚，武进人。崇祯七年进士。授长兴知县。以旱潦，征练饷不中额，谪绍兴照磨。逾年，移桂林推官。闻京师变，流涕曰："马君常必能死节。"已而世奇果死。福王立，迁礼部主事。抵南雄，闻南都失，转赴福建，痛陈国计。鲁王起兵，以钟峦为礼部尚书，往来普陀山中。大清兵至宁波，钟峦慷慨谓人曰："昔仲达死珰祸，吾以诸生不得死。君常死贼难，吾以远臣不得从死。今其时矣！"乃急渡海，入昌国卫之孔庙，积薪左庑下，抱孔子木主自焚死。仲达者，江阴李应升，钟峦弟子，忤魏忠贤死党祸者也。

朱永祐，字爰启。崇祯七年进士。授刑部主事，改吏部，罢归。事唐王，后至舟山。城破被执，愿为僧，不许，乃就戮。

名扬，名振弟。城破。母范以下自焚者数十人。

朝相闻城失守，护王妃陈氏、贵嫔张氏、义阳王妃杜氏入井，用巨石覆之，自刎其旁。开国母，瑛、明楫妻皆自尽。

曾樱，字仲含，峡江人。万历四十四年进士。授工部主事，历郎中。

天启二年稍迁常州知府。诸御史巡盐、仓、江、漕及提学、屯田者，皆操举劾权，文牒日至。樱牒南京都察院曰："他方守令，奔命一巡按，独南畿奔命数巡按。请一切戒饬，罢钩访取赎诸陋习。"都御史熊明遇为申约束焉。

櫻持身廉,为政恺悌公平,不畏强御。屯田御史索属吏应劾者姓名,櫻不应。御史危言恐之,答曰:"僚属已尽,无可纠,止知府无状。"因自署下考,杜门待罪。抚按亟慰留,乃起视事。织造中官李实迫知府行属礼,櫻不从。实移檄以"尔""汝"侮之,櫻亦报以"尔""汝",卒不屈。无锡高攀龙、江阴缪昌期、李应升被逮,櫻助昌期、应升资,而经纪攀龙死后事,为文祭之,出其子及僮仆于狱。宜兴毛士龙坐忤魏忠贤遣戍,櫻讽士龙逃去。上官捕其家人,赖櫻以免。武进孙慎行忤忠贤,当戍,櫻缓其行。忠贤败,事遂解。

崇祯元年以右参政分守漳南。九莲山贼犯上杭,櫻募壮士击退之,夜捣其巢,歼馘殆尽。士民为櫻建祠。母忧归。服阕,起故官,分守兴、泉二郡。进按察使,分巡福宁。先是,红夷寇兴、泉,櫻请巡抚邹维琏用副总兵郑芝龙为军锋,果奏捷。及刘香寇广东,总督熊文灿欲得芝龙为援,维琏等以香与芝龙有旧,疑不遣。櫻以百口保芝龙,遂讨灭香,芝龙感櫻甚。

十年冬,帝信东厂言,以櫻行贿谋擢官,命械赴京。御史叶初春尝为櫻属吏,知其廉,于他疏微白之。有诏诘问,因具言櫻贤,然不知贿所从至。诏至闽,巡抚沈犹龙、巡按张肯堂阅厂檄有奸人黄四臣名。芝龙前白曰:"四臣,我所遣。我感櫻恩,恐迁去,令从都下讯之。四臣乃妄言,致有此事。"犹龙、肯堂以入告,力白櫻冤,芝龙亦具疏请罪。士民以櫻贫,为醵金办装,耆老数千人随至阙下,击登闻鼓讼冤。帝命毋入狱,俟命京邸。削芝龙都督衔,而令櫻以故巡视海道。

寻以衡、永多寇,改櫻湖广按察使,分守湖南,给以敕。故事,守道无敕,帝特赐之。时贼已残十余州县,而永州知府推官咸不任职。櫻荐苏州同知晏日暠、归德推官万元吉才。两人方坐事罢官,以櫻言并起用。櫻乃调芝龙剿贼,贼多降,一方遂安。迁山东右布政使,分守登、莱。

十四年春,擢右副都御史,代徐人龙巡抚其地。明年迁南京工部右侍郎,乞假归。山东初被兵,巡抚王永吉所部济、兖、东三府州县尽失,匿不以闻。兵退,以恢复报。而樱所部青、登、莱三府失州县无几,尽以实奏。及论罪,永吉反擢总督,而樱夺官,逮下刑部狱。不十日而京师陷,贼释诸囚,樱乃遁还。

其后唐王称号于福州。芝龙荐樱起工部尚书兼东阁大学士。无何,令掌吏部,寻进太子太保、吏部尚书、文渊阁。王驻延平,令樱留守福州。大清兵破福州,樱挈家避海外中左卫。越五年,其地被兵,遂自缢死。

朱继祚,莆田人。万历四十七年进士。改庶吉士,授编修。天启中,与修《三朝要典》,寻罢去。崇祯初,复官。累迁礼部右侍郎,充实录总裁。给事中葛枢言继祚尝纂修《要典》,得罪清议,不可总裁国史,不听。继祚旋谢病去。起南京礼部尚书,又以人言罢去。

福王时起故官,未赴。南都失,唐王召为东阁大学士,从至汀州。王被擒,继祚奔还其乡。鲁王监国,继祚举兵应王,攻取兴化城。既而大清兵至,城复破。继祚及参政汤芬、给事中林嵋、知县都廷谏并死之。

芬,字方侯,嘉善人。崇祯十六年进士。福王时,为史可法监纪推官。唐王以为御史。寻以监司分守兴泉道。城破,绯衣坐堂上,被杀。嵋字小眉,继祚同邑人。由进士为吴江知县。苏州失,归仕唐王。至是自缢死。廷谏,杭州人。莆田知县。

王自监国二年正月至长垣,迨次年正月,连克建宁、邵武、兴化三府,福宁一州,漳浦、海澄、连江、长乐等二十七县,军声颇振。及是得者复失。海澄失,知县洪有文死之。永福失,邑人给事中鄢正畿、御史林逢经俱投水死。长乐失,邑人御史王恩及服毒死,妻李氏同死。建宁失,守将王祈巷战不胜,自焚死。

余煌,字武贞,会稽人。天启五年进士第一。授翰林修撰,与修《三朝要典》。崇祯时,以内艰归。服阕,起左中允,历左谕德、为庶子,充经筵讲官。给事中韩源劾礼部侍郎吴士元、御史华琪芳及煌皆与修《要典》,宜斥,帝置不问。煌疏辩,帝复温旨慰谕之。户部尚书程国祥请借京城房租,煌争,不可,乞假归。遂丁外艰。服除,久不起。

鲁王监国绍兴,起礼部右侍郎,再起户部尚书,皆不就。明年以武将横甚,拜煌兵部尚书,始受命。时诸臣竞营高爵,请乞无厌。煌上言:"今国势愈危,朝政愈纷,尺土未复,战守无资。诸臣请祭,则当思先帝蒸尝未备;请葬,则当思先帝山陵未营;请封,则当思先帝宗庙未享;请荫,则当思先帝子孙未保;请谥,则当思先帝光烈未昭。"时以为名言。大清兵过江,王航海遁。六月二日,煌赴水,舟人拯起之。居二日,复投深处,乃死。

陈函辉,字木叔,临海人。崇祯七年进士。授靖江知县,为御史左光先劾罢。北都陷,誓众倡义。会福王立,不许草泽勤王,乃已。寻起职方主事,监军江北。事败归,鲁王擢为礼部右侍郎。从王航海,已而相失,哭入云峰山,作绝命词十章,投水死。

王瑞栴,字圣木,永嘉人。天启五年进士。授苏州推官,兼理兑运。军民交兑,恒相轧启衅。瑞栴调剂得宜,岁省浮费三万金,上官为勒石著令。贵人弟奸法,执问如律。其人中之当道,将议调,遂归。

崇祯七年,起河间推官,迁工部主事,调兵部,转职方员外郎,擢湖广兵备佥事,驻襄阳。十一年春,张献忠据谷城乞抚,总理熊文灿许之。瑞栴以为非计,谋于巡按林铭、总兵官左良玉,将俟其至,执之。文灿固执以为不可。瑞栴言:"贼以计愚我,我不可为所愚。今良玉及诸将贾一选、周仕凤之兵俱在近境,诚合而击之,何患不捷。"文灿怒,责以挠抚局。瑞栴曰:"贼未创而遽抚,彼将无所惧,唯示以义,剿之势,乃心折不敢贰。非相挠,实相成也。"文灿不从。瑞栴乃列上从征、归农、解散三策,文灿亦不用。瑞栴自为檄谕献忠。献忠恃文灿庇已,不听。明年献忠叛,瑞栴先已丁忧归。献忠留书于壁,言已之叛,总理使然。具列上官姓名及取贿月日,而题其末曰：“不纳我金者，王兵备一人耳。”由是瑞名大著。服阕，未及用而都城陷。

福王时，召为太仆少卿，极陈有司虐民之状，旋告归。唐王召赴福建，仍故官，未几复归。及闽地尽失，温州亦不守，避之山中。有欲荐令出者，乃拜辞家庙，从容入室自经死。

路振飞，字见白，曲周人。天启五年进士。除泾阳知县。大吏谄魏忠贤，将建祠泾阳，振飞执不从。邑人张问达忤奄，坐追赃十万。振飞故迁延，奄败事解。流贼入境，击却之。

崇祯四年征授御史。疏劾周延儒卑污奸险，党邪丑正，祈立斥以清揆路，被旨切责。未几，陈时事十大弊，曰务苛细而忘政体，丧廉耻而坏官方，民愈穷而赋愈亟，有事急而无事缓，知显患而忘隐忧，求治事而鲜治人，责外重而责内轻，严于小而宽于大，臣日偷而主日疑，有诏旨而无奉行。疏入，诏付所司。

山东兵叛，劾巡抚余大成、孙元化，且论延儒曲庇罪，帝不问。已，劾吏部尚书闵洪学结权势，树私人，秉铨以来，吏治日坏，洪学自引去。廷推南京吏部尚书谢升为左都御史，振飞历诋其丑状，升遂不果用。

六年巡按福建。海贼刘香数勾红夷入犯，振飞悬千金励将士，遣游击郑芝龙等大破之，诏赐银币。俸满，以京卿录用。初，振飞论海贼情形，谓巡抚邹维琏不能办，语侵之。维琏罢去，命甫下，数奏捷，振飞乃力暴其功，维琏复召用。

八年夏，帝将简辅臣。振飞言：“枚卜盛典，使夤缘者窃附则不光。如向者周延儒、温体仁等公论俱弃，宅揆以后，民盗穷兴，辱已者必不能正天下。”时延儒已斥，而体仁方居首揆，衔之。已而振飞按苏、松，请除输布、收银、白粮、收兑之四大患，民困以苏。会常熟钱谦益、瞿式耜为奸民张汉儒所讦，体仁坐振飞失纠，拟旨令陈状。振飞白谦益无罪，语刺体仁。体仁患，激帝怒，谪河南按察司检校。入为上林丞，屡迁光禄少卿。

十六年秋，擢右佥都御史、总督漕运、巡抚淮、扬。明年正月，流贼陷山西。援飞遣将金声桓等十七人分道防河，由徐、泗、宿迁至安东、沭阳。且围练乡兵，犒以牛酒，得两淮间劲卒数万。福、周、潞、崇四王避贼，同日抵淮。大将刘泽清、高杰等亦弃汛地南下，振飞悉延接之。四月初，闻北都陷，福王立于南京。河南副使吕弼周为贼节度使来代振飞，进士武愫为贼防御使招抚徐、沛，而贼将董学礼据宿迁。振飞击擒弼周、愫，走学礼。竿弼周法场，命军士人射三矢，乃解之。缚愫徇诸市，鞭八十，槛车诣朝，伏诛。五月，马士英欲用所亲田仰，乃罢振飞。振飞亦遭母丧，家无可归，流寓苏州。寻录功，即家加右副都御史。

振飞初督漕，谒凤阳皇陵。望气者言高墙有天子气。唐王聿键方以罪锢守陵，中官虐之。振飞上疏乞概宽罪宗，竟得请。顺治二年，大兵破南京，聿键自立于福州，拜为左都御史。募能致振飞者官五品，赐二千金。振飞乃赴召，道拜太子太保、吏部尚书兼文渊阁大学士。至则大喜，与宴，抵夜分，撤烛送归，解玉带赐之，官一子职方员外郎。又录守淮功，荫锦衣世千户。王每责廷臣怠玩，振飞因进曰：“上谓臣僚不改因循，必致败亡。臣谓上不改操切，亦未必能中兴也。上有爱民之心，而未见爱民之政；有听言之明，而未收听言之效。喜怒轻发，号令屡更。见群臣庸下而过于督责，因博览书史而务求明备，凡上所长，皆臣所甚忧也。”其言曲中王短云。三年，大清兵进仙霞关，聿键走汀州，振飞追赴不能及。汀州破，走居海岛。明年赴永明王召，卒于途。

何楷，字元子，漳州镇海卫人。天启五年进士。值魏忠贤乱政，不谒选而归。

崇祯时，授户部主事，进员外郎，改刑科给事中。流贼陷凤阳，毁皇陵。楷劾巡抚杨一鹏、巡按吴振缨罪，而刺辅臣温体仁、王应熊，言：“振缨，体仁私人；一鹏，应熊座主也。逆贼犯皇陵，神人共愤。陛下辍讲避殿，感动臣民。二辅臣独漫视之，欲令一鹏、振缨戴罪自赎。情面重，祖宗陵寝为轻；朋比深，天下讥刺不恤。”忤旨，镌一秩视事。又言：“应熊、体仁奏辩，明自引门生姻娅。刑官瞻徇，实由于此。乞宣谕辅臣，毋分别恩仇，以国事为戏。”应熊复奏辩。楷言：“臣疏未奉旨，应熊先一日摭引臣疏词，必有漏禁中语者。”帝意动，令应熊自陈，应熊竟由是去。吏部尚书谢升言登、莱要地，巡抚陈应元引疾，宜允其去。及推劳永嘉代应元，则言登莱巡抚本赘员。楷亦疏驳之。楷又请给赠都御史高攀龙官，诰赐左光斗诸臣谥，召还惠世扬。疏多见听。屡迁工科都给事中。

十一年五月，帝以火星逆行，减膳修省。兵部尚书杨嗣昌方主款议，历引前史以进。楷与南京御史林兰友先后言其非。楷言：“嗣昌引建武款塞事，欲借以申市赏之说；引元和田兴事，欲借以申招抚之说；引太平兴国连年兵败事，欲借以申不可用兵之说。徒巧附会耳。至永平二年马皇后事，更不知指斥安在。”帝方护嗣昌，不听。逾月，嗣昌夺情入阁，楷又劾之，忤旨，贬二秩为南京国子监丞。母忧归。服阕，廷臣交荐，召入京，都城已陷。

福王擢楷户部右侍郎，督理钱法，命兼工部右侍郎。连疏请告，不许。顺治二年，南都破，楷走杭州。从唐王入闽，擢户部尚书。郑芝龙、鸿逵兄弟横甚，郊天时，称疾不出。楷言芝龙无人臣礼。王奖其风节，命掌都察院事。鸿逵扇殿上，楷呵止之，两人益怒。楷知不为所容，连请告去。途遇贼，截其一耳，乃芝龙所使部将杨耿也。漳州破，楷遂抑郁而卒。

楷博综群书，寒暑勿辍，尤邃于经学。

林兰友，字翰荃，仙游人。崇祯四年进士。授临桂知县。擢南京御史。疏劾大学士张至发、薛国观，吏部尚书田惟嘉等，因论嗣昌忠孝两亏。贬浙江按察司照磨，与楷及黄道周、刘同升、赵士春称“长安五谏”。迁光禄署丞。京师陷，剃发自匿。为贼所执，拷掠备至。贼败，南还。唐王用为太仆少卿，迁佥都御史。事败，挈家遁海隅，十余年卒。

熊汝霖，字雨殷，余姚人。崇祯四年进士。授同安知县。擢户科给事中。疏陈用将之失，言：“自偏裨至副将，历任有功，方可授节钺，今足未履行阵，幕府已上首功。胥吏提虎旅，纨袴子握兵符，何由奋敌忾。若大将之选，宜召副将有功者，时赐面对，择才者用之。廷臣推择有误，宜用文吏保举连坐法。”帝纳其言。已，言：“杨嗣昌未罪，卢象升未褒，殊挫忠义气。至为嗣昌画策练饷，驱中原万姓为盗者，原任给事中沈迅也。为嗣昌运筹，以三千人驻襄阳，城破辄走者，监纪主事俞爵也。为嗣昌援引，遭襄藩之陷，重赂陈新甲，嫁祸郧抚袁继咸者，今解任侯代之宋一鹤也。皆误国之臣，宜罪。”不报。

京师戒严，汝霖分守东直门。尝召对，言：“将不任战。敌南北往返，谨随其后，如厮隶之于贵官，负弩前驱，望尘靡及。何名为将，何名为督师。”帝深然之。已，言：“有司察处者，不者滥举边才；监司察处者，不得遽蹴巡抚。庶封疆重任，不为匪人借途。”又言：“自戒严以来，臣疏凡二十上。援剿机宜，百不行一。而所揣敌情，不幸言中矣。比者外县难民纷纷入都，皆云避兵，不云避敌。霸州之破，敌犹不多杀掠，官军继至，始无孑遗。朝廷岁费数百万金钱以养兵，岂欲毒我赤子？”帝恶其中有“饮泣地下”语，谪为福建按察司照磨。

福王立，召还。上疏言：“臣自丹阳来，知浙兵为边兵所击，火民居十余里。边帅有言，四镇以杀掠获封爵，我何惮不为。臣意四镇必毅然北征，一雪此耻，今恋恋淮、扬，何也？况一镇之饷多至六十万，势必不能供。即仿古藩镇法，亦当在大河以北开屯设府，曾奥夐之内，而遽以藩篱视之。”顷之，言：“臣窃观目前大势，无论恢复未能，即偏安尚未可必。宜日讨究兵饷战守，乃专在恩怨异同。勋臣方镇，舌锋笔锷是逞，近且以匿名帖逐旧臣，以疏远宗人劾宰辅，中外纷纷，谓将复厂卫。夫厂卫树威牟利，小民鸡犬无宁日，先帝止此一节，未免府怨。前事不远，后事之师。且先帝笃念宗藩，而闻寇先逃，谁死社稷；先帝隆重武臣，而叛降跋扈，肩背相踵；先帝委任勋臣，而京营锐卒徒为寇籍；先帝倚任内臣，而开门延敌，众口喧传；先帝不次擢用文臣，而边才督抚，谁为捍御，超迁宰执，罗拜贼庭。

知前日之所以失，即知今日之所以得。及今不为，将待何时。"疏奏，停俸。寻补吏科右给事中。

初，马士英荐阮大铖，汝霖争不可。及大铖起佐兵部，汝霖又言："大铖以知兵用，当置有用地，不宜处中朝。"不听。逾月，以奉使陛辞，言："朝端议论日新，宫府揣摩日熟，自少宰枢贰悉废廷推，四品监司竟晋詹尹。蹊径垒出，谣诼繁兴。一人未用，便目满朝为党人；一官外迁，辄訾当事为可杀。置国恤于罔闻，逞私图而得志。黄白充庭，青紫塞路，六朝佳丽，复见今时。独不思他日税驾何地耶？"不报。

未几，南京破，士英窜杭州。汝霖责其弃主，士英无以应。杭州亦破，与孙嘉绩同起兵。鲁王监国，擢右佥都御史，督师防江，战屡败。入海宁募兵万人，进兵部右侍郎。唐王立闽中，遣刘中藻颁诏，汝霖出檄严拒之。顺治三年进兵部尚书，从鲁王泛海。明年以本官兼东阁大学士。又明年春，郑彩憾汝霖，遣兵潜害之，并其幼子投海中。

钱肃乐，字希声，鄞县人。临江知府若赓孙，宁国知府敬忠兄子也。崇祯十年成进士，授太仓知州。豪家奴与黠吏为奸，而凶徒结党杀人，焚其尸。肃乐痛惩，皆敛手。又以朱白榜列善恶人名，械白榜者阶下，予大杖。久之，杖者日少。尝摄昆山、崇明事，两县民皆立碑颂德。迁刑部员外郎，寻丁内外艰。

顺治二年，大兵取杭州，属郡多迎降。闰六月，宁波乡官议纳款，肃乐建议起兵。诸生华夏、董志宁等遮拜肃乐倡首，士民集者数万人，肃乐乃建牙行事。郡中监司守令皆逃，惟一同知治府事。肃乐索取仓库籍，缮完守具，与总兵王之仁缔盟共守。闻鲁王在台州，遣举人张煌言奉表请监国。会绍兴、余姚亦举兵，王乃赴绍兴行监国事，召肃乐为右佥都御史，画钱塘而守。寻进右副都御史。当是时，之仁及大将方国安并加封爵，其兵食用宁波、绍兴、台州三郡田赋，不能继，恒缺食。已，加兵部右侍郎。明年五月，军食尽，悉散去。

鲁王航海,肃乐亦之舟山。唐王召之,甫入境,王已没。遂隐海坛山,采山薯为食。明年,鲁王次长垣,召为兵部尚书,荐用刘沂春、吴钟峦等。明年拜肃乐东阁大学士。

唐王虽殁,而其将徐登华为守富宁,鲁王遣大学士刘中藻攻之。登华欲降,疑未决,曰:"海上岂有天子?舟中岂有国公?"肃乐致书:"将军独不闻南宋之末,二帝并在舟中乎?"登华遂降。郑彩专柄,连杀熊汝霖、郑遵谦。肃乐忧愤卒于于舟,故相叶向高曾孙进晟葬之福清黄檗山。

刘中藻,福安人。由进士官行人。贼陷京师,剃发,被掳掠。贼败南还,事唐王。既事鲁王,攻降福宁守之,移驻福安。大清兵破城,冠带坐堂上,为文自祭,吞金屑死。

郑遵谦,会稽人。为诸生。潞王以杭州降大清,遵谦倡众起兵,事鲁王,崎岖浙、闽间。从王航海,与汝霖并为彩害。

沈宸荃,慈鏬人。崇祯十三年进士。授行人,奉使旋里。福王立,复命。擢御史,疏陈五事,皆切时病。已,论群臣丑正党邪,请王卧薪尝胆,为雪耻报仇之计。寻荐词臣黄道周、刘同升、葛世俊、徐汧、吴伟业等。又言:"经略山东、河南者,王永吉、张缙彦也。永吉失机,先帝拔为总督,拥兵近甸,不救国危。缙彦官部曹,先帝骤擢典中枢,乃率先从贼。即加二人极刑,不为过。陛下屈法用之,而永吉观望逗留,缙彦狼狈南窜。死何以对先帝,生何以对陛下。昌平巡抚何谦失陷诸陵,罪亦当按。都城既陷,守土臣宜皆厉兵秣马,以报国仇,乃贼尘未扬,辄先去以为民望。如河道总督黄希宪、山东巡抚丘祖德,尚可容偃卧家园乎!"疏入,谦、祖德等皆命逮治,永吉、缙彦不罪。时朝政大乱,宸荃独持正,要人多疾之。明年以年例出为苏松兵备佥事。未赴,南都破,宸荃举兵邑中。

鲁王监国,擢右佥都御史。已而事败,宸荃弃家从王海外。王次长垣,连擢至大学士。从王于舟山,又从泛海抵厦门、金门。后舣舟南日山,遭风,没于海。

　　其邑子沈履祥尝为知县，监国时，以御史督饷台州。城破，避山中，被获死之。

　　赞曰：自甲申以后，明祚既终，不逾年而南都亦覆，势固无可为矣。朱大典、张国维等抱区区之义，徒假名号于海滨，以支旦夕。而上替下陵，事无统纪，欲以收偏安之效，何可得乎。

明史卷二七七
列传第一六五

袁继咸 张亮　**金声** 江天一
邱祖德 温璜　吴应箕　尹民兴等
沈犹龙 李待问　章简　**陈子龙**
夏允彝　徐孚远　**侯峒曾** 阎应元
朱集璜等　**杨文骢** 孙临等　**陈潜夫**
陆培　**沈廷扬**　**林汝翥** 林垐
郑为虹 黄大鹏　王士和　胡上琛　熊纬

　　袁继咸,字季通,宜春人。天启五年进士。授行人。

　　崇祯三年冬,擢御史,监临会试,坐纵怀挟举子,谪南京行人司副,迁主客员外郎。七年春,擢山西提学佥事。未行,总理户、工二部中官张彝宪有朝觐官赍册之奏。继咸疏论之,谓:“此令行,上自藩臬,下至守令,莫不次第参谒,屏息低眉,跪拜于中官之座,率天下为无耻事,大不便。”彝宪大患,与继咸互讦奏。帝不听,乃子身赴任。久之,巡抚吴甡荐其廉能。而巡按御史张孙振以请属不应,疏诬继咸赃私事。帝怒,逮继咸,责甡回奏。甡贤继咸,斥孙振。诸生随至都,伏阙诉冤,继咸亦列上孙振请属状及其赃贿数事。诏逮孙振,坐谪戍;继咸得复官。

十年,除湖广参议,分守武昌。以兵捣江贼巢兴国、大冶山中,擒贼首吕瘦子,降其党千余人。诏兼佥事,分巡武昌、黄州。击退贼老回回、革里眼等七大部黄陂、黄安,筑黄冈城六千余丈。

十二年,移淮阳,忤中官杨显名,奏镌二秩调用。督师杨嗣昌以其知兵,引参军事。明年四月擢右佥都御史,抚治郧阳。未一年,襄阳陷,被逮,戍贵州。

十五年,廷臣交荐,起故官,总理河北屯政。未赴,贼逼江西。廷议设重臣总督江西、湖广、应天、安庆军务,驻九江。擢继咸兵部右侍郎兼右佥都御史以行。贼已陷武昌,左良玉拥兵东下。继咸遇良玉于芜湖,激以忠义。良玉即还,恢复武昌。廷议吕大器来代,继咸仍督屯政。大器、良玉不协,长沙、袁州俱陷,仍推继咸代之。甫抵镇而京师陷。

福王立南都,颁诏武昌,良玉不拜诏。继咸致书言伦序正,良玉乃拜受诏。继咸入朝,高杰新封兴平伯。继咸曰:"封爵以劝有功。无功而封,有功者不劝。跋扈而封,跋扈愈多。"王曰:"事已行,奈何?"继咸曰:"马士英引杰渡江,宜令往辑。"王曰:"彼不欲往,辅臣史可法愿往。"继咸曰:"陛下嗣位,固以恩泽收人心,尤宜以纪纲肃众志。乞振精神,申法纪。冬春间,淮上未必无事。臣虽驽,愿奉六龙为澶渊之举。"王有难色。因诣榻前密奏曰:"左良玉虽无异图,然所部多降将,非孝子顺孙。陛下初登大宝,人心危疑,意外不可不虑,臣当星驰回镇。"许之。因赴阁责可法不当封杰,士英嗛之。俄陈致治守邦大计,引宋高宗用黄潜善、汪伯彦事,语复侵士英。会湖广巡按御史黄澍劾奏士英大罪,士英拟旨逮治。澍与良玉谋,阴讽将士大哗,欲下南京索饷,保救澍。继咸为留江漕十万石、饷十三万金给之,且代澍申理,以良玉依仗澍为言。士英不得已,免逮澍。继咸既与士英隙,所奏悉停寝。

明年正月,继咸言:"元朔者,人臣拜手称觞之日,陛下尝胆卧薪之时。念大耻未雪,宜以周宣之未央问夜为可法,以晚近长夜之饮、角觚之戏为可戒。省土木之功，节浮淫之费。戒谕臣工，后私斗而急公仇。臣每叹三十年来，徒以三案葛藤血战不已。若《要典》一书，已经先帝焚毁，何必复理其说。书苟未进，宜寝之；即已进，宜毁之。至王者代兴，从古亦多异同。平、勃迎立汉文，不闻穷治朱虚之过；房、杜决策秦邸，不闻力究魏徵之非。固其君豁达大度，亦其大臣公忠善谋，翊赞其美。请再下宽大之诏，解圜扉疑入之囚，断草野株连之案。"王降旨俞其言。

群小皆不喜继咸，汰其军饷六万，军中有怨言，继咸疏争不得。又以江上兵寡，郑鸿逵战舰不还，议更造，檄九江佥事叶士彦于江流截买材木。士彦家芜湖，与诸商昵，封还其檄。继咸以令不行，疏劾士彦。士彦同年御史黄耳鼎亦劾继咸，言继咸有心腹将校劝左良玉立他宗，良玉不从云。良玉尝不拜监国诏，闻之益疑惧，上疏明与继咸无隙，耳鼎受指使而言，《要典》宜再焚。江东人乃由是交口言继咸、良玉倡和，胁制朝廷矣。会都下又有伪太子之事，良玉争不得，遂与士英辈有隙。继咸疏言："太子真伪，非臣所能悬揣。真则望行良玉言，伪则不妨从容审处，多召东宫旧臣辨识，以解中外之疑。"疏未达，良玉已反。

初，继咸闻李自成兵败南下，命部将郝效忠、陈麟、邓林奇守九江，自统副将汪硕画、李士元等援袁州，防贼由岳州、长沙入江西境。既已登舟，闻良玉反，复还九江。良玉舟在北岸，贻书继咸，愿握手一别，为皇太子死。九江士民泣请继咸往，纾一方难。继咸会良玉于舟中，良玉语及太子下狱事，大哭。次日，舟移南岸，良玉袖出皇太子密谕，劫诸将盟。继咸正色曰："密谕何从来？先帝旧德不可忘，今上新恩亦不可负，密谕何从来？"良玉色变，良久乃曰："吾约不破城，改檄为疏，驻军候旨。"继咸归，集诸将于城楼而洒泣曰："兵谏非正。晋阳之甲，《春秋》恶之，可同乱乎？"遂约与俱拒守。而效忠及部将张世勋等则已出与良玉合兵，入城杀掠。继咸闻之，欲自尽。黄澍入署拜泣曰："宁南无异图。公以死激成之，大事去矣。"副将李士春亦密白继咸隐忍，至前途，王文成之事可图也。继咸以为然，遂出责良玉。良玉已疾笃，夜望见城中火起，大哭曰："予负临侯！"临侯，继咸别号也。呕血数升，遂死。其子梦庚秘不发丧，诸将推为帅，移舟东。

中朝皆疑继咸、良玉同反。而南都时已破，诸镇多纳款。继咸劝梦庚旋师，不听。遣人语林奇、硕画、士元毋为不忠事，林奇、硕画、士元避皖湖中，遣人阴逆继咸。继咸已为效忠绐赴其军。将及湖口，而梦庚、效忠降于我大清，遂执继咸北去，馆内院。至明年三月，终不屈，乃杀之。

有张亮者，四川人。举于乡。崇祯时，历榆林兵备参议，用荐改安庐兵备，监禁军讨贼，频有功。十七年擢右佥都御史，巡抚其地。福王既立，亮闻李自成兵败西奔，奏言贼势可乘，请解职视贼所向，督兵进讨，从之。寻召入京议事，复遣还任。明年四月，左梦庚陷安庆，亮被执。梦庚北行，挟亮与俱，乘间赴河死。

金声字正希，休宁人。好学，工举子业，名倾一时。崇祯元年成进士，授庶吉士。明年十一月，大清兵逼都城，声慷慨乞面陈急务，帝即召对平台。退具疏言："臣书生素矢忠义，遭遇圣明，日夜为陛下忧念天下事。今兵逼京畿，不得不急为君父用。夫通州、昌平，都城左右翼，宜戍以重兵。而天津漕艘所聚，尤宜亟防。今天下草泽之雄，欲效用国家者不少，在破格用之耳。臣所知申甫有将才。臣愿仗圣天子威灵，与练敢战士，为国家捍强敌，惟陛下立赐裁许。"

申甫者，僧也，好谈兵，方私制战车火器。帝纳声言，取其车入览，授都司金书。即日召见，奏对称旨，超擢副总兵，敕募新军，便宜从事。改声御史，参其军。甫仓猝募数千人，皆市井游手，所需军装戎器又不时给。而是时大清兵在郊圻久，势当速战，急出营柳林。总理满桂节制诸军，甫不肯为下。桂卒掠民间，甫军捕之，桂辄索去。声以两军不和闻，帝即命声调护。亡何，桂殁，甫连败于柳林、大井，乃结车营芦沟桥。大清兵绕出其后，御车者惶惧不能转，歼戮殆尽，甫亦阵亡。声痛伤之，言甫受事日浅，直前冲锋，遗骸矢刃殆遍，非喋血力战不至此。帝亦伤之,命予恤典。

声耻无功,请率能将董大胜兵七百人,甫遗将古壁兵百人,及豪杰义从山数百人,练成一旅,为刘之纶奇兵,收桑榆之效,不许。俄以清核军需告竣,奏缴关防,请按律定罪,再疏请罢斥,皆不许。东江自毛文龙被杀,兵力弱,势孤。声因东宫册立,自请颁诏朝鲜,俾联络东江,张海外形势。帝虽嘉其意,亦不果用。

寻上疏言:"陛下晓夜焦劳,日亲天下之事,实未尝日习天下之人。必使天下才不才,及才长短,一一程量不爽,方可斟酌位置。往者,陛下数召对群臣,问无所得,鲜当圣心,遂厌薄之。臣愚妄谓陛下泰交尚未殷,顾问尚未数,不得谓召对无益也。愿自今间日御文华,令京卿、翰林、台谏及中行、评博等官,轮番入直,博咨广询。而内外有职业者,亦得不时进见。政事得失,军民利病,庙堂举错,边塞情形,皆与臣工考究于燕闲之间。岁月既久,品量毕呈。诸臣才不才,及才长短,岂得逃圣鉴。"帝未及报,声再疏恳言之,终不用,遂屡疏乞归。

后大学士徐光启荐声同修历书,辞不就。以御史召,亦不赴。八年春,起山东佥事,复两疏力辞。乡郡多盗,声团练义勇,为捍御。十六年,凤阳总督马士英遣使者李章玉征贵州兵讨贼,迂道掠江西,为乐平吏民所拒击。比抵徽州境,吏民以为贼,率众破走之。章玉讳激变,谓声及徽州推官吴翔凤主使。士英以闻,声两疏陈辨。帝察其无罪,不问。其年冬,廷臣交荐,即命召用,促入都陛见,未赴而京师陷。

福王立于南京,超擢声左佥都御史,声坚不起。大清兵破南京,列郡望风迎降。声纠集士民保绩溪、黄山,分兵扼六岭。宁国丘祖德、徽州温璜、贵池吴应箕等多应之。乃遣使通表唐王,授声右都御史兼兵部右侍郎,总督诸道军。拔旌德、宁国诸县。九月下旬,徽故御史黄澍降于大清,王师间道袭破之。

声被执至江宁,语门人江天一曰:"子有老母,不可死。"对曰:"天一同公起兵,可不同公殉义乎!"遂偕死。唐王赠声礼部尚书,谥文毅。天一,歙诸生。

邱祖德,字念修,成都人。崇祯十年进士。授宁国推官,以才调济南。用荐超擢佥事,分巡东昌。山东土寇猖獗,帝因给事中张元始言,令祖德及东兖道李恪专任招抚,寇多解散。十五年调官沂州。其冬用兵部尚书张国维荐,擢右佥都御史,巡抚保定。十六年里察典,解职候勘。事白,以故官代王永吉抚山东。京师覆,贼遣使招降。祖德斩之,谋发兵拒守。会中军梅应元叛,率部卒索印,祖德乃南奔。

福王时,御史沈宸荃劾祖德及河南总督黄希宪轻弃封疆,诏削籍提讯,久之获释。而成都亦陷,无家可归,流寓宁国。金声起兵绩溪,祖德与宁国举人钱文龙,诸生麻三衡、沈寿荛等各举兵应之。时郡城已失,祖德驻华阳,三衡驻稽亭,他蜂起者又十余部,约共攻郡城。不克,寿荛阵殁,祖德退还山中。大清兵攻拔其寨,被获,磔死,其子亦死。越四日,三衡军败,亦死。寿荛,都督有容子。三衡,布政使溶孙也。三衡兵既起,旁近吴太平、阮恒、阮善长、刘鼎甲、胡天球、冯百家与俱起,号七家军,皆诸生也。三衡既败,太平等亦死。

温璜,初名以介,字于石,乌程人。大学士体仁再从弟也。母陆守节被旌。璜久为诸生,有学行。崇祯十六年秋举进士,授徽州推官。甫莅任,闻京师陷,亟练民兵,为保障计。明年,南京亦覆。知府秦祖襄及诸僚属皆遁,璜乃尽摄其印,召士民慰谕之。金声举兵绩溪,璜与犄角,且转饷给其军,而徙家属于村民舍。未几,声败,璜严兵自守。郡中故御史黄澍以城献,璜归村舍,刃其妻茅氏及长女,遂自刭死。

吴应箕,字次尾,贵池人。善今古文,意气横厉一世。阮大铖以附珰削籍,侨居南京,联络南北附珰失职诸人,劫持当道。应箕与无锡顾杲、桐城左国材、芜湖沈士柱、余姚黄宗羲、长洲杨廷枢等为《留都防乱公揭》讨之,列名者百四十余人,皆复社诸生也。后大铖得志,谋杀周镳,应箕独入狱护视。大铖闻,急遣骑捕之,应箕夜亡去。南都不守,起兵应金声,败走山中,被获,慷慨就死。

其同时举兵者有尹民兴、吴汉超、庞昌允、谢球、司石磐、王湛、鲁之玙。

民兴,字宣子,崇祯初举进士。历知宁国、泾二县,除奸厘蠹,有神明之称。行取入都,为陈启新所讦,谪福建按察司检校。十五年春,疏陈时务十四事,帝喜,召为职方主事。数召对,言多当帝意,即擢本司郎中。周延儒出督师,命从军赞画。延儒被谴,下民兴吏,除名,久之始释。福王立,起故官,寻谢病归,流寓泾县。南京失,与诸生赵初浣等据城拒守。大清兵攻破城,初浣死之,民兴走免。唐王以为御史,事败归,卒于家。

汉超,宣城诸生。崇祯十七年闻都城变,谋募兵赴难,会福王立,乃已。明年,南都覆,弃家走泾县,从尹民兴起兵。兵败,匿华阳山中。先是,邱祖德、麻三衡诸军溃,保华阳,有徐淮者部署之。汉超与合,连取句容、溧水、高淳、溧阳、泾、太平诸县。明年正月袭宁国,夜缘南城登。兵溃,城中按首事者。汉超已出城,念母在,且恐累族人,入见曰:"首事者我也。"剖其腹,胆长三寸。妻戚自掷楼下死。

昌允,西充人。崇祯十年进士。授青阳知县。南京覆,走匿九华山,谋举兵。事泄被执,夜死旅店中。

球,溧阳诸生,金事鼎新子也。毁家募兵。兵散,被执而死。

石磐,盐城诸生,与都司鄅某同举兵,兵败披执。鄅言:"此儒生,吾劫之为书记耳。"石磐曰:"吾首事,奈何讳之!"系狱六十余日,与鄅偕死。

湛,太仓诸生。城已下,与兄淳复集里人数百围城。城中兵出击,淳赴水死,湛被砑死。

之玙,历官副总兵,驻福山。苏州既降,诸生陆世钥聚众焚城楼。之玙率千人入城,与大清兵战,溃走,之玙战死。

其时以诸生死者,有六合马纯仁、邳州王台辅。南京既下,六合即归附,纯仁题铭桥柱,抱石投水死。台辅,当崇祯末,闻宦官复出镇,将草疏极谏。甫入都,都城陷,乃还。福王时,东平伯刘泽清、御史王燮张乐大宴于睢宁。台辅衰绖直入,责之曰:"国破君亡,此公等卧薪尝胆、食不下咽时,顾置酒大会耶!"左右欲鞭之,燮曰:"狂生也。"命引去。及南京覆,台辅视其廪曰:"此吾所树,尽此死。"明年,粟尽,北面再拜,自缢死。

沈犹龙,字云升,松江华亭人。万历四十四年进士。除鄞县知县。天启初,征授御史,出为河南副使。

崇祯元年召复故官,进太仆少卿,拜右佥都御史,巡抚福建。江西妖贼张普薇等作乱,犹龙遣游击黄斌卿协剿,大破之。增秩赐金,以忧归。服阕,起兵部右侍郎兼右佥都御史,总督两广军务,兼广东巡抚。

十七年冬,福王召理部事,不就,乞葬亲归。明年,南京失守,列城望风下。闰六月,吴淞总兵官吴志葵自海入江,结水寨于泖湖。会总兵官黄蜚拥千艘自无锡至,与合。犹龙乃偕里人李待问、章简等,募壮士数千人守城,与二将相犄角,而参将侯承祖守金山。八月,大清兵至,二将败于春申浦,城遂被围。未几破,犹龙出走,中矢死。待问守东门,简守南门,城破,俱被杀。华亭教谕眭明永题诗明伦堂,投缳死。诸生戴泓赴池死。嘉定举人傅凝之参志葵军事,兵败,赴水死。大清兵遂攻金山,承祖与子世禄犹固守。城既破,巷战逾时,世禄中四十矢,被获,死之。承祖亦被获,说之降,不从,遂被杀。志葵、蜚既败,执至江阴城下,令说城中人降。志葵说之,蜚不语,城迄不下,后皆被杀。

待问,字存我,崇祯末进士。授中书舍人。工文章,兼精书法。简,字坤能。举于乡,官罗源知县。

陈子龙,字卧子,松江华亭人。生有异才,工举子业,兼治诗赋古文,取法魏、晋,骈体尤精妙。崇祯十年进士。选绍兴推官。

东阳诸生许都者,副使达道孙也。家富,任侠好施,阴以兵法部勒宾客子弟，思得一当。子龙荐诸上官，不用，东阳令以私憾之。适义乌奸人假中贵名招兵事发，都葬母山中，会者万人。或告监司毛雄曰："都反矣。"雄遽遣使收捕，都遂反。旬日间聚众数万，连陷东阳、义乌、浦江，遂逼郡城，既而引去。巡抚董象恒坐事逮，代者未至，巡按御史左光先以抚标兵，命子龙为监军讨之，稍有俘获。而游击蒋若来破其犯郡之兵，都乃率余卒三千保南砦。

雄欲抚贼，语子龙曰："贼聚粮据险，官军不能仰攻，非旷日不克。我兵万人，止五日粮，奈何？"子龙曰："都，旧识也，请往察之。"乃单骑入都营，责数其罪，谕令归降，待以不死。遂挟都见雄。复挟都走山中，散遣其众，而以二百人降。光先与东阳令善，竟斩都等六十余人于江浒。子龙争，不能得。

以定乱功，擢兵科给事中。命甫下而京师陷，乃事福王于南京。其年六月，言防江之策莫过水师，海舟议不可缓，请专委兵部主事何刚训练，从之。太仆少卿马绍愉奉使陛见，语及陈新甲主款事。王曰："如此，新甲当恤。"廷臣无应者，独少詹事陈盟曰可。因命予恤，且追罪尝劾新甲者。廷臣惩刘孔昭殿上相争事，不敢言。子龙与同官李清交章力谏，事获已。

未几，列上防守要策，请召还故尚书郑三俊，都御史易应昌、房可壮、孙晋，并可之。又言："中使四出搜巷。凡有女之家，黄纸贴额，持之而去，闾井骚然。明旨未经有司，中使私自搜采，甚非法纪。"乃命禁讹传诳惑者。子龙又言："中兴之主，莫不身先士卒，故能光复旧物。今入国门再旬矣，人情泄沓，无异升平。清歌漏舟之中，痛饮焚屋之内，臣不知其所终。其始皆起于姑息一二武臣，以至凡百政令皆因循遵养，臣甚为之寒心也。"亦不听。明年二月乞终养去。

子龙与同邑夏允彝皆负重名，允彝死，子龙念祖母年九十，不忍割，遁为僧。寻以受鲁王部院职衔，结太湖兵，欲举事。事露被获，乘间投水死。

夏允彝，字彝仲。弱冠举于乡，好古博学，工属文。是时东林讲席盛，苏州高才生张溥、杨廷枢等慕之，结文会名复社。允彝与同邑陈子龙、徐孚远、王光承等亦结几社相应和。

崇祯十年，与子龙同成进士，授长乐知县，善决疑狱。他郡邑不能决者，上官多下长乐。居五年，邑大治。吏部尚书郑三俊举天下廉能知县七人，以允彝为首。帝召见，大臣方岳贡等力称其贤，将特擢。会丁母忧，未及用。

北都变闻，允彝走谒尚书史可法，与谋兴复。闻福王立，乃还。其年五月擢吏部考功司主事。疏请终制，不赴。御史徐复阳希要人旨，劾允彝及其同官文德翼居丧授职为非制，以两人皆东林也。两人实未尝赴官，无可罪。吏部尚书张捷遽议贬秩调用。

未几，南都失，徬徨山泽间，欲有所为。闻友人侯峒曾、黄淳耀、徐汧等皆死，乃以八月中赋绝命词，自投深渊以死。允彝死后二年，子完淳、兄之旭并以陈子龙狱词连及，亦死。而同社徐孚远，举于乡，因松江破，遁入海，死于岛中。

侯峒曾，字豫瞻，嘉定县人。给事中震旸子也。天启五年进士，授南京武选司主事，丁父忧。

崇祯七年入都。兵部尚书张凤翼荐为职方郎中，峒曾力辞，乃改南京文选司主事。由稽勋郎中迁江西提学参议。给事中耿始然督赋至，他监司以属礼见，峒曾独与抗礼。益王势方炽，岁试黜两宗生，王怒，使人诮让，峒曾不为动。迁广东副使，不赴。起浙江右参政，分守嘉、湖。漕卒击伤秀水知县李向中，峒曾请于抚按，捕戮首恶，部内肃然。吏部尚书郑三俊举天下贤能监司五人，峒曾与焉。召为顺天府丞，未赴而京师陷。

福王时，用为左通政，辞不就。及南京覆，州县多起兵自保。嘉定士民推峒曾为倡，偕里人黄淳耀、张锡眉、董用圆、马元调、唐全昌、夏云蛟等誓死固守。大清兵来攻，峒曾乞师于吴淞总兵官吴志葵。志葵遣游击蔡祥以七百人来赴，一战失利，束甲遁，外援遂绝，城中矢石俱尽。七月三日大雨，城隅崩，架巨木支之。明日雨益甚，城大崩，大清兵入。峒曾拜家庙，挈二子元演、元洁并沈于池。锡眉、

用圆、元调、全昌、云蛟皆死之。锡眉、用圆皆举人。用圆官秀水教
谕。元调、全昌、云蛟并诸生。

其时聚众城守而死者有江阴阎应元、昆山朱集璜之属。

应元,字丽亨,顺天通州人。崇祯中,为江阴典史。十七年,海
贼顾三麻入黄田港,应元往御,手射杀三人。贼退,以功迁英德主
簿,道阻不赴,寓居江阴。

明年五月,南京亡,列城皆下。闰六月朔,诸生许用倡言守城,
远近应者数万人。典史陈明遇主兵,用徽人邵康公为将。而前都司
周瑞龙泊江口,相犄角。战失利,大清兵逼城下。徽人程璧尽散家
资充饷,而身乞师于吴淞总兵官吴志葵。志葵至,璧遂不返。康公
战不胜,瑞龙水军亦败去,明遇乃请应元入城,属以兵事。

大清兵力攻城,应元守甚固。东平伯刘良佐用牛皮帐攻城东
北,城中用炮石力击。良佐乃移营十方庵,令僧陈利害。良佐旋策
马至,应元誓以大义,屹不动。及松江破,大清兵来益众,四围发大
炮,城中死伤无算,犹固守。八月二十一日,大清兵从祥符寺后城
入,众犹巷战,男妇投池井皆满。明遇、用皆举家自焚。应元赴水,
被曳出,死之。

训导冯厚敦冠带缢于明伦堂,娣及妻王结衽投井死。里居中书
舍人戚勋令妻及子女、子妇先缢,乃举火自焚,从死者二十人。举人
夏维新,诸生王华、吕九韶自刎死。

贡生黄毓祺者,好学,有盛名,精释氏学。与门人徐趋举兵行
塘,以应城内兵。及城陷,两人逸去。明年冬,趋侦江阴无备,率壮
士十四人袭之。不克,皆死。毓祺既逸去,避江北。其子大湛、大洪
被收,兄弟方争死。而毓祺以敕印事发,逮系江宁狱,将刑,其门人
告之期,命取袭衣自敛,趺坐而逝。

朱集璜,字以发,昆山贡生。学行为乡里所推,教授弟子数百
人。

南京既亡,昆山议拒守,而县丞阎茂才已遣使迎降。县人共执

杀茂才，以六月望，推旧将王佐才为帅，集璜及周室瑜、陶琰、陈大任等共举兵。参将陈宏勋、前知县杨永言率壮士百人为助。佐才亦邑人，尝官狼山副总兵，年老矣。大清兵至，宏勋率舟师迎战，败还，游击孙志尹战殁。城陷，永言遁去。佐才纵民出走，而己冠带坐帅府，被杀。集璜投东禅寺后河死。门人孙道民、张谦同日死。室瑜、琰、大任亦死之。室瑜子朝𬭎、大任子思翰皆同死。室瑜举于乡，官仪封知县。琰、大任皆诸生。

时以守御死者，苏达道、庄万程、陆世铠、陆云将、归之甲、周复培、陆彦冲。代父死者，沈徵宪、朱国轼。救母死者，徐洺。自尽者，徐溦、王在中、吴行贞。

杨文骢，字龙友，贵阳人。浙江参政师孔子。万历末，举于乡。崇祯时，官江宁知县。御史詹兆恒劾其贪污，夺官候讯。事未竟，福王立于南京，文骢戚马士英当国，起兵部主事，历员外郎、郎中，皆监军京口。以金山踞大江中，控制南北，请筑城以资守御，从之。文骢善书，有文藻，好交游，干士英者多缘以进。其为人豪侠自喜，颇推奖名士，士亦以此附之。

明年迁兵备副使，分巡常、镇二府，监大将郑鸿逵、郑彩军。及大清兵临江，文骢驻金山，扼大江而守。五月朔，擢右佥都御史，巡抚其地，兼督沿海诸军。文骢乃还驻京口，合鸿逵等兵南岸，与大清兵隔江相持。大清兵编大筏，置灯火，夜放之中流，南岸军发炮石，以为克敌也，日奏捷。初九日，大清兵乘雾潜济，迫岸。诸军始知，仓皇列阵甘露寺。铁骑冲之，悉溃。文骢走苏州。十三日，大清兵破南京，百官尽降。命鸿胪丞黄家鼒往苏州安抚，文骢袭杀之，遂走处州。时唐王已自立于福州矣。

初，唐王在镇江时，与文骢交好。至是，文骢遣使奉表称贺。鸿逵又数荐，乃拜兵部右侍郎兼右佥都御史，提督军务，令图南京。加其子鼎卿左都督、太子太保。鼎卿，士英甥也。士英遣迎福王，遇王于淮安。王贫窭甚，鼎卿周给之，王与定布衣交，以故宠鼎卿甚。及鼎卿上谒，王以故人子遇之，奖其父子，拟以汉朝大、小耿。然其父子以士英故，多为人诋诽。

明年，衢州告急。诚意侯刘孔昭亦驻处州，王令文驄与共援衢。七月，大清兵至，文驄不能御，退至浦城，为追骑所获，与监纪孙临俱不降被戮。

临，字武公，桐城人，兵部侍郎晋之弟。文驄招入幕，奏为职方主事，竟与同死。

其时起兵旁掠郡县者有吴易，字日生，吴江人。生有膂力，趫弛不羁。崇祯末，成进士。福王时，谒史可法于扬州。可法异其才，题授职方主事，为己监军。

明年奉檄征饷江南，未还而扬州失，已而吴江亦失。易走太湖，与同邑举人孙兆奎，诸生沈自驹、自炳，武进吴福之等谋举兵。旬日得千余人，屯于长白荡，出没旁近诸县，道路为梗。唐王闻之，授兵部右侍郎兼右佥都御史，总督江南诸军。文驄奏易斩获多，进为兵部尚书。鲁王亦授易兵部侍郎，封长兴伯。

八月，大清兵至，易遂败走。父承绪、妻沈及女皆投水死，自驹、自炳、福之亦死焉，兆奎被获，一军尽歼。明年，易乡人周瑞复聚众长白荡，迎易入其营。八月，事泄，被获死之。

福之，钟峦子也。兆奎兵败时，虑易妻女被辱，视其死而后行，故被获。械至江宁，死之。

陈潜夫，字元倩，钱塘人。家贫落魄，好大言以骇俗。崇祯九年举于乡，益广交游，为豪举，好臧否人，里中人恶之。友人陆培兄弟为文逐潜夫，潜夫乃避居华亭。

十六年冬，授开封推官。大河南五郡尽为贼据，开封被河灌，城虚无人，长吏皆寄居封邱。有劝潜夫弗往者，不听，驰之封邱。会叛将陈永福率贼兵出山西，其子德为巡抚秦所式部将，缚巡按御史苏京去。潜夫募民兵千，请于所式及总兵卜从善、许定国，令共剿，皆不肯行。

潜夫乃以十七年正月奉周王渡河居杞县,檄召旁近长吏,设高皇帝位,歃血誓固守。贼所设伪巡抚梁启隆居开封,他伪官散布郡邑间甚众,而开封东西诸土寨剽掠公行,相攻杀无已。潜夫转侧杞、陈留间,朝夕不自保。闻西平寨副将刘洪起勇而好义,屡杀贼有功,躬往说之。五月五日方誓师,而都城失守。报至,乃恸哭,令其下缟素。洪起兵万,号五万,潜夫兵三千,俘杞伪官,启隆闻风遁去。遂渡河而北,大破贼将陈德于柳园。时李自成已败走山西,而南阳贼乘间犯西平,洪起引还,潜夫亦随而南。

福王立南京,潜夫传露布至,朝中大喜,即擢监军御史,巡按河南。潜夫乃入朝言:"中兴在进取,王业不偏安。山东、河南地,尺寸不可弃。豪杰结寨自固者,引领待官军。诚分命藩镇,以一军出颍、寿,一军出淮、徐,则众心竞奋,争为我用。更颁爵赏鼓舞,计远近,画城堡俾自守,而我督抚将帅屯锐师要害以策应之。宽则耕屯为食,急则披甲乘埤,一方有警,前后救援,长河不足守也。汴梁一路,臣联络素定,旬日可集十余万人。诚稍给糇粮,容臣自将,臣当荷戈先驱,诸藩镇为后劲,河南五郡可尽复。五郡既复,画河为固,南连荆楚,西控秦关,北临赵、卫,上之则恢复可望,下之则江、淮永安,此今日至计也。两淮之上,何事多兵,督抚纷纭,并为虚设。若不思外拒,专事退守,举土地甲兵之众致之他人,臣恐江、淮亦未可保也。"

当是时,开封、汝宁间列寨百数,洪起最大;南阳列寨数十,萧应训最大;洛阳列寨亦数十,李际遇最大。诸帅中独洪起欲效忠,潜夫请予挂印为将军。马士英不听,而用其姻娅越其杰巡抚河南。潜夫自九月入觐,便道省亲,甫五日即驰赴河上。所建白皆不用,诸镇兵无至者。其杰老愦不知兵。兵部尚书张缙彦总督河南、山东军务,止提空名,不能驭诸将。其冬,应训复南阳及泌阳、舞阳、桐柏,遣子三杰献捷。潜夫授告身,饮之酒,鼓吹旌旗前导出。三杰喜过望,往谒其杰。其杰故为尊严,厉辞诘责,诋为贼。三杰泣而出,萌异心。

潜夫过诸寨,皆铙吹送迎,其杰间过之,诸寨皆闭门不出。其杰恚,谮潜夫于士英。士英怒,冬尽,召潜夫还,以凌駉代。潜夫亦遭外艰归。

明年三月,给事中林有本疏劾御史彭遇飐,并及潜夫。士英以遇飐己私人,置不问,独令议潜夫罪。先是,有童氏者,自言福王继妃,广昌伯刘良佐具礼送之。潜夫至寿州,见车马驺从传呼皇后来,亦称臣朝谒。及童氏入都,王以为假冒,下之狱。遂责潜夫私谒妖妇,逮下狱治之。

未几,南都不守,潜夫得脱归。闻鲁王监国绍兴,渡江往谒。命复故官,加太仆少卿,监军,乃自募三百人列营江上。寻进大理寺少卿,兼御史如故。顺治三年五月晦,江上师尽溃,潜夫走至山阴化龙桥,偕妻妾二孟氏同赴水死,年三十七。

始为文逐潜夫者陆培,字鲲庭,举进士,为行人,奉使事竣归省。南京既覆,闻潞王又降,以绳授二仆,从容就缢而死,年二十九。培少负俊才,有文名,行谊修谨,客华亭,尝却奔女于室云。

沈廷扬,字季明,崇明人。好谈经济。崇祯中,由国子生为内阁中书舍人。

十二年冬,帝以山东多警,运道时梗,议复海运。廷扬生海滨,习水道,上疏极言其便,且辑海运书五卷以呈。帝喜,即命造海舟试之。廷扬乘二舟由淮安出海,抵天津,仅半月。帝大喜,即加户部郎中,往登州与巡抚徐人龙计海运事。初,宁远军饷率用天津船,自登州候东南风,转粟至天津;又候西南风转至宁远。廷扬请从登州直达宁远,帝用其议,省费多。十五年命再赴淮安督海运,事竣,加光禄少卿,仍领其事。

及京师陷,福王命廷扬以海舟防江。寻命兼理饷务,馈江北诸军。南京失守,走还乡里。后航海至舟山,依黄斌卿。唐王在福建,授兵部右侍郎,总督水师。鲁王授官亦如之。鲁王航海之明年,廷扬督舟师北上,抵福山,次鹿苑。夜分飓风大作,舟胶于沙,为大清兵所执。谕之降，不从，乃就戮。

林汝翥，字大葳，福清人。举于乡，授沛县知县。天启二年，战却徐鸿儒兵，缉妖人王普光党有功，特擢御史。

四年六月，巡视京城。民曹大妻与人奴角口，服毒死。火者曹进、傅国兴率众大掠奴主家，用大锥锥其主，刑官不敢问。汝翥捕得进，进惧劾，请受杖，遂杖之五十。国兴邀于道，骂不已，汝翥收系之，亦请受杖，复杖之。魏忠贤大怒，立传旨廷杖汝翥。先数日，群奄殴杀万璟。汝翥大惧，逸至遵化。巡抚邓渼为代题，都御史孙玮、御史潘云翼等交章论救。不听，卒杖之，削籍归。

崇祯初，起官右参议，分守温处道，不赴。久之，起琼州道，坐奸民煽乱，贬秩归。福王时，起云南佥事，已而解职。鲁王次长垣，召为兵部右侍郎，与员外郎林垒攻福宁，战败被执，谕降不从，系之，吞金屑而死。

垒，字子野，汝翥同邑人。崇祯十六年进士。授海宁知县。邑有妖人以剑术惑众，聚千人，垒捕杀之。南都覆，杭州亦不守，卒乘机乞饷，环署大噪。垒罪为首者，而如其请。以城孤不能存，引去。唐王以为御史，改文选员外郎，募兵福宁。闻王被杀，大恸，走匿山中。及鲁王航海至长垣，福清乡兵请垒为主，与汝翥共攻城，殁于阵。

郑为虹，字天玉，江都人。崇祯十六年进士。除浦城知县。唐王道浦城，知其廉，及自立，召为御史。部民相率乞留，有十不可去之疏。乃令以御史巡视仙霞关，驻浦城。寻令巡抚上游四府，兼领关务。郑芝龙部将夺民舟，为虹叱责之。芝龙诉于王，王为谕解。然是时芝龙已怀异志，尽撤守关将，仙霞岭二百里间无一人。顺治三年八月，大清兵长驱直入，为虹亟还浦城，纵士民出走，自守空城。无何，被执，与给事中黄大鹏并死之，年二十有五。

大鹏，字文若，建阳人。崇祯十三年进士。为义乌知县，有能声。

唐王召为兵科给事中，从至建宁，令与为虹共守仙霞岭，竟同死。时王在延平，闻仙霞关失守，仓猝走汀州。守延平者为王士和，从走汀州者有胡上琛、熊纬，皆以死事著。

士和，字万育，金溪人。崇祯中，举于乡。南京既覆，江西亦被兵，士和避入闽，授吏部司务。疏陈时政阙失，凡数千言，唐王刊赐文武诸臣，且召士和入对，嘉奖备至，擢兵部主事。未一月，擢延平知府。八月，王走汀州，留兵部侍郎曹履泰偕士和居守。俄警报叠至，士和召父老曰：“吾虽一月郡守，当与城存亡。若等可速出，毋使数万生灵尽膏斧锧。”众泣，士和亦泣。退入内署，谓友人曰：“吾一介书生，数月而忝二千石，安敢偷生！”其友劝止之，正色曰：“君子爱人以德，姑息何为。”从容正衣冠，闭户投缳死。

上琛，字席公。世袭福州右卫指挥使。好读书，能诗。既袭职，复举武乡试。唐王时，官锦衣卫指挥，迁署都督佥事，充御营总兵官，从至汀州。王被执，上琛奔还福州，谓家人曰：“吾世臣，不可苟活，为我采毒草来。”妾刘年二十，愿同死。上琛喜曰：“汝幼妇亦能死耶！”遂整冠带与妾共饮药酒而卒。

纬，字文江，南昌人。崇祯十六年进士。授行人。两京既覆，每饮酒，辄涕泗交横下。友人语之曰：“昔狼瞫有言‘吾未获死所’，子既有志，曷求所乎？”乃赴延平谒唐王，擢给事中。寻扈行至汀州，遭变，从官皆散，纬仍奔赴。遇大清兵，死之。

赞曰：废兴之故，岂非天道哉。金声等以乌合之师，张皇奋呼，欲挽明祚于已废之后，心离势涣，败不旋踵，何尺寸之能补。然卒能致命遂志，视死如归，事虽无成，亦存其志而已矣。

明史卷二七八
列传第一六六

杨廷麟 彭期生 万元吉 杨文荐
梁于涘 郭维经 姚奇允 詹兆恒
胡梦泰 周定仍等 陈泰来 曹志明
王养正 夏万亨等 曾亨应 弟和应
子筠 揭重熙 傅鼎铨 陈子壮
麦而炫 朱实莲 霍子衡 张家玉
陈象明等 陈邦彦 苏观生

　　杨廷麟,字伯祥,清江人。崇祯四年进士。改庶吉士,授编修。勤学嗜古,有声馆阁间,与黄道周善。

　　十年冬,皇太子将出阁,充讲官兼直经筵。廷麟具疏让道周,不许。明年二月,帝御经筵,问保举考选何者为得人。廷麟言:"保举当严举主,如唐世济、王维章乃温体仁、王应熊所荐。今二臣皆败,而举主不问。是连坐之法先不行于大臣,欲收保举效得乎?"帝为动色。

　　其冬,京师戒严。廷麟上疏劾兵部尚书杨嗣昌,言:"陛下有挞伐之志,大臣无御侮之才,谋之不臧,以国为戏。嗣昌及蓟辽总督吴阿衡内外扶同，朋谋误国。与高起潜、方一藻倡和款议，武备顿忘，以至于此。今可忧在外者三，在内者五。督臣卢象昇以祸国责枢臣，言之痛心。夫南仲在内，李纲无功；潜善秉成，宗泽殒命。乞陛下赫然一怒，明正向者主和之罪，俾将士畏法，无有二心。召见大小诸臣，咨以方略，谕象昇集诸路援师，乘机赴敌，不从中制。此今日急务也。”

时嗣昌意主和议，冀纾外患，而廷麟痛诋之。嗣昌大恚，诡荐廷麟知兵。帝改廷麟兵部职方主事，赞画象昇军。象昇喜，即令廷麟往真定转饷济师。无何，象昇战死贾庄。嗣昌意廷麟亦死，及闻其奉使在外，则为不怿者久之。

初，张若麒、沈迅官刑曹，谋改兵部，御史涂必泓沮之。必泓，廷麟同里也。两人疑疏出廷麟指，因与嗣昌比而搆廷麟。会廷麟报军中曲折，嗣昌拟旨责以欺罔。事平，贬廷麟秩，调之外。黄道周狱起，词连廷麟，当逮。未至而道周已释，言者多荐廷麟。

十六年秋，复授职方主事，未赴，都城失守，廷麟恸哭，募兵勤王。福王立，用御史祁彪佳荐，召为左庶子，辞不就。宗室朱统镏诬劾廷麟召健儿有不轨谋，以姜曰广为内应。王不问，而廷麟所募兵亦散。

顺治二年，南都破，江西诸郡惟赣州存。唐王手书加廷麟吏部右侍郎，刘同升国子祭酒。同升自雩都至赣，与廷麟谋大举。乃偕巡抚李永茂集绅士于明伦堂，劝输兵饷。九月，大兵屯泰和，副将徐必达战败，廷麟、同升乘虚复吉安、临江。加兵部尚书兼东阁大学士，赐剑，便宜从事。十月，大兵攻吉安，必达战败，赴水死。会广东援兵至，大兵退屯峡江。已而万元吉至赣。十二月，同升卒。

三年正月，廷麟赴赣，招峒蛮张安等四营降之，号龙武新军。廷麟闻王将由汀赴赣，将往迎王，而以元吉代守吉安。无何，吉安复失，元吉退保赣州。四月，大兵逼城下，廷麟遣使调广西狼兵，而身往雩都趣新军张安来救。五月望，安战梅林，再败，退保雩都。廷麟乃散其兵，以六月入赣，与元吉凭城守。未几，援兵至，围暂解，已，复合。八月，水师战败，援师悉溃。及汀州告变，赣围已半年，守陴者皆懈。十月四日，大兵登城，廷麟督战，久之，力不支，走西城，投水死。同守者郭维经、彭期生辈皆死。

期生，字观我，海盐人，御史宗孟子。登万历四十四年进士。崇祯初，为济南知府，坐失囚谪布政司照磨，量移应天推官，转南京兵部主事，进郎中。十六年，张献忠乱江西，迁湖西兵备佥事，驻吉安。吉安不守，走赣州，偕廷麟招降张安等，加太常寺卿，仍视兵备事。城破，冠带自缢死。

一时同殉者，职方主事周瑚，磔死。通判王明汲，编修兼兵科给事中万发祥，吏部主事龚棻，户部主事林琦，兵部主事王其弘、黎遂球、柳昂霄、鲁嗣宗、钱谦亨，中书舍人袁从鹗、刘孟锏、刘应试，推官署府事吴国球，监纪通判郭宁登，临江推官胡缜，赣县知县林逢春，皆被戮。乡官卢观象尽驱男妇大小入水，乃自沉死。举人刘日佺偕母妻弟妇子侄同日死。参将陈烈数力战，众以其弟已降，疑之，烈益奋勇疾斗。及见执，不屈，顾谓赣人曰："而后乃今知我无二心也。"遂就戮。

万元吉，字吉人，南昌人。天启五年进士。授潮州推官，补归德。捕大盗李守志，散其党。崇祯四年大计，谪官。十一年秋，用曾樱荐，命以永州检校署推官事。居二年，督师杨嗣昌荐其才，改大理右评事，军前监纪。嗣昌倚若左右手，诸将亦悦服，驰驱兵间，未尝一夕安枕。嗣昌卒，元吉丁内艰归。十六年起南京职方主事，进郎中。

福王立，仍故官。四镇不和，元吉请奉诏宣谕。又请发万金犒高杰于扬州，谕以大义，令保江、淮。乃渡江诣诸将营。杰与黄得功、刘泽清方争扬州，元吉与得功书，令共奖王室。得功报书如元吉指，乃录其稿示泽清、杰，嫌渐解。廷议以元吉能辑诸镇，擢太仆少卿，监视江北军务。元吉身在外，不忘朝廷，数有条奏。请修建文实录，复其尊称，并还懿文追尊故号，祀之寝园，以建文配，而速褒靖难死事诸臣，及近日北都四方殉难者，以作忠义之气。从之。又言：

　　先帝天资英武,锐意明作,而祸乱益滋。宽严之用偶偏,任议之途太畸也。

　　先帝初惩逆珰用事,委任臣工,力行宽大。诸臣狃之,争意见之异同,略绸缪之桑土,敌入郊圻,束手无策。先帝震怒,宵小乘间,中以用严。于是廷杖告密,加派抽练,使在朝者不暇救过,在野者无复聊生,庙堂号振作,而敌强如故,寇祸弥张。十余年来,小人用严之效如是。先帝亦悔,更从宽大,悉反前规,天下以为太平可致。诸臣复竞贿赂,肆欺蒙,每趋愈下,再撄先帝之怒,诛杀方兴,宗社继殄。盖诸臣之孽,每乘于先帝之宽;而先帝之严,亦每激于诸臣之玩。臣所谓宽严之用偶偏者此也。

　　国步艰难,于今已极。乃议者求胜于理,即不审势之重轻;好伸其言,多不顾事之损益。殿上之彼己日争,阃外之从违遥制,一人任事,众口议之。如孙传庭守关中,识者俱谓不宜轻出,而已有以逗挠议之者矣。贼既渡河,臣语史可法、姜曰广急撤关、宁吴三桂兵,随枢辅迎击。先帝召对时,群臣亦曾及此,而已有以蹙地议之者矣。及贼势燎原,廷臣或劝南幸,或劝皇储监国南都,皆权宜善计,而已有以邪妄议之者矣。由事后而观,咸追恨议者之误国。倘事幸不败,必共服议者之守经。大抵天下事,无全害亦无全利,当局者非朴诚通达,谁敢违众独行;旁持者竞意气笔锋,必欲强人从我。臣所谓任议之途太畸者此也。

　　乞究前事之失,为后事之师,以宽为体,以严为用。盖崇简易、推真诚之谓宽,而滥赏纵罪者非宽;辨邪正、综名实之谓严,而钩距索隐者非严。宽严得济,任议乃合。仍请于任事之人,严核始进,宽期后效,无令行间再踵藏垢,边才久借然灰,收之以严,然后可任之以宽也。

诏褒纳之。

明年五月,南京覆,走福建,归唐王。六月,我大清兵已取南昌、袁州、临江、吉安。逾月，又取建昌。惟赣州孤悬上游，兵力单寡。会益府永宁王慈炎招降峒贼张安，所号龙武新军者也，遣复抚州。南赣巡抚李永茂乃命副将徐必达扼泰和，拒大兵。未几，战败，至万安，遇永茂。永茂遂奔赣。

八月，叛将白之裔入万安，江西巡抚旷昭被执，知县梁于涘死之。于涘，江都人。崇祯十六年进士。时唐王诏适至赣，永茂乃与杨廷麟、刘同升同举兵。未几，王召永茂为兵部右侍郎，以张朝缢代。甫任事，擢元吉兵部右侍郎兼右副都御史，总督江西、湖广诸军，召朝缢还，以同升代。元吉至赣，同升已卒，遂以元吉兼巡抚。

顺治三年三月，廷麟将朝王，元吉代守吉安。初，崇祯末，命中书舍人张同敞调云南兵，至是抵江西，两京已相继失，因退还吉安。廷麟留与共守，用客礼待之。其将赵印选、胡一青频立功，而元吉约束甚严，诸将渐不悦。时有广东兵亦以赴援至。而新军张安者，汀、赣间峒贼四营之一，骁勇善战，既降，有复抚州功，且招他营尽降。元吉以新军足恃也，蔑视云南、广东军，二军皆解体。然安卒故为贼，居赣淫掠，遣援湖西，所过残破。及是，大兵逼吉安，诸军皆内携，新军又在湖西。城中军不战溃，城遂破。元吉退屯皁口，檄谕赣州极言云南兵弃城罪，其众遂西去。四月，大兵逼皁口，元吉不能御，入赣城。大兵乘胜抵城下。给事中杨文荐奉命湖南，过赣，入城共守御，城中赖之。文荐，元吉门生也。

元吉素有才，莅事精敏。及失吉安，士不用命，昏然坐城上，对将吏不交一言。隔河大营遍山麓，指为空营。兵民从大营中至，言敌势盛，辄叱为间谍，斩之。江西巡抚刘远生令张琼者，将兵趋湖东。及赣围急，远生自出城，召琼于雩都。赣人曰"抚军遁矣"，怒焚其舟，拘远生妻子。俄远生率琼兵至，赣人乃大悔。琼军渡河，抵梅林，中伏大败，还至河，争舟，多死于水。远生愤甚，五月朔，渡河再战，身先士卒，遇大兵，被获，复逃归。而新军先往湖西者，闻吉安复失，仍还雩都。廷麟躬往邀之，与大兵战梅林，再败，乃散遣其军，而身入城，与元吉同守。自远生败，援军皆不敢前。六月望，副将吴之蕃以广东兵五千至,围渐解,未几复合,城中守如初。

王闻赣围久,奖劳之,赐名忠诚府,加元吉兵部尚书,文荐右佥都御史,使尚书郭维经来援。维经与御史姚奇允沿途募兵,得八千人。元吉部将汪起龙率师数千,云南援将赵印选、胡一青率师三千,大学士苏观生遣兵如之。两广总督丁魁楚亦遣兵四千。廷麟又收集散亡,得数千。先后至赣,营于城外。诸将欲战,元吉待水师至并击。而中书舍人来从谔募砂兵三千,吏部主事龚棻、兵部主事黎遂球募水师四各,皆屯南安,不敢下。主事王其玌谓元吉曰:"水师帅罗明受海盗也,桀骜难制,棻、遂球若慈母之奉骄子。且今水涸,巨舟难进,岂能如约。"不听。及八月,大兵闻水师将至,即夜截诸江,焚巨舟八十,死者无算,明受遁还,舟中火药戎器尽失。于是两广、云南军不战而溃,他营亦稍稍散去。城中仅起龙、维经部卒四千余人,城外仅水师后营二千余人。参将谢志良拥众万余零都不进,廷麟调广西狼兵八千人逾岭,亦不即赴。会闻汀州破,人情益震惧。

十月初,大兵用向导夜登城,乡勇犹巷战。黎明,兵大至,城遂破,元吉死之。先是,元吉禁妇女出城。其家人潜载其妾缒城去,元吉遣飞骑追还,捶其家人,故城中无敢出者。及城破,部将拥元吉出城。元吉叹曰:"为我谢赣人,使阖城涂炭者我也,我何可独存!"遂赴水死,年四十有四。

杨文荐,字幼宇,京山人。由进士为兵科给事中。城破时,病困不能起,执送南昌,绝粒而卒。

郭维经,字六修,江西龙泉人。天启五年进士。授行人。崇祯三年迁南京御史,疏陈时弊,中有所举刺。帝责令指实,乃极称顺天府尹刘宗周之贤,力诋吏部尚书王永光溪刻及用人颠例罪,帝置不问。六年秋,温体仁代周延儒辅政,维经言:"执政不患无才,患有才而用之排正人,不用之筹国事。国事日非,则委曰我不知,坐视盗贼日猖,边警日急,止与二三小臣争口舌,角是非。平章之地几成聚讼,可谓有才邪?"帝切责之。忧去。久之,起故官。

北都变闻，南都诸臣有议立潞王者，维经力主福王。王立，进应天府丞，仍兼御史，巡视中城。俄上言：“圣明御极将二旬，一切雪耻除凶、收拾人心之事，丝毫未举。今伪官纵横于凤、泗，悍卒抢攘于瓜、仪，焚戮剽掠之惨，渐逼江南，而廊庙之上不闻动色相戒，惟以慢不切要之务，盈庭而议。乞令内外文武诸臣洗涤肺肠，尽去刻薄偏私及恩怨报复故习，一以办贼复仇为事。”报闻。寻迁大理少卿、左佥都御史。命专督五城御史，察非常，清辇毂。明年二月，隆平侯张拱日、保国公朱国弼相继以他事劾罢维经，维经回籍。唐王召为吏部右侍郎。

顺治三年五月，大兵围赣州。王乃命维经为吏、兵二部尚书兼右副都御史，总理湖广、江西、广东、浙江、福建军务，督师往援，维经与御史姚奇允募兵八千人入赣州，与杨廷麟、万元吉协守。及城破，维经入嵯峨寺自焚死，奇允亦死之。

奇允，字有仆，钱塘人。由进士授南海知县。地富饶，多盗贼。奇允绝苞苴，力以弭盗为事，政声大起，入为兵部主事，改监察御史，巡按广东。未任，与维经赴援，遂同死。

詹兆恒，字月如，广信永丰人。父士龙，顺天府尹。兆恒举崇祯四年进士。由甄宁知县征授南京御史，疏陈盗铸之弊，帝下所司察核。十四年夏，言燕、齐二千里间，寇盗纵横，行旅阻绝，四方饷金滞中途者，至数百万，请急发京军剿灭。又言楚、豫之疆尽青磷白骨，新征旧逋，断无从出，请多方蠲贷。帝并采纳。明年，贼陷含山，犯无为，劾总督高斗光。又明年秋，贼陷庐州，临江欲渡，陈内外合防策。再劾斗光，请以史可法代，斗光遂获谴。时江北民避乱，尽走南京。兆恒虑贼谍阑入，处之城外，为严保伍，察非常，奸宄无所匿。

福王立，擢兆恒大理寺丞。马士英荐阮大铖，令冠带陛见。兆恒言：“先皇手定逆案，芟刈群凶，第一美政。今者大仇未报，乃忽召大铖，还之冠带，岂不上伤先皇灵，下短忠义气哉！”疏奏，命取逆案进览，兆恒即上进。而士英亦以是日进三朝要典，大铖竟起用。其秋，奉命祭告，寻进本寺少卿。使事竣，即旋里。

唐王立，拜兆恒兵部左侍郎，佐黄道周协守广信。广信破，奔怀玉山，聚众数千人自保。寻进攻衢州之开化县，兵败，殁于阵。

胡梦泰，字友虆，广信铅山人。崇祯十年进士。除奉化知县。邑人戴澳官顺天府丞，怙势不输赋。梦泰捕治其子，其子走京师，诉澳，令劾去梦泰。澳念州民不当劾长吏，而劫于其子，姑出一疏，言天下不治由守令贪污，以阴诋梦泰。及得旨，令指实。其子即欲讦梦泰，而澳念梦泰无可劾，乃以嘉兴推官文德翼、平遥知县王凝命实之。给事中沈迅为两人诉枉，发澳隐情。澳下诏狱，除名。梦泰声益起。

十六年夏，吏部会廷臣举天下贤能有司十人，梦泰与焉，行取入都。帝以畿辅州县残破，欲得廉能者治之，诸行取者悉出补。梦泰得唐县。京师陷，南归。

唐王时，授兵科给事中，奉使旋里。顺治三年，大兵逼城下，梦泰倾家募士，与巡抚周定仍等守城。围数月，城破，夫妇俱缢死。

定仍，南昌人。崇祯十六年进士。与万文英、胡奇伟、胡甲桂举兵保广信，唐王即以为右佥都御史，巡抚其地。城破，死之。

文英，亦南昌人。初为凤阳推官，以子元亨代死，得脱归。福王时，起礼部主事，丁艰不赴。唐王授为兵部员外郎，监黄道周诸军，协守广信。诸军败于铅山，文英举家赴水死。

奇伟，进贤人。历官兵部主事。唐王授为湖东副使，守广信，兵败，死之。

甲桂，字秋卿，昆山人。崇祯十二年以乡试副榜贡入国学，授南昌通判。迁永州同知，以道梗改广信。至则南昌、袁州、吉安俱失。广信止疲卒千人，士民多窜徙。会黄道周以募兵至，相与议城守。已而道周败殁，势益孤。甲桂效死不去。城破被执，谕降不从，幽别室，自经死。

有毕贞士者，贵溪人，举于乡。同守广信，城破，赴水。家人救之，行至五里桥，望拜祖茔，触桥柱死。

陈泰来，字刚长，江西新昌人。崇祯四年进士。由宣城知县入为户科给事中。十五年冬，都城戒严，泰来陈战守数策。总督赵光抃言泰来与同官荆祚永素晰边情，行间奏报，宜敕二臣参预，报可。泰来又自请假兵一万，肃清辇毂。帝壮之，即改授兵科，出视诸军战守方略，召对中左门。至军中，奏界岭失事状，劾副将柏永镇论死。以功迁吏科右给事中，乞假归。福王时，起刑科左给事中，不赴。

唐王擢为太仆寺少卿，与万元吉同守赣州。再擢右佥都御史，提督江西义军。李自成败走武昌，其部下散掠新昌境，泰来大破之。初，益王起兵建昌，泰来欲从之。同邑按察使漆嘉祉、举人戴国士持不可。已而新昌破，国士出降，泰来恶之。会上高举人曹志明等兵起，泰来与相结。十二月攻取上高、新昌、宁州，杀国士妻子，遂取万载。已而大兵逼新昌，守将出降，泰来赴界埠，志明等从上高移军会之，进攻抚州，兵败皆死。

王养正，字圣功，泗州人。崇祯元年进士。授海盐知县。遭父丧，服除，起官秀水，中大计，补河南按察司照磨，累迁南康知府。计歼巨寇邓毛溪、熊高，一方赖之。

福王时，进副使，分巡建昌。南都既覆，大兵下江西。巡抚旷昭弃南昌遁，走瑞州，列城望风溃。养正乃与布政夏万亨、知府王域、推官刘允浩、南昌推官史夏隆起兵拒守。阅三日，有客兵内应，城即破。养正等被执，械至南昌，与万亨等同死。其妻张氏闻之，绝粒九日而死。

万亨，字元礼，昆山人，起家举人。南昌失守，避建昌，与养正同死。妻顾、子妇陆及一孙、一孙女先赴井死。仆婢死者复十余人。

域，字元寿，松江华亭人。举于乡，授宿州学正。流贼至，佐有司捍御有功。屡迁工部主事，榷税芜湖。都城陷，诸榷税者多以自入。域叹曰："君父遭非常祸，臣子反因以为利邪！"悉归之南京户部。寻由郎中迁建昌知府。城破，械至南昌，与允浩、夏隆同日死。

允浩，掖县人。夏隆，宜兴人。皆崇祯十六年进士。时同死者六人，其一人失其姓名。建昌人哀其忠，哀而瘗之，表曰"六君子之墓"。

初，建昌南城诸生有邓思铭者，闻北都陷，集其侪数十人为庠兵，期朔望习射，学技击，为国报仇。请于有司，有司笑曰："庠可兵邪?"众志遂懈。思铭郁郁不得志。明年，城破，死之。

建昌既破，新城知县谭梦开迎降，民潜导守关兵杀之。梦开等与民互相残，弥月不靖。唐王以邵武贡生李翔为新城知县。翔至，擒杀余党，众遂散。然民习于乱，佃人以田主征租斛大，聚数千人，噪县庭。翔潜遣义兵三百，诡称郑彩军，杀乱民。明日复斩百余级，乱乃靖。彩兵数万驻新城，畏大兵，遁入关。独监军张家玉、新城人徐伯昌与翔共守。及大兵逼，家玉亦血战败入关。翔率民兵千余出城拒击。大兵从间道入城，民兵皆散，翔与伯昌皆死之。伯昌，字子期，唐王时，由举人授兵部主事，改御史者也。

时江西郡邑吏城守者，又有李时兴、高飞声。时兴，福清人，举于乡，历官袁州同知，摄府事。会城已降，时兴力城守。无何，守将蒲缨兵溃，湖广援将黄朝宣五营亦噪归。时兴度不能守，自缢于萍乡官舍，一仆亦同死。飞声，字克正，长乐人。崇祯中，由乡举授玉山知县，迁同知，乞养去。唐王时，黄道周出督师，邀与偕，令摄抚州事。大兵至，遣家人怀印走谒王，而身守城死焉。

曾亨应，字子嘉，临川人。父栋，广东布政使。亨应举崇祯七年进士。历官吏部文选主事。十五年秋，有诏起废，亨应以毛士龙、李右谠、乔可聘等十人上。御史张懋爵劾其纳贿行私，亨应疏辨。懋爵三疏力攻，遂被谪去。

福王立之明年，江西列城皆不守。亨应命弟和应奉父入闽，而己与艾南英、揭重熙谋城守。会永宁王慈炎招连子峒土兵数万复建昌，入抚州，寓书亨应。亨应募兵数百，与相犄角。一日，方置酒宴客，大兵至。亨应避石室，其从弟指示之，遂被执，并执其长子筠。亨应顾筼曰："勉之，一日千秋，毋自负！"筼曰："诺。"先受刑死。释亨应缚，谕之降，不答，被戮。和应闻兄死，曰："烈哉！兄为忠臣，兄子为孝子，复何憾！"既奉父入闽，又走避之肇庆，乃拜辞其父，投井死。先是，栋弟栻为蒲折知县，栻兄益为贵州佥事，并死难，人称"曾氏五节"云。

始，亨应为戆爵所讦，朝士颇疑之。后亨应死节，而戆爵竟降李自成为直指使。

揭重熙，字祝万，临川人。崇祯十年，以五经登进士，授福宁知州。

福王时，擢吏部考功主事。外艰归。抚州破，与同里曾亨应先后举兵。唐王命以故官联络建昌兵，战败被劾。用大学士曾樱荐，以考功员外郎兼兵科给事中，从大学士傅冠办湖东兵事。泸溪告警，冠不能救，重熙劾解冠任，兵事遂皆委重熙。江西巡抚刘广允战败被执，复用樱荐，擢右佥都御史，代广允。攻抚州，不克而退。俄闻汀州失，解兵入山。永明王拜重熙兵部尚书兼右副都御史，总督江西兵，召募万余人，薄邵武，败还。

金声桓，左良玉将也，已降于大清，复乘间为乱，据南昌。大兵攻讨之，声桓死，诸军尽散，独张自盛众数万走闽。重熙入其军，约广信曹大镐并进。自盛掠邵武，战败被执。重熙走依大镐百丈礤。适大镐还军铅山，惟空营在，众就营炊食。大兵侦得之，率众至，射重熙中项，执至建宁，下之狱。重熙日呼高皇帝，祈死不得。至冬十一月，昂首受刃，颜色不改。

傅鼎铨，字维新，重熙同邑人。崇祯十三年进士。除翰林检讨。李自成陷京师，鼎铨出谒，贼败南还。

唐王时，曾樱荐鼎铨，命予知府衔，赴赣州军自效，寻复其故官。赣州破，退隐山中。已，闻金声桓叛，鼎铨举兵以应。永明王命为兵部右侍郎兼翰林院侍读学士。声桓灭，鼎铨往来自盛、大镐军。

顺治八年,至广信张村,为守将所执,系南昌狱。谕之降,不从。令作书招重熙,亦不从。八月朔,乃从容就刑。

鼎铨自降流贼,为乡人非笑,尝欲求一死所。至是得死,乡人更贤鼎铨。已,重熙、大镐相继败,都昌督师余应桂亦以是岁亡,江右兵遂尽。

陈子壮,字集生,南海人。万历四十七年以进士第三人授翰林编修。天启四年,典浙江乡试,发策刺阉竖。魏忠贤怒,假他事削子壮及其父给事中熙昌籍。

崇祯初,起子壮故官,累迁礼部右侍郎。流贼犯皇陵,帝素服召对廷臣。子壮言:"今日所急,在收人心。宜下罪己诏,激发忠义。"帝纳之。乃会诸臣,列上蠲租、清狱、使过、宥罪等十二事。帝以海内多故,思广罗贤才,下诏援祖训,郡王子孙文武堪任用者,得考验授职。子壮虑为民患,立陈五不可。会唐王上疏,历引前代故事,诋子壮,遂除子壮名,下之狱,坐赎徒归。久之,廷臣交荐,起故官,协理詹事府。未上,京师陷。

福王立,起礼部尚书。至芜湖,南京亦失守,乃归。唐王立福建,召相子壮。以前议宗室事,有宿憾,辞不行。

顺治三年,汀州遘变,丁魁楚等拥立桂王子永明王由榔于肇庆。苏观生又议立唐王弟聿鐭,子壮沮不得,退居邑之九江村。永明王授子壮东阁大学士兼兵部尚书,督广东、福建、江西、湖广军务。会大兵入广州,聿鐭被执死,子壮止不行。

明年春,张家玉、陈邦彦及新会王兴、潮阳赖其肖先后起兵,子壮亦以七月起兵九江村。兵多蜑户番鬼,善战。乃与陈邦彦约共攻广州,结故指挥使杨可观等为内应。事泄,可观等死。子壮驻五羊驿,为大兵击败,走还九江村。长子上庸阵殁。会故御史麦而炫破高明,迎子壮,以故主事朱实莲摄县事。实莲,子壮邑子也。九月,大兵克高明,实莲战死。子壮、而炫俱执至广州,不降,被戮。子壮母自缢。永明王赠子壮番禺侯,谥文忠,荫子上图锦衣卫指挥使。

而炫，字章阓，高明人。由进士历上海、安肃知县。唐王时，擢御史。

实莲，字子洁。由举人历官刑部主事。

初，聿𫠆之自立于广州也，召南海霍子衡为太仆卿。子衡，字觉商，举万历中乡试，历袁州知府。及官太仆时，而广州不守。子衡乃召妾莫氏及三子应兰、应荃、应芷语之曰：“《礼》，‘临难毋苟免’，若辈知之乎？”三子皆应曰：“惟大人命！”子衡援笔大书“忠孝节烈之家”六字，悬中堂，易朝服，北向拜。又易绯袍，谒家庙，先赴井死。妾从之，应兰偕妻梁氏及一女继之，应荃、应芷偕其妻徐氏、区氏又继之。惟三孙得存。有小婢见之，亦投井死。

张家玉，字元子，东莞人。崇祯十六年进士。改庶吉士。

李自成陷京师，被执。上书自成，请旌己门为“翰林院庶吉士张先生之庐”，而褒恤范景文、周凤翔等，隆礼刘宗周、黄道周，尊养史可程、魏学濂。自称殷人从周，愿学孔子，称自成大顺皇帝。自成怒，召之入，长揖不跪。缚午门外三日，复胁之降，怵以极刑，卒不动。自成曰：“当磔汝父母！”乃跪。时其父母在岭南，家玉遽自屈，人咸笑之。

贼败南归。阮大铖等攻家玉荐宗周、道周于贼，令收人望，集群党。家玉遂被逮。明年，南都失守，脱归。从唐王入福建，擢翰林侍讲，监郑彩军。出杉关，谋复江西，解抚州之围。

顺治三年，风闻大兵至，彩即奔入关，家玉走新城。大兵来攻，出战，中矢，坠马折臂，走入关。令以右佥都御史巡抚广信。广信已失，请募兵惠、潮，说降山贼数万，将赴赣州急。会大兵克汀州，乃归东莞。

四年，家玉与举人韩如璜结乡兵攻东莞城，知县郑霖降，乃籍前尚书李觉斯等资以犒士。甫三日，大兵至，家玉败走。奉表永明王，进兵部尚书。无何，大兵来击，如璜战死，家玉走西乡。祖母陈、母黎、妹石宝俱赴水死，妻彭被执，不屈死，乡人歼焉。西乡大豪陈文豹奉家玉取新安，袭东莞，战赤冈。未几，大兵大至，攻数日，家玉败走铁冈，文豹等皆死。

觉斯怨家玉甚，发其先垄，毁及家庙，尽灭家玉族，村市为墟。家玉过故里，号哭而去。道得众数千，取龙门、博罗、连平、长宁，遂攻惠州，克归善，还屯博罗。大兵来攻，家玉走龙门，复募兵万余人。家玉好击剑，任侠，多与草泽豪士游，故所至归附。乃分其众为龙、虎、犀、象四营，攻据增城。

十月，大兵步骑万余来击。家玉三分其兵，犄角相救，倚深溪高崖自固。大战十日，力竭而败，被围数重。诸将请溃围出，家玉叹曰："矢尽炮裂，欲战无具；将伤卒毙，欲战无人。乌用徘徊不决，以颈血溅敌人手哉！"因遍拜诸将，自投野塘中以死，年三十有三。明年，永明王赠家玉少保、武英殿大学士、吏部尚书、增城侯，谥文烈。其父兆龙犹在，以子爵封之。

陈象明，字丽南，家玉同邑人。崇祯元年进士。授户部主事，榷税淮安，以清操闻。屡迁饶州知府，忤巡按御史，被劾。谪两淮盐运副使，累迁湖南道副使。唐王时，总督何腾蛟令征饷广西。会永明王立，广东地尽失。象明征调土兵，与陈邦传连营，东至梧州榕树潭，遇大兵，战败，死之。

广东之失也，龙门破，里人廖翰标以二幼子托从父，从容自缢死。番禺破，里人梁万爵曰"此志士尽节之秋也"，赴水死。翰标，天启中举人，官江西新城知县，廉惠，民为建祠。万爵，字天若，唐王时举人。

陈邦彦，字令斌，顺德人。为诸生，意气豪迈。福王时，诣阙上政要三十二事，格不用，唐王聿键读而伟之。既自立，即其家授监纪推官。未任，举于乡。以苏观生荐，改职方主事，监广西狼兵，援赣州。至岭，闻汀州变，劝观生东保潮、惠，不听。

会丁魁楚等已立永明王监国于肇庆，观生遣邦彦入贺。王因赣州破，惧逼己，西走梧州。邦彦甫入谒，而观生别立唐王聿键于广州,邦彦不知也。夜二鼓,王遣中使十余辈召入舟中。王太后垂帘坐,王西向坐,魁楚侍,语以广州事。邦彦请急还肇庆,正大位以系人心。命南雄勍卒取韶,制粤东十郡之七,而委其三于唐王,代我受敌,从而乘其敝。王大悦,立擢兵科给事中,赍敕还谕观生。抵广州,闻使臣彭耀被杀,乃遣从人授观生敕,而自以书晓利害。观生犹豫累日,欲议和,会闻永明王兵大败,不果。邦彦遂变姓名入高明山中。

顺治三年冬十二月,大兵破广州,观生死,列城悉下,邦彦乃谋起兵。初,赣州万元吉遣族人万年募兵于广,得余龙等千余人,未行而赣州失。龙等无所归,聚甘竹滩为盗,他溃卒多附,至二万余人。总督朱治㦣招降之,既而噪归。四年春,大兵定广州,克肇庆、梧州,败走治㦣,杀魁楚,前驱抵平乐。永明王方自梧道平乐,走桂林,势危甚。邦彦乃说龙乘间图广州,而已发高明兵由海道入珠江与龙会。且遗张家玉书曰:"桂林累卵,但得牵制毋西,浔、平间可完葺,是我致力于此而收功于彼也。"家玉以为然。然龙卒故无纪律,大兵自桂林还救,扬言取甘竹滩,龙等顾其家,辄退,邦彦亦却归。既,乃遣门人马应芳会龙军取顺德。无何,大兵至,龙战败,应芳被执,赴水死。四月,龙再战黄连江,亦败殁。大兵攻家玉于新安。邦彦乃弃高明,收余众,徇下江门据之。

初,广州之围,大兵知谋出邦彦,求其家,获妾何氏及二子,厚遇之,为书招邦彦。邦彦判书尾曰:"妾辱之,子杀之。身为忠臣,义不顾妻子。"七月与陈子壮密约,复攻广州。子壮先至,谋泄,将引退。邦彦军亦至,谋伏兵禺珠洲侧,伺大兵还救会城,而纵火以焚舟。子壮如其计,果焚舟数十。大兵引而西,邦彦尾之。会日暮,子壮不能辨旗帜,疑皆敌舟也,阵动。大兵顺风追击,遂大溃。子壮奔高明,邦彦奔三水。八月,清远指挥白常灿以城迎邦彦,乃入清远,与诸生朱学熙婴城固守。

邦彦自起兵,日一食,夜则坐而假寐,与其下同劳苦,故军最强,尝分兵救诸营之败者。至是,精锐尽丧,外无援军。越数日,城破，常灿死。邦彦率数十人巷战，肩受三刃，不死，走朱氏园，见学熙缢，拜哭之。旋被执，馈之食，不食，系狱五日，被戮。邦彦死，子壮被执，逾月，家玉亦自沉。永明王赠邦彦兵部尚书，谥忠愍，荫子锦衣指挥。

苏观生，字宇霖，东莞人。年三十始为诸生。崇祯中，由保举授无极知县。总督范志完荐其才，进永平同知，监纪军事，寻迁户部员外郎。十七年，京师陷，脱还南京，进郎中，催饷苏州。明年五月，南京破，走杭州。会唐王聿键至，观生谒王。王与语大悦，联舟入福建。与郑芝龙、鸿逵兄弟拥立王，擢为翰林学士，旋进礼部右侍郎兼学士。设储贤馆，分十二科，招四方士，令观生领之。观生矢清操，稍有文学，而时望不属。王以故人，恩眷出廷臣右，乃超拜东阁大学士，参机务。

观生数赞王出师。见郑氏不足有为，事权悉为所握，请王赴赣州，经略江西、湖广。王乃议观生先行。明年，观生赴赣州，大征甲兵。饷不继，竟不能出师。

时顺治三年三月，大兵破吉安，总督万元吉乞援，观生遣二百人往，元吉令协守绵津滩，遇大兵，溃走。元吉乃退回赣州，大兵遂围城。观生走南康，赣人数告急，不敢援。六月，大兵退屯水西。观生发三千人助赣守。久之，他将战败。九月，大兵再攻赣州，三千人皆引去。时观生移驻南安，闽中急，不能救。聿键死于汀州，赣州亦破，观生退入广州。监纪主事陈邦彦劝观生疾趋惠、潮，扼漳、泉，两粤可自保。观生不从。

会丁魁楚等议立永明王，观生欲与共事。魁楚素轻观生，拒不与议，吕大器亦叱辱之。适唐王弟聿𨮁与大学士何吾驺自闽至，南海关捷先、番禺梁朝钟首倡兄终弟及议。观生遂与吾驺及布政使顾元镜，侍郎王应华、曾道唯等以十一月二日拥立王，就都司署为行宫。即日封观生建明伯，掌兵部事，进吾驺等秩，擢捷先吏部尚书，旋与元镜、应华、道唯并拜东阁大学士，分掌诸部。时仓卒举事，治宫室、服御、卤簿，通国奔走，夜中如昼。不旬日，除官数千，冠服皆假之优伶云。

永明王监国肇庆，遣给事中彭燿、主事陈嘉谟赍敕往谕。燿，顺德人，过家拜先庙，托子于友人。至广州，以诸王礼见，备陈天潢伦序及监国先后，语甚切至，因历诋观生诸人。观生怒，执杀之，嘉谟亦不屈死。乃治兵日相攻，以番禺人陈际泰督师，与永明王总督林佳鼎战于三水。兵败，复招海盗数万人，遣大将林察将。

十二月二日，战海口，斩佳鼎。观生意得，务粉饰为太平事，而委任捷先及朝钟。

捷先，由进士历官监司，小有才，便笔札。朝钟举于乡，善谈论，浃旬三迁至祭酒。有杨明竞者，潮州人。好为大言，诡称精兵满惠、潮间，可十万，即特授惠、潮巡抚。朝钟语人："内有捷先，外有明竞，强敌不足平矣。"观生亦器此三人，事必咨之。又有梁鍙者，安人也，观生才之，用为吏科都给事中，与明竞大纳贿赂，日荐用数十人。

观生本乏猷略，兼总内外任，益昏瞀。招海盗资捍御，其众白日杀人，县肺肠于贵官之门以示威，城内外大扰。时大兵已下惠、潮，长吏皆降附，即用其印移牒广州，报无警。观生信之。

是月十五日，聿鍙视学，百僚咸集，或报大兵已逼。观生叱之曰："潮州昨尚有报，安得遽至此。妄言惑众，斩之！"如是者三。大兵已自东门入，观生始召兵搏战。兵精者皆西出，仓卒不能集。观生走鍙所问计。曰："死尔，复何言！"观生入东房，鍙入西房，各拒户自缢。观生虑其诈，稍留听之。鍙故扼其吭，气涌有声，且推几仆地，久之寂然。观生信为死，遂自经。明日，鍙献其屍出降。朝钟闻变赴池，为邻人救出，自经死。聿鍙方事阅射，急易服逾垣匿王应华家。俄绂城走，为追骑所获。馈之食，不受，曰："我若饮汝一勺水，何以见先人地下！"投缳而绝。吾驺、应华等悉降。

赞曰：自南都失守，列郡风靡。而赣以弹丸，独凭孤城，誓死拒命。岂其兵力果足恃哉，激于义而众心固也。追汀、赣继失，危近目睫，而肇庆、广州日治兵相攻，自取两败。盖天速其祸，如发蒙振槁，无烦驱除矣。

明史卷二七九
列传第一六七

吕大器　　文安之　　樊一蘅
范文光　詹天颜　　吴炳　侯伟时　　王锡衮
堵允锡　　严起恒　　朱天麟
张孝起　　杨畏知　　吴贞毓　高勋等

　　吕大器，字俨若，遂宁人。崇祯元年进士。授行人，擢吏部稽勋主事，更历四司，乞假归。以邑城庳恶，倡议修筑。工甫竣，贼至，佐有司拒守，城获全。诏增秩一等。出为关南道参议，迁固原副使。巡抚丁启睿檄大器讨长武贼，用穴地火攻灭之。

　　十四年，擢右佥都御史，巡抚甘肃。劾总兵官柴时华不法，解其职，立遣副将王世宠代之。时华乞兵西部及土鲁番为变，大器令世宠讨败时华及西部，时华自焚死。塞外尔迭尼、黄台吉等拥众乞赏，谋犯肃州，守臣拒走之。大器假赏犒名，毒饮马泉，杀其众无算。又遣总兵官马爌督副将世宠等讨群番为乱者，斩首七百余级，抚三十八族而还。又击败其余党，西陲略定。

　　十五年六月，擢兵部添注右侍郎。大器负才，性刚躁，善避事。见天下多故，惧当军旅任，力辞，且投揭吏科，言己好酒色财，必不可用。帝趣令入京，诡称疾不至。严旨切责，亦不至，命所司察奏。明年三月始至，命以本官兼右佥都御史，总督保定、山东、河北军务。时畿辅未解严，大器及诸将和应荐、张汝行驰扼顺义牛栏山。总督赵光抃集诸镇师大战螺山，应荐阵亡，他将亦多败。大器所部无失事，增俸一等。

五月，以保定息警，罢总督官，特设江西、湖广、应天、安庆总督，驻九江，大器任之。湖北地已失，武昌亦陷，左良玉驻九江，称疾不进。以侯恂故疑大器图己，语具《良玉传》中。大器诣榻前与慰劳，疑稍释。而张献忠大躏湖南，分兵陷袁州、吉安。大器急遣部将及良玉军连破之樟树镇，峡江、永新二郡皆复。已而建昌、抚州陷，良玉、大器不和，兵私斗，焚南昌关厢。廷议因改大器南京兵部右侍郎，以袁继咸代。

十七年四月，京师报陷，南京大臣议立君。大器主钱谦益、雷縯祚言，立潞王。议未定而马士英及刘泽清诸将拥福王至。福王立，迁大器吏部左侍郎。大器以异议绌，自危，乃上疏劾士英。言其"拥兵入朝，觊留政地，翻先皇手定逆案，欲跻阮大铖中枢。其子以铜臭为都督、女弟夫未履行阵，授总戎，姻娅越其杰、田仰、杨文骢先朝罪人，尽登朊仕，乱名器。夫吴甡、郑三俊，臣不谓无一事失，而端方谅直，终为海内正人之归；士英、大铖，臣不谓无一技长，而奸回邪慝，终为宗社无穷之祸。"疏入，以和衷体国答之。

未几，泽清入朝，劾大器、縯祚怀异图。大器遂乞休去，以手书监国告庙文送内阁，明无他。士英憾未已，令太常少卿李沾劾之。遂削大器籍，复命法司逮治之。以蜀地尽失，无可踪迹而止。大器既去，沾得超擢左都御史。谦益亦以附士英、大铖，得为礼部尚书。独縯祚论死。

明年，唐王召为兵部尚书兼东阁大学士。道梗，久之至。汀州失，奔广东，与丁魁楚等拥永明王监国，令以原官兼掌兵部事。久之，进少傅，尽督西南诸军，代王应熊，赐剑，便宜从事。至涪州，与将军李占春深相结。他将杨展、于大海、胡云凤、袁韬、武大定、谭弘、谭诣、谭文以下，皆受大器约束。宗室朱容藩自称天下兵马副元帅，据夔州。大器檄占春、大海、云凤讨杀容藩。大器至思南得疾，次都匀而卒,王谥为文肃。

文安之,夷陵人。天启二年进士。改庶吉士,授检讨,除南京司业。崇祯中,就迁祭酒,为薛国观所搆,削籍归。久之,言官交荐,未及召而京师陷。

福王时,起为詹事。唐王复召拜礼部尚书。安之方转侧兵戈间,皆不赴。永明王以瞿式耜荐,与王锡衮并拜东阁大学士,亦不赴。

顺治七年六月,安之谒王梧州。安之敦雅操,素淡宦情,遭国变,绝意用世。至是见国势愈危,慨然思起扶之,乃就职。时严起恒为首辅,王化澄、朱天麟次之,起恒让安之而自处其下。

孙可望再遣使乞封秦王,安之持不予。其后桂林破,王奔南宁。大兵日迫,云南又为可望据,不可往。安之念川中诸镇兵尚强,欲结之共奖王室,用自请督师,加诸镇封爵。王从之,加安之太子太保兼吏、兵二部尚书,总督川、湖诸处军务,赐剑,便宜从事。进诸将王光兴、郝永忠、刘体仁、袁宗第、李来亨、王龙进、塔天宝、马云翔、郝珍、李复荣、谭弘、谭诣、谭文、党守素等公侯爵,即令安之赍敕印行。可望闻而恶之,又素衔前阻封议,遣兵伺于都匀,邀止安之,追夺光兴等敕印。留数月,乃令入湖广。安之远客他乡,无所归,复赴贵州,将谒王于安龙。可望坐以罪,戍之毕节卫。

先是,可望欲设六部、翰林等官,虑人议其僭,乃以范圹、马兆义、任僎、万年策为吏、户、礼、兵尚书,并加行营之号。后又以程源代年策。而僎最宠,与方于宣屡劝进,可望令待王入黔议之。王久驻安龙,可望遂自设内阁六部等官,以安之为东阁大学士。安之不为用,久之走川东,依刘体仁以居。

李赤心、高必正等久窜广西宾、横、南宁间。赤心死,养子来亨代领其众,推必正为主。必正又死,其众食尽,且畏大兵逼,率众走川东,分据川、湖间,耕田自给。川中旧将王光兴、谭弘等附之,众犹数十万。

顺治十六年正月,王奔永昌。安之率体仁、宗第、来亨等十六营由水道袭重庆。会谭弘、谭诣杀谭文，诸将不服。安之欲讨弘、诣，诣惧，率所部降于大兵，诸镇遂散。时王已入缅甸，地尽失，安之不久郁郁而卒。

樊一蘅，字君带，宜宾人。父垣，常德知府。一蘅举万历四十七年进士，知安义、襄阳。累官吏部郎中，请告归。

崇祯三年秋，迁榆林兵备参议。流贼多榆林人，又久荒，饥民益相挺为盗。一蘅抚创残，修戎备，讨斩申在庭、马丙贵，平不沾泥。累被荐，迁监军副使，再迁右参政，分巡关南。

总兵曹文诏败殁，群贼迫西安。总督洪承畴令一蘅监左光先、张应昌军，连破贼，击走混天星。贼逼汉中，瑞王告急，一蘅偕副将罗尚文往救。会承畴大军至，贼乃走。进按察使，偕副将马科、贺人龙屡挫祁总管于汉中，降之。

十二年，擢右佥都御史，代郑崇俭巡抚宁夏，被劾罢归。十六年冬，用荐起兵部右侍郎，总督川、陕军务。道阻，命不达。

顺治元年，福王立于南京，复申前命。时张献忠已据全蜀，惟遵义未陷，一蘅与王应熊避其地。既拜命，檄诸郡旧将会师大举。会巡抚马乾复重庆，松潘副将朱化龙、同知詹天颜击斩贼将王运行，复龙安、茂州。一蘅乃起旧将甘良臣为总统，副以侯天锡、屠龙，合参将杨展，游击马应试、余朝宗所携溃卒，得三万人。明年三月攻叙州，应试、朝宗先登，展等继至，斩馘数千级。伪都督张化龙走，遂复其城。一蘅乃犒师江上。

初，乾复重庆，贼将刘廷举走，求救于献忠。献忠命养子刘文秀攻重庆，水陆并进。副将曹英与参政刘麟长自遵义至，与部将于大海、李占春、张天相等夹击，破贼兵数万，英威名大振，诸别将皆属，兵二十余万，奉一蘅节制。

杨展既复叙州，贼将冯双礼来寇，每战辄败，孙可望以大众援之。隔江持一月，粮尽，一蘅退屯古蔺州，展退屯江津。贼退截朱化龙及佥事蔡肱明于羊子岭，化龙率番骑数百冲贼兵，贼惊溃，死者满山谷。化龙以军孤，还守旧地。他将复连败贼于摩泥、滴水。

一蘅乃命展、应试取嘉定、邛、眉，故总兵官贾连登及其中军杨维栋取资、简，天锡、高明佐取泸州，占春、大海守忠、涪。其他据城邑奉征调者，洪、雅则曹勋及监军副使范文光，松、茂则监军金事詹天颜，夔、万则谭弘、谭诣。一蘅乃移驻纳溪，居中调度，与督师应熊会泸州，檄诸路刻期并进。献忠颇惧，尽屠境内民，沈金银江中，大焚宫室，火连月不灭，将弃成都走川北。

明年春，展尽取上川南地，屯嘉定，与勋等相声援。而应熊及王祥在遵义，乾、英在重庆，皆宿重兵。贼势日蹙，惟保宁、顺庆为贼将刘进忠所守，进忠又数败。献忠怒，遣孙可望、刘文秀、王尚礼、狄三品、王复臣等攻川南郡县。应熊、一蘅急令展、天锡、龙、应试及顾存志、莫宗文、张登贵连营犍为、叙州以御之。贼连战不利，英、祥乘间趋成都，献忠立召可望等还。又闻大清兵入蜀境，刘进忠降，大惧。

七月，弃成都走顺庆，寻入西充之凤凰山。至十二月，大清兵奄至，射杀献忠，贼降及败死者二三十万。可望等率残卒南奔，骤至重庆。英出不意，战败，死于江。贼遂陷綦江，应熊避之毕节卫。逾月，贼陷遵义，入贵州。大清兵追至重庆，巡抚乾败死，遂入遵义，以饷乏，旋师。

王祥等复取保、宁二郡。一蘅再驻江上，为收复全蜀计，乃列上善后事宜及诸将功状于永明王。拜一蘅户、兵二部尚书，加太子太傅，祥、展、天锡等进爵有差。时应熊已卒，而宗室朱容藩、故偏沅巡抚李乾德并以总制至，杨乔然、江尔文以巡抚至，各自置署，官多于民。诸将袁韬据重庆，于大海据云阳，李占春据涪州，谭诣据巫山，谭文据万县，谭弘据天字城，侯天锡据永宁，马应试据芦卫，王祥据遵义，杨展据嘉定，朱化龙、曹勋仍据故地，摇、黄诸家据夔州夹江两岸，而李自成余孽李赤心等十三家亦在建始县。一蘅令不行，保叙州一郡而已。

顺治五年，容藩自称楚世子，建行台夔州，称制封拜。时乔然已进总督，而范文光、詹天颜巡抚川南北，吕大器以大学士来督师，皆恶容藩,谋诛之。六年春,容藩遂为占春所败,走死云阳。初,展与祥有隙,遣子璟新攻之。璟新先袭杀应试,与祥战败归。乾德利展富,说韬、大定杀展,分其资。一蘅诮乾德,诸镇亦皆愤,有离心。

秋九月,孙可望遣白文选攻杀祥,降其众二十余万,尽得遵义、重庆。一蘅益孤。七年秋,可望又使刘文秀大败武大定兵,长驱至嘉定。大定、韬皆降,乾德投水死。文秀兵复东,谭弘、谭诣、谭文尽降。占春、大海降于大清。明年正月,文秀还云南,留文选守嘉定,刘镇国守雅州。三月,大清兵南征,文选、镇国挟曹勋走,文光、天颜、化龙相继死。一蘅时已谢事,避山中。至九月,亦遘疾死。文武将吏尽亡。

范文光,内江人。天启初,举于乡。崇祯中,历官工部主事,南京户部员外郎,告归。

十七年,张献忠乱蜀,文光偕邛州举人刘道贞,芦山举人程翔凤,雅州诸生傅元修、洪其仁等举义兵,奉镇国将军朱平槡为蜀王,推黎州参将曹勋为副总兵,统诸将,而文光以副使为监军,道贞等授官有差。勋败贼雅州龙鹤山,追至城下,反为所败,退守小关山。十一月,文光督参将黎神武攻雅州,不克。明年九月,神武合雅州土、汉兵再击贼将艾能奇于雅州,败绩。伪监司郝孟旋守绵州,文光、翔凤遣间使招之,孟旋袭杀守雅州贼,以城来归,文光等入居之。

献忠死,文光保境如故。永明王命为右佥都御史,巡抚川南,而以安绵道詹天颜巡抚川北。总督李乾德杀杨展,文光恶之,遂入山不视事。大清兵克嘉定,文光赋诗一章,仰药死。天颜兵败被执,亦死之。天颜,龙岩人,起家选贡生。

吴炳,宜兴人。万历末进士。授蒲圻知县。崇祯中,历官江西提学副使。江西地尽失,流寓广东。永明王擢为兵部右侍郎,从至桂林,令以本官兼东阁大学士,仍掌部事。又从至武冈。大兵至,王仓猝奔靖州,令炳扈王太子走城步,吏部主事侯伟时从之。既至,城已为大兵所据，遂被执，送衡州。炳不食，自尽于湘山寺，伟时亦死之。

伟时，公安人。崇祯中进士，历官吏部考功主事，罢官。至是补官数月，即遭难。

王锡衮，禄丰人。天启二年进士。改庶吉士，授检讨。崇祯中，累官少詹事。十三年擢礼部右侍郎。

明年秋，尚书林欲楫出视孝陵，锡衮以左侍郎掌部事。帝禁内臣干预外政，敕礼官稽先朝典制以闻。锡衮等备列诸监局职掌，而不及东厂。提督内臣王德化言："东厂之设，始永乐十八年，国朝《典汇》可据。礼官覆议不及，请解臣职，停厂不设。"锡衮等言："《典汇》虽载此条，但系下文笺注。臣等以正史无文，故不敢妄引。"帝不听。锡衮复抗疏，请罢厂，亦不允。二月，帝再耕耤田。锡衮因言频岁旱蝗，三饷叠派，请量除加征，严核蠹饷，俾农夫乐生。又以时方急才，请召还故侍郎陈子壮、顾锡畴，故祭酒倪元璐、文安之，且乞免黄道周永戍。给事中沈允培请增天下解额，锡衮因言南畿、浙江人文更盛，宜倍增。又言举人不第，有三十年不谒选者，宜定制，数科不售，即令服官。从之。

欲楫还朝，锡衮调吏部尚书。李日宣下狱，遂掌部事。帝性纯孝，尝以秋夜感念圣母孝纯太后，遂欲终身蔬食。锡衮疏谏，帝嘉其寓爱于规，进秩一等。寻解部务，直讲筵。十六年忧归。

唐王立，拜礼部尚书兼东阁大学士。永明王立，申前命。皆不至。土酋沙定洲作乱，执至会城，诡草锡衮疏上永明王，言定洲忠勇，请代黔国公镇云南。疏既行，以稿示之。锡衮大恨，诉上帝祈死。居数日，竟卒。

堵允锡，字仲缄，无锡人。崇祯十年进士。历官长沙知府。山贼掠安化、宁乡，官军数败，允锡督乡兵破灭之，又杀醴陵贼魁，遂以知兵名。

十六年八月，贼陷长沙。允锡朝觐还，贼已退。明年六月，福王命为湖广参政，分守武昌、黄州、汉阳。左良玉称兵，总督何腾蛟奔长沙，令摄湖北巡抚事，驻常德。唐王立，拜右副都御史，实授巡抚。

李自成死，众拥其兄子锦为主，奉自成妻高氏及高氏弟一功，骤至澧州。拥众三十万，言乞降，远近大震。允锡议抚之，腾蛟亦驰檄至。乃躬入其营，开诚慰谕，称诏赐高氏命服，锦、一功蟒玉金银器，犒其军，皆踊跃拜谢。乃即军中宴之，导以忠孝大义数千言。明日，高氏出拜，谓锦曰："堵公，天人也，汝不可负！"别部田见秀、刘汝魁等亦来归。唐王大喜，加允锡兵部左侍郎兼右佥都御史，总制其军，手书奖劳。授锦御营前部右军，一功右军，并挂龙虎将军印，封列侯。赐锦名赤心，一功名必正，他部赏赉有差，号其营曰忠贞。封高氏贞义夫人，赐珠冠彩币，命有司建坊，题曰"淑赞中兴"。允锡遂与赤心等深相结，倚以自强。然赤心书疏犹称自成先帝，称高氏太后云。

已而袁宗第、刘体仁诸营先归腾蛟者，亦引与赤心合，众益盛。允锡以刍粮难继，令散处江北就食。明年正月，腾蛟大举，期诸军尽会岳州。独赤心先至，余逗遛，卒不进。永明王立，进允锡兵部尚书，总制如故。

顺治四年，永明王令赤心等攻荆州。月余，大清兵援荆州。赤心等大败，步走入蜀，数日不得食。乃散入施州卫，声言就食湖南。时王在武冈，刘承允为赤心所并，计非允锡不能御，乃加允锡东阁大学士，封光化伯，赐剑，便宜从事。允锡疏请得给空敕铸印，颁赐秦中举兵者，时颇议其专。承允欲杀腾蛟，允锡劾其罪。

八月，大兵破武冈及宝庆、常德、辰、沅，允锡走永顺土司。寻赴贵阳，抵遵义，乞师于皮熊王祥。又入施州，请忠贞营军。会楚宗人朱容藩伪称监国天下兵马副元帅，擅居夔州，御史钱邦芑传檄讨之。五年正月，允锡见容藩，责以大义，晓譬利害，散其党。

未几，金声桓、李成栋叛我大清，以江西、广东附永明王。于是马进忠、王进才、曹志建、李赤心、高必正等乘间取常德、桃源、澧州、临武、蓝山、道州、靖州、荆门、宜城诸州县，进忠、赤心、必正皆封公。允锡与进忠有隙，令赤心、必正争进忠所取常德，进忠尽焚庐舍而去。赤心等弃空城引而东，所至守将皆烧营弃城走，湖南已复州县为一空。允锡乃率赤心等入湘潭，与腾蛟会。腾蛟令允锡向江西，而自率进忠等向长沙。

六年正月，兵方逼长沙，腾蛟在湘潭被执，诸军遂散。赤心等走广西，缘道掠衡、永、郴、桂。允锡与胡一青守衡州，战败走桂阳。

初，赤心等入广西，龙虎关守将曹志建恶其淫掠，并恶允锡，允锡不知也。或说志建，允锡将召忠贞营图志建。志建夜发兵围允锡，杀从卒千余。允锡及子逃入富川猺峒。志建索之急，猺潜送允锡于监军金事何图复，间关达梧州。会王遣大臣严起恒、刘湘客安辑忠贞营。至梧而赤心等已走宾、横二州，乃载允锡谒王于肇庆。志建迁怒图复，诱杀之，阖门俱尽。

允锡至肇庆，时马吉翔及李元允、袁彭年等皆专柄，各树党。允锡乃结欢于吉翔，激赤心等东来与元允为难。移书瞿式耜，欲间元允，托言王有密敕，令己与式耜图元允，王颇不悦。元允党丁时魁、金堡又论其丧师失地，乃令总统兵马，移驻梧州。允锡以赤心等不足恃，欲遥结孙可望为强援，矫王命封为平辽王。允锡寻至浔州，自恨发病，十一月卒。王赠允锡浔国公，谥文忠。

严起恒，浙江山阴人。崇祯四年进士。历广州知府，迁衡永兵备副使。十六年，张献忠蹦湖南，吏民悉逬窜。起恒独坚守永州，贼亦不至。唐王时，擢户部右侍郎，总督湖南钱法。

永明王立，令兼督湖南军饷。顺治四年，王驻武冈，拜起恒礼部尚书兼东阁大学士，仍领钱法。王走靖州，起恒从不及，避难万村。已知王在柳州，间道往从之。从返桂林，复从至柳州、南宁。李成栋叛大清，以广东附于王。起恒从王至肇庆，与王化澄、朱天麟同入直。无何，化澄、天麟相继罢。黄士俊继何吾驺为首辅，起恒次之。

时朝政决于成栋子元允；都御史袁彭年，少詹事刘湘客，给事中丁时魁、金堡、蒙正发五人附之,揽权植党,人目为五虎。起恒居其间,不能有所匡正。然起恒洁廉,遇事持平,与文安侯马吉翔、司礼中官庞天寿共患难久,无所忤。而五虎憾起恒,竟诬为邪党。王在梧州,尚书吴贞毓等十四人合疏攻五虎,下湘客等狱,欲置之死。起恒顾跪王舟力救,贞毓等并恶之,用请召还化澄,而合攻起恒。给事中雷德复劾其二十余罪,比之严嵩。王不悦,夺德复官。起恒力求罢,王挽留之不得,放舟竟去。

会郧国公高必正入觐王,贞毓欲藉其力以倾起恒,言:"朝事坏于五虎,主之者,起恒也。公入见,请除君侧奸,数言决矣。"必正许之。有为起恒解者,谓必正曰:"五虎攻严公,严公反力救五虎。此长者,奈何以为奸?"必正见王,乃力言起恒虚公可任,请手敕邀与俱还。文安之入朝,起恒让为首辅。桂林破,从王奔南宁。

先是,孙可望据云南,遣使乞封王。天麟议许之,起恒持不可。后胡执恭矫诏封为秦王,可望知其伪,遣使求真封。起恒又持不可,可望大怒。至是,可望知王播迁,遣其将贺九仪、张胜等率劲卒五千,迎王至南宁,直上起恒舟,怒目攘臂,问王封是秦非秦。起恒曰:"君远迎主上,功甚伟,朝廷自有隆恩。若专问此事,是挟封,非迎主上也。"九仪怒,格杀之,投尸于江。遂杀给事中刘尧珍、吴霖、张载述,追杀兵部尚书杨鼎于昆仑关,皆以阻封议故。时顺治八年二月也。起恒既死,尸流十余里,泊沙渚间。虎负之登崖,葬于山麓。

朱天麟,字游初,昆山人。崇祯元年进士。授饶州推官,有惠政。考选入都,贫不能行赂,拟授部曹。帝御经筵,讲官并为称屈。及临轩亲试,乃改翰林编修。

十七年正月,奉命祭淮王,抵山东而京师陷。及南都破,走福州,唐王擢少詹事,署国子监事。天麟见郑芝龙跋扈,乞假至广东。闻汀州变,又走广西,入安平土州。

顺治四年,永明王居武冈,以礼部侍郎召。天麟疏请王自将,倡率诸镇,毋坐失事机。辞不至。

明年,王在南宁,擢礼部尚书,寻拜东阁大学士。天麟请亲率土兵略江右,不听,乃谒王。会李成栋反大清,从王至浔州。而浔帅陈邦传请世居广西如黔国公故事,天麟执不允。邦传怒,以庆国公印、尚方剑掷天麟舟中,要必得,仍执不允。已而成栋奉王驻肇庆,天麟谓机可乘,复劝王亟颁亲征诏,规取中原。王优诏答之。

当是时,朝臣各树党。从成栋至者,曹晔、耿献忠、洪天擢、潘曾纬、毛毓祥、李绮,自夸反正功,气凌朝士。从广西扈行至者,天麟及严起恒、王化澄、晏清、吴贞毓、吴其雷、洪士彭、雷德复、尹三聘、许兆进、张孝起,自恃旧臣,诋曹、耿等尝事异姓。久之,复分吴、楚两党。主吴者,天麟、孝起、贞毓、李用楫、堵允锡、王化澄、万翔、程源、郭之奇,皆内结马吉翔,外结陈邦传。主楚者,袁彭年、丁时魁、蒙正发、刘湘客、金堡,皆外结瞿式耜,内结李元允。元允者,惠国公成栋子,为锦衣指挥使,进封南阳伯,握大权。彭年等倚为心腹,势张甚。

彭年尝论事王前,语不逊。王责以君臣之义,彭年勃然曰:"傥向者惠国以五千铁骑,鼓行而西,君臣义安在?"王变色,大恶之。彭年等谋攻去吉翔、邦传,权可独擅也。而堡居言路,有锋气,乃疏陈八事,劾庆国公邦传十可斩,文安侯吉翔,司礼中官庞天寿,大学士起恒、化澄与焉。起恒、化澄乞去,天麟奏留之。堡与给事中时魁等复相继劾起恒、吉翔、天寿无已。太后召天麟面谕,武冈危难,赖吉翔左右,令拟谕严责堡等。天麟为两解,卒未尝罪言者,而彭年辈怒不止。王知群臣水火甚,令盟于太庙,然尝益固不能解。

明年春,邦传讦堡官临清尝降流贼,受其职,且请堡为己监军。天麟因拟谕讥堡,堡大愤。时魁乃鼓言官十六人诣阁诋天麟,至登殿陛大哗,弃官掷印而出。王方坐后殿,与侍臣论事,大惊,两手交战,茶倾于衣,急取还天麟所拟而罢。天麟遂辞位,王慰留再三,不可。陛辞,叩头泣。王亦泣曰:"卿去,余益孤矣。"

初,时魁等谓所拟出起恒意,欲入署殴之。是日,起恒不入,而天麟独自承。遂移怒天麟,逐之去,天麟移居庆远。化澄贪鄙无物望,亦为时魁等所攻,碎冠服辞去。王乃召何吾驺、黄士俊入辅。未几,吾驺亦为堡等排去,独士俊、起恒在,乃复召天麟,天麟不至。堡等既连逐三相,益横,每阑入阁中,授阁臣以意指。王不得已,建文华殿于正殿旁,令阁臣侍坐拟旨以避之。堡又连劾堵允锡及侍郎万翱、程源、郭之奇,尚书吴贞毓。贞毓等欲排去之,畏元允为援,不敢发。

七年春,王赴梧州,元允留肇庆,陈邦传适遣兵入卫。贞毓、之奇、翱、源乃合诸给事御史劾彭年、湘客、时魁、堡、正发把持朝政,罔上行私罪。王谓彭年反正有功,免议,下堡等狱。堡又以语触忌,与时魁并谪戍。湘客、正发赎配追赃。王乃再召天麟,天麟疏言:“年来百尔攟争,尽坏实事。昔宋高宗航海,犹有退步。今则何地可退?当奋然自将,文武诸臣尽擐甲胄。臣亦抽峒丁,择土豪,募水手,经略岭北、湖南,为六军倡。若徒责票拟,以为主持政本,今政本安在乎?”

时大兵益逼,孙可望请王赴云南。初,起恒持可望封,天麟及化澄独谓宜许。及可望使至,天麟力请从之。诸臣以起恒被杀故,皆不可。天麟乃奉命经略左、右两江土司,以为勤王之助。兵未集,大兵逼南宁,王仓皇出走,天麟扶病从之。明年四月抵广南,王已先驻安龙。天麟病剧,不能入觐,卒于西坂村。

张孝起,吴江人。举于乡,授廉州推官。大兵至,逼海滨,举兵谋恢复。战败被获,妻妾俱投海死。孝起羁军中,会李成栋叛大清,孝起乃脱去。永明王以为吏科给事中。清真介直,不与流俗伍。

王至梧州。刘湘客、丁时魁、金堡、蒙正发以失李元允援,并辞职。王报许,以孝起代时魁,掌吏科印。俄与廷臣共排去湘客等,遂为其党所疾。高必正,湘客乡人也,尤疾之,怒骂于朝,王为解乃已。久之,擢孝起右佥都御史,巡抚高、雷、廉、琼四府。城破,走避龙门岛。岛破,被执,不食七日死。

杨畏知,宝鸡人。崇祯中,历官云南副使,分巡金、沧。乙酉秋,武定土官吾必奎反,连陷禄丰、广通诸县及楚雄府。畏知督兵复楚雄,驻其地。必奎伏诛,而阿迷土官沙定洲继乱,据云南,黔国公沐天波走楚雄。巡抚吴兆元不能制,许为奏请镇云南。定洲遂西追天波,畏知说天波走永昌,而己以楚雄当定洲。定洲至,畏知复绐之曰:"若所急者,黔国尔,今已西。待尔定永昌还,朝命当已下,予出城以礼见。今顺逆未分,不能为不义屈也。"定洲恐失天波,与盟而去。分兵陷大理、蒙化。畏知乘间清野缮堞,征邻境援兵,姚安、景东俱响应。定洲闻,不敢至永昌,还攻楚雄,不能下。畏知伺贼懈,辄出击,杀伤多。乃引去,还攻石屏、宁州、嶍峨,皆陷之。复西攻楚雄,迄不能下。明年,孙可望等入云南,定洲还救,大败,遁归阿迷,可望等遂据会城。

初,唐王闻畏知抗贼,进授右佥都御史,巡抚云南,以巡抚吴兆元为总督。及可望等至,以畏知同乡,甚重之。寻与刘文秀西略,畏知拒战败,投水不死,踞而骂。可望下马慰之曰:"闻公名久。吾为讨贼来,公能共事,相与匡扶明室,非有他也。"畏知瞪目视之曰:"绐我尔。"可望曰:"不信,当折矢誓。"畏知曰:"果尔,当从我三事:一不得仍用伪西年号,二不得杀人,三不得焚庐舍、淫妇女。"可望皆许诺。乃与至楚雄,略定大理诸郡,使文秀至永昌迎天波归。迤西八府免屠戮,畏知力也。

时永明王已称号于肇庆,而诏令不至。前御史临安任僎议尊可望为国主,以干支纪年,铸兴朝通宝钱。畏知愤甚,有所忤,辄抵掌谩骂。可望数欲杀之,李定国、刘文秀为保护得免。可望与刘、李同辈,一旦自尊,两人不为下。闻肇庆有君,李锦、李成栋等并加封爵,念得朝命,加王封,庶可相制,乃议遣使奉表。畏知亦素以尊主为言。岁己丑,遣畏知及永昌故兵部郎中龚彝赴肇庆进可望表,请王封,为金堡等所持。畏知乃曰:"可望欲权出刘、李上尔。今晋之上公,而卑刘、李侯爵可也。"乃议封可望景国公,赐名朝宗;定国、文秀皆列侯。遣大理卿赵昱为使,加畏知兵部尚书,彝兵部侍郎,同行。

时堵允锡曾赐空敕,得便宜行事。昱乃就与谋,矫命改封可望平辽王，易敕书以往。武康伯胡执恭者，庆国公陈邦傅中军也，守泗城。州与云南接，欲自结可望，言于邦傅，先矫命封可望秦王，曰："藉其力可制李赤心也。"邦傅乃铸金章曰"秦王之宝"，填所给空敕，令执恭赍行。可望大喜，郊迎。亡何，畏知等至。可望骇不受，曰："我已封秦王矣。"畏知曰："此伪也。"执恭亦曰："彼亦伪也，所封实景国公，敕印故在。"可望怒，辞敕使，下畏知及执恭狱，而遣使至梧州问故，廷臣始知矫诏事。文安侯马吉翔请封可望澂江王，使者言，非秦不敢复命。大学士严起恒持不可，兵部侍郎杨鼎和助之，且请却所献白金玉带。会郧国公高必正等入朝，召使者言："本朝无异姓封王例。我破京师，逼死先帝，滔天大罪，蒙恩宥赦，亦止公爵尔。张氏窃据一隅，罪固减等，封上公足矣，安敢冀王爵。自今当与我同心报国，洗去贼名，毋欺朝廷屡弱，我两家士马足相当也。"又致书可望，词义严正。使者唯唯退，议遂寝。必正者，李自成妻弟，同陷京师者也。

可望不得封，益怒。其年九月亲率兵至贵州。十一月，大兵破广州、桂林，王走南宁。事急，遣编修刘茝封可望冀王，可望仍不受。畏知曰："秦、冀等尔，假何如真？"可望不听。定国等劝可望遣畏知终其事，可望许之。明年二月先遣部将贺九仪、张胜、张明志赴南宁索沮秦封者起恒、鼎和及给事中刘尧珍、吴霖、张载述杀之，乃真封可望秦王。而畏知旋至，痛哭自劾，语多侵可望。遂留为东阁大学士，与吴贞毓同辅政。可望闻之怒，使人召至贵阳，而责数之。畏知大愤，除头上冠击可望，遂被杀。楚雄人以畏知守城功，为立祠以祀。

吴贞毓，字元声，宜兴人。崇祯十六年进士。事唐王为吏部文选主事。事败，拥立永明王，进郎中。王驻全州，加太常少卿，仍掌选事。已，擢吏部右侍郎，南宁，贞毓并从。贞毓与严起恒共阻孙可望秦王封，可望杀起恒，贞毓以奉使获免。及还，进东阁大学士，代起恒。可望自云南迁贵阳，议移王自近，挟以作威。其将掌塘报者曹延生恚贞毓,言不可移黔。

时顺治八年,大兵南征,势日迫。王召诸臣议,有请走海滨就李元允者,有议入安南避难者,有议泛海抵闽依郑成功者。惟马吉翔、庞天寿结可望,坚主赴黔。贞毓因前阻封议,且入延生言,不敢决。元允疏请出海。王不欲就可望,而以海滨远,再下廷议,终不决。亡何,开国公赵印选、卫国公胡一青殿后军,战败奔还。请王速行,急由水道走土司,抵瀺湍。二将报大兵益近,相距止百里。上下失色,皆散去。已,次罗江土司,追骑相距止一舍。会日晡引去,乃稍安。次龙英,抵广南,岁已暮。

可望遣兵以明年二月迎王入安隆所,改为安龙府,奉王居之。宫室库陋,服御粗恶,守护将悖逆无人臣礼,王不堪其忧。吉翔掌戎政,天寿督勇卫营,谄事可望,谋禅代。恶贞毓不附己,令其党冷孟𨥤、吴象元、方祚亨交章弹击。且语孟𨥤等曰:“秦王宰天下,我具启,以内外事尽付戎政、勇卫二司。大权归我,公等为羽翼,贞毓何能为!”吉翔遂遣门生郭璘说主事胡士瑞拥戴秦王。士瑞怒,厉声叱退之。他日,吉翔遣璘求郎中古其品画《尧舜禅受图》以献可望,其品拒不从。吉翔潜于可望,杖杀其品,而可望果以朝事尽委吉翔、天寿。于是士瑞与给事中徐极,员外郎林青阳、蔡缜,主事张镌连章发其奸谋。王大怒。两人求救于太后,乃免。

前御史任僎、中书方于宣劝可望设内阁九卿科道官,改印文为八叠,尽易其旧,立太庙,定朝仪,拟改国号曰“后明”,日夕谋篡位。王闻忧惧,密谓中官张福禄、全为国曰:“闻晋王李定国已定广西,军声大振。欲密下一敕,令统兵入卫。若等能密图乎?”二人言徐极、林青阳、张镌、蔡缜、胡士瑞曾疏劾吉翔、天寿,宜可与谋,王即令告之。五人许诺,引以告贞毓。贞毓曰:“主上忧危,正我辈报国之秋。诸君中谁能充此使者?”青阳请行。乃令佯乞假归葬,而使员外郎蒋乾昌撰予定国敕,主事朱东旦书之,福禄等持入用宝。青阳于岁尽间道驰至定国所。定国接敕感泣,许以迎王。

明年夏,青阳久未还,王将择使往促,贞毓以翰林孔目周官对。

都督郑允元曰："吉翔晨夕在侧,假他事出之外,庶有济。"王乃令吉翔奉使祭先王及王太后陵于梧州、南宁,而遣周官诣定国。吉翔在道,微知青阳密敕事,遣人至定国营侦之。主事刘议新者,道遇吉翔,意其必预谋也,告以两使赍敕状。吉翔惊骇,启报可望。可望大怒,并疑吉翔预谋,遣其将郑国赴南宁逮之。会镮、士瑞及李元开以王亲试,极、缜、东旦及御史林钟以久次,皆予美官。天寿及吉翔弟都督雄飞忌甚,与其党郭璘方谋陷之。而钟、缜、极、镮、士瑞亦知事泄,仓皇劾吉翔、天寿表里为奸。王见事急,即下廷臣议罪。天寿惧,与雄飞驰贵阳,告可望。

初,青阳还至南宁,为守将常荣所留,密遣亲信刘吉告之王。王喜,改青阳给事中,谕贞毓再撰敕,铸"屏翰亲臣"金印,令吉还付青阳。至廉州,周官与青阳遇,偕至高州赐定国,定国拜受命。

而是时郑国已械吉翔至安龙,与诸臣面质。贞毓谢不知,国怒,因挟贞毓直入王所居文华殿,迫胁王,索主谋者。王惧,不敢正言,谓必外人假敕宝为之。国遂努目出,与天寿至朝房,械贞毓并允元、钟、缜、乾昌、元开、极、镮、士瑞、东旦及太仆少卿赵赓禹,御史周允吉、朱议㴐,员外郎任斗墟,主事易士佳系私室。又入宫擒福禄、为国而出。其党冷孟铤、蒲缨、宋德亮、朱企镆等迫王速具主名,王悲愤而退。翊日,国等严刑拷掠,独贞毓以大臣免。众不胜楚,大呼二祖列宗,且大骂。时日已暮,风雷忽震烈。缜厉声曰:"今日缜等直承此狱,稍见臣子报国苦衷。"由是众皆自承。国又问曰:"主上知否?"缜大声曰:"未经奏明。"乃复收系,以欺君误国盗宝矫诏为罪,报可望。可望请王亲裁,王不胜愤,下廷议。吏部侍郎张佐辰及缨、德亮、孟铤、企镆、蒋御曦等谓国曰:"此辈尽当处死。傥留一人,将为后患。"于是御曦执笔,佐辰拟旨,以镆、福禄、为国为首罪,凌迟,余为从罪,斩。王以贞毓大臣,言于可望罪绞。吉翔以福禄等内侍,谓王后知情,将废之,令主事萧尹历陈古废后事。后泣诉于王,乃已。诸人就刑,神色不变,各赋诗大骂而死。其家人合瘗于安龙北关之马场。已而青阳逮至,亦被杀,独官走免。时顺治十一年三月也。

居二载,定国竟奉前敕护王入云南。乃赠贞毓少师、太子太师、吏部尚书、中极殿大学士,赐祭,谥文忠,荫子锦衣,世千户,余赠恤有差。已,建庙于马场,勒碑大书"十八先生成仁处"以旌其忠。

定国既奉王居滇,即捕吉翔及其家人,令部将靳统武收系,将杀之。吉翔日媚统武,定国客诣统武,吉翔复媚之。因相与誉吉翔于定国。而微为辨冤。定国召吉翔,吉翔入谒,即叩头言:"王再造功,千古无两。吉翔幸望见颜色,死且不朽,他是非,何足辨也。"定国乃大喜。吉翔因日诣定国客,令说定国荐己入内阁,遂与定国客蟠结,尽握中外权,天寿亦复用事。后从王入缅甸,天寿先死,吉翔为缅人所杀。

高勣,字无功。绍兴人。事永明王,历官光禄少卿。马吉翔、庞天寿构杀吴贞毓等,李定国奉王至云南,捕吉翔将杀之。已,为其所谀,遂免死,且荐入阁,遂得尽握中外权,而天寿亦用事。定国与刘文秀时诣二人家,定国时封晋王,文秀蜀王也。勣与御史邬昌期患之,合疏言二人功高望重,不当往来权佞之门,恐滋奸弊,复蹈秦王故辙。疏上,二王遂不入朝。吉翔激王怒,命各杖一百五十,除名。定国客金维新走告定国曰:"勣等诚有罪,但不可有杀谏官名。"定国即偕文秀入救,乃复官。

及定国败孙可望兵,自以为无他患,武备尽弛。勣与郎官金简进谏曰:"今内难虽除,外忧方大。伺我者顿刃待两虎之毙,而我酣歌漏舟之中,熟寝燕薪之上,能旦夕安耶?二王老于兵事,胡泄泄如此。"定国诉之王前,颇激。王拟杖二臣以解之,朝士多争不可,移时未能决。而三路败书至,定国始逡巡引谢,二臣获免。简,字万藏,勣乡人。后王入缅甸,二人扈行,并死之。

有李如月者,东莞人,官御史。王驻安龙时,孙可望获叛将陈邦传父子,去其皮,传屍至安龙。如月劾可望不请旨,擅杀勋镇,罪同莽、操,而请加邦传恶谥,以惩不忠。王知可望必怒,留其疏。召如月入，谕以谥本襃忠，无恶谥理。小臣妄言乱制，杖四十，除名，意将解可望。而可望大怒，遣人至王所，执如月至朝门外，抑使跪。如月向阙叩头，大呼太祖高皇帝，极口大骂。其人遂剔其皮，继手足及首，实草皮内纫之，悬于通衢。

又有任国玺者，官行人。顺治十五年，永明王将出奔，国玺独请死守。章下廷议，李定国等言："行人议是。但前途尚宽，暂移跸，卷土重来，再图恢复，未晚也。"乃扈王入缅甸。缅俗以中秋日大会群蛮，令黔国公沐天波偕诸酋椎髻跣足，以臣礼见。天波不得已从之，归泣告众曰："我所以屈辱者，惧惊忧主上耳。否则彼将无状，我罪益大。"国玺与礼部侍郎杨在抗疏劾之。

时庞天寿已死，李国泰代掌司礼监印，吉翔复与表里为奸。国玺集宋末大臣贤奸事为一书，进之王，吉翔深恨之。王览止一日，国泰即窃去。国玺寻进御史，疏论时事三不可解，中言祸急然眉，当思出险。吉翔不悦，即令国玺献出险策。国玺忿然曰："时事至此，犹抑言官使不言耶！"

时缅甸弟弑兄自立，欲尽杀文武诸臣，遣人来言曰："蛮俗贵诅盟，请与天朝诸公饮呪水。"吉翔、国泰邀诸臣尽往。至则以兵围之，令诸臣以次出外，出辄杀之，凡杀四十二人。国玺及在、天波、吉翔、国泰、华亭侯王维恭、绥宁伯蒲缨、都督马雄飞、吏部侍郎邓士廉等皆预焉。惟都督同知邓凯以伤足不行，获免。时顺治十八年七月也。自是由榔左右无人。至十二月，缅人遂送之出境，事具国史。

初，由榔之走缅甸也，昆明诸生薛大观叹息曰："不能背城战，君臣同死社稷，顾欲走蛮邦以苟活，不重可羞耶！"顾子之翰曰："吾不惜七尺躯，为天下明大义，汝其勉之！"之翰曰："大人死忠，儿当死孝"大观曰："汝有母在。"时其母适在旁，顾之翰妻曰："彼父子能死忠孝，吾两人独不能死节义耶？"其侍女方抱幼子，问曰："主人皆死，何以处我？"大观曰："尔能死，甚善。"于是五人偕赴城北黑龙潭死。次日,诸尸相牵浮水上,幼子在侍女怀中,两手坚抱如故。大观次女已适人,避兵山中,相去数十里,亦同日赴火死。

有那嵩者,沅江土官也。世为知府。嵩嗣职,循法无过。王走缅甸,过沅江,嵩与子焘迎谒,供奉甚谨,设宴皆金银器。宴毕,悉以献,曰:"此行上供者少,聊以佐缺乏耳。"后李定国号召诸土司兵,嵩即起兵应之。已而城破,登楼自焚,阖家皆死,其士民亦多巷战死。

赞曰:明自神宗而后,浸微浸灭,不可复振。揆厥所由,国是纷呶,朝端水火,宁坐视社稷之沦胥,而不能破除门户之角立。故至桂林播越,旦夕不支,而吴、楚之树党相倾,犹仍南都翻案之故态也。颠覆之端,有自来矣,于当时任事诸臣何责哉。

明史卷二八〇
列传第一六八

何腾蛟 章旷 傅作霖 瞿式耜
汪皞等

何腾蛟，字云从，贵州黎平卫人。天启元年举于乡。崇祯中授南阳知县。地四达，贼出没其间，数被挫去。已，从巡抚陈必谦破贼安皋山，斩首四百余级，又讨平土寇，益知名，迁兵部主事，进员外郎，出为怀来兵备佥事，调口北道。才谞精敏，所在见称。遭母忧，巡抚刘永祚荐其贤，乞夺情任事。腾蛟不可，固辞归。服除，起淮徐兵备佥事。讨平土寇，部内宴然。

十六年冬，拜右佥都御史，代王聚奎巡抚湖广。时湖北地尽失，止存武昌，屯左良玉大军，军横甚。腾蛟与良玉交欢，得相安。明年春，遣将惠登相、毛宪文复德安、随州。

五月，福王立。诏至，良玉驻汉阳，其部下有异议，不欲开读。腾蛟曰：“社稷安危，系此一举。倘不奉诏，吾以死殉之。”抵良玉所，而良玉已听正纪卢鼎言，开读如礼。正纪者，良玉所置官名也。八月，福王命加腾蛟兵部右侍郎，兼抚湖南，代李乾德。寻以故官总督湖广、四川、云南、贵州、广西军务。召总督杨鹗还。明年三月，南京有北来太子事，中外以为真，朝臣皆曰伪。腾蛟力言不可杀，与当国者大忤。

无何，良玉举兵反，邀腾蛟偕行。不可，则尽杀城中人以劫之，士民争匿其署中，腾蛟坐大门纵之入。良玉破垣举火，避难者悉焚死。腾蛟急解印付家人，令速走，将自到，为良玉部将拥去。良玉欲与同舟，不从，乃置之别舟，以副将四人守之。舟次汉阳门，乘间跃入江水。四人惧诛，亦赴水。腾蛟漂十余里，渔舟救之起，则汉前将军关壮缪侯庙前也。家人怀印者亦至，相视大惊。觅渔舟，忽不见。远近谓腾蛟忠诚得神祐，益归心焉。

腾蛟乃从宁州转浏阳，抵长沙。集诸属吏堵允锡、傅上瑞、严起恒、章旷、周大启、吴晋锡等，痛哭盟誓。分士马舟舰糗粮，各任其一。令允锡摄湖北巡抚，上瑞摄湖南巡抚，旷为总督监军，大启提督学政。起恒故衡永道，即督二郡军食，晋锡以长沙推官摄郴桂道事。即遣旷调副将黄朝宣、张先璧、刘承允兵。朝宣自燕子窝，先璧自溆浦，承允自武冈，先后至，兵势稍振。而是时良玉已死。

顺治二年五月，大兵下南都。唐王聿键自立于福州。王居南阳时，素知腾蛟贤，委任益至。李自成毙于九宫山，其将刘体仁、郝摇旂等以众无主，议归腾蛟。率四五万人骤入湘阴，距长沙百余里。城中人不知其来归也，惧甚。朝宣即引兵还燕子窝。上瑞请腾蛟出避，腾蛟曰：“死于左，死于贼，一也，何避焉。”长沙知府周二南请往侦之，以千人护行。贼谓其迎敌也，射杀之，从行者尽死。城中益惧，士女悉窜。腾蛟与旷谋，遣部将万大鹏等二人往抚。贼见止二骑，迎入演武场，饮之酒。二人不交一言，与痛饮。饮毕，贼问来意，答言督师以湘阴褊小，不足容大军，请即移长沙。因致腾蛟手书召之曰：“公等归朝，誓永保富贵。”摇旂等大喜，与大鹏至长沙。腾蛟开诚抚慰，宴饮尽欢，犒从官牛酒。命先璧以卒三万驰射，旌旗蔽天。摇旂等大悦，招其党袁宗第、蔺养成、王进才、牛有勇皆来归，骤增兵十余万，声威大震。

未几，自成将李锦、高必正拥众数十万逼常德。腾蛟令允锡抚降之，置之荆州。锦，自成从子，后赐名赤心。必正则自成妻高氏弟也。高氏语锦曰：“汝愿为无赖贼，抑愿为大将邪？”锦曰：“何谓也？”曰：“为贼无论，既以身许国，当爱民，受主将节制，有死无二，吾所愿也。”锦曰：“诺。”腾蛟虑锦跋扈，他日过其营，请见高氏，再拜，执礼恭。高氏悦，戒其子毋忘何公，锦自是无异志。

自成乱天下二十年，陷帝都，覆庙社，其众数十万悉归腾蛟。而腾蛟上疏，但言元凶已除，稍泄神人愤，宜告谢郊庙，卒不言己功。唐王大喜，立拜东阁大学士兼兵部尚书，封定兴伯，仍督师。而疑自成死未实。腾蛟言自成定死，身首已糜烂，不敢居功，因固辞封爵。不允，令规取江西及南都。

当是时，降卒既众，腾蛟欲以旧军参之，乃题授朝宣、先璧为总兵官，与承允、赤心、郝永忠、宗第、进才及董英、马进忠、马士秀、曹志建、王允成、卢鼎并开镇湖南、北，时所谓十三镇者也。永忠即摇旗，英，腾蛟中军，志建则故巡按刘熙祚中军，余皆良玉旧将也。

腾蛟锐意东下，拜表出师。明年正月，与监军御史李膺品先赴湘阴，期大会岳州。先璧逗遛，诸营亦观望，独赤心自湖北至，为大兵所败而还，诸镇兵遂罢，腾蛟威望由此损。时诸将皆骄且贪残，朝宣尤甚，劫人而剥其皮，永忠效之，杀民无虚日，腾蛟不能制。故总督杨鹗者，克饷失军心，至是复夤缘为偏沅总督。腾蛟以为言，乃召鹗还。

王数议出关，为郑氏所阻。腾蛟屡请幸赣，协力取江西。王遣使征兵，腾蛟发永忠精骑五千往。永忠不肯前，五月始抵郴州。会大兵破汀州，聿键被执死，赣州亦失。腾蛟闻王死，大恸，厉兵保境如平时。

已闻永明王立，乃稍自安。王寻以腾蛟为武英殿大学士，加太子太保。王进才故守益阳，闻大兵渐逼，还长沙。

四年春，进才扬言乏饷，大掠，并及湘阴。适大兵至长沙，进才走湖北。腾蛟不能守，单骑走衡州，长沙、湘阴并失。卢鼎时守衡州，而先璧兵突至，大掠。鼎不能抗，走永州。先璧遂挟腾蛟走祁阳，又间道走辰州。腾蛟脱还，走永州。甫至，鼎部将复大掠。鼎走道州，腾蛟与侍郎严起恒走白牙市，大兵遂下衡、永。初，腾蛟建十三镇以卫长沙，至是皆自为盗贼。大兵入衡州，守将黄朝宣降。数其罪，支解之，远近大快。大清以一知府守永州，副将周金汤觇城虚，夜鼓噪而登，知府出走，金汤遂入永。

六月，腾蛟在白牙。王密遣中使告以刘承允罪，令入武冈除之。腾蛟乃走谒王，王及太后皆召见。承允由小校，以腾蛟荐至大将，已渐倨。腾蛟在长沙征其兵，承允大怒，言："先调朝宣、先璧军，皆章旷亲行，今乃折箠使我。"遂驰至黎平，执腾蛟子，索饷数万。子走诉腾蛟，腾蛟遣旷行，承允乃以众至。腾蛟为请于王，得封定蛮伯，且与为姻，承允益骄。至是爵安国公，勋上柱国，赐尚方剑，益坐大。忌腾蛟出己上，欲夺其权，请用为户部尚书，专领饷务，王不许。王召腾蛟图承允，腾蛟无兵，命以云南援将赵印选、胡一青兵隶之。及辞朝，赐银币，命廷臣郊饯。承允伏千骑袭腾蛟，印选卒力战，尽歼之，腾蛟乃还驻白牙。

八月，大兵破武冈，承允降。王走靖州，又走柳州。时常德、宝庆已失，永亦再失。王将返桂林，而城中止焦琏军，腾蛟率印选、一青入为助。而南安侯郝永忠忽拥众万余至，与琏兵欲斗，会宜章伯卢鼎兵亦至，腾蛟为调剂，桂林以安。乃遣琏、永忠、鼎、印选、一青分扼兴安、灵川、永宁、义宁诸州县。十一月，大兵逼全州，腾蛟督五将合御。

五年正月，王居桂林，加腾蛟太师，进爵为侯，子孙世袭。二月，大兵破全州，至兴安。永忠兵大溃，奔桂林，逼王西，纵兵大掠。腾蛟自永福至。大兵知桂林有变，直抵北门。腾蛟督琏、一青等分三门拒守，大兵乃还全州。会金声桓、李成栋叛大清，以兵附。大兵在湖南者姑退，腾蛟遂取全州。复遣保昌侯曹志建、宜章侯卢鼎、新兴侯焦琏、新宁侯赵印选攻永州，围城三月，大小三十六战，十一月朔克之。未几，监军御史余鲲起、职方主事李甲春取宝庆，诸将亦取衡州，马进忠取常德，所失地多复。

腾蛟议进兵长沙。会督师堵允锡恶进忠，招忠贞营李赤心军自夔州至，令进忠让常德与之。进忠大怒，尽驱居民出城，焚庐舍，走武冈。宝庆守将王进才亦弃城走，他守将皆溃。赤心等所至皆空城，旋弃走，东趋长沙。腾蛟时驻衡州，大骇。六年正月檄进忠由益阳出长沙，期诸将毕会，而亲诣忠贞营，邀赤心入衡。部下卒六千人，惧忠贞营掩袭，不护行，止携吏卒三十人往。将至，闻其军已东，即尾之至湘潭。湘潭空城也，赤心不守而去，腾蛟乃入居之。大兵知腾蛟入空城，遣将徐勇引军入。勇，腾蛟旧部将也，率其卒罗拜，劝腾蛟降。腾蛟大叱，勇遂拥之去。绝食七日，乃杀之。永明王闻之哀悼，赐祭者九，赠中湘王，谥文烈，官其子文瑞佥都御史。

章旷，字于野，松江华亭人。崇祯十年进士。授沔阳知州。十六年三月，贼将郝摇旃陷其城，同知马飙死之。旷走免，谒总督袁继咸于九江，署为监纪。从诸将方国安、毛宪文、马进忠、王允成等复汉阳。武昌巡按御史黄澍令署汉阳推官兼摄府事，承德巡抚王扬基令署分巡道事。明年四月，宪文偕惠登相复德安，扬基檄旷往守。城空无人，卫官十数人赍印送贼将白旺。旷收斩之，日夕为警备。居三月，代者李藻至，巡抚何腾蛟檄旷署荆西道事。旷去，藻失将士心，城复陷。给事中熊汝霖、御史游有伦劾旷沔阳失城罪，候讯黄州。用腾蛟荐，令戴罪立功。

福王立南京，左良玉将犯阙。腾蛟至长沙，以旷为监军。副将黄朝宣者，故巡抚宋一鹤部将，驻燕子窝，腾蛟令旷召之来。副将张先璧屯精骑三千于溆浦，复属旷召之，留为亲军，而以朝宣戍茶陵。又令旷调刘承允兵于武冈。会李自成死，其下刘体仁、郝摇旃、袁宗第、蔺养成、王进才、牛有勇六大部各拥数万兵至。腾蛟与旷计，尽抚其众，军容大壮。左良玉死，其将马进忠、王允成无所归，突至岳州。偏沅巡抚傅上瑞大惧，旷曰："此无主之兵，可抚也。"入其营，与进忠握手，指白水为誓，进忠等皆从之。进忠即贼中渠魁混十万也。时南京已破，大兵逼湖南，诸将皆畏怯，旷独悉力御。唐王擢为右佥都御史，提督军务，恢剿湖北。

旷有智略，行军不避锋镝。身扼湘阴、平江之冲，湖南恃以无恐。尝战岳州，以后军不继而还。已，又大战大荆驿。永明王加兵部右侍郎。长沙守将王进才与狼兵将覃遇春哄，大掠而去。腾蛟奔衡州，旷亦走宝庆，长沙遂失。腾蛟驻祁阳，旷来会。腾蛟以兵事属旷，而谒王武冈。旷移驻永州，见诸大将拥兵，闻警辄走，抑郁而卒。

傅作霖，武陵人。由乡举仕唐王，大学士苏观生奏为职方主事，监纪其军。观生殁，倚何腾蛟长沙，改监军御史。永明王在全州，超拜兵部左侍郎，掌部事，寻进尚书，从至武冈。时刘承允擅政，作霖与相善，故骤迁。及大兵逼武冈，承允议迎降，作霖勃然责之。承允遣使纳款，大兵入城，作霖冠带坐堂上。承允力劝之降，不从，遂被杀。妾郑有殊色，被执，驱之过桥，跃入水中死。

有萧旷者，武昌诸生，为承允坐营参将。腾蛟题为总兵官，管黎平参将事。及承允降，令降将陈友龙招旷，旷不从。已而城破，死之。

傅上瑞，初为武昌推官，贼围城，遁走。久之，腾蛟荐为长沙佥事，又令摄偏沅巡抚事。劝腾蛟设十三镇，卒为湖南大害。唐王时，用腾蛟荐，擢右佥都御史，实授偏沅巡抚。性反覆，弃腾蛟如遗。武冈破，大兵逼沅州，上瑞出降。逾年，与刘承允并诛死。

瞿式耜，字起田，常熟人。礼部侍郎景淳孙，湖广参议汝说子也。举万历四十四年进士。授吉安永丰知县，有惠政。天启元年调江陵。永丰民乞留，命再任。以忧归。

崇祯元年擢户科给事中，疏言李国木普宜留内阁，王永光宜典铨，曹于汴宜秉宪，郑三俊、毕懋良宜总版曹，李邦华宜主戎政。帝多采其言。俄陈朝政不平，为王之寀请恤，孙慎行讼冤，速杨镐、王化贞之诛，白杨涟、左光斗结毒之谤，追论故相魏广微、顾秉谦、冯铨、黄立极之罪。因言夺情建祠之朱童蒙不可宽，积愆久废之汤宾尹不可用。帝亦纳之。又极论来宗道、杨景辰附逆不可居政府，二人旋罢去。御史袁弘勋劾大学士刘鸿训，逆党徐大化实主之。川贵总督张鹤鸣先已被废，其复用由魏忠贤。式耜并疏论。已，颂杨涟、魏大中、周顺昌为清中之清，忠中之忠，三人遂赐谥。未几，陈时务七事，言："起废不可不核，升迁不可不渐，会推不可不慎。谥典宜严，刑章宜饬，论人宜审，附珰者宜区分。"又极论馆选奔竞之弊，请监轩亲试。末言："古有左右史，记天子言动。今召对时勤，宜令史官入侍纪录，昭示朝野。"事多议行。时将定逆案，请尽发红本，定其情罪轻重。又言宣府巡抚徐良彦不附逆奄，为崔呈秀诬劾遣戍，亟当登用。良彦遂获起。

式耜矫矫立名，所建白多当帝意，然搏击权豪，大臣多畏其口。十月诏会推阁臣，礼部侍郎钱谦益以同官周延儒方言事蒙眷，虑并推则己绌，谋沮之。式耜，谦益门人也，言于当事者，延儒弗推，而列谦益第二。温体仁遂发难，延儒助之。谦益夺官闲住，式耜坐贬谪。式耜尝颂贵宁参政胡平表杀贼功，请优擢。其后平表为贵州布政使，坐不谨罢。式耜再贬二秩，遂废于家。久之，常熟奸民张汉儒希体仁指，讦谦益、式耜贪肆不法。体仁主之，下法司逮治。巡抚张国维、巡按路振飞交章白其冤，不听。比两人就狱，则体仁已去位，狱稍解。谦益坐削籍，式耜赎徒。言官疏荐，不纳。

十七年，福王立于南京。八月起式耜应天府丞。已，擢右佥都御史，代方震孺巡抚广西。明年夏，甫抵梧州。闻南京破，靖江王亨嘉谋僭号，召式耜。拒不往，而檄思恩参将陈邦传助防。止狼兵，勿应亨嘉调。亨嘉至梧，劫式耜，幽之桂林，遣人取其敕印。初，式耜议立桂端王子安仁王。及唐王监国，式耜以为伦序不当立，不奉表劝进。至是，为亨嘉所幽，乃遣使贺王，因乞援。王喜，而亨嘉为丁魁楚所攻，势窘，乃释式耜。式耜与中军官焦琏召邦传共执亨嘉，乱遂定。唐王擢式耜兵部右侍郎，协理戎政，以晏日曙来代。式耜不入朝，退居广东。

顺治三年九月，大兵破汀州。式耜与魁楚等议立永明王由榔，乃迎王梧州，以十月十日监国肇庆。进式耜吏部右侍郎、东阁大学士，兼掌吏部事。未几，赣州败报至，司礼王坤迫王赴梧州。式耜力争，不得。十一月朔，苏观生立唐王聿键于广州。式耜乃与魁楚等定议迎王还肇庆，遣总督林佳鼎御观生兵，败殁。式耜视师峡口。十二月望，大兵破广州。王坤趣王西走。式耜趋赴王，王已越梧而西。

四年正月，大兵破肇庆，逼梧州，巡抚曹晔迎降。王欲走依何腾蛟于湖广，丁魁楚、吕大器、王化澄皆弃王去，止式耜及吴炳、吴贞毓等从，乃由平乐抵桂林。二月，大兵袭平乐，分兵趋桂林。王将走全州，式耜极陈桂林形势，请留，不许。自请留守，许之。进文渊阁大学士，兼兵部尚书，赐剑，便宜从事。平乐、浔州相继破，桂林危甚。总督侍郎朱盛浓走灵川，巡按御史辜延泰走融县，布政使朱盛澜、副使杨垂云、桂林知府王惠卿以下皆遁，惟式耜与通判郑国藩，县丞李世荣及都司林应昌、李当瑞、沈熀在焉。王令兵部右侍郎丁元晔代盛浓，御史鲁可藻代延泰。未赴而大兵已于三月薄桂林，以骑数十突入文昌门，登城楼瞰式耜公署。式耜急令援将焦琏拒战。

初，永明王为贼执，琏率众攀城上，破械出之。王病不能行，琏负王以行。王以此德琏，用破靖江王功，命为参将。及是战守三月，琏功最多，元晔、可藻亦尽力。式耜身立矢石中，与士卒同甘苦。积雨城坏，吏士无人色，式耜督城守自如，故人无叛志。援兵索饷而哗，式耜括库不足，妻邵捐簪珥佐之。既而琏兵主客不和，噪而去，城几破者数矣。会陈邦彦等攻广州，大兵引而东，桂林获全。琏亦复阳朔及平乐，陈邦传亦由浔复梧州。王闻捷，封式耜临桂伯，琏新兴伯，元晔等进秩有差。

式耜初请王返全州，不听。已，请还桂林。王已许之，会武冈破，王由靖州走柳州，式耜复请还桂林。十一月，大兵自湖南逼全州，式耜偕腾蛟拒却。已，梧州复破，王方在象州，欲走南宁。以大臣力争，乃以十二月还桂林。

五年二月，南安侯郝永忠驻桂林，恶城外团练兵，尽破水东十八村，杀戮无算，与式耜搆难。式耜力调剂，永忠乃驻兴安。大兵前驱至灵川，永忠战败，奔入桂林，请王即夕西走。式耜力争，不听。左右皆请速驾，式耜又争。王曰：“卿不过欲予死社稷尔。”式耜为泣下沾衣。王甫行，永忠即大掠，捶杀太常卿黄太元。式耜家亦被掠，家人矫腾蛟令箭，乃出城。日中，赵印选诸营自灵川至，亦大掠，城内外如洗。永忠走柳州，印选等走永宁。明日，式耜息城中余烬，安抚远近。焦琏及诸镇周金、汤兆佐、胡一青等各率所部至，腾蛟军亦至。三月，大兵知桂林有变，来袭，抵北门。腾蛟督诸将拒战，城获全。时王驻南宁,式耜遣使慰三宫起居。王始知式耜无恙,为泣下。

闰三月,广东李成栋、江西金声桓皆叛大清,据地归。式耜请王还桂林。王从成栋请,将赴广州。式耜虑成栋挟王自专,如刘承允事,力争之,乃驻肇庆。十一月,永州、宝庆、衡州并复。式耜以机会可乘,请王还桂林,图出楚之计,不纳。庆国公陈邦传守浔州,自称世守广西,欲如黔国公例。式耜特疏劾之,会中外多争者,邦传乃止。广西巡抚鲁可藻自署衔巡抚两广,式耜亦疏驳之。式耜身在外,政有阙,必疏谏。尝曰:“臣与主上患难相随,休戚与共,不同他臣。一切大政,自得与闻。”王为褒纳。而是时成栋子元允专朝政,知敬式耜,袁彭年、丁时魁、金堡等遂争相倚附。六年正月,时魁等逐朱天麟,不欲何吾骝为首辅。召式耜入直,以文渊印畀之,式耜终不入也。未几,腾蛟、声桓、成栋相继败殁,国势大危。朝士方植党相角,式耜不能禁。

七年正月,南雄破。王惧,走梧州。诸大臣讦时魁等下狱,式耜七疏论救。胡执恭之擅封孙可望也,式耜疏请斩之。皆不纳。九月,全州破。开国公赵印选居桂林,卫国公胡一青守榕江,与宁远伯王永祚皆惧不出兵,大兵遂入严关。十月,一青、永祚入桂林分饷,榕江无戍兵,大兵益深入。十一月五日,式耜檄印选出,不肯行,再趣之,则尽室逃。一青及武陵侯杨国栋、绥宁伯蒲缨、宁武伯马养麟亦逃去。永祚迎降,城中无一兵。式耜端坐府中,家人亦散。部将戚良勋请式耜上马速走,式耜坚不听,叱退之。俄总督张同敞至,誓偕死,乃相对饮酒,一老兵侍。召中军徐高付以敕印,属驰送王。是夕,两人秉烛危坐。黎明,数骑至。式耜曰:“吾两人待死久矣。”遂与偕行,至则踞坐于地。谕之降,不听,幽于民舍。两人日赋诗倡和,得百余首。至闰十一月十有七日,将就刑,天大雷电,空中震击者三,远近称异。遂与同敞俱死。同敞,大学士居正曾孙,事见《居正传》。

时桂林殉难者光禄少卿汪皞投水死。其破平乐也,守将镇西将军朱旻如自刭。

有周震者,官中书舍人,居全州,慷慨尚气节。武冈失,全州危,

震邀文武将吏盟于神，誓死拒守。条城守事宜，上之留守瞿式耜。式
耜即题为御史，监全州军。无何，郝永忠、卢鼎自全州撤兵还桂林。
守全诸将议举城降，震力争不可，众怒杀之，全州遂失。

　　赞曰：何腾蛟、瞿式耜崎岖危难之中，介然以艰贞自守。虽其设
施经画，未能一睹厥效，要亦时势使然。其于鞠躬尽瘁之操，无少亏
损，固未可以是为訾议也。夫节义必穷而后见，如二人之竭力致死，
靡有二心，所谓百折不回者矣。明代二百七十余年养士之报，其在
斯乎！其在斯乎！

明史卷二八一
列传第一六九

循　吏

陈灌　方克勤　吴履　廖钦等

高斗南　余彦诚等　史诚祖　吴祥等

谢子襄　黄信中　夏升　贝秉彝

刘孟雍等　万观　叶宗人　王源

翟溥福　李信圭　孙浩等　张宗琏

李骥　王莹等　李湘　赵豫　赵登等

曾泉　范衷　周济　范希正　刘纲

段坚　陈钢　丁积　田铎　唐侃

汤绍恩　徐九思　庞嵩　张淳

陈幼学

明太祖惩元季吏治纵弛，民生凋敝，重绳贪吏，置之严典。府州县吏来朝，陛辞，谕曰："天下新定，百姓财力俱困，如鸟初飞，木初植，勿拔其羽，勿撼其根。然惟廉者能约己而爱人，贪者必朘人以肥己，尔等戒之。"洪武五年下诏有司考课，首学校、农桑诸实政。日照知县马亮善督运，无课农兴士效，立命黜之。一时守令畏法，洁己爱民，以当上指，吏治焕然不变矣。下逮仁、宣，抚循休息，民人安乐，吏治澄清者百余年。英、武之际，内外多故，而民心无土崩瓦解之虞者，亦由吏鲜贪残，故祸乱易弭也。嘉、隆以后，资格既重甲科，县令多以廉卓被征，梯取台省，而龚、黄之治，或未之觏焉。神宗末年，征发频仍，矿税四出，海内骚然烦费，郡县不克修举厥职。而庙堂考课，一切以虚文从事，不复加意循良之选。吏治既以日媮，民生由之益蹙。仁、宣之盛，邈乎不可复追，而太祖之法蔑如矣。重内轻外，实政不修，谓非在上者不加之意使然乎！

汉史丞相黄霸，唐史节度使韦丹皆入《循吏传》中。今自守令超擢至公卿有勋德者，事皆别见，故采其终于庶僚，政绩可纪者，作《循吏传》。

陈灌，字子将，庐陵人也。元末，世将乱，环所居筑场种树，人莫能测。后十年，盗蜂起。灌率武勇结屯林中，盗不敢入，一乡赖以全。太祖平武昌，灌诣军门谒见。与语奇之，擢湖广行省员外郎，累迁大都督府经历。从大将军徐达北征。寻命筑城泰州，工竣，除宁国知府。

时天下初定，民弃诗书久。灌建学舍，延师，选俊秀子弟受业。访问疾苦，禁豪右兼并。创户帖以便稽民。帝取为式，颁行天下。伐石筑堤，作水门蓄泄，护濒江田，百姓咸赖。有坐盗麦舟者，论死数十人。灌覆按曰："舟自漂至，而愚民哄取之，非谋劫也。"坐其首一人，余悉减死。灌丰裁严正，而为治宽恤类此。洪武四年召入京，病卒。

方克勤，字去矜，宁海人。元末，台州盗起，吴江同知金刚奴奉行省命募水兵御之。克勤献策弗纳，逃之山中。洪武二年辟县训导，母老辞归。四年征至京师，吏部试第二，特授济宁知府。

时始诏民垦荒，阅三岁乃税。吏征率不俟期，民谓诏旨不信，辄弃去，田复荒。克勤与民约，税如期。区田为九等，以差等征发，吏不得为奸，野以日辟。又立社学数百区，葺孔子庙堂，教化兴起。盛夏，守将督民夫筑城，克勤曰："民方耕耘不暇，奈何重困之畚锸。"请之中书省，得罢役。先是久旱，遂大澍。济宁人歌之曰："孰罢我役？使君之力。孰活我黍？使君之雨。使君勿去，我民父母。"视事三年，户口增数倍，一郡饶足。

克勤为治以德化为本，不喜近名，尝曰："近名必立威，立威必殃民，吾不忍也。"自奉简素，一布袍十年不易，日不再肉食。太祖用法严，士大夫多被谪，过济宁者，克勤辄周恤之。永嘉侯朱亮祖尝率舟师赴北平，水涸，役夫五千浚河。克勤不能止，泣祷于天。忽大雨，水深数尺，舟遂达，民以为神。八年入朝，太祖嘉其绩，赐宴，遣还郡。寻为属吏程贡所诬，谪役江浦，复以空印事连，逮死。

子孝闻、孝孺。孝闻，十三丧母，蔬食终制。孝孺，自有传。

吴履，字德基，兰谿人。少受业于闻人梦吉，通春秋诸史。李文忠镇浙东，聘为郡学正。久之，举于朝，授南康丞。南康俗悍，谓丞儒也，易之。居数月，摘发奸伏如老狱吏，则皆大惊，相率敛迹。履乃改崇宽大，与民休息。知县周以中巡视田野，为部民所詈。捕之不获，怒，尽絷其乡邻。履阅狱问故，立释之，乃白以中。以中益怒，曰："丞慢我。"履曰："犯公者，一人耳，其邻何罪？今絷者众，而捕未已，急且有变，奈何？"以中意乃解。邑有淫祠，每祀辄有蛇出户，民指为神。履缚巫责之，沉神像于江，淫祠遂绝。为丞六年，百姓爱之。

迁安化知县。大姓易氏保险自守，江阴侯吴良将击之，召履计事。履曰："易氏逃死耳，非反也，招之当来。不来，诛未晚。"良从之，易氏果至。良欲籍农故为兵者，民大恐。履曰："世清矣，民安于农。请籍其愿为兵者，不愿可勿强。"

迁潍州知州。山东兵常以牛羊代秋税，履与民计曰："牛羊有死瘠患，不若输粟便。"他日，上官令民送牛羊之陕西，他县民多破家，潍民独完。会改州为县，召履还，潍民皆涕泣奔送。履遂乞骸骨归。

是时河内丞廖钦并以廉能称。居八年，调吴江，后坐事谪戍。久之,以老病放归,道河内。河内民竞持羊酒为寿,且遗之缣,须臾衰数百匹。钦固辞不得,一夕遁去。

他若兴化丞周舟以绩最,特擢吏部主事。民争乞留,乃遣还之。归安丞高彬、曹县主簿刘郁、衡山主簿纪惟正、霑化典史杜濩皆坐事,以部民乞宥复其官,而惟正立擢陕西参议。

其后州县之佐贰知名者,在仁、宣时则易州判官张有闻、寿州判官许敏、许州判官王通、灵璧丞田诚、安平丞耿福缘、嘉定丞戴肃、大名丞贺祯、昌邑主簿刘整、襄垣主簿乔育、贵池典史黄金兰、深泽典史高闻;英、景时则养利判官汪浩、泰州判官王思旻、上海丞张祯、吴江丞王懋本、历城丞熊观、黔阳主簿古初、云南南安州琅井巡检李保。或超迁,或迁任,皆因部民请云。

高斗南,字拱极,陕西徽州人。貌魁梧,语音若钟。洪武中,由荐举授四川定远知县。才识精敏,多善政。二十九年,与知府永州余彦诚,知县齐东郑敏、仪真康彦民、岳池王佐、安肃范志远、当涂孟廉及丞怀宁苏亿、休宁甘镛、当涂赵森并坐事,先后被征。其耆民奔走阙下,具列善政以闻。太祖嘉之,赐袭衣宝钞遣还,并赐耆民道路费。诸人既还任,政绩益著。寻举天下廉吏数人,斗南与焉,列其名于《彰善榜》、《圣政记》以示劝。九载绩最,擢云南新兴知州,新兴人爱之不异定远。居数年,以衰老乞归,荐子吏科给事中恂自代,成祖许之。年七十而卒。

恂,字士信,博学能诗文。官新兴,从大军征交阯,有协赞功。师旋,卒于官。

彦诚,德兴人。初知安陆州,以征税愆期当就逮,其父老伏阙乞留。太祖赐宴嘉赏。遣还,父老亦预宴。久之,擢知永州府,终河东盐运使。

敏常坐事被逮,部民数千人守阙下求宥。帝宴劳,复其官,赐钞百锭,衣三袭。居数年,考满入朝。部民复走京师乞再任,帝从其请。及是,再获宥。

彦民，泰和人。洪武二十七年进士。先知青田，调仪真。后历巴陵、天台，并著名绩。永乐初罢归。洪熙元年，御史巡按至天台。县民二百余人言彦民廉公有为，乞还之天台，慰民望。御史以闻，宣宗叹曰："彦民去天台二十余年，民犹思之，其有善政可知。"乃用为江宁县丞。

亿、廉、森三人既释还，明年复以事当逮。县民又走阙下颂其廉勤，帝亦释之。

时太祖操重典绳群下，守令坐小过辄逮系。闻其贤，旋遣还，且加赏赉，有因以超擢者。二十九年，知县灵璧周荣、宜春沈昌、昌乐于子仁，丞新化叶宗并坐事逮讯，部民为叩阍。太祖喜，立擢四人为知府，荣河南，昌南安，子仁登州，宗黄州。由是长吏竞劝，一时多循良之绩焉。

荣，字国华，蓬莱人。初为灵璧丞，坐累逮下刑部，耆老群赴辇下称其贤。帝赐钞八十锭，绮罗衣各一袭。礼部宴荣及耆老而还之。无何，擢荣灵璧知县。及知河南，亦有声。后建言称旨，擢河南左布政使。

史诚祖，解州人。洪武末，诣阙陈盐法利弊。太祖纳之，授汶上知县，为治廉平宽简。永乐七年，成祖北巡。遣御史考核郡县长吏贤否，还言诚祖治第一。赐玺书劳之曰："守令承流宣化，所以安利元元。朕统御天下，夙夜求贤，共图治理。往往下询民间，皆言苦吏苛急，能副朕心者实鲜。尔敦厚老成，恪共乃职。持身励志，一于廉公。平赋均徭，政清讼简，民心悦戴，境内称安。方古良吏，亦复何让。特擢尔济宁知州，仍视汶上县事。其益共乃职，慎终如始，以永嘉誉，钦哉。"并赐内酝一尊，织金纱衣一袭，钞千贯。御史又言贪吏虐民无若易州同知张腾，遂征下狱。诚祖既得旌，益勤于治。土田增辟，户口繁滋，益编户十四里。成祖过汶上，欲徙其民数百家于胶州，诚祖奏免之。屡当迁职，辄为民奏留。阅二十九年，竟卒于任。士民哀号，留葬城南，岁时奉祀。

　　是时，县令多久任。盩厔吴祥，永乐时知嵩县，至宣德中，阅三十二年卒于任。临汾李信，永乐时由国子生授遵化知县，至宣德中，阅二十七年始擢无为知州。以年老不欲赴，遂乞归。渭县房岩，宣德间为邹县知县，至正统中，阅二十余年卒于任，吏民皆爱戴之。而吉水知县武进钱本忠有廉名，诖误罢官。父老奔走号泣乞留，郡人胡广力保之，得还任。民闻本忠复来，空闾井迎拜。永乐中卒官，民哀慕留葬吉水，争负土营坟，其得民如诚祖云。

　　谢子襄，名衮，以字行，新淦人。建文中，由荐举授青田知县。永乐七年，与钱塘知县黄信中、开化知县夏升并九载课最当迁。其部民相率诉于上官，乞再任，上官以闻。帝嘉之，即擢子襄处州知府，信中杭州，升衢州，俾得治其故县。

　　子襄治处州，声绩益著。郡有虎患，岁旱蝗。祷于神，大雨二日，蝗尽死，虎亦遁去。有盗窃官钞，子襄檄城隍神，盗方阅钞密室，忽疾风卷堕市中，盗即伏罪。民鬻牛于市，将屠之。牛逸至子襄前，俯首若有诉，乃捐俸赎还其主。叛卒吴米据山谷为乱，朝廷发兵讨之，一郡汹汹。子襄力止军城中毋出，而自以计掩捕之，获其魁，余悉解散。为人廉谨，历官三十年，不以家累自随。二十二年卒。

　　信中，余干人。先知乐清县。奸人绐寡妇至京诬告乡人谋叛，而己逸去。有司系其妇以闻，诏行所司会鞫。信中廉得其情，力诋为诬，获全者甚众。盗杀一家三人，狱久不决。信中祷于神，得真盗，远近称之。升，盐城人。

　　贝秉彝，名恒，以字行，上虞人。永乐二年进士。授邵阳知县，以忧去，补东阿。善决狱，能以礼义导民。岁大侵，上平粜备荒议。帝从之，班下郡县如东阿式。邑西南有巨浸，积潦为田害。秉彝相视高下，凿渠，引入大清河，涸之，得沃壤数百顷，民食其利。尤善综画，凡废铁、败皮、朽索、故纸悉藏之。暇令工匠煮胶、铸杵、捣纸、绞索贮于库。会成祖北巡，敕有司建席殿。秉彝出所贮济用，工遂速

竣。帝将召之，东阿耆老百余人诣阙自言，愿留贝令，帝许之。九载
考满入都，诏进一阶，仍还东阿。尝坐累，罚役京师。民竞代其役，
三罚三代，乃复官。

秉彝为吏明察而仁恕。素善饮，已仕，遂已之。宣德元年卒官。

时龙溪知县南昌刘孟雍、邹县知县龙溪朱珫、建安知县昆山张
准、婺源知县建安吴春、歙县知县江西乐平石启宗，皆有惠利，民率
怀思不忘云。

万观，字经训，南昌人。弱冠成永乐十九年进士。帝少之，令归
肄学。寻召为御史，改严州知府。府东境七里泷，有渔舟数百艇，时
剽行旅。观编十舟为一甲，令画地巡警。不匝月，盗屏迹。乃励学
校，劝农桑，奏减织造，以银代丝税，民皆便之。九年考绩，治行为海
内第一。既以忧去，将除服，严州民豫上章愿复得观为守，金、衢民
亦上章乞之。朝廷异焉，补平阳府，政绩益茂。有芝生尧祠栋上，士
民皆言使君德化所致。观曰：“太守知奉职而已，芝，非吾事也。”考
满，擢山东布政使，卒于官。

叶宗人，字宗行，松江华亭人。永乐中，尚书夏原吉治水东南。
宗人以诸生上疏，请浚范家港引浦水入海，禁濒海民毋作坝以遏其
流。帝令赴原吉所自效。工竣，原吉荐之，授钱塘知县。县为浙江
省会，徭重，豪有力往往摅黠吏得财役贫民。宗人令民自占甲乙，书
于册，以次签役，役乃均。尝视事，有蛇升阶，若有所诉。宗人曰：
“尔有冤乎？吾为尔理。”蛇即出，遣隶尾之，入饼肆炉下。发之，得
僵尸，盖肆主杀而瘗之也。又常行江中，有死人挂舟舵，推问，则里
无赖子所沉者。遂俱伏法，邑民以为神。

按察使周新，廉介吏也，尤重宗人。一日，伺宗人出，潜入其室，
见厨中惟银鱼腊一裹。新叹息，携少许去。明日召宗人共食，饮至
醉，用仪仗导之归。时呼为“钱塘一叶清”。十五年督工匠往营北京，
卒于涂，新哭之累日。

王源，字启泽，龙岩人。永乐二年擢进士，授庶吉士。改深泽知县。修学舍，筑长堤，劝民及时嫁娶，革其争财之俗。数上书论事，被诏征入都，又论时政得失，忤旨下吏。会赦复官，奏免逋负。岁饥，辄发粟振救，坐是被逮。民争先输纳，得赎还。召为春坊司直郎，侍诸王讲读。迁卫府纪善，移松江同知，奏捐积逋数十万石。以母老乞归养，服阕，除刑部郎中。

英宗践阼，择廷臣十一人为知府，赐宴及敕，乘传行。源得潮州府。城东有广济桥，岁久半圮坏，源敛民万金重筑之。以其余建亭，设先圣、四配、十哲像。刻《蓝田吕氏乡约》，择民为约正、约副、约士，讲肄其中，而时偕寮寀董率焉。西湖山上有大石为怪，源命凿之，果获石骷髅，怪遂息。乃琢为碑，大书"潮州知府王源除怪石"。会杖一民死，民子诉诸朝，并以筑桥建亭为源罪。逮至京，罪当赎徒。潮人相率叩阍，乃复其官。久之，乞休。潮人奏留不获，祠祀之。

翟溥福，字本德，东莞人。永乐二年进士。除青阳知县。九华虎为患，溥福檄山神，虎即殄。久之，移新淦，迁刑部主事，进员外郎，为尚书魏源所器。正统元年七月诏举廷臣堪为郡守者，源以溥福应，乃擢南康知府。

先是，岁歉，民擅发富家粟，及收取漂流官木者，前守悉坐以盗，当死者百余人。溥福阅实，杖而遣之。地滨鄱阳湖，舟遇风涛无所泊，为筑石堤百余丈，往来者便之。庐山白鹿书院废，溥福倡众兴复，延师训其子弟，朔望躬诣讲授。

考绩赴部，以年老乞归。侍郎赵新尝抚江西，大声曰："翟君此邦第一贤守也，胡可听其去。"恳请累日，乃许之。辞郡之日，父老争赆金帛，悉不受。众挽舟涕泣，因建祠湖堤祀之，又配享白鹿书院之三贤祠。三贤者，唐李渤，宋周敦颐、朱熹也。

李信圭，字君信，泰和人。洪熙时举贤良，授清河知县。县瘠而冲,官艘日相衔,役夫动以千计。前令请得沭阳五百人为助,然去家远,艰于衣食。信圭请免其助役,代输清河浮征三之二,两邑便之。俗好发冢纵火,信圭设教戒十三条,令里民书于牌,月朔望儆戒之。且令书其民勤惰善恶以闻,俗为之变。

宣德三年上疏言:"本邑地广人稀,地当冲要,使节络绎,日发民挽舟。丁壮既尽,役及老稚,妨废农桑。前年兵部有令,公事亟者舟予五人,缓者则否。今此令不行,役夫无限,有一舟至四五十人者。凶威所加,谁敢诘问。或遇快风,步追不及,则官舫人役没其所赍衣粮,俾受寒馁。乞申明前令,哀此惸人。"从之。八年春,又言:"自江、淮达京师,沿河郡县悉令军民挽舟,若无卫军则民夫尽出,有司州县岁发二三千人,昼夜以俟。而上官又不分别杂泛差役,一体派及。致土田荒芜,民无蓄积。稍遇歉岁,辄老稚相携,缘道乞食,实可悯伤。请自仪真抵通州,尽免其杂徭,俾得尽力农田,兼供夫役。"帝亦从之。自是,他郡亦蒙其泽。

正统元年用侍郎章敞荐,擢知蕲州。清河民诣阙乞留,命以知州理县事。民有湖田数百顷,为淮安卫卒所夺,民代输租者六十年。信圭奏之,诏还民。饥民攘食人一牛,御史论死八人。信圭奏之,免六人。天久雨,淮水大溢,没庐舍畜产甚众。信圭奏请振贷,并停岁办物件及军匠厨役、浚河人夫,报可。南北往来道死不葬者,信圭为三大冢瘗之。十一年冬,尚书金濂荐擢处州知府,其在清河已二十二年矣。处州方苦旱,信圭至辄雨。未几,卒于官。清河民为立祠祀之。

自明兴至洪、宣、正统间,民淳俗富,吏易为治。而其时长吏亦多励长者行,以循良见称。其秩满奏留者,不可胜纪,略举数人列于篇。

孙浩,永乐中知邵阳,遭丧去官。洪熙元年,陕西按察使颂浩前政,请令补威宁。宣宗嘉叹,即命起复。久之,超擢辰州知府。

薛慎知长清,以亲丧去。洪熙元年,长清民知慎服阕,相率诣京师乞再任。吏部尚书蹇义以闻，言长清别除知县已久，即如民言，又当更易。帝曰："国家置守令，但欲其得民心，苟民心不得，虽屡易何益。"遂还之。

吴原知吴桥，洪熙中，九载考绩赴部。县民诣阙乞留，帝从之。

陈哲知博野，以旧官还职，解去。宣德元年，部民恳诉于巡按御史，乞还哲。御史以闻，报可。

畅宣知泰安，以母忧去。民颂于副使邝野，以闻，仁宗命服阕还任。宣德改元，宣服阕，吏部以请。帝曰："民欲之，监司言之，固当从，况有先帝之命乎。"遂如其请。

刘伯吉知砀山，以亲丧去。服除，砀山民守阙下，求再任。吏部言新令已在砀山二年矣。帝曰："新者胜旧，则民不复思。今久而又思，其贤于新者可知矣。"遂易之。

孔公朝，永乐时知宁阳，坐与同僚饮酒忿争，并遣戍。部民屡叩阙乞还，皆不许。宣德二年诏求贤，有以公朝荐者，宁阳人闻之，又相率叩阙乞公朝。帝顾尚书蹇义曰："公朝去宁阳已二十余载民奏乞不已，此非良吏耶？可即与之。"

郭完知会宁，为奸人所讦被逮。里老伏阙讼冤乞还，帝亦许之。

徐士宗知贵溪，宣德六年三考俱最。民诣阙乞留，诏增二秩还任。

郭南知常熟，正统十二年以老致仕。父老乞还任，英宗许之。

张璟知平山，秩满，士民乞留，英宗命进秩复任。景泰初，母忧去。复从士民请，夺情视事。

徐荣知藁城，亲丧去官。服阕，部民乞罢新令而还荣，英宗如其请。景泰初，秩满。复徇民请，留之。

何澄知安福，被劾。民诣阙乞留，英宗命还任。乃筑寅陂，浚渠道，复密湖之旧，大兴水利。秩满当迁，侍讲刘球为民代请，帝复留之。

田玉知桐乡，丁艰去。英宗以部民及巡抚周忱请，还其任。

其他，若内邱马旭、桐庐杨信、北流李禧、洋县王黼、保安张庸、获鹿吴韫、扶风宋端，皆当宣宗之世，以九载奏最，为民乞留，即加秩留任者也。时帝方重循良，而吏部尚书蹇义尤慎择守令，考察明恕。沿及英宗，吏治淳厚，部民奏留率报可。

然其间亦有作奸者。永宁税课大使刘迪刲羊置酒，邀耆老请留。宣宗怒，下之吏，汉中同知王聚亦张宴求属吏保奏为知府。事闻，宣宗并属吏罪之。自后，部民奏留，率下所司核实云。

张宗琏，字重器，吉水人，永乐二年进士，改庶吉士，授刑部主事，录囚广东。仁宗即位，擢左中允。会诏朝臣举所知，礼部郎中况钟以宗琏名上。帝问少傅杨士奇曰："人皆举外吏，钟举京官，何也？"对曰："宗琏贤，臣与侍读学士王直将举之，不意为钟所先耳。"帝喜，曰："钟能知宗琏，亦贤矣。"由是知钟，而擢宗琏南京大理丞。

宣德元年诏遣吏部侍郎黄宗载等十五人出厘各省军籍，宗琏往福建。明年坐奏事忤旨，谪常州同知。朝遣御史李立理江南军籍，檄宗琏自随。立受黜军词，多逮平民实伍，宗琏数争之。立怒，宗琏辄卧地乞杖，曰："请代百姓死"，免株累甚众。初，宗琏使广东，务廉恕。至是见立暴横，心积不平，疽发背卒。常州民白衣送丧者千余人，为建祠君山。

宗琏莅郡，不携妻子，病亟召医，室无灯烛。童子从外索取油一盂入，宗琏立却之，其清峻如此。

李骥，字尚德，郯城人。举洪武二十六年乡试。入国学，居三年，授户科给事中。时关市讥商旅，发及囊箧，骥奏止之。寻坐事免。

建文时，荐起新乡知县，招流亡，给以农具，复业者数千人。内艰去，官民相率奏留者数四，不许。永乐初，服阕，改知东安。事有病民，辄奏于朝，罢免之。有嫠妇子啮死，诉于骥。骥祷城隍神，深自咎责。明旦，狼死于其所。侍郎李昶等交荐，擢刑部郎中。奏陈十余事，多见采纳。坐累，谪役保安。

洪熙时，有诏求贤，荐为御史。陈经国利民十事，仁宗嘉纳。宣德五年巡视仓场，军高祥盗仓粟，骥执而鞫之。祥父妾言，祥与张贵等同盗，骥受贵等贿故独罪祥。刑部侍郎施礼遂论骥死。骥上章自辨，帝曰："御史既擒盗，安肯纳贿！"命偕都察院再讯，骥果枉。帝乃切责礼，而复骥官。其年十一月，择廷臣二十五人为郡守，奉敕以行。骥授河南知府，肇庆则给事中王莹，琼州则户部郎中徐鉴，汀州则礼部员外郎许敬轩，宁波则刑部主事郑恪，抚州则大理寺正王昇，后皆以政绩著。

　　河南境多盗，骥为设火甲，一户被盗，一甲偿之。犯者，大署其门曰"盗贼之家"。又为《劝教文》，振木铎以徇之。自是人咸改行，道不拾遗。郡有伊王府，王数请嘱，不从。中官及校卒虐民，又为骥所抑，恨甚。及冬至，令骥以四更往陪位行礼。及骥如期往，诬骥后期，执而桎梏之，次日乃释。骥奏闻，帝怒，贻书让王，府中承奉、长史、典仪悉逮置于理。

　　骥持身端恪，晏居虽几席必正。莅郡六年卒，年七十。士民赴吊，咸哭失声。

　　王莹，鄞人，起家举人。居肇庆九年，进秩二等，后徙知西安。

　　徐鉴，宜兴人。在琼四年卒，郡人祀之九贤祠。

　　许敬轩，天台人。起家国子生。守汀时纠参政陈羽贪暴，宣宗为逮治羽。卒官，士民争赙之。

　　魏恪，闽县人。起家进士。守宁波，以艰去。会海寇入犯，民数千诣阙乞留，诏夺情复任。尝劾中使吕可烈无状，帝为诛可烈。久之，擢浙江参政。

　　王昇，龙溪人。起家进士。在郡九载，以部民乞留，增秩还任。以疾归。

　　李湘，字永怀，泰和人。永乐中，由国子生理刑都察院。以才擢东平知州，常禄外一无所取，训诫吏民若家人然。城东有大村坝，源出岱岳，雨潦辄为民患，奏发丁夫堤之。州及所辖五邑，地多荒芜，力督民垦辟，公私皆实。会旧官还任，将解去。民群乞于朝，帝从其请。成祖晚年数北征，令山东长吏督民转饷，道远多死亡，惟东平人无失所。奸人诬湘苛敛民财，讦于布政司。县民千三百人走诉巡按御史暨布、按二司，力白其冤。耆老七十人复奔伏阙下，发奸人诬陷状。及布政司系湘入都，又有耆老九十人随湘讼冤。通政司以闻，下刑曹阅实，乃复湘官，而抵奸人于法。

莅州十余年，至正统初，诏大臣举郡守，尚书胡淡以湘应，遂擢怀庆知府。东平民扶携老幼，泣送数十里。怀庆有军卫，素挟势厉民。湘随时裁制，皆不敢犯。居三年卒。

赵豫，字定素，安肃人。燕王起兵下保定，豫以诸生督赋守城。永乐五年授泌阳主簿，未上，擢兵部主事，进员外郎。内艰，起复。洪熙时进郎中。

宣德五年五月，简廷臣九人为知府，豫得松江，奉敕往。时卫军恣横，豫执其尤者，杖而配之边，众遂帖然。一意拊循，与民休息。择良家子谨厚者为吏，训以礼法。均徭节费，减吏员十之五。巡抚周忱有所建置，必与豫议。及清军御史李立至，专务益军，勾及姻戚同姓。稍辨，则酷刑榜掠。人情大扰，诉枉者至一千一百余人。盐司勾灶丁，亦累及他户，大为民害。豫皆上章极论之，咸获苏息。有诏减苏、松官田重租，豫所辖华亭、上海二县，减去十之二三。

正统中，九载考绩。民五千余人列状乞留，巡按御史以闻，命增二秩还任。及十年春，大计群吏，始举卓异之典。豫与宁国知府袁旭皆预焉，赐宴及袭衣遣还。在职十五年，清静如一日。去郡，老稚攀辕，留一履以识遗爱，后配享周忱祠。

方豫始至，患民俗多讼。讼者至，辄好言谕之曰："明日来。"众皆笑之，有"松江太守明日来"之谣。及讼者逾宿忿渐平，或被劝阻，多止不讼。

始与豫同守郡者，苏州况钟、常州莫愚、吉水陈本深、温州何文渊、杭州马仪、西安罗以礼、建昌陈鼎，并皦皦著名绩，豫尤以恺悌称。

是时，列郡长吏以惠政著闻者：

湖州知府祥符赵登，秩满当迁。民诣阙乞留，增秩再任，自宣德至正统，先后在官十七年。

登同里岳璿继之，亦有善政，民称为赵、岳。

淮安知府南昌彭远被诬当罢，民拥中官舟，乞为奏请，宣帝命复留之。正统六年超擢广东布政司。

荆州知府大庾刘永遭父丧，军民万八千余人乞留，英宗命夺情视事。

巩昌知府鄞县戴浩擅发边储三百七十石振饥，被劾请罪，景帝原之。

徽州知府孙遇秩满当迁，民诣阙乞留，英宗令进秩视事。先后在官十八年，迁至河南布政使。

惟袁旭在宁国为督学御史程富所诬劾，逮死狱中。而宁国人惜之，立祠祀焉。

曾泉，泰和人。永乐十八年进士。选庶吉士，改御史。宣德初，都御史邵玘甄别属寮，泉谪氾水典史，卒。

正统四年，河南参政孙原贞上言："泉操行廉洁，服官勤敏，不以降黜故有偷惰心。躬督民辟荒土，收谷麦，伐材木，备营缮，通商贾，完逋责，官有储积，民无科扰。造舟楫，置棺椁，赡民器用。百姓婚丧不给者，咸资于泉。死之日，老幼巷哭。臣行部氾水，泉没已三年矣，民怀其惠，言辄流涕，虽古循吏，何以加兹。若使海内得泉等数十人分治郡邑，可使朝廷恩泽滂流，物咸得所。虽在异代，犹宜下诏褒美。而奖录未及，官阶未复，使泉终蒙贬谪之名，不获显于当世，良可矜恤。请追复泉爵，褒既往以风方来。"帝从之。

范衷，字恭肃，丰城人。永乐十九年进士。除寿昌知县。辟荒田二千六百亩，兴水利三百四十有六区。正统五年三考报最，当迁。邑人颂德乞留，御史以闻，朝廷许之。寻以外艰去，服阕，起知汝州。

吏部尚书王直察举天下廉吏数人，衷为第一。性至孝，庐父墓，爪生连枝，有白兔三，驯扰墓侧。乡人莫不高其行。

周济，字大亨，洛阳人。永乐中，以举人入太学，历事都察院。都御史刘观荐为御史，固辞。宣德时，授江西都司断事。艰归，补湖广。正统初，擢御史。大同镇守中官以骄横闻，敕济往廉之。济变服负薪入其宅，尽得不法状，还报，帝大嘉之。已，巡按四川。威州土官董敏、王允相仇杀，诏济督官兵进讨。济曰："朝廷绥安远人，宜先抚而后征。"驰檄谕之，遂解。

十一年出为安庆知府。岁比不登，民间鬻子女充衣食，方舟而去者相接。济借漕粮以振，而禁鬻子女者。且上疏请免租，诏许之，全活甚众。又为定婚丧制，禁侈费，愆嫁葬期者有罚，风俗一变。

饥民聚掠富家粟，富家以盗劫告。济下令曰："民饥故如此，然得谷当报太守数，太守当代尔偿。"掠者遂解散。济卒官，民皆罢市巷哭云。

范希正，字以贞，吴县人。宣德三年举贤良方正，授曹县知县。有奸吏受赇，希正按其罪，械送京师。吏反诬希正他事，坐逮。曹民八百余人诣京白通政司，言希正廉能，横为奸吏诬枉。侍郎许廓以公事过曹，曹父老二百余人遮道稽颡，泣言朝廷夺我贤令。事并闻，帝乃释希正使还县。正统十年，山东饥，惟曹以希正先积粟，得无患。大理寺丞张骥振山东，闻之。因请升曹县为州，而以希正为知州，从之。时州民负官马不能偿，多逃窜。希正节公费代偿九十余匹，逃者皆复业。吉水人诬曹富民杀其兄，连坐甚众。希正密移吉水，按其人姓名皆妄，事得白。治曹二十三年，历知州，再考乃致仕。

当是时，潞州知州咸宁燕云、徐州知州杨秘、全州知州钱塘周健、霸州知州张需、定州知州王约，皆大著声绩。秘、健进秩视事，约赐诏旌异。需忤太监王振戍边，人尤惜之。而得民最久者，无若希正与宁州知州刘纲。

纲，字之纪，禹州人。建文二年进士。由府谷知县迁是职。莅州三十四年，仁宗尝赐酒馔，人以为荣。正统中，请老去，民送之，涕泣载道。及卒，宁民祀之狄仁杰祠中。其孙，即大学士宇也。

段坚，字可大，兰州人。早岁受书，即有志圣贤。举于乡，入国子监。景泰元年上书，请悉征还四方监军，罢天下佛老宫。疏奏，不行。五年成进士，授福山知县。刊布小学，俾士民讲诵。俗素陋，至是一变，村落皆有弦诵声。

成化初，赐敕旌异，超擢莱州知府。期年，化大行。以忧去，服除，改知南阳。召州县学官，具告以古人为学之指，使转相劝诱。创志学书院，聚秀民讲说《五经》要义，及濂、洛诸儒遗书。建节义祠，祀古今烈女。讼狱徭赋，务底于平。居数年，大治，引疾去。士民号泣送者，逾境不绝。及闻其卒，立祠，春秋祀之。

坚之学，私淑河东薛瑄，务致知而践其实，不以谀闻取誉，故能以儒术饬吏治。

子炅，进士，翰林检讨。谄附焦芳，刘瑾败，落职，陨其家声焉。

陈钢，字坚远，应天人。举成化元年乡试，授黔阳知县。楚俗，居丧好击鼓歌舞。钢教以歌古哀词，民俗渐变。县城当沅、湘合流，数决，坏庐舍。钢募人采石甃堤千余丈，水不为害。南山崖官道数里，径窄甚，行者多堕崖死。钢积薪烧山，沃以醯，拓径丈许，行者便之。钢病，民争吁神，愿减己算益钢寿。迁长沙通判，监修吉王府第。工成，王赐之金帛，不受。请王故殿材修岳麓书院，王许之。弘治元年丁母忧归。卒，黔阳、长沙并祠祀之。子沂，官侍讲。见《文苑传》。

丁积，字彦诚，宁都人。成化十四年进士。授新会知县，至即师事邑人陈献章。为政以风化为本，而主于爱民。中贵梁芳，邑人也，其弟长横于乡，责民逋过倍，复诉于积。积追券焚之，且收捕系狱，由是权豪屏迹。申洪武礼制,参以朱子家礼,择耆老诲导百姓。良家子堕业,聚庑下,使日诵小学书,亲为解说,风俗大变。

民出钱输官供役,名均平钱。其后吏贪,复令甲首出钱供用,曰当月钱,贫者至鬻子女。积一切杜绝。俗信巫鬼,为痛毁淫祠。既而岁大旱,筑坛圭峰顶。昕夕伏坛下者八日,雨大澍。而积遂得疾以卒,士民聚哭于途。有一妪夜哭极哀,或问之,曰:"来岁当甲首,丁公死,吾无以聊生矣。"

田铎,字振之,阳城人。成化十四年进士。授户部主事,迁员外郎、郎中。

弘治二年奉诏振四川,坐误遗敕中语,谪蓬州知州。州东南有江洲八十二顷,为豪右所据,铎悉以还民。建大小二十四桥,又凿三溪山,以便行者。御史行部至蓬,寂无讼者,讶之。已,乃知州无冤民也,太息而去。荐于朝,擢广东佥事。迁四川参议,不赴,以老疾告归。

正德时,刘瑾矫诏,言铎理广东盐法,簿牒未明,逮赴广。未就道而瑾诛,或劝铎毋行,铎不听,行次九江卒,年八十二矣。

唐侃,字廷直,丹徒人。正德八年举于乡,授永丰知县。之官不携妻子,独与一二童仆饭蔬豆羹以居。久之,吏民信服。永丰俗刁讼,尚鬼,尤好俳优,侃禁止之。

进武定知州。会清军籍,应发遣者至万二千人。侃曰"武定户口三万,是空半州也",力争之。又有议徙州境徒骇河者,侃复言不宜朘民财填沟壑。事并得寝。章圣皇太后葬承天,诸内奄迫胁所过州县吏,索金钱,宣言供张不办者死,州县吏多逃。侃置空棺旁舍中,奄迫之急,则给至棺所,指而告之曰:"吾办一死,金钱不可得也。"诸奄皆愕眙去。稍迁刑部主事,卒。

初,侃少时从丁玑学。邻女夜奔之,拒勿纳。其父坐系,侃请代不得,藉草寝地。逾岁,父获宥,乃止。其操行贞洁,盖性成也。

　　汤绍恩，安岳人。父佐，弘治初进士。仕至参政。绍恩以嘉靖五年擢第。十四年由户部郎中迁德安知府，寻移绍兴。为人宽厚长者，性俭素，内服疏布，外以父所遗故袍袭之。始至，新学官，广设社学。岁大旱，徒步祷烈日中，雨即降。缓刑罚，恤贫弱，旌节孝，民情大和。

　　山阴、会稽、萧山三邑之水，汇三江口入海，潮汐日至，拥沙积如丘陵。遇霪潦，则水阻沙不能骤泄，良田尽成巨浸，当事者不得已决塘以泻之。塘决则忧旱，岁苦修筑。绍恩遍行水道，至三江口，见两山对峙，喜曰："此下必有石根，余其于此建闸乎？"募善水者探之，果有石脉横亘两山间，遂兴工。先投以铁石，继以笼盛甃屑沉之。工未半，潮冲荡不能就，怨谤烦兴。绍恩不为动，祷于海神，潮不至者累日，工遂竣。修五十余寻，为闸二十有八，以应列宿。于内为备闸三，曰经溇，曰撞塘，曰平水，以防大闸之溃。闸外筑石堤四百余丈扼潮，始不为闸患。刻水则石间，俾后人相水势以时启闭。自是，三邑方数百里间无水患矣。士民德之，立庙闸左，岁时奉祀不绝。屡迁山东右布政使，致仕归，年九十七而卒。

　　初，绍恩之生也，有峨嵋僧过其门，曰："他日地有称绍者，将承是儿恩乎？"因名绍恩，字汝承，其后果验。

　　徐九思，贵溪人。嘉靖中，授句容知县。始视事，恂恂若不能。俄有吏袖空牒窃印者，九思摘其奸，论如法。郡吏为叩头请，不许，于是人人惴恐。为治于单赤务加恩，而御豪猾特严。讼者，挟不过十。诸所催科，预为之期，逾期令里老逮之而已，隶莫敢至乡落。县东西通衢七十里，尘土积三尺，雨雪，泥没股。九思节公费，甃以石，行旅便之。朝廷数遣中贵醮神三茅山，县民苦供应。九思搜故牒，有盐引金久贮于府者，请以给赏，民无所扰。岁侵，谷涌贵。巡抚发仓谷数百石，使平粜而偿直于官。九思曰："彼籴者，皆豪也。贫民虽平价不能籴。"乃以时价粜其半，还直于官，而以余谷煮粥食饿者。谷多,则使称力分负以去,其山谷远者,则就旁富人谷,而官为偿之,全活甚众。尝曰:“即天子布大惠,安能人人蠲租赐复,第在吾曹酌缓急而已。”久之。与应天府尹不合,为巡抚所劾,吏部尚书熊浃知其贤,特留之。

积九载,迁工部主事,历郎中,治张秋河道。漕河与盐河近而不相接,漕水溢则泛滥为田患。九思议筑减水桥于沙湾,俾二水相通,漕水溢,则有所泄以入海,而不侵田,少则有所限而不至于涸。工成,遂为永利。时工部尚书赵文华视师东南,道河上。九思不出迎,遣一吏赍牒往谒,文华嫚骂而去。会迁高州知府。文华归,修旧怨,与吏部尚书吴鹏合谋搆之,遂坐九思老,致仕。句容民为建祠茅山。九思家居二十二年,年八十五,抱疾,抗手曰“茅山迎我。”遂卒。子贞明,自有传。

庞嵩,字振卿,南海人。嘉靖十三年举于乡。讲业罗浮山,从游者云集。二十三年历应天通判,进治中,先后凡八年。府缺尹,屡摄其事。始至,值岁饥,上官命督振。公粟竭,贷之巨室富家,全活者六万七千余人。乃蠲积逋,缓征徭,勤劳徕,复业者又十万余人。

留都民苦役重,力为调剂,凡优免户及寄居客户、诡称官户、寄庄户、女户、神帛堂匠户,俾悉出以供役,民困大苏。江宁县葛仙、永丰二乡,频遭水患,居民止存七户。嵩为治堤筑防,得田三千六百亩,立惠民庄四,召贫民佃之,流移尽复。屡剖冤狱,戚畹王涌、举人赵君宠占良人妻,杀人,嵩置之法。

早游王守仁门,淹通《五经》。集诸生新泉书院,相与讲习。岁时单骑行县,以壶浆自随。京府佐贰鲜有举其职者,至嵩以善政特闻。府官在六年京察例,而复与外察。嵩谓非体,疏请止之,遂为永制。迁南京刑部员外郎,进郎中。撰《原刑》、《司刑》、《祥刑》、《明刑》四篇,曰《刑曹志》,时议称之。迁云南曲靖知府,亦有政声。中察典,以老罢,而年仅五十。复从湛若水游,久之卒。应天、曲靖皆祠之名宦,葛仙乡专祠祀之。

　　张淳,字希古,桐城人。隆庆二年进士。授永康知县。吏民素多奸黠,连告罢七令。淳至,日夜阅案牍。讼者数千人,剖决如流,吏民大骇服,讼浸减。凡赴控者,淳即示审期,两造如期至,片晷分析无留滞。乡民裹饭一包即可毕讼,因呼为“张一包”,谓其敏断如包拯也。

　　巨盗卢十八剽库金,十余年不获,御史以属淳。淳刻期三月必得盗,而请御史月下数十檄。及檄累下,淳阳笑曰:“盗遁久矣,安从捕。”寝不行。吏某妇与十八通,吏颇为耳目,闻淳言以告十八,十八意自安。淳乃令他役诈告吏负金,系吏狱。密召吏责以通盗死罪,复教之请以妇代系,而已出营赏以偿。十八闻,亟往视妇,因醉而擒之。及报御史,仅两月耳。

　　民有睚眦嫌,辄以人命讼。淳验无实即坐之,自是无诬讼者。永人贫,生女多不举。淳劝诫备至,贫无力者捐俸量给,全活无数。岁旱,劫掠公行,下令劫夺者死。有夺五斗米者,淳佯取死囚杖杀之,而榜其罪曰“是劫米者”,众皆慑服。久之,以治行第一赴召去永,甫就车,顾其下曰:“某盗已来,去此数里,可为我缚来。”如言迹之,盗正濯足于河,系至,盗服辜。永人骇其事,谓有神告。淳曰:“此盗捕之急则遁,今闻吾去乃归耳。以理卜,何神之有。”

　　擢礼部主事,历郎中,谢病去。起建宁知府,进浙江副使。时浙江有召募兵,抚按议散之,兵皆汹汹。淳曰:“是恇悍者,留则有用,汰则叵测。不若汰其老弱,而留其壮勇,则留者不思乱,汰者不能乱矣。”从之,事遂定,官终陕西布政。

　　陈幼学,字志行,无锡人。万历十七年进士。授确山知县。政务惠民,积粟万二千石以备荒,垦莱田八百余顷,给贫民牛五百余头,核黄河退地百三十余顷以赋民。里妇不能纺者,授纺车八百余辆。置屋千二百余间,分处贫民。建公廨八十间,以居六曹吏,俾食宿其中。节公费六百余两,代正赋之无征者。栽桑榆诸树三万八千余株,开河渠百九十八道。

布政使刘浑成弟灿成助妾杀妻,治如律。行太仆卿陈耀文家人犯法,立捕治之。汝宁知府邱度虑幼学得祸,言于抚按,调繁中牟。秋成时,飞蝗蔽天。幼学捕蝗,得千三百余石,乃不为灾。县故土城,卑且圮。给饥民粟,俾修筑,工成,民不知役。县南荒地多茂草,根深难垦。令民投牒者,必入草十斤。未几,草尽,得沃田数百顷,悉以畀民。有大泽,积水,占膏腴地二十余里。幼学疏为河者五十七,为渠者百三十九,俱引入小清河,民大获利。大庄诸里多水,为筑堤十三道障之。给贫民牛种,贫妇纺具,倍于确山。越五年,政绩茂著。以不通权贵,当考察拾遗,掌道御史拟斥之,其子争曰:“儿自中州来,咸言中牟治行无双。今予殿,何也?”乃已。

稍迁刑部主事。中官采御园果者,怒杀园夫母,弃其尸河中。幼学具奏,逮置之法。嘉兴人袁黄安批削《四书》、《书经集注》,名曰《删正》,刊行于时。幼学驳正其书,抗疏论列。疏虽留中,镂板尽毁。以员外郎恤刑畿辅,出矜疑三百余人。进郎中。

迁湖州知府,甫至,即捕杀豪恶奴。有施敏者士族子,杨升者人奴也,横郡中。幼学执敏置诸狱。敏赂贵人嘱巡抚檄取亲鞫,幼学执不予,立杖杀之。敏狱辞连故尚书潘季驯子廷圭,幼学言之御史,疏劾之,下狱。他奸豪复论杀数十辈,独杨陞畏祸敛迹,置之。已,念己去陞必复逞,遂捕置之死,一郡大治。霪雨连月,禾尽死。幼学大举荒政,活饥民三十四万有奇。御史将荐之,征其治行,推官阎世科列上三十六事,御史以闻。诏加按察副使,仍视郡事。

久之,以副使督九江兵备。幼学年已七十,其母尚在,遂以终养归。母卒,不复出。天启三年起南京光禄少卿,改太常少卿,俱不赴。明年卒,年八十四矣。中牟、湖州并祠祀之。

明史卷二八二
列传第一七〇

儒林一

范祖干 叶仪等 谢应芳

汪克宽 梁寅 赵汸 陈谟

薛瑄 阎禹锡 周蕙等 胡居仁

余祐 蔡清 陈琛 林希元等 罗钦顺

曹端 吴与弼 胡九韶等 陈真晟

吕柟 吕潜等 邵宝 王问 杨廉

刘观 孙鼎 李中 马理 魏校 王应电

王敬臣 周瑛 潘府 崔铣 何瑭

唐伯元 黄淳耀 弟渊耀

　　粤自司马迁、班固创述《儒林》,著汉兴诸儒修明经艺之由,朝
廷广厉学官之路,与一代政治相表里。后史沿其体制,士之抱遗经
以相授受者,虽无他事业,率类次为篇。《宋史》判《道学》、《儒林》为
二,以明伊、雒渊源,上承洙、泗,儒宗统绪,莫正于是。所关于世道
人心者甚钜,是以载籍虽繁,莫可废也。
　　明太祖起布衣,定天下,当干戈抢攘之时,所至征召耆儒,讲论

道德，修明治术，兴起教化，焕乎成一代之宏规。虽天亶英姿，而诸儒之功不为无助也。制科取士，一以经义为先，网罗硕学。嗣世承平，文教特盛，大臣以文学登用者，林立朝右。而英宗之世，河东薛瑄以醇儒预机政，虽弗究于用，其清修笃学，海内宗焉。吴与弼以名儒被荐，天子修币聘之殊礼，前席延见，想望风采，而誉隆于实，诟谇丛滋。自是积重甲科，儒风少替。白沙而后，旷典缺如。

原夫明初诸儒，皆朱子门人之支流余裔，师承有自，矩矱秩然。曹端、胡居仁笃践履，谨绳墨，守儒先之正传，无敢改错。学术之分，则自陈献章、王守仁始。宗献章者曰江门之学，孤行独诣，其传不远。宗守仁者曰姚江之学，别立宗旨，显与朱子背驰，门徒遍天下，流传逾百年，其教大行，其弊滋甚。嘉、隆而后，笃信程、朱，不迁异说者，无复几人矣。要之，有明诸儒，衍伊、雒之绪言，探性命之奥旨，锱铢或爽，遂启岐趋，袭谬承讹，指归弥远。至专门经训授受源流，则二百七十余年间，未闻以此名家者。经学非汉、唐之精专，性理袭宋、元之糟粕，论者谓科举盛而儒术微，殆其然乎。

今差别其人，准前史例，作《儒林传》。有事功可见，列于正传者，兹不复及。其先圣、先贤后裔，明代亟为表章，衍圣列爵上公，与国终始。其他簪缨逢掖，奕叶承恩，亦儒林盛事也。考其原始，别自为篇，附诸末简，以备一代之故云。

范祖干，字景先，金华人。从同邑许谦游，得其指要。其学以诚意为主，而严以慎独持守之功。

太祖下婺州，与叶仪并召。祖干持《大学》以进，太祖问治道何先，对曰："不出是书。"太祖令剖陈其义，祖干谓帝王之道，自修身齐家以至治国平天下，必上下四旁，均齐方正，使万物各得其所，而后可以言治。太祖曰："圣人之道所以为万世法。吾自起兵以来，号令赏罚，一有不平，何以服众。夫武定祸乱，文致太平，悉是道也。"深加礼貌，命二人为谘议，祖干以亲老辞归。李文忠守处州，特加敬礼，恒称之为师。祖干事亲孝，父母皆八十余而终。家贫不能葬，乡里共为营办,悲哀三年如一日。有司以闻,命表其所居曰纯孝坊,学者称为纯孝先生。

叶仪,字景翰,金华人。受业于许谦,谦诲之曰:"学者必以五性人伦为本,以开明心术、变化气质为先。"仪朝夕惕厉,研究奥旨。已而授徒讲学,士争趋之。其语学者曰:"圣贤言行,尽于《六经》、《四书》,其微词奥义,则近代先儒之说备矣。由其言以求其心,涵泳从容,久自得之,不可先立己意,而妄有是非也。"太祖克婺州,召见,授为谘议,以老病辞。已而知府王宗显聘仪及宋濂为《五经》师,非久亦辞归,隐居养亲。所著有《南阳杂藁》。吴沉称其理明识精,一介不苟。安贫乐道,守死不变。

门人何寿朋,字德龄,亦金华人。穷经守志,不妄干人。洪武初,举孝廉,以二亲俱老辞。父殁,舍所居宅易地以葬。学者因其自号,称曰归全先生。

同邑汪与立,字师道,祖干门人。其德行与寿朋齐名,而文学为优。隐居教授,以高寿终。

谢应芳,字子兰,武进人也。自幼笃志好学,潜心性理,以道义名节自励。元至正初,隐白鹤溪上。构小室,颜曰"龟巢",因以为号。郡辟教乡校子弟,先质后文,诸生皆循循雅饬。疾异端惑世,尝辑圣贤格言、古今明鉴为《辨惑编》。有举为三衢书院山长者,不就。及天下兵起,避地吴中,吴人争延致为弟子师。

久之,江南底定,始来归,年逾七十矣。徙居芳茂山,一室萧然,晏如也。有司征修郡志,强起赴之。年益高,学行益劭。达官缙绅过郡者,必访于其庐,应芳布衣韦带与之抗礼。议论必关世教,切民隐,而导善之志不衰,诗文雅丽蕴藉,而所自得者,理学为深。卒年九十七。

汪克宽,字德一,祁门人。祖华,受业双峰饶鲁,得勉斋黄氏之

传。克宽十岁时，父授以双峰问答之书，辄有悟。乃取《四书》，自定
句读，昼夜诵习，专勤异凡儿。后从父之浮梁，问业于吴仲迁，志益
笃。元泰定中，举应乡试，中选。会试以答策忤直见黜，慨然弃科举
业，尽力于经学。《春秋》则以胡安国为主，而博考众说，会萃成书，
名之曰《春秋经传附录纂疏》。《易》则有《程朱传义音考》。《诗》有
《集传音义会通》。《礼》有《礼经补逸》。《纲目》有《凡例考异》。四
方学士，执经门下者甚众。至正间，蕲、黄兵至，室庐赀财尽遭焚掠。
箪瓢屡空，怡然自得。

洪武初，聘至京师，同修《元史》。书成，将授官，固辞老疾。赐
银币，给驿还。五年冬卒，年六十有九。

梁寅，字孟敬，新喻人。世业农，家贫，自力于学，淹贯《五经》、
百氏。累举不第，遂弃去。辟集庆路儒学训导，居二岁，以亲老辞归。
明年，天下兵起，遂隐居教授。

太祖定四方，征天下名儒修述礼乐。寅就征，年六十余矣。时
以礼、律、制度，分为三局，寅在礼局中，讨论精审，诸儒皆推服。书
成，赐金币。将授官，以老病辞，还。结庐石门山，四方士多从学，称
为梁五经，又称石门先生。邻邑子初入官，诣寅请教。寅曰："清、慎、
勤，居官三字符也。"其人问天德王道之要，寅微笑曰："言忠信，行
笃敬，天德也。不伤财，不害民，王道也。"其人退曰："梁子所言，平
平耳。"后以不检败，语人曰："吾不敢再见石门先生。"寅卒，年八十
二。

赵汸，字子常，休宁人。生而姿禀卓绝。初就外傅，读朱子《四
书》，多所疑难，乃尽取朱子书读之。闻九江黄泽有学行，往从之游。
泽之学，以精思自悟为主。其教人，引而不发。汸一再登门，乃得
《六经》疑义千余条以归。已，复往，留二岁，得口授六十四卦大义与
学《春秋》之要。后复从临川虞集游，获闻吴澄之学。乃筑东山精舍，
读书著述其中。鸡初鸣辄起，澄心默坐。由是造诣精深，诸经无不

通贯，而尤邃于《春秋》。初以闻于黄泽者，为《春秋师说》三卷，复广之为《春秋集传》十五卷。因礼记经解有"属辞比事《春秋》教"之语，乃复著《春秋属辞》八篇。又以为学《春秋》者，必考《左传》事实为先，杜预、陈傅良有得于此，而各有所蔽，乃复著《左氏补注》十卷。当是时，天下兵起，迍转侧干戈间，颠沛流离，而进修之功不懈。

太祖既定天下，诏修《元史》，征迆预其事。书成，辞归。未几卒，年五十有一。学者称东山先生。

陈谟，字一德，泰和人。幼能诗文，邃于经学，旁及子史百家，涉流探源，辨析纯驳，犁然要于至当。隐居不求仕，而究心经世之务。尝谓："学必敦本，莫加于性，莫重于伦，莫先于变化气质。若礼乐、刑政、钱谷、甲兵、度数之详，亦不可不讲习。"一时经生学子多从之游。事亲孝，友于其弟。乡人有为不善者，不敢使闻。

洪武初，征诣京师，赐坐议学。学士宋濂、待制王祎请留为国学师，谟引疾辞归。屡应聘为江、淛考试官，著书教授以终。

薛瑄，字德温，河津人。父贞，洪武初领乡荐，为元氏教谕。母齐，梦一紫衣人谒见，已而生瑄。性颖敏，甫就塾，授之《诗》《书》，辄成诵，日记千百言。及贞改任荥阳，瑄侍行。时年十二，以所作诗赋呈监司，监司奇之。既而闻高密魏希文、海宁范汝舟深于理学，贞乃并礼为瑄师。由是尽焚所作诗赋，究心洛、闽渊源，至忘寝食。后贞复改官鄢陵。瑄补鄢陵学生，遂举河南乡试第一，时永乐十有八年也。明年成进士。以省亲归。居父丧，悉遵古礼。宣德中服除，擢授御史。三杨当国，欲见之，谢不往。出监湖广银场，日探性理诸书，学益进。以继母忧归。

正统初还朝，尚书郭琎举为山东提学佥事。首揭白鹿洞学规，开示学者。延见诸生，亲为讲授。才者乐其宽，而不才者惮其严，皆呼为薛夫子。王振语三杨："吾乡谁可为京卿者？"以瑄对，召为大理左少卿。三杨以用瑄出振意，欲瑄一往见，李贤语之。瑄正色曰：

"拜爵公朝,谢恩私室,吾不为也。"其后议事东阁,公卿见振多趋拜,瑄独屹立。振趋揖之,瑄亦无加礼,自是衔瑄。

指挥某死,妾有色,振从子山欲纳之,指挥妻不肯。妾遂讦妻毒杀夫,下都察院讯,已诬服。瑄及同官辨其冤,三却之。都御史王文承振旨诬瑄及左、右少卿贺祖嗣、顾惟敬等故出人罪,振复讽言官劾瑄等受赇,并下狱。论瑄死,祖嗣等末减有差。系狱待决,瑄读《易》自如。子三人,愿一子代死,二子充军,不允。及当行刑,振苍头忽泣于爨下。问故,泣益悲,曰:"闻今日薛夫子将刑也。"振大感动。会刑科三覆奏,兵部侍郎王伟亦申捄,乃免。

景帝嗣位,用给事中程信荐,起大理寺丞。也先入犯,分守北门有功。寻出督贵州军饷,事竣,即乞休,学士江渊奏留之。景泰二年,推南京大理寺卿。富豪杀人,狱久不决,瑄执置之法。召改北寺。苏州大饥,贫民掠富豪粟,火其居,蹈海避罪。王文以阁臣出视,坐以叛,当死者二百余人,瑄力辨其诬。文恚曰:"此老倔强犹昔。"然卒得减死。屡疏告老,不许。

英宗复辟,拜礼部右侍郎兼翰林院学士,入阁预机务。王文、于谦下狱,下群臣议,石亨等将置之极刑。瑄力言于帝,后二日文、谦死,获减一等。帝数见瑄,所陈皆关君德事。已,见石亨、曹吉祥乱政,疏乞骸骨。帝心重瑄,微嫌其老,乃许之归。

瑄学一本程、朱,其修己教人,以复性为主,充养邃密,言动咸可法。尝曰:"自考亭以还,斯道已大明,无烦著作,直须躬行耳。"有《读书录》二十卷,平易简切,皆自言其所得,学者宗之。天顺八年六月卒,年七十有二。赠礼部尚书,谥文清。弘治中,给事中张九功请从祀文庙,诏祀于乡。已,给事中杨廉请颁《读书录》于国学,俾六馆诵习。且请祠名,诏名"正学"。隆庆六年,允廷臣请,从祀先圣庙庭。

其弟子阎禹锡,字子与,洛阳人。父端,举河南乡试第一,为教谕,卒。禹锡方九岁,哭父几灭性。长博涉群书,领正统九年乡荐,除昌黎训导。以母丧归,庐墓三年,诏以孝行旌其闾。闻河津薛瑄讲濂、洛之学,遂罢公车,往受业。久之,将归,瑄送至里门,告之曰:

"为学之要,居敬穷理而已。"禹锡归,得其大指,益务力行。

天顺初,大学士李贤荐为国子学正。请严监规以塞奔竞,复武学以讲备御,帝皆从之。寻升监丞,忤贵幸,左迁徽州府经历。诸生伏阙乞留,不允。再迁至南京国子监丞,掌京卫武学,四为同考官,超拜监察御史。督畿内学,取周子太极图、通书为士子讲解,一时多士皆知向学。成化十二年卒,年五十一。

周蕙,字廷芳,泰州人。为临洮卫卒,戍兰州。年二十,听人讲《大学》首章,惕然感动,遂读书。州人段坚,薛瑄门人也,时方讲学于里。蕙往听之,与辨析,坚大服。诲以圣学,蕙乃研究《五经》。又从学安邑李昶。昶,亦瑄门人也,由举人官清水教谕。学使者叹其贤,荐昶代己,命未下而卒。蕙从之久,学益邃。恭顺侯吴瑾镇陕西,欲聘为子师,固辞不赴。或问之,蕙曰:"吾军士也,召役则可。若以为师,师岂可召哉?"瑾躬送二子于其家,蕙始纳贽焉。后还居泰州之小泉,幅巾深衣,动必由礼。州人多化之,称为小泉先生。以父久游江南不返,渡扬子江求父,舟覆溺死。

蕙门人著者,薛敬之、李锦、王爵、夏尚朴。

敬之,字显思,渭南人。五岁好读书,不逐群儿戏。长从蕙游,鸡鸣候门启,辄洒扫设座,跪而请教。尝语人曰:"周先生躬行孝弟,学近伊、洛,吾以为师。陕州陈云逵忠信狷介,事必持敬,吾以为友。"宪宗初,以岁贡生入国学,与同舍陈献章并有盛名。会父母相继殁,号哭徒行大雪中,遂成足疾。母嗜韭,终身不食韭。成化末,选应州知州,课绩为天下第一。弘治九年迁金华同知。居二年,致仕,卒年七十四。所著有《道学基统》、《洙泗言学录》、《尔雅便音》、《思庵野录》诸书。思庵者,敬之自号也。其门人吕柟最著,自有传。

锦,字名中,咸宁人。举天顺六年乡试。入国学,为祭酒邢让所知。让坐事下吏,锦率众抗章白其非辜。幼丧父,事母色养,执丧尽礼,不作浮屠法。巡抚余子俊欲延为子师,锦以齐衰不入公门,固辞。所居仅蔽风雨,布衣粝食,义不妄取。成化中选松江同知,卒官。

爵,字锡之,泰州人。弘治初,由国学生授保安州判官,有平允声。其教门人也，务以诚敬为本。

胡居仁，字叔心，余干人。闻吴与弼讲学崇仁，往从之游，绝意仕进。其学以主忠信为先，以求放心为要，操而勿失，莫大乎敬，因以敬名其斋。端庄凝重，对妻子如严宾。手置一册，详书得失，用自程考。鹑衣箪食，晏如也。筑室山中，四方来学者甚众，皆告之曰："学以为己，勿求人知。"语治世，则曰："惟王道能使万物各得其所。"所著有《居业录》，盖取修辞立诚之义。每言："与吾道相似莫如禅学。后之学者，误认存心多流于禅，或欲屏绝思虑以求静。不知圣贤惟戒慎恐惧，自无邪思，不求静未尝不静也。故卑者溺于功利，高者骛于空虚，其患有二：一在所见不真，一在功夫间断。"尝作进学箴曰："诚敬既立，本心自存。力行既久，全体皆仁。举而措之，家齐国治，圣人能事毕矣。"

居仁性行淳笃，居丧骨立，非杖不能起，三年不入寝门。与人语，终日不及利禄。与罗伦、张元祯友善，数会于弋阳龟峰。尝言，陈献章学近禅悟，庄昶诗止豪旷，此风既成，为害不细。又病儒者撰述繁芜，谓朱子注《参同契》、《阴符经》，皆不作可也。督学李龄、钟成相继聘主白鹿书院。过饶城，淮王请讲《易传》，待以宾师之礼。是时吴与弼以学名于世，受知朝廷，然学者或有间言。居仁暗修自守，布衣终其身，人以为薛瑄之后，粹然一出于正，居仁一人而已。卒年五十一。万历十三年从祀孔庙，复追谥文敬。

其弟子余祐最著。祐字子积，鄱阳人。年十九，师事居仁，居仁以女妻之。弘治十二年举进士。为南京刑部员外郎，以事忤刘瑾，落职。瑾诛，起为福州知府。镇守太监市物不予直，民群诉于祐。涕泣慰遣之，云将列状上闻。镇守惧，稍戢，然恚甚，遣人入京告其党曰："不去余祐，镇守不得自遂也。"然祐素廉，摭拾竟无所得。未几，迁山东副使。父忧，服阕，补徐州兵备副使。中官王敬运进御物入都，多挟商船，与知州樊准、指挥王良诟。良发其违禁物，敬惧，诣祐求解，祐不听。敬诬奏准等殴己，遂并逮祐，谪为南宁府同知。稍迁韶州知府,投劾去。嘉靖初,历云南布政使,以太仆寺卿召,未行,改吏部右侍郎,祐已先卒。

祐之学,墨守师说,在狱中作《性书》三卷。其言程、朱教人,专以诚敬入。学者诚能去其不诚不敬者,不患不至古人。时王守仁作《朱子晚年定论》,谓其学终归于存养。祐谓:"朱子论心学凡三变,存斋记所言,乃少时所见,及见延平,而悟其失。后闻五峰之学于南轩,而其言又一变。最后改定已发未发之论,然后体用不偏,动静交致其力,此其终身定见也。安得执少年未定之见,而反谓之晚年哉?"其辨出,守仁之徒不能难也。

蔡清,字介夫,晋江人。少走侯官,从林玭学《易》,尽得其肯綮。举成化十三年乡试第一。二十年成进士,即乞假归讲学。已,谒选,得礼部祠祭主事。王恕长吏部,重清,调为稽勋主事,恒访以时事。清乃上二札:一请振纪纲,一荐刘大夏等三十余人。恕皆纳用。寻以母忧归,服阕,复除祠祭员外郎。乞便养,改南京文选郎中。一日心动,急乞假养父,归甫两月而父卒,自是家居授徒不出。正德改元,即家起江西提学副使。宁王宸濠骄恣,遇朔望,诸司先朝王,次日谒文庙。清不可,先庙而后王。王生辰,令诸司以朝服贺。清曰"非礼也。"去蔽膝而入,王积不悦。会王求复护卫,清有后言。王欲诬以诋毁诏旨,清遂乞休。王佯挽留,且许以女妻其子,竟力辞去。刘瑾知天下议己,用蔡京召杨时故事,起清南京国子祭酒。命甫下而清已卒,时正德三年也,年五十六。

清之学,初主静,后主虚,故以虚名斋。平生饬躬砥行,贫而乐施,为族党依赖。以善《易》名。嘉靖八年,其子推官存远以所著《〈易经〉、〈四书〉蒙引》进于朝,诏为刊布。万历中追谥文庄,赠礼部右侍郎。

其门人陈琛、王宣、易时中、林同、赵逯、蔡烈并有名,而陈琛最著。

琛,字思献,晋江人,杜门独学。清见其文异之,曰:"吾得友此人足矣。"琛因介友人见清,清曰:"吾所发愤沉潜辛苦而仅得者,以语人常不解。子已尽得之,今且尽以付子矣。"清殁十年,琛举进士。授刑部主事,改南京户部,就擢考功主事,乞终养归。嘉靖七年,有荐其恬退者,诏征之,琛辞。居一年,即家起贵州佥事,旋改江西,皆督学校,并辞不赴。家居,却扫一室,偃卧其中,长吏莫得见其面。

同郡林希元,字懋贞,与琛同年进士。历官云南佥事,坐考察不谨罢归。所著《存疑》等书,与琛所著《易经通典》、《四书浅说》,并为举业所宗。

王宣,晋江人。弘治中举于乡,一赴会试不第,以亲老须养,不再赴。尝曰:"学者混朱、陆为一,便非真知。"为人廓落豪迈,俯视一世。

易时中,字嘉会,亦晋江人。举于乡,授东流教谕,迁夏津知县,有惠政。稍迁顺天府推官。以治胡守中狱失要人意,将中以他事,遂以终养归。道出夏津,老稚争献果脯。将别,有哭失声者。母年九十一而终,时中七十矣,毁不胜丧而卒。

赵逮,字子重,东平人。弘治中举乡试,受《易》于清。蔡氏《易》止行于闽南,及是北行济、鲁矣。居母丧毁瘠,后会试不第,遂抗志不出。生平好濂、洛诸子之学,于明独好薛氏《读书录》。

蔡烈,字文继,龙溪人。父昊,琼州知府。烈弱冠为诸生,受知于清及莆田陈茂烈。隐居鹤鸣山之白云洞,不复应试。嘉靖十二年诏举遗佚,知府陆金以烈应,以母老辞。巡按李元阳檄郡邑建书院,亦固辞。忽山鸣三日,烈遂卒。主簿詹道尝请论心,烈曰:"宜论事。孔门求仁,未尝出事外也。尧、舜之道,孝弟而已。夫子之道,忠恕而已。"学士丰熙戍镇海,见烈,叹曰:"先生不言躬行,熙已心醉矣。"

罗钦顺,字允升,泰和人。弘治六年进士及第,授编修。迁南京国子监司业,与祭酒章懋以实行教士。未几,奉亲归,因乞终养。刘瑾怒,夺职为民。瑾诛,复官,迁南京太常少卿,再迁南京吏部右侍郎,入为吏部左侍郎。世宗即位,命摄尚书事。上疏言久任、超迁,法当疏通,不报。大礼议起,钦顺请慎大礼以全圣孝,不报。迁南京吏部尚书,省亲乞归。改礼部尚书,会居忧未及拜。再起礼部尚书,辞。又改吏部尚书,下诏敦促,再辞。许致仕,有司给禄米。时张璁、桂萼以议礼骤贵,秉政树党,屏逐正人。钦顺耻与同列,故屡诏不起。

里居二十余年,足不入城市,潜心格物致知之学。王守仁以心学立教,才知之士翕然师之。钦顺致书守仁,略曰:“圣门设教,文行兼资,博学于文,厥有明训。如谓学不资于外求,但当反观内省,则‘正心诚意’四字亦何所不尽,必于入门之际,加以格物工夫哉?”守仁得书,亦以书报,大略谓:“理无内外,性无内外,故学无内外。讲习讨论,未尝非内也。反观内省,未尝遗外也。”反复二千余言。钦顺再以书辨曰:“执事云:‘格物者,格其心之物也,格其意之物也,格其知之物也。正心者,正其物之心也。诚意者,诚其物之意也。致知者,致其物之知也。’自有《大学》以来,未有此论。夫谓格其心之物,格其意之物,格其知之物,凡为物也三。谓正其物之心,诚其物之意,致其物之知,其为物也一而已矣。就三而论,以程子格物之训推之,犹可通也。以执事格物之训推之,不可通也。就一物而论,则所谓物,果何物耶?如必以为意之用,虽极安排之巧,终无可通之日也。又执事论学书有云:‘吾心之良知,即所谓天理。致吾心良知之天理于事物,则事事物物皆得其理矣。致吾心之良知者,致知也。事事物物各得其理者,格物也。’审如所言,则《大学》当云‘格物在致知’,不当云‘致知在格物’与‘物格而后知至’矣。”书未及达,守仁已殁。

钦顺为学,专力于穷理、存心、知性。初由释氏入,既悟其非,乃力排之,谓:“释氏之明心见性,与吾儒之尽心知性相似,而实不同。释氏之学,大抵有见于心,无见于性。今人明心之说,混于禅学,而不知有千里毫厘之谬。道之不明,将由于此,钦顺有忧焉。”为著《困知记》,自号整庵。年八十三卒,赠太子太保,谥文庄。

曹端，字正夫，渑池人。永乐六年举人。五岁见《河图》、《洛书》，即画地以质之父。及长，专心性理。其学务躬行实践，而以静存为要。读宋儒《太极图》、《通书》、《西铭》，叹曰："道在是矣。"笃志研究，坐下著足处，两砖皆穿。事父母至孝，父初好释氏，端为《夜行烛》一书进之，谓："佛氏以空为性，非天命之性。老氏以虚为道，非率性之道。"父欣然从之。继遭二亲丧，五味不入口。既葬，庐墓六年。

端初读谢应芳《辨惑编》，笃好之，一切浮屠、巫觋、风水、时日之说屏不用。上书邑宰，毁淫祠百余，为设里社、里谷坛，使民祈报。年荒劝振，存活甚众。为霍州学正，修明圣学。诸生服从其教，郡人皆化之，耻争讼。知府郭晟问为政，端曰："其公廉乎。公则民不敢谩，廉则吏不敢欺。"晟拜受。遭艰归，渑池、霍诸生多就墓次受学。服阕，改蒲州学正。霍、蒲两邑各上章争之，霍奏先得请。先后在霍十六载，宣德九年卒官，年五十九。诸生服心丧三年，霍人罢市巷哭，童子皆流涕。贫不能归葬，遂留葬霍。二子瑜、琛，亦庐端墓，相继死，葬墓侧，后改葬渑池。

端尝言："学欲至乎圣人之道，须从太极上立根脚。"又曰："为人须从志士勇士不忘上参取。"又曰："孔、颜之乐仁也，孔子安仁而乐在其中，颜渊不违仁而不改其乐，程子令人自得之。"又曰："天下无性外之物，而性无不在焉。性即理也，理之别名曰太极，曰至诚，曰至善，曰大德，曰大中，名不同而道则一。"

初，伊、洛诸儒，自明道、伊川后，刘绚、李籲辈身及二程之门，至河南许衡、洛阳姚枢讲道苏门，北方之学者翕然宗之。洎明兴三十余载，而端起崤、渑间，倡明绝学，论者推为明初理学之冠。所著有《孝经述解》、《四书详说》、《周易·乾坤二卦解义》、《太极图说通书西铭》释文、《性理文集》、《儒学宗统谱》、《存疑录》诸书。

霍州李德与端同时，亦讲学于其乡。及见端，退语诸生曰："学不厌，教不倦，曹子之盛德也。至其知古今，达事变，末学鲜或及之。

古云'得经师易，得人师难'，诸生得人师矣。"遂避席去。端亦高其行谊，命诸生延致之，讲明正学。初，端作《川月交映图》拟太极，学者称月川先生。及殁，私谥静修。正德中，尚书彭泽、河南巡抚李桢请从祀孔子庙庭，不果。

吴与弼，字子传，崇仁人。父溥，建文时为国子司业，永乐中为翰林修撰。与弼年十九，见《伊洛渊源图》，慨然向慕，遂罢举子业，尽读《四子》、《五经》、洛闽诸录，不下楼者数年。中岁家益贫，躬亲耕稼，非其义，一介不取。四方来学者，约己分少，饮食、教诲不倦。正统十一年，山西佥事何自学荐于朝，请授以文学高职。后御史涂谦、抚州知府王宇复荐之，俱不出。尝叹曰："宦官、释氏不除，而欲天下治平，难矣。"景泰七年，御史陈述又请礼聘与弼，俾侍经筵，或用之成均，教育胄子。诏江西巡抚韩雍备礼敦遣，竟不至。

天顺元年，石亨欲引贤者为己重，谋于大学士李贤，属草疏荐之。帝乃命贤草敕加束帛，遣行人曹隆赐玺书，赍礼币，征与弼赴阙。比至，帝问贤曰："与弼宜何官？"对曰："宜以宫僚，侍太子讲学。"遂授左春坊左谕德，与弼疏辞。贤请赐召问，且与馆次供具。于是召见文华殿，顾语曰："闻处士义高，特行征聘，奚辞职为？"对曰："臣草茅贱士，本无高行，陛下垂听虚声，又不幸有狗马疾。束帛造门，臣惭被异数，匍匐京师，今年且六十八矣，实不能官也。"帝曰："宫僚优闲，不必辞。"赐文绮酒牢，遣中使送馆次。顾谓贤曰："此老非迂阔者，务令就职。"时帝眷遇良厚，而与弼辞益力。又疏称："学术荒陋，苟冒昧徇禄，必且旷官。"诏不许。乃请以白衣就邸舍，假读秘阁书。帝曰："欲观秘书，勉受职耳。"命贤为谕意。与弼留京师二月，以疾笃请。贤请曲从放还，始终恩礼，以光旷举。帝然之，赐敕慰劳，赍银币，复遣行人送还，命有司月给米二石。与弼归，上表谢，陈崇圣志、广圣学等十事。成化五年卒，年七十九。

与弼始至京，贤推之上座，以宾师礼事之。编修尹直至，令坐于侧。直大慍，出即谤与弼。及与弼归，知府张瓛谒见不得，大恚。募人代其弟投牒讼与弼,立遣吏摄之,大加侮慢,始遣还。与弼谅非弟意,友爱如初。编修张元祯不知其始末,遗书诮让,有"上告素王,正名讨罪,岂容先生久窃虚名"语。直复笔其事于《琐缀录》。又言与弼跋亨族谱,自称门下士,士大夫用此訾与弼。后顾允成论之曰:"此好事者为之也。"与弼门人后皆从祀,而与弼竟不果。所著《日录》,悉自言生平所得。

其门人最著者曰胡居仁、陈献章、娄谅,次曰胡九韶、谢复、郑伉。

胡九韶,字凤仪,少从与弼学。诸生来学者,与弼令先见九韶。及与弼殁,门人多转师之。家贫,课子力耕,仅给衣食。成化中卒。

谢复,字一阳,祁门人。闻与弼倡道,弃科举业从之游。身体力行,务求自得。居家孝友,丧祭冠婚,悉遵古礼。或问学,曰:"知行并进,否则落记诵诂训矣。"晚卜室西山之麓,学者称西山先生。弘治末年卒,年六十五。

郑伉,字孔明,常山人。为诸生,试有司,不偶,即弃去,师与弼。辞归,日究诸儒论议,一切折衷于朱子。事亲孝。设义学,立社仓,以惠族党。所著《易义发明》、《读史管见》、《观物余论》、《蛙鸣集》,多烬于火。

陈真晟,字晦德,漳州镇海卫人。初治举赴乡试,闻有司防察过严,无待士礼,耻之。弃去,由是笃志圣贤之学。读《大学或问》,见朱子重言主敬,知"敬"为大学始基。又得程子主一之说,专心克治,叹曰:"《大学》,诚意为铁门关,主一二字,乃其玉钥匙也。"天顺二年,诣阙上《程朱正学纂要》。其书首取程氏学制,次采朱子论说,次作二图,一著圣人心与天地同运,一著学者之心法天之运,终言立明师、辅皇储、隆教本数事,以毕图说之意。书奏,下礼部议,侍郎邹干寝其事。真晟归,闻临川吴与弼方讲学,欲就问之。过南昌,张元祯止之宿,与语,大推服曰:"斯道自程、朱以来,惟先生得其真。如康斋者,不可见,亦不必见也。"遂归闽,潜思静坐,自号漳南布衣。

卒于成化十年,年六十四。

真晟学无师承,独得于遗经之中。自以僻处海滨,出而访求当世学者,虽未与与弼相证,要其学颇似近之。

吕柟,字仲木,高陵人,别号泾野,学者称泾野先生。正德三年登进士第一,授修撰。刘瑾以柟同乡欲致之,谢不往。又因西夏事,疏请帝入宫亲政事,潜消祸本。瑾恶其直,欲杀之,引疾去。瑾诛,以荐复官。乾清宫灾,应诏陈六事,其言除义子,遣番僧,取回镇守太监,尤人所不敢言。是年秋,以父病归。都御史盛应期,御史朱节、熊相、曹珪累疏荐。适世宗嗣位,首召柟。上疏劝勤学以为新政之助,略曰:"克已慎独,上对天心;亲贤远谗,下通民志,庶太平之业可致。"

大礼议兴,与张、桂忤。以十三事自陈,中以大礼未定,诡言日进,引为已罪。上怒,下诏狱,谪解州判官,摄行州事。恤茕独,减丁役,劝农桑,兴水利,筑堤护盐池,行《吕氏乡约》及《文公家礼》,求子夏后,建司马温公祠。四方学者日至,御史为辟解梁书院以居之。三年,御史卢焕等累荐,升南京宗人府经历,历官尚宝司卿。吴、楚、闽、越士从者百余人。晋南京太仆寺少卿。太庙灾,乞罢黜,不允。选国子监祭酒,晋南京礼部右侍郎,署吏部事。帝将躬祀显陵,累疏劝止,不报。值天变,遂乞致仕归。年六十四卒,高陵人为罢市者三日。解梁及四方学者闻之,皆设位,持心丧。讣闻,上辍朝一日,赐祭葬。

柟受业渭南薛敬之,接河东薛瑄之传,学以穷理实践为主。官南都,与湛若水、邹守益共主讲席。仕三十余年,家无长物,终身未尝有惰容。时天下言学者,不归王守仁,则归湛若水,独守程、朱不变者,惟柟与罗钦顺云。所著有《四书因问》、《易说翼》、《书说要》、《诗说序》、《春秋说志》、《礼问内外篇》、《史约》、《小学释》、《寒暑经图解》、《史馆献纳》、《宋四子抄释》、《南省奏蔚》、《泾野诗文集》。万历、崇祯间,李祯、赵锦、周子义、王士性、蒋德璟先后请从祀孔庙,下部议,未及行。

楠弟子,泾阳吕潜,字时见,举于乡。官工部司务。张节,字介夫。咸宁李挺,字正五。皆有学行。

潜里人郭郛,字维藩,由举人官马湖知府。蓝田王之士,字欲立。由举人以赵用贤荐,授国子博士。两人不及楠门,亦秦士之笃学者也。

邵宝,字国贤,无锡人。年十九,学于江浦庄昶。成化二十年举进士,授许州知州。月朔,会诸生于学宫,讲明义利公私之辨。正颍考叔祠墓。改魏文帝庙以祠汉愍帝,不称献而称愍,从昭烈所谥也。巫言龙骨出地中为祸福,宝取骨,毁于庭,杖巫而遣之。躬课农桑,仿朱子社仓,立积散法,行计口浇田法,以备凶荒。

弘治七年入为户部员外郎,历郎中,迁江西提学副使。释菜周元公祠。修白鹿书院学舍,处学者。其教,以致知力行为本。江西俗好阴阳家言,有数十年不葬父母者。宝下令,士不葬亲者不得与试,于是相率举葬,以千计。宁王宸濠索诗文,峻却之。后宸濠败,有司校勘,独无宝迹。迁浙江按察使,再迁右布政使。与镇守太监勘处州银矿,宝曰:“费多获少,劳民伤财,虑生他变。”卒奏寝其事。进湖广布政使。

正德四年擢右副都御史,总督漕运。刘瑾擅政,宝至京,绝不与通。瑾怒漕帅平江伯陈熊,欲使宝劾之,遣校尉数辈要宝左顺门,危言恐之曰:“行逮汝。”张彩、曹元自内出,语宝曰:“君第劾平江,无后患矣。”宝曰:“平江功臣后,督漕未久,无大过,不知所劾。”二人默然出。越三日,给事中劾熊并及宝,勒致仕去。

瑾诛,起巡抚贵州,寻迁户部右侍郎,进左侍郎。命兼左佥都御史,处置粮运。及会勘通州城濠归,奏称旨。寻疏请终养归,御史唐凤仪、叶忠请用之留都便养,乃拜南京礼部尚书,再疏辞免。世宗即位,起前官,复以母老恳辞。许之,命有司以礼存问。久之卒,赠太子太保,谥文庄。

宝三岁而孤，事母过氏至孝。甫十岁，母疾，为文告天，愿减已算延母年。及终养归，得疾，左手不仁，犹朝夕侍亲侧不懈。学以洛、闽为的，尝曰："吾愿为真士大夫，不愿为假道学。"举南畿，受知于李东阳。为诗文，典重和雅，以东阳为宗。至于原本经术，粹然一出于正，则其所自得也。博综群籍，有得则书之简，取程子"今日格一物，明日格一物"之义，名之曰日格子。所著《学史》、《简端》二录，巡抚吴廷举上于朝，外《定性书说》、《漕政举要》诸集若干卷。学者称二泉先生。

其门人，同邑王问，字子裕，以学行称。嘉靖十七年成进士。授户部主事，监徐州仓，减羡耗十二三。以父老，乞便养，改南京职方，迁车驾郎中、广东佥事。行未半道，乞养归。父卒，遂不复仕。筑室湖上，读书三十年，不履城市，数被荐不起。工诗文书画，清修雅尚，士大夫皆慕之。卒年八十，门人私谥曰文静先生。

子鉴，字汝明。嘉靖末年进士。累官吏部稽勋郎中。念父老，谢病归，奉养不离侧。父殁久之，进尚宝卿，改南京鸿胪卿，引年乞休。进太仆卿，致仕。鉴亦善画，有言胜其父者，遂终身不复作。

杨廉，字方震，丰城人。父崇，永州知府，受业吴与弼门人胡九韶。廉承家学，早以文行称。举成化末年进士，改庶吉士。

弘治三年授南京户科给事中。明年，京师地震，劾用事大臣。五年以灾异上六事。一，经筵停罢时，宜日令讲官更直待问。二，召用言事迁谪官，不当限台谏及登极以后。三，治两浙、三吴水患，停额外织造。四，召林下恬退诸臣。五，删法司条例。六，灾异策免大臣。末言，遇大政，宜召大臣面议，给事、御史随入驳正。帝颇纳之。吏部尚书王恕被谗，廉请斥谗邪，无为所惑。母丧，服阕，起任刑科。请祀薛瑄，取《读书录》贮国学。明年三月有诏以下旬御经筵。廉言："故事，经筵一月三举，苟以月终起以月初罢，则进讲有几？且经筵启而后日讲继之，今迟一日之经筵，即辍一旬之日讲也。"报闻。以父老欲便养，复改南京兵科。中贵李广死，得廷臣通贿籍。言官劾贿者,帝欲究而中止。廉率同官力争,竟不纳。已,请申明祀典,谓宋儒周、程、张、朱从祀之位,宜居汉、唐诸儒上。阙里庙,当更立木主。大成本乐名,不合谥法。皆不果行。迁南京光禄少卿。

正德初,就改太仆,历顺天府尹。时京军数出,车费动数千金,廉请大兴递运所余银供之。奏免夏税万五千石,虑州县巧取民财,置岁办簿,吏无能为奸。乾清宫灾,极陈时政缺失,疏留中。明年擢南京礼部右侍郎。上疏谏南巡,不报。帝驻南京,命百官戎服朝见。廉不可,乞用常仪,更请谒见太庙,俱报许。世宗即位,就迁尚书。

廉与罗钦顺善,为居敬穷理之学,文必根《六经》,自礼乐、钱谷至星历、算数,具识其本末。学者称月湖先生。尝以帝王之道莫切于《大学》,自为给事即上言,进讲宜先《大学衍义》,至是首进《大学衍义节略》。帝优诏答之。疏论大礼,引程颐、朱熹言为证,且言:"今异议者率祖欧阳修。然修于考之一字,虽欲加之于濮王,未忍绝之于仁宗。今乃欲绝之于孝庙,此又修所不忍言者。"报闻。八疏乞休,至嘉靖二年,赐敕、驰驿,给夫廪如制。家居二年卒,年七十四。赠太子少保,谥文恪。

刘观,字崇观,吉水人。正统四年成进士。方年少,忽引疾告归。寻丁内艰,服除,终不出。杜门读书,求圣贤之学。四方来问道者,坐席尝不给。县令刘成为筑书院于虎邱山,名曰"养中"。平居,饭脱粟,服浣衣,脩然自得。每日端坐一室,无懈容。或劝之仕,不应。又作《勤》、《俭》、《恭》、《恕》四箴,以教其家,取《吕氏乡约》表著之,以教其乡。冠婚丧祭,悉如《朱子家礼》。族有孤嫠不能自存者,周之。或请著述,曰:"朱子及吴文正之言,尊信之足矣,复何言。"吴与弼,其邻郡人也,极推重之。

观前有孙鼎,庐陵人。永乐中为松江府教授,以孝弟立教。后督学南畿,人称为贞孝先生。又有李中,吉水人,官副都御史,号谷平先生,在观后。是为吉水三先生。

马理，字伯循，三原人。同里尚书王恕家居，讲学著书。理从之游，得其指授。杨一清督学政，见理与吕柟、康海文，大奇之，曰："康生之文章，马生、吕生之经学，皆天下士也。"登乡荐，入国学，与柟及林虑马卿，榆次寇天叙、安阳崔铣、张士隆，同县秦伟，日切劘于学，名震都下。高丽使者慕之，录其文以去。连遭艰，不预试。安南使者至，问主事黄清曰："关中马理先生安在，何不仕也？"其为外裔所重如此。

正德九年举进士。一清为吏部尚书，即擢理稽勋主事。调文选，请告归。起考功主事，偕郎中张衍瑞等谏南巡。诏跪阙门，予杖夺俸。未几，复告归。教授生徒，从游者众。嘉靖初，起稽勋员外郎，与郎中余宽等伏阙争大礼。下诏狱，再予杖夺俸。屡迁考功郎中。故户部郎中庄绎者，正德时首导刘瑾核天下库藏。瑾败，落职。至是奏辨求复，当路者属理，理力持不可，寝其事。五年大计外吏，大学士贾咏、吏部尚书廖纪以私憾欲去广东副使魏校、河南副使萧鸣凤、陕西副使唐龙。理力争曰："三人督学政，名著天下，必欲去三人，请先去理。"乃止。明年大计京官，黜张璁、桂萼党吏部郎中彭泽，璁、萼竟取旨留之。理擢南京通政参议，请急去。居三年，起光禄卿，未几告归。阅十年，复起南京光禄卿，寻引年致仕。三十四年，陕西地震，理与妻皆死。

理学行纯笃，居丧取古礼及司马光《书仪》、朱熹《家礼》折衷用之，与吕柟并为关中学者所宗。穆宗立，赠右副都御史。天启初，追谥忠宪。

魏校，字子才，昆山人。其先本李姓，居苏州葑门之庄渠，因自号"庄渠"。弘治十八年成进士。历南京刑部郎中。守备太监刘瑯藉刘瑾势张甚，或自判状送法司，莫敢抗者。校直行己意，无所徇。改兵部郎中，移疾归。嘉靖初，起为广东提学副使。丁忧，服阕，补江西兵备副使。累迁国子祭酒、太常卿，寻致仁。

校私淑胡居仁主敬之学，而贯通诸儒之说，择执尤精。尝与余祐论性，略曰：“天地者，阴阳五行之本体也，故理无不具。人物之性，皆出于天地，然而人得其全，物得其偏。”又曰：“古圣贤论性有二：其一，性与情对言，此是性之本义，直指此理而言。其一，性与习对言，但取生字为义，非性之所以得名，盖曰天所生为性，人所为曰习耳。先儒因‘性相近’一语，遂谓性兼气质而言，不知人性上下不可添一物，才著气质，便不得谓之性矣。荀子论性恶，杨子论性善恶混，韩子论性有三品，众言淆乱，必折之圣。若谓夫子‘性相近’一言，正论性之所以得名，则前后说皆不谬于圣人，而孟子道性善，反为一偏之论矣。孟子见之分明，故言之直捷，但未言性为何物，故荀、杨、韩诸儒得以其说乱之。伊川一言以断之，曰‘性，即理也’，则诸说皆不攻自破矣。”所著有《大学指归》、《六书精蕴》。卒，谥恭简。唐顺之、王应电、王敬臣，皆其弟子也。顺之，自有传。

王应电，字昭明，昆山人。受业于校，笃好《周礼》，谓《周礼》自宋以后，胡宏、季本各著书，指摘其瑕衅至数十万言。而余寿翁、吴澄则以为《冬官》未尝亡，杂见于五官中，而更次之。近世何乔新、陈凤梧、舒芬亦各以己意更定。然此皆诸儒之《周礼》也。覃研十数载，先求圣人之心，溯斯礼之源；次考天象之文，原设官之意，推五官离合之故，见纲维统体之极。因显以探微，因细而绎大，成《周礼传诂》数十卷。以为百世继周而治，必出于此。嘉靖中，家毁于兵燹，流寓江西泰和。以其书就正罗洪先，洪先大服。翰林陈昌积以师礼事之。胡松抚江西，刊行于世。

应电又研精字学，据《说文》所载讹谬甚者，为之订正，名曰《经传正讹》。又著《同文备考》、《书法指要》、《六义音切贯珠图》、《六义相关图》。卒于泰和。昌积为经纪其丧，归之昆山。

时有李如玉者，同安儒生，亦精于《周礼》，为《会要》十五卷。嘉靖八年诣阙上之，得旨嘉奖，赐冠带。

王敬臣，字以道，长洲人，江西参议庭子也。十九为诸生，受业于校。性至孝，父疽发背，亲自吮舐。老得瞀眩疾，则卧于榻下，夜不解衣，微闻謦欬声，即跃起问安。事继母如事父，妻失母欢，不入室者十三载。初,受校默成之旨,尝言议论不如著述,著述不如躬行,故居常杜口不谈。自见耿定向,语以圣贤无独成之学,由是多所诱掖,弟子从游者至四百余人。其学,以慎独为先,而指亲长之际、衽席之间为慎独之本,尤以标立门户为戒。乡人尊为少湖先生。

万历中,以廷臣荐,征授国子博士,辞不行。诏以所授官致仕。二十一年,巡按御史甘士价复荐。吏部以敬臣年高,请有司时加优礼,诏可。年八十五而终。

周瑛,字梁石,莆田人。成化五年进士。知广德州,以善政闻,赐敕旌异。迁南京礼部郎中,出为抚州知府,调知镇远。秩满,省亲归。弘治初,吏部尚书王恕起瑛四川参政,久之,进右布政使,咸有善绩,尤励清节。给事、御史交章荐,大臣亦多知瑛,而瑛以母丧归。服除,遂引年乞致仕。孝宗嘉之,诏进一阶。正德中卒,年八十七。

瑛始与陈献章友,献章之学主于静。瑛不然之,谓学当以居敬为主,敬则心存,然后可以穷理。自《六经》之奥,以及天地万物之广,皆不可不穷。积累既多,则能通贯,而于道之一本,亦自得之矣,所谓求诸万殊而后一本可得也。学者称翠渠先生。子大谟,登进士,未仕卒。

潘府,字孔修,上虞人。成化末进士。值宪宗崩,孝宗践阼甫二十日,礼官请衰服御西角门视事,明日释衰易素,翼善冠、麻衣腰绖。帝不许,命俟二十七日后行之。至百日,帝以大行未葬,麻衣衰绖如故。府因上疏请行三年丧,略言:"子为父,臣为君,皆斩衰三年,仁之至,义之尽也。汉文帝遗诏短丧,止欲便天下臣民,景帝遂自行之,使千古纲常一坠不振。晋武帝欲行而不能,魏孝文行之而不尽,宋孝宗锐志复古,易月之外,犹执通丧,然不能推之于下,未足为圣王达孝也。先帝奄弃四海,臣庶衔哀,陛下恻怛由衷,麻衣视朝,百日未改。望排群议,断自圣心,执丧三年一如三代旧制。诏礼官参考载籍,使丧不废礼,朝不废政,勒为彝典,传之子孙,岂不伟哉。"疏入，衰绖待罪。诏辅臣会礼官详议，并持成制，寝不行。

　　谒选，得长乐知县，教民行《朱子家礼》。躬行郊野，劳问疾苦，田夫野老咸谓府亲己，就求笔札，府辄欣然与之。迁南京兵部主事，陈军民利病七事。父丧除，补刑部。值旱蝗、星变，北寇深入，孔庙灾，疏请内修外攘，以谨天戒。又上救时十要。以便养乞南，改南京兵部，迁武选员外郎。尚书马文升知其贤，超拜广东提学副使。云南昼晦七日，楚妇人须长三寸，上弭灾三术。以母老乞休，不待命辄归。已而吏部尚书杨一清及巡按御史吴华屡荐其学行，终不起。

　　嘉靖改元，言官交荐，起太仆少卿，改太常，致仕。既归，屏居南山，布衣蔬食，惟以发明经传为事。时王守仁讲学其乡，相去不百里，颇有异同。尝曰："居官之本有三：薄奉养，廉之本也；远声色，勤之本也；去谗私，明之本也。"又曰："荐贤当惟恐后，论功当惟恐先。"年七十三卒。故事，四品止予祭。世宗重府孝行，特诏予葬。

　　崔铣，字子钟，安阳人。父陞，官参政。铣举弘治十八年进士，选庶吉士，授编修。预修《孝宗实录》，与同官见太监刘瑾，独长揖不拜，由是忤瑾。书成，出为南京吏部主事。瑾败，召复故官，充经筵讲官，进侍读。引疾归，作后渠书屋，读书讲学其中。

　　世宗即位，擢南京国子监祭酒。嘉靖三年集议大礼，久不决。大学士蒋冕、尚书汪俊俱以执议去位，其他摈斥杖戍者相望，而张璁、桂萼等骤贵显用事。铣上疏求去，且劾璁、萼等曰："臣究观议者，其文则欧阳修之唾余，其情则承望意向，求胜无已。悍者危法以激怒，柔者甘言以动听。非有元功硕德，而遽以官赏之，得毋使侥幸之徒踵接至与？臣闻天子得四海欢心以事其亲，未闻仅得一二人之心者也。赏之，适自章其私昵而已。夫守道为忠，忠则逆旨；希旨为邪，邪则畔道。今忠者日疏，而邪者日富。一邪乱邦，况可使富哉！"帝览之不悦，令铣致仕。阅十五年，用荐起少詹事兼侍读学士，擢南京礼部右侍郎。未几疾作，复致仕。卒，赠礼部尚书，谥文敏。

　　铣少轻俊，好饮酒，尽数斗不乱。中岁自厉于学，言动皆有则。

尝曰："学在治心,功在慎动。"又曰："孟子所谓良知良能者,心之用也。爱亲敬长,性之本也。若去良能,而独挈良知,是霸儒也。"又尝作《政议》十篇,其《序》曰："三代而上,井田封建,其民固,故道易行;三代而下,阡陌郡县,其民散,故道难成。况沿而下趋至今日乎。然人心弗异,系乎主之者而已。"凡篇中所论说,悉仿此意。世多有其书,故不载。

何瑭,字粹夫,武陟人。年七岁,见家有佛像,抗言请去之。十九读许衡、薛瑄遗书,辄欣然忘寝食。弘治十五年成进士,选庶吉士。阁试《克己复礼为仁论》,有曰："仁者,人也。礼则人之元气而已,则见侵于风寒暑湿者也。人能无为邪气所胜,则元气复,元气复而其人成矣。"宿学咸推服焉。刘瑾窃政,一日赠翰林川扇,有入而拜见者。瑭时官修撰,独长揖。瑾怒,不以赠。受赠者复拜谢,瑭正色曰:"何仆仆也!"瑾大怒,诘其姓名。瑭直应曰:"修撰何瑭。"知必不为瑾所容,乃累疏致仕。后瑾诛,复官。以经筵触忌讳,谪开州同知。修黄陵冈堤成,擢东昌府同知,乞归。

嘉靖初,起山西提学副使,以父忧不赴。服阕,起提学浙江。敦本尚实,士气丕变。未几,晋南京太常少卿。与湛若水等修明古太学之法,学者翕然宗之。历工、户、礼三部侍郎,晋南京右都御史,未几致仕。

是时,王守仁以道学名于时,瑭独默如。尝言陆九渊、杨简之学,流入禅宗,充塞仁义。后学未得游、夏十一,而议论即过颜、曾,此吾道大害也。里居十余年,教子姓以孝弟忠信,一介必严。两执亲丧,皆哀毁。后谥文定。所著《阴阳律吕》、《儒学管见》、《柏齐集》十二卷,皆行于世。

唐伯元,字仁卿,澄海人。万历二年进士。历知万年、泰和二县,并有惠政,民生祠之。迁南京户部主事,进郎中。

伯元受业永丰昌怀,践履笃实,而深疾王守仁新说。及守仁从祀文庙,上疏争之。因请黜陆九渊,而跻有若及周、程、张、朱五子于十哲之列,祀罗钦顺、章懋、吕柟、魏校、吕怀、蔡清、罗洪先、王艮于乡。疏方下部,旋为南京给事中钟宇淳所驳,伯元谪海州判官。屡迁尚宝司丞。吏部尚书杨巍雅不喜守仁学,心善伯元前疏,用为吏部员外郎。历考功、文选郎中,佐尚书孙丕扬澄清吏治,苞苴不及其门。秩满,推太常少卿,未得命。时吏部推补诸疏皆留中,伯元言:"贤愚同滞,朝野咨嗟,由臣拟议不当所致,乞赐罢斥。"帝不怿,特允其去,而诸疏仍留不下。居二年,甄别吏部诸郎,帝识伯元名,命改南京他部,而伯元已前卒。

伯元清苦淡薄,人所不堪,甘之自如,为岭海士大夫仪表。

黄淳耀,字蕴生,嘉定人。为诸生时,深疾科举文浮靡淫丽,乃原本《六经》,一出以典雅。名士争务声利,独澹漠自甘,不事征逐。崇祯十六年成进士。归益研经籍,缊袍粝食,萧然一室。

京师陷,福王立南都,诸进士悉授官,淳耀独不赴选。及南都亡,嘉定亦破。恍然太息,偕弟渊耀入僧舍,将自尽。僧曰:"公未服官,可无死。"淳耀曰:"城亡与亡,岂以出处贰心。"乃索笔书曰:"弘光元年七月二十四日,进士黄淳耀自裁于城西僧舍。呜呼!进不能宣力王朝,退不能洁身自隐,读书寡益,学道无成,耿耿不寐,此心而已。"遂与渊耀相对缢死,年四十有一。

淳耀弱冠即著《自监录》、《知过录》,有志圣贤之学。后为日历,昼之所为,夜必书之。凡语言得失,念虑纯杂,无不备识,用自省改。晚而充养和粹,造诣益深。所作诗古文,悉轨先正,卓然名家。有《陶庵集》十五卷。其门人私谥之曰贞文。

渊耀,字伟恭,诸生,好学敦行如其兄。

明史卷二八三
列传第一七一

儒林二

陈献章　李承箕　张诩　　娄谅　夏尚朴

贺钦　　陈茂烈　　湛若水　蒋信等

邹守益　子善等　　钱德洪　徐爱等

王畿　王艮等　　欧阳德　族人瑜

罗洪先　程文德　　吴悌　子仁度

何廷仁　刘邦采　魏良政等　　王时槐

许孚远　　尤时熙　张后觉等　　邓以赞

张元忭　　孟化鲤　孟秋　　来知德

邓元锡　刘元卿　章潢

　　陈献章，字公甫，新会人。举正统十二年乡试，再上礼部，不第。从吴与弼讲学。居半载归，读书穷日夜不辍。筑阳春台，静坐其中，数年无户外迹。久之，复游太学。祭酒邢让试和杨时《此日不再得》诗一篇，惊曰："龟山不如也。"扬言于朝，以为真儒复出。由是名震京师。给事中贺钦听其议论，即日抗疏解官，执弟子礼事献章。献章既归，四方来学者日进。广东布政使彭韶、总督朱英交荐。召至

京，令就试吏部。屡辞疾不赴，疏乞终养，授翰林院检讨以归。至南
安，知府张弼疑其拜官，与与弼不同。对曰："吴先生以布衣为石亨
所荐，故不受职而求观秘书，冀在开悟主上耳。时宰不悟，先令受职
然后观书，殊戾先生意，遂决去。献章听选国子生，何敢伪辞钓虚
誉。"自是屡荐，卒不起。

献章之学，以静为主。其教学者，但令端坐澄心，于静中养出端
倪。或劝之著述，不答。尝自言曰："吾年二十七，始从吴聘君学，于
古圣贤之书无所不讲，然未知入处。比归白沙，专求用力之方，亦卒
未有得。于是舍繁求约，静坐久之，然后见吾心之体隐然呈露，日用
应酬随吾所欲，如马之卸勒也。"其学洒然独得，论者谓有鸢飞鱼跃
之乐，而兰谿姜麟至以为"活孟子"云。

献章仪干修伟，右颊有七黑子。母年二十四守节，献章事之至
孝。母有念，辄心动即归。弘治十三年卒，年七十三。万历初，从祀
孔庙，追谥文恭。

门人李承箕，字世卿，嘉鱼人。成化二十二年举乡试。往师献
章，献章日与登涉山水，投壶赋诗，纵论古今事，独无一语及道。久
之，承箕有所悟，辞归，隐居黄公山，不复仕。与兄进士承芳，皆好
学，称嘉鱼二李。卒年五十四。

张诩，字廷实，南海人，亦师事献章。成化二十年举进士，授户
部主事。寻丁忧，累荐不起。正德中，召为南京通政司参议，一谒孝
陵即告归。献章谓其学以自然为宗，以忘己为大，以无欲为至。卒
年六十。

娄谅，字克贞，上饶人。少有志绝学。闻吴与弼在临川，往从之。
一日，与弼治地，召谅往视，云学者须亲细务。谅素豪迈，由此折节。
虽扫除之事，必身亲之。

景泰四年举于乡。天顺末，选为成都训导。寻告归，闭门著书，
成《日录》四十卷、《三礼订讹》四十卷。谓《周礼》皆天子之礼，为国
礼；《仪礼》皆公卿大夫士庶人之礼，为家礼。以《礼记》为二经之传，

分附各篇,如《冠礼附冠义》之类。不可附各篇者,各附一经之后。不可附一经者,总附二经之后。其为诸儒附会者,以程子论黜之。著《春秋本意》十二篇,不采三传事实,言:"是非必待三传而后明,是《春秋》为弃书矣。"其学以收放心为居敬之门,以何思何虑、勿忘勿助为居敬要旨。然其时胡居仁颇讥其近陆子,后罗钦顺亦谓其似禅学云。

子忱,字诚善,传父学。女为宁王宸濠妃,有贤声,尝劝王毋反。王不听,卒反。谅子姓皆捕系,遗文遂散轶矣。

门人夏尚朴,字敦夫,广信永丰人。正德初,会试赴京。见刘瑾乱政,慨然叹曰:"时事如此,尚可干进乎?"不试而归。六年成进士,授南京礼部主事。岁饥,条上救荒数事。再迁惠州知府,投劾归。嘉靖初,起山东提学副使。擢南京太仆少卿,与魏校、湛若水辈日相讲习。言官劾大学士桂萼,语连尚朴。吏部尚书方献夫白其无私,寻引疾归。早年师谅,传主敬之学,常言"才提起,便是天理。才放下,便是人欲"。魏校亟称之。所著有《中庸语》、《东岩文集》。王守仁少时,亦尝受业于谅。

贺钦,字克恭,义州卫人。少好学,读《近思录》有悟。成化二年以进士授户科给事中。已而师事陈献章。既归,肖其像事之。

弘治改元,用阁臣荐,起为陕西参议。檄未至而母死,乃上疏恳辞,且陈四事。一,谓今日要务,莫先经筵,当博访真儒,以资启沃。二,荐检讨陈献章学术醇正,称为大贤,宜以非常之礼起之,或俾参大政,或任经筵,以养君德。三,内官职掌,载在《祖训》,不过备洒扫、司启闭而已。近如王振、曹吉祥、汪直等,或参预机宜,干政令,招权纳宠,邀功启衅;或引左道,进淫巧,以荡上心。误国殃民,莫此为甚。宜慎饬将来,内不使干预政事,外不使镇守地方掌握兵权。四,兴礼乐以化天下。"陛下绍基之初,举行朱子丧葬之礼,而颓败之俗因仍不改,乞申明正礼,革去教坊俗乐,以广治化。"疏凡数万言。奏入,报闻。

正德四年，刘瑾括辽东田，东人震恐，而义州守又贪横，民变，聚众劫掠。顾相戒曰："毋惊贺黄门。"钦闻之，急谕祸福，以身任之，乱遂定。

钦学不务博涉，专读《四书》、《六经》、《小学》，期于反身实践。谓为学不必求之高远，在主敬以收放心而已。卒年七十四。

子士谘，乡贡士，尝陈十二事论王政，不报。终身不仕。

陈茂烈，字时周，莆田人。年十八，作《省克录》，谓颜之克己，曾之日省，学之法也。弘治八年举进士。奉使广东，受业陈献章之门，献章语以主静之学。退而与张诩论难，作《静思录》。寻授吉安府推官，考绩过淮，寒无絮衣，冻几殆。入为监察御史，袍服朴陋，乘一疲马，人望而敬之。

以母老终养。供母之外，不办一帷。治畦汲水，身自操作。太守闻其劳，进二卒助之，三日遣之还。吏部以其贫，禄以晋江教谕，不受。又奏给月米，上书言："臣素贫，食本俭薄，故臣母自安于臣之家，而臣亦得以自遒其贫，非有及人之廉，尽己之孝也。古人行佣负米，皆以为亲，臣之贫尚未至是。而臣母鞠臣艰苦，今年八十有六，来日无多。臣欲自尽心力，尚恐不及，上烦官帑，心窃未安。"奏上，不允。母卒，茂烈亦卒。

茂烈为诸生时，韩文问莆田人物于林俊，曰："从吾。"谓彭时也。又问，曰："时周。"且曰："与时周语，沉疴顿去。"其为所重如此。

湛若水，字元明，增城人。弘治五年举于乡，从陈献章游，不乐仕进。母命之出，乃入南京国子监。十八年会试，学士张元祯、杨廷和为考官，抚其卷曰："非白沙之徒不能为此。"置第二。赐进士，选庶吉士，授翰林院编修。时王守仁在吏部讲学，若水与相应和。寻丁母忧，庐墓三年。筑西樵讲舍，士子来学者，先令习礼，然后听讲。

嘉靖初，入朝，上经筵讲学疏，谓圣学以求仁为要。已，复上疏言："陛下初政，渐不克终。左右近侍争以声色异教蛊惑上心。大臣林俊、孙交等不得守法，多自引去，可为寒心。亟请亲贤远奸，穷理讲学，以隆太平之业。"又疏言日讲不宜停止，报闻。明年进侍读，复疏言："一二年间，天变地震，山崩川涌，人饥相食，殆无虚月。夫圣人不以屯否之时而后亲贤之训，明医不以深锢之疾而废元气之剂，宜博求修明先王之道者，日侍文华，以裨圣学。"已，迁南京国子监祭酒，作《心性图说》以教士。拜礼部侍郎。仿《大学衍义补》，作《格物通》，上于朝。历南京吏、礼、兵三部尚书。南京俗尚侈靡，为定丧葬之制颁行之。老，请致仕。年九十五卒。

若水生平所至，必建书院以祀献章。年九十，犹为南京之游。过江西，安福邹守益，守仁弟子也，戒其同志曰："甘泉先生来，吾辈当宪老而不乞言，慎毋轻有所论辨。"若水初与守仁同讲学，后各立宗旨，守仁以致良知为宗，若水以随处体验天理为宗。守仁言若水之学为求之于外，若水亦谓守仁格物之说不可信者四。又曰："阳明与吾言心不同。阳明所谓心，指方寸而言。吾之所谓心者，体万物而不遗者也，故以吾之说为外。"一时学者遂分王、湛之学。

湛氏门人最著者，永丰李怀、德安何迁、婺源洪垣、归安唐枢。怀之言变化气质，迁之言知止，枢之言求真心，大约出入王、湛两家之间，而别为一义。垣则主于调停两家，而互救其失。皆不尽守师说也。怀，字汝德，南京太仆少卿。迁，字益之，南京刑部侍郎。垣，字峻之，温州府知府。枢，刑部主事，疏论李福达事，罢归，自有传。

蒋信，字卿实，常德人。年十四，居丧毁瘠。与同郡冀元亨善，王守仁谪龙场，过其地，偕元亨事焉。嘉靖初，贡入京师，复师湛若水。若水为南祭酒，门下士多分教。至十一年，举进士，累官四川水利佥事。却播州土官贿，置妖道士于法。迁贵州提学副使。建书院二，廪群髦士其中。龙场故有守仁祠，为置祠田。坐擅离职守，除名。

信初从守仁游时，未以良知教。后从若水游最久，学得之湛氏为多。信践履笃实，不事虚谈。湖南学者宗其教，称之曰正学先生。卒年七十九。

时宜兴周冲，字道通，亦游王、湛之门。由举人授高安训导，至

唐府纪善。尝曰："湛之体认天理，即王之致良知也。"与信集师说为
《新泉问辨录》。两家门人各相非笑，冲为疏通其旨焉。

　　邹守益，字谦之，安福人。父贤，字恢才，弘治九年进士。授南
京大理评事，数有条奏。历官福建佥事，擒杀武平贼渠黄友胜。居
家以孝友称。

　　守益举正德六年会试第一，出王守仁门。以廷对第三人授翰林
院编修。逾年告归，谒守仁，讲学于赣州。宸濠反，与守仁军事。世
宗即位，始赴官。

　　嘉靖三年二月，帝欲去兴献帝本生之称。守益疏谏，忤旨，被
责。逾月，复上疏曰：

　　　陛下欲隆本生之恩，屡下群臣会议，群臣据礼正言，致蒙
诘让，道路相传，有孝长子之称。昔曾元以父寝疾，惮于易箦，
盖爱之至也。而曾子责之曰"姑息"。鲁公受天子礼乐，以祀周
公，盖尊之至也。而孔子伤之曰"周公其衰矣"。臣愿陛下勿以
姑息事献帝，而使后世有其衰之叹。

　　　且群臣援经证古，欲陛下专意正统，此皆为陛下忠谋，乃
不察而督过之，谓忤且慢。臣历观前史，如冷褒、段犹之徒，当
时所谓忠爱，后世所斥以为邪媚也。师丹、司马光之徒，当时所
谓欺慢，后世所仰以为正直也。后之视今，犹今之视古。望陛
下不吝改过，察群臣之忠爱，信而用之，复召其去国者，无使奸
人动摇国是，离间宫闱。

　　　昔先帝南巡，群臣交章谏阻，先帝赫然震怒，岂不谓欺慢
可罪哉。陛下在藩邸闻之，必以是为尽忠于先帝。今入继大统，
独不容群臣尽忠于陛下乎。

　　帝大怒，下诏狱拷掠，谪广德州判官。废淫祠，建复初书院，与
学者讲授其间。稍迁南京礼部郎中，州人立生祠以祀。闻守仁卒，
为位哭，服心丧，日与吕柟、湛若水、钱德洪、王畿、薛侃辈论学。考
满入都，即引疾归。

久之，以荐起南京吏部郎中，召为司经局洗马。守益以太子幼，未能出阁，乃与霍韬上《圣功图》，自神尧茅茨土阶，至帝西苑耕稼蚕桑，凡为图十三。帝以为谤讪，几得罪，赖韬受帝知，事乃解。明年迁太常少卿兼侍读学士，出掌南京翰林院，夏言欲远之也。御史毛恺请留侍东宫，被谪。寻改南京祭酒。九庙灾，守益陈上下交修之道，言："殷中宗、高宗，反妖为祥，享国长久。"帝大怒，落职归。

守益天姿纯粹。守仁尝曰："有若无，实若虚，犯而不校，谦之近之矣。"里居，日事讲学，四方从游者踵至，学者称东廓先生。居家二十余年卒。隆庆初，赠南京礼部右侍郎，谥文庄。

先是，守仁主山东试，堂邑穆孔晖第一，后官侍讲学士。卒，赠礼部右侍郎，谥文简。孔晖端雅好学，初不肯宗守仁说，久乃笃信之，自名王氏学，浸淫入于释氏。而守益于戒惧慎独，盖兢兢焉。

子善，嘉靖三十五年进士。以刑部员外郎恤刑湖广，矜释甚众。擢山东提学佥事，时与诸生讲学。万历初，累官广东右布政使，谢病归。久之，以荐即家授太常卿，致仕。子德涵、德溥。

德涵，字汝海，隆庆五年进士。历刑部员外郎。张居正方禁讲学，德涵守之自若。御史傅应祯、刘台相继论居正，皆德涵里人，疑为党，出为河南佥事。御史承风指劾之，贬秩归。善服习父训，践履无怠，称其家学。而德涵从耿定理游，定理不答。发愤湛思，自觉有得，由是专以悟为宗，于祖父所传，始一变矣。德溥，由万历十一年进士。历司经局洗马。

善从子德泳，万历十四年进士。官御史，给事中李献可请预教太子，斥为民。德泳偕同官救之，亦削籍。家居三十年，言者交荐。光宗立，起尚宝少卿，历太常卿。魏忠贤用事，乞休归。所司将为忠贤建祠，德泳涂毁其募籍，乃止。

钱德洪，名宽，字德洪，后以字行，改字洪甫，余姚人。王守仁自尚书归里，德洪偕数十人共学焉。四方士踵至，德洪与王畿先为疏通其大旨，而后卒业于守仁。

嘉靖五年举会试,径归。七年冬,偕畿赴廷试,闻守仁讣,乃奔丧至贵溪。议丧服,德洪曰:"某有亲在,麻衣布绖弗敢有加焉。"畿曰:"我无亲。"遂服斩衰。丧归,德洪与畿筑室于场,以终心丧。十一年始成进士。累官刑部郎中。郭勋下诏狱,移部定罪,德洪据狱词论死。廷臣欲坐以不轨,言德洪不习刑名。而帝雅不欲勋死,因言官疏下德洪诏狱。所司上其罪,已出狱矣。帝曰:"始朕命刑官毋桎勋,德洪故违之,与勋不领敕何异。"再下狱。御史杨爵、都督赵卿亦在系,德洪与《讲易》不辍。久之,斥为民。

德洪既废,遂周游四方,讲良知学。时士大夫率务讲学为名高,而德洪、畿以守仁高第弟子,尤为人所宗。德洪彻悟不如畿,畿持循亦不如德洪,然畿竟入于禅,而德洪犹不失儒者矩矱云。

穆宗立,复官,进阶朝列大夫,致仕。神宗嗣位,复进一阶。卒年七十九。学者称绪山先生。

初,守仁倡道,其乡邻境从游者甚众,德洪、畿为之首。其最初受业者,则有余姚徐爱,山阴叶宗充、朱节及应良、卢可久、应典、董沄之属。

爱,字曰仁,守仁女弟夫也。正德三年进士,官至南京工部郎中。良知之说,学者初多未信,爱为疏通辨析,畅其指要。守仁言:"徐生之温恭,叶生之沉潜,朱生之明敏,皆我所不逮。"爱卒,年三十一,守仁哭之恸。一日讲毕,叹曰:"安得起曰仁九泉闻斯言乎!"率门人之其墓所,酹酒告之。

叶宗充,字希渊。正德十二年进士。官至四川提学佥事。

朱节,字守中。正德八年进士。为御史,巡按山东。大盗起颜神镇,蔓州县十数。驱驰戎马间,以劳卒。赠光禄少卿。

应良,字原忠,仙居人。正德六年进士。官编修。守仁在吏部,良学焉。亲老归养,讲学山中者将十年。嘉靖初,还任,伏阙争大礼,廷杖。张璁黜翰林为外官,良得山西副使,谢病归,卒。

卢可久,字一松。程粹,字养之。皆永康诸生。与同邑应典,皆师守仁。粹子正谊,历顺天府尹。

应典,字天彝。进士。官兵部主事。居家养母,不希荣利。通籍三十年,在官止一考。

可久传东阳杜惟熙,惟熙传同邑陈时芳、陈正道。惟熙以克己为要,尝曰:"学者一息不昧,则万古皆通;一刻少宽,即终朝欠缺。"卒年八十余。时芳博览多闻,而归于实践。岁贡不仕。正道为建安训导,年八十余,犹徒步赴五峰讲会。其门人吕一龙,永康人,言动不苟,学者咸宗之。

董沄,字子寿,海宁人。年六十八矣,游会稽,肩瓢笠诗卷谒守仁,卒请为弟子。子谷,官知县,亦受业守仁。

王畿,字汝中,山阴人。弱冠举于乡,跌宕自喜。后受业王守仁,闻其言,无底滞,守仁大喜。嘉靖五年举进士,与钱德洪并不就廷对归。守仁征思、田,留畿、德洪主书院。已,奔守仁丧,经纪葬事,持心丧三年。久之,与德洪同第进士。授南京兵部主事,进郎中。给事中戚贤等荐畿。夏言斥畿伪学,夺贤职,畿乃谢病归。畿尝云:"学当致知见性而已,应事有小过不足累。"故在官弗免干请,以不谨斥。

畿既废,益务讲学,足迹遍东南,吴、楚、闽、越皆有讲舍,年八十余不肯已。善谈说,能动人,所至听者云集。每讲,杂以禅机,亦不自讳也。学者称龙溪先生。其后,士之浮诞不逞者,率自名龙溪弟子。而泰州王艮亦受业守仁,门徒之盛,与畿相埒,学者称心斋先生。阳明学派,以龙溪、心斋为得其宗。

艮,字汝止。初名银,王守仁为更名。七岁受书乡塾,贫不能竟学。父灶丁,冬晨犯寒役于官。艮哭曰:"为人子,令父至此,得为人乎!"出代父役,入定省,惟谨。

艮读书,止《孝经》、《论语》、《大学》,信口谈说,中理解。有客闻艮言,诧曰:"何类王中丞语。"艮乃谒守仁江西,与守仁辨久之,大服,拜为弟子。明日告之悔,复就宾位自如。已,心折,卒称弟子。从守仁归里,叹曰:"吾师倡明绝学,何风之不广也!"还家,制小车北

上，所过招要人士，告以守仁之道，人聚观者千百。抵京师，同门生
骇异，匿其车，趣使返。守仁闻之，不悦。艮往谒，拒不见，长跪谢过
乃已。王氏弟子遍天下，率都爵位有气势。艮以布衣抗其间，声名
反出诸弟子上。然艮本狂士，往往驾师说上之，持论益高远，出入于
二氏。

　　艮传林春、徐樾，樾传颜钧，钧传罗汝芳、梁汝元，汝芳传杨起
元、周汝登、蔡悉。

　　樾，字子直，贵溪人。举进士。历官云南左布政使。沅江土酋
那鉴反，诈降。樾信之，抵其城下，死焉。诏赠光禄寺卿，予祭葬，任
一子官。

　　春，字子仁，泰州人。闻良知之学，日以朱墨笔识臧否自考，动
有绳检，尺寸不逾。嘉靖十一年会试第一，除户部主事，调吏部。缙
绅士讲学京师者数十人，聪明解悟善谈说者，推王畿，志行敦实推
春及罗洪先。进文选郎中，卒官，年四十四。发其箧，仅白金四两，
僚友棺敛归其丧。

　　汝芳，字维德，南城人。嘉靖三十二年进士。除太湖知县。召
诸生论学，公事多决于讲座。迁刑部主事，历宁国知府。民兄弟争
产，汝芳对之泣，民亦泣，讼乃已。创开元会，罪囚亦令听讲。入觐，
劝徐阶聚四方计吏讲学。阶遂大会于灵济宫，听者数千人。父艰，
服阕，起补东昌，移云南屯田副使，进参政，分守永昌，坐事为言官
论罢。初，汝芳从永新颜钧讲学，后钧系南京狱当死，汝芳供养狱
中，鬻产救之，得减戍。汝芳既罢官，钧亦赦归。汝芳事之，饮食必
躬进，人以为难。钧诡怪猖狂，其学归释氏，故汝芳之学亦近释。

　　杨起元、周汝登，皆万历五年进士。起元，归善人。选庶吉士，
适汝芳以参政入贺，遂学焉。张居正方恶讲学，汝芳被劾罢，而起元
自如，累官吏部左侍郎。拾遗被劾，帝不问。未几卒。天启初，追谥
文懿。汝登，嵊人。初为南京工部主事，榷税不如额，谪两淮盐运判
官，累官南京尚宝卿。起元清修姱节，然其学不讳禅。汝登更欲合

儒释而会通之，辑《圣学宗传》，尽采先儒语类禅者以入。盖万历世士大夫讲学者，多类此。

蔡悉，字士备，合肥人。嘉靖三十八年进士。授常德推官。筑郭外六堤以免水患。擢南京吏部主事，累官南京尚宝卿，移署国子监。尝请立东宫，又极论矿税之害。有学行，恬宦情。仕五十年，家食强半。清操亮节，淮西人宗之。

欧阳德，字崇一，泰和人。甫冠举乡试。之赣州，从王守仁学。不应会试者再。嘉靖二年策问阴诋守仁，德与魏良弼等直发师训无所阿，竟登第。除知六安州，建龙津书院，聚生徒论学。入为刑部员外郎。六年诏简朝士有学行者为翰林，乃改德编修。迁南京国子司业，作讲亭，进诸生与四方学者论道其中。寻改南京尚宝卿。召为太仆少卿。以便养，复改南京鸿胪卿。父忧，服阕，留养其母，与邹守益、聂豹、罗洪先日讲学。以荐起故官。累迁吏部左侍郎兼学士，掌詹事府。母忧归，服未阕，即用为礼部尚书。丧毕之官，命直无逸殿。

时储位久虚，帝惑陶仲文"二龙不相见"之说，讳言建储，德恳请。会有诏，二王出邸同日婚。德以裕王储贰不当出外，疏言："曩太祖以父婚子，诸王皆处禁中。宣宗、孝宗以兄婚弟，始出外府。今事与太祖同，请从初制。"帝不许。德又言："《会典》醮词，主器则曰承宗，分藩则曰承家。今裕王当何从？"帝不悦，曰："既云王礼，自有典制。如若言，何不竟行册立耶？"德即具册立仪上。帝滋不悦，然终谅其诚，婚亦竟不同日。裕王母康妃杜氏薨，德请用成化朝纪淑妃故事，不从。德遇事侃侃，裁制诸宗藩尤有执。或当利害，众相顾色战，德意气自如。

当是时，德与徐阶、聂豹、程文德并以宿学都显位。于是集四方名士于灵济宫，与论良知之学。赴者五千人。都城讲学之会，于斯为盛。

德器宇温粹，学务实践，不尚空虚。晚见知于帝，将柄用，而德遽卒。赠太子少保，谥文庄。

族人瑜，字汝重，亦学于守仁。守仁教之曰："常欲然无自是而已。"瑜终身践之。举于乡，不就会试，曰："老亲在，三公不与易也。"母死，庐墓侧。虎环庐嗥，不为动。历官四川参议，所至有廉惠声。年近九十而卒。

　　罗洪先，字达夫，吉水人。父循，进士。历兵部武选郎中。会考选武职，有指挥二十余人素出刘瑾门，循罢其管事。瑾怒骂尚书王敞，敞惧，归部趣易奏。循故迟之，数日瑾败，敞乃谢循。循历知镇江、淮安二府，徐州兵备副使，咸有声。

　　洪先幼慕罗伦为人。年十五，读王守仁《传习录》好之，欲往受业，循不可而止。乃师事同邑李中，传其学。嘉靖八年举进士第一，授修撰，即请告归。外舅太仆卿曾直喜曰："幸吾婿成大名。"洪先曰："儒者事业有大于此者。此三年一人，安足喜也。"洪先事亲孝，父每肃客，洪先冠带行酒、拂席、授几甚恭。居二年，诏劾请告逾期者，乃赴官。寻遭父丧，苫块蔬食，不入室者三年。继遭母忧，亦如之。

　　十八年，简宫僚，召拜春坊左赞善。明年冬，与司谏唐顺之、校书赵时春疏请来岁朝正后，皇太子出御文华殿，受群臣朝贺。时帝数称疾不视朝，讳言储贰临朝事，见洪先等疏，大怒曰："是料朕必不起也。"降手诏百余言切责之，遂除三人名。

　　洪先归，益寻求守仁学。甘淡泊，炼寒暑，跃马挽强，考图观史，自天文、地志、礼乐、典章、河渠、边塞、战阵攻守，下逮阴阳、算数，靡不精究。至人才、吏事、国计、民情，悉加意谘访。曰："苟当其任，皆吾事也。"邑田赋多宿弊，请所司均之，所司即以属。洪先精心体察，弊顿除。岁饥，移书郡邑，得粟数十石，率友人躬振给。流寇入吉安，主者失措。为画策战守，寇引去。素与顺之友善。顺之应召，欲挽之出，严嵩以同乡故，拟假边才起用，皆力辞。

　　洪先虽宗良知学，然未尝及守仁门，恒举《易大传》"寂然不动"、周子"无欲故静"之旨以告学人。又曰:"儒者学在经世,而以无欲为本。惟无欲,然后出而经世,识精而力钜。"时王畿谓良知自然,不假纤毫力。洪先非之曰:"世岂有现成良知者耶?"虽与畿交好,而持论始终不合。山中有石洞,旧为虎穴,葺茅居之,命曰石莲。谢客,默坐一榻,三年不出户。

初,告归,过仪真,同年生主事项乔为分司。有富人坐死,行万金求为地,洪先拒不听。乔微讽之,厉声曰:"君不闻志士不忘在沟壑耶?"江涨,坏其室,巡抚马森欲为营之,固辞不可。隆庆初卒,赠光禄少卿,谥文庄。

程文德,字舜敷,永康人。初受业章懋,后从王守仁游。登洪先榜进士第二,授翰林编修。坐同年生杨名劾汪鋐事,下诏狱,谪信宜典史。鋐罢,量移安福知县,迁兵部员外郎。父忧,庐墓侧,终丧不入内。起兵部郎中,擢广东提学副使,未赴,改南京国子祭酒。母忧,服阕,起礼部右侍郎。俺答犯京师,分守宣武门,尽纳乡民避寇者。调吏部为左。已,改掌詹事府。

三十三年供事西苑。所撰青词,颇有所规讽,帝衔之。会推南京吏部尚书,帝疑文德欲远己,命调南京工部右侍郎。文德疏辞,劝帝享安静和平之福。帝以为谤讪,除其名。既归,聚徒讲学。卒,贫不能殓。万历间,追赠礼部尚书,谥文恭。

吴悌,字思诚,金溪人。嘉靖十一年进士。除乐安知县,调繁宣城,征授御史。十六年,应天府进试录,考官评语失书名,诸生答策多讥时政。帝怒,逮考官谕德江汝璧、洗马欧阳衢诏狱,贬官,府尹孙懋等下南京法司,寻得还职,而停举子会试。悌为举子求宽,坐下诏狱,出视两淮盐政。海溢,没通、泰民庐,悌先发漕振之而后奏闻。寻引疾归,还朝,按河南。伊王典楧骄横,惮悌,遗书称为友。悌报曰:"殿下,天子亲藩,非悌所敢友。悌,天子宪臣,非殿下所得友。"王愈惮之。

夏言、严嵩当国,与悌乡里。尝谒言,众见言新服宫袍,竞前誉之，悌却立不进。言问故，徐曰："俟谈少间，当以政请。"言为改容。及嵩擅政，悌恶之，引疾家居垂二十年。嵩败，起故官，一岁中累迁至南京大理卿。时吴岳、胡松、毛恺并以耆俊为卿贰，与悌称"南都四君子"。隆庆元年就迁刑部侍郎。明年卒。

悌为王守仁学，然清修果介，反躬自得为多。万历中，子仁度请恤。吏部尚书孙丕扬曰："悌，理学名臣，不宜循常格。"遂用黄孔昭例，赠礼部尚书，谥文庄。乡人建祠，与陆九渊、吴澄、吴与弼、陈九川并祀，曰五贤祠，学者称疏山先生。

仁度，字继疏。万历十七年进士。授中书舍人。三王并封议起，抗疏争之。久之，擢吏部主事，历考功郎中。稽勋郎中赵邦清被劾，疑同官邓光祚等嗾言路，愤激力辨。章下考功，仁度欲稍宽邦清罚，给事中梁有年遂劾仁度党比。时光祚引疾去，而仁度代为文选，御史康丕扬复劾仁度倾光祚而代之，诏改调之南京。自邦清被论后，言路讦不已，都御史温纯恚甚，请定国是，以剖众疑，而深为仁度惜。仁度寻补南京刑部郎中，擢太仆少卿，进右佥都御史，巡抚山西，砥廉隅，务慈爱，与魏允贞齐名。居四年，以疾归。熹宗初，起大理卿，进兵部右侍郎，复称疾去。再起工部左侍郎。天启五年，魏忠贤以仁度与赵南星、杨涟等善，勒令致仕，寻卒。仁度，名父子，克自振励，邹元标亟称之。

何廷仁，初名秦，以字行，改字性之。黄弘纲，字正之。皆雩都人。廷仁和厚，与人接，诚意盎溢。而弘纲难近，未尝假色笑于人。然两人志行相准。廷仁初慕陈献章，后闻王守仁之学于弘纲。守仁征桶冈，诣军门谒，遂师事焉。嘉靖元年举于乡，复从守仁浙东。廷仁立论尚平实，守仁殁后，有为过高之论者，辄曰："此非吾师言也。"除新会知县，释菜献章祠，而后视事。政尚简易，士民爱之。迁南京工部主事，分司仪真，榷芜湖税，不私一钱。满考，即致仕。弘纲由乡举官刑部主事。

守仁之门，从游者恒数百，浙东、江西尤众，善推演师说者称弘纲、廷仁及钱德洪、王畿。时人语曰："江有何、黄，浙有钱、王。"然守仁之学，传山阴、泰州者，流弊靡所底极，惟江西多实践，安福则刘邦采，新建则魏良政兄弟，其最著云。

邦采，字君亮。族子晓受业守仁，归语邦采，遂与从兄文敏及弟侄九人谒守仁于里第，师事焉。父忧，蔬水庐墓。免丧，不复应举。提学副使赵渊檄赴试，御史储良才许以常服入闱，不解衣检察，乃就试，得中式。久之，除寿宁教谕，擢嘉兴府同知，弃官归。邦采识高明，用力果锐。守仁倡良知为学的，久益敝，有以揣摩为妙语，纵恣为自然者，邦采每极言排斥焉。

文敏，字直充。父丧除，绝意科举。尝曰："学者当循本心之明，时见己过，刮磨砥砺，以融气禀，绝外诱，征诸伦理、事物之实，无一不慊于心，而后为圣门正学，非困勉不可得入也。高谈虚悟，炫末离本，非德之贼乎？"晓，字伯光。举于乡，后为新宁知县，有善政。

良政，字师伊。守仁抚江西，与兄良弼、弟良器、良贵，咸学焉。提学副使邵锐、巡按御史唐龙持论与守仁异，戒诸生勿往谒，良政兄弟独不顾，深为守仁所许。良政功尤专，孝友敦朴，燕居无惰容，尝曰："不尤人，何人不可处；不累事，何事不可为。"举乡试第一而卒。良弼尝言，"吾梦见师伊，辄汗浃背"，其为兄惮如此。良器，字师颜。性超颖绝人，虽宗良知，践履务平实。良弼，自有传。良贵，官右副都御史。

王时槐，字子植，安福人。嘉靖二十六年进士。授南京兵部主事。历礼部郎中、福建佥事。累官太仆少卿，降光禄少卿。隆庆末，出为陕西参政。张居正柄国，以京察罢归。万历中，南赣巡抚张岳疏荐之。吏部言："六年京察，祖制也。若执政有所驱除，非时一举，谓之闰察。时槐在闰察中，群情不服，请召时槐，且永停闰察。"报可。久之，陆光祖掌铨，起贵州参政，旋擢南京鸿胪卿，进太常，皆不赴。

时槐师同县刘文敏，及仕，遍质四方学者，自谓终无所得。年五十，罢官，反身实证，始悟造化生生之几，不随念虑起灭。学者欲识真几，当从慎独入。其论性曰："孟子性善之说，决不可易。使性中本无仁义，则恻隐羞恶更何从生。且人应事接物，如是则安，不如是则不安，非善而何？"又曰："居敬、穷理，二者不可废一。要之，居敬二字尽之。自其居敬之精明了悟而言，谓之穷理，即考索讨论，亦居敬中之一事。敬无所不该，敬外更无余事也。"年八十四卒。

庐陵陈嘉谟，字世显，与时槐同年进士。为给事中，不附严嵩，出之外。历湖广参政，乞休归，专用力于学。凡及其门者，告之曰："有塘南在，可往师之。"塘南，时槐别号也。年八十三卒。

许孚远，字孟中，德清人。受学同郡唐枢。嘉靖四十一年成进士，授南京工部主事，就改吏部。已，调北部。尚书杨博恶孚远讲学，曾大计京朝官，黜浙人几半，博乡山西无一焉。孚远有后言，博不悦，孚远遂移疾去。隆庆初，高拱荐起考功主事，出为广东佥事，招大盗李茂、许俊美擒倭党七十余辈以降，录功，赉银币。旋移福建。

神宗立，拱罢政，张居正议逐拱党，复大计京官。王篆为考功，诬孚远党拱，谪两淮盐运司判官。历兵部郎中，出知建昌府，暇辄集诸生讲学，引贡士邓元锡、刘元卿为友。寻以给事中邹元标荐，擢陕西提学副使，敬礼贡士王之士，移书当路，并元卿、元锡荐之。后三人并得征，由孚远倡也。迁应天府丞，坐为李材讼冤，贬二秩，由广东佥事再迁右通政。

二十年擢右佥都御史，巡抚福建。倭陷朝鲜，议封贡，孚远请敕谕日本擒斩平秀吉，不从。吕宋国酋子讼商人袭杀其父，孚远以闻，诏戮罪人，厚犒其使。福州饥，民掠官府，孚远擒倡首者，乱稍定，而给事中耿随龙、御史甘士价等劾孚远宜斥，帝不问。所部多僧田，孚远入其六于官。又募民垦海坛地八万三千有奇，筑城建营舍，聚兵以守，因请推行于南日、彭湖及浙中陈钱、金塘、玉环、南麂诸岛，皆报可。居三年，入为南京大理卿，就迁兵部右侍郎，改左，调北部。甫半道，被论。乞休，疏屡上，乃许。又数年，卒于家，赠南京工部尚书，后谥恭简。

孚远笃信良知，而恶夫援良知以入佛者。知建昌，与郡人罗汝芳讲学不合。及官南京，与汝芳门人礼部侍郎杨起元、尚宝司卿周汝登，并主讲席。汝登以无善无恶为宗，孚远作《九谛》以难之，言："文成宗旨，原与圣门不异，以性无不善，故知无不良。良知即是未发之中，立论至为明析。无善无恶心之体一语，盖指其未发时，廓然寂然者而言之，止形容得一静字，合下三语，始为无病。今以心意知物，俱无善恶可言者，非文成之正传也。"彼此论益龃龉。而孚远抚福建，与巡按御史陈子贞不相得，子贞督学南畿，遂密讽同列拾遗劾之。从孚远游者，冯从吾、刘宗周、丁元荐，皆为名儒。

尤时熙，字季美，洛阳人。生而警敏不群，弱冠举嘉靖元年乡试。时王守仁《传习录》始出，士大夫多力排之，时熙一见叹曰："道不在是乎？向吾役志词章，末矣。"已而以疾稍从事养生家。授元氏教谕，父丧除，改官章邱，一以致良知为教，两邑士亦知新建学。入为国子博士，徐阶为祭酒，命六馆士咸取法焉。居常以不获师事守仁为恨，闻郎中刘魁得守仁之传，遂师事之。魁以直言锢诏狱，则书所疑，时时从狱中质问。寻以户部主事榷税浒墅，课足而止，不私一钱。念母老，乞终养归，遂不出，日以修己淑人为事，足未尝涉公府。斋中设守仁位，晨兴必焚香肃拜，来学者亦令展谒。晚年，病学者凭虚见而忽躬行，甚且越绳墨自恣，故其论议切于日用，不为空虚隐怪之谈。卒于万历八年，年七十有八，学者称西川先生。其门人，孟化鲤最著，自有传。

张后觉，字志仁，茌平人。父文祥，由乡举官广昌知县。后觉生有异质，事亲孝，居丧哀毁，三年不御内。早岁，闻良知之说于县教谕颜钥，遂精思力践，偕同志讲习。已而贵溪徐樾以王守仁再传弟子来为参政，后觉率同志往师之，学益有闻。久之，以岁贡生授华阴训导，会地大震，人多倾压死，上官令署县事，救灾扶伤，人胥悦服。及致仕归，士民泣送载道。

东昌知府罗汝芳、提学副使邹善皆宗守仁学，与后觉同志。善为建愿学书院，俾六郡士师事焉。汝芳亦建见泰书院，时相讨论。犹以取友未广，北走京师，南游江左，务以亲贤讲学为事，门弟子日益进。凡吏于其土及道经荏平者，莫不造庐问业。巡抚李世达两诣山居，病不能为礼，乃促席剧谈，饱蔬食而去。平生不作诗，不谈禅，不事著述，行孚远近，学者称之为弘山先生。年七十六，以万历六年卒。

其门人，孟秋、赵维新最著。秋，自有传。维新，亦荏平人，年二十，闻后觉讲良知之学，遂师事之。次其问答语，为《弘山教言》。性纯孝，居丧，五味不入口，柴毁骨立，杖而后起。乡人欲举其孝行，力辞之。丧偶，五十年不再娶。尝筑垣得金一箧，工人持之去，维新不问。家贫，或并日而食，超然自得。亦以岁贡生为长山训导，年九十二，无疾而终。

邓以赞，字汝德，新建人。张元忭，字子荩，绍兴山阴人。二人皆生有异质，又好读书。以赞幼，见父与人论学，辄牵衣尾之，间出语类凤儒。父闵其勤学，尝扃之斗室。

元忭素羸弱，母戒毋过劳，乃藏灯幕中，俟母寝始诵。十余岁时以气节自负，闻杨继盛死，为文遥诔之，慷慨泣下。父天复，官云南副使，击武定贼凤继祖有功。已，贼还袭武定，官军败绩，巡抚吕光洵讨灭之。至隆庆初，议者追理前失亡状，逮天复赴云南对簿，元忭适下第还，万里护行，发尽白。已，复驰诣阙下白冤，当事怜之，天复得削籍归。

隆庆五年，以赞举会试第一，廷试第三，授编修，而元忭以廷试第一，授修撰。万历初，座主张居正枋国政，以赞时有匡谏，居正弗善也，移疾归。久之，补原官，旋引退。诏起中允，至中途复以念母返。再起南京祭酒，就擢礼部右侍郎，复就转吏部，再疏请建储，且力斥三王并封之非,中言:"中宫钟爱元子,其愿早正春宫,视臣民尤切。陛下以厚中宫而缓册立,殆未谅中宫心。况信者,国之大宝,建储一事,屡示更移,将使诏令不信于天下,非所以重宗庙安社稷也。"会廷臣多谏者,事竟寝。寻召为吏部右侍郎,力辞不拜。以赞登第二十余年,在官仅满一考。居母忧,不胜丧而卒,赠礼部尚书,谥文洁。

元忭尝抗疏救御史胡涍,又请进讲《列女传》于两宫,修《二南》之化,皆不省。万历十年奉使楚府还,过家省母,既行心动,辄驰归,仅五日,母卒。元忭奉二亲疾,汤药非口尝弗进,居丧毁瘠,遵用古礼,乡人多化之。服阕,起故官,进左谕德,直经筵。先是,元忭以帝登极恩,请复父官,诏许给冠带。至是复申前请,格不从。元忭泣曰:"吾无以下见父母矣。"遂悒悒得疾卒。天启初,追谥文恭。

以赞、元忭自未第时即从王畿游,传良知之学,然皆笃于孝行,躬行实践。以赞品端志洁,而元忭矩矱俨然,无流入禅寂之弊。元忭子汝霖,江西参议。汝懋,御史。

孟化鲤,字叔龙,河南新安人。孟秋,字子成,茌平人。化鲤年十六,慨然以圣贤自期。而秋儿时受《诗》,至《桑中》诸篇,辄弃去不竟读。

化鲤举万历八年进士。授户部主事,时相欲招致之,辞不往。榷税河西务,与诸生讲学,河西人尸祝之。南畿、山东大饥,奉命往振,全活多。改吏部,历文选郎中,佐尚书孙鑨黜陟,名籍甚。时内阁权重,每铨除必先白,化鲤独否,中官请托复不应,以故多不悦。都给事中张栋先以建言削籍,化鲤奏起之,忤旨,夺堂官俸,谪化鲤及员外郎项复弘、主事姜仲轼杂职。阁臣疏救,命以原品调外。顷之,言官复交章救,帝益怒,夺言官俸,斥化鲤等为民。既归,筑书院川上,与学者讲习不辍,四方从游者恒数百人。久之卒。

秋举隆庆五年进士。为昌黎知县,有善政。迁大理评事,去之

日,老稚载道泣留。以职方员外郎督视山海关。关政久弛,奸人出
入自擅,秋禁之严。中流言,万历九年京察坐贬,归涂与妻孥共驾一
牛车,道旁观者咸叹息。许孚远尝过张秋,造其庐,见茆屋数椽,书
史狼藉其中,叹曰:"孟我疆风味,大江以南未有也。"我疆者,秋别
号也。后起官刑部主事,历尚宝丞少卿,卒。秋既殁,廷臣为请谥者
章数十上。天启初,赐谥清宪。

化鲤自贡入太学,即与秋道义相勖,后为吏部郎,而秋官尚宝,
比舍居,食饮起居无弗共者,时人称"二孟"。化鲤之学,得之洛阳尤
时熙,而秋受业于邑人张后觉。时熙师曰刘魁,后觉则颜钥、徐樾弟
子也。

来知德,字矣鲜,梁山人。幼有至行,有司举为孝童。嘉靖三十
一年举于乡。二亲相继殁,庐墓六年,不饮酒茹荤。服除,伤不及禄
养,终身麻衣蔬食,誓不见有司。其学以致知为本,尽伦为要。所著
有《省觉录》、《省事录》、《理学辨疑》、《心学晦明解》诸书,而《周易
集注》一篇用功尤笃。自言学莫邃于《易》。初,结庐釜山,学之六年
无所得。后远客求溪山中,覃思者数年,始悟易象。又数年始悟文
王《序卦》、孔子《杂卦》之意。又数年始悟卦变之非。盖二十九年而
后书成。

万历三十年,总督王象乾、巡抚郭子章合词论荐,特授翰林待
诏。知德力辞,诏以所授官致仕,有司月给米三石,终其身。

邓元锡,字汝极,南城人。十五丧父,水浆不入口。十七行社仓
法,惠其乡人。已为诸生,游邑人罗汝芳门,又走吉安,学于诸先达。
嘉靖三十四年举于乡,复从邹守益、刘邦采、刘阳诸宿儒论学。后不
复会试,杜门著述,逾三十年,五经皆有成书,闳深博奥,学者称潜
谷先生。

休宁范涞知南城时,重元锡。后为南昌知府,万历十六年入觐,
荐元锡及刘元卿、章潢于朝。南京祭酒赵用贤亦请征聘,如吴与弼、

陈献章故事。得旨，有司起送部试，元锡固辞。明年，御史王道显复以元锡、元卿并荐，且请仿祖宗征辟故事，无拘部试，诏令有司问病，痊可起送赴部，竟不行。二十一年，巡按御史秦大夔复并荐二人，诏以翰林待诏征之，有司敦遣上道，甫离家而卒。乡人私谥文统先生。

元锡之学，渊源王守仁，不尽宗其说。时心学盛行，谓学惟无觉，一觉即无余蕴，九容、九思、四教、六艺皆桎梏也。元锡力排之，故生平博极群书，而要归于《六经》。所著《五经绎》、《函史上下编》、《皇明书》，并行于世。

元卿，字调父，安福人。举隆庆四年乡试，明年会试，对策极陈时弊，主者不敢录。张居正闻而大怒，下所司申饬，且令人密调之，其人反以情告，乃获免。既归，师同邑刘阳，王守仁弟子也。万历二年，会试不第，遂绝意科名，务以求道为事。既累被荐，乃召为国子博士。擢礼部主事，疏请早朝勤政，又请从祀邹守益、王艮于文庙，厘正外蕃朝贡旧仪。寻引疾归，肆力撰述，有《山居草》、《还山续草》、《诸儒学案》、《贤奕编》、《思问编》、《礼律类要》、《大学新编》诸书。

潢，字本清，南昌人。居父丧，哀毁血溢。构此洗堂，联同志讲学。辑群书百二十七卷，曰《图书编》。又著《周易象义》、《诗经原体》、《书经原始》、《春秋窃义》、《礼记劄言》、《论语约言》诸书。从游者甚众。数被荐，从吏部侍郎杨时乔请，遥授顺天训导，如陈献章、来知德故事，有司月给米三石赡其家。卒于万历三十六年，年八十二。其乡人称潢自少迄老，口无非礼之言，身无非礼之行，交无非礼之友，目无非礼之书，乃私谥文德先生。自吴与弼后，元锡、元卿、潢并蒙荐辟，号"江右四君子"。

明史卷二八四
列传第一七二

儒林三

孔希学　孔彦绳　颜希惠　曾质粹　孔闻礼
孟希文　仲于陛　周冕　程接道　程克仁　张文运
邵继祖　朱梴　朱墅

孔希学，字士行，先圣五十六代孙也，世居曲阜。祖思晦，字明道，仕元为教谕，有学行。仁宗时，以思晦袭封衍圣公，卒谥文肃，子克坚袭。

克坚，字璟夫。至正六年，中书言衍圣公阶止嘉议大夫，与爵不称，乃进通奉大夫，予银印。十五年有荐其明习礼乐者，征为同知太常礼仪院事，以子希学袭封。克坚累迁国子祭酒。二十二年，克坚谢病还阙里，后起集贤学士、山东廉访使，皆不赴。

洪武元年三月，徐达下济宁，克坚称疾，遣希学来见，达送之京师。希学奏父病不能行，太祖敕谕克坚，末言"称疾则不可"。会克坚亦来朝，遇使者淮安，惶恐兼程进，见于谨身殿。问以年，对曰："臣年五十有三。"曰："尔年未迈，而病婴之。今不烦尔以官，尔家先圣后，子孙不可不学。尔子温厚，俾进学。"克坚顿首谢。即日赐宅一区，马一匹，米二十石。明日复召见，命以训厉族人。因顾侍臣曰："先圣后，特优礼之，养以禄而不任以事也。"

十一月命希学袭封衍圣公。置官属，曰掌书，曰典籍，曰司乐，曰知印，曰奏差，曰书写，各一人。立孔、颜、孟三氏教授司，教授、学录、学司各一人。立尼山、洙泗二书院，各设山长一人。复孔氏子孙及颜、孟大宗子孙徭役。又命其族人希大为曲阜世袭知县。而进衍圣公秩二品，阶赞善大夫。赐之诰曰："古之圣人，自羲、农至于文、武，法天治民，明并日月，德化之盛莫有加焉。然皆随时制宜，世有因革。至于孔子，虽不得其位，会前圣之道而通之，以垂教万世，为帝者师。其孙子思，又能传述而名言之，以极其盛。有国家者，求其统绪，尊其爵号，盖所以崇德报功也。历代以来，膺袭封者或不能绳其祖武，朕甚闵焉。当临驭之初，访世袭者得五十六代孙孔希学，大宗是绍，爰行典礼，以致褒崇。尔其领袖世儒，益展圣道之用于当世，以副朕之至望，岂不伟欤！"希大阶承事郎，赐之敕。

三年春，克坚以疾告归，遣中使慰问。疾笃，诏给驿还家，赐白金文绮，舟次邳州卒。

六年八月，希学服阕入朝，命所司致廪饩，从人皆有赐，复劳以敕，赐袭衣冠带。九月辞归，命翰林官饯于光禄寺，赍白金文绮。明年二月，希学言："先圣庙堂廊庑圮坏，祭器、乐器、法服不备，乞命有司修治。先世田，兵后多芜，而征赋如故，乞减免。"并从之。自是，每岁入朝，班亚丞相，皆加宴赉。

希学好读书，善隶法，文词尔雅。每宾客燕集，谈笑挥洒，烂然成章。承大乱之后，庙貌服物，毕力修举，尽还旧观。十四年卒。命守臣致祭。

子讷。字言伯，十七年正月袭封。命礼官以教坊乐导送至国学，学官率诸生二千余人迎于成贤街。自后，每岁入觐，给符乘传。帝既革丞相官，遂令班文臣首。讷性恭谨，处宗党有恩。建文二年卒。子公鉴袭。

公鉴，字昭文，有孝行，嗣爵二年卒。成祖即位，遣使致祭。

子彦缙，字朝绅，永乐八年袭，甫十岁，命肄业国学，久之遣归。十五年修阙里文庙成，御制碑文勒石。仁宗践阼，彦缙来朝。仁宗语侍臣曰："外蕃贡使皆有公馆。衍圣公假馆民间,非崇儒重道意。"遂赐宅东安门外。宣德四年,彦缙将遣使福建市书,咨礼部,部臣以闻,命市与之。已,奏阙里雅乐及乐舞生冠服敝坏,诏所司修治。景泰元年,帝幸学。彦缙率三氏子孙观礼,赐坐彝伦堂听讲。幸学必先期召衍圣公,自此始。彦缙幼孤,能自立,然与族人不睦。景泰六年,族祖克昫等与彦缙相讦,帝置不问。

彦缙子承庆,先卒。孙弘绪,字以敬,甫八岁,而彦缙卒。妾江诉弘绪幼弱,为族人所侵。诏遣礼部郎为治丧,而命其族父公恂理家事。驿召弘绪至京袭封,赐玉带金印,简教授一人课其学。英宗复辟,入贺。朝见便殿,握其手,置膝上,语良久。弘绪才十岁,进止有仪,帝甚悦。每岁入贺圣寿。帝闻其赐第湫隘,以大第易之。凡南城赏花、西苑较射,皆与焉。

公恂,字宗文。景泰五年举会试。闻母疾,不赴廷对。帝问礼部,得其故,遣使召之。日且午,不及备试卷,命翰林院给笔札。登第,即丁母忧归。天顺初,授礼科给事中。大学士李贤言:"公恂,至圣后,赞善司马恂,宋大贤温国公光后,宜辅导太子。"帝喜,同日超拜少詹事,侍东宫讲读。入语孝肃皇后曰:"吾今日得圣贤子孙为汝子傅。"孝肃皇后者,宪宗生母,方以皇贵妃有宠,于是具冠服拜谢,宫中传为盛事云。成化初,以言事谪汉阳知府,未至,丁父忧。服阕,还故秩,莅南京詹事府。久之卒。

弘绪少贵,又恃妇翁大学士李贤,多过举。成化五年被劾,按治,夺爵为庶人,令其弟弘泰袭。弘泰殁,爵仍归弘绪子。

弘泰,字以和。既嗣爵,弘治十一年,山东按臣言弘绪迁善改行,命复冠带。明年六月,圣殿灾,弘泰方在朝,弘绪率子弟奔救,素服哭庙,蔬食百日。弘泰还,亦斋哭如居丧。弘泰生七月而孤,奉母孝,与弘绪友爱,无间言。十六年卒,弘绪子闻韶袭。

闻韶,字知德。明年,新庙建,规制逾旧,遣大学士李东阳祭告,御制碑文勒石。正德三年以尼山、洙泗二书院及邹县子思子庙各有祀事,奏请弟闻礼主之。帝授闻礼《五经》博士,主子思子祀事,世以衍圣公弟为之。两书院各设学录一人，荐族之贤者充焉。六年，山东盗起，闻韶与巡抚赵璜请城阙里，迁曲阜县治以卫庙，不果行。嘉靖二十五年，闻韶卒，子贞干袭。

贞干，字用济。三十五年入朝。卒，子尚贤袭。

尚贤，字象之。巡抚丁以忠言："尚贤冲年，宜如弘泰例，国学肄业。"从之。万历九年，庶母郭氏讦尚贤。帝为革供奉女乐二十六户，令三岁一朝。十七年，尚贤仍请比岁入贺，许之。尚贤博识。天启元年卒。子荫椿先卒，无嗣，从弟子荫植袭。

荫植，字对寰。祖贞宁，衍圣公贞干弟也，仕为《五经》博士。父尚坦，国学生，追封衍圣公。荫植先为博士，尚贤既丧子，遂育为嗣。天启四年以覃恩加太子太保。崇祯元年加太子太傅。

孔彦绳，字朝武，衢州西安人，先圣五十九代孙也。宋建炎中，衍圣公端友扈跸南渡，因家衢州。高宗命以州学为家庙，赐田五顷，以奉祭祀。五传至洙。元至元间，命归曲阜袭封。洙让爵曲阜之弟治。

弘治十八年，衢州知府沈杰奏言："衢州圣庙，自孔洙让爵之后，衣冠礼仪，猥同氓庶。今访得洙之六世孙彦绳，请授以官，俾主祀事。"又言："其先世祭田，洪武初，轻则起科，后改征重税，请仍改轻，以供祀费。"帝可之。正德元年授彦绳翰林院《五经》博士，子孙世袭，并减其祭田之税。

彦绳卒，子承美，字永实，十四年袭。卒，子弘章，字以达，嘉靖二十六年袭。卒，子闻音，字知政，万历五年袭。卒，子贞运，字用行，四十三年袭。时以在曲阜者为孔氏北宗，在西安者为南宗云。

颜希惠，复圣五十九代孙也。洪武初，以颜子五十七代孙池为宣德府学教授。十五年改三氏学教授，以奉祀事。池，字德裕。子拳，字克膺。拳子希仁，字士元。景泰三年诏以颜、孟子孙长而贤者各一人，至京官之。其年，希仁为巡按御史顾曈所劾。诏黜希仁，召希惠人以为翰林院《五经》博士。未几，以希惠非嫡子，仍以希仁长子议为之。议，字定伯，成化元年赐第京师，入觐，驰驿以为常。议卒，

子铉，字宗器，十八年袭。卒，子重德，字尚本，正德二年袭。卒，子
从祖，字守嗣，袭。卒，无子，嘉靖四十一年以从祖从父重礼之长子
肇先为嗣。肇先，字启源。卒，子嗣慎，字用修，袭。卒，长子尹宗先
卒，次子尹祚，字永锡，万历年袭。尹祚为人博学好义，尹宗之子伯
贞既长，遂以其职让之。伯贞，字叔节，二十七年袭。卒，子幼，弟伯
廉，字叔清，三十四年袭。卒，子绍绪，崇祯十四年袭。

　　曾质粹，字好古，吉安永丰人，宗圣五十九代孙也。其先，都乡
侯据避新莽之乱，徙家豫章，子孙散居抚、吉诸郡间。成化初，山东
守臣上言："嘉祥县南武山西南，元寨山之东麓，有渔者陷入穴中，
得悬棺，碣曰曾参之墓。"诏加修筑。正德间，山东佥事钱铉访得曾
子之后一人于嘉祥山中，未几而没。嘉靖十二年，以学士顾鼎臣言，
诏求嫡嗣。于是江西抚按以质粹名闻，命回嘉祥，以衣巾奉祀。十
八年，授翰林院《五经》博士，子孙世袭。三十九年卒。子昊，未袭卒。
昊子继祖，字绳之，少病目，江西族人衮谋夺其职，为给事中刘不
息、御史刘光国所纠，于是罢衮官，而继祖仍主祀事。卒，子承业，字
洪福，万历五年袭。卒，子弘毅，字泰东，崇祯元年袭。卒，子闻达，
字象舆，十四年袭。

　　孔闻礼，字知节，衍圣公闻韶弟也。正德元年诏授翰林院《五
经》博士，以奉述圣祀事。自后，世以衍圣公弟为之。闻礼卒，嘉靖
二十五年，贞宁字用致袭。卒，万历二十二年，荫桂袭。卒，天启二
年，荫隆袭。卒，八年，尚达袭。卒，崇祯十年，荫相袭。卒，十四年，
荫锡袭。卒，十六年，荫钰袭。

　　孟希文，字士焕，亚圣五十六代孙也。洪武元年，诏以孟子五十
四代孙思谅奉祀，世复其家。思谅，字友道，子克仁，字信夫。克仁
子希文。景泰三年授希文翰林院《五经》博士，子孙世袭。卒，子元，
字长伯，弘治二年袭。卒，子公棨幼，嘉靖二年以元弟亨之子公肇
袭。公肇，字先文，少好学，事继母孔氏，以孝闻。卒，十二年，仍以
公棨袭。公棨，字橐文。卒，子彦璞，字朝玺，隆庆元年袭。卒，子承
光，万历二十九年袭。卒，子弘誉，天启三年袭。卒，子闻玉，崇祯二

年袭。

仲于陛，先贤仲子六十二代孙也。万历十五年诏以仲子五十九代孙吕为奉祀。吕子铨。铨子则显。则显子于陛。崇祯十六年以衍圣公孔荫植言，诏授于陛翰林院《五经》博士，子孙世袭，赐泗水县、济宁州田六十余顷，庙户三十一，以奉其祭祀焉。

周冕，先贤元公周子十二代孙也。其先，道州人，熙宁中，周子葬母江州，子孙因家庐山莲花峰下。景泰七年，授冕翰林院《五经》博士，子孙世袭，还乡以奉周子祀事。卒，子绣麟袭。卒，子道袭。卒，子联芳袭。卒，子济袭。卒，从弟汝忠袭。卒，子莲应袭。

程接道，先贤正公程子后也。宋淳熙间，纯公程子五世孙有居江宁者，尝主金陵书院祀事。卒，以名幼学者承之。明初失传。崇祯三年，河南巡按李日宣请以正公之后为之嗣，诏许之，遂以接道为翰林院《五经》博士，子孙世袭。十四年，土贼于大忠作乱，接道力拒，死之。

程克仁，先贤正公程子十七代孙也。世居嵩县之六浑。景泰六年授翰林院《五经》博士，子孙世袭，以奉程子祀事。卒，子继祖袭。卒，仲子世宥袭。卒，子心传袭。心传庄重寡言，为乡党所称。卒，弟宗益袭。卒，从子佳引袭。卒，从弟佳祚袭。崇祯十四年为土贼于大忠所杀。

张文运，郿人，先贤明公张子十四代孙也。天启二年授翰林院《五经》博士，子孙世袭，以奉张子祀事。崇祯三年卒，子承引，以父忧未袭。六年卒，子元祥，本朝康熙元年袭。

邵继祖，洛阳人，先贤康节公邵子二十七代孙也。崇祯三年，河南巡按吴甡请以继祖为翰林院《五经》博士，子孙世袭，以奉邵子祀事。诏从之。卒，子养醇袭。

朱梴，字孟龄，先贤文公朱子九世孙也，世居福建建安县之紫霞洲。景泰六年授翰林院《五经》博士，子孙世袭，以奉朱子祀事。梴为人淳谨，言动有则。卒，子燉，字孔晖袭。燉以事入都，中途遇盗。未几，有遗金道上者，燉守之，以还其人，人称其廉介。卒，子�垒，字元厚袭。卒,子鎏袭。卒,子法,字兆祖袭。法为人孝友。卒,子楗,字士启袭。卒,子莹,字惟玉袭。卒,子之俊,字乔之袭。

朱墅,先贤文公朱子十一世孙也。正德间,给事中戴铣、汪元锡,御史王完等相继言:"朱子,继孔子者也。孔子之后有曲阜、西安,朱子之后亦有建安、婺源。今建安恩典已隆,在婺源者,请依阙里之例,录其子孙一人,量授以官,俾掌祠事。"诏许之。嘉靖二年,授墅翰林院《五经》博士。三十八年,以本学训导席端言,令其世袭。墅卒,子镐袭。卒,子德洪袭。卒,子邦相袭。卒,子煜袭。卒,子坤袭。

明史卷二八五
列传第一七三

文苑一

杨维桢 陆居仁 钱惟善 胡翰 苏伯衡

王冕 郭奎 镏炳 戴良 王逢 丁鹤年

危素 张以宁 石光霁 秦裕伯 赵埙

宋僖等 徐一夔 赵㧑谦 乐良等

陶宗仪 顾德辉 孙作 张宪等 袁凯

高启 杨基 张羽 徐贲等 王行 唐肃

宋克等 孙蕡 王佐等 王蒙 郭传

　　明初，文学之士承元季虞、柳、黄、吴之后，师友讲贯，学有本原。宋濂、王祎、方孝孺以文雄，高、杨、张、徐、刘基、袁凯以诗著。其他胜代遗逸，风流标映，不可指数，盖蔚然称盛已。永、宣以还，作者递兴，皆冲融演迤，不事钩棘，而气体渐弱。弘、正之间，李东阳出入宋、元，朔流唐代，擅声馆阁。而李梦阳、何景明倡言复古，文自西京，诗自中唐而下，一切吐弃，操觚谈艺之士翕然宗之。明之诗文，于斯一变。迨嘉靖时，王慎中、唐顺之辈，文宗欧、曾，诗仿初唐。李攀龙、王世贞辈，文主秦、汉，诗规盛唐。王、李之持论，大率与梦阳、景明相倡和也。归有光颇后出，以司马、欧阳自命，力排李、何、王、李，而徐渭、汤显祖、袁宏道、钟惺之属，亦各争鸣一时，于是宗李、何、王、李者稍衰。至启、祯时，钱谦益、艾南英准北宋之矩蒦，张溥、陈子龙撷东汉之芳华，又一变矣。有明一代，文士卓卓表见者，其源流大抵如此。今博考诸家之集，参以众论，录其著者，作《文苑传》。

杨维桢，字廉夫，山阴人。母李，梦月中金钱坠怀，而生维桢。少时，日记书数千言。父宏，筑楼铁崖山中，绕楼植梅百株，聚书数万卷，去其梯，俾诵读楼上者五年，因自号铁崖。元泰定四年成进士，署天台尹，改钱清场盐司令。狷直忤物，十年不调。会修辽、金、宋三史成，维桢著《正统辩》千余言，总裁官欧阳元功读且叹曰："百年后，公论定于此矣。"将荐之而不果，转建德路总管府推官。擢江西儒学提举，未上，会兵乱，避地富春山，徙钱塘。张士诚累招之，不赴，遣其弟士信咨访之，因撰五论，具书复士诚，反覆告以顺逆成败之说，士诚不能用也。又忤达识丞相，徙居松江之上，海内荐绅大夫与东南才俊之士，造门纳履无虚日。酒酣以往，笔墨横飞。或戴华阳巾，披羽衣坐船屋上，吹铁笛，作《梅花弄》。或呼侍儿歌《白雪》之辞，自倚凤琶和之。宾客皆蹁跹起舞，以为神仙中人。

洪武二年，太祖召诸儒纂礼乐书，以维桢前朝老文学，遣翰林詹同奉币诣门，维桢谢曰："岂有老妇将就木，而再理嫁者邪？"明年，复遣有司敦促，赋《老客妇谣》一章进御，曰："皇帝竭吾之能，不强吾所不能则可，否则有蹈海死耳。"帝许之，赐安车诣阙廷，留百有一十日，所纂叙例略定，即乞骸骨。帝成其志，仍给安车还山。史馆胄监之士祖帐西门外，宋濂赠之诗曰"不受君王五色诏，白衣宣至白衣还"，盖高之也。抵家卒，年七十五。

维桢诗名擅一时，号铁崖体，与永嘉李孝光、茅山张羽、锡山倪瓒、昆山顾瑛为诗文友，碧桃叟释臻、知归叟释现、清容叟释信为方外友。张雨称其古乐府出入少陵、二李间，有旷世金石声。宋濂称其论撰，如睹商敦、周彝，云雷成文，而寒芒横逸。诗震荡陵厉，鬼设神施，尤号名家云。

维桢徙松江时，与华亭陆居仁及侨居钱惟善相倡和。惟善，字思复，钱塘人。至正元年，省试《罗刹江赋》，时锁院三千人，独惟善据枚乘《七发》辨钱塘江为曲江，由是得名，号曲江居士。官副提举。张士诚据吴，遂不仕。居仁，字宅之，中泰定三年乡试，隐居教授，自号云松野衲。两人既殁，与维桢同葬干山，人目为三高士墓。

胡翰，字仲申，金华人。幼聪颖异常儿。七岁时，道拾遗金，坐守待其人还之。长从兰谿吴师道、浦江吴莱学古文，复登同邑许谦之门。同郡黄溍、柳贯以文章名天下，见翰文，称之不容口。游元都，公卿交誉之。与武威余阙、宣城贡师泰尤善。或劝之仕，不应。既归，遭天下大乱，避地南华山，著书自适。文章与宋濂、王祎相上下。

太祖下金华，召见，命与许元等会食中书省。后侍臣复有荐翰者，召至金陵。时方籍金华民为兵，翰从容进曰："金华人多业儒，鲜习兵，籍之，徒糜饷耳。"太祖即罢之。授衢州教授。洪武初，聘修《元史》，书成，受赉归。爱北山泉石，卜筑其下，徜徉十数年而终，年七十有五。所著有《春秋集义》，文曰《胡仲子集》，诗曰《长山先生集》。

苏伯衡，字平仲，金华人，宋门下侍郎辙之裔也。父友龙，受业许谦之门，官萧山令，行省都事。明师下浙东，坐长子仕闽，谪徙滁州。李善长奏官之，力辞归。

伯衡警敏绝伦，博洽群籍，为古文有声。元末贡于乡。太祖置礼贤馆，伯衡与焉。岁丙午用为国子学录，迁学正。被荐，召见，擢翰林编修。力辞，乞省觐归。洪武十年，学士宋濂致仕，太祖问谁可代者，濂对曰："伯衡，臣乡人，学博行修，文词蔚赡有法。"太祖即征之，入见，复以疾辞，赐衣钞而还。二十一年聘主会试，事竣复辞还。寻为处州教授，坐表笺误，下吏死。二子恬、怡，救父，并被刑。

王冕，字元章，诸暨人。幼贫，父使牧牛，窃入学舍，听诸生诵书，暮乃返，亡其牛，父怒挞之，已而复然。母曰："儿痴如此，曷不听其所为。"冕因去依僧寺，夜坐佛膝上，映长明灯读书。会稽韩性闻而异之，录为弟子，遂称通儒。性卒，门人事冕如事性。屡应举不中，弃去，北游燕都，客秘书卿泰不花家，拟以馆职荐，力辞不就。既归，每大言天下将乱，携妻孥隐九里山，树梅千株，桃杏半之，自号梅花屋主，善画梅，求者踵至，以幅长短为得米之差。尝仿《周官》著书一卷，曰："持此遇明主，伊、吕事业不难致也。"太祖下婺州，物色得之，置幕府，授谘议参军，一夕病卒。

同时郭奎、刘炳皆早参戎幕，以诗名。

奎，字子章，巢县人。从余阙学，治经，阙亟称之。太祖为吴国公，来归，从事幕府。朱文正开大都督府于南昌，命奎参其军事，文正得罪，奎坐诛。

炳，字彦昺，鄱阳人。至正中，从军于浙。太祖起淮南，献书言事，用为中书典签。洪武初，从事大都督府，出为知县。阅两考，以病告归，久之卒。

戴良，字叔能，浦江人。通经、史百家暨医、卜、释、老之说。学古文于黄溍、柳贯、吴莱。贯卒，经纪其家。太祖初定金华，命与胡翰等十二人会食省中，日二人更番讲经、史，陈治道。明年，用良为学正，与宋濂、叶仪辈训诸生。太祖既旋师，良忽弃官逸去。辛丑，元顺帝用荐者言，授良江北行省儒学提举。良见时事不可为，避地吴中，依张士诚。久之，见士诚将败，挈家泛海，抵登、莱，欲间行归扩廓军，道梗，寓昌乐数年。

洪武六年始南还，变姓名，隐四明山。太祖物色得之。十五年召至京师，试以文，命居会同馆，日给大官膳，欲官之，以老疾固辞，忤旨。明年四月暴卒，盖自裁也。元亡后，惟良与王逢不忘故主，每形于歌诗，故卒不获其死云。

良世居金华九灵山下，自号九灵山人。

逢，字原吉，江阴人。至正中，作《河清颂》，台臣荐之，称疾辞。

张士诚据吴，其弟士德用逄策，北降于元以拒明。太祖灭士诚，欲辟用之，坚卧不起，隐上海之乌泾，歌咏自适。洪武十五年以文学征，有司敦迫上道。时子掖为通事司令，以父年高，叩头泣请，乃命吏部符止之。又六年卒，年七十。有《梧溪诗集》七卷。逄自称席帽山人。

时又有丁鹤年者，回回人。曾祖阿老丁与弟乌马儿皆巨商。元世祖征西域，军乏饷，老丁杖策军门，尽以赀献。论功，赐田宅京师，奉朝请。乌马儿累官甘肃行省左丞。父职马禄丁，以世荫为武昌县达鲁花赤，有惠政，解官，留葬其地。

至正壬辰，武昌被兵，鹤年年十八，奉母走镇江。母殁，盐酪不入口者五年。避地四明。方国珍据浙东，最忌色目人，鹤年转徙逃匿，为童子师，或寄僧舍，卖浆自给。及海内大定，牒请还武昌，而生母已道阻前死，瘗东村废宅中，鹤年恸哭行求，母告以梦，乃啮血沁骨，敛而葬焉。乌斯道为作《丁孝子传》。鹤年自以家世仕元，不忘故国，顺帝北遁后，饮泣赋诗，情词凄恻。晚学浮屠法，庐居父墓，以永乐中卒。

鹤年好学洽闻，精诗律，楚昭、庄二王咸礼敬之。正统中，宪王刻其遗文行世。

危素，字太朴，金溪人，唐抚州刺史全讽之后。少通《五经》，游吴澄、范椁门。至正元年用大臣荐授经筵检讨。修宋、辽、金三史及注《尔雅》成，赐金及宫人，不受。由国子助教迁翰林编修。纂后妃等传，事逸无据，素买饧饼饷宦寺，叩之得实，乃笔诸书，卒为全史。迁太常博士、兵部员外郎、监察御史、工部侍郎，转大司农丞、礼部尚书。

时乱将亟，素每抗论得失。十八年参中书省事，请专任平章定住总西方兵，毋迎帝师误军事，用普颜不花为参政，经略江南，立兵农宣抚使司以安畿内，任贤守令以抚流窜之民。且曰："今日之事，宜卧薪尝胆，力图中兴。"寻进御史台治书侍御史。二十年拜参知政事，俄除翰林学士承旨，出为岭北行省左丞。言事不报，弃官居房山。

素为人侃直,数有建白,敢任事。上都宫殿火,敕重建大安、睿思二阁,素谏止之。请亲祀南郊,筑北郊,以斥合祭之失。因进讲陈民间疾苦,诏为发钱粟振河南、永平民。淮南兵乱,素往廉问,假便宜发楮币,振维扬、京口饥。

居房山者四年。明师将抵燕,淮王帖木儿不花监国,起为承旨如故。素甫至而师入,乃趋所居报恩寺,入井。寺僧大梓力挽起之,曰:“国史非公莫知。公死,是死国史也。”素遂止。兵迫史库,往告镇抚吴勉辈出之,《元实录》得无失。

洪武二年授翰林侍讲学士,数访以元兴亡之故,且诏撰《皇陵碑》文,皆称旨。顷之,坐失朝,被劾罢。居一岁,复故官,兼弘文馆学士,赐小车,免朝谒。尝偕诸学士赐宴,屡遣内官劝之酒,御制诗一章,以示恩宠,命各以诗进,素诗最后成,帝独览而善之曰:“素老成,有先忧之意。”时素已七十余矣。御史王著等论素亡国之臣,不宜列侍从,诏谪居和州,守余阙庙,岁余卒。

先是,至元间,西僧嗣古妙高欲煅宋会稽诸陵。夏人杨辇真珈为江南总摄,悉掘徽宗以下诸陵,攫取金宝,哀帝后遗骨,瘗于杭之故宫,筑浮屠其上,名曰镇南,以示厌胜,又截理宗颅骨为饮器。真珈败,其资皆籍于官,颅骨亦入宣政院,以赐所谓帝师者。素在翰林时,宴见,备言始末。帝叹息良久,命北平守将购得颅骨于西僧汝纳所,谕有司厝于高坐寺西北。其明年,绍兴以永穆陵图来献,遂敕葬故陵,实自素发之云。

张以宁,字志道,古田人。父一清,元福建、江西行省参知政事。以宁年八岁,或讼其伯父于县系狱,以宁诣县伸理,尹异之,命赋《琴堂诗》,立就,伯父得释,以宁用是知名。泰定中,以《春秋》举进士,由黄岩判官进六合尹,坐事免官,滞留江、淮者十年。顺帝征为国子助教,累至翰林侍读学士,知制诰。在朝宿儒虞集、欧阳元、揭傒斯、黄溍之属相继物故,以宁有俊才,博学强记,擅名于时,人呼小张学士。

明师取元都，与危素等皆赴京，奏对称旨，复授侍讲学士，特被宠遇。帝尝登钟山，以宁与朱升、秦裕伯等扈从拥翠亭，给笔札赋诗。

洪武二年秋，奉使安南，封其主陈日煃为国王，御制诗一章遣之。甫抵境，而日煃卒，国人乞以印诏授其世子，以宁不听，留居洱江上，谕世子告哀于朝，且请袭爵。既得命，俟后使者林唐臣至，然后入境将事。事竣，教世子服三年丧，令其国人效中国行顿首稽首礼。天子闻而嘉之，赐玺书，比诸陆贾、马援，再赐御制诗八章。及还，道卒，诏有司归其柩，所在致祭。

以宁为人洁清，不营财产，奉使往还，橐被外无他物。本以《春秋》致高第，故所学尤专《春秋》，多所自得，撰《胡传辨疑》最辨博，惟《春王正月考》未就，寓安南逾半岁，始卒业。元故官来京者，素及以宁名尤重。素长于史，以宁长于经。素宋、元史藁俱失传，而以宁《春秋》学遂行。

门人石光霁，字仲濂，泰州人。读书五行俱下，洪武十三年以明经举，授国子学正，进博士，作《春秋钩元》，能传以宁之学。

裕伯，字景容，大名人。仕元，累官至福建行省郎中。遭世乱，弃官，客扬州。久之，复避地上海。居母丧尽礼。张士诚据姑苏，遣人招之，拒不纳。吴元年，太祖命中书省檄起之。裕伯对使者曰："食元禄二十余年而背之，不忠也。母丧未终，忘哀而出，不孝也。"乃上中书省固辞。洪武元年复征，称病不出。帝乃手书谕之曰："海滨民好斗，裕伯智谋之士而居此地，坚守不起，恐有后悔。"裕伯拜书，涕泗横流，不得已，偕使者入朝。授侍读学士，固辞，不允。与张以宁等扈从，登钟山拥翠亭，给笔札赋诗，甚见宠待。二年改待制，旋为治书侍御史。三年始诏设科取士，以裕伯与御史中丞刘基为京畿主考官。裕伯博辨善论说，占奏悉当帝意，帝数称之。出知陇州，卒于官。

赵埙，字伯友，新喻人，好学，工属文。元至正中举于乡，为上犹教谕。

洪武二年，太祖诏修《元史》，命左丞相李善长为监修官，前起居注宋濂、漳州府通判王袆为总裁官，征山林遗逸之士汪克宽、胡翰、宋僖、陶凯、陈基、曾鲁、高启、赵汸、张文海、徐尊生、黄箎、傅恕、王锜、傅著、谢徽为纂修官，而埙与焉。以是年二月，开局天界寺，取元《经世大典》诸书，用资参考。至八月成，诸儒并赐赍遣归。而顺帝一朝史犹未备，乃命儒士欧阳祐等往北平采遗事。明年二月还朝，重开史局，仍以宋濂、王袆为总裁，征四方文学士朱右、贝琼、朱廉、王彝、张孟兼、高逊志、李懋、李汶、张宣、张简、杜寅、殷弼、俞寅及埙为纂修官。先后纂修三十人，两局并与者，埙一人而已。阅六月，书成，诸儒多授官，惟埙及朱右、朱濂不受归。

寻召修日历，授翰林编修。高丽遣使朝贡，赐宴，乐作，使者以国丧辞。埙进曰：“小国之丧，不废大国之礼。”太祖甚悦，命与宋濂同职史馆，濂兄事之。尝奉诏撰《甘露颂》，太祖称善。出为靖江王府长史，卒。

始与埙同纂修者汪克宽、陶凯、曾鲁、高启、赵汸、贝琼、高逊志并有传，今自宋僖以下可考者，附著于篇。

宋僖，字无逸，余姚人。元繁昌教谕，遭乱归。史事竣，命典福建乡试。

陈基，字敬初，临海人。少与兄聚受业于义乌黄溍，从溍游京师，授经筵检讨。尝为人草谏章，力陈顺帝并后之失，顺帝欲罪之，引避归里。已，奉母入吴，参太尉张士诚军事。士诚称王，基独谏止，欲杀之，不果。吴平，召修《元史》，赐金而还。洪武三年冬卒。初，士诚与太祖相持，基在其幕府，书檄多指斥。及吴亡，吴臣多见诛，基独免。世所传《夷白集》，其指斥之文犹备列云。

张文海，鄞人，与同里傅恕并入史馆。

徐尊生，字大年，淳安人。《元史》成，受赐归，复同修日历。后以宋濂荐授翰林应奉,文字草制,悉称旨。寻以老疾辞还。

傅恕,字如心,鄞人。学通经史,与同郡乌斯道、郑真皆有文名。洪武二年诣阙陈治道十二策,曰:正朝廷、重守令、驭外番、增禄秩、均民田、更法役、黜异端、易服制、兴学校、慎选举、罢榷盐、停榷茶。太祖嘉纳之,遂命修《元史》。事竣,授博野知县,后坐累死。

斯道,字继善,慈谿人,与兄本良俱有学行。洪武中,斯道被荐授石龙知县,调永新,坐事谪役定远,放还,卒。斯道工古文,兼精书法。子缊,亦善诗文。洪武四年举乡试第一,授临淮教谕。入见,赐之宴,赋诗称旨,除广信教授,自号荥阳外史。

傅著,字则明,长洲人。史成,归为常熟教谕。魏观行乡饮酒礼,长洲教谕周敏侍其父南老,著侍其父玉,皆降而北面立,观礼者以为盛事焉。历官知府,卒。

谢徽,字元懿,长洲人。史成,授翰林国史院编修。寻擢吏部郎中,力辞不拜,归。复起国子助教,卒。徽博学工诗文,与同邑高启齐名。弟恭,字元功,亦能诗。

朱右,字伯贤,临海人。史成,辞归。已,征修日历、宝训,授翰林编修。迁晋府右长史。九年卒官。

朱廉,字伯清,义乌人。幼力学,从黄溍学古文。知府王宗显辟教郡学。李文忠镇严州,延为钓台书院山长。洪武初,《元史》成,不受官归。寻征修日历,除翰林编修。八年扈驾中都,进诗十章,太祖称善,为和六章赐之。已而授楚王经,迁楚府右长史。久之,辞疾归。廉好程、朱之学,尝取《朱子语类》,摘其精义,名曰《理学纂言》。

王彝,字常宗,其先蜀人,父为昆山教授,遂卜居嘉定。少孤贫,读书天台山,中师事王贞文,得兰谿金履祥之传,学有端绪。尝著论力诋杨维桢,目为文妖。《元史》成,赐银币还。又以荐入翰林,母老乞归。坐知府魏观事,与高启俱被杀。

张孟兼,浦江人,名丁,以字行。史成,授国子学录,历礼部主事、太常司丞。刘基尝为太祖言:"今天下文章,宋濂第一,其次即臣基,又次即孟兼。"太祖颔之。孟兼性傲,尝坐累谪输作。已,复官,太祖顾孟兼谓濂曰："卿门人邪？"濂对："非门人，乃邑子也。其为文有才，臣刘基尝称之。"太祖熟视孟兼曰："生骨相薄，仕宦，徐徐乃可耳。"未几，用为山西佥事。廉劲疾恶，纠摘奸猾，令相牵引，每事辄株连数十人。吏民闻张佥事行部，凛然堕胆。声闻于朝，擢山东副使。布政使吴印者，僧也，太祖骤贵之，宠眷甚，孟兼易之。印谒孟兼，由中门入，孟兼杖守门卒。已，又以他事相挂。太祖先入印言，逮笞孟兼。孟兼愤，捕为印书奏者，欲论以罪。印复上书言状，太祖大怒曰："竖儒与我抗邪！"械至阙下，命弃市。

李汶，字宗茂，当涂人。博学多才，史成，除巴东知县，移南和。晚年归里，以经学训后进。

张宣，字藻重，江阴人。洪武初，以考礼征。寻预修《元史》，太祖亲书其名，召对殿廷，即日授翰林编修，呼为小秀才。奉诏归娶，年已三十矣。六年坐事谪徙濠梁，道卒。

张简，字仲简，吴县人。初师张雨为道士，隐居鸿山。元季兵乱，以母老归养，遂返儒服。洪武三年，荐修《元史》。当元季，浙东、西士大夫以文墨相尚，每岁必联诗社，聘一二文章钜公主之，四方名士毕至，燕赏穷日夜，诗胜者辄有厚赠。临川饶介为元淮南行省参政，豪于诗，自号醉樵，尝大集诸名士赋《醉樵歌》。简诗第一，赠黄金一饼；高启次之，得白金三斤；杨基又次之，犹赠一镒。

杜寅，字彦正，吴县人。史成，官岐宁卫知事。洪武八年，番贼既降复叛，寅与经历熊鼎俱被害。

徐一夔，字大章，天台人。工文，与义乌王祎善。洪武二年八月诏纂修礼书，一夔及儒士梁寅、刘于、曾鲁、周子谅、胡行简、刘宗弼、董彝、蔡深、滕公琰并与焉。明年书成，将续修《元史》，祎方为总裁官，以一夔荐。一夔遗书曰：

　　迩者县令传命，言朝廷以续修《元史》见征，且云执事谓仆善叙事，荐之当路，私心窃怪执事何倦倦于不材多病之人也。仆素谓执事知我，今自审终不能副执事之望，何也？

近世论史者，莫过于日历，日历者，史之根柢也。自唐长寿中，史官姚璹奏请撰时政记，元和中，韦执谊又奏撰日历。日历以事系日，以日系月，以月系时，以时系年，犹有《春秋》遗意。至于起居注之说，亦专以甲子起例，盖纪事之法无逾此也。

往宋极重史事，日历之修，诸司必关白。如诏诰则三省必书，兵机边务则枢司必报，百官之进退，刑赏之予夺，台谏之论列，给舍之缴驳，经筵之论答，臣僚之转对，侍从之直前启事，中外之囊封匦奏，下至钱谷、甲兵、狱讼、造作，凡有关政体者，无不随日以录。犹患其出于吏牍，或有讹失。故欧阳修奏请宰相监修者，于岁终检点修撰官日所录事，有失职者罚之。如此，则日历不至讹失，他时会要之修取于此，实录之修取于此，百年之后纪、志、列传取于此，此宋氏之史所以为精确也。

元朝则不然，不置日历，不置起居注，独中书置时政科，遣一文学掾掌之，以事付史馆。及一帝崩，则国史院据所付修实录而已。其于史事，固甚疏略。幸而天历间虞集仿六典法，纂《经世大典》，一代典章文物粗备。

是以前局之史，既有十三朝实录，又有此书可以参稽，而一时纂修诸公，如胡仲申、陶中立、赵伯友、赵子常、徐大年辈皆有史才史学，靡而成书。至若顺帝三十六年之事，既无实录可据，又无参稽之书，惟凭采访以足成之，窃恐事未必核也，言未必驯也，首尾未必穿贯也。而向之数公，或受官，或还山，复各散去。乃欲以不材多病如仆者承之于后，仆虽欲仰副执事之望，曷以哉！谨奉状左右，乞赐矜察。

一夔遂不至。

未几，用荐署杭州教授。召修《大明日历》，书成，将授翰林院官，以足疾辞，赐文绮遣还。

赵㧑谦，名古则，更名谦，余姚人。幼孤贫，寄食山寺，与朱右、谢肃、徐一夔辈定文字交。天台郑四表善《易》，则从之受《易》。定海乐良、鄞郑真明《春秋》，山阴赵俶长于说《诗》，迨雨善乐府，广陵张昱工歌诗，无为吴志淳、华亭朱芾工草书篆隶，㧑谦悉与为友。博究《六经》、百氏之学，尤精六书，作《六书本义》，复作《声音文字通》，时目为考古先生。

洪武十二年命词臣修《正韵》，㧑谦年二十有八，应聘入京师，授中都国子监典簿。久之，以荐召为琼山县学教谕。二十八年，卒于番禺。

其后，门人柴钦，字广敬，以庶吉士与修《永乐大典》，进言其师所撰《声音文字通》当采录，遂奉命驰传，即其家取之。

乐良，字季本。迨雨，字士霖。赵俶，字本初。洪武中，官国子监博士。以年老乞归，加翰林待制。

张昱，字光弼，庐陵人。仕元，为江浙行省左、右司员外郎，行枢密院判官。留居西湖寿安坊，贫无以葺庐，酒间为瞿祐诵所作诗，笑曰：“我死埋骨湖上，题曰诗人张员外墓足矣。”太祖征至京，悯其老，曰“可闲矣”，厚赐遣还，乃自号可闲老人。年八十三卒。

吴志淳，字主一，元末知靖安、都昌二县。奏除待制翰林，为权幸所阻，避兵于鄞。

朱芾，字孟辨，洪武初，官编修，改中书舍人。

陶宗仪，字九成，黄岩人。父煜，元福建、江西行枢密院都事。宗仪少试有司，一不中即弃去，务古学，无所不窥。出游浙东、西，师事张翥、李孝光、杜本。为诗文，咸有程度，尤刻志字学，习舅氏赵雍篆法。浙帅泰不华、南台御史丑驴举为行人，又辟为教官，皆不就。张士诚据吴，署为军谘，亦不赴。

洪武四年诏征天下儒士，六年命有司举人才，皆及宗仪，引疾不赴。晚岁，有司聘为教官，非其志也。二十九年率诸生赴礼部试，读《大诰》，赐钞归，久之卒。所著有《辍耕录》三十卷，又葺《说郛》、《书史会要》、《四书备遗》，并传于世。

顾德辉，字仲瑛，昆山人。家世素封，轻财结客，豪宕自喜。年三十,始折节读书,购古书、名画、彝鼎、秘玩,筑别业于茜泾西,曰玉山佳处,晨夕与客置酒赋诗其中。四方文学士河东张翥、会稽杨维桢、天台柯九思、永嘉李孝光,方外士张雨、于彦、成琦、元璞辈,咸主其家。园池亭榭之盛,图史之富暨伎馆声伎,并冠绝一时。而德辉才情妙丽,与诸名士亦略相当。

尝举茂才,授会稽教谕,辟行省属官,皆不就。张士诚据吴,欲强以官,去隐于嘉兴之合溪。寻以子元臣为元水军副都万户,封德辉武略将军、飞骑尉、钱塘县男。母丧归绰溪,士诚再辟之,遂断发庐墓,自号金粟道人。及吴平,父子并徙濠梁。洪武二年卒。士诚之据吴也,颇收召知名士,东南士避兵于吴者依焉。

孙作,字大雅,江阴人。为文醇正典雅,动有据依。尝著书十二篇,号《东家子》,宋濂为作《东家子传》。元季,挈家避兵于吴,尽弃他物,独载书两簏。士诚廪禄之,旋以母病谢去,客松江,众为买田筑室居焉。洪武六年聘修《大明日历》,授翰林编修,乞改太平府教授。召为国子助教,寻分教中都,逾年还国学,擢授司业,归卒于家。

元末文人最盛,其以词学知名者,又有张宪、周砥、高明、蓝仁之属。

张宪,字思廉,山阴人。学诗于杨维桢,最为所许。负才不羁,尝走京师,恣言天下事,众骇其狂。还入富春山,混缁流以自放。一日,升高呼所亲,语曰:"祸至矣,亟去!"三日而寇至,死者五百家。后仕张士诚,为枢密院都事。吴平,变姓名,寄食杭州报国寺以殁。

周砥,字履道,吴人,侨无锡。博学工文词,与宜兴马治善,遭乱客治家,治为具舟车,尽穷阳羡山溪之胜。其乡多富人,与治善者咸置酒招砥。砥心厌之,一日贻书别治,夜半遁去,游会稽,殁于兵。治,字孝常,亦能诗。洪武时为内邱知县,终建昌知府。

高明,字则诚,永嘉人。至正五年进士,授处州录事,辟行省掾。方国珍叛,省臣以明谙海滨事,择以自从,与论事不合。及国珍就抚,欲留置幕下,即日解官,旅寓鄞之栎社。太祖闻其名,召之,以老疾辞，还卒于家。

蓝仁，字静之。弟智，字明之，崇安人。元时，清江杜本隐武夷，崇尚古学，仁兄弟俱往师之，授以四明任士林诗法，遂谢科举，一意为诗。后辟武夷书院山长，迁邵武尉，不赴。内附后，例徙濠梁，数月放归，卒。智，洪武十年被荐，起家广西佥事，著廉声。

袁凯，字景文，松江华亭人。元末为府吏，博学有才辨，议论飙发，往往屈座人。洪武三年荐授御史。武臣恃功骄恣，得罪者渐众，凯上言：“诸将习兵事，恐未悉君臣礼。请于都督府延通经学古之士，令诸武臣赴都堂听讲，庶得保族全身之道。”帝敕台省延名士直午门，为诸将说书。后帝虑囚毕，命凯送皇太子覆讯，多所矜减。凯还报，帝问：“朕与太子孰是？”凯顿首言：“陛下法之正，东宫心之慈。”帝以凯老猾持两端，恶之。凯惧，佯狂免，告归，久之以寿终。

凯工诗，有盛名。性诙谐，自号海叟。背戴乌巾，倒骑黑牛，游行九峰间，好事者至绘为图。初，在杨维桢座，客出所赋《白燕诗》，凯微笑，别作一篇以献。维桢大惊赏，遍示座客，人遂呼袁白燕云。

高启，字季迪，长洲人。博学工诗。张士诚据吴，启依外家，居吴淞江之青邱。洪武初，被荐，偕同县谢徽召修《元史》，授翰林院国史编修官，复命教授诸王。三年秋，帝御阙楼，启、徽俱入对，擢启户部右侍郎，徽吏部郎中。启自陈年少不敢当重任，徽亦固辞，乃见许。已，并赐白金放还。启尝赋诗，有所讽刺，帝嗛之未发也。及归，居青邱，授书自给。知府魏观为移其家郡中，旦夕延见，甚欢。观以改修府治，获谴。帝见启所作《上梁文》，因发怒，腰斩于市，年三十有九。

明初，吴下多诗人，启与杨基、张羽、徐贲称四杰，以配唐王、杨、卢、骆云。

基，字孟载，其先蜀嘉州人，祖宦吴中，生基，遂家焉。九岁背诵《六经》，及长著书十万余言，名曰《论鉴》。遭乱，隐吴之赤山。张士诚辟为丞相府记室，未几辞去，客饶介所。明师下平江，基以饶氏客安置临濠，旋徙河南。洪武二年放归。寻起为荥阳知县，谪居钟离。被荐为江西行省幕官，以省臣得罪，落职。六年起官，奉使湖广。召还，授兵部员外郎，迁山西副使。进按察使，被谗夺官，谪输作，竟卒于工所。初，会稽杨维桢客吴中，以诗自豪。基于座上赋《铁笛歌》，维桢惊喜，与俱东，语从游者曰："吾在吴，又得一铁矣。若曹就之学，优于老铁学也。"

张羽，字来仪，后以字行，本浔阳人。从父宦江、浙，兵阻不获归，与友徐贲约，卜居吴兴。领乡荐，为安定书院山长，再徙于吴。洪武四年征至京师，应对不称旨，放还。再征授太常司丞。太祖重其文，十六年自述滁阳王事，命羽撰庙碑。寻坐事窜岭南，未半道，召还。羽自知不免，投龙江以死。羽文章精洁有法，尤长于诗，作画师小米。

徐贲，字幼文，其先蜀人，徙常州，再徙平江。工诗，善画山水。张士诚辟为属，已谢去。吴平，谪徙临濠。洪武七年被荐至京。九年春，奉使晋、冀，有所廉访。暨还，检其橐，惟纪行诗数首，太祖悦，授给事中。改御史，巡按广东。又改刑部主事，迁广西参议。以政绩卓异，擢河南左布政使。大军征洮、岷，道其境，坐犒劳不时，下狱瘐死。

王行，字止仲，吴县人。幼随父依卖药徐翁家，徐媪好听稗官小说，行日记数本，为媪诵之。媪喜，言于翁，授以《论语》，明日悉成诵。翁大异之，俾尽读家所有书，遂淹贯经史百家言。未弱冠，谢去，授徒齐门，名士咸与交。富人沈万三延之家塾，每文成，酬白金镒计，行辄麾去曰："使富而可守，则然脐之惨不及矣。"洪武初，有司延为学校师。已，谢去，隐于石湖。其二子役于京，行往视之，凉国公蓝玉馆于家，数荐之太祖，得召见。后玉诛，行父子亦坐死。

始吴中用兵，所在多列炮石自固，行私语所知曰："兵法柔能制刚，若植大竹于地，系布其端，炮石至，布随之低昂，则人不能害，而炮石无所用矣。"后常遇春取平江，果如其法。行亦自负知兵，以及于祸云。

　　初，高启家北郭，与行比邻，徐贲、高逊志、唐肃、宋克、余尧臣、张羽、吕敏、陈则皆卜居相近，号北郭十友，又称十才子。启、贲、逊志、羽自有传。

　　唐肃，字处敬，越州山阴人。通经史，兼习阴阳、医卜、书数，少与上虞谢肃齐名，称会稽二肃。至正壬寅举乡试。张士诚时，为杭州黄冈书院山长，迁嘉兴路儒学正。士诚败，例赴京。寻以父丧还。洪武三年用荐召修礼乐书，擢应奉翰林文字。其秋，科举行，为分考官，免归。六年谪佃濠梁，卒。子之淳，字愚士，宋濂亟称之。建文二年，用方孝孺荐，擢翰林侍读，与孝孺共领修书事，卒于官。

　　谢肃，官至福建佥事，坐事死。

　　宋克，字仲温，长洲人。伟躯干，博涉书史。少任侠，好学剑走马，家素饶，结客饮博。迨壮，谢酒徒，学兵法，周流无所遇，益以气自豪。张士诚欲罗致之，不就。性抗直，与人议论期必胜，援古切今，人莫能难也。杜门染翰，日费十纸，遂以善书名天下。时有宋广，字昌裔，亦善草书，称二宋。洪武初，克任凤翔同知，卒。

　　尧臣，字唐卿，永嘉人。入吴，为士诚客。城破，例徙濠梁。洪武二年放还，授新郑丞。

　　吕敏，字志学，无锡人。元时为道士，洪武初，官无锡教谕。十三年举人才，不知其官所终。

　　陈则，字文度，昆山人。洪武六年举秀才，授应天府治中。俄擢户部侍郎，以阅实户口，出为大同府同知，进知府。

　　孙蕡，字仲衍，广东顺德人。性警敏，书无所不窥。诗文援笔立就，词采烂然。负节概，不妄交游。何真据岭南，开府辟士，与王佐、赵介、李德、黄哲并受礼遇，称五先生。廖永忠南征，蕡为真草降表，永忠辟典教事。洪武三年始行科举，蕡与其选，授工部织染局使，迁虹县主簿。兵燹后，贲劳徕安辑，民多复业。居一年，召为翰林典籍，与修《洪武正韵》。九年遣监祀四川。居久之，出为平原主簿。坐累逮系，俾筑京师望都门城垣。贲讴吟为粤声，主者以奏。召见，命诵所歌诗，语皆忠爱，乃释之。十五年起为苏州经历，复坐累戍辽东。已，大治蓝玉党，贲尝为玉题画，遂论死。临刑，作诗长讴而逝。时门生黎贞亦戍辽东，贲尸乃得收敛。贞，字彦晦，新会人。工诗文，尝为本邑训导，以事被诬，戍辽阳十八年，从游者甚众。放还卒。

贲所著，有《通鉴前编纲目》、《孝经集善》、《理学训蒙》及《西庵集》、《和陶集》，多佚不传。番禺赵纯称其究极天人性命之理，为一时儒宗云。

王佐，字彦举，先河东人，元末侍父官南雄，经乱不能归，遂占籍南海。与贲结诗社。构辞敏捷，佐不如贲；句意沉著，贲亦不如佐。何真使佐掌书记，参谋议。真归朝，佐亦还里。洪武六年被荐，征为给事中。太祖赐宋濂黄马，复为歌，命侍臣属和，佐立成。性不乐枢要，将告归。时告者多获重谴，或尼之曰："君少忍，独不虞性命邪？"佐乃迟徊二年，卒乞骸归。

赵介，字伯贞，番禺人。博通六籍及释、老书。气豪迈，无仕进意。行以囊自随，遇景，赋诗投其中，日往来西樵泉石间。有司累荐，皆辞免。洪武二十二年坐累逮赴京，卒于南昌舟次。四子，洁、绚、绎、纯，皆善诗文，工篆隶。绚，隐居不出，有父风。纯，仕御史。

李德，字仲修，番禺人。洪武三年以明经荐授洛阳典史，历南阳、西安二府幕官，并能其职。以年衰乞改汉阳教谕，秩满，调义宁。义宁在粤西，荒陋甚，德为振举，文教渐兴，解官归卒。德初好为诗，晚究洛、闽之学，谓诚意为古圣哲心要，故岭南人称理学，必曰李仲修云。

黄哲，亦番禺人。历仕州郡，以治行称。

王蒙，字叔明，湖州人，赵孟𫖯之甥也。敏于文，不尚架度。工画山水，兼善人物。少时赋宫词，仁和俞友仁见之，曰"此唐人佳句也”，遂以妹妻焉。元末官理问，遇乱，隐居黄鹤山，自称黄鹤山樵。洪武初，知泰安州事。尝谒胡惟庸于私第，与会稽郭传、僧知聪观画。惟庸伏法，蒙坐事被逮，瘐死狱中。

郭传，一名正传，字文远。洪武七年，帝御武楼，赐学士宋濂坐，谓曰：“天下既定，朕方垂意宿学之士，卿知其人乎？”对曰：“会稽有郭传者，学有渊源，其文雄赡新丽，其议论根据《六经》，异才也。”既而濂持其文以进，帝召见于谨身殿，授翰林应奉，直起居注。迁兵部主事，再迁考功监丞，进监令，出署湖广布政司参政。

明史卷二八六
列传第一七四

文苑二

林鸿 郑定等　王绂 夏昶　沈度 弟粲
滕用亨等　聂大年　刘溥 苏平等　张弼
张泰 陆釴 陆容　程敏政　罗玘
储巏　李梦阳 康海　王九思　王维桢
何景明　徐祯卿 杨循吉　祝允明　唐寅
桑悦　边贡　顾璘 弟瑮　陈沂等
郑善夫 殷云霄　方豪等　陆深 王圻
王廷陈　李濂

　　林鸿,字子羽,福清人。洪武初,以人才荐,授将乐县训导,历礼部精膳司员外郎。性脱落,不善仕,年未四十自免归。闽中善诗者,称十才子,鸿为之冠。十才子者,闽郑定,侯官王褒、唐泰,长乐高棅、王恭、陈亮,永福王偁及鸿弟子周元、黄元,时人目为二元者也。

　　鸿论诗,大指谓汉、魏骨气虽雄,而菁华不足。晋祖元虚,宋尚条畅,齐、梁以下但务春华,少秋实。惟唐作者可谓大成。然贞观尚习故陋,神龙渐变常调,开元、天宝间声律大备,学者当以是为楷式。闽人言诗者率本于鸿。

　　晋府引礼舍人浦源，字长源，无锡人也。慕鸿名，逾岭访之。造其门，二元请诵所作，曰："吾家诗也。"鸿延之入社。

　　郑定，字孟宣，尝为陈友定记室。友定败，浮海亡交、广间。久之，还居长乐。洪武中，征授延平府训导，历国子助教。

　　王褒，字中美，鸿之兄子婿也。为长沙学官，迁永丰知县。永乐中，召入，预修《大典》，擢汉府纪善。

　　唐泰，字亨仲。洪武二十七年进士。历陕西副使。

　　高棅，字彦恢，更名廷礼，别号漫士。永乐初，以布衣召入翰林，为待诏，迁典籍。性善饮，工书画，尤专于诗。其所选《唐诗品汇》、《唐诗正声》，终明之世，馆阁宗之。

　　王恭，字安中，隐居七岩山，自称皆山樵者。永乐初，以儒士荐起待诏翰林，年六十余，与修《大典》。书成，授翰林院典籍。

　　陈亮，字景明。自以故元儒生，明兴累诏不出，作《陈抟传》以见志。结草屋沧洲中，与三山耆彦为九老会，终其身不仕。

　　王偁，字孟敭。父翰仕元，抗节死，偁方九岁，父友吴海抚教之。洪武中，领乡荐，入国学，陈情养母。母殁，庐墓六年。永乐初，用荐授翰林检讨，与修《大典》。学博才雄，最为解缙所重。自负无辈行，独推让同官王洪。

　　王洪者，字希范，钱塘人。八岁能文，十八成进士，授吏科给事中。改翰林检讨，偕偁等与修《大典》。历修撰、侍讲。帝颁佛曲于塞外，命洪为文，逡巡不应诏。为同列所排，不复进用，卒官。而偁后坐累谪交阯，复以缙事连及，系死狱中。

　　黄元，字元之，将乐人。闻鸿弃官归，遂携妻子居闽县，以岁贡官泉州训导。

　　周元，字微之，闽县人。永乐中，以文学征，授礼部员外郎。尝挟书千卷止高棅家，读十年，辞去，尽弃其书，曰："在吾腹笥矣。"

　　同时赵迪、林敏、陈仲宏、郑关、林伯璟、张友谦亦以能诗名，皆鸿之弟子。

　　王绂，字孟端，无锡人。博学，工歌诗，能书，写山木竹石，妙绝一时。洪武中，坐累戍朔州。永乐初，用荐，以善书供事文渊阁。久之，除中书舍人。

　　绂未仕时，与吴人韩奕为友，隐居九龙山，遂自号九龙山人。于书法，动以古人自期。画不苟作，游览之顷，酒酣握笔，长廊素壁淋漓沾洒。有投金币购片楮者，辄拂袖起，或闭门不纳，虽豪贵人勿顾也。有谏之者，绂曰："丈夫宜审所处，轻者如此，重者将何以哉！"在京师，月下闻吹箫声，乘兴写《石竹图》，明旦访其人赠之，则估客也。客以红氍毹馈，请再写一枝为配。绂索前画裂之，还其馈。一日退朝，黔国公沐晟从后呼其字，绂不应。同列语之曰："此黔国公也。"绂曰："我非不闻之，是必与我索画耳。"晟走及之，果以画请，绂颔之而已。逾数年，晟复以书来，绂始为作画。既而曰："我画直遗黔公不可。黔公客平仲微者，我友也，以友故与之，俟黔公与求则可耳。"其高介绝俗如此。

　　昆山夏昶者，亦善画竹石，亚于绂。画竹一枝，直白金一锭，然人多以馈遗得之。昶，字仲昭，永乐十三年进士，改庶吉士，历官太常寺卿。昶与上元张益，同中进士，同以文名，同善画竹。其后，昶见益《石渠阁赋》，自谓不如，遂不复作赋。益见昶所画竹石，亦遂不复画竹。益死土木之难。

　　仲微，名显，钱塘人。尝知滕县事，谪戍云南。其为诗颇豪放自喜，云南诗人称平、居、陈、郭，显其一也。

　　沈度，字民则。弟粲，字民望。松江华亭人。兄弟皆善书，度以婉丽胜，粲以遒逸胜。度博涉经史，为文章绝去浮靡。洪武中，举文学，弗就。坐累谪云南，岷王具礼币聘之，数进谏，未几辞去。都督瞿能与偕入京师。成祖初即位，诏简能书者入翰林，给廪禄，度与吴县滕用亨、长乐陈登同与选。是时解缙、胡广、梁潜、王琏皆工书，度最为帝所赏，名出朝士右。日侍便殿，凡金版玉册，用之朝廷，藏秘府,颁属国,必命之书。遂由翰林典籍擢检讨,历修撰,迁侍讲学士。粲自翰林待诏迁中书舍人,擢侍读,进阶大理少卿。兄弟并赐织金衣,镂姓名于象简,泥之以金。赠父母如其官,驰传归,告于墓。

昆山夏昺者,字孟旸,与其弟昶以善书画闻,同官中书舍人,时号大小中书,而度、粲号大小学士。

度性敦实,谦以下人,严取与。有训导介其友求书,请识姓字于上。度沈思曰:"得非曩讦奏有司者耶?"遽却之。其友固请,终不肯书姓名。其在内廷备顾问,必以正对。粲笃于事兄,已有赐,辄归其兄。

滕用亨,初名权,字用衡。精篆隶书。被荐时年七十矣,召见,大书麟凤龟龙四字以进,又献《贞符诗》三篇。授翰林待诏,与修《永乐大典》。用亨善鉴古,尝侍帝观画卷,未竟,众目为赵伯驹,用亨曰:"此王诜笔也。"至卷尾,果然。

陈登,字思孝。初仕罗田县丞,改兰谿,再改浮梁。选入翰林,仍给县丞禄,历十年始授中书舍人。登于六书本原,博考详究,用力甚勤。自周、秦以来,残碑断碣,必穷搜摩揭,审度而辨定之。得其传者,太常卿南城程南云也。

聂大年,字寿卿,临川人。父同文,洪武中,官翰林侍书、中书舍人。燕王入京师,迎谒,道暍死。死后五月而大年生,母胡抚之。比长,博学,善诗古文。叶盛称其诗,谓三十年来绝唱也。书得欧阳率更法。宣德末,荐授仁和训导。母卒,归葬,哀感行路。里人列其母子贤行上之有司,诏旌其门。服阕,分教常州,迁仁和教谕。景泰六年荐入翰林,未几得疾卒。

始,尚书王直以诗寄钱塘戴文进索画,自序昔与文进交,尝戏作诗一联,至是十年始成之。大年题其后曰:"公爱文进之画,十年不忘。使以是心待天下贤者,天下宁复有遗贤哉。"直闻其言,不怒亦不荐。及大年疾笃,作诗贻直,有"镜中白发孰怜我,湖上青山欲待谁"句,直曰,"此欲吾志其墓耳",遂为之志。

刘溥,字原博,长洲人。祖彦,父士宾,皆以医得官。溥八岁赋《沟水诗》,时目为圣童。长侍祖父游两京,研究经史兼通天文、历数。宣德时,以文学征。有言溥善医者,授惠民局副使,调太医院吏目。耻以医自名,日吟咏为事。其诗初学西昆,后更奇纵,与汤允勣、苏平、苏正、沈愚、王淮、晏铎、邹亮、蒋忠、王贞庆号"景泰十才子",溥为主盟。

允勣,东瓯王和曾孙,自有传。苏平,字秉衡,弟正,字秉贞,海宁人。兄弟并以布衣终。沈愚,字通理,昆山人。业医终其身。王淮,字柏源,慈谿人。

晏铎,字振之,富顺人。由庶吉士授御史,历按两畿、山东,所至有声。坐言事谪上高典史,邻境寇发,官兵不能讨,铎捕灭之,归所掠于民。邹亮,字克明,长洲人。用况钟荐,擢吏部司务,迁御史。蒋忠,字主忠,仪真人,徙居句容。王贞庆,字善甫,驸马都尉宁子也。折节好士,有诗名,诗称金粟公子。

张弼,字汝弼,松江华亭人。成化二年进士。授兵部主事,进员外郎。迁南安知府,地当两广冲,奸人聚山谷为恶,悉捕灭之。毁淫祠百数十区,建为社学。谢病归,士民为立祠。

弼自幼颖拔,善诗文,工草书,怪伟跌宕,震撼一世。自号东海。张东海之名,流播外裔。为诗,信手纵笔,多不属稿,即有所属,以书故,辄为人持去。与李东阳、谢铎善。尝自言:"吾平生,书不如诗,诗不如文。"东阳戏之曰:"英雄欺人每如此,不足信也。"铎称其好学不倦,诗文成一家言。子弘至,自有传。

张泰,字亨父,太仓人。陆钶,字鼎仪,昆山人。陆容,字文量,亦太仓人。三人少齐名,号"娄东三凤"。泰举天顺八年进士,选庶吉士，授检讨，迁修撰。为人恬淡自守，诗名亚李东阳。弘治间，艺苑皆称李怀麓、张沧洲，东阳有《怀麓堂集》，泰有《沧洲集》也。

钎与泰同年进士，殿试第二。授编修，历修撰、谕德。孝宗立，以东宫讲读劳，进太常少卿兼侍读，得疾归。泰、钎皆早卒。

容，成化中进士。授南京主事，进兵部职方郎中。西番进狮子，奏请大臣往迎，容谏止之。迁浙江参政，罢归。

程敏政，字克勤，休宁人，南京兵部尚书信子也。十岁侍父官四川，巡抚罗绮以神童荐。英宗召试，悦之，诏读书翰林院，给廪馔。学士李贤、彭时咸爱重之，贤以女妻焉。成化二年进士及第，授编修，历左谕德，直讲东宫。翰林中，学问该博称敏政，文章古雅称李东阳，性行真纯称陈音，各为一时冠。孝宗嗣位，以宫僚恩擢少詹事兼侍讲学士，直经筵。

敏政，名臣子，才高负文学，常俯视侪偶，颇为人所疾。弘治元年冬，御史王嵩等以雨灾劾敏政，因勒致仕。五年起官，寻改太常卿兼侍读学士，掌院事。进礼部右侍郎，专典内阁诰敕。十二年与李东阳主会试，举人徐经、唐寅预作文，与试题合。给事中华昶劾敏政鬻题，时榜未发，诏敏政毋阅卷，其所录者令东阳会同考官覆校。二人卷皆不在所取中，东阳以闻，言者犹不已。敏政、昶、经、寅俱下狱，坐经尝贽见敏政，寅尝从敏政乞文，黜为吏，敏政勒致仕，而昶以言事不实调南太仆主簿。敏政出狱愤恚，发痈卒。后赠礼部尚书。或言敏政之狱，傅瀚欲夺其位，令昶奏之。事秘，莫能明也。

罗玘，字景鸣，南城人。博学，好古文，务为奇奥。年四十困诸生，输粟入国学。邱濬为祭酒，议南人不得留北监。玘固请不已，濬骂之曰："若识几字，倔强乃尔！"玘仰对曰："惟中秘书未读耳。"濬姑留之，他日试以文，乃大惊异。成化末，领京闱乡试第一。明年举进士，选庶吉士，授编修。益肆力古文，每有作，或据高树，或闭坐一室，瞑目隐度，形容灰槁。自此文益奇，玘亦厚自负。

尤尚节义。台谏救刘逊尽下狱，玘言当优容以全国体。中官李广死，遗一籍，具识大臣贿交者。帝怒，命言官指名劾奏。玘上言曰："大臣表正百僚，今若此，固宜置重典。然天下及四裔皆仰望之，一旦指名暴其恶，启远人慢朝廷心。言官未见籍记，凭臆而论，安辨玉石？一经攻摘，且玷终身。臣请降敕密谕，使引疾退，或斥以他事，庶不为朝廷羞，而仕路亦清。"李梦阳下狱，玘言："寿宁侯托肺腑，当有以保全之。梦阳不保，为侯累。"帝深纳焉。秩满，进侍读。

正德初，迁南京太常少卿。刘瑾乱政，李东阳依违其间。玘，东阳所举士也，贻书责以大义，且请削门生之籍。寻进本寺卿，擢南京吏部右侍郎。遇事严谨，僚属畏惮。畿辅盗纵横，而皇储未建，玘疏论激切，且侵执政者。七年冬，考绩赴都，遂引疾致仕归。宁王宸濠慕其名，遣使馈，玘避之深山。及叛，玘已病，驰书守臣约讨贼，事未举而卒。嘉靖初，赐谥文肃，学者称圭峰先生。

储巏，字静夫，泰州人。九岁能属文。母疾，刲股疗之，卒不起。家贫，力营墓域。旦哭冢，夜读书不辍。成化十九年乡试，明年会试，皆第一。授南京考功主事。孝宗嗣位，疏荐前直谏贬谪者，主事张吉、王纯，中书舍人丁玑，进士李文祥，吉等皆录用。久之，进郎中。吏部尚书耿裕知其贤，调北部，考注臧否，一出至公。尝核实一官，裕欲改其评，巏正色曰："公所执，何异王介甫！"群僚咸在侧，裕大惭，徐曰："郎中言是，然非我莫能容也。"擢太仆少卿，请命史官记注言动，如古左右史，时不能用。进本寺卿。

武宗立，塞上有警，条御边五事，又陈马政病民者四事，多议行。正德二年改左佥都御史，总督南京粮储。召为户部右侍郎，寻转左，督仓场，所至宿弊尽厘。刘瑾用事，数陵侮大臣，独敬巏，称为先生。巏愤其所为，五年春，引疾求去。诏许乘传，有司俟疾瘳以闻。其秋，瑾败，以故官召，辞不赴。后起南京户部左侍郎，就改吏部，卒官。

巏体貌清羸，若不胜衣。淳行清修，介然自守。工诗文。好推引知名士，辟远非类，不恶而严。进士顾璘尝谒尚书邵宝，宝语曰：“子立身，当以柴墟为法。”柴墟者，巙别号也。嘉靖初，赐谥文懿。

李梦阳，字献吉，庆阳人。父正，官周王府教授，徙居开封。母梦日堕怀而生，故名梦阳。弘治六年举陕西乡试第一，明年成进士，授户部主事。迁郎中，榷关，格势要，构下狱，得释。

十八年应诏上书，陈二病、三害、六渐，凡五千余言，极论得失。末言：“寿宁侯张鹤龄招纳无赖，罔利贼民，势如翼虎。”鹤龄奏辨，摘疏中“陛下厚张氏”语，诬梦阳讪母后为张氏，罪当斩。时皇后有宠，后母金夫人泣诉帝，帝不得已，系梦阳锦衣狱。寻宥出，夺俸。金夫人诉不已，帝弗听，召鹤龄闲处，切责之，鹤龄免冠叩头乃已。左右知帝护梦阳，请毋重罪，而予杖以泄金夫人愤。帝又弗许，谓尚书刘大夏曰：“若辈欲以杖毙梦阳耳，吾宁杀直臣快左右心乎！”他日，梦阳途遇寿宁侯，詈之，击以马箠，堕二齿，寿宁侯不敢校也。

孝宗崩，武宗立，刘瑾等八虎用事，尚书韩文与其僚语及而泣。梦阳进曰：“公大臣，何泣也？”文曰：“奈何？”曰：“比言官劾群奄，阁臣持其章甚力，公诚率诸大臣伏阙争，阁臣必应之，去若辈易耳。”文曰“善。”属梦阳属草。会语泄，文等皆逐去。瑾深憾之，矫旨谪山西布政司经历，勒致仕。既而瑾复摭他事下梦阳狱，将杀之，康海为说瑾，乃免。

瑾诛，起故官，迁江西提学副使。令甲，副使属总督，梦阳与相抗，总督陈金恶之。监司五日会揖巡按御史，梦阳又不往揖，且敕诸生毋谒上官，即谒，长揖毋跪。御史江万实亦恶梦阳。淮王府校与诸生争，梦阳笞校。王怒，奏之，下御史按治。梦阳恐万实右王，讦万实。诏下总督金行勘，金檄布政使郑岳勘之。梦阳伪撰万实劾金疏以激怒金，并构岳子沄通贿事。宁王宸濠者浮慕梦阳，尝请撰《阳春书院记》，又恶岳，乃助梦阳劾岳。万实复奏梦阳短，及伪为奏章事。参政吴廷举亦与梦阳有隙，上疏论其侵官，不俟命径去。诏遣大理卿燕忠往鞫，召梦阳，羁广信狱。诸生万余为讼冤，不听。劾梦阳陵轹同列,挟制上官,遂以冠带闲住去。亦褫岳职,谪戍沄,夺廷举俸。

梦阳既家居,益踉弛负气,治园池,招宾客,日纵侠少射猎繁台、晋邱间,自号空同子,名震海内。宸濠反诛,御史周宣劾梦阳党逆,被逮。大学士杨廷和、尚书林俊力救之,坐前作《书院记》,削籍。顷之卒。子枝,进士。

梦阳才思雄骛,卓然以复古自命。弘治时,宰相李东阳主文柄,天下翕然宗之,梦阳独讥其萎弱。倡言文必秦、汉,诗必盛唐,非是者弗道。与何景明、徐祯卿、边贡、朱应登、顾璘、陈沂、郑善夫、康海、王九思等号“十才子”,又与景明、祯卿、贡、海、九思、王廷相号“七才子”,皆卑视一世,而梦阳尤甚。吴人黄省曾、越人周祚,千里致书,愿为弟子。迨嘉靖朝,李攀龙、王世贞出,复奉以为宗。天下推李、何、王、李为四大家,无不争效其体。华州王维桢以为七言律自杜甫以后,善用顿挫倒插之法,惟梦阳一人。而后有讥梦阳诗文者,则谓其模拟剽窃,得史迁、少陵之似,而失其真云。

康海,字德涵,武功人。弘治十五年殿试第一,授修撰。与梦阳辈相倡和,訾议诸先达,忌者颇众。正德初,刘瑾乱政。以海同乡,慕其才,欲招致之,海不肯往。会梦阳下狱,书片纸招海曰:“对山救我。”对山者,海别号也。海乃谒瑾,瑾大喜,为倒屣迎。海因设诡辞说之,瑾意解,明日释梦阳。逾年,瑾败,海坐党,落职。

王九思,字敬夫,鄠人。弘治九年进士。由庶吉士授检讨。寻调吏部,至郎中,亦以瑾党谪寿州同知。复被论,勒致仕。

海、九思同里、同官,同以瑾党废。每相聚沜东鄠、杜间,挟声伎酣饮,制乐造歌曲,自比俳优,以寄其怫郁。九思尝费重赏购乐工学琵琶。海挝弹尤善。后人传相仿效,大雅之道微矣。

王维桢,字允宁。嘉靖十四年进士。擢庶吉士,累官南京国子祭酒。家居,地大震,压死。维桢顾而晢,自负经世才,职文墨,不得少效于世,使酒谩骂,人多畏而远之。于文好司马迁,于诗好杜甫,而其意以梦阳兼此二人。终身所服膺效法者,梦阳也。

何景明,字仲默,信阳人。八岁能诗古文。弘治十一年举于乡,年方十五,宗藩贵人争遣人负视,所至聚观若堵。十五年第进士,授中书舍人。与李梦阳辈倡诗古文,梦阳最雄骏,景明稍后出,相与颉颃。

正德改元,刘瑾窃柄。上书吏部尚书许进劝其秉政毋挠,语极激烈。已,遂谢病归。逾年,瑾尽免诸在告者官,景明坐罢。瑾诛,用李东阳荐,起故秩,直内阁制敕房。李梦阳下狱,众莫敢为直,景明上书吏部尚书杨一清救之。九年,乾清宫灾,疏言义子不当畜,边军不当留,番僧不当宠,宦官不当任。留中。久之,进吏部员外郎,直制敕如故。钱宁欲交驩,以古画索题,景明曰:“此名笔,毋污人手。”留经年,终掷还之。寻擢陕西提学副使。廖鹏弟太监銮镇关中,横甚,诸参随遇三司不下马,景明执挞之。其教诸生,专以经术世务。遴秀者于正学书院,亲为说经,不用诸家训诂,士始知有经学。嘉靖初,引疾归,未几卒,年三十有九。

景明志操耿介,尚节义,鄙荣利,与梦阳并有国士风。两人为诗文,初相得甚欢,名成之后,互相诋諆。梦阳主摹仿,景明则主创造,各树坚垒不相下,两人交游亦遂分左右袒。说者谓景明之才本逊梦阳,而其诗秀逸稳称,视梦阳反为过之。然天下语诗文必并称何、李,又与边贡、徐祯卿并称四杰。其持论,谓:“诗溺于陶,谢力振之,古诗之法亡于谢。文靡于隋,韩力振之,古文之法亡于韩。”钱谦益撰《列朝诗》,力诋之。

徐祯卿,字昌谷,吴县人。资颖特,家不蓄一书,而无所不通。自为诸生,已工诗歌,与里人唐寅善,寅言之沈周、杨循吉,由是知名。举弘治十八年进士。孝宗遣中使问祯卿与华亭陆深名,深遂得馆选,而祯卿以貌寝不与。授大理左寺副,坐失囚,贬国子博士。

祯卿少与祝允明、唐寅、文征明齐名,号"吴中四才子"。其为诗,喜白居易、刘禹锡。既登第,与李梦阳、何景明游,悔其少作,改而趋汉、魏、盛唐,然故习犹在,梦阳讥其守而未化。卒年二十有三。

祯卿体癯神清,诗熔炼精警,为吴中诗人之冠,年虽不永,名满士林。子伯虬,举人,亦能诗。

杨循吉,字君谦,吴县人。成化二十年进士。授礼部主事。善病,好读书,每得意,手足踔掉不能自禁,用是得颠主事名。一岁中,数移病不出。弘治初,奏乞改教,不许。遂请致仕归,年才三十有一。结庐支硎山下,课读经史,旁通内典、稗官。父母殁,倾赀治葬,寝苦墓侧。性狷隘,好持人短长,又好以学问穷人,至颊赤不顾。清宁宫灾,诏求直言,驰疏请复建文帝尊号,格不行。武宗驻跸南都,召赋《打虎曲》,称旨,易武人装,日侍御前为乐府、小令。帝以优俳畜之,不授官。循吉以为耻,阅九月辞归。既复召至京,会帝崩,乃还。嘉靖中,献《九庙颂》及《华阳求嗣斋仪》,报闻而已。

晚岁落寞,益坚癖自好。尚书顾璘道吴,以币贽,促膝论文,欢甚。俄郡守邀璘,璘将赴之,循吉忽色变,驱之出,掷还其币。明日,璘往谢,闭门不纳。卒,年八十九。其诗文,自定为《松筹堂集》,他所作又十余种,几及千卷。

祝允明,字希哲,长洲人。祖显,正统四年进士。内侍传旨试能文者四人,显与焉,入掖门,知欲令教小内竖也,不试而出。由给事中历山西参政,并有声。

允明以弘治五年举于乡,久之不第,授广东兴宁知县。捕戮盗魁三十余,邑以无警。稍迁应天通判,谢病归。嘉靖五年卒。

允明生而枝指,故自号枝山,又号枝指生。五岁作径尺字,九岁能诗。稍长,博览群集,文章有奇气,当筵疾书,思若涌泉。尤工书法,名动海内。好酒色六博,善新声,求文及书者踵至,多赇妓掩得之。恶礼法士,亦不问生产,有所入,辄召客豪饮,费尽乃已,或分与持去，不留一钱。晚益困，每出，追呼索逋者相随于后，允明益自喜。所著有诗文集六十卷，他杂著百余卷。

子续，正德中进士，仕至广西左布政使。

唐寅，字伯虎，一字子畏。性颖利，与里狂生张灵纵酒，不事诸生业。祝允明规之，乃闭户浃岁。举弘治十一年乡试第一，座主梁储奇其文，还朝示学士程敏政，敏政亦奇之。未几，敏政总裁会试，江阴富人徐经贿其家僮，得试题。事露，言者劾敏政，语连寅，下诏狱，谪为吏。寅耻不就，归家益放浪。宁王宸濠厚币聘之，寅察其有异志，佯狂使酒，露其丑秽。宸濠不能堪，放还。筑室桃花坞，与客日般饮其中，年五十四而卒。

寅诗文，初尚才情，晚年颓然自放，谓后人知我不在此，论者伤之。吴中自枝山辈以放诞不羁为世所指目，而文才轻艳，倾动流辈，传说者增益而附丽之，往往出名教外。

时常熟有桑悦者，字民怿，尤怪妄，亦以才名吴中。书过目，辄焚弃，曰："已在吾腹中矣。"敢为大言，以孟子自况。或问翰林文章，曰："虚无人，举天下惟悦，其次祝允明，又次罗玘。"为诸生，上谒监司，曰"江南才子"。监司大骇，延之校书，预刊落以试悦，文义不属者，索笔补之。年十九举成化元年乡试，试春官，答策语不雅驯，被斥。三试得副榜，年二十余耳，年籍误二为六，遂除泰和训导。

学士邱濬重其文，属学使者善遇之。使者至，问："悦不迎，岂有恙呼？"长吏皆衔之，曰："无恙，自负才名不肯谒耳。"使者遣吏召不至，益两使促之。悦怒曰："始吾谓天下未有无耳者，乃今有之。与若期，三日后来，渎则不来矣。"使者恚，欲收悦，缘濬故，不果。三日来见，长揖使者。使者怒，悦脱帽竟去。使者下阶谢，乃已。

迁长沙通判，调柳州。会外艰归，遂不出。居家益狂诞，乡人莫不重其文，而骇其行。

初，悦在京师，见高丽使臣市本朝《两都赋》，无有，以为耻，遂赋之。居长沙，著《庸言》，自以为穷究天人之际。所著书，颇行于世。

边贡，字廷实，历城人。祖宁，应天治中。父节，代州知州。贡年二十举于乡，第弘治九年进士。除太常博士，擢兵科给事中。孝宗崩，疏劾中官张瑜，太医刘文泰、高廷和用药之谬，又劾中官苗逵、保国公朱晖、都御史史琳用兵之失。改太常丞，迁卫辉知府，改荆州，并能其官。历陕西、河南提学副使，以母忧家居。嘉靖改元，用荐，起南京太常少卿，三迁太常卿，督四夷馆，擢刑部右侍郎，拜户部尚书，并在南京。

贡早负才名，美风姿，所交悉海内名士。久官留都，优闲无事，游览江山，挥毫浮白，夜以继日。都御史劾其纵酒废职，遂罢归。

顾璘，字华玉，上元人。弘治九年进士。授广平知县，擢南京吏部主事，晋郎中。正德四年出为开封知府，数与镇守太监廖堂、王宏忤，逮下锦衣狱，谪全州知州。秩满，迁台州知府。历浙江左布政使，山西、湖广巡抚，右副都御史，所至有声。迁吏部右侍郎，改工部。董显陵工毕，迁南京刑部尚书。罢归，年七十余卒。

璘少负才名，与何、李相上下。虚己好士，如恐不及。在浙，慕孙太初一元不可得见。道衣幅巾，放舟湖上，月下见小舟泊断桥，一僧、一鹤、一童子煮茗，笑曰：“此必太初也。”移舟就之，遂往还无间。抚湖广时，爱王廷陈才，欲见之，廷陈不可。侦廷陈狎游，疾掩之，廷陈避不得，遂定交。既归，构息园，大治幸舍居客，客常满。

从弟璘，字英玉，以河南副使归，居园侧一小楼，教授自给。璘时时与客豪饮，伎乐杂作。呼璘，璘终不赴，其孤介如此。

初，璘与同里陈沂、王韦，号“金陵三俊”。其后宝应朱应登继起称四大家。璘诗，矩矱唐人，以风调胜。韦婉丽多致，颇失纤弱。沂与韦同调。应登才思泉涌，落笔千言。然璘、应登羽翼李梦阳，而韦、沂则颇持异论。三人者，仕宦皆不及璘。

陈沂，字鲁南。正德中进士。由庶吉士历编修、侍讲，出为江西参议，量移山东参政。以不附张孚敬、桂萼，改行太仆卿致仕。

王韦，字钦佩。父徽，成化时给事中，直谏有声。韦举弘治中进士，由庶吉士历官太仆少卿。子逢元，亦能诗。

朱应登，字升之。弘治中进士，历云南提学副使，迁参政。恃才傲物，中飞语，罢归。子曰藩，嘉靖间进士，终九江知府。能文章，世其家。

南都自洪、永初，风雅未畅。徐霖、陈铎、金琮、谢璿辈谈艺正德时，稍稍振起。自璘主词坛，士大夫希风附尘，厥道大彰。许谷、陈凤，璿子少南，金大车、大舆，金銮，盛时泰，陈芹之属，并从之游。谷等皆里人，銮侨居客也。仪真蒋山卿、江都赵鹤亦与璘遥相应和。沿及末造，风流未歇云。

郑善夫，字继之，闽县人。弘治十八年进士。连遭内外艰，正德六年始为户部主事，榷税许墅，以清操闻。时刘瑾虽诛，嬖幸用事。善夫愤之，乃告归，筑草堂金鳌峰下，为迟清亭，读书其中，曰：“俟天下之清也。”寡交游，日晏未炊，欣然自得。起礼部主事，进员外郎。武宗将南巡，偕同列切谏，杖于廷，罚跪五日。善夫更为疏草，置怀中，属其仆曰：“死即上之。”幸不死，叹曰：“时事若此，尚可靦颜就列哉！”乞归未得，明年力请，乃得归。嘉靖改元，用荐起南京刑部郎中，未上，改吏部。行抵建宁，便道游武夷、九曲，风雪绝粮，得病卒，年三十有九。

善夫敦行谊，婚嫁七弟妹，赀悉推予之，葬母党二十二人。所交尽名士，与孙一元、殷云霄、方豪尤友善。作诗，力摹少陵。

云霄，字近夫，寿张人，善夫同年进士。作蓄艾堂，聚书数千卷，以作者自命。正德中，官南京给事中。武宗纳有娠女子马姬宫中，云霄偕同官疏谏，引李园、吕不韦事为讽，不报。卒官，年三十有七。乡人穆孔晖畏云霄峭直，曰：“殷子耻不善，不啻负秽然。”

方豪,字思道,开化人。正德三年进士。除昆山知县,迁刑部主事。谏武宗南巡,跪阙下五日,复受杖。历官湖广副使,罢归。一元,见《隐逸传》。

闽中诗文,自林鸿、高棅后,阅百余年,善夫继之。迨万历中年,曹学佺、徐𤊹辈继起,谢肇淛、邓原岳和之,风雅复振焉。

学佺详见后传。𤊹,字兴公,闽县人。兄熥,万历间举人。𤊹以布衣终。博闻多识,善草隶书。积书鳌峰书舍至数万卷。

肇淛,字在杭。万历三十年进士。官工部郎中,视河张秋,作《北河纪略》,具载河流原委及历代治河利病。终广西右布政使。原岳,字汝高,亦闽县人,肇淛同年进士,终湖广副使。

陆深,字子渊,上海人。弘治十八年进士,二甲第一。选庶吉士,授编修。刘瑾嫉翰林官亢己,悉改外,深得南京主事。瑾诛,复职,历国子司业、祭酒,充经筵讲官。奏讲官撰进讲章,阁臣不宜改窜。忤辅臣,谪延平同知。晋山西提学副使,改浙江。累官四川左布政使。松、茂诸番乱,深主调兵食,有功,赐金币。嘉靖十六年召为太常卿兼侍读学士。世宗南巡,深掌行在翰林院印,御笔删侍读二字,进詹事府詹事,致仕。卒,谥文裕。

深少与徐祯卿相切磨,为文章有名。工书,访李邕、赵孟頫。赏鉴博雅,为词臣冠。然颇倨傲,人以此少之。

同邑有王圻者,字元翰。嘉靖四十四年进士。除清江知县,调万安。擢御史,忤时相,出为福建按察佥事,谪邛州判官。两知进贤、曹县,迁开州知州。历官陕西布政参议,乞养归,筑室淞江之滨,种梅万树,目曰梅花源。以著书为事,年逾耄耋,犹篝灯帐中,丙夜不辍,所撰《续文献通考》诸书行世。

初,圻以奏议为赵贞吉所推。张居正与贞吉交恶,讽圻攻之,不应。高拱为圻座主,时方修隙徐阶,又以圻私其乡人不助己,不能无恚,遂摭拾之。

　　王廷陈,字稚钦,黄冈人。父济,吏部郎中。廷陈颖慧绝人,幼好弄,父挞之,辄大呼曰:"大人奈何虐天下名士!"正德十二年成进士,选庶吉士,益恃才放恣。故事,两学士为馆师,体严重,廷陈伺其退食,独上树杪,大声叫呼。两学士无如之何,佯弗闻也。武宗下诏南巡,与同馆舒芬等七人将疏谏,馆师石珤力止之。廷陈赋《乌母谣》,大书于壁以刺,珤及执政皆不悦。已而疏上,帝怒,罚跪五日,杖于廷。时已改吏科给事中,乃出为裕州知州。

　　廷陈不习为吏,又失职怨望,簿牒堆案,漫不省视。夏日裸跣坐堂皇,见飞鸟集庭树,辄止讼者,取弹弹之。上官行部,不出迎。已而布政使陈凤梧及巡按御史喻茂坚先后至,廷陈以凤梧座主,特出迓。凤梧好谓曰:"子候我固善,御史即来,候之当倍谨。"廷陈许诺。及茂坚至,衔其素骄蹇,有意裁抑之,以小过榜州吏。廷陈为跪请,茂坚故益甚。廷陈大骂曰:"陈公误我。"直上堂搏茂坚,悉呼吏卒出,锁其门,禁绝供亿,且将具奏。茂坚大窘,凤梧为解,乃夜驰去。寻上疏劾之,适裕人被案者逸出,奏廷陈不法事,收捕系狱。削籍归。世宗践阼,前直谏被谪者悉复官,独廷陈以墨吏议不与。

　　屏居二十余年,嗜酒纵倡乐,益自放废。士大夫造谒,多蓬发赤足,不具宾主礼。时衣红紫窄袖衫,骑牛跨马,啸歌田野间。嘉靖十八年诏修《承天大志》,巡抚顾璘以廷陈及颜木、王格荐。书成,不称旨,赐银币而已。廷陈才高,诗文重当世,一时才士鲜能过之。木,应山人,官亳州知州。格,京山人,官河南佥事。

　　李濂,字川父,祥符人。举正德八年乡试第一,明年成进士。授沔阳知州,稍迁宁波同知,擢山西佥事。嘉靖五年以大计免归,年才三十有八。濂少负俊才,时从侠少年联骑出城,搏兽射雉,酒酣悲歌,慨然慕信陵君、侯生之为人。一日作《理情赋》,友人左国玑持以示李梦阳,梦阳大嗟赏,访之吹台,濂自此声驰河、雒间。既罢归,益肆力于学,遂以古文名于时。初受知梦阳,后不屑附和。里居四十余年,著述甚富。

明史卷二八七

列传第一七五

文苑三

文徵明 蔡羽等　黄佐 欧大任　黎民表

柯维骐　王慎中 屠应埈等　高叔嗣

蔡汝楠　陈束 任瀚 熊过 李开先

田汝成 子艺蘅　皇甫涍 弟冲 汸 濂

茅坤 子维　谢榛　卢柟　李攀龙

梁有誉等　王世贞 汪道昆 胡应麟

弟世懋　归有光 子子慕 胡友信

　　文徵明,长洲人,初名璧,以字行,更字征仲,别号衡山。父林,
温州知府。叔父森,右金都御史。林卒,吏民醵千金为赙。征明年
十六,悉却之。吏民修故却金亭,以配前守何文渊,而记其事。

　　征明幼不慧,稍长,颖异挺发。学文于吴宽,学书于李应桢,学
画于沈周,皆父友也。又与祝允明、唐寅、徐祯卿辈相切劘,名日益
著。其为人和而介。巡抚俞谏欲遗之金,指所衣蓝衫,谓曰:“敝至
此邪?”征明伴不喻,曰:“遭雨敝耳。”谏竟不敢言遗金事。宁王宸濠
慕其名,贻书币聘之,辞病不赴。

　　正德末,巡抚李充嗣荐之,会征明亦以岁贡生诣吏部试,奏授

翰林院待诏。世宗立，预修《武宗实录》，侍经筵，岁时颁赐，与诸词臣齿。而是时专尚科目，征明意不自得，连岁乞归。

先是，林知温州，识张璁。诸生中璁既得势，讽征明附之，辞不就。杨一清召入辅政，征明见独后。一清亟谓曰："子不知乃翁与我友邪？"征明正色曰："先君弃不肖三十余年，苟以一字及者，弗敢忘，实不知相公与先君友也。"一清有惭色，寻与璁谋，欲徙征明官。征明乞归益力，乃获致仕。四方乞诗文书画者，接踵于道，而富贵人不易得片楮，尤不肯与王府及中人，曰："此法所禁也。"周、徽诸王以宝玩为赠，不启封而还之。外国使者道吴门，望里肃拜，以不获见为恨。文笔遍天下，门下士赝作者颇多，征明亦不禁。嘉靖三十八年卒，年九十矣。

长子彭，字寿承，国子博士。次子嘉，字休承，和州学正。并能诗，工书画篆刻，世其家。彭孙震孟，自有传。

吴中自吴宽、王鏊以文章领袖馆阁，一时名士沈周、祝允明辈与并驰骋，文风极盛。征明及蔡羽、黄省曾、袁袠、皇甫冲兄弟稍后出。而征明主风雅数十年，与之游者王宠、陆师道、陈道复、王谷祥、彭年、周天球、钱谷之属，亦皆以词翰名于世。

蔡羽，字九逵，由国子生授南京翰林院孔目。自号林屋山人，有《林屋》、《南馆》二集。自负甚高。文法先秦、两汉。或谓其诗似李贺，羽曰："吾诗求出魏、晋上，今乃为李贺邪！"其不肯屈抑如此。

黄省曾，字勉之。举乡试。从王守仁、湛若水游，又学诗于李梦阳。所著有《五岳山人集》。子姬水，字淳父，有文名，学书于祝允明。

袁袠，字永之，七岁能诗。举嘉靖五年进士，改庶吉士。张璁恶之，出为刑部主事，累迁广西提学佥事。两广自韩雍后，监司谒督府，率庭跪，袠独长揖。无何，谢病归。子曾尼，字鲁望，亦官山东提学副使，有文名。

王宠，字履吉，别号雅宜。少学于蔡羽，居林屋者三年，既而读书石湖。由诸生贡入国子，仅四十而卒。行楷得晋法，书无所不观。

陆师道,字子传。由进士授工部主事,改礼部,以养母请告归。归而游征明门,称弟子。家居十四年,乃复起,累官尚宝少卿。善诗文,工小楷古篆绘事。人谓征明四绝,不减赵孟𫖯,而师道并传之,其风尚亦略相似。平居不妄交游,长吏罕识其面。女字卿子,适赵宧光,夫妇皆有闻于时。

陈道复,名淳,以字行。祖璚,副都御史。淳受业征明,以文行著,善书画,自号白阳山人。

王谷祥,字禄之。由进士改庶吉士,历官吏部员外郎。忤尚书汪𫮃,左迁真定通判以归。与师道俱有清望。

彭年,字孔嘉,其人亦长者。周天球,字公瑕;钱谷,字叔宝。天球以书,谷以画,皆继征明表表吴中者也。

其后,华亭何良俊亦以岁贡生入国学。当路知其名,用蔡羽例,特授南京翰林院孔目。良俊,字元朗。少笃学,二十年不下楼,与弟良傅并负俊才。良傅举进士,官南京礼部郎中,而良俊犹滞场屋,与上海张之象,同里徐献忠、董宜阳友善,并有声。及官南京,赵贞吉、王维桢相继掌院事,与相得甚欢。良俊居久之,慨然叹曰:“吾有清森阁在海上,藏书四万卷,名画百签,古法帖彝鼎数十种,弃此不居,而仆仆牛马走乎!”遂移疾归。海上中倭,复居金陵者数年,更买宅居吴阊。年七十始返故里。

徐献忠,字伯臣。嘉靖中,举于乡,官奉化知县。著书数百卷。卒年七十七,王世贞私谥曰贞宪。

董宜阳,字子元。

张之象,字月鹿。祖萱,湖广参议。父鸣谦,顺天通判。之象由诸生入国学,授浙江按察司知事,以吏隐自命。归益务撰著。晚居秀林山,罕入城市。卒年八十一。

黄佐,字才伯,香山人。祖瑜,长乐知县,以学行闻。正德中,佐举乡试第一。世宗嗣位,始成进士,选庶吉士。嘉靖初,授编修,陈初政要务,又请修举新政,疏皆留中。寻省亲归,便道谒王守仁,与论知行合一之旨,数相辨难,守仁亦称其直谅。还朝,会出诸翰林为外僚,除江西金事。旋改督广西学校,闻母病,引疾乞休,不俟报竟去,下巡抚林富逮问。富言佐诚有罪,第为亲受过,于情可原,乃令致仕。

家居九年,简宫僚,命以编修兼司谏,寻进侍读,掌南京翰林院。召为右谕德,擢南京国子祭酒。母忧除服,起少詹事。谒大学士夏言,与论河套事不合。会吏部缺左侍郎,所司推礼部右侍郎崔桐及佐。给事中徐霈、御史艾朴言:"桐与左侍郎许成名竞进,至相诟詈;而佐及同官王用宾亦争觊望,惟恐或先之,宜皆止勿用。"言从中主之,遂皆赐罢。

佐学以程、朱为宗,惟理气之说,独持一论。平生譔述至二百六十余卷。所著乐典,自谓泄造化之秘。年七十七卒。穆宗诏赠礼部右侍郎,谥文裕。

佐弟子多以行业自饬,而梁有誉、欧大任、黎民表诗名最著云。

欧大任,字桢伯,顺德人。由岁贡生历官南京工部郎中,年八十而终。

黎民表,字惟敬,从化人,御史贯子也。举乡试,久不第,授翰林孔目,迁吏部司务。执政知其能文,用为制敕房中书,供事内阁,加官至参议。

柯维骐,字奇纯,莆田人。高祖潜,翰林学士。父英,徽州知府。维骐举嘉靖二年进士,授南京户部主事,未赴,辄引疾归。张孚敬用事,创新制,京朝官病满三年者,概罢免,维骐亦在罢中。自是谢宾客,专心读书。久之,门人日进,先后四百余人,维骐引披靡倦。慨近世学者乐径易而惮积累,窃二氏之说以文其固陋也,作左右二铭,训学者务实。以辨心术、端趋向为实志,以存敬畏、密操履为实功,而其极则以宰理人物、成能天地为实用,作讲义二卷。《宋史》与《辽》、《金》二史,旧分三书,维骐乃合之为一,以辽、金附之,而列二王于本纪。褒贬去取，义例严整，阅二十年而始成，名之曰《宋史新编》。又著《史记考要》、《续莆阳文献志》，及所作诗文集并行于世。

维骐登第五十载，未尝一日服官。中更倭乱，故庐焚毁，家困甚，终不妄取。世味无所嗜，惟嗜读书。抚按监司时有论荐，不复起。隆庆初，廷臣复荐。所司以维骐年高，但授承德郎致仕。卒年七十有八。孙茂竹，海阳知县。茂竹子昶，副都御史，巡抚山西。

王慎中，字道思，晋江人。四岁能诵诗，十八举嘉靖五年进士，授户部主事，寻改礼部祠祭司。时四方名士唐顺之、陈束、李开先、赵时春、任瀚、熊过、屠应埈、华察、陆铨、江以达、曾汴辈，咸在部曹。慎中与之讲习，学大进。

十二年，诏简部郎为翰林，众首拟慎中。大学士张孚敬欲一见，辞不赴，乃稍移吏部，为考功员外郎，进验封郎中。忌者谮之孚敬，因覆议真人张衍庆请封疏，谪常州通判。稍迁户部主事、礼部员外郎，并在南京。久之，擢山东提学佥事，改江西参议，进河南参政。侍郎王杲奉命振荒，以其事委慎中，还朝，荐慎中可重用。会二十年大计，吏部注慎中不及。而大学士夏言先尝为礼部尚书，慎中其属吏也，与相忤，遂内批不谨，落其职。

慎中为文，初主秦、汉，谓东京下无可取。已悟欧、曾作文之法，乃尽焚旧作，一意师仿，尤得力于曾巩。顺之初不服，久亦变而从之。壮年废弃，益肆力古文，演迤详赡，卓然成家，与顺之齐名，天下称之曰王、唐，又曰晋江、毗陵。家居，问业者踵至。年五十一而终。李攀龙、王世贞后起，力排之，卒不能掩。攀龙，慎中提学山东时所赏拔者也。慎中初号遵岩居士，后号南江。

屠应埈，字文升，平湖人，刑部尚书勋子也。举嘉靖五年进士。由郎中改翰林，官至右谕德。

华察，字子潜，无锡人。应埈同年进士。累官侍讲学士，掌南京翰林院。

　　陆铨,字选之,鄞人。嘉靖二年进士。与弟编修钶争大礼,并系诏狱,被杖,后官广西布政使。钶终山东提学副使,兄弟皆能文。

　　江以达,字子顺,贵溪人。嘉靖五年进士。累官福建提学佥事。

　　高叔嗣,字子业,祥符人。年十六,作《申情赋》几万言,见者惊异。十八举于乡,第嘉靖二年进士。授工部主事,改吏部。历稽勋郎中。出为山西左参政,断疑狱十二事,人称为神。迁湖广按察使,卒官,年三十有七。

　　叔嗣少受知邑人李梦阳,及官吏部,与三原马理、武城王道同署,以文艺相磨切。其为诗,清新婉约,虽为梦阳所知,不宗其说。陈束序其《苏门集》,谓有应物之冲澹,兼曲江之沈雄,体王、孟之清适,具高、岑之悲壮。王世贞则曰:“子业诗,如高山鼓琴,沈思忽往,木叶尽脱,石气自青;又如卫洗马言愁,憔瘁婉笃,令人心折。”而蔡汝楠至推为本朝第一云。兄仲嗣,官知府,亦有才名。

　　汝楠,字子木。儿时随父南京,听祭酒湛若水讲学,辄有解悟。年十八,成嘉靖十一年进士,授行人。从王慎中、唐顺之及叔嗣辈学为诗。寻进刑部员外郎,徙南京刑部。善皇甫涍兄弟,尚书顾璘引为忘年友。廷议改归德州为府,擢汝楠知其府事。以母忧归,聚诸生石鼓书院,与说经。治民有惠政,既去,士民祠祀之。历官江西左、右布政使,擢右副都御史,巡抚河南。召为兵部右侍郎,从诸大僚祝厘西宫,世宗望见其貌寝,改南京工部右侍郎,未几卒。

　　汝楠始好为诗,有重名。中年好经学,及官江西,与邹守一、罗洪先游,学益进,然诗由此不工云。

　　陈束,字约之,鄞人。生而聪慧绝伦,好读古书。会稽侍郎董玘官翰林时,闻束才,召视之。束垂髫而前,试词赋立就,遂字以女,携至京,文誉益起。

　　嘉靖八年廷对,世宗亲擢罗洪先、程文德、杨名为一甲,而置唐顺之及束、任瀚于二甲，皆手批其卷。无何，考庶吉士，得胡经等二十人，以束及顺之、瀚曾奉御批，列经等首。座主张璁、霍韬以前此馆选悉改他曹，引嫌，亦议改，乃寝前命，束授礼部主事。时有"嘉靖八才子"之称，谓束及王慎中、唐顺之、赵时春、熊过、任瀚、李开先、吕高也。四郊改建，都御史汪铉请徙近郊居民坟墓，束疏谏，不报。迁员外郎，改编修。

束出璁、韬门，不肯亲附，岁时上寿，望门投刺，辄驰马过之。为所恶，出为湖广佥事。分巡辰、沅，治有声。稍迁福建参议，改河南提学副使。束故有呕血疾，会科试期迫，试八郡之士，三月而毕，疾增剧，竟不起，年才三十有三。妻董，亦能诗，束卒未几亦卒，束竟无后。

当嘉靖初，称诗者多宗何、李，束与顺之辈厌而矫之。束早世，且稿多散逸，今所传《后冈集》，仅十之一二云。

任瀚，字少海，南充人。嘉靖八年进士。改庶吉士，未上，授吏部主事。屡迁考功郎中。十八年，简宫僚，改左春坊左司直兼翰林院检讨。明年，拜疏引疾，出郭戒行，疏再上，不报，复自引还。给事中周来劾瀚举动任情，蔑视官守。帝令自陈，瀚语侵掌詹事霍韬。帝怒，勒为民。久之，遇赦，复官致仕。终世宗朝，中外屡荐，不复用。神宗嗣位，四川巡抚刘思洁、曾省吾先后疏荐，优旨报闻而已。瀚少怀用世志，百家二氏之书，罔不搜讨。被废，益反求《六经》，阐明圣学。晚又潜心于《易》，深有所得。文亦高简。卒年九十三。

熊过，字叔仁，富顺人。瀚同年进士。累官祠祭郎中，坐事贬秩，复除名为民。

李开先，字伯华，章邱人。束同年进士。官至太常少卿。性好蓄书，李氏藏书之名闻天下。

吕高，字山甫，丹徒人。亦束同年进士。历官山东提学副使。乡试录文，旧多出学使者手，巡按御史叶经乞顺之文。高心憾，寓书京师友人言经纰缪。严嵩恶经，遂置之死。及后大计，诸御史谓经祸由高,乃斥归,于八子中,名最下。

　　田汝成,字叔禾,钱塘人。嘉靖五年进士。授南京刑部主事,寻召改礼部。十年十二月上言:"陛下以青宫久虚,祈天建醮,复普放生之仁,凡羁蹄鏠羽禁在上林者,咸获纵释。顾使囹圄之徒久缠徽缥,衣冠之侣流窜穷荒,父子长离,魂魄永丧,此独非陛下之赤子乎!望大广皇仁,悉加宽宥。"忤旨,切责,停俸二月。屡迁祠祭郎中、广东佥事,谪知滁州。

　　复擢贵州佥事,改广西右参议,分守右江。龙州土酋赵楷、凭祥州土酋李寰皆弑主自立,与副使翁万达密讨诛之。怒滩贼侯公丁为乱,断藤峡群贼与相应。汝成复偕万达设策诱擒公丁,而进兵讨峡贼,大破之。又与万达建善后七事,一方遂靖,有银币之赐。迁福建提学副使。岁当大比,预定诸生甲乙。比榜发,一如所定。

　　汝成博学工古文,尤善叙述。历官西南,谙晓先朝遗事,撰《炎徼纪闻》。归田后,盘桓湖山,穷浙西诸名胜,撰《西湖游览志》,并见称于时。他所论著甚多,时推其博洽。

　　子艺蘅,字子薪。十岁从父过采石,赋诗有警句。性放诞不羁,嗜酒任侠。以岁贡生为徽州训导,罢归。作诗有才调,为人所称。

　　皇甫涍,字子安,长洲人。父录,弘治九年进士。任重庆知府。生四子,冲、涍、汸、濂。冲、汸同登嘉靖七年乡荐,明年,汸第进士。又三年,涍第进士。又十三年,濂亦第进士。而冲尚为举子。兄弟并好学工诗,称"皇甫四杰"。

　　冲,字子浚,善骑射,好谈兵。遇南北内讧,譔《几策》、《兵统》、《枕戈杂言》三书,凡数十万言。

　　涍,初授工部主事,改礼部。历仪制员外郎,主客郎中。在仪制时,夏言为尚书,连疏请建储,皆涍起草,故言深知涍才。比简宫僚,遂用为春坊司直兼翰林检讨。言者论涍改官有私,谪广平通判,量移南京刑部主事,进员外郎,迁浙江佥事。大计京官,以南曹事论罢,邑邑发病卒。

浮沈静寡与,自负高俊,稍不当意,终日相对无一言。居官砥廉隅,然颇操切,多忤物,故数被谗谤云。

汸,字子循,七岁能诗。官工部主事,名动公卿,沾沾自喜,用是贬秩为黄州推官。屡迁南京稽勋郎中,再贬开州同知,量移处州府同知。擢云南佥事,以计典论黜。汸和易,近声色,好狎游。于兄弟中最老寿,年八十乃卒。

濂,字子约,初授工部主事,母丧除,起故官,典惜薪厂。贾人伪增数囷利,濂按其罪。贾人女为尚书文明妾,明召濂切责之。濂抗言曰:“公掌邦政,纵奸人干纪,又欲夺郎官法守邪?”明为敛容谢。大计,谪河南布政司理问,终兴化同知。

濂兄弟与黄鲁曾、省曾为中表兄弟,文藻亦相似。其后,里人张凤翼、燕翼、献翼并负才名。吴人语曰:“前有四皇,后有三张。”凤翼、燕翼终举人。而献翼为太学生,名日益高,年老矣,狂甚,为仇家所杀。

茅坤,字顺甫,归安人。嘉靖十七年进士。历知青阳、丹徒二县。母忧,服阕,迁礼部主事,移吏部稽勋司,坐累,谪广平通判。

屡迁广西兵备佥事,辖府江道。坤雅好谈兵。猺贼据鬼子诸砦,杀阳朔令。朝议大征,总督应槚以问坤。坤曰:“大征非兵十万不可,饷称之,今猝不能集,而贼已据险为备。计莫若雕剿。倏入歼其魁,他部必耆,谋自全,此便计也。”槚善之,悉以兵事委坤。连破十七砦,晋秩二等。民立祠祀之。

迁大名兵备副使,总督杨博叹为奇才,特荐于朝。为忌者所中,追论其先任贪污状,落职归。时倭事方急,胡宗宪延之幕中,与筹兵事,奏请为福建副使。吏部持之,乃已。家人横于里,为巡按庞尚鹏所劾,遂褫冠带。坤既废,用心计治生,家大起。年九十,卒于万历二十九年。

坤善古文,最心折唐顺之。顺之喜唐、宋诸大家文,所著文编,唐宋人自韩、柳、欧、三苏、曾、王八家外,无所取,故坤选《八大家文钞》。其书盛行海内,乡里小生无不知茅鹿门者。鹿门,坤别号也。

少子维,字孝若。能诗,与同郡臧懋循、吴稼竳、吴梦阳,并称四子。尝诣阙上书,希得召见,陈当世大事,不报。

谢榛,字茂秦,临清人。眇一目。年十六,作乐府商调,少年争歌之。已,折节读书,刻意为歌诗。西游彰德,为赵康王所宾礼。入京师,脱卢柟于狱。

李攀龙、王世贞辈结诗社,榛为长,攀龙次之。及攀龙名大炽,榛与论生平,颇相镌责,攀龙遂贻书绝交。世贞辈右攀龙,力相排挤,削其名于七子之列。然榛游道日广,秦、晋诸王争延致,大河南、北皆称谢榛先生。赵康王卒,榛乃归。

万历元年冬,复游彰德,王曾孙穆王亦宾礼之。酒兰乐止,命所爱贾姬独奏琵琶,则榛所制竹枝词也。榛方倾听,王命姬出拜,光华射人,藉地而坐,竟十章。榛曰:“此山人里言耳,请更制,以备房中之奏。”诘朝上新词十四阕,姬悉按而谱之。明年元旦,便殿奏伎,酒止送客,即盛礼而归姬于榛。榛游燕、赵间,至大名,客请赋寿诗百章,成八十余首,投笔而逝。

当七子结社之始,尚论有唐诸家,各有所重。榛曰:“取李、杜十四家最胜者,熟读之以会神气,歌咏之以求声调,玩味之以哀精华。得此三要,则浩乎浑沦,不必塑谪仙而画少陵也。”诸人心师其言,厥后虽合力摈榛,其称诗指要,实自榛发也。

卢柟,字少楩,濬县人。家素封,输赀为国学生。博闻强记,落笔数千言。为人跅弛,好使酒骂座。常为具召邑令,日晏不至,柟大怒,彻席灭炬而卧。令至,柟已大醉,不具宾主礼。会柟役夫被搒,他日墙压死,令即捕柟,论死,系狱,破其家。里中儿为狱卒,恨柟,笞之数百,谋以土囊压杀之,为他卒救解。柟居狱中,益读所携书,作《幽鞫》、《放招》二赋,词旨沈郁。

谢榛入京师,见诸贵人,泣诉其冤状曰:"生有一卢柟不能救,乃从千古哀沅而吊湘乎!"平湖陆光祖选得滁令,因榛言平反其狱。柟出,走谒榛。榛方客赵康王所,王立召见柟,礼为上宾。诸宗人以王故争客柟,柟酒酣骂座如故。及光祖为南京礼部郎,柟往访之,遍游吴会无所遇,还益落魄嗜酒,病三日卒。柟骚赋最为王世贞所称,诗亦豪放如其为人。

李攀龙,字于鳞,历城人。九岁而孤,家贫,自奋于学。稍长为诸生,与友人许邦才、殷士儋学为诗歌。已,益厌训诂学,日读古书,里人共目为狂生。举嘉靖二十三年进士,授刑部主事。历员外郎、郎中,稍迁顺德知府,有善政。上官交荐,擢陕西提学副使。乡人殷学为巡抚,檄令属文,攀龙怫然曰:"文可檄致邪?"拒不应。会其地数震,攀龙心悸,念母思归,遂谢病。故事,外官谢病不再起,吏部重其才,用何景明例,特予告归。予告者,例得再起。

攀龙既归,构白雪楼,名日益高。宾客造门,率谢不见,大吏至,亦然。以是得简傲声。独故交殷、许辈过从靡间。时徐中行亦家居,坐客恒满,二人闻之,交相得也。归田将十年,隆庆改元,荐起浙江副使,改参政,擢河南按察使。攀龙至是摧亢为和,宾客亦稍稍进。无何,奔母丧归,哀毁得疾,疾少间,一日心痛卒。

攀龙之始官刑曹也,与濮州李先芳、临清谢榛、孝丰吴维岳辈倡诗社。王世贞初释褐,先芳引入社,遂与攀龙定交。明年,先芳出为外吏。又二年,宗臣、梁有誉入,是为五子。未几,徐中行、吴国伦亦至,乃改称七子。诸人多少年,才高气锐,互相标榜,视当世无人,七才子之名播天下。摈先芳、维岳不与,已而榛亦被摈,攀龙遂为之魁。其持论谓文自西京,诗自天宝而下,俱无足观,于本朝独推李梦阳。诸子翕然和之,非是,则诋为宋学。攀龙才思劲鸷,名最高,独心重世贞,天下亦并称王、李。又与李梦阳、何景明并称何、李、王、李。其为诗,务以声调胜,所拟乐府,或更古数字为己作,文则聱牙戟口,读者至不能终篇。好之者推为一代宗匠,亦多受世抉摘云。自号沧溟。

梁有誉、宗臣、徐中行、吴国伦,皆嘉靖二十九年进士。有誉除刑部主事,居三年,以念母告归,杜门读书。大吏至,辞不见。卒年三十六。

宗臣,字子相,扬州兴化人。由刑部主事调考功,谢病归,筑室百花洲上,读书其中。起故官,移文选。进稽勋员外郎,严嵩恶之,出为福建参议。倭薄城,臣守西门,纳乡人避难者万人。或言贼且迫,曰:"我在,不忧贼也。"与主者共击退之。寻迁提学副使,卒官,士民皆哭。

徐中行,字子舆,长兴人。美姿容,善饮酒。由刑部主事历员外郎、郎中,稍迁汀洲知府。广东贼萧五来犯,御之,有功。策其且走,俾武平令徐甫宰邀击之,让功甫宰,甫宰得优擢。寻以父忧归,补汝宁,坐大计,贬长芦盐运判官。迁湖广佥事。掩捕湖盗柯彩凤,得其积贮,活饥民万余。累官江西左布政使,万历六年卒官。中行性好客,无贤愚贵贱,应之不倦,故其死也,人多哀之。

吴国伦,字明卿,兴国人。由中书舍人擢兵科给事中。杨继盛死,倡众赙送,忤严嵩,假他事谪江西按察司知事。量移南康推官,调归德,居二岁弃去。嵩败,起建宁同知,累迁河南左参政,大计罢归。国伦才气横放,好客轻财。归田后声名籍甚,求名之士不东走太仓,则西走兴国。万历时,世贞既没,国伦犹无恙,在七子中最为老寿。

王世贞,字元美,太仓人,右都御史忬子也。生有异禀,书过目,终身不忘。年十九,举嘉靖二十六年进士,授刑部主事。世贞好为诗古文,官京师,入王宗沐、李先芳、吴维岳等诗社,又与李攀龙、宗臣、梁有誉、徐中行、吴国伦辈相倡和,绍述何、李,名日益盛。屡迁员外郎、郎中。

　　奸人阎姓者犯法，匿锦衣都督陆炳家，世贞搜得之。炳介严嵩以请，不许。杨继盛下吏，时进汤药。其妻讼夫冤，为代草。既死，复棺殓之。嵩大恨。吏部两拟提学皆不用，用为青州兵备副使。父忬以滦河失事，嵩构之，论死系狱。世贞解官奔赴，与弟世懋日蒲伏嵩门，涕泣求贷。嵩阴持忬狱，而时为谩语以宽之。两人又日囚服跽道旁，遮诸贵人舆，搏颡乞救。诸贵人畏嵩不敢言，忬竟死西市。兄弟哀号欲绝，持丧归，蔬食三年，不入内寝。既除服，犹却冠带，苴履葛巾，不赴宴会。

　　隆庆元年八月，兄弟伏阙讼父冤，言为嵩所害，大学士徐阶左右之，复忬官。世贞意不欲出，会诏求直言，疏陈法祖宗、正殿名、广恩义、宽禁例、修典章、推德意、昭爵赏、练兵实八事，以应诏。无何，吏部用言官荐，令以副使莅大名。迁浙江右参政、山西按察使。母忧归，服除，补湖广，旋改广西右布政使，入为太仆卿。

　　万历二年九月以右副都御史抚治郧阳，数条奏屯田、戍守、兵食事宜，咸切大计。有奸僧伪称乐平王次子，奉高皇帝御容、金牒，行游天下。世贞曰："宗藩不得出城，而诪张如此，必伪也。"捕讯之，服辜。

　　张居正枋国，以世贞同年生，有意引之，世贞不甚亲附。所部荆州地震，引京房占，谓臣道太盛，坤维不宁，用以讽居正。居正妇弟辱江陵令，世贞论奏不少贷。居正积不能堪，会迁南京大理卿，为给事中杨节所劾，即取旨罢之。后起应天府尹，复被劾罢。居正殁，起南京刑部右侍郎，辞疾不赴。久之，所善王锡爵秉政，起南京兵部右侍郎。先是，世贞为副都御史及大理卿、应天尹与侍郎，品皆正三。世贞通理前俸，得考满荫子。比擢南京刑部尚书，御史黄世荣言世贞先被劾，不当计俸，据故事力争。世贞乃三疏移疾归。二十一年卒于家。

　　世贞始与李攀龙狎主文盟，攀龙殁，独操柄二十年。才最高，地望最显，声华意气笼盖海内。一时士大夫及山人、词客、衲子、羽流，莫不奔走门下。片言褒赏，声价骤起。其持论，文必西汉，诗必盛唐，大历以后书勿读，而藻饰太甚。晚年，攻者渐起，世贞顾渐造平淡。病亟时，刘凤往视，见其手苏子瞻集，讽玩不置也。

世贞自号凤洲，又号弇州山人。其所与游者，大氐见其集中，各为标目。曰前五子者，攀龙、中行、有誉、国伦、臣也。后五子则南昌余曰德、蒲圻魏裳、歙汪道昆、铜梁张佳允、新蔡张九一也。广五子则昆山俞允文、濬卢柟、濮州李先芳、孝丰吴维岳、顺德欧大任也。续五子则阳曲王道行、东明石星、从化黎民表、南昌朱多煃、常熟赵用贤也。末五子则京山李维桢、鄞屠隆、南乐魏允中、兰谿胡应麟，而用贤复与焉。其所去取，颇以好恶为高下。

余曰德，字德甫，张佳允，字肖甫，张九一，字助甫，世贞诗所谓"吾党有三甫"也。魏裳，字顺甫，与曰德俱嘉靖二十九年进士。曰德终福建副使，裳终济南知府。九一，嘉靖三十二年进士，终巡抚宁夏佥都御史。佳允自有传。

汪道昆，字伯玉，世贞同年进士。大学士张居正亦其同年生也，父七十寿，道昆文当其意，居正亟称之。世贞笔之《艺苑卮言》曰："文繁而有法者于鳞，简而有法者伯玉。"道昆由是名大起。晚年官兵部左侍郎，世贞亦尝贰兵部，天下称"两司马"。世贞颇不乐，尝自悔奖道昆为违心之论云。

胡应麟，幼能诗。万历四年举于乡，久不第，筑室山中，搆书四万余卷，手自编次，多所撰著。携诗谒世贞，世贞喜而激赏之，归益自负。所著《诗薮》二十卷，大抵奉世贞《卮言》为律令，而敷衍其说，谓诗家之有世贞，集大成之尼父也。其贡谀如此。

世贞弟世懋，字敬美。嘉靖三十八年成进士，即遭父忧。父雪，始选南京礼部主事。历陕西、福建提学副使，再迁太常少卿，先世贞三年卒。好学，善诗文，名亚其兄。世贞力推引之，以为胜己，攀龙、道昆辈因称为"少美"。

世贞子士骐，字冏伯，举乡试第一，登万历十七年进士，终吏部员外郎，亦能文。

　　归有光，字熙甫，昆山人。九岁能属文，弱冠尽通《五经》、《三史》诸书，师事同邑魏校。嘉靖十九年举乡试，八上春官不第。徙居嘉定安亭江上，读书谈道。学徒常数百人，称为震川先生。

　　四十四年始成进士，授长兴知县。用古教化为治。每听讼，引妇女儿童案前，刺刺作吴语，断讫遣去，不具狱。大吏令不便，辄寝阁不行。有所击断，直行己意。大吏多恶之，调顺德通判，专辖马政。明世，进士为令无迁倅者，名为迁，实重抑之也。隆庆四年，大学士高拱、赵贞吉雅知有光，引为南京太仆丞，留掌内阁制敕房，修《世宗实录》，卒官。

　　有光为古文，原本经术，好太史公书，得其神理。时王世贞主盟文坛，有光力相觝排，目为妄庸巨子。世贞大憾，其后亦心折有光，为之赞曰：“千载有公，继韩、欧阳。余岂异趋，久而自伤。”其推重如此。

　　有光少子子慕，字季思。举万历十九年乡试，再被放，即屏居江村，与无锡高攀龙最善。其殁也，巡按御史祁彪佳请于朝，赠翰林待诏。

　　有光制举义，湛深经术，卓然成大家。后德清胡友信与齐名，世并称归、胡。

　　友信，字成之，隆庆二年进士。授顺德知县。岁赋率奸胥揽输，稍以所入啖长吏，谓之月钱。友信与民约，岁为三限，多寡皆自输，不取赢，闾里无妄费，而公赋以充。海寇窃发，官军往讨，民间驿骚。部内乌洲、大洲，贼所巢穴，诸恶少为贼耳目。友信悉勾得之，捕诛其魁，余党解散。乡立四应社，一乡有警，三乡鼓而援之，不援者罪同贼，贼不敢发。岁大凶，民饥死无敢为恶者。

　　初，友信虑民轻法，苟以严，后令行禁止，更为宽大，或旬日不笞一人。其治县如家，弊修堕举，学校城池，咸为更新。督课邑子弟，教化兴起。卒官，士民立祠奉祀。

友信博通经史,学有根柢。明代举子业最擅名者,前则王鏊、唐顺之,后则震川、思泉。思泉,友信别号也。

明史卷二八八
列传第一七六

文苑四

李维桢 郝敬　　徐渭 屠隆　　王稚登

俞允文　王叔承　　瞿九思　唐时升 娄坚

李流芳　程嘉燧　焦竑 黄辉 陈仁锡

董其昌 莫如忠 邢侗 米万钟　　袁宏道

锺惺 谭元春　王惟俭 李日华　曹学佺

曾异撰　王志坚　艾南英 章世纯 罗万藻

陈际泰　张溥 张采

　　李维桢,字本宁,京山人。父裕,福建布政使。维桢举隆庆二年
进士,由庶吉士授编修。万历时,《穆宗实录》成,进修撰。出为陕西
右参议,迁提学副使。浮湛外僚,几三十年。
　　天启初,以布政使家居,年七十余矣。会朝议登用耆旧,召为南
京太仆卿,旋改太常,未赴。闻谏官有言,辞不就。时方修《神宗实
录》,给事中薛大中特疏荐之,未及用,四年四月,太常卿董其昌复
荐之,乃召为礼部右侍郎,甫三月进尚书,并在南京。维桢缘史事起
用,乃馆中诸臣惮其以前辈压己,不令入馆,但超迁其官。维桢亦以
年衰,明年正月,力乞骸骨去。又明年卒于家,年八十。崇祯时,赠

太子太保。

维桢弱冠登朝，博闻强记，与同馆许国齐名。馆中为之语曰："记不得，问老许；做不得，问小李。"维桢为人，乐易阔达，宾客杂进。其文章，弘肆有才气，海内请求者无虚日，能屈曲以副其所望。碑版之文，照耀四裔。门下士招富人大贾，受取金钱，代为请乞，亦应之无倦，负重名垂四十年。然文多率意应酬，品格不能高也。

邑人郝敬，字仲舆。父承健，举于乡，官肃宁知县。敬幼称神童，性跅弛，尝杀人系狱。维桢，其父执也，援出之，馆于家。始折节读书，举万历十七年进士。历知缙云、永嘉二县，并有能声。征授礼科给事中，乞假归养。久之，补户科，数有所论奏。

山东税监陈增贪横，为益都知县吴宗尧所奏，帝不罪。敬上言："开采不罢，则陛下明旨不过为愚弄臣民之虚文。乞先停止，然后以宗尧所奏下抚按勘核，正增不法之罪。"不听。顷之，山东巡抚尹应元亦极论增罪，帝怒，切责应元，斥宗尧为民。敬再上言："陛下处陈增一事，甚失众心。"帝怒，夺俸一年。帝遣中官高寀榷税京口，暨禄榷税仪真，敬复力谏。宗尧之劾增也，增怒甚，诬讦其赃私，词连青州一府官僚，旁引商民吴时奉等，请皆籍没，帝辄可之。敬复力诋增，乞速寝其奏，亦不纳。坐事，谪知江阴县。贪污不检，物论皆不予，遂投劾归，杜门著书。崇祯十二年卒。

徐渭，字文长，山阴人。十余岁仿扬雄《解嘲》作《释毁》，长师同里季本。为诸生，有盛名。总督胡宗宪招致幕府，与歙余寅、鄞沈明臣同笺书记。宗宪得白鹿，将献诸朝，令渭草表，并他客草寄所善学士，择其尤上之。学士以渭表进，世宗大悦，益宠异宗宪，宗宪以是益重渭。宗宪尝宴将吏于烂柯山，酒酣乐作，明臣作《铙歌》十章，中有云"狭巷短兵相接处，杀人如草不闻声"。宗宪起，持其须曰："何物沈生，雄快乃尔！"即命刻于石，宠礼与渭埒。督府势严重，将吏莫敢仰视。渭角巾布衣，长揖纵谈。幕中有急需，夜深开戟门以待。渭或醉不至，宗宪顾善之。寅、明臣亦颇负崖岸，以侃直见礼。

渭知兵，好奇计，宗宪擒徐海，诱王直，皆预其谋。藉宗宪势，颇横。及宗宪下狱，渭惧祸，遂发狂，引巨锥剚耳，深数寸，又以椎碎肾囊，皆不死。已，又击杀继妻，论死系狱，里人张元忭力救得免。乃游金陵，抵宣、辽，纵观诸边厄塞，善李成梁诸子。入京师，主元忭。元忭导以礼法，渭不能从，久之怒而去。后元忭卒，白衣往吊，抚棺恸哭，不告姓名去。

渭天才超轶，诗文绝出伦辈。善草书，工写花草竹石。尝自言："吾书第一，诗次之，文次之，画又次之。"当嘉靖时，王、李倡七子社，谢榛以布衣被摈。渭愤其以轩冕压韦布，誓不入二人党。后二十年，公安袁宏道游越中，得渭残帙以示祭酒陶望龄，相与激赏，刻其集行世。

寅，字仲房。明臣，字嘉则。皆有诗名。

屠隆者，字长卿，明臣同邑人也。生有异才，尝学诗于明臣，落笔数千言立就。族人大山、里人张时彻方为贵官，共相延誉，名大噪。举万历五年进士，除颍上知县，调繁青浦。时招名士饮酒赋诗，游九峰、三泖，以仙令自许，然于吏事不废，士民皆爱戴之。迁礼部主事。

西宁侯宋世恩兄事隆，宴游甚欢。刑部主事俞显卿者，险人也，尝为隆所诋，心恨之。讦隆与世恩淫纵，词连礼部尚书陈经邦。隆等上疏自理，并列显卿挟仇诬陷状。所司乃两黜之。而停世恩俸半岁。隆归，道青浦，父老为敛田千亩，请徙居。隆不许，欢饮三日谢去。

归益纵情诗酒，好宾客，卖文为活。诗文率不经意，一挥数纸。尝戏命两人对案拈二题，各赋百韵，咄嗟之间二章并就。又与人对弈，口诵诗文，命人书之，书不逮诵也。

子妇沈氏，修撰懋学女，与隆女瑶瑟并能诗。隆有所作，两人辄和之。两家兄弟合刻其诗，曰《留香草》。

王穉登,字伯谷,长洲人。四岁能属对,六岁善擘窠大字,十岁能诗,长益骏发有盛名。嘉靖末,游京师,客大学士袁炜家。炜试诸吉士紫牡丹诗,不称意。命穉登为之,有警句。炜召数诸吉士曰:"君辈职文章,能得王秀才一句耶?"将荐之朝,不果。隆庆初,复游京师,徐阶当国,颇修憾于炜。或劝穉登弗名袁公客,不从,刻《燕市》、《客越》二集,备书其事。

吴中自文征明后,风雅无定属。穉登尝及征明门,遥接其风,主词翰之席者三十余年。嘉、隆、万历间,布衣、山人以诗名者十数,俞允文、王叔承、沈明臣辈尤为世所称,然声华烜赫,穉登为最。申时行以元老里居,特相推重。王世贞与同郡友善,顾不甚推之。及世贞殁,其仲子士骐坐事系狱,穉登为倾身救援,人以是重其风义。万历中,诏修国史,大学士赵志皋辈荐穉登及其同邑魏学礼、江都陆弼、黄冈王一鸣。有诏征用,未上,而史局罢。卒年七十余。子留,字亦房,亦以诗名。

俞允文,字仲蔚,昆山人。其父举进士,官大理评事。允文年十五为《马鞍山赋》,援据该博。年未四十,谢去诸生,专力于诗文书法。与王世贞善,而不喜李攀龙诗,其持论不苟同如此。

王叔承,字承父,吴江人。少孤。治经生业,以好古谢去。贫,赘妇家,为妇翁所逐,不予一钱,乃携妇归奉母,贫益甚。入都,客大学士李春芳所。性嗜酒,春芳有所譔述,觅之,往往卧酒楼,欠伸弗肯应。久之,乃谢归。太仓王锡爵,其布衣交也。再召,会有三王并封之议。叔承遗书数千言,谓当引大义以去就,力争不当,依违两端,负主恩,辜物望。锡爵得书叹服。其诗,极为世贞兄弟所许。卒于万历中。

瞿九思,字睿夫,黄梅人。父晟,嘉靖三十二年进士。历官广平知府。凿长渠百里,引水为四闸,得田数十万亩。卒于官。

九思十岁从父宦吉安，事罗洪先。十五作《定志论》。后从同郡耿定向游，学益进。举万历元年乡试。居二年，县令张维翰违制苛派，民聚殴之，维翰坐九思倡乱。巡按御史向程劾维翰激变。吏部尚书张瀚言御史议非是，九思遂长流塞下。子甲，年十三，为书数千言，历抵公卿，讼父冤。甲弟罕，亦伏阙上书求宥。屠隆作《讼瞿生书》，遍告中外，冯梦祯亦白于楚中当事，而张居正故才九思，乃获释归。三十七年，以抚按疏荐，授翰林待诏，力辞不受。诏有司岁给米六十石，终其身。乃撰《乐章》及《万历武功录》，遣罕诣阙上之。卒年七十一。

九思学极奥博，其文章不雅驯，然一时嗜古笃志之士亦鲜其俦。

甲，字释之，年十九举于乡，早卒。罕，字曰有，七岁能文。白父冤时，往返徒步，不避寒馁，天下称双孝。崇祯时，辟举知州。

唐时升，字叔达，嘉定人。父钦训，与归有光善，故时升早登有光之门。年未三十，谢举子业，专意古学。王世贞官南都，延之邸舍，与辨晰疑义。时升自以出归氏门，不肯复称王氏弟子。及王锡爵枋国，其子衡邀时升入都，值塞上用兵，逆断其情形虚实，将帅胜负，无一爽者。家贫，好施予，灌园艺蔬，萧然自得。诗援笔成，不加点窜，文得有光之传。与里人娄坚、程嘉燧并称曰"练川三老"。卒于崇祯九年，年八十有六。

娄坚，字子柔。幼好学，其师友皆出有光门。坚学有师承，经明行修，乡里推为大师。贡于国学，不仕而归。工书法，诗亦清新。四明谢三宾知县事，合时升、坚、嘉燧及李流芳诗刻之，曰《嘉定四先生集》。

流芳，字长蘅，万历三十四年举于乡。工诗善书，尤精绘事。天启初，会试北上，抵近郊闻警，赋诗而返，遂绝意进取。

程嘉燧，字孟阳，休宁人，侨居嘉定。工诗善画。与通州顾养谦善。友人劝诣之,乃渡江寓古寺,与酒人欢饮三日夜,赋《咏古》五章,不见养谦而返。崇祯中,常熟钱谦益以侍郎罢归,筑耦耕堂,邀嘉燧读书其中。阅十年返休宁,遂卒,年七十有九。谦益最重其诗,称曰松圆诗老。

　　焦竑,字弱侯,江宁人。为诸生,有盛名。从督学御史耿定向学,复质疑于罗汝芳。举嘉靖四十三年乡试,下第还。定向遴十四郡名士读书崇正书院,以竑为之长。及定向里居,复往从之。万历十七年,始以殿试第一人官翰林修撰,益讨习国朝典章。二十二年,大学士陈于陛建议修国史,欲竑专领其事,竑逊谢,乃先撰《经籍志》,其他率无所撰,馆亦竟罢。翰林教小内侍书者,众视为具文,竑独曰:“此曹他日在帝左右,安得忽之。”取古奄人善恶,时与论说。

　　皇长子出阁,竑为讲官。故事,讲官进讲罕有问者。竑讲毕,徐曰:“博学审问,功用维均,敷陈或未尽,惟殿下赐明问。”皇长子称善,然无所质难也。一日,竑复进曰:“殿下言不易发,得毋讳其误耶？解则有误,问复何误？古人不耻下问,愿以为法。”皇长子复称善,亦竟无所问。竑乃与同列谋先启其端,适讲《舜典》,竑举“稽于众,舍己从人”为问。皇长子曰:“稽者,考也。考集众思,然后舍己之短,从人之长。”又一日,举“上帝降衷,若有恒性”。皇长子曰:“此无他,即天命之谓性也。”时方十三龄,答问无滞,竑亦竭诚启迪。尝讲次,群鸟飞鸣,皇长子仰视,竑辍讲肃立。皇长子敛容听,乃复讲如初。竑尝采古储君事可为法戒者为养正图说,拟进之。同官郭正域辈恶其不相闻,目为贾誉,竑遂止。竑既负重名,性复疏直,时事有不可,辄形之言论,政府亦恶之,张位尤甚。二十五年主顺天乡试,举子曹蕃等九人文多险诞语,竑被劾,谪福宁州同知。岁余大计,复镌秩,竑遂不出。

　　竑博极群书,自经史至稗官、杂说,无不淹贯。善为古文,典正驯雅,卓然名家。集名《澹园》,竑所自号也。讲学以汝芳为宗,而善定向兄弟及李贽,时颇以禅学讥之。万历四十八年卒,年八十。熹宗时，以先朝讲读恩，复官，赠谕德，赐祭荫子。福王时，追谥文端。子润生，见《忠义传》。

　　黄辉，字平倩，一字昭素，南充人。竑同年进士。幼颖异，父子元，官湖广，御史属讯疑狱，辉检律如老吏。御史闻而异之，命负以至，授《钱谷集》，一览辄记。稍长，博极群书。年十五举乡试第一。久之，成进士，改庶吉士。馆课文字多沿袭熟烂，目为翰林体，及李攀龙、王世贞之学行，则又改而从之。辉刻意学古，一以韩、欧为师，馆阁文稍变。时同馆中，诗文推陶望龄，书画推董其昌，辉诗及书与齐名。至征事，辉十得八九，竑以闳雅名，亦自逊不如也。

　　由编修迁右中允，充皇长子讲官。时帝宠郑贵妃，疏皇后、长子，长子生母王恭妃几殆。辉从内竖征知其状，谓同里给事中王德完曰："此国家大事，且夕不测，书之史册，谓朝廷无人，吾辈为万世僇矣。"德完奋然，属辉具草上之，下狱，廷杖濒死。辉周旋橐饘，不避险阻，人或危之。辉曰："吾陷人于祸，可坐视乎？"辉雅好禅学，多方外交，为言者所论。时已为庶子掌司经局，遂请告归。已，起故官，擢少詹事兼侍读学士，卒官。

　　陈仁锡，字明卿，长洲人。父允坚，进士。历知诸暨、崇德二县。仁锡年十九，举万历二十五年乡试。闻武进钱一本善《易》，往师之，得其指要。久不第，益究心经史之学，多所论著。

　　天启二年，以殿试第三人授翰林编修。时第一为文震孟，亦老成宿学。海内咸庆得人。明年丁内艰，庐墓次。服阕，起故官，寻直经筵，典诰敕。魏忠贤冒边功，矫旨锡上公爵，给世券。仁锡当视草，持不可，其党以威劫之，毅然曰："世自有视草者，何必我！"忠贤闻之怒。不数日，里人孙文豸以诵《步天歌》见捕，坐妖言锻炼成狱，词连仁锡及震孟，罪将不测。有密救者，得削籍归。

　　崇祯改元，召复故官。旋进右中允，署国子司业事，再直经筵。以预修神、光二朝实录，进右谕德，乞假归。越三年，即家起南京国子祭酒,甫拜命,得疾卒。福王时,赠詹事,谥文庄。仁锡讲求经济,有志天下事,性好学,喜著书,一时馆阁中博洽者鲜其俦云。

董其昌,字元宰,松江华亭人。举万历十七年进士,改庶吉士。礼部侍郎田一俊以教习卒官,其昌请假,走数千里,护其丧归葬。还授编修。皇长子出阁,充讲官,因事启沃,皇长子每目属之。坐失执政意,出为湖广副使,移疾归。起故官,督湖广学政,不徇请嘱,为势家所怨,嗾生儒数百人鼓噪,毁其公署。其昌即拜疏求去,帝不许,而令所司按治,其昌卒谢事归。起山东副使、登莱兵备、河南参政,并不赴。

光宗立,问:"旧讲官董先生安在?"乃召为太常少卿,掌国子司业事。天启二年擢本寺卿,兼侍读学士。时修《神宗实录》,命往南方采辑先朝章疏及遗事,其昌广搜博征,录成三百本。又采留中之疏切于国本、藩封、人才、风俗、河渠、食货、吏治、边防者,别为四十卷。仿史赞之例,每篇系以笔断。书成表进,有诏褒美,宣付史馆。明年秋,擢礼部右侍郎,协理詹事府事,寻转左侍郎。五年正月拜南京礼部尚书。时政在奄竖,党祸酷烈。其昌深自引远,逾年请告归。崇祯四年起故官,掌詹事府事。居三年,屡疏乞休,诏加太子太保致仕。又二年卒,年八十有三。赠太子太傅。福王时,谥文敏。

其昌天才俊逸,少负重名。初,华亭自沈度、沈粲以后,南安知府张弼、詹事陆深、布政莫如忠及子是龙皆以善书称。其昌后出,超越诸家,始以宋米芾为宗。后自成一家,名闻外国。其画集宋、元诸家之长,行以己意,潇洒生动,非人力所及也。四方金石之刻,得其制作手书,以为二绝。造请无虚日,尺素短札,流布人间,争购宝之。精于品题,收藏家得片语只字以为重。性和易,通禅理,萧闲吐纳,终日无俗语。人儗之米芾、赵孟𫖯云。同时以善书名者,临邑邢侗、顺天米万钟、晋江张瑞图,时人谓邢、张、米、董,又曰南董、北米。然三人者,不逮其昌远甚。

　　莫如忠,字子良。嘉靖十七年进士。累官浙江布政使。洁修自好。夏言死,经纪其丧。善草书,诗文有体要。是龙,字云卿,后以字行,更字廷韩。十岁能文,长善书。皇甫汸、王世贞辈亟称之。以贡生终。

　　邢侗,字子愿。万历二年进士。终陕西行太仆卿。家资钜万,筑来禽馆于古犁邱,减产奉客,遂致中落。妹慈静,善仿兄书。

　　米万钟,字友石。万历二十三年进士。历官江西按察使。天启五年,魏忠贤党倪文焕劾之,遂削籍。崇祯初,起太仆少卿,卒官。

　　张瑞图者,官至大学士,逆案中人也。

　　袁宏道,字中郎,公安人。与兄宗道、弟中道并有才名,时称“三袁”。宗道,字伯修。万历十四年会试第一。授庶吉士,进编修,卒官右庶子。泰昌时,追录光宗讲官,赠礼部右侍郎。

　　宏道年十六为诸生,即结社城南,为之长。间为诗歌古文,有声里中。举万历二十年进士。归家,下帷读书,诗文主妙悟。选吴县知县,听断敏决,公庭鲜事。与士大夫谈说诗文,以风雅自命。已而解官去。起授顺天教授,历国子助教、礼部主事,谢病归。久之,起故官。寻以清望擢吏部验封主事,改文选。寻移考功员外郎,立岁终考察群吏法,言:“外官三岁一察,京官六岁,武官五岁,此曹安得独免?”疏上,报可,遂为定制。迁稽勋郎中,后谢病归,数月卒。

　　中道,字小修。十余岁,作《黄山》、《雪》二赋,五千余言。长益豪迈,从两兄宦游京师,多交四方名士,足迹半天下。万历三十一年始举于乡。又十四年乃成进士。由徽州教授,历国子博士、南京礼部主事。天启四年进南京吏部郎中,卒于官。

　　先是,王、李之学盛行,袁氏兄弟独心非之。宗道在馆中,与同馆黄辉力排其说。于唐好白乐天,于宋好苏轼,名其斋曰白苏。至宏道,益矫以清新轻俊,学者多舍王、李而从之,目为公安体。然戏谑嘲笑,间杂俚语,空疏者便之。其后,王、李风渐息,而钟、谭之说大炽。钟、谭者,钟惺、谭元春也。

惺，字伯敬，竟陵人。万历三十八年进士。授行人，稍迁工部主事，寻改南京礼部，进郎中。擢福建提学佥事，以父忧归，卒于家。惺貌寝，羸不胜衣，为人严冷，不喜接俗客，由此得谢人事。官南都，僦秦淮水阁读史，恒至丙夜，有所见即笔之，名曰《史怀》。晚逃于禅以卒。

自宏道矫王、李诗之弊，倡以清真，惺复矫其弊，变而为幽深孤峭。与同里谭元春评选唐人诗为《唐诗归》，又评选隋以前诗为《古诗归》。钟、谭之名满天下，谓之竟陵体。然两人学不甚富，其识解多僻，大为通人所讥。

元春，字友夏，名辈后于惺，以《诗归》故，与齐名。至天启七年始举乡试第一，惺已前卒矣。

王惟俭，字损仲，祥符人。万历二十三年进士。授潍县知县，迁兵部职方主事。三十年春，辽东总兵官马林以忤税使高淮被逮，兵部尚书田乐等救之。帝怒，责职方不推代者，空司而逐，惟俭亦削籍归。家居二十年，光宗立，起光禄丞。三迁大理少卿。

天启三年八月擢右佥都御史，巡抚山东。值徐鸿儒之乱，民多逃亡，辽人避难来者，亦多失所，惟俭加意绥辑。五年三月擢南京兵部右侍郎，未赴。入为工部右侍郎，魏忠贤党御史田景新劾之，落职闲住。

惟俭资敏嗜学。初被废，肆力经史百家。苦《宋史》繁芜，手删定，自为一书。好书画古玩。万历、天启间，世所称博物君子，惟俭与董其昌并，而嘉兴李日华亚之。

日华，字君实，嘉兴人。万历二十年进士。官至太仆少卿。恬澹和易，与物无忤。惟俭则口多微词，好抨击道学，人不能堪。尝与时辈燕集，征《汉书》一事，具悉本末，指其腹笑曰："名下宁有虚士乎！"其自喜如此。

曹学佺，字能始，侯官人。弱冠举万历二十三年进士，授户部主事。中察典，调南京添注大理左寺正。居冗散七年，肆力于学。累迁南京户部郎中，四川右参政、按察使。蜀府毁于火，估修资七十万金，学佺以《宗藩条例》却之。又中察典，议调。天启二年，起广西右参议。

初，梃击狱兴，刘廷元辈主疯颠。学佺著《野史纪略》，直书事本末。至六年秋，学佺迁陕西副使，未行，而廷元附魏忠贤大幸，乃劾学佺私撰野史，淆乱国章，遂削籍，毁所镂板。巡按御史王政新，以尝荐学佺，亦勒闲住。广西大吏揣学佺必得重祸，羁留以待。已，知忠贤无意杀之，乃得释还。崇祯初，起广西副使，力辞不就。

家居二十年，著书所居石仓园中，为《石仓十二代诗选》，盛行于世。尝谓"二氏有藏，吾儒何独无"，欲修儒藏与鼎立。采撷四库书，因类分辑，十有余年，功未及竣，两京继覆。唐王立于闽中，起授太常卿。寻迁礼部右侍郎兼侍讲学士，进尚书，加太子太保。及事败，走入山中，投缳而死，年七十有四。诗文甚富，总名《石仓集》。万历中，闽中文风颇盛，自学佺倡之，晚年更以殉节著云。

其同邑后起者，曾异撰，字弗人，晋江人，家侯官，父为诸生，早卒。母张氏，以遗腹生。家窭甚，纺绩给晨夕。异撰起孤童，事母至孝。岁饥，采薯叶杂糠粃食之，母妻尝负畚锄乾草给爨。然性介甚，长吏知其贫，欲为地，不屑也。吴兴潘曾纮督学政，上其母节行，获旌于朝。及曾纮巡抚南、赣，得王惟俭所撰《宋史》，招异撰及新建徐世溥更定，未成而罢。异撰久为诸生，究心经世学，所为诗，有奇气。崇祯十二年举乡试，年四十有九矣，再赴会试还，遂卒。

王志坚，字弱生，昆山人。父临亨，进士。杭州知府。志坚举万历三十八年进士，授南京兵部主事，迁员外郎、郎中。暇日要同舍郎为读史社，撰《读史商语》。迁贵州提学佥事，不赴，乞侍养归。天启二年起督浙江驿传，奔母丧归。崇祯四年复以佥事督湖广学政，礼部推为学政第一。六年卒于官。

志坚少与李流芳同学，为诗文，法唐、宋名家。通籍后，卜居吴门古南园，杜门却埽，肆志读书，先经后史，先史后子、集。其读经，先笺疏而后辨论。读史，先证据而后发明。读子，则谓唐、宋而后无子，当取说家之有裨经史者补之。读集，则定秦、汉以后古文为五编，考核唐、宋碑志，援史传，捃杂说，以参核其事之同异、文之纯驳。其于内典，亦深辨性相之宗。作诗甚富，自选止七十余首。

弟志长，字平仲，举于乡，亦深于经学。

艾南英，字千子，东乡人。七岁作《竹林七贤论》。长为诸生，好学，无所不窥。万历末，场屋文腐烂，南英深疾之，与同郡章世纯、罗万藻、陈际泰以兴起斯文为任，乃刻四人所作行之世。世人翕然归之，称为章、罗、陈、艾。天启四年，南英始举于乡。座主检讨丁乾学、给事中郝土膏发策诋魏忠贤，南英对策亦有讥刺语。忠贤怒，削考官籍，南英亦停三科。

庄烈帝即位，诏许会试。久之，卒不第，而文日有名。负气陵物，人多惮其口。始王、李之学大行，天下谈古文者悉宗之，后钟、谭出而一变。至是钱谦益负重名于词林，痛相纠驳。南英和之，排诋王、李不遗余力。两京继覆，江西郡县尽失，南英乃入闽。唐王召见，陈十可忧疏，授兵部主事，寻改御史。明年八月卒于延平。

章世纯，字大力，临川人。博闻强记。举天启元年乡试。崇祯中，累官柳州知府，年已七十矣，闻京师变，悲愤，遘疾卒。

罗万藻，字文止，世纯同县人。天启七年举于乡。崇祯中行保举法，祭酒倪元璐以万藻应诏，辞不就。福王时为上杭知县。唐王立于闽，擢礼部主事。南英卒，哭而殡之，居数月亦卒。

陈际泰，字大士，亦临川人，父流寓汀州武平，生于其地。家贫，不能从师，又无书，时取旁舍儿书，屏人窃诵。从外兄所获《书经》，四角已漫灭，且无句读，自以意识别之，遂通其义。十岁，于外家药笼中见《诗经》，取而疾走。父见之，怒，督往田，则携至田所，踞高阜而哦，遂毕身不忘。久之，返临川，与南英辈以时文名天下。其为文，敏甚，一日可二三十首。先后所作至万首，经生举业之富，无若际泰者。崇祯三年举于乡。又四年成进士，年六十有八矣。又三年除行人。居四年，护故相蔡国用丧南行，卒于道。

张溥，字天如，太仓人。伯父辅之，南京工部尚书。溥幼嗜学。所读书必手钞，钞已朗诵一过，即焚之，又钞，如是者六七始已。右手握管处，指掌成茧。冬日手皲，日沃汤数次。后名读书之斋曰“七录”，以此也。与同里张采共学齐名，号“娄东二张”。

崇祯元年，以选贡生入都，采方成进士，两人名彻都下。已而采官临川。溥归，集郡中名士相与复古学，名其文社曰复社。四年成进士，改庶吉士。以葬亲乞假归，读书若经生，无间寒暑。四方啖名者争走其门，尽名为复社。溥亦倾身结纳，交游日广，声气通朝右。所品题甲乙，颇能为荣辱。诸奔走附丽者，辄自矜曰：“吾以嗣东林也。”执政大僚由此恶之。

里人陆文声者，输赀为监生，求入社，不许，采又尝以事抶之。文声诣阙言：“风俗之弊，皆原于士子。溥、采为主盟，倡复社，乱天下。”温体仁方柄国事，下所司。迁延久之，提学御史倪元珙、兵备参议冯元飏、太仓知州周仲连言复社无可罪。三人皆贬斥，严旨穷究不已。闽人周之夔者，尝为苏州推官，坐事罢去，疑溥为之，恨甚。闻文声讦溥，遂伏阙言溥等把持计典，己罢职实其所为，因及复社恣横状。章下，巡抚张国维等言之夔去官，无预溥事，亦被旨谯让。

至十四年，溥已卒，而事犹未竟。刑部侍郎蔡奕琛坐党薛国观系狱，未知溥卒也，讦溥遥握朝柄，己罪由溥，因言采结党乱政。诏责溥、采回奏，采上言：“复社非臣事，然臣与溥生平相淬砺，死避网罗，负义图全，谊不出此。念溥日夜解经论文，矢心报称，曾未一日服官，怀忠入地。即今严纶之下，并不得泣血自明，良足哀悼。”当是时，体仁已前罢，继者张至发、薛国观皆不喜东林，故所司不敢复奏。及是，至发、国观亦相继罢，而周延儒当国，溥座主也，其获再相，溥有力焉，故采疏上，事即得解。

明年，御史刘熙祚、给事中姜埰交章言溥砥行博闻，所纂述经史，有功圣学，宜取备乙夜观。帝御经筵，问及二人，延儒对曰："读书好秀才。"帝曰："溥已卒，采小臣，言官何为荐之？"延儒曰："二人好读书，能文章。言官为举子时读其文，又以其用未竟，故惜之耳。"帝曰："亦未免偏。"延儒言："诚如圣谕，溥与黄道周皆偏，因善读书，以故惜之者众。"帝颔之，遂有诏征溥遗书，而道周亦复官。有司先后录上三千余卷，帝悉留览。

溥诗文敏捷。四方征索者，不起草，对客挥毫，俄顷立就，以故名高一时。卒时，年止四十。

采，字受先，与溥善。溥性宽，泛交博爱。采特严毅，喜甄别可否，人有过，尝面叱之。知临川，摧强扶弱，声大起。移疾归，士民泣送载道。知州刘士斗、钱肃乐严重之，以奸蠹询采，片纸报，咸置之法。福王时，起礼部主事，进员外郎，乞假去。南都失守，奸人素衔采者，群击之死，复用大锥乱刺之。已而甦，避之邻邑，又三年卒。

明史卷二八九
列传第一七七

忠义一

花云 朱文逊 许瑗 王鼎等 王恺
孙炎 王道同 朱文刚 牟鲁 裴源 朱显忠
王均谅等 王纲 子彦达 王祎 吴云
熊鼎 易绍宗 琴彭 陈汝石等
皇甫斌 子弼 吴贵等 张瑛 熊尚初等
王祯 万琛 王祐 周宪 子干
杨忠 李睿等 吴景 王源 冯杰 孙玺等
霍恩 段矛 张汝舟 王佐等 孙燧 许逵
黄宏 马思聪 宋以方 万木 郑山
赵楠等

　　从古忠臣义士，为国捐生，节炳一时，名垂百世，历代以来，备极表章，尚已。明太祖创业江左，首褒余阙、福寿，以作忠义之气。至从龙将士，或功未就而身亡，若豫章、康郎山两庙及鸡笼山功臣庙所祀诸人，爵赠公侯，血食俎豆，侑享太庙，恤录子孙，所以褒厉精忠，激扬义烈，意至远也。建文之变，群臣不惮膏鼎镬，赤姻族，以抗成祖之威稜，虽《表忠》一录出自传疑，亦足以知人心天性之不泯矣。仁、宣以降，重熙累洽，垂二百余载，中间如交阯之征，土木之变，宸濠之叛，以暨神、熹两朝，边陲多故，湛身殉难者，未易更仆数。而司勋褒恤之典，悉从优厚。或所司失奏，后人得自陈请。故节烈之绩，咸得显暴于时。迨庄烈之朝，运丁阳九，时则内外诸臣，或陨首封疆，或致命阙下，蹈死如归者尤众。

今就有明一代死义死事之臣，博采旁搜，汇次如左。同死者，各因事附见。其事实繁多及国家兴亡所系，或连属他传，本末始著，与夫直谏死忠，疏草传诵人口，概具前帙。至若抒忠胜国，抗命兴朝，稽诸前史，例得并书。我太祖、太宗忠厚开基，扶植名教，奖张铨之守义，释张春而加礼，洪量同天地，大义悬日月，国史所载，焕若丹青。诸臣之遂志成仁，斯为无忝，故备列焉。

花云，怀远人。貌伟而黑，骁勇绝伦。至正十三年癸巳，杖剑谒太祖于临濠。奇其才，俾将兵略地，所至辄克。破怀远，擒其帅。攻全椒，拔之。袭缪家寨，群寇散走。太祖将取滁州，率数骑前行，云从。猝遇贼数千，云举铍翼太祖，拔剑跃马冲阵而进。贼惊曰：“此黑将军勇甚，不可当其锋。”兵至，遂克滁州。甲午从取和州，获卒三百，以功授管勾。乙未，太祖渡江，云先济。既克太平，以忠勇宿卫左右。从下集庆，获卒三千，擢总管。徇镇江、丹阳、丹徒、金坛，皆克之。过马驮沙，剧盗数百遮道索战。云且行且斗三日夜，皆擒杀之，授前部先锋。从拔常州，守牛塘营。太祖立行枢密院于太平，擢云院判。丁酉克常熟，获卒万余。命趋宁国，兵陷山泽中八日，群盗相结梗道。云操矛鼓噪出入，斩首千百计，身不中一矢。还驻太平。

庚子闰五月，陈友谅以舟师来寇。云与元帅朱文逊、知府许瑗、院判王鼎结阵迎战，文逊战死。贼攻三日不得入，以巨舟乘涨，缘舟尾攀堞而上。城陷，贼缚云。云奋身大呼，缚尽裂，起夺守者刀，杀五六人，骂曰：“贼非吾主敌，盍趣降！”贼怒，碎其首，缚诸樯丛射之，骂贼不少变，至死声犹壮，年三十有九。瑗、鼎亦抗骂死。太祖即吴王位,追封云东邱郡侯,瑗高阳郡侯,鼎太原郡侯,立忠臣祠,并祀之。

方战急,云妻郜祭家庙,挈三岁儿,泣语家人曰:"城破,吾夫必死,吾义不独存,然不可使花氏无后,若等善抚之。"云被执,郜赴水死。侍儿孙瘗毕,抱儿行,被掠至九江。孙夜投渔家,脱簪珥属养之。及汉兵败,孙复窃儿走渡江,遇馈军夺舟弃江中,浮断木入苇洲,采莲实哺儿,七日不死。夜半,有老父雷老絜之行,逾年达太祖所。孙抱儿拜泣,太祖亦泣,置儿膝上,曰:"将种也。"赐雷老衣,忽不见。赐儿名炜,累官水军卫指挥佥事。其五世孙为辽复州卫指挥,请于世宗,赠郜贞烈夫人,孙安人,立祠致祭。

文逊者,太祖养子也。尝与元帅秦友谅攻克无为州。瑗,字栗夫,乐平人。元末,两举乡第一。太祖驻婺州,瑗谒曰:"足下欲定天下,非延揽英雄,难以成功。"太祖喜,置幕中,参军事。已,命守太平。鼎,仪征人。初为赵忠养子。忠为总管,克太平,授行枢密院判,镇池州。赵普胜来寇,忠阵殁。鼎嗣职,复故姓,驻太平。至是,三人皆死之。

时有刘齐者,以江西行省参政守吉安。守将李明道开门纳友谅兵,杀参政曾万中、陈海,执齐及知府宋叔华,胁之降,皆不屈。又破临安,执同知赵天麟,亦不屈,并送友谅所。友谅方攻洪都,杀三人徇城下。及陷无为州,执知州董曾,曾抗骂不屈,沉之江。

王恺,字用和,当涂人。通经史,为元府吏。太祖拔太平,召为掾。从下京口,抚定新附民,及建中书省,用为都事。杭州苗军数万降,待命严州境。恺驰谕之,偕其帅至。太祖克衢州,命总制军民事。恺增城浚濠,置游击军,籍丁壮,得万余人。常遇春屯兵金华,部将扰民,恺械而挞诸市。遇春让恺,恺曰:"民者国之本,挞一部将而民安,将军所乐闻也。"乃谢恺。时饥疫相仍,恺出仓粟,修惠济局,全活无算。学校毁,与孔子家庙之在衢者,并新之。设博士弟子员,士翕然悦服。开化马宣、江山杨明并为乱，先后讨擒之。

迁左司郎中，佐胡大海治省事。苗军作乱，害大海。其帅多德恺，欲拥之而西。恺正色曰："吾守土，义当死，宁从贼邪！"遂并其子行杀之。年四十六。

恺善谋断，尝白事，未听，却立户外，抵暮不去。太祖出，怪问之，恺谏如初，卒从其议。后赠奉直大夫、飞骑尉，追封当涂县男。

孙炎，字伯融，句容人。面铁色，跛一足。谈辨风生，雅负经济。与丁复、夏煜游，有诗名。太祖下集庆，召见，请招贤豪成大业。时方建行中书省，用为首掾。从征浙东，授池州同知，进华阳知府，擢行省都事。克处州，授总制。太祖命招刘基、章溢、叶琛等，基不出。炎使再往，基遗以宝剑。炎作诗，以为剑当献天子，斩不顺命者，人臣不敢私，封还之。遗基书数千言，基始就见，送之建康。

时城外皆贼，城守无一兵。苗军作乱，杀院判耿再成，执炎及知府王道同、元帅朱文刚，幽空室，胁降，不屈。贼帅贺仁德燖雁斗酒啖炎，炎且饮且骂。贼怒，拔刀叱解衣，炎曰："此紫绮裘，主上所赐，吾当服以死。"遂与道同、文刚皆见害，时年四十。追赠丹阳县男，建像再成祠。

道同，由中书省宣使知处州，赠太原郡侯。

文刚，太祖养子，小字柴舍。变起，欲与再成聚兵杀贼，不及，遂被难。赠镇国将军，附祭功臣庙。

牟鲁，乌程人，为莒州同知。洪武三年秋，青州民孙古朴为乱，袭州城，执鲁欲降之。鲁曰："国家混一海宇，民皆乐业。若等悔过自新，可转祸为福。不然，官军旦夕至，无遗种矣。我守土臣，义唯一死。"贼不敢害，拥至城南。鲁大骂，遂杀之。贼破，诏恤其家。

又有白谦、裴源、朱显忠、王均谅、王名善、黄里、顾师胜、陈敬、吴得、井孚之属。

　　谦,婺源知州。信州盗萧明来寇,谦力不能御,怀印出北门,赴水死。

　　源,肇庆府经历。以公事赴新兴,遇山贼陈勇卿,被执,勒令跪。源大骂曰:"我命官,乃跪贼邪!"遂被杀。洪武三年赠官二等。

　　显忠,如皋人。为张士诚将,来降。以指挥佥事从邓愈下河州,抵吐番。从傅友德克文州,遂留守之。洪武四年,蜀将丁世珍召番数万来攻。食尽无援,或劝走避,显忠叱不听。攻益急,裹创力战,城破,为乱兵所杀。均谅时为千户,被执不屈,磔死。事闻,赠恤有差。

　　名善,义乌人,高州通判。有海寇何均善曾被戮,洪武五年,其党罗子仁率众潜入城,执名善,不屈死。

　　里,云内州同知。洪武五年秋,蒙古兵突入城。里率兵巷战,死之。

　　师胜,兴化人,峨眉知县。洪武十三年,率民兵讨贼彭普贵,战死。诏褒恤。

　　敬,增城人。洪武十四年举贤良,为曲靖府经历,署剑川州事。邻寇来攻,敬御之。官兵寡,欲退,敬瞋目大呼,力战死。命恤其家。

　　得,全椒人,龙里守御所千户。洪武三十年,古州上婆洞蛮作乱,得与镇守将井孚守城。贼烧门急攻,二人开门奋击,得中毒弩死,孚战死。赠得指挥佥事,孚正千户,子孙世袭。

　　王纲,字性常,余姚人。有文武才。善刘基,常语曰:"老夫乐山林,异时得志,勿以世缘累我。"洪武四年以基荐征至京师,年七十,齿发神色如少壮。太祖异之,策以治道,擢兵部郎。

　　潮民弗靖,除广东参议,督兵饷,叹曰:"吾命尽此矣。"以书诀家人,携子彦达行,单舸往谕,潮民叩首服罪。还抵增城,遇海寇曹真,截舟罗拜,愿得为帅。纲谕以祸福,不从,则奋骂。贼舁之去,为坛坐纲,日拜请。纲骂不绝声,遂遇害。彦达年十六,骂贼求死,欲并杀之。其酋曰："父忠子孝，杀之不祥。"与之食，不顾，令缀羊革裹父尸而出。御史郭纯以闻，诏立庙死所。彦达以荫得官，痛父，终身不仕。

王祎，字子充，义乌人。幼敏慧，及长，身长岳立，屹有伟度。师柳贯、黄溍，遂以文章名世。睹元政衰敝，为书七八千言上时宰。危素、张起岩并荐，不报。隐青岩山，著书，名日盛。

太祖取婺州，召见，用为中书省掾史。征江西，祎献颂。太祖喜曰："江南有二儒，卿与宋濂耳。学问之博，卿不如濂。才思之雄，濂不如卿。"太祖创礼贤馆，李文忠荐祎及许元、王天锡，召置馆中。旋授江南儒学提举司校理，累迁侍礼郎，掌起居注。同知南康府事，多惠政，赐金带，宠之。太祖将即位，召还，议礼。坐事忤旨，出为漳州府通判。

洪武元年八月，上疏言："祈天永命之要，在忠厚以存心，宽大以为政，法天道，顺人心。雷霆霜雪，可暂不可常。浙西既平，科敛当减。"太祖嘉纳之，然不能尽从也。

明年修《元史》，命祎与濂为总裁。祎史事擅长，裁烦剔秽，力任笔削。书成，擢翰林待制，同知制诰兼国史院编修官。奉诏预教大本堂，经明理达，善开导。召对殿廷，必赐坐，从容宴语。未久，奉使吐蕃，未至，召还。

五年正月，议招谕云南，命祎赍诏往。至则谕梁王，亟宜奉版图归职方，不然天讨且夕至。王不听，馆别室。又日，他谕曰："朝廷以云南百万生灵，不欲歼于锋刃。若恃险远，抗明命，龙骧鹢舻，会战昆明，悔无及矣。"梁王骇服，即为改馆。会元遣脱脱征饷，胁王以危言，必欲杀祎。王不得已出祎见之，脱脱欲屈祎，祎叱曰："天既讫汝元命，我朝实代之。汝爝火余烬，敢与日月争明邪！且我与汝皆使也，岂为汝屈！"或劝脱脱曰："王公素负重名，不可害。"脱脱攘臂曰："今虽孔圣，义不得存。"祎顾王曰："汝杀我，天兵继至，汝祸不旋踵矣。"遂遇害，时十二月二十四日也。梁王遣使致祭，具衣冠敛之。建文中,祎子绅讼祎事,诏赠翰林学士,谥文节。正统中,改谥忠文。成化中,命建祠祀之。

绅,字仲缙。祎死时,年十三,鞠于兄绶,事母兄尽孝友。长博学,受业宋濂。濂器之曰:“吾友不亡矣。”蜀献王聘绅,待以客礼。绅启王往云南求父遗骸,不获,即死所致祭,述《滇南恸哭记》以归。建文帝时,用荐召为国子博士,预修《太祖实录》,献《大明铙歌鼓吹曲》十二章。与方孝孺友善,卒官。

子稌,字叔丰。师方孝孺。孝孺被难,与其友郑珣辈潜收遗骸,祸几不测,自是绝意仕进。初,绅痛父亡,食不兼味。稌守之不变,居丧,不饮酒、不食肉者三年,门人私谥曰孝庄先生。

子汶,字允达。成化十四年进士。授中书舍人。谢病归,读书齐山下。弘治初,言者交荐,与检讨陈献章同召,未抵京卒。

祎死云南之三年,死事者又有吴云。云,宜兴人。元翰林待制,仕太祖,为湖广行省参政。洪武八年九月,太祖议再遣使招谕梁王,召云至,语之曰:“今天下一家,独云南未奉正朔,杀我使臣,卿能为我作陆贾乎?”云顿首请行。时梁王遣铁知院辈二十余人使漠北,为大将军所获,送京师,太祖释之,令与云偕行。既入境,铁知院等谋曰:“吾辈奉使被执,罪且死。”乃诱云,令诈为元使,改制书,共绐梁王。云誓死不从,铁知院等遂杀云。梁王闻其事,收云骨,送蜀给孤寺殡之。

云子黻,上云事于朝。诏驰传返葬,以黻为国子生。弘治四年五月赠云刑部尚书,谥忠节,与祎并祠,改祠额曰二忠。

熊鼎,字伯颍,临川人。元末举于乡,长龙溪书院。江西寇乱,鼎结乡兵自守。陈友谅屡胁之,不应。邓愈镇江西,数延见,奇其才,荐之。太祖欲官之,以亲老辞,乃留愈幕府赞军事。母丧除,召至京师,授德清县丞。松江民钱鹤皋反,邻郡大惊,鼎镇之以静。

吴元年召议礼仪,除中书考功博士。迁起居注,承诏搜括故事可惩戒者，书新宫壁间。舍人耿忠使广信还，奏郡县官违法状，帝遣御史廉之。而时已颁赦书，丞相李善长再谏不纳，鼎偕给事中尹正进曰："朝廷布大信于四方，复以细故烦御史，失信，且亵威。"帝默然久之，乃不遣御史。

洪武改元，新设浙江按察司，以鼎为佥事，分部台、温。台、温自方氏窃据，伪官悍将二百人，暴横甚。鼎尽迁之江、淮间，民始安。平阳知州梅镒坐赃，辨不已，民数百咸诉知州无罪。鼎将听之，吏白鼎："释知州，如故出何？"鼎叹曰："法以诛罪，吾敢畏谴，诛无罪人乎！"释镒，以情闻，报如其奏。宁海民陈德仲支解黎异，异妻屡诉不得直。鼎一日览牒，有青蛙立案上，鼎曰："蛙非黎异乎？果异，止勿动。"蛙果勿动，乃逮德仲，鞫实，立正其罪。

是秋，山东初定，设按察司，复以鼎为佥事。鼎至，奏罢不职有司数十辈，列部肃清。鼎欲稽官吏利弊，乃令郡县各置二历，日书所治讼狱钱粟事，一留郡县，一上宪府，递更易，按历钩考之，莫敢隐者。寻进副使，徙晋王府右傅。坐累左迁，复授王府参军，召为刑部主事。

八年，西部朵儿只班率部落内附，改鼎岐宁卫经历。既至，知寇伪降，密疏论之。帝遣使慰劳，赐裘帽，复遣中使赵成召鼎。鼎既行，寇果叛，胁鼎北还。鼎责以大义，骂之，遂与成及知事杜寅俱被杀。帝闻，悼惜，命葬之黄羊川，立祠，以所食俸给其家。

易绍宗，攸人。洪武时，从军有功，授象山县钱仓所千户。建文三年，倭登岸剽掠。绍宗大书于壁曰："设将御敌，设军卫民。纵敌不忠，弃民不仁。不忠不仁，何以为臣！为臣不职，何以为人！"书毕，命妻李具牲酒生奠之，诀而出，密令游兵间道焚贼舟。贼惊救，绍宗格战，追至海岸，陷淖中，手刃数十贼，遂被害。其妻携孤奏于朝，赐葬祭，勒碑旌之。

琴彭，交阯人。永乐中，以乂安知府署茶笼州事，有善政。宣德元年，黎利反，率众围其城。彭拒守七月，粮尽卒疲，诸将无援者，巡按御史飞章请救。宣宗驰敕责荣昌伯陈智等曰："茶笼守彭被困孤城，矢死无贰，若等不援，将何以逃责！急发兵解围，无干国宪。"敕未至而城陷，彭死之。诏赠交阯左布政使，送一子京师官之。

时交阯人陈汝石、朱多蒲、陶季容、陈汀亦皆以忠节著。汝石初为陈氏小校，大军南征，率先归附，积功至都指挥佥事。永乐十七年，四忙土官车绵子等叛。汝石从方政讨之，深入贼阵，中流矢坠马，与千户朱多蒲皆死。多蒲，亦交阯人。事闻，遣行人赐祭，赒其家，官为置冢。

皇甫斌，寿州人。先为兴州右屯卫指挥同知，以才调辽海卫。忠勇有智略，遇警，辄身先士卒。宣德五年十月勒兵御寇，至密城东峪，自旦及晡力战，矢尽援绝，子弼以身卫父，俱战死。千户吴贵，百户吴襄、毛观并骁勇，出必冲锋，至是皆死。斌等虽死，杀伤过当，寇亦引退。事闻，诏有司褒恤。

张瑛，字彦华，浙江建德人。永乐中，举于乡，历刑部员外郎。正统时，擢建宁知府。邓茂七作乱，贼二千余迫城结砦，四出剽掠。瑛率建安典史郑烈会都指挥徐信军，分三路袭之，斩首五百余，遂拔其砦。进右参议，仍知府事，烈亦迁主簿。茂七既诛，其党林拾得等转掠城下，瑛与从父敬御之。贼败，乘胜逐北，陷伏中，敬死，瑛被执，大骂不屈死。诏赠福建按察使，赐祭，官其子。弘治中，建宁知府刘玙请于朝，立祠致祭。

时泉州守熊尚初亦以拒贼被执死。尚初，南昌人。初为吏，以才擢都察院都事，进经历。正统中，用都御史陈镒荐，擢泉州知府。盗起，上官檄尚初监军，不旬日降贼数百。已而贼逼城下，守将不敢御。尚初愤，提民兵数百，与晋江主簿史孟常、阴阳训术杨仕弘分统之，拒于古陵坡。兵败，皆遇害。郡人哀之，为配享忠臣庙。

　　王祯，字维祯，吉水人。祖省，死建文难，自有传。成化初，祯由国子生授夔州通判。二年，荆襄石和尚流劫至巫山，督盗同知王某者怯不救。祯面数之，即代勒所部民兵，昼夜行。至则城已陷，贼方聚山中。祯击杀其魁，余尽遁，乃行县抚伤残，招溃散，久乃得还。

　　甫三日，贼复劫大昌。祯趣同知行，不应。指挥曹能、柴成与同知比，激祯曰："公为国出力，肯复行乎?"祯即请往，两人伪许相左右。祯上马，挟二人与俱夹水阵。既渡，两人见贼即走。祯被围半日，误入淖中，贼执欲降之，祯大骂。贼怒，断其喉及右臂而死。从行者奉节典史及部卒六百余人皆死。

　　自死所至府三百余里，所乘马奔归，血淋漓，毛尽赤。众始知祯败，往觅尸，面如生。子广鬻马为归赀，王同知得马不偿直。槟既行，马夜半哀鸣。同知起视之，马骤前啮项，捣其胸，翼日呕血死，人称为义马。事闻，赠祯佥事，录一子。

　　万琛，字廷献，宣城人。慷慨负气节，举于乡。弘治中，知瑞金县。十八年正月，剧盗大至，县人汹汹逃窜。有劝琛急去者，琛斥之，率民兵数十人迎敌，杀贼二十余人。相持至明日，力屈被执，骂不绝口，贼攒刺之，乃死。赠光禄少卿，赐祭葬，予荫。

　　时有王祐者，为广昌知县，贼至，民尽逃，援兵又不至。祐拔刀自刲其腹曰："有城不能守，何生为!"左右奔夺其刀。后援兵集，贼稍退。越七日复突至，祐仓皇赴敌，死之。

　　周宪，安陆人。弘治六年进士。除刑部主事，进员外郎。十七年坐事下诏狱，谪兖州通判。正德初，复故官，历江西副使。华林、马脑贼方炽，总督陈金檄宪剿之，平马脑砦及仙女、鸡公岭诸寨，先后斩获千余人。华林贼窘，遣谍者诡言饥困状。宪信之，移檄会师夹击。他将多观望，宪攻北门，三战，贼稍却，与子干先登逼之。贼下木石如雨，军溃，宪中枪，干前救，力战堕崖死。宪创重被执，骂不绝口，贼支解之。

事始闻,赠按察使,予祭葬,谥节愍,荫一子,旌于门曰孝烈。嘉靖二年,江西巡抚盛应期请与黄宏、马思聪并旌,诏附祀忠烈祠。后从给事中李铎言,命有司岁给其家米二石,帛二匹。

杨忠,宁夏人。世官中卫指挥,以功进都指挥佥事,廉介有谋勇。正德五年,安化王寘鐇反,其党丁广将杀巡抚安惟学,忠在侧,骂曰:"贼狗敢犯上邪!"广怒,杀之,迄死骂益厉。

忠同官李睿闻变,驰至寘鐇所。门闭不得入,大骂,为贼所杀。百户张钦不从逆,走至雷福堡,亦被杀。皆赠官予荫,表忠、睿曰忠烈之门,钦曰忠节之门。

吴景,南陵人。弘治九年进士。正德中,历官四川佥事,守江津。重庆人曹弼亡命播州,纠众寇川南,谋与大盗蓝廷瑞合。六年正月逼江津。御史俞缁遁去,属景及都指挥庞凤御之。凤邀景俱走,景不可,率典史张俊迎击,手杀三贼,矢被面。急收兵入保,城已陷,大呼曰:"宁杀我,毋杀士民!"贼强之跪,不屈,遂被杀,俊亦死。巡抚林俊上其事,诏赠景副使,赐祭葬,立祠江津,予世荫。

是月,佥事王源行部川北,会蓝廷瑞、鄢本恕等掠通、巴至营山,源率典史邓俊御之,皆被杀。赠源副使,荫其子。源,五台人,弘治十二年进士。

明年正月,贼麻六儿将逼川东。副使冯杰追击于苍溪,俘斩颇众。日晡,移营铁山关,贼乘夜冲突,杰死之。赠按察使,赐祭葬,谥恪愍,世荫百户。

是时,略阳知县孙玺、剑州判官罗明、梁山主簿时植亦皆死于贼。

玺,字廷信,代州人。举于乡,知扶风县。都御史蓝章以略阳汉中要地,旧无城,檄玺往城之。工未毕,贼至,县令严顺欲去,玺拔刀斫坐几曰:"欲去者视此!"乃率僚属坚守,数日城陷,玺被执,大骂不屈,贼脔杀之。顺逃去,诬玺俱逃,溺于江,以他人尸敛。玺子启视，非是，讼于朝。勘得死节状，赠光禄少卿，赐祭予荫，抵顺罪。

明以吏起家。鄢本恕逼其城，与子介拒守。城陷，父子皆骂贼死。

植，字良材，通许人。由国子生授官，时摄县事。贼方四等略地，植拒却之，斩获数十级。逾月复至，相拒数日，城陷，说之降，不屈。胁取其印，不予，大骂被杀。妻贾闻变即自缢，女九岁，赴火死。明、植皆赠恤如制，而表植妻女为贞烈。

其时，士民冒死杀贼者，有赵趣、徐敬之、雷应通、袁璋之属。

趣，梁山诸生。贼攻城，同友人黄甲、李凤、何璟、萧锐、徐宣、杨茂宽、赵采誓死拒守。城陷，皆死。都御史林俊嘉其义，立祠祀之。

敬之，亦梁山人。众推为部长，以拒贼陷阵死。

应通，嘉州人。贼冲百丈关，父子七人倡义死战。被执，俱慷慨就杀。

璋，江南人。素以勇侠闻。巡抚林俊委剿贼，所在有功。后为所执，其子袭挺身救之，连杀七贼，亦被执，俱死。袭死三日，两目犹瞪视其父。林俊表其门曰父子忠节。总制彭泽为勒石城隍庙，祀于忠孝祠。

霍恩，字天锡，易州人。弘治十五年进士。正德中，历知上蔡县。六年，贼四起，中原郡邑多残破。畿内则枣强知县段矛、大城知县张汝舟，河南则恩及典史梁逵、西平知县王佐、主簿李铨、叶县知县唐天恩、永城知县王鼎、裕州同知郁采、都指挥詹济、乡官任贤、固始丞曾基、夏邑丞安宣、息县主簿邢祥、睢宁主簿金声、邱绅、西华教谕孔环、山东则莱芜知县熊骙、莱州卫指挥佥事蔡显、南畿则灵璧主簿蒋贤，皆抗节死，而恩、佐、采、环死尤烈。

恩与梁逵共守，当贼至时，语妻刘曰："脱有急，汝若何？"刘愿同死，乃筑台廨后，约曰："见我下城，即贼入矣。"及城陷，恩拔刀下城，刘台上见之，即缢，未绝，以簪刺心死。恩被执，贼胁之跪。骂曰：

"吾此膝肯为贼屈乎!"贼日杀人以慑之,骂益厉。贼以刀抉其口,支解之。遂自经死。

豸,字世高,泽州人。起家进士。正德中,授兵科都给事中,谪枣强令。贼至,连战却之。及城陷,中四矢一枪,瞋目大呼,杀贼而死,贼屠其城。汝舟官大城时,与主簿李铨迎战,皆被杀。

佐,字汝弼。潞州举人,授西平令。手杀贼数十人,矢毙其渠帅。贼忿,急攻三日,佐力屈被执,骂不绝口。贼悬诸竿,杀而支解之。天恩知叶县,贼至,与父政等七人俱死。鼎知永城,城陷,系印于肘,端坐待贼,不屈死。

采,字亮之,浙江山阴人,进士。由主事谪教谕,迁裕州同知。与济、贤共坚守,斩获多,城陷被执。采骂不辍,贼碎其辅颊而死。济亦不屈死。贤尝为御史,方里居,招邑子三千人拒守,骂贼死,一家死者十三人。基为固始丞,被执,使驭马,不从,被害。宣,初授夏邑丞。贼杨虎逼其境,或劝毋往,宣兼程进。抵任七日,贼大至,拒守有功。城陷,死之。祥已致仕,城陷,骂贼死。声、绅与义士朱用之迎战死。

环,南宫人。由岁贡生授来安知县,为刘瑾党所陷,左迁西华教谕。被执,贼曰:"呼我王,即释汝。"厉声曰:"我恨不得碎汝万段,肯媚汝求活耶!"遂被杀。骖为贼所执,与主簿韩塘俱不屈死。显与三子淇、英、顺俱御盗力战死。

诸人死节事闻,皆赠官赐祭予荫立祠如制。恩妻刘赠宜人,建忠节坊旌之。天恩、鼎、基、宣、祥诸人,里贯无考。

时有郑宝,为郁林州同知,署北流县事。妖贼李通宝犯北流,宝与子宗珪出战,皆死。

王振者,为福建黄崎镇巡检。海寇大至,率三子臣、朝、实迎战竟日。伏兵起,振被杀,尸僵立。三子救之,臣重伤,朝、实皆死。亦予恤有差。

孙燧,字德成,余姚人。弘治六年进士。历刑部主事,再迁郎中。

正德中，历河南右布政使。宁王宸濠有逆谋，结中官幸臣，日夜诇中朝事，幸有变。又劫持群吏，厚饵之，使为己用。恶巡抚王哲不附己，毒之，得疾，逾年死。董杰代哲，仅八月亦死。自是，官其地者惴惴，以得去为幸。代杰者任汉、俞谏，皆岁余罢归。燧以才节著治声，廷臣推之代。

十年十月擢右副都御史，巡抚江西。燧闻命叹曰："是当死生以之矣。"遣妻子还乡，独携二僮以行。时宸濠逆状已大露，南昌人汹汹，谓宸濠旦暮得天子。燧左右悉宸濠耳目，燧防察密，左右不得窥，独时时为宸濠陈说大义，卒不悛。阴察副使许逵忠勇，可属大事，与之谋。先是，副使胡世宁暴宸濠逆谋，中官幸臣为之地，世宁得罪去。燧念讼言于朝无益，乃托御他寇预为备。先城进贤，次城南康、瑞州。患建昌县多盗，割其地，别置安义县，以渐弭之。而请复饶、抚二州兵备，不得复，则请敕湖东分巡兼理之。九江当湖冲，最要害，请重兵备道权，兼摄南康、宁州、武宁、瑞昌及湖广兴国、通城，以便控制。广信横峰、青山诸窑，地险人悍，则请设通判驻弋阳，兼督旁五县兵。又恐宸濠劫兵器，假讨贼，尽出之他所。宸濠晌燧图己，使人赂朝中幸臣去燧，而遗燧枣梨姜芥以示意，燧笑却之。逵劝燧先发后闻，燧曰："奈何予贼以名，且需之。"

十三年，江西大水，宸濠素所蓄贼凌十一、吴十三、闵念四等出没鄱阳湖，燧与逵谋捕之。三贼遁沙井，燧自江外掩捕，夜大风雨，不克济。三贼走匿宸濠祖墓间，于是密疏白其状，县言宸濠必反。章七上，辄为宸濠遮护，不得达。宸濠恚甚，因宴毒燧，不死。燧乞致仕，又不许，忧惧甚。

明年，宸濠胁镇巡官奏其孝行，燧与巡按御史林潮冀藉是少缓其谋，乃共奏于朝。朝议方降旨责燧等，会御史萧淮尽发宸濠不轨状，诏重臣宣谕，宸濠闻，遂决计反。

六月乙亥，宸濠生日，宴镇巡三司。明日，燧及诸大吏入谢，宸濠伏兵左右，大言曰："孝宗为李广所误，抱民间子，我祖宗不血食者十四年。今太后有诏，令我起兵讨贼，亦知之乎？"众相顾愕眙，燧直前曰："安得此言！请出诏示我。"宸濠曰："毋多言，我往南京，汝当扈驾。"燧大怒曰："汝速死耳。天无二日，吾岂从汝为逆哉！"宸濠怒叱燧，燧益怒，急起，不得出。宸濠入内殿，易戎服出，麾兵缚燧。逵奋曰："汝曹安得辱天子大臣！"因以身翼蔽燧，贼并缚逵。二人且缚且骂不绝口，贼击燧，折左臂，与逵同曳出。逵谓燧曰："我劝公先发者，知有今日故也。"燧、逵同遇害惠民门外。巡按御史王金、布政使梁宸以下，咸稽首呼万岁。

宸濠遂发兵，伪署三贼为将军，首遣娄伯徇进贤，为知县刘源清所斩。招窑贼，贼畏守吏不敢发。大索兵器于城中，不得，贼多持白梃。伍文定起义兵，设两人木主于文天祥祠，率吏民哭之。南赣巡抚王守仁与共平贼。诸通贼走安义，皆见获，无脱者。人于是益思燧功。

燧生有异质，两目烁烁，夜有光。死之日，天忽阴惨，烈风骤起凡数日，城中民大恐。走收两人尸，尸未变，黑云蔽之。蝇蚋无近者。明年，守臣上其事于朝，未报。世宗即位，赠礼部尚书，谥忠烈，与逵并祀南昌，赐祠名旌忠，各荫一子。燧子堪闻父讣，率两弟墀、升赴之，会宸濠已擒，扶枢归。兄弟庐墓蔬食三年，有芝一茎九葩者数本产墓上。服除，以父死难，更墨衰三年，世称三孝子。

堪，字志健。为诸生，能文，善骑射。既荫锦衣，中武会试第一，擢署指挥同知。善用强弩，教弩卒数千人以备边。历都督佥事。事母杨至孝，母年九十余，殁京师。堪年亦七十，护丧归，在道，以毁卒。巡按御史赵炳然上堪孝行，得旌。堪子钰，亦举武会试，官都督同知。钰子如津，都督佥事。

墀，字仲泉，以选贡生历官尚宝卿。升，官尚书。墀孙如游，大学士。如游孙嘉绩，佥事。升子铤、铲皆尚书，铤侍郎，锦太仆卿。铤子如法主事，如洵参政。并以文章行谊世其家。升、铤、铲、如游、如法、嘉绩，事皆别见。

许逵,字汝登,固始人。正德三年进士。长身巨口,猿臂燕颔,沈静有谋略。授乐陵知县。六年春,流贼刘七等屠城邑,杀长吏。诸州县率闭城守,或弃城遁,或遗之刍粟弓马,乞贼毋攻。逵之官,慨然为战守计。县初无城,督民版筑,不逾月,城成。令民屋外筑墙,墙高过檐,启圭窦,才容人。家选一壮者执刃伺窦内,余皆入队伍,日视旗为号,违者军法从事。又募死士伏巷中,洞开城门。贼果至,旗举伏发,窦中人皆出,贼大惊窜,斩获无遗。后数犯,数却之,遂相戒不敢近。事闻,进秩二等。

时知县能抗贼者,益都则牛鸾,郯城则唐龙,汶上则左经,滍则陈滞,然所当贼少。而逵屡御大贼有功,遂与鸾俱超擢兵备佥事。逵驻武定州,州城圮濠平,不能限牛马。逵筑城凿池,设楼橹,置巡卒。明年五月,贼杨寡妇以千骑犯潍县,指挥乔刚御之,贼少却。逵追败之高苑,令指挥张勋邀之沧州,先后俘斩二百七十余人。未几,贼别部掠德平,逵尽歼之,威名大著。

十二年迁江西副使。时宸濠党暴横,逵以法痛绳之。尝言于孙燧曰:"宁王敢为暴者,恃权臣也。权臣左右之者,贪重贿也。重贿由于盗薮,今惟靖盗则贿息,贿息则党孤。"燧深然之,每事辄与密议。及宸濠缚燧,逵争之。宸濠素忌逵,问许副使何言,逵曰:"副使惟赤心耳。"宸濠怒曰:"我不能杀汝邪?"逵骂曰:"汝能杀我,天子能杀汝。汝反贼,万段磔汝,汝悔何及!"宸濠大怒,并缚之,曳出斫其颈,屹不动。贼众共推抑令跪,卒不能,遂死,年三十六。

初,逵以《文天祥集》贻其友给事中张汉卿而无书。汉卿语人曰:"宁邸必反,汝登其为文山乎?"逵父家居,闻江西有变,杀都御史及副使,即为位,易服哭。人怪问故,父曰:"副使,必吾儿也。"世宗即位,赠左副都御史,谥忠节,荫一子。又录山东平贼功,复荫一子。嘉靖元年诏逵死事尤烈,改赠逵礼部尚书,进荫指挥佥事。

长子玚,好学有器识。既葬父,日夜号泣,六年而后就荫。人或趣之,玚曰:"吾父死,玚乃因得官。"痛哭不能仰视。玚子郊,事亲孝。隆庆中举于乡，数试礼部不第。有试官与琼婚姻，慕郊才，欲收罗之。郊曰："若此，何以见先忠节地下？"许氏子孙不如孙氏贵显，亦能传其家。

黄宏，字德裕，鄞人。弘治十五年进士。知万安县。民好讼，讼辄祷于神，宏毁其祠曰："令在，何祷也。"讼者至，辄片言折之。累迁江西左参议，按湖西、岭北二道。王守仁讨横水、桶冈贼，宏主饷有功。贼闵念四既降，复恃宸濠势，剽九江上下。宏发兵捕之，走匿宸濠祖墓中，尽得其辎重以归。宸濠逆节益露，士大夫以为忧，宏正色曰："国家不幸有此，我辈守土，死而已。"有持大义不从宸濠党者，宏每阴左右之。宸濠反，宏被执，愤怒，以手梏向柱击项，是夕卒，贼义而棺敛之。子绍文奔赴，求得其棺，以伪命治敛，非父志，亟易之，扶归。

时主事马思聪亦抗节死。思聪，字懋闻，莆田人。弘治末举进士，为象山知县，复二十六渠，溉田万顷。累迁南京户部主事，督粮江西，驻安仁。值宸濠反，被执系狱，不屈，绝食六日死。

世宗立，赠宏太常少卿，思聪光禄少卿，并配享旌忠祠。时有谓宏、思聪死节非真者。给事中毛玉勘江西逆党，复请表章宏、思聪及承奉周仪，而宏子绍武诉于朝。巡按御史穆相列上二人死节状甚悉，遂无异议。

宋以方，字义卿，靖州人。弘治十八年进士。历户部郎中。正德十年迁瑞州知府。时华林大盗甫平，疮痍未复，以方悉心抚字，吏民爱之。宸濠逆谋萌，而瑞故无城郭，以方筑城缮守具，募兵三千，日夕训练。宸濠深忌之，有征索又不应，遂迫镇守劾系南昌狱。明日，宸濠反，出以方，胁之降，不可，械舟中。至安庆，兵败，问地何名，舟子云"黄石矶"，江西人音，则"王失机"也。宸濠以为不祥，斩以方祭江。后贼平，其子崇学求遗骸不得，敛衣冠归葬。嘉靖六年，巡抚陈洪谟上其事，诏赠光禄卿，荫一子，立祠瑞州。

　　方宸濠之谋为变也,江西士民受害者不可胜纪。初遣阉校四出,籍民田庐,收缚豪强不附者。有万木、郑山,俱新建人,集乡人结砦自固。贼党谢重一驰入村,二人执之,积苇张睢阳庙前,缚人马,生焚之,濠党不敢犯。二人饮江上,为盗凌十一所逼,趣见宸濠,烙而椎之,皆骂贼死。

　　赵楠,南昌诸生。兄模,尝捐粟佐振。宸濠捕模索金,楠代往,胁之,不屈,被掠死。同邑辜增见迫,抗节不从,一家百口皆死。诸生刘世伦、儒士陈经官、义士李广源,皆被掠,不屈死。

　　叶景恩者,以侠闻,族居吴城。宸濠将作难,捕景恩,胁降之,不从,死狱中。宸濠兵过吴城,景恩弟景允以三百人邀击贼。贼分兵焚劫景允家,其族景集、景修等四十九人皆死。

　　又有阎顺者,为宁府典宝副。宸濠将反,顺与典膳正陈宣、内使刘良微言不可,为典宝正涂钦所潜,三人俱诛,潜诣京师上变。群小庇宸濠,下之狱,搒掠备至。宸濠闻三人赴都,虑事泄,诬奏其罪,且嗾群小必杀之,会已遣戍孝陵,乃免。世宗立,复官。

明史卷二九〇
列传第一七八

忠义二

王冕　龚谅　陈闻诗　董伦　王铁

钱泮　钱镈　唐一岑　朱衰　齐恩

孙镗　杜槐　黄钏　陈见等　王德

叔沛　汪一中　王应鹏　唐鼎　苏梦旸

韦宗孝　龙旌　张振德　章文炳等

董尽伦　李忠臣　高光　胡缜等　龚万禄

李世勋　翟英等　管良相　李应期等

徐朝纲　杨以成　孙克恕　郑鼎　姬文允

孟承光　朱万年　秦三辅等　张瑶

王与夔　何天衢　杨于陛

　　王冕,字服周,洛阳人。正德十二年进士。除万安知县。宸濠反,长吏多奔窜。冕募勇壮士,得死士数千人,从王守仁攻复南昌。宸濠解安庆围,还救,至鄱阳湖,两军相拒。濠尽出金帛犒士,殊死战,官军不利。冕密白守仁,以小艇实苇于中,拟建昌人语,就贼舰,乘风举火。濠兵大惊,遂溃败,焚溺死者无算。濠易舟,挟宫人遁。

冕部卒棹渔舟,追执之。宸濠平,守仁封新建伯,而冕未及叙,坐他事落职。既而录前功,擢兵部主事,巡视山海关。

嘉靖三年十二月,辽东妖贼陆雄、李真等作乱,突入关。侍吏欲扶冕趋避,冕不可,曰:"吾有亲在。"急趋母所,执兵以卫。贼至,母被伤,冕奋前救之,被执。胁以刃,大骂,遂见害。诏赠光禄少卿,有司祠祀。

世宗嗣位之岁,宁津盗起,转掠至德平。知县龚谅率吏民御之,力屈被杀。赠济南通判,恤其家。

陈闻诗,字廷训,柘城人。嘉靖中举于乡,以亲老,绝意仕进。亲殁,居丧哀毁。三十二年秋,贼师尚诏陷归德,闻闻诗名,欲劫为帅。已,陷柘城,拥之至,诱说百端,不屈。引其家数人斩之,曰:"不从,灭而族。"闻诗绐曰:"必欲吾行,毋杀人,毋纵火。"贼许诺,拥以行。闻诗遂不食,至鹿邑自经死。

董伦,归德检校也。尚诏入归德,知府及守卫官皆遁。伦率民兵巷战,被执,垂死犹手刃数贼。妻贾及童仆皆从死。诏赠闻诗凤阳同知,伦归德同知,并立祠死所。

王铁,字德威,顺天人。嘉靖二十九年进士。授常熟知县。滨海多大猾,匿亡命作奸,铁悉寘其罪。倭患起,铁语诸猾曰:"何以报我?"咸请效死,于是立耆长,部署子弟得数百人,合防卒训练。县故无城,铁率士卒城之。倭来薄,数御却之。已,自三丈浦分掠常熟、江阴。参政任环令铁与指挥孔煃分统官民兵三千,破其寨,斩首百五十有奇,焚二十七艘,余倭皆遁。复掠旁县,将由尚湖还海。铁愤曰:"贼尚敢涉吾地邪?必击杀之。"

会邑人钱泮,字鸣声者,以江西参政里居,忿倭爇其父枢,力从臾赞铁。乃用小艇数十蹑倭,倭夹击之隘中,独耆长数人从,皆力斗死。铁陷淖,瞋目大呼,腹中刃死。泮被数枪,杀三贼而死。时三十四年五月也。诏赠泮光禄卿,铁太仆少卿,并荫锦衣世百户。遣官谕祭,立祠死所,岁时奉祀。

　　钱錞,字鸣叔,钟祥人。嘉靖二十九年进士。授江阴知县。初至官,倭已炽。三十三年入犯,乡民奔入城者万计,兵备道王从古不纳。錞曰:“民死不救,守空城奚为!”遂开门纵之入,而身自搏战于斜桥,三战却之。明年六月,倭据蔡泾闸,分众犯塘头。錞提狼兵战九里山,薄暮,雷雨大作,伏四起,狼兵悉奔,錞战死。

　　时唐一岑知崇明县,建新城成,议徙居,为千户高才、翟钦所沮。倭突入,一岑战且詈,遂为乱军所杀。诏赠錞、一岑光禄少卿,錞世荫锦衣百户,岑荫国子生,并建祠祀。

　　朱裒,字崇晋,郿西人。嘉靖中举于乡,署巩县教谕事。迁武功知县,抑豪强,祛积弊,关中呼为铁汉。迁扬州同知,吏无敢索民一钱。三十四年,倭入犯,击败之沙河,歼其酋,还所掠牲畜甚众。未几,复大至,薄城东门。督兵奋击,兵溃,死焉。赠左参政,录一子。

　　明年,倭犯无为州,同知齐恩率舟师败倭于团山北等港,斩首百余级。子嵩,年十八,最骁勇,击倭至安港,伏发被围,恩家二十余人俱力战死,惟嵩等三人获全。赠恩光禄丞,录一子,厚恤其家,建祠祀之。

　　孙镗,莒州人。商贩吴、越。倭扰松江,谒郡守自请输赀佐军。守荐之参政翁大立,试以双刀,若飞,录为土兵。击走倭,出参政任环围中。遣人还莒,括家赀,悉召里儿为爪牙,吴中倚镗若长城。倭舟渡泖淀,镗突出,酣战竟日,援兵不至,还至石湖桥,半渡,伏大起,镗堕水,中刃死。赠光禄丞,录一子,亦建祠祀。

　　杜槐,字茂卿,慈谿人。偶傥任侠。倭寇至,县金其父文明为部长,令团结乡勇。槐伤父老,以身任之,数败倭。副使刘起安委槐守余姚、慈谿、定海。遇倭定海之白沙,一日战十三合,斩三十余人,馘一酋，身被数枪，堕马死。

文明击倭鸣鹤场，斩酋一人，倭惊遁，称为杜将军。无何，追至奉化枫树岭，战殁。文明赠府经历，槐赠光禄丞，建祠并祀，荫槐子国子生。

黄钏，字珍夫，安溪人。由举人历官温州同知。嘉靖三十四年，倭入犯，钏击走之。知倭必复来，日夜为备。又三年，倭果大至。钏出城逆击，分军为三，钏将中军，其二军帅皆纨裤子，约左右应援。及与倭遇，倭遣众分掩二军，而以锐卒当中军。钏发劲弩巨炮，战良久，倭方不支，二军帅望敌而溃。倭合兵击钏，钏腹背受敌，遂被执。胁之降，不屈，责以金赎，钏笑且骂曰："尔不知黄大夫不爱钱邪！"倭怒，裸而寸斩之。子购尸不获，具衣冠葬。事闻，赠浙江参议，官一子，有司建祠。

是年，倭陷福清，举人陈见率众御之，与训导邬中涵被执，大骂而死。

倭乘胜犯惠安，知县番禺林咸拒守五昼夜，倭引去。已，复至，咸击之鸭山，穷追逐北，陷伏死。赠泉州同知，赐祠，任一子。

其陷兴化，延平同知奚世亮署府事，守逾月，城陷，力战死。赠右参议，荫子，赐葬。世亮，字明仲，黄冈人。

先是，三十一年，台州知事溧水武昕追倭钓鱼岭，力战死，上官不以闻。其子尚实诉于朝，乃赠太仆丞，而荫尚实为国子生。

王德，字汝修，永嘉人。嘉靖十七年进士。历户科给事中。定国公徐延德丐无极诸县闲田为业，且言私置庄田，不宜以灾伤免赋。德抗疏劾之。俺答围都城，屡陈军国便宜，悉报可。时城门尽闭，避难者不得入，号呼彻西内。德以为言，民始获入。寇退，命募兵山东，所得悉骁勇，为诸道最。还朝，会李默长吏部，怒德投刺倨，出为岭南兵备佥事。与巡抚争事，投劾径归。默复起吏部，用前憾，落职闲住。德乡居，以倭乱，奉母居城中，倾赀募健儿为保障计。

　　三十七年夏，倭自梅头至，大掠。德偕族父沛督义兵击之，宵
遁。俄一舟突来犯，沛及族弟崇尧、崇修歼焉。亡何，倭复至，大掠。
德愤怒，勒所部追袭至龙湾，军败，手射杀数人，骂贼死。然倭自是
不敢越德乡侵郡城矣。事闻，赠太仆少卿，世荫锦衣百户，立祠曰愍
忠。沛赠太仆丞，立祠，予荫。

　　汪一中，字正叔，歙人。嘉靖二十三年进士。由开封推官历江
西副使。四十年，邻境贼入寇，薄泰和。一中方宴，投箸起曰：“贼鼓
行而西，掩我不备，不早计，且无噍类，岂饮酒时乎！”当路遂以讨贼
属之。先是，泰和巡检刘芳力战死，贼怒磔其尸。一中至，率诸将吏
祭曰：“尔职抱关，犹死疆事。吾待罪方面，不灭贼，何以生为！”遂誓
师，列阵鼓之，俘五人，斩首以徇。
　　旦日，阵如前，会贼至，左右军皆溃，贼悉赴中军，中军亦溃。一
中跃马当贼锋，射杀二人，手刃一人，而左胁中枪二，臂中刃三，与
指挥王应鹏、千户唐鼎皆死。妻程投于井，家人出之，丧至，不食五
日死。一中赠光禄卿，给祭葬，谥忠愍，妻程并赠恤如制。

　　苏梦旸，万历间，为云南禄丰知县。三十五年十二月，武定贼凤
腾霄反，围云南府城，转寇禄丰。梦旸率民兵出城力战，贼退去。明
年元旦，方朝服祝厘，贼出不意袭陷其城，执之去，不屈死。赠光禄
少卿，有司建祠，录一子。
　　当禄丰之未陷也，贼先犯嵩明州，吏目韦宗孝出御而败，合门
死之。赠本州同知，荫子入国学。
　　有龙旌者，赵州人，由岁贡生为嵩明州学正。贼薄城，被执，骂
贼死。赠国子博士。

　　张振德，字季修，昆山人。祖情，从祖意，皆进士。情福建副使，
意山东副使。振德由选贡生授四川兴文知县。县故九丝蛮地，万历
初，始建土墙数尺，户不满千。永宁宣抚奢崇明有异志，潜结奸人，

掠卖子女。振德捕奸人,论配之,招还被掠者三百余人。崇明赂以二千金,振德怒却之,裂其牍。

天启元年方赴成都与乡闱事,而崇明部将樊龙杀巡抚徐可求,副使骆日升、李继周等。重庆知府章文炳、巴县知县段高选皆抗节死,贼遂据重庆。时振德兼署长宁,去贼稍远,从者欲走长宁。振德曰:"守兴文,正也。"疾趋入城。长宁主簿徐大礼与振德善,以骑来迎,振德却之。督乡兵与战,不敌,退集居民城守。会大风雨,贼毁土城入。振德命妻钱及二女持一剑坐后堂,曰:"若辈死此,吾死前堂。"乃取二印系肘后,北向拜曰:"臣奉职无状,不能杀贼,惟一死明志。"妻女先伏剑死。乃命家人举火,火炽自刭。一门死者十二人。贼至火所,见振德面如生,左手系印,右手握刀,忿怒如赴敌状,皆骇愕,罗拜而去。事闻,赐祭葬,赠光禄卿,谥烈愍。敕有司建祠,世荫锦衣千户。

振德既死,兴文教谕刘希文代署县事。甫半载,贼复薄城,誓死不去。妻白亦慷慨愿同死。城破,夫妇骂贼,并死。

大礼守长宁,城亦陷。大礼曰:"吾不可负张公。"一家四人仰药死。赠重庆同知,世荫百户。

文炳,长泰人。万历四十一年进士。历户部郎中,迁知府,治行廉洁,吏民爱之。贼既杀巡抚可求等,文炳骂贼亦被杀。后知其贤,为觅尸殡而归之,丧出江上,夹岸皆大哭。赠太仆少卿,再赠太常卿,世荫外卫副千户。

高选,云南剑川县人。万历四十七年进士。适在演武场,闻变,立遣吏归印于署,厉声叱贼。贼魁戒其下勿杀,而高选骂不绝声,遂遇害。父汝元,母刘,侧室徐及一子一女,闻变,皆自尽。仆冒死觅主尸,亦被害。初赠尚宝卿,世荫百户。崇祯元年,子暄援振德例,叩阍请优恤,赠光禄卿,世荫锦衣千户,建祠奉祀。汝元等亦获旌。十五年复以谥请,赐谥恭节。

时先后殉难者,灌县左重,率壮士追贼成都,力战马蹶,骂贼死。南溪知县王硕辅,城陷自尽,贼支解之。桐梓知县洪维翰,城陷,夺印,不屈死。典史黄启鸣亦死。郫县训导赵恺,率众击贼,被刺死。遵义推官冯凤雏,挺身御贼,被创死。遵义司狱苏朴、威远经历袁一修,义不污贼,坠城死。大足主簿张志誉、典史宋应皋,集兵奋战,力屈死。所司上其状,赠重、硕辅、维翰尚宝卿,世荫千户。启鸣重庆通判,恺重庆同知,俱世荫试百户。崇祯十二年,重子廷皋援高选例乞恩,命如其请。

崇明父子据永宁,贵阳同知嘉兴王昌胤分理永宁卫事,死难。赠佥事,赐祭。崇祯初,其子监生世骏言:"贼踞永宁,臣父刺血草三揭,缴印上官,以次年五月再拜自缢。贼恨之,焚其尸。二孙、一孙女及仆婢十三人,同日被害。乞如张振德例,优加恤典。"报可。

董尽伦,字明吾,合州人。万历中举于乡,除清水知县,调安定,咸有惠政。秩满,安定人诣阙奏留,诏加巩昌同知,仍视县事。久之,以同知理甘州军饷,解职归。

天启初,奢崇明反,率众薄城。尽伦偕知州翁登彦固守。贼遣使说降,尽伦大怒,手刃贼使,抉其睛啖之,屡挫贼锋,城获全。复率众援铜梁有功,寻被檄捣重庆,孤军深入,伏四起,遂战死。赠光禄少卿,世荫百户,建祠奉祀,寻改荫指挥佥事。崇祯初,论全城功,改荫锦衣千户。

其时,里居士大夫死节者,有李忠臣,永宁人,官松潘参政。家居,陷贼。募死士,密约总兵官杨愈懋,令以大兵薄城,己为内应。事泄,合门遇害。高光,泸州人,尝为应天通判。城陷,剃发为僧,与子在昆募壮士,杀贼百余。贼怒,追至大叶坝,光骂贼不屈,与家众十二人同死。胡缜,永宁举人。预策崇明必反,上书当事,不纳。贼起,被执,严刑锢狱中。弟纬倾家救免,乃纠义徒,潜结贼将张令等,执其伪相。部勒行阵,自当一面,数斩馘,贼甚畏之。既而为火药焚死。聂绳昌,富顺举人。毁家募义勇御贼,战死。吴长龄,泸州监生。率众恢复泸州,寻中伏,父子俱战死。胡一夔,兴文人。仕龙阳县丞,被执，不屈死。皆未予恤。

　　龚万禄，贵州人。目不知书，有胆志，膂力过人。从刘绖征杨应龙，先登海龙囤，署守备，戍建武所。

　　奢崇明反，众推万禄游击将军，主兵军。指挥李世勋，名位先万禄，亦受节制，戮力固守。崇明谋犯成都，惮万禄牵其后，遣部将张令说降。令与万禄结，绐崇明以降。崇明果遣他将来戍，万禄胁降之，诱杀无算。复微服走叙州，说副使徐如珂曰："贼精骑萃成都，留故巢者悉老弱，诚假万禄万人捣其巢，彼必还救，成都围立解矣。"如珂奇其计，而不能用。

　　未几，贼悉众攻建武，万禄邀击十里外，兵少败还，城遂陷。世勋具衣冠再拜，率家属自焚死。万禄手刃两妾、两孙，自刎不殊，乃握梢驰出，大呼："我龚万禄也，孰能追我者！"贼相视不敢逼。走至叙州，乞师巡抚朱燮元，遂以兵复建武。会官军败于江门，贼四面来攻，万禄力战三日，手刃数十人，与子崇学并死。诏赠都督佥事，立祠赐祭，世荫百户。

　　时成都卫指挥翟英扼贼龙泉驿，成都后卫指挥韩应泰赴援成都，遇贼草堂寺，小河所镇抚郁联若鏖贼城西，茂州百户张羽救援郫县，皆力战死。

　　管良相者，乌撒卫指挥也，为人慷慨负奇节。天启初，樊龙等反于四川，巡抚李橒召至麾下，与筹军事。良相策安邦彦必反，佐橒为固守计。寻以祖母疾，乞假归，泣语橒曰："乌撒孤城，密迩水西，且与安效良相仇。水西有变，祸必首及，良相无子，愿以死报国。乞建长策，保此一方。"逾月，邦彦果反，围其城，良相固守不下。久之，外援不至，城陷，自缢死。

　　同官李应期、朱运泰、蒋邦俊亦遇害。时普定卫王明重、威清卫邱述尧、平坝卫金绍勋、坝阳把总简登、龙里故守备刘皋、皋子景并死难，而训导刘三畏，贼至不避，兀坐斋中，见杀，人称"龙里三刘"。

徐朝纲，云南晋宁人。万历二十八年举于乡。天启元年，授安顺推官，至即署府事。明年，安邦彦反，来攻城，朝纲督兵民共守。土官温如璋等开门迎贼，朝纲奋怒督战，贼执之，逼降，不屈。索其印，骂曰："死贼奴，吾头可断，印不可得！"贼怒，刀斧交下而死。其妻闻之，登楼自缢。长子妇急举火焚舍，挈十岁女跃烈焰中死。孙应魁，年十六，持矛溃围出城觅其祖，遇贼被杀。婢仆从死者十一人。

五年正月恤殉难诸臣，赠朝纲光禄少卿，荫子入国学。子天凤甫第进士，即奔丧归，服阕，授户部主事。疏言："臣家一门，臣死忠，妻死节，妇死姑，孙死祖，婢仆死主。此从来未有之节烈，乞如张振德例，再加优恤。臣母、臣嫂，一体旌表。"帝深嘉之，再赠光禄卿，改荫锦衣世千户，赐祭葬，立祠建坊，诸从死者皆附祀。

同时殉难者：

杨以成，云南路南人。万历中，由贡生授贵阳通判，理毕节卫事。秩满，进同知，仍治毕节。邦彦围贵阳，以成具蜡书乞援于云南巡抚沈儆炌。书发而贼已至，战却之。贼来益众，以成遣吏怀印间道趋省，身督吏民拒守。会援兵至，贼方夜逃，而卫吏阮世爵为内应，城遂陷。以成仓皇投缳，贼縶之去。乃为书述贼中情形，置竹筒中，遣弟以恭赴云南告变，至散纳溪，贼搜得其书，并以成杀之，家属死者十三人。赠按察佥事，赐葬。

郑鼎，字尔调，龙溪人。由乡举为广顺知州。策安邦彦必反，上书当事言状。州故无城，督民树栅实以土。无何，邦彦果反，来攻城，鼎誓死固守。或言贼势盛，宜走定番。鼎曰："吾守土吏也，义当与城存亡。"及贼入，与土官金灿端坐堂上，并为贼所杀，婢仆从死者六人。吏目胡士统被执，亦不屈死。巡抚李枟上于朝，赠佥事，赐祭。崇祯元年，以成子举人兴南，鼎子举人昆祯皆援朝纲例，请加恤，并赠光禄卿，世荫锦衣千户，予祭葬，有司建祠立坊，以恭亦附祀。昆祯后举进士，历御史，尚宝卿。

时有孙克恕者,字推之,马平人。举于乡,历官贵州副使,分巡思石道。御贼战死,有虎守其骸不去,蛮人嗟异。事闻,赠太仆卿,赐祭葬。

姬文胤,字士昌,华州人。举于乡。天启二年授滕县知县。视事甫三日,白莲贼徐鸿儒薄城,民什九从乱。文胤徒步叫号,驱吏卒登陴,不满三百,望贼辄走,存者才数十。问何故从贼,曰:"祸由董二。"董二者,故延绥巡抚董国光子也,居乡贪暴,民不聊生,故从贼。文胤凭城谕曰:"良民以董二故,挺而从贼。吾将执二置诸法,为若雪愤,可乎?"文胤身长赤面,须髯戟张,贼望见,骇为神人,皆欢呼罗拜。

俄而发箭西隅,毙二贼。视之,延绥沙柳靬也。贼谓文胤绐之,大愤,肉薄登城,众悉溃。文胤绯衣坐堂皇,嚼齿骂贼。贼前,搏裂冠裳,械系之,骂不屈。三日潜解印,畀小吏魏显照及家僮李守务,北向拜阙,遂自经。贼搒掠显照索印,显照潜授其父,而与守务骂贼,并死之。事闻,赠太仆少卿,立祠致祀,录一子,优恤显照、守务家。董二逾城遁去。

时贼陷邹县,博士孟承光被执,诟詈不屈死。赠尚宝少卿,世荫锦衣千户。承光,字永观,亚圣裔,世荫《五经》博士也。

朱万年,黎平人。万历中,举于乡。历莱州知府,有惠政。崇祯五年,叛将李九成等陷登州,率众来犯。万年率吏民固守。时山东巡抚徐从治、登莱巡抚谢琏并在城中被围,坚守数月,从治中炮死。贼诡乞降,琏率万年往受,为所执。万年曰:"尔执我无益,盍以精骑从我,呼守者出降。"贼以精骑五百拥万年至城下,万年大呼曰:"我被擒,誓必死。贼精锐尽在此,急发炮击之,毋以我为念!"守将杨御蕃不忍,万年复顿足大呼,贼怒杀之。城上人见万年已死,遂发炮,贼死过半。事闻,赠太常卿,赐祭葬,有司建祠,官一子。

初,贼掠新城,县知秦三辅、训导王协中御之,并死。其陷黄县,知县吴世扬骂贼死，县丞张国辅、参将张奇功、守备熊奋渭皆力战死。陷平度，知州陈所闻自缢死。三辅、世扬赠光禄少卿，所闻赠太仆少卿，并赐祭葬，建祠，荫子。协中、国辅、奇功亦赠恤有差。三辅，三原人。世扬，洛阳人。所闻，畿辅人。并起家乙榜。

张瑶，蓬莱人。天启五年进士。授开封府推官，绝请寄，抑豪强，吏民畏如神。崇祯四年行取入都，吏科宋鸣梧力援宋玫为给事，而抑瑶，授府同知。瑶怒，疏摭玫行贿状。吏部尚书闵洪学劾瑶馈遗奔竞，鸣梧复极论之，谪河州判官，未赴。明年正月，李九成等逼登州，瑶率家众登陴拒守。城陷，瑶犹挥石奋击。贼拥执之，大骂不屈，被杀。妻女四人并投井死。赠光禄少卿。

先是，贼陷新城，举人王与夔、张俨然死之。其陷他县者，贡生张联台、蒋时行亦死之。皆格于例，不获旌。礼部侍郎陈子壮上言：“举贡死难，无恤典，旧制也。然名既登于天府，恩独后于流官，九泉之下，能无怨恫。比者，武举李调御贼捐躯，已蒙赠恤。武途如此，文儒安得独遗。乞量赠一官，永为定制。”可之。乃赠与夔、俨然宛平知县，联台、时行顺天府教授。其后地方死难，若举人李让、吴之秀、贾煜、张庆云，贡生张茂贞、张茂恂，皆赠官如前制。

何天衢，字升宇，阿迷州人。有勇略，土酋普名声招为头目，使驻三乡。崇祯三年，名声反，谋出三路兵，至昆明会战。令天衢自维摩罗平入，以炮手三百人助之。天衢慨然曰：“此大丈夫报国秋也，吾岂为逆贼用哉！”坑杀炮手数十人，率众归附，署维摩州同知李嗣泌开城纳之。名声已陷弥勒，闻大惧，急撤两路兵归。巡抚王伉上其事，授为守备。后数与嗣泌进剿有功。

及名声死，妻万氏代领其众，屡攻天衢。天衢屡挫之，录功进参将。十三年擢副总兵。万氏赘沙定洲为婿，益以南安兵，且厚赂黔国公用事者，令毁天衢。天衢请兵饷皆不应，贼悉力攻之，食尽，举家自焚死。

初，名声之乱，有杨于陛者，剑州人。举于乡，历官武定府同知。巡抚伉令监纪军事，兵败被执，死之。赠太仆少卿，建祠曰精忠。

明史卷二九一
列传第一七九

忠义三

潘宗颜 窦永澄等　张铨　何廷魁

徐国全　高邦佐 顾颐　崔儒秀 陈辅尧

段展　郑国昌 张凤奇　卢成功等

党还醇 安上达 任光裕等　李献明

何天球　徐泽　武起潜　张春　阎生斗

李师圣等　王肇坤　王一桂　上官荩等

孙士美 白慧元 李祯宁等　乔若雯

李崇德等　张秉文 宋学朱等　颜孕绍

赵珽等　吉孔嘉 王端冕等　邢国玺

冯守礼等　张振秀 刘源清等　邓藩锡

王维新等　张焜芳

潘宗颜，字士瓒，保安卫人。善诗赋，晓天文、兵法。举万历四十一年进士，历户部郎中。数上书当路言辽事，当路不能用。以宗颜知兵，命督饷辽东。旋擢开原兵备佥事。

四十六年，马林将出师，宗颜上书经略杨镐曰："林庸懦，不堪当一面,乞易他将,以林为后继,不然必败。"镐不从。宗颜监林军,出三岔口,营稗子峪,夜闻杜松败,林军遂哗。及旦,大清兵大至。林恐甚,一战而败,策马先奔。宗颜殿后,奋呼冲击,胆气弥厉。自辰至午,力不支,与游击窦永澄、守备江万春、赞理通判董尔砺等皆死焉。事闻,赐祭葬,赠光禄卿,再赠大理卿,荫锦衣世百户,谥节愍,立祠奉祀。永澄等亦赐恤如制。

张铨,字宇衡,沁水人。万历三十二年进士。授保定推官,擢御史,巡视陕西茶马。以忧归,起按江西。

时辽东总兵官张承荫败殁,而经略杨镐方议四道出师。铨驰奏言:"敌山川险易,我未能悉知,悬军深入,保无抄绝?且突骑野战,敌所长,我所短。以短击长,以劳赴逸,以客当主,非计也。昔胪朐河之战,五将不还,奈何轻出塞。为今计,不必征兵四方,但当就近调募,屯集要害以固吾圉;厚抚北关,以树其敌;多行间谍,以携其党,然后伺隙而动。若加赋选丁,骚扰天下,恐识者之忧不在辽东。"因请发帑金,补大僚,宥直言,开储讲,先为自治之本。又言:"李如柏、杜松、刘綎以宿将并起,宜责镐约束,以一事权。唐九节度相州之溃,可为明鉴。"又言:"廷议将恤承荫,夫承荫不知敌诱,轻进取败,是谓无谋。猝与敌遇,行列错乱,是谓无法。率万余之众,不能死战,是谓无勇。臣以为不宜恤。"又论镐非大帅才,而力荐熊廷弼。

四十八年夏复上疏言:"自军兴以来,所司创议加赋,亩增银三厘,未几至七厘,又未几至九厘。辟之一身,辽东,肩背也;天下,腹心也。肩背有患,犹藉腹心之血脉滋灌。若腹心先溃,危亡可立待。竭天下以救辽,辽未必安,而天下已危。今宜联人心以固根本,岂可朘削无已,驱之使乱。且陛下内廷积金如山,以有用之物,置无用之地,与瓦砾粪土何异?乃发帑之请,叫阍不应,加派之议,朝奏夕可。臣殊不得其解。"铨疏皆关军国安危,而帝与当轴卒不省。綎、松败,时谓铨有先见云。

熹宗即位,出按辽东,经略袁应泰下纳降令,铨力争,不听,曰:

"祸始此矣。"天启元年三月,沈阳破,铨请令辽东巡抚薛国用帅河西兵驻海州,蓟辽总督文球帅山海兵驻广宁,以壮声援。疏甫上,辽阳被围,军大溃。铨与应泰分城守,应泰令铨退保河西,以图再举,不从。守三日,城破,被执不屈,欲杀之,引颈待刃,乃送归署。铨衣冠向阙拜,又遥拜父母,遂自经。事闻,赠大理卿,再赠兵部尚书,谥忠烈。官其子道浚锦衣指挥佥事。

铨父五典,历官南京大理卿,时侍养家居。诏以铨所赠官加之,及卒,赠太子太保。初,五典度海内将乱,筑所居窦庄为堡,坚甚。崇祯四年,流贼至,五典已殁,独铨妻霍氏在,众请避之。曰:"避贼而出,家不保。出而遇贼,身更不保。等死耳,盍死于家。"乃率僮仆坚守。贼环攻四昼夜,不克而去。副使王肇生名其堡曰"夫人城"。乡人避贼者多赖以免。

道浚既官锦衣,以忠臣子见重,屡加都指挥佥事,佥书卫所。顾与阉党杨维垣等相善,而受王永光指,攻钱龙锡、成基命等,为公论所不予。寻以纳贿事败,戍雁门。流贼起,山西巡抚宋统殷檄道浚军前赞画。道浚家多壮丁,能御贼。

崇祯五年四月,贼犯沁水,宁武守备猛忠战死。道浚遣游击张瓒驰援,贼乃退。八月,紫金梁、老回回、八金刚等以三万众围窦庄,谋执道浚以胁巡抚。道浚屡败贼,贼乃欲因道浚求抚。紫金梁请见,免胄前曰:"我王自用也,误从王佳允至此。"又一人跽致辞曰:"我宜川廪生韩廷宪,为佳允所获,请誓死奉约束。"道浚劳遣之,而阴使使哓廷宪图贼。贼至旧县,守约不动,廷宪日慂紫金梁就款,未决。官军袭之,贼怒,尤廷宪,遂败约,南突济源,陷温阳。

九月,廷宪知紫金梁疑己,思杀之以归,约道浚伏兵沁河以待。道浚遣所部刘伟佐之。是夕,贼攻诸生盖汝璋楼,掘地深丈余,楼不毁。贼怒,誓必拔。鸡鸣不得间,廷宪知事且泄,偕伟仓卒奔。贼追之及河,伏起,杀追者滚山虎等六人,皆贼腹心也。贼临沁河,索廷宪。窦庄东面河,道浚潜渡上流,绕贼后大噪,贼骇遁去。未几,官军扼贼陵川，师溃，道浚据九仙台以免。十二月，廷宪知紫金梁、乱世王有隙，纵谍遗书间之。乱世王果疑，遣其弟混世王就道浚乞降。时统殷以失贼罢，许鼎臣来代，主进讨。道浚权词难之曰："斩紫金梁以来，乃得请。"混世王怏怏去，贼众遂分部掠诸郡县。

明年三月，官军蹙贼，自阳城而北。道浚设伏三缠凹，擒贼渠满天星等，巡抚鼎臣奏道浚功第一。八月，贼陷沁水。沁水当贼冲，去来无时，道浚倡乡人筑堡五十四以守，贼五犯皆却去，至是乃陷。道浚率家众三百人驰赴击贼，贼退徙十五里。道浚收散亡，捕贼众，倾家困以饷。副使王肇生列状上道浚功。道浚故得罪清议，冀用军功自湔被，而言者劾其离伍冒功。巡按御史冯明玠覆劾，谓沁城既失，不可言功，乃更戍海宁卫。

何廷魁，字汝谦，山西威远卫人。万历二十九年进士。授泾县知县，调宁晋，迁刑部主事，历归德、卫辉、河南知府，西宁副使。坐考功法，复为黎平知府。会辽事棘，迁副使，分巡辽阳。

袁应泰纳降，廷魁争，不听。及沈阳破，同事者遣孥归，廷魁曰："吾不敢为民望。"大清兵渡濠，廷魁请乘半济急击之。俄薄城，围未合，又请尽锐出御。应泰并不从。辽阳破，廷魁怀印率其妾高氏、金氏投井死，婢仆从死者六人。都司徐国全闻之，亦自经公署。事闻，赠光禄卿，再赠大理卿，赐祭葬，谥忠愍，世荫锦衣百户。国全赠恤如制。

高邦佐，字以道，襄陵人。万历二十三年进士。授寿光知县，教民垦荒，招集流亡三千家。历户部主事、员外郎。迁永平知府，浚滦河，筑长堤。裁抑税使高淮，不敢大横。迁天津兵备副使，平巨盗董时耀。转神木参政，屡破套寇沙计。以嫡母忧归，补蓟州道，坐调兵忤主者意，被劾归。

天启元年，辽阳破，起参政，分守广宁。以母年八十余，涕泣不忍去，母责以大义乃行。熊廷弼、王化贞构隙，邦佐知辽事必败，累乞归。方报允,而化贞弃广宁逃。众谓邦佐既请告,可入关。邦佐叱曰:"吾一日未去,则一日封疆臣也,将安之!"夜作书诀母,策骑趋右屯谒廷弼,言:"城中虽乱,敌尚未知。亟提兵入城,斩一二人,人心自定。公即不行,请授邦佐兵赴难。"廷弼不纳,偕化贞并走。邦佐仰天长叹,泣语从者曰:"经、抚俱逃,事去矣。松山吾守地,当死此,汝归报太夫人。"遂西向拜阙,复拜母,解印绶自经官舍。仆高永曰:"主死,安可无从者。"亦自经于侧。事闻,赐光禄卿,再赠太仆卿谥忠节,世荫锦衣百户。邦佐与张铨、何廷魁皆山西人,诏建祠宣武门外,颜曰三忠。

同时顾颐,以右参政分守辽海道。广宁之变,力屈自经。赠太仆少卿,世荫本卫副千户。

崔儒秀,字徽初,陕州人。万历二十六年进士。历户部郎中,迁开原兵备佥事。时开原已失,儒秀募壮士,携家辞墓行。经略袁应泰以兵马甲仗不足恃为忧,儒秀曰:"恃人有必死之心耳。"应泰深然之。辽阳被围,分守东城,矢集如雨,不少却。会兵溃,儒秀痛哭,戎服北向拜,自经。事闻,赐恤视何廷魁,赐祠曰愍忠,以陈辅尧、段展配祀。

辅尧,扬州人。万历中举于乡。历永平同知,转饷出关,与自在知州段展驻沈阳。天启元年,日晕异常。展牒应泰,言天象示警,宜豫防。逾月,沈阳破,展死之。辅尧方奉命印烙,左右以无守土责,劝之去。辅尧曰:"孰非封疆臣,何去为。"望阙拜,拔刀自刭,与展并赠按察佥事。辅尧官胶州时,有馈山茧者,受而悬之公廨中。展,泾阳举人。

郑国昌,邠州人。万历三十五年进士。历山西参政。崇祯元年,以按察使治兵永平,迁山西右布政使,上官奏留之。三年正月,大清兵自京师东行,先使人伏文庙承尘上,主者不觉也。初四日黎明登城,有守将左右之,国昌觉其异,捶之至死。须臾,北楼火发,城遂破。国昌自缢城上,中军守备程应琦从之。应琦妻奔告国昌妻,与之偕死。

知府张凤奇,推官卢成功、卢龙,教谕赵允殖,副总兵焦延庆,东胜卫指挥张国翰及里居中书舍人廖汝钦,武举唐之俊,诸生韩洞原、周祚新、冯维京、胡起鸣、胡光奎、田种玉等十数人皆死。国昌、凤奇一门尽死。事闻,赠国昌太常卿,凤奇光禄卿,并赐祭葬,荫一子。成功等赠恤有差。凤奇,阳曲人,起家乡举。

党还醇,字子贞,三原人。天启五年进士。授休宁知县,有善政,以父忧归。崇祯二年服阕,起官良乡。十二月,大清兵薄城,督吏民乘城拒守。或言县小无兵,盍避去。还醇毅然曰:“吾守土吏也,去将安之!”救兵不至,力屈城破,与教谕安上达、训导李廷表、典史史之栋、驿丞杨其礼并死焉。事定,父老觅还醇尸,得之草间,赤身面缚,体被数枪,群哭而殓之。

上达,贵州安顺人。万历末年举于乡,谒选得教谕,至是阖门死难。

事闻,赠还醇光禄丞,予祭葬,有司建祠,官其一子。之栋等亦赠恤,给驿归其丧。已而史科上言:“还醇城亡与亡,之死靡贰,犹曰有守土责也。上达、之栋等,微员末秩,亦能致命遂志,有死无陨。宜破格褒崇,以为世劝。朝廷必不惜今日之虚名,作将来之忠义,乃仅赠国学教职、良乡主簿,于圣主优恤之典谓何!”帝感其言,下部更议,乃赠上达、廷表《五经》博士,与之栋等及千户萧如龙、何秉忠,百户李荫并配祀还醇祠。武举陈蠡测、诸生梅友松等十五人,烈妇朱氏等十七人,并建坊旌表。顺天府尹刘宗周以上达得死难之正,请赠翰苑宫坊,不报。

是时,列城以死事闻者,更有香河知县任光裕、滦州知州杨爌。光裕赠恤如还醇,爌赠光禄卿,并任一子。

李献明,字思皇,寿光人。崇祯元年进士。授保定推官。明年

十一月，大清兵临遵化，巡抚王元雅与推官何天球、遵化知县徐泽
及先任知县武起潜等凭城拒守。时献明以察核官库驻城中。或谓
此邑非君所辖，去无罪。献明正色曰："莫非王土，安敢见危避难！"
请守东门，城破死之。

元雅，太原人。为巡抚数月即遇变，自缢死。天球，以永平推官
理遵化军饷。泽，字兑若，襄阳人，献明同年进士。莅任七日，与天
球、起潜并殉难。

起潜，字用潜，进贤人。天启五年进士。初为武清知县，有诸生
为人所讦，纳金酒瓮以献。起潜召学官及诸生贫者数人，置瓮庭中，
谓之曰："美酒不可独享，与诸生共之。"酒尽，金见，其人惶恐请罪，
即以金分畀贫者。治县一年，有声，调繁遵化。坐事被劾，解官候代，
遂及于难。

巡抚方大任论畿辅诸臣功罪，因言元雅有失城罪，而一死节概
凛然，足以盖愆。枢辅孙承宗请恤殉难诸臣，亦首元雅。帝赠献明、
天球光禄少卿，泽光禄丞，俱荫一子。元雅以大吏失城，赠恤不及。

张春，字泰宇，同州人。万历二十八年举于乡。历刑部主事，励
操行，善谈兵。天启二年，辽东西尽失，廷议急边才，擢山东佥事，永
平、燕建二路兵备道。时大军屯山海关，永平为孔道，士马络绎，关
外难民云集。春运筹有方，事就理而民不病。累转副使、参政，仍故
官。七年，哈剌慎部长汪烧饼者，拥众窥桃林口，春督守将擒三人。
烧饼叩关愿受罚，春等责数之，誓不敢叛。

崇祯元年，改关内道。兵部尚书王在晋惑浮言，劾春嗜杀，一日
枭斩十二人。春具揭辩，关内民亦为讼冤。在晋复劾其通奄克饷，
遂削籍，下法司治。督师袁崇焕言春廉惠，不听。御史李炳言："春
疾恶过甚，为人中伤。夫杀之滥否，一勘即明，乞免提问。"不从。明
年，法司言春被劾无实，乃释之。

三年正月，永平失守，起春永平兵备参议。春言："永平统五县
一州，今郡城及滦州、迁安并失，昌黎、乐亭、抚宁又关内道所辖。臣

寄迹无所，当驻何城？臣以兵备名官，而实无一兵，操空拳入虎穴，安能济事。乞于赴援大将中，救一人与臣同事，臣亦招旧日义勇率之自效。臣身已许此城，不敢少规避。但必求实济封疆，此臣区区之忠，所以报圣明而尽臣职也。”因言兵事不可预泄，乞赐陛见，面陈方略。帝许之。既入对，帝数称善，进春参政。已而偕诸将收复永平诸城，论功加太仆少卿，仍莅兵备事，候巡抚缺推用。时乙榜起家者多授节钺，而春独需后命，以无援于朝也。永平当兵燹之余，闾阎困敝，春尽心抚恤，人益怀之。

四年八月，大清兵围大凌河新城，命春监总兵吴襄、宋伟军驰救。九月二十四日渡小凌河。越三日次长山，距城十五里，大清兵以二万骑来逆战。两军交锋，火器竞发，声震天地。春营被冲，诸军遂败，襄先败，春复收溃众立营。时风起，黑云见，春命纵火，风顺，火甚炽，天忽雨反风，士卒焚死甚众。少顷雨霁，两军复鏖战，伟力不支亦走。春及参将张洪谟、杨华征，游击薛大湖等三十三人俱被执，部卒死者无算。诸人见我太宗文皇帝皆行臣礼，春独植立不跪。至晚，遣使赐以珍馔。春曰：“忠臣不事二君，礼也。我若贪生，亦安用我。”遂不食。越三日，复以酒馔赐之，春仍不食，守者恳劝，感太宗文皇帝恩，始一食。令剃发，不从。居古庙，服故衣冠，迄不失臣节而死。

初，襄等败书闻，以春守志不屈，遥迁右副都御史，恤其家。春妻翟闻之，恸哭，六日不食，自缢死。当春未死时，我大清有议和意，春为言之于朝，朝中哗然诋春。诚意伯刘孔昭遂劾春降敌不忠，乞削其所授宪职。朝议虽不从，而有司系其二子死于狱。

阎生斗，字文澜，汾西人。由岁贡生，历保安知州。大清兵入保安，生斗集吏民固守。城破，被执死之。判官李师圣、吏目王本立、训导张文魁亦同死，时崇祯七年七月也。八月入灵邱，知县蒋秉采募兵坚守，力屈众溃，投缳死，合门殉之。守备于世奇，把总陈彦武、马如豸，典史张标，教谕路登甫并斗死。事闻，赠生斗太仆少卿，余赠恤如制。秉采,字衷白,全州举人。

王肇坤,字亦资,兰谿人。崇祯四年进士。除刑部主事,改御史。初,流贼破凤阳,疏言兵骄将悍之弊,请假督抚重权,大将犯军令者,便宜行戮。得旨申饬而已。出巡山海、居庸二关。

九年七月,大清兵入喜峰口,肇坤激众往御,不敌,退保昌平。被围,与守陵太监王希忠,总兵官巢丞昌,户部主事王一桂、赵悦,摄知州事保定通判王禹佐分门守。有降丁二千为内应,城遂破,肇坤被四矢两刃而死。丞昌出降。一桂、悦、禹佐、希忠及判官胡惟忠、吏目郭永、学正解怀亮、训导常时光、守备咸贞吉皆死之。禹佐子亦从父死。

一桂,黄冈举人,督饷昌平,以南城最冲,身往扼之。俄,西城失守,被执死。妻妾子女暨家众二十七人悉赴井死。悦以公事赴昌平,遂遇难。

未几,大清兵攻顺义。知县上官荩,字忠赤,曲沃人。起家乡举,廉执有声,在官三年,荐章十余上。与游击治国器、都指挥苏时雨等拒守。城破,荩自经。国器、时雨及训导陈所蕴皆死。寻破宝坻,知县赵国鼎、主簿樊枢、典史张六师、训导赵士秀皆死。国鼎,山西乐平人。乡试第一,崇祯七年进士。破定兴,教谕滦州熊嘉志殉节死。破安肃,知县临清郑延任与妻同殉。教谕灵寿耿三麟亦死之。

事闻,赠肇坤大理卿,予祭葬,官一子。一桂、悦并赠太仆少卿,荫子祭葬,余赠恤如制。

孙士美,青浦人。由乡举授舒城教谕。崇祯八年春,贼来犯,县令以公事出,士美代守七十余日,城以全。明年擢知深州。十一年冬,大清兵至,力守三日,城破,自到于角楼。父讷亦自缢,一家死者十三人。赠太仆少卿,讷亦被旌。

是时,畿辅诸郡悉被兵,长吏多望风遁,失城四十有八。任邱白慧元、庆都黄承宗、灵寿冯登鳌、文安王钥、蠡县王采、新河崔贤、盐山陈志、故城王九鼎，皆以殉难闻。他若青县张文焕、兴济钱珍、庆云陈缄，城破被杀。教官死难者则有刘廷训、张纯儒、唐一中。乡官则乔若雯、李祯宁最著。而弃城者，吴桥知县李㮚隆等十人，皆坐死。

白慧元，青涧人。崇祯七年进士。居官善祛蠹，吏民畏之。九年以守城功，命减俸行取。会与大阉有隙，摭其罪于帝，逮治之。未行，大兵已抵城下，乃与代者李廉仲共守。无何，廉仲缒城遁，慧元躬擐甲胄，防御甚力。及城破，一门俱死，赠佥事。

乡官李祯宁，万历三十八年进士。历山西按察使，罢归，佐慧元拒守。城破，率家众格斗，身中数槊而死，一门从死者数人。承宗，未详何许人。冯登鳌，肤施举人。其从父大纬为蠡县训导，亦死。王钥，武功举人。王采，泽州人，进士。崔贤，弋州举人。志、九鼎，亦未详何许人，志，自经死。九鼎，战死城上，各赠恤有差。

刘廷训，顺天通州人。岁贡生，为吴桥训导。崇祯十一年，大清兵入畿内，知县李㮚隆欲遁，廷训止之，与其守。外围将合，㮚隆缒城走。廷训急趋城上，语守者曰：“守死，逃亦死，盍死于守，为忠义鬼乎！”众泣诺，乃坚拒三昼夜。廷训中流矢，束胸力战，又中六矢乃死。逾月，其子启棺更殓，面如生。

张纯儒，新安人。为临城训导，率诸生共城守，城破死之。唐一中，全州人，为钜鹿教谕，抗节死。

乔若雯，临城人。万历四十七年进士。授中书舍人，迁礼部主事。崇祯元年春，廷臣争击魏忠贤党，若雯亦两疏劾兵部侍郎秦士文，御史张讷、智铤，备列其倾邪状。寻言：“故辅魏广微，罪恶滔天，致先帝冒桓、灵之名，罪不下忠贤。其徒陈九畴、张讷、智铤为之鹰犬，专噬善类，罪不下彪、虎。乞死者削其官阶，生者投之荒裔。”帝责其诋毁先帝，而九畴等下所司行遣。若雯寻改吏部，迁员外郎。出为兖州知府，剔除积弊，豪猾敛手。以疾归，士民遮道泣送。及城陷，若雯端坐按剑以待，遂被杀。

时乡官李崇德、董祚、魏克家,并以城亡殉难。崇德,青县人。祚,隆平人。克家,高阳人。皆举人。崇德历户部员外郎。祚未仕。克家为邹平知县,有善政。若雯赠太常少卿,余赠恤有差。

张秉文,字含之,桐城人。祖淳,官参政,事具《循吏传》。秉文举万历三十八年进士,历福建右参政,与平海寇李魁奇。崇祯中,历广东按察使,右布政使,调山东为左。

十一年冬,大清兵自畿辅南下。本兵杨嗣昌檄山东巡抚颜继祖移师德州,于是济南空虚,止乡兵五百,莱州援兵七百,势弱不足守。巡按御史宋学朱,方行部章邱,闻警驰还,与秉文及副使周之训、翁鸿业,参议邓谦,盐运使唐世熊等议守城,连章告急于朝。嗣昌无以应,督师中官高起潜拥重兵临清不救,大将祖宽、倪宠等亦观望。大清兵徇下州县十有六,遂临济南。秉文等分门死守,昼夜不解甲,援兵竟无至者。

明年正月二日,城溃,秉文擐甲巷战,已被箭,力不能支,死之。妻方、妾陈,并投大明湖死。学朱、之训、谦、世熊及济南知府苟好善、同知陈虞胤、通判熊烈献、历城知县韩承宣皆死焉。德王由枢被执。秉文赠太常寺卿,之训、谦光禄卿,承宣光禄少卿,皆建特祠,余赠恤如制。学朱死,不得尸,疑未实,独格不予,福王时,赠大理卿。鸿业及推官陆灿不知所终,赠恤亦不及。

学朱,字用晦,长洲人。崇祯四年进士,为御史。尝抗疏劾杨嗣昌、田维嘉,时论壮之。之训,黄冈人,进士。累官浙江按察使,坐事贬官,被荐未擢而遭难。望阙再拜,与妻刘偕死,阖门殉之。谦,孝感人,进士。战于城上,与季父有正偕死,母莫氏匿民间不食死,族戚僮从死者四十余人。世熊,灌阳举人,分守西门,被杀。好善,醴泉人,进士。虞胤,未详。烈献,黄陂贡生,城破,与二子俱死。承宣,大学士爌孙,进士,与妻姜同死。有刘大年者,江西广昌人。官兵部主事,奉使南京,还朝道历城,城破抗节死。赠光禄少卿。

时大清兵所破州县,守令失城者,皆论死。而临邑宋希尧、博平张列宿、茌平黄建极、武城李承芳、邱县高重光,皆以死节蒙赠恤。重光,字秀恒,保定人。由贡生为柏乡训导,率苍头击盗以全城,遂擢为令。及大军至,吏民欲负之逃,重光不可,抱印赴井死。

其缙绅殉难者,恩县李应荐,天启时,官御史。以附魏忠贤,丽名逆案。至是,捐赀募士,佐有司力守城,城破,身被数刃而死。历城刘化光与子汉仪先后举于乡,父子俱守城力战死,赠恤有差。

颜胤绍,字赓明,曲阜人,复圣六十五代孙也。崇祯四年进士。历知凤阳、江都、邯郸,迁真定同知,守城剿寇有功。十五年擢河间知府,比岁大饥,死亡载道,寇盗充斥,拊循甚至。闰十一月,大清兵至,与参议赵珽、同知姚汝明、知县陈三接等坚守。援兵云集,率逗遛。胤绍知城必破,豫集一家老稚于室中,积薪绕之,而身往城上策战守。城破,趋归官舍,举火焚室,衣冠北向再拜,跃入火中同死。

珽,字秉珪,慈谿人。崇祯元年进士。知南安、侯官二县,屡迁河间兵备佥事,一门十四人悉被难。

汝明,夏县人。天启初,举于乡。性孝友。崇祯间岁大祲,倾廪振济,立义冢,瘗暴骨。授蠡县知县,闻乡邑又饥,贻书其子,令振救如初。后官河间,与妾任同死。

三接,文水人。举崇祯六年乡试,知河间县。岁旱饥,人相食。三接至,雨即降。有疑狱,数年不决,至即决之。妻武氏贤,三接见封疆多故,遣之归,答曰:"夫死忠,妻死节,分也。"三接巷战死,武从之。

珽赠太仆卿,胤绍光禄卿,汝明、三接并佥事。

有周而淳者,掖县人。由进士拜兵科给事中,与同官六人分督畿辅诸郡城守事。而淳甫至河间,城即被围,遂与诸臣同死,赠太常少卿。

先是,大兵入霸州,兵备副使赵辉偕知州丁师羲、里居参政李时茏等督士民固拒。援军不至,城遂破。辉整冠带自尽,子琬同死。师羲、时茏皆死之。辉,字黄如,河津人,崇祯七年进士,赠光禄卿。

师羲，字象先，楚雄人。选贡生，赠参议。时芘，进士，累官参政，赠太常卿。

吉孔嘉，洋县人。幼时诉父冤于巡按御史，获释，以孝称。举崇祯三年乡试。授宁津知县，蠲繁苛，除寇贼，阖邑颂德。累迁顺德知府。十五年冬，大清兵临城，与乡官知府傅梅、中书舍人孟鲁钵、张凤鸣募兵，悉力拒守，力屈城破，孔嘉与妻张、长子惠迪、次子妇王俱死。赠太仆少卿，妻、子皆获旌。梅，邢台人。万历十九年举于乡。除知登封，有善政。迁刑部主事，治张差梃击案，事别见。死，赠太常少卿。鲁钵，工部主事。

时以守城殉难者，有王端冕，字服先，江陵举人。知赵州，以廉惠得民。城破，被执死之。教谕陈广心，元城人，起家乙榜。城将破，衣冠危坐，诸子环泣请避，厉声曰："吾平生所学何事，岂为儿女恋恋耶！"遂被杀。训导王一统，成安人。居家多义行，死节明伦堂。唐铉，字节玉，睢州人。崇祯七年进士。历定州知州，死之。高维岱，昌邑人。举于乡，知永清县，视事甫旬余即遇变，一门死之。典史李时正、教谕邰养性、乡官刘维蕙同死。清丰破，教谕曹一贞、训导董调元皆死。乡官吏部郎中李其纪、黄州推官侣鹤举、富阳知县杜斗愚亦死之。而南乐监生郑献书、河间襄阳知县贾太初、永年山东副使申为宪皆抗节死。铉赠右参议，维岱佥事，余赠恤有差。

邢国玺，长葛人。崇祯七年进士。授潍县知县，改建石城，尽心民事。时帝以修城郭、练民兵、储糗粮、备戎器四事课天下，有司率视为具文，惟国玺奉行如诏。上官交荐，迁户部主事。运道梗于盗，有议开胶莱河者，国玺力陈其便。擢登莱兵备佥事，经度河道。

十五年，畿辅戒严，部檄征山东兵入卫。国玺监督至龙冈，猝遇大清兵。部卒惊惧欲奔，国玺叱止之，身先搏战，矢刃交加，堕马死。抚按不奏，帝降旨严责，乃具闻，赠恤如制。

时大兵下山东，直抵海州、赣榆、沭阳、丰、沛，列城将吏，或遁或降。其身死封疆者，有冯守礼、张日新、张予卿、朱迥添、任万民等。

守礼，猗氏人，举于乡。县令有疑狱，语诉者得冯孝廉一刺，狱即解。其人怀金以告，拒不听。选平定州学正，诸生兄弟争产相讦，馈以金，守礼严却之，劝以友悌，感悟去。历迁知莱芜县。城破，与二子摅奇、拱奇并自杀。

日新，浙江建德人。由岁贡为训导，迁齐东教谕。见海内寇起，与诸生讲艺习射，招土寇安守夏降之。及齐东被围，与守夏登陴守，力屈及子光裔死之，妻方氏自刎，守夏亦从死。予卿知阳信，城陷殉难。迥添者，沈阳宗室也，居潞安。由宗学贡生为邹平知县，城失，全节以死。万民，阳曲诸生。见乡郡被寇，草救时八议、守城十二策，献之当事，果得其用。以保举授武城知县，在职三年，有能声，竟殉城死。

又文昌时，全州举人。知临淄县，以廉慎得民。及大清兵东下，城受围，与训导申周辅共守。城破，举家自焚，周辅亦殉难。同时，寿光知县李耿，大兴人。崇祯中进士，自缢城上。吴良能，辽东盖州人。举于乡，知滕县，城将破，尽杀家属，拜母出，力战死。吴汝宗，宁洋人。知东阿，城失守，死之。周启元，黄冈举人，知高苑县，城破，朱衣坐堂上，死之。

刘光先，未详里居，知丰县。大兵二千骑营西城外，不攻。夜一人自营逸出，语城上人曰："得梯即攻。"不信。又有逸者曰："梯成，立攻矣。"妇人亦自营出曰："尽甲矣。"昧爽突攻西南陬，方力御，已登西北陬，光先殉焉。刘士璟，亦不知何许人，知沭阳，有强干声。竭力捍城，城破死之。赠山东佥事。

张振秀，临清人。万历三十八年进士。知肥乡、永平，迁兵部主事。泰昌元年改吏部，更历四司，至文选员外郎，乞假归。崇祯改元，起验封郎中，历考功、文选，擢太常少卿，坐事落职归。

崇祯十五年，大清兵围河间，远近震恐。临清总兵官刘源清偕

榷关主事陈兴言、同知路如瀛、判官徐应芳、吏目陈翔龙、在籍兵部
侍郎张宗衡、员外郎邢泰吉、临汾知县尹任及振秀等合力备御。未
几，城被围，力拒数日，援不至，城破，并死之。兴言，南靖人。如瀛，
陵川人。应芳，临川人。翔龙，萧山人。泰吉、任，皆进士。宗衡自
有传。源清、泽清弟，赠太子少保。

其时，城破殉难者，寿张王大年、曹州楚烟、滕县刘弘绪数人。
大年举进士，历御史，加太仆少卿，以附魏忠贤名挂逆案，至是尽节
死。烟，举进士，历户部主事，解职归。及城失守，力抗，子凤苞以身
翼之，皆被杀。妻赵触柱死。弘绪，历车驾郎中，遇变死。

邓藩锡，字晋伯，金坛人。崇祯七年进士。历南京兵部主事。十
五年迁兖州知府，甫抵任，已闻大清兵入塞，亟缮守具。未几，四万
骑薄城下，藩锡走告鲁王曰：“郡有吏，国有王，犹同舟也。列城失
守，皆由贵家惜金钱，而令婆人、饿夫列阵捍御。夫城郭者，我之命
也。财贿者，人之命也。我不能畀彼以命，而望彼畀我以命乎？王
诚散积储以鼓士气，城犹可存。不然，大事一去，悔无及矣。”王不能
从。

藩锡与监军参议王维新，同知谭丝、曾文蔚，通判阎鼎，推官李
昌期，滋阳知县郝芳声，副将丁文明，长史俞起蛟及里居给事中范
淑泰等分门死守。至十二月八日，力不支，城破，维新犹力战，被二
十一创乃死。藩锡受缚不降，被杀，其妾携稚子投井死。鲁王以派
亦被杀。

昌期，永年人。芳声，忻州人。并起家进士。昌期尝监军破土
寇万，众推其才。芳声治县有声。至是皆死。

起蛟，钱塘人。由贡生历官鲁府左长史，相宪王。及惠王立，欲
易世子，起蛟力谏乃已。世子嗣位，值岁凶，劝王振贷，自出粟二千
石佐之。大盗李青山率众来犯，偕淑泰出击，大破其众。及王被难，
起蛟率亲属二十三人殉之。文明亦战死。

事闻，赠维新光禄卿，藩锡太仆少卿，昌期金事，余赠恤有差。

有樊吉人者，元城人。由进士知滋阳，累擢山东兵备佥事。未行遇变，自刭死。淑泰自有传。

张焜芳，会稽人。崇祯元年进士。历南京户科给事中。十一年春，疏荐黄道周、惠世扬、陈子壮、金光辰，而为旧抚文震孟请恤。帝以沽名市恩，切责之。又纠太仆少卿史㙫，为㙫所讦，遂罢职，事具《薛国观传》。十六年正月，焜芳北上，抵临清，遇大清兵，与诸生马之骃、之骃俱被执，死之。其妻妾闻之，赴井死。

时又有天津参将贺秉钺者，泰宁左卫人。崇祯四年第武科一甲第三，亦以扶父柩至临清，巷战终日，矢尽，被执，死。

明史卷二九二
列传第一八○

忠义四

张允登　郭景嵩　郭应响　张光奎

杨于楷等　李中正　马足轻等　方国儒

王绍正　常存畏　刘定国　何承光

高日临等　庞瑜　董三谟等　尹梦鳌

赵士宽等　卢谦　张有俊等　龚元祥

子炳衡　姚允恭　王信　史记言

李君赐等　梁志仁　单思仁等　王国训

胡尔纯等　黎弘业　马如蛟等　张绍登

张国勋等　王燽　魏时光　蒋佳徵

吴畅春等　徐尚卿　王时化等　阮之钿

郝景春　子鸣鸾等　张克俭　邝曰广等

徐世淳　子肇梁　余塙等

张允登，汉州人。万历三十八年进士。历知咸宁、咸阳，有善政。其成进士，出汤宾尹之门，宾尹弗善也，而东林以宾尹故，恶之。举卓异，得刑部主事，累迁河西兵备副使。鄜、延岁饥，亟遭盗，允登拊循备至，士民德之。崇祯四年闰十一月督饷至甘泉，降卒潜与流贼通，杀知县郭永固，劫饷。允登力御，不敌死。鄜人素服迎其丧，哭声震十里，罢市三日。

当是时，流贼日炽，总督洪承畴往来奔击，日不暇给。逾月陷宜君，又陷葭州，佥事郭景嵩死之。明年二月陷鄜州，兵备副使郭应响死之。

应响，福清人，万历丙午举乡试第一。宁塞余贼来犯，应响御之，斩贼常山虎等十五人。至是，混天猴率众夜突至，应响登北关，集士卒拒守，手杀三贼，力不支，遂死。事闻，赠光禄寺少卿，谥忠烈，予祭葬，荫一子入监读书。

张光奎，泽州人。仕至山东右参政。崇祯五年，流贼躏山西，监司王肇生以便宜署歙人吴开先为将，使击贼，战泽州城西。贼败去，从沁水转掠阳城。开先恃勇渡沁，战北留墩下，击斩数百人，炮尽无援，一军尽没。贼乃再犯泽州，光奎方里居，与兄守备光玺、千总刘自安等率众固守八日，援兵不至，城陷，并死之。泽，大州也，远近为震动。事闻，赠光禄卿，光玺等赠恤有差。

是岁，紫金梁等寇辽州，里居行人杨于楷与主事张友程，佐知州信阳李呈章拒守，力屈城陷，于楷被执，骂贼死。呈章、友程及举人赵一亨、侯标并死之。明年六月，贼陷和顺，里居昌平副使乐济众被伤，不屈，投井死。赠于楷光禄少卿，济众太仆少卿。有徐明扬者，浮梁人，由选贡生为平顺知县。六年四月，贼来犯，设策守御，城破不屈死。

李中正，卢氏人。万历末，举会试，以天启二年赴廷对，授承天府推官，迁兵部主事。崇祯初，谢病归。六年，群盗大乱河北。其冬，乘冰渡河，遂由渑池犯卢氏。中州承平久，不设备。骤闻贼至，吏民惶骇，知县金会嘉弃城遁。十二月，贼入城，中正勒家众及里中壮士奋击,众寡不敌,力战死。贼纵掠城中,执举人靳谦书,使跪,不屈,大骂而死。

贼以是冬始入河南,自是屡陷名城,杀将吏无算,乡官举贡多被难。其宜阳马足轻,灵宝许辉,新安刘君培、马山、李登英,偃师裴君合,陕州张我正、张我德,孟津孙挺生,嵩县傅世济、李佩玉,上蔡刘时宠辈,则先后以布衣抗节显。

足轻,性孝友。弟惑妇言,迫分产,乃取田硗薄者自予。万历末,岁大凶,出粟六百石以振,焚券千余。崇祯六年冬,流贼渡河而南,挈家避之石龙崖。三女皆殊色,卢贼污,悉投崖死。足轻被执,厉声大骂。贼怒,并三子杀之。家众皆遇害,惟存次子骏一人,后登乡荐。辉为县阴阳官,为贼所掠,大骂见杀。

君培,有义行,携子及从孙避难,道遇贼,欲杀其从孙。君培曰:"我尚有男,此子乃遗孤,幸舍之而杀我。"贼如其言,二子获免。

山,性刚直,土寇于大中陷新安,获山,使负米。叱曰:"我天朝百姓,肯为贼负米邪!"大骂而死。登英亦以骂贼死。

君合幼孤,母苦节,孝养惟谨。贼至,聚众保沙岸寨。攻围十昼夜不克,说之降,大骂不从。寨破,被磔。

我正素豪侠,集众保乡里,一方赖之。十四年勒众御贼,馘三人。俄,贼大至,众悉奔,奋臂独战。贼爱其勇,欲生致之,诟骂自刎死。我德知贼至,恐妻子受辱,驱一家二十七人登楼自焚。

挺生,精星术,预卜十五年有寇祸,编茅河渚以居。贼踪迹得之,语其妻梁氏曰:"此匹夫徇义之秋也。"夫妇对泣,诟贼而死。世济与兄世舟并为土寇于大中所执,将杀之。兄弟相抱泣,贼议释其一,世济即夺贼刀自杀,世舟获免。

佩玉者,御史兴元孙也。崇祯末,中州尽残,佩玉结遗民悍乡井,与邻寨相犄角,往往尾贼后,夺其辎重。贼惮之,不敢出其境。后大举围别寨,佩玉往救,力战而死,里人聚哭之。

时宠,有孝行。贼陷城,其父宗祀以年老不能行,命之速避,遂自杀。时宠恸哭,刺杀一子、三女,夫妇并自刭。其妹适归宁,亦从死,一家死者八人。

方国儒,字道醇,歙县人。四岁失父,奉母以孝闻。天启元年举于乡。崇祯间,授保康知县。流贼大入湖广,将吏率望风先奔。保康小邑素无兵,七年正月贼至,国儒急率乡兵出御,力不支,城遂陷。亡何,贼退,国儒还入城。逾月复至,督吏民固拒。贼至益众,复陷。国儒官服坐堂上,被执大骂,身中七刃死。

贼陷竹溪,训导王绍正死之。谷城举人常存畏会试赴京,道遇贼,欲劫为首领,骂不绝口死。他贼犯兴山,知县刘定国坚守。城将陷,遗吏怀印送上官,骂贼死。

何承光,贵州镇远人。万历四十年举于乡。崇祯中,历夔州同知。七年二月,贼由荆州入夔门,犯夔州。副使周士登在涪州,城中仓猝无备,通判、推官、知县悉遁。承光摄府事,率吏民固守,力竭城陷。承光整冠带危坐,贼入杀之,投尸于江。事闻,赠承光夔州知府。

自贼起陕西,转寇山西、畿辅,河南、北及湖广、四川,陷州县以数十计,未有破大郡者,至是天下为震动。

其他部自汉中犯大宁,知县高日临见势弱不能守,啮指书牒乞援上官,率众御之北门。兵败被执,大骂不屈,贼碎其体焚之。训导高锡及妻女,巡检陈国俊及妻,皆遇害。日临,字俨若,鄱阳恩贡生。

贼陷夔州,他贼即以次日陷巫山,通江巡检郭缵化阵没,通江指挥王永年力战死。至四月,守备郭震辰、指挥田实击贼百丈关,兵败被执,骂贼死。

庞瑜,字坚白,公安人。家贫,躬耕自给。夏转水灌田,执书从牛后,朗诵不辍。由岁贡生授京山训导。崇祯七年擢陕西崇信知县。县无城,兵荒,贫民止百余户。瑜知贼必至,言于监司陆梦龙,以无兵辞。瑜集士民筑土垣以守,流涕誓死职。闰八月天大雨,土垣尽圮。贼掩至,瑜急解印遗家人赍送上官,端坐堂上以待。贼至,捽令跪。瑜骂曰："贼奴敢辱官长！"拔刀胁之，骂益厉。贼掠城中无所有，执至野外，剖心裂尸而去。赠固原知州。

时贼尽趋秦中，长吏多殉城者。

山阳陷，知县董三谟，黎平举人也，及父嗣成、弟三元俱死之，妻李氏亦携子女偕死。赠光禄丞，立祠，与嗣成、三元并祀，妻女建坊旌表。

吉永祚，辉县人。为凤县主簿，谢事将归。会贼至，知县弃城遁，永祚倡义拒守。城陷，北面再拜曰："臣虽小吏，尝食禄于朝，不敢以谢事逃责。"大骂死之。子士枢、士模皆死。教谕李之蔚、乡官魏炳亦不屈死。永祚赠汉中卫经历，余赠恤有差。

娄琇知泾州。闰八月，城陷死，赠太仆少卿。

蒲来举知甘泉。贼来犯，守备孙守法等拥兵不救。城破，来举手刃一贼，伤六贼而后死。赠光禄少卿。

吕鸣世，福建人。由恩贡生为麟游知县。兵燹后，拊居民有恩。城陷，贼不忍加害，自绝食六日卒。

有宋绪汤者，耀州诸生，被获，大骂死。

尹梦鳌，云南太和人。万历时举于乡。崇祯中知颍州。八年正月，方谒上官于凤阳，闻流贼大至，立驰还。贼已抵城下，乃偕通判赵士宽率民固守。城北有高楼瞰城中，诸生刘廷传请先据之，梦鳌以为然。而廷传所统皆市人，不可用。贼遂据楼以攻，且凿城，颓数丈，城上人皆走，止之不可。梦鳌持大刀，独当城坏处，杀贼十余人，身被数刃。贼众毕登，遂投城下乌龙潭死，弟侄七人皆死之。

廷传者，故布政使九光从子，任侠好义，亦骂贼死。九光子廷石分守西城，中贼刃未绝，口授友人方略，令缮堞上当事，旋卒。

士宽，字汝良，掖县人。由门荫为凤阳通判，驻颍州。以正旦诣郡城，闻警，一日夜驰三百里返州。城陷，率家众巷战，力竭，亦投乌龙潭死。妻李携三女登楼自焚，仆王丹亦骂贼死。乡官尚书张鹤鸣、弟副使鹤腾、子大同，中书舍人田之颖，知县刘道远，光禄署正李生白,训导丁嘉遇,举人郭三杰,诸生韩光祖等,皆死之。

光祖,进士献策父也,被执,贼捽使跪。叱曰:"吾生平读书,止知忠义。"遂大骂。贼杀之,碎其尸。妻武偕一妹、一女并献策妻李赴井死。妾李方有娠,贼剖腹剔胎死。次子定策、孙日曦骂贼死,独献策获存。时被难者共一百三人,城中妇人死节者三十七人,烈女八人。颍州忠烈,称独盛云。

颍州卫隶河南,流贼至,指挥李从师、王廷俊,千户孙升、田三震,百户维元庆、田得民、王之麟俱乘城战死。贼既陷颍州,屠其民。其别部即以是月由寿州犯凤阳。

凤阳故无城,中都留守朱国相率指挥袁瑞徵、吕承荫、郭希圣、张鹏翼、周时望、李郁、岳光祚,千户陈弘祖、陈其忠、金龙化等,以兵三千逆贼上窑山,多斩获。俄,贼数万至,矢集如猬,遂败,国相自刎死,余皆阵没。贼遂犯皇陵,大肆焚掠。

知府颜容暄囚服匿于狱,释囚获之,容暄大骂,贼杖杀之。血浸石阶,宛如其像,涤之不灭。士民乃取石立冢,建祠奉祀。

推官万文英卧病,贼索之。子元亨,年十六,泣语父曰:"儿不得复事亲矣!"出门呼曰:"若索官,何为?我即官也。"贼縶之。顾见其师万师尹亦被縶,绐贼曰:"若欲得者,官尔。何縶此贱隶?"贼遂释之。元亨乃极口大骂。贼怒,断胫死,文英获免。

容暄,漳浦人。文英,南昌人。皆进士。一时同死者,千户陈永龄、百户盛可学等四十一人,诸生六十六人。举人蒋思宸闻变,投缳死。

后给事中林正亨录上其状,赠梦鳌光禄少卿,士宽光禄丞,余赠恤有差。

卢谦,字吉甫,庐江人。万历三十三年进士。授永丰知县。擢御史,出为江西右参政,引疾归。崇祯八年二月,流贼犯庐江,士民具财帛求免,贼伪许之。俄袭陷其城,谦服命服,危坐中门。贼至,欲屈之,骂曰:"吾朝廷宪臣,肯为贼屈邪?鼠辈灭亡在即,安敢无

礼!"贼怒杀之,投尸于池,池水尽赤。举人张受、毕尹周亦不屈被
杀。

是年正月,贼陷霍邱,县丞张有俊,教谕倪可大,训导何炳,乡
官田既庭、戴廷对,举人王毓贞死焉。贼陷巢县,知县严觉被执不
屈,一门皆死。

二月犯太湖,知县金应元据城东大濠以守。奸人导贼渡濠,执
应元,斫之未殊,自经死。训导扈永宁亦死之。

谦赠光禄卿,余赠恤如制。觉,归安人。应元,浙江山阴人。皆
举人。

龚元祥,字子祯,长洲人。举于乡。崇祯四年为霍山教谕,厉廉
隅,以名教自任,与训导姚允恭友善。八年,贼陷凤阳,元祥偕县
令守御。贼掩至,令逸去,元祥督士民固守。或劝之避,元祥曰:"食禄
而避难,不忠;临危而弃城,不义。吾平日讲说者谓何?倘不测,死
尔。"及贼陷城,元祥整衣冠危坐。贼至,侃侃谕以大义。贼欲屈之,
厉声曰:"死即死,贼辈何敢辱我!"贼怒,执之去,骂不绝口,遂遇
害。子炳衡号呼骂贼,贼又杀之。阅五日,允恭敛其尸,即自缢,适
令至,解免。越日,贼复入,允恭卒死之。事闻,赠元祥国子助教,建
祠曰忠孝,以其子配。允恭亦被旌。

王信,陕西宁州人。父殁,庐墓三年。母殁,信年已六十,足不
逾阈者三年。崇祯初,由岁贡生除灵璧训导,迁真阳知县。八年二
月出抚土寇,会流贼猝至,被执,使谕降罗山、真阳。信大骂不从,断
头剖腹而死。阅四日,其子来觅,犹舒指握子手。赠光禄丞,建祠奉
祀。

史记言,字司直,当涂人。崇祯中举人,由长沙知县迁知陕州。
陕当贼冲,记言出私财募士,聘少室僧训练之。八年冬十一月,流贼
犯陕。记言御之,斩数十级,生擒二十余人。老猢猊愤,率数万人攻

城，不克，乘雪夜来袭，而所练士方调他郡，城遂陷。记言纵火自焚，两僧掖之出曰："死此，何以自明？"乃越女墙下。贼追获之，令降，叱曰："有死知州，无降知州也！"遂被杀。指挥李君赐杀数贼而死。训导王诚心，里居教谕张敏行、姚良弼，指挥杨道泰、阮我疆，镇抚陈三元，亦不屈死。

是月，贼陷卢氏，知县白楹自刭。十年九月陷渑池，知县李迈林死之。

记言，赠光禄少卿，余赠恤有差。

梁志仁，南京人，保定侯铭之裔也。万历末年举于乡。崇祯六年授衡阳知县，调罗田。贼大扰湖广，志仁日夕儆备。罗汝才谓左右曰："罗田城小易克，然梁君长者，吾不忍加兵。俟其去，当取之。"会邑豪江犹龙与贼通，志仁捕下狱。犹龙知必死，潜导汝才别校来攻。八年二月猝攻城。志仁急偕典史单思仁，教谕吴凤来、训导卢大受督民守御。城陷，志仁持长巷战，杀六贼。力屈被絷，抑使跪。骂曰："我天子命官，肯屈膝贼辈邪！"贼怒，碎其支体，焚之。妻唐被逼，大骂，夺贼刀不得，口啮贼手，遂遇害。思仁等亦不屈死。汝才在英山，闻之，驰至罗田，斩其别校，曰："奈何擅害长者！"以锦绣敛其夫妇尸。

凤来，福建举人。大受，宝庆贡生。诏赠志仁蕲州知州，思仁罗田主簿，凤来国子助教，大受学录，荫子，祭葬有差。

王国训，字振之，解州人。天启二年进士。历知金乡、寿张、滋阳、武清，坐大计。久之，补调扶风。国训性刚严，耻干进，故官久不迁。崇祯八年秋，贼来犯，偕主簿夏建忠、典史陈绍南、教谕张弘纲、训导陈缥婴城固守。阅两月，外援不至，城陷，骂贼死。建忠等亦不屈死。赠国训光禄少卿，建忠等皆赠恤。

当是时，大帅曹文诏、艾万年等并战殁，贼势益张，关中诸州县悉残破。八月，贼陷永寿，杀知县薄匡宇。寻陷咸阳，杀知县赵跻昌。

其时长吏以死闻者,陇州知州胡尔纯,自经死。延长知县万代芳与教谕谭恩、驿丞罗文魁协力守城,城陷皆死之。代芳妻刘、妾梁从死。尔纯,山东人,赠光禄少卿。代芳赠光禄丞,妻妾建坊旌表。恩等亦赐祭。

有孙仲嗣者,肤施人,由贡生为阶州学正。当事知其才,委以城守。贼大至,尽瘁死守。城破,与妻、子十余人并死之。赠国子博士。又有杨呈秀,华阴人。由进士历官顺庆知府,大计罢归。贼攻城,佐有司御贼以死,赠恤如制。

黎弘业,字孟扩,顺德人。由举人知和州。崇祯八年,流贼犯和州,御却之。十二月复至,与乡官马如蛟募死士,登陴固守。城将陷,弘业系印于肘,跪告其母曰:“儿不肖,贪微官以累母,奈何!”母李泣谕曰:“汝勿以我为意,事至此,有死而已。”遂自缢。妻杨、妾李及女四人继之。弘业北面恸哭再拜,自刎未殊,濡颈血大书曰:“为臣尽忠,为子尽孝,何惜一死。”贼入,伤数刃而死。赠太仆少卿,任一子。

判官钱大用,偕妻、妾、子、妇俱死。吏目景一高,被创死。学正康正谏,祁门人,举人。偕妻汪、子妇章赴水死,赠国子监丞。训导赵世选不屈死,赠国子学录。

马如蛟,字腾仲,州人。天启二年进士。授浙江山阴知县,有清操。崇祯元年征授御史,劾罢魏忠贤党徐绍吉、张讷。出按四川,蜀中奸民悉以他人田产投势家,如蛟列上十事,永革其弊。还朝,监武会试。武举董姓者,以技勇闻于帝,及入试,文不中程,被黜。帝怒,黜考官,如蛟亦落职。八年论平邦彦功,复故官,以父忧未赴。流贼至,如蛟倾赀募士,佐弘业固守。麾壮士出击,两战皆捷。贼将奔,会风雪大作,不辨人色,守者皆溃,贼遂入城。如蛟急下令,能击贼者,予百金,须臾得百余人。巷战,贼多伤,力屈,遂战死。兄盐运司判官如虬、诸生如虹及家属十四人皆死。事闻,赠太仆少卿,官一子。

张绍登,字振夫,南城人。崇祯中举人,知应城县。九年,贼来犯,偕训导张国勋、乡官铙可久悉力御之。国勋曰:"贼不一创,城不易守。"率壮士出击,力战一日夜,斩获甚众。贼去,邑侍郎王璥之子权,结怨于族党,怨家潜导贼复来攻。国勋佐绍登力守,而乞援于上官。副将邓祖禹来救,守西南,国勋守东北,绍登往来策应。会贼射书索权,权惧,斩北关以出,贼乘间登南城。绍登还署,端坐堂上,贼至,奋拳击之。群贼大至,乃被杀。贼渠叹其忠,以冠带覆尸,埋堂侧。

国勋,黄陂岁贡生。贼既入。朝服北面拜,走捧先圣神主,拱立以待。贼遂焚文庙,投国勋于烈焰中。祖禹亦不屈死。

可久,幼孤,事母孝,举于乡。知大兴县。崇祯初,疏请更《三朝要典》,时奄宦擅权,谪光禄典簿。迁应天府推官、刑部主事,历知府,丁艰归。贼入,语妻程曰:"臣死忠,妇死节,分也。"于是妻女相对自经。可久被执,贼强之拜,曰:"头可断,膝不可屈也!"遂遇害。璥为贼支解。

事闻,赠绍登尚宝少卿,国勋国子学正。

王焘,字浚仲,昆山人。少孤贫,九岁为人后。族人有谋其产者,焘举以让之,迎养嗣祖母及母惟谨。万历末,举于乡,由教谕历随州知州。州经群盗焚掠,户不满千。焘训民兵,缮守具。土寇李良乔为乱,歼灭之。

十年正月,大贼奄至。焘且守且战,击斩三百余人。贼攻益力,相持二十余日。天大风雪,守者多散。焘知必败,入署,整冠带自经。贼焚其署,火独不及焘死所,尸直立不仆,贼望见骇走。已,觅州印,得之焘所立尺土下。事闻,赠太常少卿。福王时,赐谥烈愍,建双忠祠,与同邑蔡懋德并祀。

有魏时光者,南昌人。善舞双刀。崇祯九年夏,为广济典史。邑遭残破,长吏设排兵三百人,委之教练。其冬,贼据蕲州河口,惮时光不敢渡。时光益募死士,夜袭其营,手杀数贼,贼不敢逼。俄,贼大至,部卒皆散,时光单骑据高坡,又杀数人。贼环绕之,靷断被执,不屈死。其兄陈于上官,却不奏。兄愤发病死,友人收殓之,哭尽哀,曰:"弟为国死,兄为弟死,吾独不能表暴之乎!"具牍力陈,乃奏闻。赠广济主簿,予恤典。

蒋佳徵,灌阳人。天启四年举于乡。崇祯中,知盱眙县,有声。县故无城,佳徵知贼必至,训民为兵。十年秋,贼果来犯,设伏要害,亲率兵往诱,贼歼甚众。贼怒,环攻之,力战死。母闻之,亦投缳死。兵部议赠奉训大夫、尚宝少卿。未几,巡按御史言佳徵子忠母义,宜赐谥荫,以植伦常。乃建表忠祠,并母奉祀。

同时江北死难者,有吴畅春。崇祯八年为潜山天堂寨巡检,练乡兵防贼。明年冬,贼至,夜设燎,大惊去之。逾年,贼再至,畅春死守,力屈,仰天叹曰:"吾得死所矣!"手刃数贼,被执,不屈死。赠迪功郎、安庆府经历,荫子所镇抚。

又有王寅,钱塘人。膂力绝人,举武乡试,以父征播功为千户。崇祯中,擢抚标守备。见步卒脆弱,诧曰:"曩戚将军练浙兵,闻天下,今若尔邪!"督教之,卒始可用。十年迁龙江都司,调赴泗州护祖陵。贼来犯,寅曰:"贼众我寡,及其未集,可破也。"卷甲疾趋,至盱眙,斩其先锋一人。战自午迄申,贼来益众,与守备陈正亨陷阵死。赠镇国将军、都指挥佥事。正亨赠昭勇将军、指挥使。并官一子。

徐尚卿,南平人。举于乡,知剑州。崇祯十年十月,李自成、惠登相等以数十万众入四川,大将侯良柱败殁于广元,遂攻陷昭化,知县王时化死之。尚卿知贼必至,集士民泣曰:"城必不能守,若辈速去,吾死此。"众泣,请偕去,尚卿不可。阅二日,城陷,投缳死,吏目李英俊从之。贼遂长驱陷江油、彰明、安县、罗江、德阳、汉州,吏民皆先遁。寻掠郫县,主簿张应奇死之。陷金堂,典史潘孟科死之。
是月也,贼陷州县三十六,以死事闻者四人。事定,赠尚卿右参议,时化光禄丞,应奇按察司知事,孟科将仕郎,并赐恤典。时化,湖广人,举乡试第一。

　　阮之钿,字实甫,桐城诸生。崇祯中,下诏保举人才,同郡谕德刘若宰以之钿应,授谷城知县。

　　十一年正月,之钿未至,张献忠袭陷其城,据以求抚。总理熊文灿许之,处其众数万于四郊,居民汹汹欲窜。之钿至,尽心调剂,民稍安,乃上疏言:"献忠虎踞邑城,其谋叵测。所要求之地,实兵饷取道咽喉,秦、蜀交会脉络,今皆为所据。奸民甘心效用,善良悉为迫胁。臣守土牧民之官,至无土可守,无民可牧。库藏殚虚,民产被夺,无赋可征。名虽县令,实赘员尔。乃庙堂之上专主抚议,臣愚妄谓抚剿二策可合言,未可分言,致损国威,而挫士气。"时不能用。贼众渐出野外行劫,之钿执之以告其营将,稍置之法。及再告,皆不应,曰:"官司不给饷耳,得饷自止。"由是村民徙亡殆尽,遂掠及阛阓。稍拒,辄挺刃相向,日有死者,一城大嚣。监军佥事张大经奉文灿令来镇抚,亦不能禁。

　　明年,献忠反形渐露,之钿往说之曰:"将军始所为甚悖,今幸得为王臣,当从军立功,垂名竹帛。且不见刘将军国能乎?天子手诏进官,厚赉金帛,此赤诚效也。将军若疑天朝有异论,之钿请以百口保。何嫌何疑,而复怀他志。"献忠素衔之钿,遂恶言极骂之。之钿忧愤成病,题数语于壁,自誓以死,遂不视事。

　　至五月,献忠果反,劫库纵囚,毁其城。之钿仰药未绝,献忠遣使索印,坚不予,贼遂杀之。旋纵火焚公署,骸骨为烬。而大经为贼劫去,不能死。迨玛瑙山战败,偕贼将曹威等出降,士论丑之。之钿后赠尚宝少卿。

　　郝景春,字和满,江都人。举于乡,署盐城教谕,坐事罢归。起陕西苑马寺万安监录事,量移黄州照磨,摄黄安县事。甫三日,群贼奄至,坚守八日夜,始解去。

崇祯十一年，擢知房县。罗汝才率九营之众请降于熊文灿，文灿受之。汝才犹豫，景春单骑入其营，偕汝才及其党白贵、黑云祥歃血盟。汝才诣军门降，分诸营于竹溪、保康、上津，而自与贵、云祥居房县之野。当是时，郧阳诸属邑，城郭为墟，独房赖景春拊循，粗可守。及大众杂处，居民日惴惴。景春乃与主簿朱邦闻、守备杨道选修守具，辑诸营。

明年五月，张献忠反谷城，约汝才同反。景春子鸣銮，诸生也，力敌万夫，谓父曰："吾城当贼冲，而羸卒止二百，城何以守？"乃擐甲诣汝才曰："若不念香火盟乎？慎毋从乱。"汝才佯诺。鸣銮觉其伪，归与道选授兵登埤，而献忠所遣前锋已至，击斩其将上天龙。遣使缒城乞援于文灿，凡十四往，不报。

已而贼大至，献忠兵张白帜，汝才兵张赤帜，俄二帜相杂，环城力攻。贵、云祥策马呼曰："以城让我，保无他也。"献忠又以张大经檄谕降，景春大骂碎之。鸣銮且守且战，阅五日，贼多死。乃负板穴城，城将崩，鸣銮热油灌之。又击伤献忠左足，杀其所爱善马。乃用间入贼垒，阴识献忠所卧帐，将袭擒之。指挥张三锡启北门揖汝才入，道选巷战死。大经使汝才说景春降，怒不答。问库藏储蓄安在，叱曰："库藏若有物，城岂为汝陷！"贼怒，杀一典史、一守备，恐之，卒不屈，与鸣銮俱被杀。仆陈宜亦死之。邦闻及其家人并不屈死。事闻，赠景春尚宝少卿，建祠奉祀，道选等亦赠恤。已，帝召见辅臣贺逢圣，备述其死事状，改赠太仆少卿。三锡后为官军所获，磔死。

张克俭，字禹型，屯留人。崇祯四年进士。授辉县知县。六年春，贼犯武安，守备曹鸣鹗战死，遂犯辉县。克俭乘城固守，贼不能下，屯百泉书院，三日而去。迁兵部主事，被荐召对，称旨。

十二年擢湖广佥事，监郧、襄诸军。杨嗣昌镇襄阳，深倚仗之。张献忠、罗汝才之败也，小秦王、浑世王、过天星等皆降，嗣昌处之房、竹山中，命克俭安辑。而诸贼得免死牌，莫肯散，自择便地，连营数百里。时河南、北大饥，流民就食襄、汉者日数万，降卒多阑入流民中。克俭深忧之，上书嗣昌曰："襄阳自古要区，本朝管钥献陵，视昔尤重。近两河饥民云集，新旧降丁逼处其间，一夫叫呼，即足致乱。况秦兵以长、武之变，西归郧、房。军府粗立，降营棋置，奚啻放虎自卫。紫、汉、西、兴，初无重门之备，何恃不恐。"嗣昌不以为意，报曰："昔高仁厚六日降贼百万，迄擒阡能，监军何怯耶？"及嗣昌入蜀，委克俭以留务。录破贼功，加右参议，监军如故。未几，以本官移守下川南道，郧阳巡抚袁继咸奏留之。

十四年二月擢右佥都御史，巡抚河南。未闻命，献忠令人假督府军符诳入襄阳城。克俭不能辨，夜分，贼从中起，焚襄王府。克俭仓皇奔救，为贼所执，大骂死。推官邝曰广、摄县事李大觉、游击黎民安死焉。

曰广，番禺人。崇祯十年进士。居官有守。奉檄核军储于荆州，甫还任而难作，中刃死，妻、子、女俱遇害。大觉，字觉之，金溪人。由乡举知谷城，兼署襄阳县。闻变，系印于肘，缢死堂上。民安、大觉同县人。城中火起，率所部千余人搏战，矢尽被缚，抗骂死。独知府夏邑王承曾遁免。

初，献忠败于玛瑙山，其妻敖氏、高氏被获，他将搜山，又获其军师潘独鳌，皆系襄阳狱。承曾年少轻佻，每夕托问贼中情形，与献忠二妻笑语。狱吏又多纳贼金，禁防尽弛，独鳌等脱桎梏恣饮。嗣昌移牒戒之，承曾笑曰："是岂能飞至耶？"及是，独鳌果从狱中起，承曾率众夺门走。事闻，命逮治。时河南亦大乱，久逮不至，未知所终。

徐世淳，字中明，秀水人。父必达，字德夫，万历二十年进士。知溧水县，筑石臼湖堤，奏除齐泰姻戚子孙军籍二十六家。累迁吏部考功郎中，与吏科给事中储纯臣同领察事。纯臣受贼吏赇，当大计日，必达进状请黜纯臣，面揖之退，一座大惊。迁光禄丞，陈白粮利弊十一事，悉允行。进少卿，巡漕御史孙居相以船坏不治，请雇民船济运，必达争止之。天启初，以右佥都御史督操江军。白莲贼将窥

徐州,必达募锐卒会山东兵击破之。迁兵部右侍郎,以拾遗罢归,
卒。

世淳,崇祯中举人。十三年冬,历随州知州。州尝被贼,居民萧
然。世淳知贼必复至,集士民誓以死守。会岁大荒,士多就食粥厂,
叹曰:"可使士以馁失礼乎!"分粟振之。溃兵过随索饷,世淳授兵登
陴,而单骑入见军帅曰:"军食不供,有司罪也。杀我足矣,请械我以
见督师。"帅气夺,敛众去。

明年三月,张献忠自襄阳来犯,世淳寝食南城谯楼,晓夜固守,
告急于巡抚宋一鹤。一鹤遣兵来援,为监司守承天者邀去。守月余,
援绝力穷,贼急攻南城,而潜兵堕北城以入。世淳命子肇梁埋印廨
后,勒马巷战,矢贯颐,耳鼻横断,坠马,乱刃斫死。肇梁奔赴,且哭
且骂,贼将杀之,呼州人告以埋印处,乃死。世淳妾赵、王及臧获十
八人皆死。后赠太仆少卿,建祠,以肇梁祔。

随自十年正月陷,及是再陷,至七月复陷,判官余墉死焉。三陷
之后,城中几无孑遗。